Großes Lehrbuch der Mathematik für Ökonomen

Von

Professor Dr. Karl Bosch

o. Professor für angewandte Mathematik
und Statistik an der
Universität Stuttgart-Hohenheim

und

Professor Dr. Uwe Jensen

R. Oldenbourg Verlag München Wien

Die Deutsche Bibliothek - CIP-Einheitsaufnahme

Bosch, Karl:
Großes Lehrbuch der Mathematik für Ökonomen / von Karl
Bosch und Uwe Jensen. - München ; Wien : Oldenbourg, 1994
  ISBN 3-486-22499-9
NE: Jensen, Uwe

© 1994 R. Oldenbourg Verlag GmbH, München

1. Nachdruck 2013

Gesamtherstellung: Books on Demand GmbH, Norderstedt

ISBN   3-486-22499-9
ISBN 978-3-486-22499-9

Inhaltsverzeichnis

Vorwort

Dieses Buch ist eine Darstellung der wesentlichen Grundlagen der *Mathematik für Ökonomen*. Es geht über eine kurze Einführung in die mathematische Grundausbildung für Studierende der Wirtschaftswissenschaften hinaus und gibt auch einen Einblick in Gebiete, die später im Studium Verwendung finden; beispielsweise in der Volkswirtschaft und Statistik (lineare Algebra, Determinanten, quadratische Formen, Eigenwertprobleme), in Operations Research (lineare Optimierung, Simplexalgorithmus) oder in anderen Gebieten, in denen mathematische Modelle eine Rolle spielen (Differential- und Differenzengleichungen).

Ziel der Autoren ist es, Interesse zu wecken, den Stoff möglichst klar und verständlich und doch mathematisch korrekt darzustellen. Hierzu erschien es uns sinnvoll, einige Sätze nicht vollständig zu beweisen und gelegentlich den Beweis durch Plausibilitätsbetrachtungen zu ersetzen. Quellenhinweise auf vollständige Beweise werden im Text angegeben; im Literaturverzeichnis sind die zitierten Werke zusammengestellt.

Der Stoff wird ausführlich dargestellt und durch viele Beispiele transparent gemacht. Viele Gebiete werden zuerst im zwei- oder dreidimensionalen Raum behandelt. Erst danach kommt die Übertragung auf den allgemeinen n-dimensionalen Raum. Im Buch wurde eine Darstellung gewählt, die es ermöglicht, dieses auch als Nachschlagewerk zu benutzen.

Am Ende eines jeden Kapitels sind Aufgaben gestellt. Bewußt sind keine Lösungen angegeben, damit die Studierenden wirklich selbst üben und nicht in Versuchung geraten, die Lösung vorzeitig nachzuschlagen. Damit können die Aufgaben auch als Test für Klausuren dienen. Diejenigen, die an Aufgaben mit Lösungen interessiert sind, seien auf folgende ebenfalls im Oldenbourg-Verlag erschienenen Bücher verwiesen:
K. Bosch/ U. Jensen: *Klausurtraining Mathematik;*
K. Bosch: *Übungsbuch Mathematik.*

Für die kritische Durchsicht des Manuskripts bedanken wir uns bei den Mitarbeitern Herrn Dipl. math. Th. Severin, Herrn Dipl. math. B. Pauli sowie den studentischen Tutoren Frau cand. oec. H. L. Beyer, Herrn cand. oec. D. Heymann und Frau cand. oec. M. Wänger. Bedanken möchten wir uns auch bei Frau Schulze für die schreibtechnische Unterstützung.

Schließlich gilt unser Dank dem Verlag für die hervorragende Zusammenarbeit während der Enststehungsphase des Buches, ganz besonders Herrn Diplom-Volkswirt M. Weigert.

Für Hinweise auf Fehler und Verbesserungsvorschläge sind wir dankbar.

Stuttgart-Hohenheim   Karl Bosch, Uwe Jensen

Kapitel 1:
Grundlagen der Mengenlehre

In diesem Kapitel sollen nur die wichtigsten Grundlagen der Mengenlehre zusammengestellt werden. Mit Hilfe der Mengenlehre ist es häufig möglich, umfangreiche und komplizierte Sachverhalte kompakt und somit übersichtlich darzustellen.

1.1 Grundbegriffe

Der Mengenbegriff geht auf den Mathematiker **G. Cantor** (1845 – 1918) zurück.

Definition 1: Eine **Menge** ist eine Zusammenfassung bestimmter wohlunterscheidbarer Objekte (**Elemente**) zu einem Ganzen.

Bezeichnungen: Mengen werden mit großen lateinischen Buchstaben bezeichnet, z.B. A, B, C, D, ..., X, Y, Z, $A_1, A_2, A_3, ...$ Die Elemente, aus denen die Mengen bestehen, bezeichnen wir mit kleinen lateinischen Buchstaben, z.B. a, b, c, ..., x, y, z, $a_1, a_2, ...$

Von jedem Element x muß eindeutig feststellbar sein, ob es zur Menge A gehört oder nicht.

Falls das Element x in der Menge A enthalten ist, schreibt man

$x \in A$ (man sagt: x ist Element von A oder x ist in A enthalten).

Ist x in der Menge A nicht enthalten, schreibt man

$x \notin A$ (dafür sagt man: x ist nicht Element von A oder
     x ist in A nicht enthalten).

Eine Mengen kann z.B. verbal durch eine charakterisierende Eigenschaft beschrieben werden. Sämtliche Elemente, welche die Eigenschaft erfüllen, gehören dann zu dieser Menge.

Beispiel 1: A sei die Menge der Studierenden, die zu Semesterbeginn an einer bestimmten Universität immatrikuliert sind.

Mengen können aber auch dadurch beschrieben werden, daß alle ihre Elemente aufgezählt und durch zwei geschweifte Klammern miteinander verbunden werden.

Beispiel 2:
a) Menge der Augenzahlen eines Würfels: $A = \{1, 2, 3, 4, 5, 6\}$.
b) Menge aller durch 7 teilbaren natürlichen Zahlen: $B = \{7, 14, 21, ...\}$.

Definition 2:
a) Die **Grundmenge** Ω enthält alle betrachteten Elemente.
b) Eine Menge, die kein Element enthält, heißt die **leere Menge**. Sie wird mit $\emptyset$ bezeichnet.
c) Zwei Mengen A und B heißen **gleich** oder **identisch**, im Zeichen A = B, wenn sie die gleichen Elemente besitzen.
d) A heißt **Teilmenge** von B, wenn jedes Element von A auch in B enthalten ist. Dafür schreibt man $A \subset B$ oder $B \supset A$.

Alle Elemente, die zur Behandlung eines bestimmten Problems zugelassen werden, bilden die Grundmenge Ω. Die Menge aller ganzen positiven Zahlen, die gleichzeitig gerade und ungerade sind, ist z. B. die leere Menge.

In der Definition der Teilmenge wird auch die Gleichheit zugelassen. Im Sinne der Definition gilt also stets $A \subset A$. Falls $A \subset B$ und $A \neq B$ gilt, ist A eine **echte Teilmenge** von B. Dann sind zwar alle Elemente von A in B enthalten, doch gibt es mindestens ein Element in B, das nicht zu A gehört. Die leere Menge $\emptyset$ ist in jeder Menge enthalten. Es gilt also $\emptyset \subset A$ für jede Menge A.

Zwei Mengen sind genau dann gleich, wenn jede Menge Teilmenge der anderen ist. Es gilt also $A = B \Leftrightarrow A \subset B$ und $B \subset A$.

Beispiel 3: $A = \{1, 2, 3\}$, $B = \{1, 2, 3, 5\}$, $C = \{2, 3, 5\}$.
Hier gilt $A \subset B$ und $C \subset B$.

Definition 3: Die **Anzahl** der Elemente, die in der Menge A enthalten sind, heißt die **Mächtigkeit** der Menge A. Sie wird mit $|A|$ bezeichnet.

Ist $|A|$ endlich, so nennt man die Menge A **endlich**, andernfalls **unendlich**. Falls A genau n Elemente besitzt, gilt $|A| = n$. Es ist z. B. $|\emptyset| = 0$.

In sogenannten **Venn-Diagrammen** werden Mengen anschaulich in der Ebene dargestellt.

Beispiel 4:
a)   b)

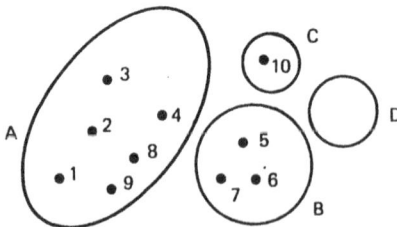

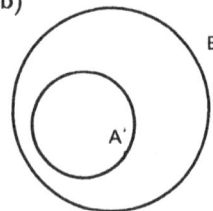

$|A| = 6$; $|B| = 3$; $|C| = 1$; $|D| = 0$.   Hier gilt $A \subset B$.

Falls die Elemente einer Menge selbst wieder Mengen sind, erhält man eine Menge von Mengen.

Definition 4: Es sei A eine beliebige Menge. Dann heißt die Menge aller Teilmengen von A die **Potenzmenge** von A. Sie wird mit $\mathfrak{P}(A)$ bezeichnet. Es gilt also

$$\mathfrak{P}(A) = \{\, B \mid B \subset A \}.$$

1.2 Mengenoperationen

In diesem Abschnitt sollen aus vorgegebenen Mengen durch verschiedene Vorschriften neue Mengen gebildet werden.

Definition 5:
a) Der **Durchschnitt** oder die **Schnittmenge** $A \cap B = AB$ der beiden Mengen A und B besteht aus denjenigen Elementen, die sowohl in A als auch in B, also in beiden Mengen liegen

$$A \cap B = \{\, x \mid x \in A \text{ und } x \in B \,\}.$$

b) Die **Vereinigung** oder **Vereinigungsmenge** $A \cup B$ besteht aus denjenigen Elementen, die zu A oder zu B oder zu beiden gehören. $A \cup B$ besteht also aus denjenigen Elementen, die zu mindestens einer der beiden Mengen A, B gehören mit

$$A \cup B = \{\, x \mid x \in A \text{ oder } x \in B \}.$$

c) Zwei Mengen A und B heißen **disjunkt** oder **elementfremd**, wenn sie kein gemeinsames Element besitzten, falls also gilt $A \cap B = \emptyset$.

Bei der Definition der Vereinigung handelt es sich um kein ausschließendes "oder". Zur Vereinigung gehören auch die Elemente des Durchschnitts.

Beispiel 5:
a) $A = \{1, 2, 3, 4\}$; $B = \{3, 4, 5\}$; $C = \{5, 6\}$.
   $A \cap B = \{3, 4\}$; $A \cap C = \emptyset$ (A und C sind disjunkt); $B \cap C = \{5\}$.
   $A \cup B = \{1, 2, 3, 4, 5\}$; $A \cup C = \{1, 2, 3, 4, 5, 6\}$; $B \cup C = \{3, 4, 5, 6\}$.

b)

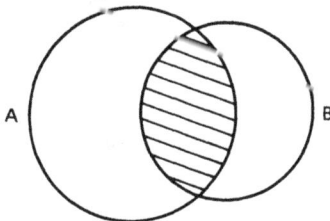

Durchschnitt $A \cap B$

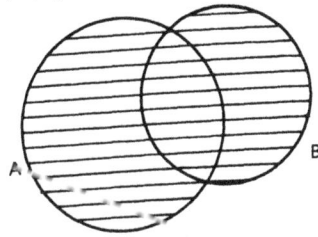

Vereinigung $A \cup B$

c)

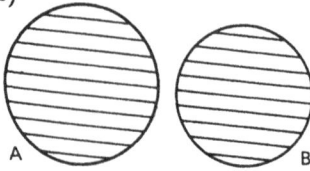

d)

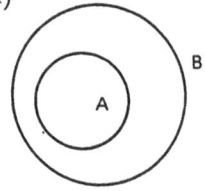

$A \cap B = \emptyset$
$A \cup B$ besteht aus beiden Kreisscheiben

Wegen $A \subset B$ gilt hier
$A \cap B = A$ und $A \cup B = B$

Definition 6:

a) Das **Komplement** oder die **Komplementärmenge** $\overline{A}$ der Menge A (bezüglich der Grundmenge Ω) besteht aus denjenigen Elementen, welche nicht zu A, jedoch zu Ω gehören, also

$$\overline{A} = \{\, x \mid x \in \Omega \text{ und } x \notin A \,\}.$$

b) Die **Differenzmenge** $A \backslash B$ von A und B besteht aus denjenigen Elementen, die zu A, aber nicht zu B gehören, also

$$A \backslash B = A \cap \overline{B} = \{\, x \mid x \in A \text{ und } x \notin B \,\}.$$

Zur Bestimmung des Komplements $\overline{A}$ ist die Angabe der Grundmenge Ω erforderlich.

Beispiel 6: Beim Werfen eines Würfels mit $\Omega = \{1, 2, 3, 4, 5, 6\}$ bestehe G aus den geraden und U aus den ungeraden Augenzahlen. Dann gilt

$$G = \{2, 4, 6\}; \quad \overline{G} = \{1, 3, 5\} = U; \quad \overline{\overline{G}} = \overline{U} = G; \quad G \backslash \{1,2,3\} = \{4, 6\}.$$

Beispiel 7:
a)

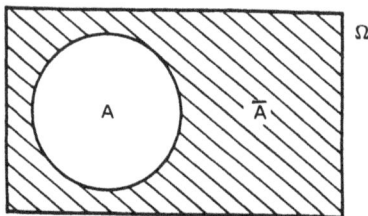

b)

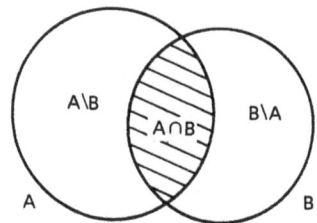

Die Menge der Elemente, die in **genau einer** der beiden Mengen A oder B enthalten sind, besitzt die Darstellung

$$(A \backslash B) \cup (B \backslash A) = A \overline{B} \cup \overline{A} B.$$

Allgemein kann jede Vereinigung zweier Mengen A und B in der folgenden Form dargestellt werden (s. Beispiel 7b):

$$A \cup B = A\,B \;\cup\; A\,\overline{B} \;\cup\; \overline{A}\,B.$$

Dabei sind die drei Mengen auf der rechten Seite paarwesie disjunkt. Die Menge A B ist der Durchschnitt und $A\,\overline{B} \cup \overline{A}\,B$ besteht aus den Elementen, die in genau einer der beiden Mengen liegen.

Bezüglich der Mengenoperationen gelten die nachfolgenden Eigenschaften. Sie folgen zum Teil unmittelbar aus der Definition oder können mit Hilfe von Venn-Diagrammen sehr einfach auf anschaulichem Weg bewiesen werden.

Eigenschaften der Mengenoperationen:

$A \cup \emptyset = A; \quad A \cap \emptyset = \emptyset;$

$A \cup \Omega = \Omega; \quad A \cap \Omega = A;$

$A \cup \overline{A} = \Omega; \quad A \cap \overline{A} = \emptyset; \quad \overline{\overline{A}} = A; \quad \overline{\Omega} = \emptyset; \quad \overline{\emptyset} = \Omega;$

$A \cup B = B \cup A; \quad A \cap B = B \cap A \qquad \text{(Kommutativgesetze)};$

$A \cup (B \cup C) = (A \cup B) \cup C;$

$A \cap (B \cap C) = (A \cap B) \cap C \qquad \text{(Assoziativgesetze)};$

$A \cap (B \cup C) = A\,B \cup A\,C \qquad \text{(Distributivgesetz)};$

$\overline{A \cup B} = \overline{A} \cap \overline{B}; \quad \overline{A \cap B} = \overline{A} \cup \overline{B} \qquad \text{(De Morgansche Regeln)};$

Aus $A \subset B$ folgt $A \cap B = A$ und $A \cup B = B$.

Wegen der Assoziativgesetze kommt es bei der Vereinigungs- bzw. Durchschnittsbildung mehrerer Mengen nicht auf die Reihenfolge an. Daher kann man die Klammern weglassen.

Die Mengen A und B seien endlich. Dann werden die Elemente aus dem Durchschnitt $A \cap B$ sowohl bei $|A|$ als auch bei $|B|$ mitgezählt. In der Vereinigung $A \cup B$ werden diese Elemente jedoch nur einfach gezählt.
Allgemein gilt

$$A = A\,B \;\cup\; (A \backslash B).$$

Dabei steht auf der rechten Seite die Vereinigung zweier disjunkter Menge. Daher ist $|A| = |A \cap B| + |A \backslash B|$. Somit gelten die Eigenschaften

$|A \cup B| = |A| + |B| - |A \cap B|;$

$|A \backslash B| = |A| - |A \cap B|, \quad$ falls A und B endlich sind.

Beispiel 8: 100 Studierende schrieben die Klausuren in den Fächern Mathematik und Statistik. In Mathematik bestanden 81, in Statistik 76. 10 bestanden keine der beiden Prüfungen.

M sei die Menge derjenigen Prüflinge, welche die Mathematikklausur bestanden und S die Menge derjenigen mit bestandener Statistikklausur. K sei die Menge der Studierenden, die keine Klausur bestanden. Dann sind folgende Anzahlen gegeben:

$$|M \cup S \cup K| = 100\,;\, |M| = 81\,;\, |S| = 76\,;\, |K| = |\overline{M} \cap \overline{S}| = 10.$$

Wegen $(M \cup S) \cap K = \emptyset$ gilt

$$100 = |M \cup S \cup K| = |M \cup S| + |K| = |M \cup S| + 10,$$

also $|M \cup S| = 90$. Mindestens eine der beiden Klausuren bestanden also 90 der Prüflinge.
Aus

$$90 = |M \cup S| = |M| + |S| - |M \cap S| = 81 + 76 - |M \cap S|$$

folgt $|M \cap S| = 67$. Beide Klausuren bestanden somit 67.

Hieraus erhält man

$$|M \setminus S| = |M| - |M \cap S| = 81 - 67 = 14\,;$$

$$|S \setminus M| = |S| - |M \cap S| = 76 - 67 = 9.$$

14 bestanden nur die Mathematikklausur und 9 nur die Statistikklausur. Diese Zerlegung ist im nachfolgenden Venn-Diagramm nochmals zusammengestellt.

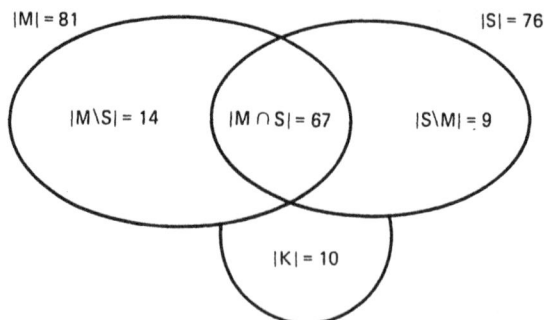

Wegen der Assoziativgesetze für die Durchschnitts- und Vereinigungs-
bildung wird der Durchschnitt und die Vereinigung mehrerer Mengen
folgendermaßen definiert:

Definition 7: Gegeben seien n Mengen $A_1, A_2, \ldots, A_n$. Dann heißt

$$\bigcap_{i=1}^{n} A_i = A_1 \cap A_2 \cap \ldots \cap A_n = \{x \mid x \in A_i \text{ für } i = 1, 2, \ldots, n\}$$

der **Durchschnitt** und

$$\bigcup_{i=1}^{n} A_i = A_1 \cup A_2 \cup \ldots \cup A_n = \{x \mid x \in A_i \text{ für mindestens ein } i\}$$

die **Vereinigung** der n Mengen $A_1, A_2, \ldots, A_n$.

Entsprechend wird der Durchschnitt und die Vereinigung von abzählbar
unendlich vielen Mengen erklärt durch

$$\bigcap_{i=1}^{\infty} A_i = A_1 \cap A_2 \cap \ldots = \{x \mid x \in A_i \text{ für } i = 1, 2, \ldots\};$$

$$\bigcup_{i=1}^{\infty} A_i = A_1 \cup A_2 \cup \ldots = \{x \mid x \in A_i \text{ für mindestens ein } i\}.$$

1.3 Direkte Produkte von Mengen

Beispiel 9: Mit einem Würfel werde
zweimal geworfen. Als Versucher-
gebnis tritt ein geordnetes Zahlenpaar auf. So bedeutet z. B. $(6, 5)$,
daß beim ersten Wurf eine 6 und
beim zweiten eine 5 geworfen wird.
Bei diesen Zahlenpaaren kommt es
also auf die Reihenfolge an. Insgesamt gibt es $6 \cdot 6 = 36$ verschiedene
Zahlenpaare, die in der Zahlenebene
als Gitterpunkte dargestellt werden
können. Die Grundmenge Ω besteht
aus diesen 36 geordneten Paaren:

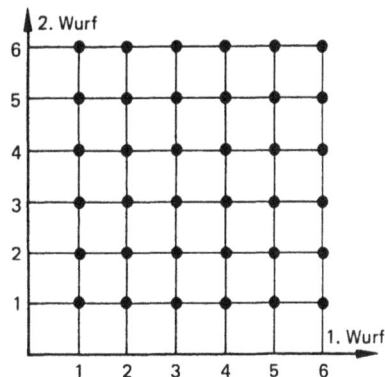

$\Omega = \{(1, 1), (1, 2), \ldots, (5, 6), (6, 6)\}$

$\quad = \{(i, k) \mid i, k = 1, 2, 3, 4, 5, 6\}.$

Allgemein seien A und B zwei beliebige nichtleere Mengen. Dann heißt (a, b) mit a ∈ A und b ∈ B ein **geordnetes Paar**. Die geordneten Paare (a, b) und (b, a) sind im allgemeinen verschieden. Die Reihenfolge ist also wesentlich; a ist die **erste** und b die **zweite Koordinate**.

Die **Gleichheit** zweier geordneter Paare wird erklärt durch

$$(a_1, b_1) = (a_2, b_2) \quad \Leftrightarrow \quad a_1 = a_2 \text{ und } b_1 = b_2.$$

Die Gleichheit ist also koordinatenweise zu verstehen.

Im folgenden soll die Menge aller geordneten Paare betrachtet werden.

Definition 8: Die Menge aller geordneten Paare (a, b) mit a ∈ A und b ∈ B heißt das **direkte** oder das **kartesische Produkt** der beiden Mengen A und B. Man bezeichnet es mit

$$A \times B = \{(a, b) \mid a \in A \text{ und } b \in B\}.$$

Beispiel 10: Für $A = \{a, b, c\}$ und $B = \{1, 2\}$ erhält man

$$A \times B = \{(a, 1), (a, 2), (b, 1), (b, 2), (c, 1), (c, 2)\};$$

$$B \times A = \{(1, a), (1, b), (1, c), (2, a), (2, b), (2, c)\}.$$

Wie das Beispiel zeigt, gilt beim direkten Produkt im allgemeinen das kommutative Gesetz nicht. Es ist also

$$A \times B \neq B \times A \quad \text{für } A \neq B.$$

Nur wenn beide Mengen gleich sind, also für $A = B$ ist $A \times B = B \times A$.

Falls eine der beiden Mengen A oder B leer ist, setzt man

$$A \times \emptyset = \emptyset \times B = \emptyset.$$

Für die Anzahl der Elemente gilt der

Satz 1: Es seien A und B endliche Mengen. Dann gilt für die Anzahl der Elemente die Beziehung

$$|A \times B| = |A| \cdot |B|.$$

Beweis: Es sei $|A| = m$ und $|B| = n$. Ist a_1 ein beliebiges Element aus A, so gibt es dazu so viele geordnete Paare (a_1, b), b ∈ B wie B Elemente enthält, also n Stück. Damit gilt $|\{(a_1, b), b \in B\}| = n$. Die Menge A enthält m Elemente. Daher gibt es insgesamt m derartige Mengen mit jeweils n Elementen. Daraus folgt die Behauptung $|A \times B| = m \cdot n = |A| \cdot |B|$.

Falls man in Beispiel 10 viermal würfelt, entsteht als Ergebnis ein 4-tupel, z. B. $(5, 3, 2, 6)$. Dabei steht an der i-ten Stelle das Ergebnis des i-ten Wurfs für $i = 1, 2, 3, 4$. Auch hier muß die Reihenfolge berücksichtigt werden. Unmittelbare Übertragung auf n Mengen ergibt die

Definition 9: Gegeben seien n Mengen $A_1, A_2, \ldots, A_n$, wobei n eine natürliche Zahl ist. Dann heißt $(a_1, a_2, \ldots, a_n)$ mit $a_i \in A_i$ für $i = 1, 2, \ldots, n$ ein n-tupel. Dabei muß die Reihenfolge beachtet werden. Das Element a_i heißt die **i-te Koordinate**. Zwei n-tupel sind gleich, wenn ihre Koordinaten jeweils übereinstimmen. Die Menge aller n-tupel nennt man das **direkte** oder das **kartesische Produkt** der Mengen $A_1, A_2, \ldots, A_n$ und bezeichnet es mit

$$A_1 \times A_2 \times \ldots \times A_n = \{(a_1, a_2, \ldots, a_n) \mid a_i \in A_i \text{ für } i = 1, 2, \ldots, n\}.$$

Falls alle Mengen $A_1, A_2, \ldots, A_n$ endlich sind, gilt analog zu Satz 1 für die Anzahl der Elemente die Beziehung

$$|A_1 \times A_2 \times \ldots \times A_n| = |A_1| \cdot |A_2| \cdot \ldots \cdot |A_n|.$$

Falls sämtliche Mengen A_i gleich einer Menge A sind, setzt man

$$\underbrace{A \times A \times \ldots \times A}_{\text{n Stück}} = A^n.$$

Beispiel 11: Ein Würfel werde fünfmal geworfen. Als Versuchergebnisse treten 5-tupel auf, wobei an der i-ten Stelle die Augenzahl beim i-ten Wurf steht. Mit $A = \{1, 2, 3, 4, 5, 6\}$ lautet das direkte Produkt

$$A^5 \text{ mit } |A^5| = |A|^5 = 6^5 = 7776.$$

Gesucht ist die Menge B derjenigen 5-tupel, bei denen die gesamte Augensumme mindestens gleich 28 ist. Gesucht sind also alle 5-tupel, bei denen die Augensummen gleich 30 oder 29 oder 28 ist. Es gilt

B= $\{(6, 6, 6, 6, 6), (5, 6, 6, 6, 6), (6, 5, 6, 6, 6), (6, 6, 5, 6, 6), (6, 6, 6, 5, 6),$

$(6, 6, 6, 6, 5), (4, 6, 6, 6, 6), (6, 4, 6, 6, 6), (6, 6, 4, 6, 6), (6, 6, 6, 4, 6),$

$(6, 6, 6, 6, 4), (5, 5, 6, 6, 6), (5, 6, 5, 6, 6), (5, 6, 6, 5, 6), (5, 6, 6, 6, 5),$

$(6, 5, 5, 6, 6), (6, 5, 6, 5, 6), (6, 5, 6, 6, 5), (6, 6, 5, 5, 6), (6, 6, 5, 6, 5),$

$(6, 6, 6, 5, 5)\}.$

Die minimale Augensumme 5 wird durch die Menge $C - \{(1, 1, 1, 1, 1)\}$ dargestellt.

1.4 Abbildungen von Mengen

Oft interessiert man sich nicht für ein Element a einer Menge selbst, sondern für ein diesem a zugeordnetes Bildelement. Mit Hilfe von Abbildungen können allgemein Zuordnungen zwischen den Elementen zweier Mengen hergestellt werden. Falls z. B. beim fünfmaligen Werfen eines Würfels nur die Augensumme interessiert, besteht die Abbildung darin, daß alle 5 Komponenten addiert werden.

Beispiel 12: Jedem Element x der Menge $X = \{-2, -1, 0, 1, 2, 3\}$ werde das Quadrat, also $y = x^2 = f(x)$ zugeordnet. Durch diese Zuordnung wird X abgebildet auf die Bildmenge $Y = \{0, 1, 4, 9\}$. Die Zuordnung $x \rightarrow y = x^2$ kann anschaulich durch Pfeilzuordnungen beschrieben werden, wobei von jedem Element $x \in X$ genau ein Pfeil zum zugehörigen Bildelement gezeichnet wird. Dadurch entsteht die Abbildung f.

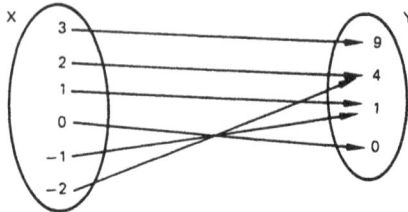

Definition 10: f heißt eine **Abbildung** der Menge X **in** die Bildmenge Y, wenn jedem $x \in X$ durch die Abbildungsvorschrift f genau ein $y = f(x) \in Y$ zugeordnet wird. Die Abbildung wird dargestellt durch

$$x \xrightarrow{\quad f \quad} y = f(x) \in Y \qquad \text{oder} \qquad f : X \longrightarrow Y.$$

Man nennt X den **Definitionsbereich** oder die **Urbildmenge** und die Menge Y den **Wertebereich** oder die **Bildmenge** der Abbildung f. Das Element x heißt **Urbild** oder **Argument** und $y = f(x)$ **Bild** oder **Funktionswert** von x.

Definition 11: f heißt Abbildung von X **auf** die Menge Y oder **surjektiv**, wenn jedes Element $y \in Y$ Bild eines Elementes $x \in X$ ist.

Beispiel 13:

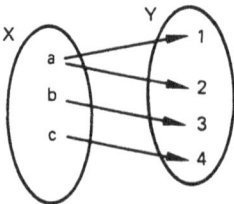

keine Abbildung, weil das
Element a zwei verschiedene
Bilder hätte

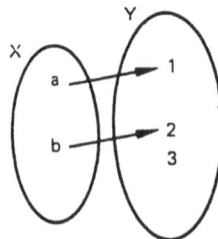

Abbildung in
keine Abbildung auf

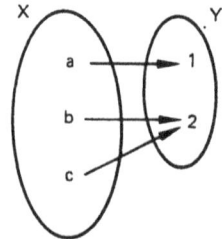

Abbildung auf

Bei einer Abbildung darf jedes Urbild x nur einem einzigen Bildwert zugeordnet werden. Dabei können verschiedene Urbilder auch gleiche Bilder besitzen. Falls es ein Element $y \in Y$ gibt, welches kein Urbild besitzt, handelt es sich um eine Abbildung in die Menge Y.

Wenn ein Bildpunkt y mehrere Urbilder besitzt, ist kein eindeutiger Rückschluß von y auf x möglich. Durch Umdrehung der Pfeile entsteht dann keine Abbildung. Eine derartige Situation wird ausgeschlossen in der

Definition 12: Eine Abbildung f heißt **eineindeutig** oder **injektiv**, wenn zwei verschiedene Elemente x_1, $x_2 \in X$ auch verschiedene Bilder besitzen, falls also gilt

$$x_1 \neq x_2 \quad \Rightarrow \quad f(x_1) \neq f(x_2).$$

Gleichwertig mit dieser Aussage ist die Bedingung

$$f(x_1) = f(x_2) \quad \Rightarrow \quad x_1 = x_2.$$

Bei eineindeutigen Abbildungen geht von jedem $x \in X$ genau ein Zuordnungspfeil aus. Damit eine Umkehrabbildung (Rückschluß) möglich ist, muß jedes Element $y \in Y$ auch als Bild auftreten. Es muß sich also um eine eineindeutige Abbildung von X auf Y handeln.

Definition 13: Eine eineindeutige Abbildung f von X auf Y heißt **bijektiv**.

Definition 14 (Umkehrabbildung): Es sei f eine bijektive Abbildung, also eine eineindeutige Abbildung von X auf Y. Dann heißt die durch

$$x = f^{-1}(y) \quad \Leftrightarrow \quad y = f(x)$$

definierte Abbildung von Y auf X die **Umkehrabbildung** oder die **Inverse** von f.

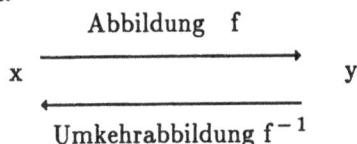

Beispiel 14: Es sei $y = f(x) = x^2$.

a) Mit $X = Y = \{ ..., -2, -1, 0, 1, 2, 3, ... \}$ (Menge der ganzen Zahlen) ist f eine Abbildung von X in die Menge Y. Es ist keine Abbildung auf Y, da die negativen Zahlen nicht als Bilder auftreten können.

b) Mit $Y^* = \{ 0, 1, 4, 9, 16, ... \}$ (Menge der Quadratzahlen) ist f eine Abbildung von X auf Y^*. Die Abbildung ist nicht eineindeutig, da jedes Element $y \in Y$ mit $y \neq 0$ die verschiedenen Urbilder $+\sqrt{y}$ und $-\sqrt{y}$ besitzt. Um die Eineindeutigkeit herzustellen, muß die Menge X geändert werden.

c) Mit $X^* = \{0, 1, 2, 3, 4, ...\}$ (nichtnegative ganze Zahlen) ist f eine eineindeutige Abbildung von X^* auf Y^*. Die Umkehrabbildung ist definiert
   durch

$$x = f^{-1}(y) = +\sqrt{y}\ .$$

d) Mit $X^{**} = \{0, -1, -2, -3, -4, ...\}$ (nichtpositive ganze Zahlen) ist f
   ebenfalls eine eineindeutige Abbildung von X^{**} auf Y^*. Die Umkehrabbildung lautet dann

$$x = f^{-1}(y) = -\sqrt{y}.$$

Wird ein Bildelement $y = f(x)$ durch eine weitere Abbildung g auf das
Element $z = g(y) = g(f(x)) = h(x)$ abgebildet, so handelt es sich um ein
Hintereinanderschalten oder eine Zusammensetzung zweier Abbildungen,
die folgendermaßen veranschaulicht werden kann:

$$x \xrightarrow{\quad f \quad} y = f(x) \xrightarrow{\quad g \quad} z = g(y) = g(f(x)) = h(x).$$

Dabei muß $y = f(x)$ im Definitionsbereich der Abbildung g liegen.

Definition 15 (zusammengesetzte Abbildung): Es sei f eine Abbildung der
Menge X in die Menge Y und g eine Abbildung von Y in die Menge Z.
Dann heißt die durch

$$z = h(x) = g(f(x)) = (g \circ f)(x)$$

definierte Abbildung $h = g \circ f$ (sprich: g nach f) von X in die Menge Z die
zusammengesetzte Abbildung von f und g.

Beispiel 15: $y = f(x) = \dfrac{2x + 5}{7}$; $z = g(y) = y^4$ ergibt die zusammengesetzte Abbildung $z = h(x) = (g \circ f)(x) = \left(\dfrac{2x + 5}{7}\right)^4$.

Die nachfolgenden Eigenschaften können elementar bewiesen werden.

Eigenschaften der inversen Abbildung:

f: $X \rightarrow Y$ und g: $Y \rightarrow Z$ seien bijektive Abbildungen. Dann gilt

a) f^{-1} und g^{-1} existieren und sind bijektiv;

b) $(g \circ f)^{-1}$ existiert und es gilt $(g \circ f)^{-1} = f^{-1} \circ g^{-1}$;

c) $f(f^{-1}(y)) = y$; $f^{-1}(f(x)) = x$ für alle $x \in X$, $y \in Y$.

   $f \circ f^{-1}$ und $f^{-1} \circ f$ sind also identische Abbildungen.

d) $(f^{-1})^{-1} = f$.

1.5 Aufgaben

1. Gegeben seien die Mengen $A = \{1, 4, 9\}$, $B = \{3, 4, 5\}$, $C = \{2, 4, 6, 8\}$, $D = \{1, 3, 5, 7, 9\}$.
Berechnen Sie: $A \cup B$, $A \cap B$, $B \setminus C$, $A \cap (B \cup C)$.
Wie muß die Grundmenge Ω lauten, damit $\overline{A} \cap \overline{B} \cap \overline{C} \cap \overline{D} = \emptyset$ ist?

2. Bei einer Meinungsumfrage wurden 55 Frauen und 45 Männer befragt. 65 dieser befragten Personen sind Raucher, darunter 35 Frauen. Wie viele der befragten Männer sind Nichtraucher?

3. Auf einer Tagung trafen sich 40 Deutsche und 60 Engländer, die alle entweder Mathematiker, Wirtschaftswissenschaftler oder gleichzeitig beides waren. Unter den deutschen Teilnehmern waren 10 Mathematiker, von den Engländer hatten 50 Wirtschaftswissenschaften studiert. Insgesamt waren 30 Mathematiker anwesend.
a) Wie viele Deutsche waren keine Mathematiker?
b) Wie viele englische Wirtschaftswissenschaftler waren nicht Mathematiker?

4. Gegeben sind die Mengen $A = \{1, 2, 3\}$ und $B = \{4, 5\}$.
a) Bestimmen Sie die direkten Produkte $A \times B$ und $B \times A$.
b) Bestimmen Sie die Anzahl der Elemente von $A \times B \times B \times A \times A \times B$.

5. Von 25 Studierenden studiert jede Person wenigstens eines der Fächer Mathematik, Physik, Chemie. Mathematik studieren insgesamt 14, Physik 10. Genau 2 haben alle Fächer, genau 8 mindestens zwei der genannten Fächer belegt. Bestimmen Sie die Anzahl der Personen, welche Chemie studieren.

6. 300 Studierende $S_1, S_2, \ldots, S_{300}$ der Betriebswirtschaftslehre schreiben die Klausur in Mathematik I mit. Die Klausuren werden mit Punkten bewertet, wobei als Punkte die ganzen Zahlen $0, 1, 2, \ldots, 39, 40$ möglich sind.
a) Handelt es sich bei dieser Zuordnung um eine Abbildung?
b) Ist diese Abbildung eineindeutig?
c) Kann es sich um eine Abbildung von $S = \{S_1, S_2, \ldots, S_{300}\}$ auf die Menge $Y = \{0, 1, 2, \ldots, 38, 40\}$ handeln?

7. $f(x) = \frac{2x + 4}{9}$ sei eine Abbildung der Menge der reellen Zahlen in die Menge der reellen Zahlen.
a) Zeigen Sie, daß diese Abbildung bijektiv ist.
b) Bestimmen Sie die Umkehrabbildung.

8. Für die Elemente der Menge $X = \{-2, -1, 0, 1, 2\}$ werden folgende Abbildungen hintereinander durchgeführt.
$$x \longrightarrow y = f(x) = (x + 1)^2 \longrightarrow z = g(y) = +\sqrt{y} \,.$$
a) Wie lautet die zusammengesetzte Abbildung?
b) Bestimmen Sie die Menge Z so, daß es sich um eine Abbildung von X auf Z handelt. Welche Eigenschaft hat diese Abbildung?
c) Lösen Sie die Aufgabe für den Fall $f(x) = x^3$ und $g(y) = y^2$.

Kapitel 2:
Zahlenbereiche und Grundrechenarten

In diesem Kapitel sollen die verschiedenen Zahlenbereiche mit den zugehörigen Grundrechenarten behandelt werden. Vor allem wird bei den reellen Zahlen auf das Rechnen mit Ungleichungen und Beträgen eingegangen.

2.1 Die natürlichen Zahlen

Grundlage aller Zahlensysteme sind die **natürlichen Zahlen** $1, 2, 3, 4, 5, 6, \ldots$,
welche zum Zählen benutzt werden. Die Menge der natürlichen Zahlen bezeichnet man mit N, also

$$\mathsf{N} = \{1, 2, 3, 4, 5, 6, 7, 8, 9, 10, \ldots\}.$$

Die natürlichen Zahlen können auf dem sogenannten **Zahlenstrahl** anschaulich dargestellt werden, wobei die zugeordneten Punkte äquidistant
sind, also jeweils den gleichen Abstand voneinander haben.

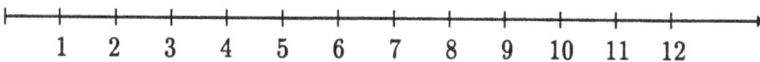

Die Menge der natürlichen Zahlen besitzt folgende Eigenschaften, die auch
zur axiomatischen Definition benutzt werden können:

(1) 1 ist eine natürliche Zahl.

(2) Jede natürliche Zahl $n \in \mathsf{N}$ besitzt genau einen Nachfolger $n' = n + 1$.

(3) Jede von 1 verschiedene Zahl hat genau einen Vorgänger $n'' = n - 1$.

Im Bereich der natürlichen Zahlen können die Grundrechenarten der
Addition $+$ und der **Multiplikation** $\cdot$ durchgeführt werden, wobei das
Ergebnis wieder eine natürliche Zahl ist:

$$n, m \in \mathsf{N} \quad \Rightarrow \quad n + m, \ n \cdot m \in \mathsf{N}.$$

Daher nennt man die Menge N abgeschlossen gegenüber den Rechenoperationen der Addition und der Multiplikation.

Die Grundrechenarten der **Subtraktion** $-$ und der **Division** $:$ sind in der
Menge der natürlichen Zahlen nicht uneingeschränkt durchführbar. So sind
z.B. $5 - 3 = 2$ und $18 : 3 = 6$ wieder natürliche Zahlen, während $4 - 9 = -5$
und $2 : 5$ keine natürlichen Zahlen sind.

Wird zur Menge der natürlichen Zahlen noch die Zahl 0 dazugenommen,
so bezeichnen wir diese Menge mit

$$\mathsf{N}_0 = \{0, 1, 2, 3, 4, 5, 6, 7, 8, 9, 10, \ldots\} = \mathsf{N} \cup \{0\}.$$

Manche Autoren nehmen auch die 0 zur Menge der natürlichen Zahlen.

2.2 Die ganzen Zahlen

Damit die Subtraktion uneingeschränkt durchführbar ist, muß die Menge der natürlichen Zahlen erweitert werden. Hinzugenommen werden die Zahl 0 und die negativen Zahlen $-1, -2, -3, \ldots$. Dadurch erhält man die Menge der **ganzen Zahlen**

$$\mathbb{Z} = \{\ldots, -3, -2, -1, 0, 1, 2, 3, 4, \ldots\}$$

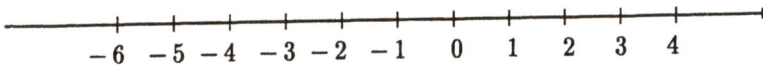

Im Bereich der ganzen Zahlen sind die Rechenoperationen der Addition, der Subtraktion und der Multiplikation uneingeschränkt durchführbar. Aus $z_1, z_2 \in \mathbb{Z}$ folgt $z_1 + z_2$, $z_1 - z_2$, $z_1 \cdot z_2 \in \mathbb{Z}$. Die Division ist in $\mathbb{Z}$ nicht uneingeschränkt durchführbar.

2.3 Die rationalen Zahlen (Brüche)

Zur Durchführung der Division (außer durch 0) muß $\mathbb{Z}$ erweitert werden zur Menge der rationalen Zahlen (Brüche)

$$\mathbb{Q} = \left\{ \frac{a}{b} \mid a, b \in \mathbb{Z} \text{ mit } b \neq 0 \right\}.$$

Im Bruch $\frac{a}{b}$ ist a der **Zähler** und b der **Nenner**. Eine Division durch die Zahl 0 ist nicht möglich, da sich sonst z. B. aus $0 \cdot 2 = 0 \cdot 3$ nach Division durch 0 der Widerspruch $2 = 3$ ergeben würde.

Die Rechenoperationen aus $\mathbb{Z}$ werden auf $\mathbb{Q}$ übertragen durch

Gleichheit: $\quad \dfrac{a_1}{b_1} = \dfrac{a_2}{b_2} \iff a_1 \cdot b_2 = a_2 \cdot b_1 \qquad$ für $b_1, b_2 \neq 0$;

Addition gleichnamiger Brüche: $\quad \dfrac{a_1}{b} + \dfrac{a_2}{b} = \dfrac{a_1 + a_2}{b} \qquad$ für $b \neq 0$;

Addition beliebiger Brüche:

$$\frac{a_1}{b_1} + \frac{a_2}{b_2} = \frac{a_1 \, b_2}{b_1 \cdot b_2} + \frac{a_2 \cdot b_1}{b_1 \cdot b_2} = \frac{a_1 \cdot b_2 + a_2 \cdot b_1}{b_1 \cdot b_2} \qquad \text{für } b_1, b_2 \neq 0;$$

Multiplikation beliebiger Brüche: $\quad \dfrac{a_1}{b_1} \cdot \dfrac{a_2}{b_2} = \dfrac{a_1 \cdot a_2}{b_1 \, b_2} \qquad$ für $b_1, b_2 \neq 0$;

Division beliebiger Brüche: $\quad \dfrac{a_1}{b_1} : \dfrac{a_2}{b_2} = \dfrac{a_1}{b_1} \cdot \dfrac{b_2}{a_2} = \dfrac{a_1 \cdot b_2}{b_1 \cdot a_2} \qquad$ für $b_1, b_2, a_2 \neq 0$.

Durch $z = \frac{z}{1}$ für $z \in \mathbb{Z}$ wird die Menge $\mathbb{Z}$ in die Menge $\mathbb{Q}$ eingebettet. Damit gilt

$$\mathbb{N} \subset \mathbb{Z} \subset \mathbb{Q}.$$

Beispiel 1:

a) Es gilt $\frac{4}{14} = \frac{2}{7} = \frac{6}{21} = \frac{-20}{-70} = \frac{-2\,468}{-8\,638}$ (erweitern und kürzen);

b) $\frac{4}{9} - \frac{7}{11} = \frac{4 \cdot 11 - 7 \cdot 9}{9 \cdot 11} = -\frac{19}{99}$;

c) $\frac{3}{5} \cdot \frac{7}{9} = \frac{1 \cdot 7}{5 \cdot 3} = \frac{7}{15}$; $\frac{9}{17} : \frac{3}{51} = \frac{9 \cdot 51}{17 \cdot 3} = \frac{3 \cdot 3}{1 \cdot 1} = 9$.

Die Menge der rationalen Zahlen ist abgeschlossen bezüglich der Rechenoperationen der Addition, Subtraktion, Multiplikation und Division, wobei durch Null nicht dividiert werden darf.

Dezimalzahlen (Dezimalbrüche)

Brüche, bei denen im Nenner nur Potenzen von 2 und von 5 vorkommen, können als endliche Dezimalzahlen dargestellt werden. Dazu das

Beispiel 2:

a) $\frac{13}{10} = \frac{10}{10} + \frac{3}{10} = 1 + 0,3 = 1,3$;   b) $\frac{3}{50} = \frac{6}{100} = 0,06$;

c) $\frac{3}{16} = \frac{3 \cdot 5 \cdot 5 \cdot 5 \cdot 5}{(2 \cdot 5) \cdot (2 \cdot 5) \cdot (2 \cdot 5) \cdot (2 \cdot 5)} = \frac{1\,875}{(10)^4} = 0,1875$.

Falls im Nenner nicht nur die Faktoren 2 und 5 vorkommen und Zähler und Nenner teilerfremd sind, entsteht kein endlicher Dezimalbruch.
Diese Division kann auch mit den folgenden Algorithmus durchgeführt werden.

Beispiel 3:

```
1457 : 1250 = 1,1656          654 : 495 = 1,3 21 21... = 1,3 21
1250                          495
2070                         1590
1250                         1485
8200                          1050  ─────────────┐
7500                           990               │
7000                           600               │  gleicher Rest
6250                           495               │
7500                          1050  ─────────────┘
7500
   0
```

Bei der ersten Division bricht das Verfahren ab. Es entsteht ein **endlicher Dezimalbruch**. Bei der zweiten Division stimmt der vierte Rest 105 mit dem zweiten Rest überein. Damit entsteht eine Periode der Länge 2. Die Blöcke 21 wiederholen sich beliebig oft.

Allgemein erhält man bei der Dezimalbruchentwicklung eines Bruches $\frac{a}{b}$ mit $a, b \in \mathbb{Z}$, $b \neq 0$ einen **endlichen** oder ein **periodischen unendlichen Dezimalbruch**. Der Dezimalbruch ist endlich, falls bei dem Algorithmus einmal ein Rest 0 entsteht.

Durch Abspaltung des ganzzahligen Anteils kann man sich auf die Division des Bruches $\frac{m}{n}$ mit $m < n$ beschränken. Alle bei dem Algorithmus auftretende Reste sind dann kleiner als n. Daher muß spätestens beim n-ten Schritt ein Rest auftreten, der bereits einmal vorkam. Dann wiederholt sich die Periode.

Umgekehrt stellt jeder periodische Dezimalbruch eine rationale Zahl dar. Dazu das

Beispiel 4:

a) Für $x = 0{,}14\overline{15}$ erhält man

$$\left.\begin{array}{rl} 100\,x &= 14{,}15\,15\,15\,15\ldots. \\ x &= 0{,}14\,15\,15\,15\ldots. \end{array}\right\} \; -$$

$$99\,x = 14{,}01 \qquad \Rightarrow \qquad x = \frac{14{,}01}{99} = \frac{1401}{9900} \; .$$

b) $x = 0{,}\overline{9}$ ergibt $10x - x = 9$; $9x = 9$; $x = 1$.

Endliche Dezimalbrüche lassen sich als periodische Dezimalbrüche mit der Periode 0 darstellen z. B. $1{,}24 = 1{,}24\overline{0}$.

Analog zu Beispiel 4 kann jede rationale Zahl x (gemeiner Bruch) in einen endlichen oder periodischen unendlichen Dezimalbruch verwandelt werden. Ist l die Periodenlänge, so ergibt $(10^l - 1) \cdot x$ eine endliche Dezimalzahl d. $x = \dfrac{d}{(10^l - 1)}$ muß schließlich noch so erweitert werden, daß im Zähler kein Komma mehr vorkommt. Die Umwandlung kann auch mit Hilfe der unendlichen geometrischen Reihe (s. Abschnitt 5.4) vorgenommen werden.

Jede rationale Zahl läßt sich in eine endliche oder unendliche periodische Dezimalzahl entwickeln. Umgekehrt kann jede endliche oder unendliche periodische Dezimalzahl als rationale Zahl dargestellt werden. Ein unendlicher Dezimalbruch ohne Periode ist keine rationale Zahl.

2.4 Die reellen Zahlen

Auf dem Zahlenstrahl gibt es sehr viele Zahlen, die nicht rational sind.
Solche Zahlen nennt man **irrational**. Die Lösung der Gleichung $x^2 = 2$ bezeichnet man mit $x = \sqrt{2}$. Diese Zahl ist auf dem Zahlenstrahl mit Zirkel
und Lineal konstruierbar. In der
nachfolgenden Abbildung sei x die
Länge der Diagonalen des Quadrates
mit der Seitenlänge Eins. Nach dem
Satz von **Pythagoras** gilt dann
$x^2 = 1^2 + 1^2 = 2$, also $x = \sqrt{2}$. Mit
Hilfe des Kreisbogens wird die Zahl
$\sqrt{2}$ auf dem Zahlenstrahl dargestellt.

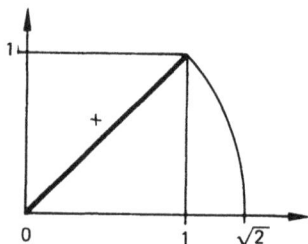

> **Satz**: Die Zahl $\sqrt{2}$ ist nicht rational, sondern irrational, obwohl sie
> auf dem Zahlenstrahl dargestellt werden kann.

Beweis: Der Beweis wird mit Hilfe der **indirekten Beweismethode** oder des
Widerspruchsbeweises geführt. Bei dieser Beweismethode nimmt man das
Gegenteil von dem an, was bewiesen werden soll. Mit Hilfe korrekter Um-
rechnungen gelangt man dann zu einem Widerspruch. Damit kann die Annahme nicht richtig sein.

Wir nehmen an $\sqrt{2}$ sei rational. Dann gibt es zwei natürliche Zahlen p
und q mit $\sqrt{2} = \frac{p}{q}$. Dabei seien p und q so gewählt, daß kein Kürzen
mehr möglich ist. p und q seien also teilerfremd. Durch Quadrieren erhält
man

$$2 = \frac{p^2}{q^2} \qquad \text{und hieraus} \qquad p^2 = 2\,q^2.$$

Damit ist die Zahl p^2 gerade. Dann ist aber auch p gerade, denn das
Quadrat einer ungeraden Zahl wäre wieder ungerade. Somit gibt es eine
natürliche Zahl r mit $p = 2r$. Hieraus folgt $p^2 = 4r^2 = 2q^2$ (s. oben).
Division durch 2 ergibt $q^2 = 2r^2$. Dann ist aber auch q^2 und damit q
gerade. Beide Zahlen p und q besitzen dann den Teiler 2. Wäre $\sqrt{2}$
rational, dann wären p und q gleichzeitig teilerfremd und nicht teilerfremd. Dadurch erhält man den Widerspruch. Die Annahme muß also
falsch, das Gegenteil somit richtig sein, d.h. $\sqrt{2}$ ist irrational.

Die Dezimalzahl 1,414213562 liegt schon sehr nahe bei der irrationalen
Zahl $\sqrt{2}$. Da diese Dezimalzahl jedoch rational ist, muß sie von $\sqrt{2}$ verschieden sein. Auch wenn man noch so viel Dezimalstellen dazunimmt, erhält man immer nur eine Näherung. In der Dezimalbruchentwicklung kann
keine Periode auftreten, da jeder periodische Dezimalbruch rational ist. Bei
den Zahlenfolgen in Abschnitt 5.2 kommen wir auf dieses Problem zurück.

Weitere irrationale Zahlen sind z. B.

$\pi \approx$ 3,141592654 als Umfang des Kreises mit dem Durchmesser 1

e $\approx$ 2,718281828 als **Eulersche** Zahl (s. Abschnitt 5.3).

Die Menge aller Zahlen auf dem Zahlenstrahl nennt man **reelle Zahlen** und bezeichnet sie mit $\mathbb{R}$. Allgemein gilt

$\mathbb{N} \subset \mathbb{Z} \subset \mathbb{Q} \subset \mathbb{R}$.

Die Menge der nichtnegativen reellen Zahlen bezeichnet man mit $\mathbb{R}_+$ und die Menge der nichtpositiven mit $\mathbb{R}_-$. Man setzt also

$\mathbb{R}_+ = \{x \mid x \in \mathbb{R} \text{ mit } x \geq 0\}$; $\qquad \mathbb{R}_- = \{x \mid x \in \mathbb{R} \text{ mit } x \leq 0\}$.

Das direkte Produkt $\mathbb{R}^2 = \mathbb{R} \times \mathbb{R}$ stellt die **Zahlenebene** dar. Entsprechend ist $\mathbb{R}^3 = \mathbb{R} \times \mathbb{R} \times \mathbb{R}$ der **dreidimensionale Zahlenraum**.

$\mathbb{R}^n = \underbrace{\mathbb{R} \times \mathbb{R} \times ... \times \mathbb{R}}_{n \text{ Stück}}$ ist der **n-dimensionale Zahlenraum**.

Eigenschaften beim Rechnen mit reellen Zahlen

a und b seien beliebige reelle Zahlen. Dann gilt

$a + b = b + a$; $\quad a \cdot b = b \cdot a$ $\qquad$ (Kommutativgesetze);

$(a + b) + c = a + (b + c)$; $\quad (a \cdot b) \cdot c = a \cdot (b \cdot c)$ (Assoziativgesetze);

$a \cdot (b + c) = a \cdot b + a \cdot c$; $\qquad$ (Distributivgesetz);

$a + 0 = 0 + a = a$; $\quad a \cdot 1 = 1 \cdot a = a$;

$-(a) = -a$; $\quad -(-a) = a$;

$-(a + b) = -a - b$; $\quad -(a - b) = -a + b$;

$(-a) \cdot b = a \cdot (-b) = -a \cdot b$; $\quad (-a) \cdot (-b) = ab$.

Für jede natürliche Zahl n ist das **n-fache Produkt** einer Zahl a die

n-te Potenz $a^n = \underbrace{a \cdot a \cdot ... \cdot a}_{n \text{ Faktoren}}$. Dabei gelten die

---

Potenzgesetze: Für alle natürlichen Zahlen n und m gilt:

$a^1 = a$; $\qquad a^m \cdot a^n = a^{(m+n)}$; $\qquad (a^m)^n = a^{m \cdot n}$;

$\left(\dfrac{a}{b}\right)^n = \dfrac{a^n}{b^n}$ für $b \neq 0$.

2.5 Das Rechnen mit Ungleichungen und Beträgen

In diesem Abschnitt soll das Rechnen mit Ungleichungen und Beträgen behandelt werden. Bei der Lösung bestimmter Probleme, bei denen Ungleichungen oder Beträge vorkommen, sind meistens Fallunterscheidungen notwendig. Allgemein werden dabei reelle Zahlen betrachtet.

2.5.1 Kleiner- oder Größer-Beziehungen

In der Menge der reellen Zahlen $\mathbb{R}$ ist durch die Beziehungen = (gleich) bzw. < (kleiner) ein **Ordnungsbegriff** eigeführt. Für zwei beliebige reelle Zahlen a und b auf dem Zahlenstrahl gilt stets eine der drei Beziehungen:

a < b (a ist **kleiner** als b), falls a links von b liegt

a = b (a ist **gleich** b), falls beide Zahlen zusammenfallen

a > b (a ist **größer** als b), falls a rechts von b liegt

a > b ist gleichwertig mit b < a.

Elementar beweisbar sind folgende

Eigenschaften der < - Beziehung:		
Aus a < b folgt	$a + c \ < \ b + c$	für alle $c \in \mathbb{R}$;
	$a \cdot c \quad < \quad b \cdot c$	für alle c > 0 ;
	$a \cdot c \quad > \quad b \cdot c$	für alle c < 0 ;
aus a > 0 und b > 0 bzw. a < 0 und b < 0	folgt	$a \cdot b > 0$;
aus a < 0 und b > 0 bzw. a > 0 und b < 0	folgt	$a \cdot b < 0$.

Bei der Multiplikation einer Ungleichung mit einer negativen Zahl ändert sich die Richtung der Ungleichung. Aus < wird > und umgekehrt.

Beispiel 5: Gesucht sind die Lösungen der folgenden Ungleichungen

a) $5x - 4 < 4(x + 5) - 7$

$\quad 5x - 4 < 4x + 20 - 7 = 4x + 13$ (Auflösung der Klammer)

$\quad x - 4 \quad < \quad 13$ (Subtraktion von 4x auf beiden Seiten)

$\quad x \qquad < \quad 17$ (Addition von 4 auf beiden Seiten)

Lösungsmenge: $L = \{x \mid x < 17\}$.

b) $\begin{aligned} 3x - 7 &< 6x + 8 \\ -3x - 7 &< 8 \\ -3x &< 15 \\ x &> -5 \end{aligned}$

(Subtraktion von 6x auf beiden Seiten)

(Addition von 7 auf beiden Seiten)

(Division der Ungleichung durch -3)

Lösungsmenge: $L = \{x \mid x > -5\}$.

c) $\begin{aligned} 6x - 5 &< 6(x + 1) - 2 \\ 6x - 5 &< 6x + 4 \\ -5 &< 4 \end{aligned}$

(Ausmultiplizieren)

(Subtraktion von 6x auf beiden Seiten)

Die letzte Bedingung ist für alle x erfüllt. Damit gilt $L = \mathbb{R}$.

d) $\begin{aligned} 4x + 5 &< 3(x + 1) + x - 2 \\ 4x + 5 &< 4x + 1 \\ 5 &< 1 \end{aligned}$

(Ausmultiplizieren)

(Subtraktion von 4x auf beiden Seiten)

Hätte diese Ungleichung eine Lösung, so müßte 5 kleiner als 1 sein. Da dies falsch ist, besitzt die Ungleichung keine Lösung, also $L = \emptyset$.

Die Beziehung $a \leq b$ (a ist **kleiner gleich** b) bedeutet, daß a entweder kleiner als b oder gleich b ist. a darf also nicht größer als b sein. Es gilt z. B. $2 \leq 5$ und $5 \leq 5$.

Endliche Intervalle bestehen aus allen reellen Zahlen, die zwischen zwei Grenzen liegen. Dabei können die Randpunkte dazugenommen (**abgeschlossenes Intervall**) oder weggelassen (**offenes Intervall**) werden. Für $a < b$ benutzt man folgende Bezeichnungen

$$[a; b] = \{x \mid a \leq x \leq b\}$$ abgeschlossenes Intervall;

$$(a; b) = \{x \mid a < x < b\}$$ offenes Intervall;

$$[a; b) = \{x \mid a \leq x < b\}$$ halboffenes Intervall;

$$(a; b] = \{x \mid a < x \leq b\}$$ halboffenes Intervall.

Unendliche Intervalle sind in mindestens einer Richtung nicht beschränkt. Man setzt:

$$(-\infty; b] = \{x \mid x \leq b\}$$ nach oben beschränkt und abgeschlossen;

$$(-\infty; b) = \{x \mid x < b\}$$ nach oben beschränkt und offen;

$$[a; +\infty) = \{x \mid x \geq a\}$$ nach unten beschränkt und abgeschlossen;

$$(a; +\infty) = \{x \mid x > a\}$$ nach unten beschränkt und offen;

$$(-\infty; +\infty) = \mathbb{R}$$ nach beiden Seiten unbeschränkt.

Beispiel 6: Gesucht ist die Lösungsmenge von $\dfrac{5}{2x-1} \geq 4$; $x \neq \dfrac{1}{2}$.

1. Fall $2x - 1 > 0$, also $x > \dfrac{1}{2}$

$\qquad 5 \;\geq\; 8x - 4$ $\qquad\qquad\qquad$ (Multiplikation mit $2x - 1 > 0$)

$\qquad \dfrac{9}{8} \;\geq\; x$; $\quad L_1 = (\dfrac{1}{2}\,;\dfrac{9}{8}]$.

2. Fall $2x - 1 < 0$, also $x < \dfrac{1}{2}$

$\qquad 5 \;\leq\; 8x - 4$ $\qquad\qquad\qquad$ (Multiplikation mit $2x - 1 < 0$)

$\qquad \dfrac{9}{8} \;\leq\; x$; $\quad L_2 = \emptyset$.

Lösungsmenge $L = L_1 = (\dfrac{1}{2}\,;\dfrac{9}{8}]$.

Beispiel 7: Gesucht sind die Lösungen der Ungleichung

$$\frac{1}{x-2} \;\leq\; \frac{3}{x-10} \qquad \text{für } x \notin \{2, 10\}.$$

Die Ungleichung soll mit $(x-2) \cdot (x-10)$ durchmultipliziert werden. Das Vorzeichen dieses Multiplikators hängt von verschiedenen Fallunterscheidungen ab. Zunächst wären 4 Fallunterscheidungen naheliegend und zwar für die Zahlen $x - 2$ und $x - 10$ die Vorzeichenkombinationen $++$, $+-, -+, --$. Es genügen jedoch drei Fälle.

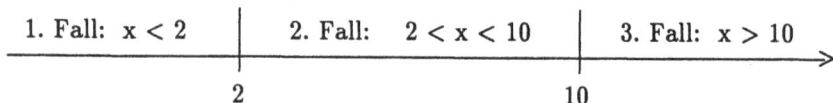

1. Fall: $x < 2$	2. Fall: $2 < x < 10$	3. Fall: $x > 10$
2	10	

1. Fall: $x < 2$. $x - 2$ und $x - 10$ sind negativ, also $(x-2) \cdot (x-10) > 0$.

$\qquad x - 10 \;\leq\; 3x - 6$ $\qquad$ (Multiplikation mit $(x-2) \cdot (x-10) > 0$)

$\qquad\quad -4 \;\leq\; 2x$ $\qquad\qquad$ (Addition von $6 - x$)

$\qquad\quad -2 \;\leq\; x$ $\qquad\qquad\;$ (Division durch 2)

Die Lösungen für diesen Fall müssen also die beiden Bedingungen $x < 2$ und $x \geq -2$ erfüllen. Die Lösungsmenge lautet $L_1 = [-2\,;2)$.

2. Fall: $2 < x < 10$. Wegen $x - 2 > 0$ und $x - 10 < 0$ ist $(x-2) \cdot (x-10) < 0$.

$\qquad x - 10 \;\geq\; 3x - 6$ $\qquad$ (Multiplikation mit $(x-2) \cdot (x-10) < 0$)

$\qquad\quad -4 \;\geq\; 2x$ $\qquad\qquad$ (Addition von $6 - x$)

$\qquad\quad -2 \;\geq\; x$ $\qquad\qquad\;$ (Division durch 2)

Die Lösungen für diesen Fall müssen gleichzeitig die beiden Bedingungen $2 < x < 10$ und $x \leq -2$ erfüllen. Dafür gibt es aber keine Lösung, also $L_2 = \emptyset$.

3. Fall: $x > 10$. $x - 2$ und $x - 10$ sind positiv, also $(x-2) \cdot (x-10) > 0$.

Aus dem ersten Fall erhält man $x \geq -2$. Beide Bedingungen sind für $x > 10$ erfüllt mit der Lösungsmenge $L_3 = (10\,; +\infty)$.

Die gesamte Lösungsmenge lautet $L = L_1 \cup L_2 \cup L_3 = [-2\,;2) \cup (10\,; +\infty)$.

2.5.2 Der Betrag einer reellen Zahl

Unter dem Betrag einer reellen Zahl versteht man den Abstand dieser Zahl vom Nullpunkt. Da Abstände nicht negativ sind, sind auch Beträge nicht negativ. So haben z. B. die beiden Zahlen − 6 und 6 den gleichen Betrag 6.

Definition 1: Für jede reelle Zahl a wird der **Betrag** $|a|$ erklärt durch

$$|a| = \begin{cases} a, & \text{falls } a \geq 0, \\ -a, & \text{falls } a < 0. \end{cases}$$

Folgende Eigenschaften des Betrags sind elementar beweisbar.

Eigenschaften des Betrags:

Für beliebige reelle Zahlen a und b gilt:

$|a| \geq 0; \quad |a| = 0 \ \Leftrightarrow \ a = 0;$

$|-a| = |a|;$

$|a \cdot b| = |a| \cdot |b|;$

$-|a| \leq a \leq |a|;$

$|a| \leq |b| \ \Leftrightarrow \ a^2 \leq b^2;$

$|a + b| \leq |a| + |b| \qquad$ (Dreiecksungleichung).

$|a - b|$ stellt auf dem Zahlenstrahl den **Abstand** der beiden Zahlen a und b voneinander dar.

Beispiel 8: Alle reellen Zahlen x, welche die Bedingung $|x - 5| \leq 2$ erfüllen, dürfen von 5 höchstens den Abstand 2 haben. Damit lautet die Lösung $L = [3 \, ; 7]$.

Beispiel 9: Gesucht ist die Lösungsmenge von $|2x - 5| \leq x + 7$.

1. Fall: $2x - 5 \geq 0$, also $x \geq \frac{5}{2}$. Dann ist $|2x - 5| = 2x - 5$.

$\quad 2x - 5 \leq x + 7$

$\qquad x \leq 12 \qquad\qquad$ (Addition von $5 - x$)

Die Lösungsmenge der beiden Ungleichungen $x \leq 12$ und $x \geq \frac{5}{2}$ lautet $L_1 = [\frac{5}{2}; 12]$.

2. Fall: $2x - 5 < 0$, also $x < \frac{5}{2}$. Dann ist $|2x - 5| = -(2x - 5) = -2x + 5$.

$$-2x + 5 \leq x + 7$$
$$-2 \leq 3x \qquad \text{(Addition von } 2x - 7)$$
$$-\frac{2}{3} \leq x \qquad \text{(Division durch 3)}$$

Die Lösungsmenge der beiden Ungleichungen $-\frac{2}{3} \leq x$ und $x < \frac{5}{2}$ ist
$L_2 = [-\frac{2}{3}; \frac{5}{2})$.

Die Gesamtlösung lautet $L = L_2 \cup L_1 = [-\frac{2}{3}; \frac{5}{2}) \cup [\frac{5}{2}; 12] = [-\frac{2}{3}; 12]$.

Beispiel 10: Ein Unternehmen hat beschlossen, daß der Preis x für eine Ware von 182 DM um höchstens 30 % abweichen darf. Für x muß also folgende Bedingung erfüllt sein

$$|x - 182| \leq 0{,}3x.$$

1. Fall: $x - 182 \geq 0$, d.h. $x \geq 182$; dann ist $|x - 182| = x - 182$;
$$x - 182 \leq 0{,}3x$$
$$0{,}7x \leq 182 \qquad \text{(Addition von } 182 - 0{,}3x)$$
$$x \leq 260 \quad \Rightarrow L_1 = [182; 260]. \qquad \text{(Division durch 0,7)}$$

2. Fall: $x - 182 < 0$, d.h. $x < 182$; dann ist $|x - 182| = -x + 182$;
$$-x + 182 \leq 0{,}3x$$
$$182 \leq 1{,}3x \qquad \text{(Addition x)}$$
$$140 \leq x \quad \Rightarrow L_1 = [140; 182). \qquad \text{(Division durch 1,3)}$$

Lösungsmenge $L = L_1 \cup L_2 = [140; 260]$.

Die untere Preisgrenze ist also 140, die obere 260.

Beispiel 11: Gesucht ist die Lösungsmenge von $|x + 2| < |x - 5|$.

Zunächst wäre es naheliegend, insgesamt vier verschiedene Fälle zu betrachten: $x + 2 \geq 0$, $x - 5 \geq 0$; $x + 2 \geq 0$, $x - 5 < 0$; $x + 2 < 0$, $x - 5 \geq 0$ und $x + 2 < 0$, $x - 5 < 0$.

Wie in Beispiel 7 genügen jedoch drei Fallunterscheidungen.

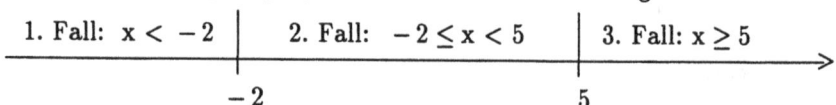

1. Fall: $x < -2$	2. Fall: $-2 \leq x < 5$	3. Fall: $x \geq 5$

$\qquad\qquad\qquad -2 \qquad\qquad\qquad\qquad\qquad 5$

1. Fall: $x < -2$; dann gilt $x + 2 < 0$ und $x - 5 < 0$
$$-x - 2 < -x + 5$$
$$-2 < 5 \quad \text{(ist für alle x erfüllt)} \qquad \text{(Addition von x)}$$
$L_1 = (-\infty; -2)$.

2. Fall: $-2 \leq x < 5$; dann gilt $x + 2 \geq 0$ und $x - 5 < 0$

$$x + 2 < -x + 5$$
$$2x < 3 \qquad \text{(Addition von x − 2)}$$
$$x < \frac{3}{2} ; \quad L_2 = [-2; \frac{3}{2}). \qquad \text{(Division durch 2)}$$

3. Fall: $x \geq 5$; dann gilt $x + 2 > 0$ und $x - 5 \geq 0$

$$x + 2 < x - 5$$
$$2 < -5 \quad \text{(ist für kein x erfüllt)} \qquad \text{(Subtraktion von x)}$$
$$L_3 = \emptyset.$$

Lösungsmenge $L = L_1 \cup L_2 = (-\infty; \frac{3}{2})$.

Beispiel 12: Gesucht ist die Lösungsmenge der quadratischen Ungleichung $x^2 - 3x \leq 10$.

1. Lösungsweg mit Hilfe von Beträgen:

$$x^2 - 3x + \frac{9}{4} \leq 10 + \frac{9}{4} = \frac{49}{4} \qquad \text{(Quadratische Ergänzung)}$$

$$\left(x - \frac{3}{2}\right)^2 \leq \frac{49}{4}.$$

Wegen $\left|x - \frac{3}{2}\right|^2 = \left(x - \frac{3}{2}\right)^2 \leq \frac{49}{4}$ folgt hieraus

$\left|x - \frac{3}{2}\right| \leq \sqrt{\frac{49}{4}} = \frac{7}{2}$; x darf also von $\frac{3}{2}$ um höchstens $\frac{7}{2}$ entfernt sein.

Linker Randpunkt: $\frac{3}{2} - \frac{7}{2} = -2$; rechter Randpunkt $\frac{3}{2} + \frac{7}{2} = 5$.

Lösungsmenge $L = [-2; 5]$.

2. Lösungsweg mit Hilfe der Nullstellen einer Parabel:

$x^2 - 3x - 10 \leq 0$ besteht aus denjenigen Punkten, an denen die Funktionswerte der nach oben geöffneten Parabel $y = x^2 - 3x - 10$ nicht positiv sind. Die Parabel besitzt die Nullstellen $x_1 = -2$ und $x_2 = 5$. Zwischen diesen beiden Stellen sind die Funktionswerte negativ. Damit erhält man die Lösungsmenge $L = [-2; 5]$.

Beispiel 13: Die quadratische Gleichung $x^2 - 2x + 4 = 0$ besitzt keine reellen Lösungen. Daher liegt die durch $y = x^2 - 2x + 4$ definierte nach oben geöffnete Parabel oberhalb der x-Achse.

$x^2 - 2x + 4 \leq 0$ hat daher die Lösungsmenge $\emptyset$.

$x^2 - 2x + 4 \geq 0$ besitzt die Lösungsmenge $\mathbb{R}$.

2.6 Die komplexen Zahlen

Die quadratische Gleichung $x^2 + 1 = 0$, also $x^2 = -1$ besitzt in der Menge der reellen Zahlen $\mathbb{R}$ keine Lösung, da das Quadrat jeder reellen Zahl nicht negativ ist. Durch formales Wurzelziehen erhält man aus der Gleichung die Lösungen

$$x_1 = \sqrt{-1} \; ; \quad x_2 = -\sqrt{-1} \; .$$

Man setzt

$$i = \sqrt{-1} \; ; \quad -i = -\sqrt{-1} \quad \text{mit} \quad i^2 = -1.$$

Dabei ist i die sogenannte **imaginäre Einheit**.

Beispiel 14: Gesucht sind die Lösungen der quadratischen Gleichung

$$x^2 + 2x + 10 = 0$$

$$(x + 1)^2 \quad = -10 + 1 = -9 \qquad \text{(quadratische Ergänzung)}$$

$$x_{1,2} \quad = -1 \pm \sqrt{-9} = -1 \pm \sqrt{(-1)\cdot 9} = -1 \pm 3\,i.$$

Die beiden Lösungen sind komplexe Zahlen.

Definition 2: Sind a und b reelle Zahlen, so heißt

$$z = a + ib$$

eine **komplexe Zahl**. Dabei ist

$$a = \text{Re}(z) \quad \text{der \textbf{Realteil} von } z,$$

$$b = \text{Im}(z) \quad \text{der \textbf{Imaginärteil} von } z,$$

$$i = \sqrt{-1} \quad \text{die \textbf{imaginäre Einheit} mit } i^2 = -1.$$

Die Menge der komplexen Zahlen wird mit $\mathbb{C}$ bezeichnet.

Mit $b = 0$ ist $z = a$ eine reelle Zahl. Damit gilt $\mathbb{R} \subset \mathbb{C}$.

Die beiden Lösungen der quadratischen Gleichung aus Beispiel 14 sind die komplexen Zahlen $z_1 = -1 + 3\,i$ und $z_2 = -1 - 3\,i$. Die Realteile beider komplexer Zahlen stimmen überein. Die Imaginärteile unterscheiden sich nur durch das Vorzeichen. Die beiden Zahlen heißen konjugiert komplex.

Definition 3: Es sei $z = a + ib$ eine komplexe Zahl. Dann heißt

$$\bar{z} = a - ib$$

die zu z **konjugiert komplexe Zahl**.

Komplexe Zahlen lassen sich in der zweidimensionalen Zahlenebene $\mathbb{R} \times \mathbb{R}$ graphisch darstellen. Dabei geht $\bar{z}$ aus z durch Spiegelung an der reellen Achse hervor.

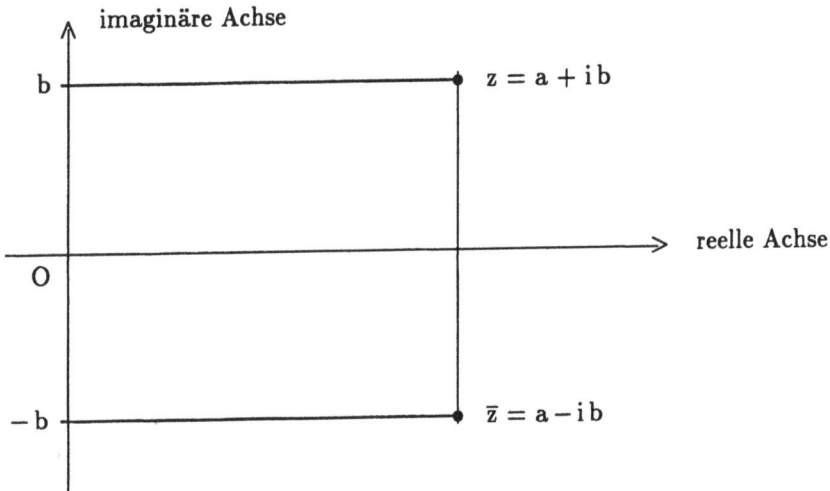

Zum Rechnen mit komplexen Zahlen werden unmittelbar die Rechenregeln für reelle Zahlen übernommen, wobei $i^2 = -1$ gesetzt wird.

$z_1 = a_1 + i\,b_1$ und $z_2 = a_2 + i\,b_2$ seien zwei beliebige komplexe Zahlen.

Dann gilt

Gleichheit: $\quad z_1 = z_2 \;\Leftrightarrow\; a_1 = a_2 \quad$ und $\quad b_1 = b_2$;

Addition: $\quad z_1 + z_2 \;=\; (a_1 + a_2) + i\,(b_1 + b_2)$;

Subtraktion: $\quad z_1 - z_2 \;=\; (a_1 - a_2) + i\,(b_1 - b_2)$;

Multiplikation: $\quad z_1 \cdot z_2 \;=\; (a_1 + i\,b_1) \cdot (a_2 + i\,b_2)$

$\qquad = a_1 a_2 + i\,a_1 b_2 + i\,b_1 a_2 + i^2 b_1 b_2 \;=\; a_1 a_2 - b_1 b_2 + i\,(a_1 b_2 + b_1 a_2)$;

speziell gilt $\qquad z \cdot \bar{z} \;=\; (a + i\,b) \cdot (a - i\,b) = a^2 + b^2 \quad$ (reell);

Division: $\quad \dfrac{z_1}{z_2} \;=\; \dfrac{a_1 + i\,b_1}{a_2 + i\,b_2} \;=\; \dfrac{(a_1 + i\,b_1) \cdot (a_2 - i\,b_2)}{(a_2 + i\,b_2) \cdot (a_2 - i\,b_2)}$

$$\qquad = \frac{(a_1 a_2 + b_1 b_2) + i\,(b_1 a_2 - a_1 b_2)}{a_2^2 + b_2^2} \quad \text{für } a_2^2 + b_2^2 > 0.$$

Bei der Division wird der Bruch mit der konjugiert komplexen Zahl des Nenners erweitert. Dadurch wird der Nenner reell.

Definition 4: Der **Betrag** $|z|$ der komplexen Zahl $z = a + ib$ ist in der komplexen Zahlenebene der Abstand des Punktes z vom Koordinatenursprung (Nullpunkt) O. Nach dem Satz von Pythagoras gilt

$$|z| = \sqrt{a^2 + b^2} = \sqrt{z \cdot \overline{z}} \;.$$

Beispiel 15: $z_1 = 1 - 3i$; $z_2 = 3 + 4i$;

$$z_1 + z_2 = 4 + i; \qquad z_1 - z_2 = -2 - 7i;$$

$$z_1 \cdot z_2 = (1 - 3i) \cdot (3 + 4i) = 3 + 4i - 9i - 12i^2 = 15 - 5i;$$

$$\frac{z_1}{z_2} = \frac{1 - 3i}{3 + 4i} = \frac{(1 - 3i) \cdot (3 - 4i)}{(3 + 4i) \cdot (3 - 4i)} = \frac{3 - 4i - 9i + 12i^2}{9 + 16}$$

$$= \frac{-9 - 13i}{25} = -\frac{9}{25} - \frac{13}{25}i \;;$$

$$|z_1| = \sqrt{1 + 9} = \sqrt{10} \;; \qquad |z_2| = \sqrt{9 + 16} = 5.$$

Lösungen quadratischer Gleichungen

Gesucht sind die Lösungen der quadratischen Gleichung

$$ax^2 + bx + c = 0; \qquad a, b, c \in \mathbb{R} \text{ mit } a \neq 0.$$

Division durch a und anschließende quadratische Ergänzung ergibt

$$x^2 + \frac{b}{a}x = -\frac{c}{a}$$

$$\left(x + \frac{b}{2a}\right)^2 = -\frac{c}{a} + \frac{b^2}{4a^2} = \frac{1}{4a^2} \cdot (b^2 - 4ac)$$

$$x_{1,2} = \frac{1}{2a} \cdot \left(-b \pm \sqrt{b^2 - 4ac}\right).$$

Für die Lösungsmöglichkeiten sind folgende Fallunterscheidungen für die **Diskriminante** $b^2 - 4ac$ notwendig:

<u>1. Fall:</u> $b^2 - 4ac = 0$; $x_1 = x_2 = -\frac{b}{2a}$ \qquad (eine reelle Doppellösung);

<u>2. Fall:</u> $b^2 - 4ac > 0$: $x_{1,2} = \frac{1}{2a} \cdot \left(-b \pm \sqrt{b^2 - 4ac}\right)$ (2 reelle Lösungen);

<u>3. Fall:</u> $b^2 - 4ac < 0$: $z_{1,2} = \frac{1}{2a} \cdot \left(-b \pm i\sqrt{4ac - b^2}\right)$

(2 konjugiert komplexe Lösungen).

Darstellung komplexer Zahlen mit Hilfe von Polarkoordinaten

$r = |z| = \sqrt{a^2 + b^2}$ sei der Betrag der komplexen Zahl $z = a + ib$. Das sogenannte **Argument** φ ist der Winkel zwischen der positiven reellen Achse und der vom Nullpunkt O zum Punkt z gerichteten Strecke. Mit den trigonometrischen Funktionen erhält man die Beziehungen

$$a = r \cdot \cos\varphi; \quad b = r \cdot \sin\varphi.$$

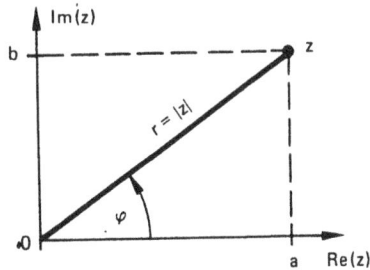

Damit läßt sich die komplexe Zahl z darstellen in der Form

$$z = r \cdot (\cos\varphi + i \cdot \sin\varphi) = |z| \cdot (\cos\varphi + i \cdot \sin\varphi).$$

Mit $z_1 = |z_1| \cdot (\cos\varphi_1 + i \cdot \sin\varphi_1)$; $z_2 = |z_2| \cdot (\cos\varphi_2 + i \cdot \sin\varphi_2)$

erhält man das **Produkt**

$$z_1 \cdot z_2 = |z_1| \cdot (\cos\varphi_1 + i \cdot \sin\varphi_1) \cdot |z_2| \cdot (\cos\varphi_2 + i \cdot \sin\varphi_2)$$

$$= |z_1| \cdot |z_2| \cdot [(\cos\varphi_1\cos\varphi_2 - \sin\varphi_1\sin\varphi_2) + i(\sin\varphi_1\cos\varphi_2 + \cos\varphi_1\sin\varphi_2)]$$

$$= |z_1| \cdot |z_2| \cdot [\cos(\varphi_1+\varphi_2) + i\sin(\varphi_1 + \varphi_2)].$$

Die letzte Gleichung folgt dabei aus den Additionstheoremen der trigonometrischen Funktionen. Bei der Multiplikation werden also die Beträge multipliziert und die Argumente addiert.

Hieraus erhält man unmittelbar die

Formel von A. Moivre (1667 – 1754)

$z^n = |z|^n \cdot (\cos n\varphi + i\sin n\varphi)$ für jede natürliche Zahl n.

Beispiel 16:

a) Für $z = \dfrac{\sqrt{2}}{2} - i\,\dfrac{\sqrt{2}}{2}$

  erhält man $|z| = \dfrac{2}{4} + \dfrac{2}{4} = 1$.

$\cos\varphi = \dfrac{\sqrt{2}}{2}$; $\sin\varphi = -\dfrac{\sqrt{2}}{2}$.

Hieraus folgt $\varphi = 135°$, also

$z = \cos 135° + i\sin 135°$.

b) $z = 2 \cdot (\cos 45° + i\sin 45°)$ ergibt

$z = \sqrt{2} + i\sqrt{2}$.

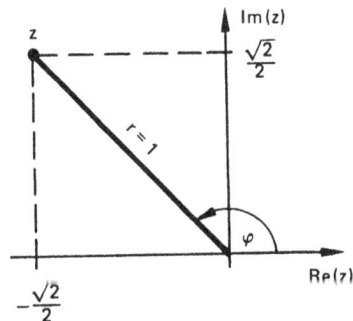

2.7 Aufgaben

1. Skizzieren Sie die Mengen

$A = \{(x,y) \in \mathbb{R} \times \mathbb{R} \mid |x - y| < 1\}; \quad B = \{(x,y) \in \mathbb{R} \times \mathbb{R} \mid y < \frac{1}{2}x - 1\};$

$C = \{(x,y) \in \mathbb{R} \times \mathbb{R} \mid 1 \le x^2 + y^2 \le 4\}$. Bestimmen Sie $A \cap B \cap C$, $C \setminus A$.

2. Gegeben sind die Mengen

$A = \{(x,y) \in \mathbb{R} \times \mathbb{R} \mid y \ge x^2\}; \quad B = \{x \in \mathbb{R} \mid 0 < x \le 2\}.$

a) Skizzieren Sie A und $B \times B$.
b) Bestimmen Sie die Elemente von $A \cap (B \times B) \cap (\mathbb{Z} \times \mathbb{Z})$.

3. Bestimmen Sie die Lösungsmengen aus $\mathbb{R}$ für folgende Ungleichungen:

a) $\frac{20}{x-2} < 5; \; x \ne 2$;

b) $\frac{3x-1}{2x+2} > 1; \; x \ne -1$;

c) $\frac{1}{x} + \frac{3}{2x} \ge 5; \; x \ne 0$;

d) $\frac{1}{x+3} \ge \frac{2}{x-20}; \; x \notin \{-3; 20\}$;

e) $|x-2| < 7$;

f) $|x+5| \ge 20$;

g) $x + |x| \ge 2$;

h) $|x+2| < |x-5|$;

i) $\frac{1}{|x|-1} > 1; \; |x| \ne 1$;

j) $3x^2 - 6x \ge 9$;

k) $x^2 - 2x + 10 < 0$;

l) $x^2 - 2x + 10 > 0$;

m) $|\frac{x^2}{3} - 3| < 9$;

n) $|x^2 - 9| \ge 3x + 1$;

o) $\frac{x^2 - 2x - 8}{x - 3} > 0; \; x \ne 3$;

p) $\frac{x^2 - x - 14}{x + 1} \ge 1; \; x \ne -1$.

4. Die Anzeige einer Personenwaage weicht vom tatsächlichen Gewicht x um maximal $\frac{x}{100} + 0,15$ ab. In welchem Bereich (Intervall) liegt das tatsächliche Gewicht einer Person, für welche die Waage ein Gewicht von 75 kg anzeigt?

5. Berechnen Sie für die komplexen Zahlen $z_1 = 2 + i$ und $z_2 = 3 - 2i$ folgende Ausdrücke:

a) $z_1 + z_2$;

b) $z_1 \cdot z_2$;

c) $\frac{z_1}{z_2}$;

d) $|z_1 - z_2|$;

e) $\left| \frac{z_1}{z_2 - z_1} \right|$;

e) $z_1 \cdot \overline{z_1}$.

6. Lösen Sie folgende Gleichungen:

a) $4x^2 - 8x - 21 = 0$;

b) $3x^2 - 18x + 75 = 0$;

c) $-2x^2 + 8x - 26 = 0$.

Kapitel 3:
Weitere elementare Grundlagen

In diesem Kapitel sollen einige elementare Grundlagen der Mathematik behandelt werden. Im wesentlichen sind es mathematische Methoden, welche meistens in der Schule gebracht werden. Als Zahlenbereich benutzen wir dabei die Menge der reellen Zahlen $\mathbb{R}$.

3.1 Summen und Produkte

Zur Bezeichnung reeller Zahlen reichen die Buchstaben $a, b, c, ..., x, y, z$ im allgemeinen nicht aus. Daher und aus Darstellungsgründen benutzt man **indizierte Symbole**, z. B. a_1, a_2, a_3, ... Dabei ist a_i eine reelle Zahl und i der **Index**. Die Indizes sind meistens natürliche Zahlen.

Mit Hilfe des Summenzeichens $\sum$ lassen sich Summen übersichtlich darstellen. Für die Summe der Quadratzahlen, die höchstens gleich 100 sind, benutzt man die Darstellung

$$1 + 4 + 9 + 16 + 25 + 36 + 49 + 64 + 81 + 100 = \sum_{i=1}^{10} i^2 .$$

In der Summe $\sum$ durchläuft der Index i die natürlichen Zahlen von 1 bis 10. Für $i = 1$ erhält man $1^2 = 1$. $i = 2$ ergibt $2^2 = 4$ usw.. Für i werden der Reihe nach die Zahlen von 1 bis 10 eingesetzt und die Quadrate addiert.

Summenzeichen:
Für zwei natürliche Zahlen m und n mit $m \leq n$ setzt man mit beliebigen, vom Index i abhängigen reellen Zahlen a_i

$$\sum_{i=m}^{n} a_i = a_m + a_{m+1} + a_{m+2} + ... + a_{n-1} + a_n .$$

Für jede natürliche Zahl i von m bis n werden die durch i festgelegten Zahlen a_i aufsummiert. Es wird also die Summe aller Zahlen a_i von $i = m$ bis $i = n$ gebildet. Dabei heißt i der **Summationsindex**, m ist die **untere** und n die **obere Summationsgrenze**.

Beispiel 1:

a) $\displaystyle\sum_{i=10}^{12} i^3 = 10^3 + 11^3 + 12^3 = 1\,000 + 1\,331 + 1\,728 = 4\,059 ;$

b) $\displaystyle\sum_{i=1}^{10} i = 1 + 2 + 3 + 4 + 5 + 6 + 7 + 8 + 9 + 10 = 55 ;$

c) $\displaystyle\sum_{i=1}^{4} \frac{i-1}{i+1} = 0 + \frac{1}{3} + \frac{2}{4} + \frac{3}{5} = \frac{86}{60} = \frac{43}{30} ;$

d) $\displaystyle\sum_{i=1}^{4} \frac{1}{2^i} = \frac{1}{2} + \frac{1}{4} + \frac{1}{8} + \frac{1}{16} = \frac{15}{16} .$

Falls alle Summanden gleich sind, also für $a_i = a$ für $i = m, ..., n$, wird
$(n - m + 1)$-mal die Zahl a addiert. Damit gilt

$$\sum_{i=m}^{n} a = \underbrace{a + a + ... + a}_{n - m + 1 \text{ Summanden}} = (n - m + 1) \cdot a.$$

Aus den Rechenregeln für reelle Zahlen erhält man unmittelbar die Eigenschaften

$$\sum_{i=m}^{n} c \cdot a_i = c \cdot \sum_{i=m}^{n} a_i \quad \text{für jedes } c \in \mathbb{R};$$

$$\sum_{i=m}^{n} (a_i \pm b_i) = \sum_{i=m}^{n} a_i \pm \sum_{i=m}^{n} b_i.$$

Für das Produkt der natürlichen Zahlen von 5 bis 10 schreibt man ähnlich
wie beim Summenzeichen

$$5 \cdot 6 \cdot 7 \cdot 8 \cdot 9 \cdot 10 = \prod_{i=5}^{10} i = 151\,200.$$

Produktzeichen:
Für zwei natürliche Zahlen m und n mit $m \leq n$ stellt

$$\prod_{i=m}^{n} a_i = a_m \cdot a_{m+1} \cdot a_{m+2} \cdot \; \cdots \; \cdot a_{n-1} \cdot a_n$$

das **Produkt** der Zahlen a_i von $i = m$ bis $i = n$ dar.

Beispiel 2:

a) $\displaystyle\prod_{i=3}^{6} \frac{i}{i+1} = \frac{3}{4} \cdot \frac{4}{5} \cdot \frac{5}{6} \cdot \frac{6}{7} = \frac{3}{7};$

b) $\displaystyle\prod_{i=1}^{100} (i^2 - 100) = 0$, da der Faktor für $i = 10$ verschwindet.

c) $\displaystyle\prod_{i=1}^{n} i = 1 \cdot 2 \cdot 3 \cdot ... \cdot (n-1) \cdot n = n!$ (sprich: **n Fakultät**) .

Falls alle Faktoren a_i gleich a sind, erhält man

$$\prod_{i=m}^{n} a = a^{n-m+1} \qquad \big((n - m + 1)\text{-te Potenz von a} \big).$$

3.2 Das Prinzip der vollständigen Induktion

Die einfachste Beweismethode ist die des **direkten Beweises**. Dabei wird eine Behauptung mit Hilfe von mathematischen Umformungen oder Schlußfolgerungen auf direktem Weg nachgewiesen. Eine weiter Beweismethode ist die des **indirekten Beweises**. Mit dieser Methode wurde bereits in Abschnitt 2.4 die Irrationalität von $\sqrt{2}$ gezeigt.

Mit dem Prinzip der **vollständigen Induktion** lassen sich Aussagen oder Formeln beweisen, die für sämtliche natürlichen Zahlen $n \in \mathbb{N}$ oder für alle natürlichen Zahlen $n \geq m$ (m fest) richtig sind.

Allgemein soll bewiesen werden, daß eine von den natürlichen Zahlen n abhängige **Formel** oder **Aussage A(n)** für alle natürlichen Zahlen $n \geq m$ richtig ist. Falls die Behauptung für sämtliche natürliche Zahlen $n \in \mathbb{N}$ bewiesen werden soll, ist $m = 1$ zu setzen.

Beweisführung:

1. **Schritt:** Im **Induktionsanfang (Induktionsverankerung)** wird die Richtigkeit der Aussage für $n = m$ gezeigt.

2. **Schritt:** In der **Induktionsvoraussetzung** wird angenommen, die Aussage sei für eine natürliche Zahl $n_0 \geq m$ richtig.

3. **Schritt:** Im **Induktionsschluß** (Schluß von n_0 auf $n_0 + 1$) wird mit Hilfe der Induktionsvoraussetzung gezeigt, daß die Aussage dann auch für $n_0 + 1$ richtig ist.

Daß diese 3 Schritte zum Beweis ausreichen, kann man sich durch folgende Überlegung klarmachen. Für $n = m$ ist die Aussage nach 1) richtig. Damit setzt man $n_0 = m$. Nach 3) ist sie dann auch für $m + 1$ richtig. Danach setzt man $n_0 = m + 1$. Dann ist die Aussage nach 3) auch für $m + 2$ richtig usw.. Da jeweils die Richtigkeit für den Nachfolger nachgewiesen wird, ist die Behauptung für alle $n \geq m$ richtig.

Beispiel 3: Für jede natürliche Zahl n gilt

$$1 + 2 + 3 + ... + n = \sum_{i=1}^{n} i = \frac{n \cdot (n + 1)}{2}.$$

Beweis:

Induktionsanfang: Für $n = 1$ sind beide Seiten gleich 1.

Induktionsvoraussetzung: Die Behauptung gelte für n_0, d.h.

$$1 + 2 + 3 + ... + n_0 = \sum_{i=1}^{n_0} i = \frac{n_0 \cdot (n_0 + 1)}{2}.$$

Induktionsschluß: Es muß gezeigt werden, daß die Formel auch für $n_0 + 1$ richtig ist, wenn also in der obigen Formel n_0 formal durch $n_0 + 1$ ersetzt wird. Unter Verwendung der Induktionsvoraussetzung muß

$$1 + 2 + 3 + \ldots + (n_0 + 1) = \sum_{i=1}^{n_0+1} i = \frac{(n_0 + 1) \cdot (n_0 + 2)}{2}$$

nachgewiesen werden.

$$\underbrace{1 + 2 + 3 + \ldots + n_0}_{= \frac{n_0 \cdot (n_0+1)}{2} \text{ (nach Induktionsvoraussetzung)}} + (n_0 + 1) = \frac{n_0 \cdot (n_0 + 1)}{2} + (n_0 + 1)$$

$$= (n_0 + 1) \cdot \left[\frac{n_0}{2} + 1\right] = (n_0 + 1) \cdot \frac{n_0 + 2}{2} = \frac{(n_0 + 1) \cdot (n_0 + 2)}{2}.$$

Wenn die Formel für n_0 gilt, ist sie auch für $n_0 + 1$ richtig. Wegen der Induktionsverankerung und dem Induktionsschluß ist die Formel somit für alle $n \in N$ richtig.

Beispiel 4: Für jede natürliche Zahl n gilt

$$1^2 + 2^2 + 3^2 + \ldots + n^2 = \sum_{i=1}^{n} i^2 = \frac{n \cdot (n + 1) \cdot (2n + 1)}{6}.$$

Beweis:

Induktionsanfang: $n = 1$; auf beiden Seiten steht 1.

Induktionsvoraussetzung: Die Behauptung gelte für n_0, d.h.

$$1^2 + 2^2 + 3^2 + \ldots + n_0^2 = \sum_{i=1}^{n_0} i^2 = \frac{n_0 \cdot (n_0 + 1) \cdot (2n_0 + 1)}{6}.$$

Dann folgt daraus

$$1^2 + 2^2 + 3^2 + \ldots + n_0^2 + (n_0 + 1)^2 = \frac{n_0 \cdot (n_0 + 1) \cdot (2n_0 + 1)}{6} + (n_0 + 1)^2$$

$$= (n_0 + 1) \cdot \left[\frac{n_0 \cdot (2n_0 + 1)}{6} + (n_0 + 1)\right] = (n_0 + 1) \cdot \frac{n_0 \cdot (2n_0 + 1) + 6n_0 + 6}{6}$$

$$= (n_0 + 1) \cdot \frac{n_0 \cdot (2n_0 + 3) + 4n_0 + 6}{6} = (n_0 + 1) \cdot \frac{n_0 \cdot (2n_0 + 3) + 2 \cdot (2n_0 + 3)}{6}$$

$$= (n_0 + 1) \cdot \frac{(n_0 + 2) \cdot (2n_0 + 3)}{6} = \frac{(n_0 + 1) \cdot [(n_0 + 1) + 1] \cdot [2(n_0 + 1) + 1]}{6}.$$

Falls die Formel für n_0 gilt, ist sie auch für $n_0 + 1$ richtig.

Damit ist die Gültigkeit der Formel für alle $n \in N$ nachgewiesen.

Bemerkung: Auf den Induktionsanfang, also den Nachweis der Gültigkeit der Aussage $n = m$ darf nicht verzichtet werden. Es gibt nämlich Beispiele, bei denen der Induktionsschluß von n_0 auf $n_0 + 1$ gelingt, obwohl die entsprechende Aussage für keine natürliche Zahl richtig ist. Ein Beispiel dafür ist Aufgabe 3 aus Abschnitt 3.6.

3.3 Binomische Formeln und binomischer Lehrsatz

3.3.1 Binomische Formeln

Aus dem distributiven Gesetz folgt für beliebige reelle Zahlen a, b

$(a + b)^2 = (a + b) \cdot (a + b) = a \cdot (a + b) + b \cdot (a + b) = a^2 + 2ab + b^2;$

$(a - b)^2 = (a - b) \cdot (a - b) = a \cdot (a - b) - b \cdot (a - b) = a^2 - 2ab + b^2;$

$(a + b) \cdot (a - b) = a \cdot (a - b) + b \cdot (a - b) = a^2 - b^2.$

Diese Formeln heißen

Binomische Formeln:

$$(a + b)^2 = a^2 + 2ab + b^2 \qquad \text{(erste binomische Formel)};$$

$$(a - b)^2 = a^2 - 2ab + b^2 \qquad \text{(zweite binomische Formel)};$$

$$(a + b) \cdot (a - b) = a^2 - b^2 \qquad \text{(dritte binomische Formel)}.$$

3.3.2 Fakultäten und Binomialkoeffizienten

Definition 1: Für jede natürliche Zahl $n \in \mathbf{N}$ heißt

$$n! = 1 \cdot 2 \cdot ... \cdot n = \prod_{i=1}^{n} i$$

n-Fakultät.

Für die Zahl 0 wird noch $0! = 1$ gesetzt.

Zur Berechnung benutzt man am bequemsten die Rekursionsformel

$$(n + 1)! = (n + 1) \cdot n! \qquad \text{für} \quad n = 0, 1, 2, ...$$

Es ist z. B. $1! = 1$; $2! = 2$; $3! = 6$; $4! = 24$; $5! = 120$; $6! = 720$.

Definition 2: Für alle nichtnegativen ganzen Zahlen k, $n \in \mathbf{N}_0 = \{0, 1, 2, ...\}$ mit $k \leq n$ heißt

$$\binom{n}{k} = \frac{n!}{k! \cdot (n - k)!} = \frac{n \cdot (n - 1) \cdot (n - 2) \cdot .... \cdot (n - k + 1)}{1 \cdot 2 \cdot ... \cdot k}$$

Binomialkoeffizient.

$\binom{n}{k}$ spricht man "**n über k**" aus.

Aus $0! = 1$ folgt speziell $\binom{n}{0} = 1$. Ferner gilt $\binom{n}{n} = 1$.

Beispiel 5:

$$\binom{15}{1} = 15; \quad \binom{5}{2} = \frac{5 \cdot 4}{1 \cdot 2} = 10; \quad \binom{10}{3} = \frac{10 \cdot 9 \cdot 8}{1 \cdot 2 \cdot 3} = 120.$$

Folgende Eigenschaften sind elementar beweisbar:

Für $k, n \in \mathsf{N}_0 = \{0,1,2,...\}$, $k \leq n$ gilt

$$\binom{n}{k} = \binom{n}{n-k};$$

$$\binom{n}{k} + \binom{n}{k+1} = \binom{n+1}{k+1}.$$

Die Binomialkoeffizienten lassen sich in dem nach **B. Pascal** $(1623 - 1662)$ benannten **Pascal-Dreieck** rekursiv berechnen

$$\binom{0}{0}$$

$$\binom{1}{0} \qquad \binom{1}{1}$$

$$\binom{2}{0} \qquad \binom{2}{1} \qquad \binom{2}{2}$$

$$\binom{3}{0} \qquad \binom{3}{1} \qquad \binom{3}{2} \qquad \binom{3}{3}$$

$$\binom{4}{0} \qquad \binom{4}{1} \qquad \binom{4}{2} \qquad \binom{4}{3} \qquad \binom{4}{4}$$

$$1$$

$$1 \qquad 1$$
$$+$$

$$1 \qquad 2 \qquad 1$$
$$+ \qquad +$$

$$1 \qquad 3 \qquad 3 \qquad 1$$
$$+ \qquad + \qquad +$$

$$1 \qquad 4 \qquad 6 \qquad 4 \qquad 1$$

3.3.3 Der binomische Lehrsatz

Für beliebige reelle Zahlen a, b gilt

$$(a + b)^0 = 1;$$

$$(a + b)^1 = a + b = \binom{1}{0}a\,b^0 + \binom{1}{1}a^0\,b;$$

$$(a + b)^2 = a^2 + 2\,a\,b + b^2 = \binom{2}{0}a^2\,b^0 + \binom{2}{1}a\,b + \binom{2}{2}a^0\,b^2;$$

$$(a + b)^3 = a^3 + 3\,a^2\,b + 3\,a\,b^2 + b^3$$

$$= \binom{3}{0}a^3\,b^0 + \binom{3}{1}a^2\,b + \binom{3}{2}a\,b^2 + \binom{3}{3}a^0\,b^3\,.$$

Allgemein gilt der

> **Binomische Lehrsatz:**
>
> Für jede natürliche Zahl $n \in \mathbf{N}$ gilt
>
> $$(a + b)^n = \sum_{k=0}^{n} \binom{n}{k}a^k\,b^{n-k} = \sum_{i=0}^{n} \binom{n}{i}a^{n-i}b^i\,.$$

Für $n = 1, 2, 3$ sind die Entwicklungen nach dem binomischen Lehrsatz oben direkt angegeben. Der Satz kann mit dem Prinzip der vollständigen Induktion bewiesen werden, wobei die in Abschnitt 3.3.2 angegebenen Eigenschaften der Binomilakoeffizienten benutzt werden. Bei festem n lauten in der obigen Formel die Binomialkoeffizienten

$$\binom{n}{0} = 1;\ \binom{n}{1} = n;\ \binom{n}{2};\ \dots;\ \binom{n}{n-2};\ \binom{n}{n-1} = n;\ \binom{n}{n} = 1.$$

Die Berechnung erfolgt am bequemsten mit Hilfe des Paskalschen Dreiecks aus Abschnitt 3.3.2. Wegen

$$\binom{n}{n-k} = \binom{n}{k}$$

sind die Binomialkoeffizienten (von den beiden Rändern her) symmetrisch.

Ersetzt man in der obigen Formel b durch $(-b)$, so erhält man

$$(a - b)^n = \sum_{i=0}^{n} \binom{n}{i}a^{n-i}(-b)^i\,.$$

3.4 Kombinatorik

In der Kombinatorik wird untersucht, auf wie viele Arten man n verschiedene Dinge anordnen kann bzw. wie viele Möglichkeiten es gibt, aus
der Grundmenge von n Elementen k Stück auszuwählen. Im folgenden sollen die Formeln ohne Beweise zusammengestellt werden. Die Beweise können mit dem Prinzip der vollständigen Induktion oder mit Hilfe anderer
kombinatorischer Überlegungen geführt werden. Sie sind in den meisten
Lehrbüchern der Wahrscheinlichkeitsrechnung bzw. Statistik zu finden.

3.4.1 Anordnungsmöglichkeiten (Permutationen)

Für 2 verschiedene Elemente a, b gibt es die Anordnungsmöglichkeiten
    a b   b a.
Nimmt man ein drittes Element dazu, so gibt es 6 = 3! verschiedene
Anordnungsmöglichkeiten, nämlich

    c a b   a c b   a b c   c b a   b c a   b a c .

Durch Hinzunahme eines vierten Elements erhält man 4! = 24 verschiedene Anordnungsmöglichkeiten.

Definition 3: Jede Anordnung von n verschiedenen Elementen $a_1, a_2, ..., a_n$
heißt eine **Permutation**.

> **Satz 1**: Für n verschiedene Elemente gibt es n! verschiedene Anord-
> nungsmöglichkeiten (Permutationen).

Dieser Satz kann mit dem Prinzip der vollständigen Induktion bewiesen
werden. Die Formel wird aber auch durch folgende Überlegung plausibel:
Für die Besetzung der ersten Stelle gibt es n Möglichkeiten, für die Besetzung der zweiten verbleiben noch $(n-1)$, für die dritte $(n-2)$ Möglichkeiten usw.. Insgesamt erhält man $n \cdot (n-1) \cdot ... \cdot 2 \cdot 1 = n!$ verschiedene
Anordnungsmöglichkeiten.

> **Satz 2**: n Elemente, von denen jeweils $n_1, n_2, ..., n_r$ gleich sind, lassen
> sich auf $\dfrac{n!}{n_1! \cdot n_2! \cdot ... \cdot n_r!}$ verschiedene Arten anordnen.

3.4.2 Auswahlmöglichkeiten (Kombinationen)

Definition 4: Jede Zusammenstellung von k aus n verschiedenen Elementen
$a_1, a_2, ..., a_n$ heißt eine **Kombination k-ter Ordnung**. Dabei sind k und n
natürliche Zahlen.

Die Anzahl der verschiedenen Kombinationen der Ordnung k hängt davon ab, ob es bei der Zusammenstellung (Auswahl) auf die Reihenfolge der Elemente ankommt oder ob die Reihenfolge keine Rolle spielt.

Ferner ist entscheidend, ob jedes Element mehrmals (Ziehen mit Wiederholung) oder höchstens einmal (Ziehen ohne Wiederholung) ausgewählt werden kann. Es gibt also

Kombinationen **mit Berücksichtigung der Reihenfolge**
Kombinationen **ohne Berücksichtigung der Reihenfolge**.

Ferner gibt es

Kombinationen **mit Wiederholung**
Kombinationen **ohne Wiederholung**.

Insgesamt gibt es also vier verschiedene Möglichkeiten. Bei den Fällen ohne Wiederholung gibt es für k > n keine Kombinationen. Bei den Fällen mit Wiederholung darf k beliebig sein.

Satz 3 : Aus n verschiedenen Elementen sollen k Stück ausgewählt werden. Dann ist die Anzahl der verschiedenen Auswahlmöglichkeiten für die k Elemente (Kombinationen k-ter Ordnung) in Abhängigkeit vom Auswahlmodus in der nachfolgenden Tabelle zusammengestellt.

	mit Berücksichtigung der Reihenfolge	ohne Berücksichtigung der Reihenfolge
ohne Wiederholung $k = 1, 2, \ldots, n$	$n \cdot (n-1) \cdot \ldots \cdot (n-k+1)$	$\binom{n}{k}$
mit Wiederholung k beliebig	n^k	$\binom{n+k-1}{k}$

Beispiel 6 :

a) Beim **Fußballtoto** muß bei jedem der elf Spiele eine 1, 2 oder 0 getippt werden. Elfmal muß also aus der Menge $\{0, 1, 2\}$ mit Wiederholung ein Element ausgewählt werden, wobei die Reihenfolge eine Rolle spielt. Insgesamt gibt es dafür $3^{11} = 177\,147$ verschiedene Tippmöglichkeiten.

b) Beim **Zahlenlotto** müssen aus 49 Zahlen 6 ausgewählt werden. Da die Reihenfolge keine Rolle spielt und eine Zahl höchstens einmal angekreuzt werden darf, gibt es $\binom{49}{6} = 13\,983\,816$ Möglichkeiten.

c) Aus 30 Vereinsmitgliedern sollen der erste, zweite und dritte Vorstand gewählt werden.

Es handelt sich um eine Kombination 3. Ordnung mit Berücksichtigung der Reihenfolge. Dafür gibt es insgesamt $30 \cdot 29 \cdot 28 = 24\,360$ verschiedene Wahlmöglichkeiten.

d) Bei einer Wahl kandidieren 5 Parteien. Jeder Wähler hat 5 Stimmen, wobei er einer Partei beliebig viele Stimmen geben darf. Wie viele Möglichkeiten hat er, seine Stimmen zu verteilen, falls er alle 5 Stimmen abgibt? Es handelt sich dabei um eine Kombination fünfter Ordnung mit Wiederholung. Ihre Anzahl lautet

$$\binom{5+5-1}{5} = \binom{9}{5} = 126.$$

Beispiel 7 : Unter 20 Personen sollen vier Preise verteilt werden. Dazu müssen aus der Grundmenge der 20 Personen vier zufällig ausgewählt werden. Zur Berechnung der Anzahl der Verteilungsmöglichkeiten werden die folgenden Situationen betrachtet:

1) Die gleiche Person kann höchstens einen Preis bekommen;
2) die gleiche Person kann mehrere, evtl. sogar alle vier Preise erhalten.

a) Alle Preise sind verschieden;
b) alle Preise sind gleich.

Aus n = 20 Personen werden k = 4 ausgewählt, von denen jede einen Preis erhält. Insgesamt gibt es vier verschiedene Modelle, nämlich:

1a) Eine Person kann höchstens einen Preis erhalten und alle Preise sind verschieden (Ziehen ohne Wiederholung unter Berücksichtigung der Reihenfolge).

1b) Eine Person kann höchstens einen Preis erhalten und alle Preise sind gleich (Ziehen ohne Wiederholung ohne Berücksichtigung der Reihenfolge).

2a) Eine Person kann mehrere Preise erhalten und alle Preise sind verschieden (Ziehen mit Wiederholung unter Berücksichtigung der Reihenfolge).

2b) Eine Person kann mehrere Preise erhalten und alle Preise sind gleich (Ziehen mit Wiederholung ohne Berücksichtigung der Reihenfolge).

Mit n = 20 und k = 4 erhält man die Anzahl der Auswahlmöglichkeiten

	alle Preise verschieden	alle Preise gleich
höchstens einen Preis für die gleiche Person	1a) $20 \cdot 19 \cdot 18 \cdot 17 = 116\,280$	1b) $\binom{20}{4} = 4\,845$
mehrere Preise für die gleiche Person	2a) $20^4 = 3\,200\,000$	2b) $\binom{23}{4} = 8\,855$

3.5 Arithmetische und geometrische Folgen und Reihen

Beispiel 8: Ein Betrieb produziere von einer bestimmten Ware im ersten Jahr a Einheiten. Die Produktionsmenge soll in jedem Jahr um den gleichen absoluten Betrag d erhöht werden. Für die Produktionsmenge im n-ten Jahr a_n gilt der Reihe nach:
$a_1 = a$; $a_2 = a + d$; $a_3 = a + 2d$; $a_4 = a + 3d$; $a_5 = a + 4d$; ....
allgemein $a_n = a + (n-1)d$ für $n = 1, 2, 3, ...$.

Definition 5:
a) Jede natürliche Zahl $n \in N$ werde durch f abgebildet auf die reelle Zahl $f(n) = a_n \in R$. Dann heißt $(a_n)_{n \in N}$ eine **Folge** oder **Zahlenfolge**. Dabei nennt man a_n das n-te **Glied** der Folge. n ist der **Index**.

b) Die Folge $(a_n)_{n \in N}$ heißt **arithmetische Folge**, falls für jedes $n \in N$ gilt

$a_n = a + (n-1)d$ für $n = 1, 2, ...$

wobei a und d vorgegebene reelle Zahlen sind.

Wegen
$$a_{n+1} - a_n = a + nd - [a + (n-1)d] = nd - (n-1)d = d$$
ist die Differenz zweier aufeinanderfolgender Glieder konstant. Eine arithmetische Zahlenfolge ist durch das Anfangsglied $a_1 = a$ und die konstante Differenz d eindeutig bestimmt.

Beispiel 9:
a) Das Anfangsglied $a = 5$ und die Differenz $d = 3$ ergibt die arithmetische Folge $5, 8, 11, 14, 17, 20, ...$

b) Alle durch 7 teilbaren natürlichen Zahlen bilden die arithmetische Folge $7, 14, 21, 28, 35, 42, ...$ mit $a = d = 7$.

Beispiel 10 (lineare Abschreibung): Eine bestimmte Maschine mit dem Anschaffungswert K soll in N gleichen Jahresraten voll abgeschrieben werden. Der jährliche Abschreibungsbetrag ist $\frac{K}{N}$. In n Jahren werden dann insgesamt $n \cdot \frac{K}{N}$ Einheiten abgeschrieben für $n = 1, 2, ..., N$. Der Bilanzwert B_n am Ende des n-ten Jahres lautet

$$B_n = K - n \cdot \frac{K}{N} = K \cdot (1 - \frac{n}{N}) \quad \text{für } n = 1, 2, ..., N \quad \text{mit} \quad B_N = 0.$$

Wegen

$$B_{n+1} - B_n = -\frac{K}{N} = d; \quad B_1 = K \cdot (1 - \frac{1}{N}) = a$$

bilden die Restwerte den Anfang einer arithmetischen Folge.

Beispiel 11 (Zinsrechnung ohne Zinseszins): Ein Kapital K werde jährlich mit p % verzinst, wobei die Zinsen am Ende eines jeden Jahres gutgeschrieben, aber nicht mehr weiterverzinst werden. In jedem Jahr fällt also der gleiche Zinsbetrag $K \cdot \frac{p}{100}$ an. Für die Kontostände K_n nach n Jahren gilt

$$K_1 = K + K \cdot \frac{p}{100} \quad = K \cdot (1 + \frac{p}{100}) \quad = a;$$

$$K_2 = K_1 + K \cdot \frac{p}{100} \quad = K \cdot (1 + 2 \cdot \frac{p}{100});$$

$$K_3 = K_2 + K \cdot \frac{p}{100} \quad = K \cdot (1 + 3 \cdot \frac{p}{100}).$$

Allgemein gilt

$$K_n = K_{n-1} + K \cdot \frac{p}{100} \quad = K \cdot (1 + n \cdot \frac{p}{100}) \quad \text{für } n \in \mathbf{N}.$$

Die Kontostände K_n bilden eine arithmetische Folge mit $a = K \cdot (1 + \frac{p}{100})$ und $d = K \cdot \frac{p}{100}$.

Definition 6: Die Summen $s_n = \sum\limits_{i=1}^{n} a_i = \sum\limits_{i=1}^{n} [a + (i-1)d]$ der ersten n Glieder einer arithmetischen Folge für $n = 1,2,...$ nennt man **arithmetische Reihe**.

Für die arithmetische Reihe erhält man den Wert

$$s_n = a + [a + d] + [a + 2d] + ... + [a + (n-1)d]$$

$$= n \cdot a + d \cdot [1 + 2 + 3 + ... + (n-1)].$$

Die hier auftretende Summe läßt sich mit einem angeblich erstmals von dem deutschen Mathematiker **C.F. Gauß** (1777 – 1855) angewandten Trick sehr einfach berechnen

$$
\begin{aligned}
x &= 1 + 2 + 3 + \dots\dots + (n-2) + (n-1) \\
x &= (n-1) + (n-2) + (n-3) + \dots\dots + 2 + 1
\end{aligned} \Bigg\} +
$$

$$\overline{2x = n + n + n + \dots\dots + n + n}$$

Auf der rechten Seite steht (n − 1)-mal der Summand n, also
$2x = (n-1) \cdot n$.

Hieraus folgt für jedes $n \in \mathbf{N}$

$$1 + 2 + 3 + ... + (n-1) = \sum_{i=1}^{n-1} i = \frac{(n-1) \cdot n}{2}.$$

Ersetzt man in dieser Formel $n - 1$ durch n und somit n durch $n + 1$, so erhält man die in Beispiel 3 aus Abschnitt 3.2 angegebene Formel, die dort mit dem Prinzip der vollständigen Induktion bewiesen wurde, also

$$1 + 2 + 3 + \ldots + n = \sum_{i=1}^{n} i = \frac{n \cdot (n+1)}{2} \, .$$

Für die arithmetische Reihe erhält man hiermit

$$s_n = n \cdot a + \frac{(n-1) \cdot n}{2} \cdot d = \frac{n}{2} \cdot [\underbrace{a}_{= a_1} + \underbrace{a + (n-1)d}_{= a_n}] = \frac{n}{2} \cdot (a_1 + a_n).$$

Für eine arithmetische Reihe gilt:

$$s_n = \sum_{i=1}^{n} a_i = \sum_{i=1}^{n} [a + (i-1)d] = \frac{n}{2} \cdot [2a + (n-1)d] = \frac{n}{2} \cdot (a_1 + a_n).$$

Beispiel 12: Gesucht ist die Summe aller durch 7 teilbaren Zahlen, die kleiner als 1000 sind. Die Zahlen bilden eine arithmetische Folge mit $a = d = 7$.
Die Anzahl n ist der ganzzahlige Anteil von $\frac{1000}{7} \approx 142{,}8$, also $n = 142$.
Mit $a_1 = 7$, $a_{142} = 142 \cdot 7 = 994$ erhält man die gesuchte Summe

$$s_{142} = \frac{142}{2} \cdot (7 + 994) = 71\,071.$$

Beispiel 13: Im Jahre 1982 hat die deutsche Bundespost Überlegungen angestellt, Briefmarken von Automaten drucken zu lassen und zwar von 5 Pfg. an aufwärts bis zu 100 DM in Abständen von jeweils 5 Pfg. Insgesamt gäbe es dann $n = \frac{100}{0{,}05} = 2\,000$ verschiedene Briefmarken, für deren Erwerb ein Sammler insgesamt $\frac{2\,000}{2} \cdot (0{,}05 + 100) = 100\,050$ DM aufwenden müßte.

Beispiel 14 (vgl. Beispiel 8): In Beispiel 8 soll jährlich die Produktionsmenge aus dem Vorjahr um p % erhöht werden. Für die Produktionsmenge im n-ten Jahr a_n gilt der Reihe nach mit $q = 1 + \frac{p}{100}$

$$a_1 = a; \quad a_2 = a + a \cdot \frac{p}{100} = a \cdot (1 + \frac{p}{100}) = a \cdot q \, ;$$

$$a_3 = a_2 \cdot (1 + \frac{p}{100}) = a \cdot q^2; \quad a_4 = a_3 \cdot (1 + \frac{p}{100}) = a \cdot q^3;$$

allgemein gilt $a_n = a_{n-1} \cdot q = a \cdot q^{n-1}$ für $n = 1, 2, 3, \ldots$ mit

$$q = 1 + \frac{p}{100}; \quad q^0 = 1.$$

Definition 7: Die Folge $(a_n)_{n \in N}$ heißt **geometrische Folge**, falls für jedes $n \in N$ gilt $a_n = a \cdot q^{n-1}$. Dabei sind a und $q \neq 0$ konstante reelle Zahlen.

Wegen

$$\frac{a_{n+1}}{a_n} = q \quad \text{für alle } n$$

ist der Quotient zweier aufeinanderfolgender Glieder konstant. Eine geometrische Folge ist durch das Anfangsglied $a_1 = a$ und den Quotienten q eindeutig bestimmt mit $a_1 = a$; $a_2 = a \cdot q$; $a_3 = a \cdot q^2$; $a_4 = a \cdot q^3$; ...

Beispiel 15 (geometrisch-degressive Abschreibung vgl. Beispiel 10):

In Beispiel 10 soll jedes Jahr p % vom Restwert aus dem Vorjahr abgeschrieben werden. Die Bilanzwerte B_n am Ende des n-ten Jahres lauten

$$B_1 = K - K \cdot \frac{p}{100} = K \cdot (1 - \frac{p}{100}) = K \cdot q = a ;$$

$$B_2 = B_1 - B_1 \cdot \frac{p}{100} = B_1 \cdot (1 - \frac{p}{100}) = K \cdot q^2 = a \cdot q;$$

....

$$B_n = B_{n-1} - B_{n-1} \cdot \frac{p}{100} = B_{n-1} \cdot (1 - \frac{p}{100}) = K \cdot q^n = a \cdot q^{n-1}$$

für $n = 1, 2, 3, \ldots$ Die Bilanzwerte bilden also eine geometrische Folge.

Beispiel 16 (Zinsrechnung mit Zinseszins vgl. Beispiel 11): In Beispiel 11 sollen die Zinsen ebenfalls jährlich verzinst werden. Dann lauten die Kontostände

$$K_1 = K + K \cdot \frac{p}{100} = K \cdot q = a;$$

$$K_2 = K_1 + K_1 \cdot \frac{p}{100} = K_1 \cdot q = K \cdot q^2.$$

Allgemein gilt

$$K_n = K_{n-1} + K_{n-1} \cdot \frac{p}{100} = K_{n-1} \cdot q = K \cdot q^n \quad \text{für } n \in N .$$

Die Kontostände K_n bilden eine geometrische Folge mit $a = K \cdot (1 + \frac{p}{100})$ und $q = 1 + \frac{p}{100}$.

Definition 8: Die Summen $s_n = \sum_{i=1}^{n} a_i = \sum_{i=1}^{n} a \cdot q^{i-1}$ der ersten n Glieder einer geometrischen Folge für $n = 1, 2, \ldots$ nennt man **geometrische Reihe**.

Die Glieder der geometrische Reihe lauten

$$s_n = \sum_{i=1}^{n} a \cdot q^{i-1} = a \cdot \sum_{i=1}^{n} q^{i-1} = a \cdot [1 + q + q^2 + \ldots + q^{n-1}].$$

Für die hier auftretende Summe erhält man

$$\left.\begin{array}{rcccccccccc}
x & = & 1 & + & q & + & q^2 & + & \ldots\ldots & + & q^{n-1} \\
x \cdot q & = & & & q & + & q^2 & + & \ldots\ldots & + & q^{n-1} + q^n
\end{array}\right\} -$$

$$x \cdot (1-q) = 1 - q^n.$$

Für $q \neq 1$ folgt hieraus $x = \dfrac{1-q^n}{1-q} = \dfrac{q^n-1}{q-1}$; $q = 1$ ergibt $x = n$.

Damit gilt allgemein

$$\boxed{\begin{array}{l}
\displaystyle\sum_{k=0}^{n-1} q^k = 1 + q + q^2 + \ldots + q^{n-1} = \dfrac{q^n-1}{q-1} \qquad \text{für } q \neq 1; \\[3mm]
\displaystyle\sum_{k=0}^{n} q^k = 1 + q + q^2 + \ldots + q^n = \dfrac{q^{n+1}-1}{q-1} \qquad \text{für } q \neq 1; \\[3mm]
\displaystyle\sum_{k=m}^{n} q^k = q^m \cdot (1 + \ldots + q^{n-m}) = q^m \cdot \dfrac{q^{n-m+1}-1}{q-1} \qquad \text{für } q \neq 1.
\end{array}}$$

Diese Formeln können auch mit dem Prinzip der vollständigen Induktion bewiesen werden (s. Aufgabe 2 in Abschnitt 3.6).

Man beachte, daß die Reihen jeweils mit $q^0 = 1$ beginnen müssen.

Beispiel 17 (jährliche Einzahlung mit Zinseszins): Jeweils zu Jahresbeginn werde der gleiche Betrag E auf ein Konto eingezahlt, das jährlich mit p % verzinst wird. Gesucht ist der Kontostand K_n nach n Jahren.

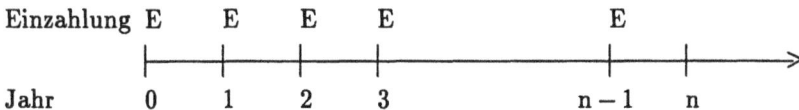

Einzahlung E	E	E	E		E	
Jahr 0	1	2	3		$n-1$	n

Die erste Einzahlung wird n-mal verzinst und trägt zum Endstand mit $E \cdot q^n$ bei. Die zweite Einzahlung wird $(n-1)$-mal verzinst mit einem Beitrag von $E \cdot q^{n-1}$ usw.; die letzte Einzahlung wird einmal verzinst mit einem Anteil von $E \cdot q$. Daraus folgt mit umgekehrter Summationsreihenfolge

$$\begin{aligned}
K_n &= E \cdot q + E \cdot q^2 + \ldots + E \cdot q^n \\
&= E \cdot q \cdot [1 + q + q^2 + \ldots + q^{n-1}] = E \cdot q \cdot \dfrac{q^n-1}{q-1}.
\end{aligned}$$

Für $E = 1\,000$ DM, $n = 10$ Jahre und $p = 6\%$ erhält man den Zahlenwert

$$K_{10} = 1\,000 \cdot 1{,}06 \cdot \dfrac{1{,}06^{10}-1}{0{,}06} = 13\,971{,}64 \text{ DM}.$$

3.6 Aufgaben

1. Berechnen Sie:

a) $\sum\limits_{i=1}^{5} \left(2i + 5 - \frac{1}{i}\right)$;   b) $\prod\limits_{i=1}^{20} \frac{i}{i+3}$;   c) $\prod\limits_{i=30}^{50} \frac{(i+1)\cdot(i-1)}{i^2-1}$.

2. Zeigen Sie mit Hilfe der vollständigen Induktion:

$1 + q + q^2 + \dots + q^n = \sum\limits_{i=0}^{n} q^i = \frac{q^{n+1}-1}{q-1}$ für $q \neq 1$, $n \in \mathsf{N}$.

3. Zeigen Sie, daß zum Beweis der Behauptung: "$n^2 + n + 1$ ist gerade für jedes $n \in \mathsf{N}$" der Induktionsschluß gelingt, obwohl die Behauptung für alle n falsch ist.

4. Zeigen Sie, daß für jedes $x \geq -1$ und jedes $n \geq 1$ die **Bernoullische Ungleichung** $(1 + x)^n \geq 1 + nx$ gilt. Dabei gilt die Gleichheit nur für $x = 0$ und $n = 1$.

5. Beweisen Sie
a) $2^n > n$ für $n = 0, 1, 2, \dots$;   b) $2^n > n^2$ für $n \geq 5$.

6. Beweisen Sie mit Hilfe der vollständigen Induktion, daß die nachfolgenden Formeln für jedes $n \in \mathsf{N}$ richtig sind:

a) $1 + 3 + 5 + \dots + (2n-1) = \sum\limits_{i=1}^{n}(2i-1) = n^2$

b) $1^3 + 2^3 + 3^3 + \dots + n^3 = \sum\limits_{i=1}^{n} i^3 = \frac{n^2 \cdot (n+1)^2}{4}$

c) $1 \cdot 2 + 2 \cdot 3 + 3 \cdot 4 + \dots + (n-1) \cdot n = \sum\limits_{i=1}^{n-1} i \cdot (i+1) = \frac{n \cdot (n^2-1)}{3}$.

7. In einer Urne sind 4 Zettel mit den Nummern $1, 2, 3, 4$. Daraus wird viermal hintereinander a) ohne, b) mit zwischenzeitlichem Zurücklegen ein Zettel zufällig ausgewählt, wobei die Ziffern in der Reihenfolge ihrer Ziehung eine vierstellige Zahl ergeben. Wie viele Möglichkeiten gibt es?

8. Wie viele verschiedene Buchstabenfolgen mit $2, 3$ bzw. 4 Buchstaben kann man aus dem deutschen Alphabet (26 Buchstaben) bilden?

9. Zwölf nicht unterscheidbare Kugeln werden auf zehn Kästchen zufällig verteilt, wobei in jedes Kästchen mehrere Kugeln gelangen können. Wie viele Verteilungsmöglichkeiten gibt es?

10. In einem Kino hat die erste Sitzreihe 10 Plätze, die zweite 12, die dritte 14 usw., d. h. jede Reihe hat zwei Plätze mehr als die vor ihr liegende.

a) Wie viele Plätze hat die 15. Reihe?
b) Wie viele Plätze gibt es, wenn im Kino 15 Sitzreihen aufgebaut sind?
c) Wie viele Sitzreihen muß das Kino haben, wenn mindestens 250 Besucher Platz finden sollen?

11. Berechnen Sie die Summe aller dreistelligen natürlichen Zahlen, die durch 17 teilbar sind.

12. Von einer Maschine werde jährlich 10 % des Restwertes aus dem Vorjahr abgeschrieben. Wie viel Prozent des Anschaffungswertes beträgt der Restwert a) nach 10, b) nach 30 Jahren?

13. Von einer arithmetischen Folge seien $a_3 = 8$ und $a_{11} = 32$ bekannt. Wie lautet das n-te Glied a_n.

14. Beim Roulette beginnt ein Spieler mit einem Einsatz von 5 DM. Nach jedem Spiel verdoppelt er seinen Einsatz bis er gewinnt bzw. bis der zulässige Höchsteinsatz von 6000 DM bei der Verdoppelung überschritten würde.
a) Aus wie vielen Spielen kann eine solche Serie höchstens bestehen?
b) Welcher maximale Gesamteinsatz ist in einer solchen Serie möglich?

15. Eine Firma A erhöht ihre Preise um 40 %. Eine andere Firma B erhöht die Preise viermal kurz hintereinander um jeweils 9 %. Welche Firma erzielt die größere Preissteigerung?

16. Berechnen Sie folgende Summen

a) $\sum_{i=0}^{10} 2^i$;   b) $\sum_{i=0}^{5} \frac{1}{2^i}$;   c) $\sum_{i=1}^{10} \left(-\frac{1}{3}\right)^i$.

17. Welchen Betrag muß jemand 10 Jahre lang jeweils zum Jahresbeginn bei einem Zinssatz von 8 % einzahlen, damit am Ende des 10. Jahres der Kontostand DM 20 000 beträgt?

18. Wie viel Prozent vom Restwert muß jährlich geometrisch-degressiv abgeschrieben werden, damit nach 10 Jahren der Restwert genau
a) 10 % ,   b) genau 5 %,   c) genau 1 %
des Anschaffungswertes beträgt?

19. Von einer Maschine mit dem Anschaffungswert 10 000 DM wird jährlich geometrisch degressiv 20 % abgeschrieben. Nach welcher Zeit wird der Restwert 100 DM erstmals unterschritten?

Kapitel 4:
Grundlagen der Finanzmathematik

In diesem Kapitel sollen die wichtigsten Grundlagen der Finanzmathematik behandelt werden. Dazu gehören: Zins-, Zinseszins-, Renten- und Investitionsrechnung sowie verschiedene Tilgungspläne für Schulden. Die arithmetische und geometrisch-degressive Abschreibungen wurden bereits in Abschnitt 3.5 gebracht. Grundlagen für die Formeln sind die arithmetischen und geometrischen Folgen und Reihen aus Abschnitt 3.5.

Bei jährlicher Verzinsung und jährlicher Einzahlung ist es sinnvoll, als sogenannte **Periode** (Einheit) jeweils ein Jahr zu wählen. Finden Einzahlungen und Verzinsungen jeweils vierteljährlich oder monatlich statt, so wählt man als Periode ein Vierteljahr oder einen Monat.

Falls Ein- bzw. Auszahlungen am Anfang einer Periode stattfinden, spricht man von **vorschüssigen Zahlungen**, Zahlungen am Ende einer Periode heißen **nachschüssig**. Werden die Zinsen am Ende einer Periode fällig, so spricht man von **nachschüssigen Zinsen**; Zinsen, die am Anfang einer Periode gezahlt werden, heißen **vorschüssige Zinsen**. Im allgemeinen werden Zinsen nachschüssig gezahlt, während Zahlungen vor- oder nachschüssig geleistet werden.

Wenn für eine Periode nachschüssig p % Zinsen gezahlt werden, heißt p der **Zinsfuß**, $i = \frac{p}{100}$ der **Zinssatz** und $q = 1 + i = 1 + \frac{p}{100}$ der **Zinsfaktor**.

Der Zinsfaktor q wurde bereits in Beispiel 16 von Abschnitt 3.5 benutzt.

4.1 Verzinsung einmaliger Einzahlungen

Hier soll nur der Fall betrachtet werden, daß ein Anfangskapital K_0 sowie die angefallenen Zinsen verzinst werden. Weitere Einzahlungen finden nicht statt.

4.1.1 Nachschüssige Verzinsung

Am Ende einer jeden Zinsperiode werde der gesamte Kontostand mit p % verzinst. Dann gilt nach Beispiel 16 von Abschnitt 3.5:

> Ein Anfangskapital K_0 werde nachschüssig pro Periode mit p % mit Zinseszins verzinst. Dann wächst das Kapital nach n Zinsperioden an auf ein Endkapital
>
> $$K_n = K_0 \cdot \left(1 + \frac{p}{100}\right)^n = K_0 \cdot q^n \quad \text{für} \ n \in \mathsf{N}.$$

Beispiel 1:

a) Bei einer jährlichen Verzinsung mit 8 % wächst ein Kapital von 2000 DM in 10 Jahren an auf $2000 \cdot 1{,}08^{10} = 4317{,}85$ DM.

b) Damit in 10 Jahren das Kapital auf 5000 DM anwächst, muß das Anfangskapital $K_0 = \dfrac{5000}{1{,}08^{10}} = 2315{,}97$ DM betragen.

Falls n, K_n und p vorgegeben sind, heißt der aus der obigen Formel berechnete Wert $K_0 = K_n/q^n$ der **Barwert** der nach n Perioden anfallenden Zahlung der Höhe K_n. Man spricht hier von einer **Abzinsung** oder **Diskontierung**.

Die obige Formel enthält die vier Größen n, K_n, K_0 und p. Davon können drei vorgegeben werden, wodurch die vierte bestimmt ist. Die Auflösungen sollen zusammengestellt werden:

$$K_n = K_0 \cdot q^n; \quad K_0 = \frac{K_n}{q^n}; \quad p = 100 \cdot \left[\sqrt[n]{\frac{K_n}{K_0}} - 1\right]; \quad n = \frac{\ln\left(\frac{K_n}{K_0}\right)}{\ln q}.$$

Dabei ist ln der natürliche Logarithmus (s. Abschnitt 6.5).

Beispiel 2: Ein Ausgangskapital von 5000 DM werde jährlich mit 6 % verzinst. Nach wie vielen Jahren wird der Konstostand von 20000 erstmals überschritten?
Aus der obigen Formel folgt

$$n = \frac{\ln\frac{20000}{5000}}{\ln 1{,}06} = 23{,}79.$$

Nach 24 Jahren (aufgerundet) beträgt das Kapital mehr als 20000 DM.

4.1.2 Unterjährige Verzinsung

Für ein Anfangskapital K_0 sollen nicht am Ende einer Periode p%, sondern nach jeweils $\frac{1}{m}$ Perioden $\frac{p}{m}$ % Zinsen gezahlt werden. Für $m \geq 2$ spricht man von **unterjähriger Verzinsung**. Dann zerfällt eine Periode in m Teilbereiche, in denen jeweils $\frac{p}{m}$ % Zinsen gezahlt werden. p heißt der **nominelle Zinsfuß**.

Ein Anfangskapital K_0 werde nach jeweils $\frac{1}{m}$ Perioden mit $\frac{p}{m}$ % mit Zinseszins verzinst. Dann wächst das Kapital nach n Perioden an auf ein Endkapital

$$K_n = K_0 \cdot \left(1 + \frac{p}{m \cdot 100}\right)^{n \cdot m} \text{ für } m, n \in \mathbb{N}.$$

Beispiel 3: Ein Kapital $K_0 = 100\,000$ DM werde für 20 Jahre zu einem nominellen Zinsfuß von 6 % mit Zinseszins angelegt. Dann beträgt das Endkapital

bei jährlicher Zinszahlung	$100\,000 \cdot 1{,}06^{20}$	$= 320\,713{,}55$ DM
bei halbjährlicher Zinszahlung	$100\,000 \cdot 1{,}03^{40}$	$= 326\,203{,}78$ DM
bei vierteljährlicher Zinszahlung	$100\,000 \cdot 1{,}015^{80}$	$= 329\,066{,}28$ DM
bei monatlicher Zinszahlung	$100\,000 \cdot 1{,}005^{240}$	$= 331\,020{,}45$ DM
bei wöchentlicher Zinszahlung	$100\,000 \cdot (1 + \frac{6}{100 \cdot 52})^{1040}$	$= 331\,782{,}09$ DM
bei täglicher Zinszahlung	$100\,000 \cdot (1 + \frac{6}{100 \cdot 360})^{7\,200}$	$= 331\,978{,}50$ DM.

Je öfter unterjährig verzinst wird, umso größer wird der Enstand. Der Grund dafür ist der Zinseszinseffekt.

In der obigen Formel ist p der **nominelle Zinsfuß**. Der **effektive Zinsfuß** p_{eff} ist derjenige nachschüssige Zinsfuß pro Periode, der für jedes n zum gleichen Endstand K_n führt wie die unterjährige Verzinsung. Für n = 1 erhält man die Bedingung:

$$K_1 = K_0 \cdot \left(1 + \frac{p}{m \cdot 100}\right)^m = K_0 \cdot \left(1 + \frac{p_{eff.}}{100}\right).$$

Damit gilt

$$\left(1 + \frac{p}{m \cdot 100}\right)^m = \left(1 + \frac{p_{eff.}}{100}\right);$$

$p_{eff.} = $ **effektiver Zinsfuß**;

$p = $ **nomineller Zinsfuß**; m-mal werden unterjährig $\frac{p}{m}$ % gezahlt.

Beispiel 4:

a) Für einen Kredit muß jemand vierteljährlich 3,5 % Zinsen zahlen. Dann lautet nach der obigen Formel der effektive Jahreszinsfuß pro Vierteljahr

$$p_{eff.} = 100 \cdot \left[\left(1 + \frac{3{,}5}{4 \cdot 100}\right)^4 - 1\right] \approx 3{,}546206.$$

Der effektive Jahreszinsfuß ist also größer als $4 \cdot 3{,}5 = 14$ %.

b) Damit der effektive Jahreszinsfuß 14 % ist, muß der nominelle Jahreszinsfuß p folgende Bedingung erfüllen

$$\left(1 + \frac{p}{4 \cdot 100}\right)^4 = 1 + \frac{14}{100} = 1{,}14$$

Hieraus folgt

$$1 + \frac{p}{4 \cdot 100} = \sqrt[4]{1,14} \; ; \; p \approx 13,319794.$$

Vierteljährlich dürfen dann nur ungefähr 3,3299 % Zinsen berechnet werden.

4.1.3 Stetige Verzinsung

Läßt man in der unterjährigen Verzinsung die Anzahl der Zinsintervalle m immer größer werden, so werden die Verzinsungsintervalle kleiner. Diese können beliebig klein gemacht werden, wenn m nur groß genug gewählt wird. Im Grenzfall m→∞ spricht man von einer **stetigen Verzinsung**. In Beispiel 3 wird bereits erkennbar, daß bei dieser Grenzwertbildung der Endwert nicht beliebig groß wird. Allgemein gilt (s. Abschnitt 5.3)

$$K_n = \lim_{m \to \infty} K_0 \cdot \left(1 + \frac{p}{m \cdot 100}\right)^{n \cdot m} = K_0 \cdot \lim_{m \to \infty} \left(1 + \frac{p}{m \cdot 100}\right)^{n \cdot m}$$

$$= K_0 \cdot \left[\lim_{m \to \infty} \left(1 + \frac{p/100}{m}\right)^m\right]^n = K_0 \cdot e^{\frac{p}{100} \cdot n}.$$

> Bei der **stetigen Verzinsung** mit dem nominellen Periodenzinsfuß p wächst das Kapital K_0 in n Perioden an auf
>
> $$K_n = K_0 \cdot e^{\frac{p}{100} \cdot n}.$$

Beispiel 5:

a) Ein Kapital werde stetig mit einem nominellen Jahreszinsfuß von 8 % verzinst. Dann gilt für den effektiven Jahreszinsfuß $p_{eff.}$

$$1 + \frac{p_{eff.}}{100} = e^{\frac{8}{100}} \quad \text{mit} \quad p_{eff.} = 100 \cdot (e^{0,08} - 1) \approx 8,3287.$$

b) Gesucht ist der nominelle Jahreszinsfuß p bei der stetigen Verzinsung, der konform ist zum effektiven Jahreszinsfuß $p_{eff.} = 10$. Aus

$$K_1 = K_0 \cdot e^{\frac{p}{100}} = K_0 \cdot (1 + \frac{p_{eff.}}{100}) = K_0 \cdot 1,1 \quad \text{folgt} \quad e^{\frac{p}{100}} = 1,1.$$

Mit Hilfe des natürlichen Logarithmus (vgl. Abschnitt 6.5) erhält man hieraus

$$\frac{p}{100} = \ln 1,1; \quad p = 9,531018.$$

4.2 Rentenrechnung

Unter einer **Rente** versteht man eine Reihe von Zahlungen, die in gleichen
Zeitabständen geleistet werden. Eine einzelne Zahlung heißt **Rentenrate**
oder **Rate**. Wir betrachten hier nur Renten, bei denen alle Raten gleich
sind. Falls die Zahlungen vorschüssig erfolgen, handelt es sich um eine **vorschüssige Rente**, bei nachschüssigen Zahlungen ist es eine **nachschüssige
Rente**.

4.2.1 Rentenzahlungen zu den Verzinsungszeitpunkten

Bei einer nachschüssigen Rente wird zum Ende einer jeden Zinsperiode die
gleiche Rentenrate r gezahlt. Der **Rentenendwert** R_n ist der Gesamtwert,
den die Rente nach n Perioden besitzt.

Die erste Zahlung r wird $n-1$ Perioden verzinst und trägt zum Endwert
einen Anteil $r \cdot q^{n-1}$ bei. Die zweite Zahlung wird $(n-2)$-mal verzinst mit
einem Endwertanteil $r \cdot q^{n-2}$ usw. Die letzte Zahlung wird nicht mehr verzinst und ergibt somit einen Endwert von r. Daraus folgt

$$R_n = r \cdot q^{n-1} + r \cdot q^{n-2} + \ldots + r \cdot q + r$$
$$= r \cdot [1 + q + q^2 + \ldots + q^{n-1}] = r \cdot \frac{q^n - 1}{q - 1}.$$

Bei einer vorschüssigen Rente mit der Rate r^* wird die Zahlung einmal
mehr verzinst als bei der nachschüssigen. Damit lautet ihr Rentenendwert

$$R_n^* = r^* \cdot q \cdot \frac{q^n - 1}{q - 1}.$$

Während jeder Periode werde nur eine Rentenrate gezahlt. Dann
lautet der Rentenendwert nach n Perioden

a) bei **nachschüssiger Rate r**: $R_n = r \cdot \dfrac{q^n - 1}{q - 1}$;

b) bei **vorschüssiger Rate r***: $R_n^* = r^* \cdot q \cdot \dfrac{q^n - 1}{q - 1}$.

In den obigen Formeln treten vier Größen auf. Davon können drei vorgegeben werden, wodurch die vierte bestimmt ist. Die Gleichungen können
nach jeder der vier Größen aufgelöst werden. Bei der Auflösung nach q
entsteht dabei allerdings eine Gleichung höheren Grades, die nicht geschlossen lösbar ist. Zu ihrer Lösung benötigt man numerische Verfahren, z. B.
die Intervallhalbierungsmethode oder das Newton-Verfahren (s. Abschnitte
6.12.2 und 6.12.3).

Beispiel 6: Jemand zahlt 10 Jahre lang für einen Ratensparvertrag jährlich 2 000 DM. Die Verzinsung erfolge jährlich mit 6 %. Dann lautet der Kontostand nach 10 Jahren

a) bei Einzahlung am Jahresende

$$R_{10} = 2000 \cdot \frac{1{,}06^{10} - 1}{0{,}06} = 26\,361{,}59 \text{ DM};$$

b) bei Einzahlung am Jahresanfang: $R_{10}^* = 1{,}06 \cdot R_{10} = 27\,943{,}29$ DM.

c) Welcher Betrag r müßte jeweils am Jahresende eingezahlt werden, damit der Kontostand nach 10 Jahren 50 000 DM beträgt?

Aus $R_{10} = r \cdot \dfrac{1{,}06^{10} - 1}{0{,}06} = 50\,000$ DM folgt $r = 3\,793{,}40$ DM.

d) Nach wie vielen Jahren wird bei vorschüssiger Einzahlung von jeweils 2 000 DM ein Endwert von über 35 000 DM erreicht?

Aus $R_n^* = 2\,000 \cdot 1{,}06 \cdot \dfrac{1{,}06^n - 1}{0{,}06} = 35\,000$ erhält man

$$1{,}06^n = 1 + \frac{35\,000 \cdot 0{,}06}{2\,000 \cdot 1{,}06} = 1{,}990566; \quad n = \frac{\ln 1{,}990566}{\ln 1{,}06} = 11{,}81.$$

Nach 12 Jahren steigt das Kapital erstmals über 35 000 DM.

Der abgezinste **Barwert** einer für n Perioden anfallenden Rente lautet:

a) Barwert bei **nachschüssiger Rate r**: $R_0 = \dfrac{R_n}{q^n} = \dfrac{r}{q^n} \cdot \dfrac{q^n - 1}{q - 1}$;

b) Barwert bei **vorschüssiger Rate r***: $R_0^* = \dfrac{r^*}{q^{n-1}} \cdot \dfrac{q^n - 1}{q - 1}$.

Eine auf n Perioden befristete Rente kann z. B. sofort mit dem Barwert abgefunden werden.

Beispiel 7: Einem Vorstandsmitglied ist beim Ausscheiden aus dem Betrieb für 10 Jahre eine monatliche vorschüssige Rente der Höhe 15 000 DM zugesagt. Welche sofortige Abfindung kann der Betrieb bei einem monatlichen Zinsfuß von 0,6 % anbieten? Die Abfindung ist der Barwert für 120 Monate (= Zinsperioden).

$$R_0^* = \frac{15\,000}{1{,}006^{119}} \cdot \frac{1{,}006^{120} - 1}{0{,}006} = 1\,288\,181{,}54 \text{ DM.}$$

Bei nachschüssiger Zahlung würde die Abfindung

$$R_0 = \frac{R_0^*}{1{,}006} = 1\,280\,498{,}55 \text{ DM betragen.}$$

4.2.2 Unterjährige Rentenzahlungen

Wir nehmen an, die Rente werde pro Zinsperiode m-mal unterjährig gezahlt.

Nachschüssige unterjährige Rentenzahlungen

Während jeder Zinsperiode falle m-mal in gleichen Abständen nachschüssig die Rentenrate u an. In der nachfolgenden Abbildung sind die Zahlungen während einer Periode dargestellt.

Rentenzahlungen   u   u   u   u   u

$$
\begin{array}{cccccccc}
\vdash & \!+\! & \!+\! & \!+\! & & \!+\! & \!+\! & \longrightarrow \\
0 & \frac{1}{m} & \frac{2}{m} & \frac{3}{m} & & \frac{m-1}{m} & 1 &
\end{array}
$$

Am Ende einer jeden Zinsperiode erfolgt die Verzinsung anteilmäßig. Für den Betrag, der $\frac{k}{m}$ Teilintervalle auf dem Konto war, werden $\frac{k}{m} \cdot p$ % Zinsen bezahlt. Damit ergeben sich für die einzelnen Zahlungen die Zinsen

erste Zahlung: $\qquad\qquad\qquad\qquad \frac{m-1}{m} \cdot p$ %

zweite Zahlung: $\qquad\qquad\qquad\quad \frac{m-2}{m} \cdot p$ %

....

zweitletzte Zahlung: $\qquad\qquad\quad \frac{1}{m} \cdot p$ %

letzte Zahlung: $\qquad\qquad\qquad\qquad 0$ %

Damit erhält man die **Zinszahlungen** bei der ersten Verzinsung am Ende der ersten Periode:

$$
\begin{aligned}
Z_1 &= u \cdot \frac{p}{100 \cdot m} \cdot [\, 1 + 2 + \dots + (m-1)\,] \\[2mm]
&= u \cdot \frac{p}{100 \cdot m} \cdot \frac{(m-1) \cdot m}{2} = \frac{(m-1) \cdot p}{200} \cdot u.
\end{aligned}
$$

Einschließlich der **Einzahlungen** $m \cdot u$ erhält man den Rentenendwert nach einem Jahr

$$
R_1 = \left[m + \frac{(m-1) \cdot p}{200} \right] \cdot u \ .
$$

Anstelle der m unterjährigen Rentenzahlungen der Höhe u könnte man am Ende einer jeden Periode die dazu **konforme Rentenrate** R_1 zahlen. Dann bleiben alle Rentenendwerte gleich. Somit erhält man aus der Formel in Abschnitt 4.2.1 mit $r = R_1$ unmittelbar den Rentenendwert nach n Zinsperioden in der Form

$$
R_n = \left[m + \frac{(m-1) \cdot p}{200} \right] \cdot u \cdot \frac{q^n - 1}{q - 1} \quad \text{für } n = 1, 2, 3, \dots
$$

Vorschüssige unterjährige Rentenzahlungen

Falls die Zahlungen der Höhe u^* jeweils zu Beginn der m Teilintervalle erfolgen, erhält man folgende Verzinsungen:

erste Zahlung: $\frac{m}{m} \cdot p \ \%$

zweite Zahlung: $\frac{m-1}{m} \cdot p \ \%$

....

zweitletzte Zahlung: $\frac{2}{m} \cdot p \ \%$

letzte Zahlung: $\frac{1}{m} \cdot \ \%$

Damit erhält man die **Zinszahlungen** bei der ersten Verzinsung am Ende der ersten Periode:

$$Z_1^* = u^* \cdot \frac{p}{100 \cdot m} \cdot [\, 1 + 2 + \dots + m\,]$$

$$= u^* \cdot \frac{p}{100 \cdot m} \cdot \frac{m \cdot (m+1)}{2} = \frac{(m+1) \cdot p}{200} \cdot u^*.$$

Einschließlich der **Einzahlungen** $m \cdot u^*$ erhält man den Rentenendwert nach einem Jahr

$$R_1^* = \left[m + \frac{(m+1) \cdot p}{200} \right] \cdot u^*$$

und den Rentenendwert nach n Zinsperioden in der Form

$$R_n^* = \left[m + \frac{(m+1) \cdot p}{200} \right] \cdot u^* \cdot \frac{q^n - 1}{q-1} \quad \text{für } \ n = 1, 2, 3, \dots$$

Beide Formeln sollen nochmal zusammengestellt werden.

Während jeder Zinsperiode falle m-mal unterjährig in gleichen Abständen die gleiche Rentenrate an. Dann beträgt der Rentenendwert nach n Zinsperioden

a) bei nachschüssiger Zahlung der Rate u

$$R_n = \left[m + \frac{(m-1) \cdot p}{200} \right] \cdot u \ \cdot \frac{q^n - 1}{q-1} \quad \text{für } \ n = 1, 2, 3, \dots$$

b) bei vorschüssiger Zahlung der Rate u^*

$$R_n^* = \left[m + \frac{(m+1) \cdot p}{200} \right] \cdot u^* \cdot \frac{q^n - 1}{q-1} \quad \text{für } \ n = 1, 2, 3, \dots$$

Bemerkung: Für m = 1 gehen die Formeln über in

$$R_n = u \cdot \frac{q^n - 1}{q - 1}$$

$$R_n^* = \left[1 + \frac{p}{100}\right] \cdot u^* \cdot \frac{q^n - 1}{q - 1} = q \cdot u^* \cdot \frac{q^n - 1}{q - 1},$$

also in die Formeln aus Abschnitt 4.2.1.

Beispiel 8: Herr Huber zahlt auf einen Bausparvertrag jeweils zum Monats-
ersten 1200 DM ein. Die Verzinsung erfolgt anteilmäßig zum Jahresende
mit 3 %. Mit m = 12 erhält man den Kontostand nach einem Jahr

$$R_1^* = \left[12 + \frac{(12 + 1) \cdot 3}{200}\right] \cdot 1\,200 = 14\,634,00 \text{ DM}.$$

Anstelle der monatlichen Zahlungen könnte Herr Huber diesen Betrag jeweils am Ende eines jeden Jahres einzahlen.

Nach 10 Jahren ist das Guthaben $14\,634,00 \cdot \frac{1,03^{10} - 1}{0,03} = 167\,762,41 \text{DM}.$

4.2.3 Rentenzahlungen aus einem verzinsten Anfangskapital

Ein Ausgangskapital K_0 werde am Ende einer jeden Zinsperiode mit p %
verzinst. Aus diesem Kapital soll m-mal unterjährig eine Rente gezahlt
werden. K_n sei das Restkapital nach jeweils n Zinsperioden. Aus den
Formeln der Abschnitte 4.2.1 und 4.2.2 erhält man unmittelbar

$$K_n = K_0 \cdot q^n - R_n \quad \text{bei nachschüssiger Rentenzahlung}$$

$$K_n = K_0 \cdot q^n - R_n^* \quad \text{bei vorschüssiger Rentenzahlung;}$$

$$R_n, R_n^* \quad \text{s. Abschnitt 4.2.2.}$$

Beispiel 9: Herr Kluge legt 100 000 DM zu einem Jahreszinssatz von 6 %
an. Von dem Kapital hebt er monatlich 1 500 DM nachschüssig ab.

In welchem Jahr wird der Kontostand 0 erreicht? Zu lösen ist

$$K_n = 100\,000 \cdot 1,06^n - \left[12 + \frac{11}{200}\right] \cdot 1\,500 \cdot \frac{1,06^n - 1}{0,06} = 0.$$

$$0,06 \cdot 100\,000 \cdot 1,06^n = 12,055 \cdot 1\,500 \cdot (1,06^n - 1)$$

$$18\,082,50 = 12\,082,50 \cdot 1,06^n; \qquad 1,06^n = \frac{18\,082,50}{12\,082,50};$$

$$n = \frac{\ln \frac{18\,082,50}{12\,082,50}}{\ln 1,06} = 6,92. \quad \text{Im 6. Jahr wird der Kontostand 0 erreicht.}$$

Falls $K_1 = K_0$ ist, gilt auch $K_n = K_0$ für alle n. Dann sind die Rentenendwerte am Ende eines jeden Jahres gleich. Man spricht hier von einer
ewigen Rente.

Beispiel 10 (vgl. Beispiel 9): Welche ewige nachschüssige monatliche Rente u kann Herr Kluge in Beispiel 9 erreichen? Aus $K_1 - R_1 = K_0$ folgt

$$100\,000 \cdot 1,06^1 - 12,055 \cdot u \cdot \frac{1,06 - 1}{0,06} = 100\,0000;$$

$$6\,000 = 12,055 \cdot u; \qquad u = 497,72 \text{ DM}.$$

4.3 Tilgungsrechnung

Eine Schuldsumme S muß am Ende einer jeden Zinsperiode mit p % verzinst werden. Für die Rückzahlung gibt es verschiedene Modelle. Neben den Zinsen sind noch Tilgungsbeträge zu zahlen.

4.3.1 Ratentilgung

Bei einer Ratenschuld ist die Tilgungsrate währen der gesamten Laufzeit konstant. Falls die Schuldsumme S nachschüssig in N Perioden mit gleicher Tilgungsrate T zurückgezahlt werden soll, beträgt die **Tilgungsrate**

$$T = \frac{S}{N}.$$

Zusätzlich zur Tilgung müssen noch die laufend anfallenden Zinsen gezahlt werden. Z_n seien die in der n-ten Periode anfallenden Zinsen. Es ist

$$Z_1 = S \cdot \frac{P}{100};$$
$$Z_2 = (S - T) \cdot \frac{P}{100} = S \cdot (1 - \frac{1}{N}) \cdot \frac{P}{100};$$
$$Z_3 = (S - 2T) \cdot \frac{P}{100} = S \cdot (1 - \frac{2}{N}) \cdot \frac{P}{100};$$

$$\dotsb\dotsb\dotsb\dotsb\dotsb\dotsb\dotsb\dotsb\dotsb\dotsb\dotsb\dotsb\dotsb\dotsb$$

$$Z_n = [S - (n-1)T] \cdot \frac{P}{100} = S \cdot (1 - \frac{n-1}{N}) \cdot \frac{P}{100}, \; n = 1, 2, \dots, N.$$

Die Gesamtsumme der während der Laufzeit N anfallenden Zinsen lautet

$$Z = \sum_{n=1}^{N} Z_n = S \cdot \frac{P}{100} \cdot \sum_{n=1}^{N} (1 - \frac{n-1}{N})$$

$$= S \cdot \frac{P}{100} \cdot \left[N - \frac{1}{N} \cdot [0 + 1 + 2 + \dots + (N-1)] \right]$$

$$= S \cdot \frac{P}{100} \cdot \left[N - \frac{1}{N} \frac{(N-1) \cdot N}{2} \right] = S \cdot \frac{P}{100} \cdot \left[N - \frac{N-1}{2} \right]$$

$$= S \cdot \frac{P}{100} \cdot \frac{N+1}{2}.$$

Für $T > 0$ werden die Zinszahlungen laufend niedriger. Die sogenannte

Annuität $=$ Tilgungsrate $+$ Restschuld

stellt die **Gesamtbelastung** des Schuldners pro Periode dar. Die Annuität in der n-ten Periode lautet

$$A_n = T + Z_n = \frac{S}{N} + S \cdot (1 - \frac{n-1}{N}) \cdot \frac{p}{100} \ , n = 1, 2, ..., N.$$

Sie wird bei Ratenkrediten von Periode zu Periode niedriger.

4.3.2 Annuitätentilgung

Während bei der Ratentilgung wegen fallender Zinsbelastung die Annuität (Gesamtbelastung) immer geringer wird, wird bei der Annuitätentilgung am Ende einer jeden Zinsperiode oder m-mal unterjährig die konstante Annuität gezahlt. Falls diese Annuität größer ist als die in der ersten Periode anfallenden Zinsen, wird die Zinsbelastung laufend niedriger und somit die Tilgung höher.

Annuitätenzahlungen am Ende jeder Zinsperiode

Für die Schuldsumme S werde am Ende jeder Zinsperiode die gleiche Annuität A gezahlt. Dann können die Annuitätenzahlungen auch als nachschüssige Rentenzahlungen aufgefaßt werden. Nach Abschnitt 4.2.2 und 4.2.3 erhält man mit $m = 1$ und $u = A$ die Restschuld nach n Jahren

$$S_n = S \cdot q^n - A \cdot \frac{q^n - 1}{q - 1} \ \text{für n} = 1, 2, ...$$

Zu vorgegebener Laufzeit N (Gesamttilgung in N Zinsperioden) erhält man mit $S_N = 0$ aus der obigen Formel

$$A = S \cdot \frac{q^N \cdot (q - 1)}{q^N - 1} \ ; \quad S = A \cdot \frac{q^N - 1}{q^N \cdot (q - 1)} \ .$$

Dabei ist S die Schuldsumme, die man erhält, falls genau N Annuitätenzahlungen der Höhe A vereinbart werden.

Eine Schuld S werde nachschüssig mit dem Zinsfaktor q verzinst. Dann beträgt die **Restschuld nach n Perioden**

$$S_n = S \cdot q^n - A \cdot \frac{q^n - 1}{q - 1} \ \text{für n} = 1, 2, ...$$

Bei fest vorgegebener Tilgungsdauer N mit $S_N = 0$ gilt

$$A = S \cdot \frac{q^N \cdot (q - 1)}{q^N - 1} \ ; \quad S = A \cdot \frac{q^N - 1}{q^N \cdot (q - 1)} \ .$$

Beispiel 11: Eine Schuld von 50 000 wird jährlich nachschüssig mit 8 % verzinst.

a) Jeweils zum Jahresende werde die Annuität 6 000 DM gezahlt. Aus der obigen Formel erhält man für die Laufzeit N mit $S_N = 0$ die Bedingung

$$50\,000 \cdot 1,08^N = 6\,000 \cdot \frac{1,08^N - 1}{0,08}$$

$$4\,000 \cdot 1,08^N = 6\,000 \cdot 1,08^N - 6\,000$$

$$1,08^N = 3; \quad N = \frac{\ln 3}{\ln 1,08} = 14,27.$$

Nach 14 Jahren beträgt die Restschuld

$$S_{14} = 50\,000 \cdot 1,08^{14} - 6\,000 \cdot \frac{1,08^{14} - 1}{0,08} = 1\,570,16 \text{ DM}.$$

An Ende des 15. Jahres muß der Restbetrag $S_{14} \cdot 1,08 = 1\,695,77$ DM gezahlt werden.

b) Bei welcher Annuität beträgt die Laufzeit genau 10 Jahre? Sie lautet

$$A = 50\,000 \cdot \frac{1,08^{10} \cdot 0,08}{1,08^{10} - 1} = 7\,451,47 \text{ DM}.$$

Unterjährige Annuitätenzahlungen

Während der Zinsperiode werde m-mal nachschüssig die Annuität a gezahlt. Dann erhält man aus Abschnitt 4.2.2 die Restschuld nach n Jahren in der Form

$$S_n = S \cdot q^n - \left[m + \frac{(m-1) \cdot p}{200}\right] \cdot a \cdot \frac{q^n - 1}{q - 1} \quad \text{für } n = 1, 2, 3, \ldots$$

Die **konforme Jahresannuität** lautet

$$A = \left[m + \frac{(m-1) \cdot p}{200}\right] \cdot a \ .$$

Für $m > 1$ gilt $A < m \cdot a$.

Beispiel 12: In Beispiel 11 b) soll bei gegebener Laufzeit von 10 Jahren anstelle der jährlichen Zahlung monatlich nachschüssig der gleiche Betrag a gezahlt werden. Aus

$$\left[12 + \frac{11 \cdot 8}{200}\right] \cdot a = 7\,451,47 \text{ erhält man } a = 598,99 \text{ DM}.$$

4.4 Aufgaben

1. Auf welchen Betrag wächst ein Kapital von 5 000 DM bei einem Jahreszinssatz von 8 % in 10 Jahren an bei
a) jährlicher Zinsgutschrift und keiner Verzinsung der Zinsen?
b) Jährlicher Zinsgutschrift mit Zinseszins?
c) Halbjährlicher Zinsgutschrift mit Zinseszins?
d) Welchem effektiven Zinsfuß entspricht eine vierteljährige Verzinsung?
e) Nach wie vielen Jahren hat sich das Kapital bei jährlicher Verzinsung erstmals mehr als verdoppelt?

2. Welches Kapital muß bei einem Jahreszinssatz von 7 % angelegt werden, wenn man nach 10 Jahren einen Betrag von 20 000 DM zur Verfügung haben will?

3. Ein Kapital werde stetig verzinst. Wie groß muß der nominelle Zinsfuß p sein, damit sich das Kapital in genau 20 Jahren verdreifacht?

4. Das Guthaben eines Bausparvertrags werde jährlich mit 4 % verzinst. Jemand zahlt vorschüssig
a) jährlich 12 000 DM ;   b) monatlich 1 000 DM ein.
Berechnen Sie die jeweiligen Kontostände nach 8 Jahren.

Welcher Betrag muß vorschüssig c) jährlich; d) monatlich eingezahlt werden, damit nach 10 Jahren ein Betrag von 100 000 DM zur Verfügung steht?

5. Eine Firma muß einem Angestellten θ Jahre lang monatlich vorschüssig 3 000 DM zahlen. Mit welchem Betrag kann die Firma den Angestellten bei einem Jahreszinssatz von 9 % abfinden?

6. Zur Tilgung einer Schuld von 20 000 DM, die mit 9 % zu verzinsen ist, werden jährlich nachschüssig 2 000 DM gezahlt.
a) Wann ist die Schuld getilgt?
b) Welcher Monatsbetrag müßte anstelle des Jahresbetrages gezahlt werden?

7. Ein Sparer zahlt jeweils zu Monatsanfang 1 000 DM auf ein Konto ein. Zum Jahresende werden die Zinsen anteilmäßig mit dem nominellen Zinssatz p = 6 % gutgeschrieben.
a) Berechnen Sie den Kontostand nach 10 Jahren.
Wie würde der Kontostand nach 10 Jahren lauten, falls die Verzinsung
b) vierteljährlich mit 1,5 % ,   c) monatlich mit 0,5 % erfolgen würde?

8. Jemand schließt einen Bausparvertrag über 100 000 DM ab. Die Zuteilung ist nach 6 Jahren geplant. Dazu muß der Kontostand 40 % der Vertragssumme aufweisen. Sechsmal werde jeweils vorschüssig der gleiche Betrag E eingezahlt. Die Tilgung soll dann nachschüssig mit 8 gleichen Annuitäten A erfolgen. Der Guthabenzinssatz sei 3 %, der Schuldzinssatz 5 %. Berechnen Sie die Einzahlungsrate E und die Tilgungsrate A.

9. Ein Landwirt verkauft an eine Firma ein Grundstück im Werte von 500 000 DM. Der Zinssatz sei $p = 9$ % bei jährlicher Gutschrift. Dafür erhält er jeden Monat vorschüssig die gleiche Rentenrate r.
a) Wie lautet die ewige monatliche Rentenrate?
b) Bei welcher monatlichen Rentenrate ist das Kapital nach genau 20 Jahren aufgezehrt?

10. Ein Vater zahlt auf das Konto seines Sohnes 10 Jahre lang vorschüssig jeweils 4 000 DM ein. Das Kapital werde jeweils zum Jahresende mit 6 % verzinst. Nach 10 Jahren beginnt sein Sohn mit dem Studium. Welchen Betrag kann er monatlich vorschüssig abheben, damit das Guthaben nach 6 Jahren aufgebraucht ist?

11. Welchen Betrag muß jemand 20 Jahre lang vorschüssig bei einem Zinssatz von 7 % einzahlen, damit er danach genau 20 Jahre lang monatlich eine nachschüssige Rente von 2 000 DM erhält?

12. Zero-Bonds sind abgezinste Rentenpapiere. Während der Laufzeit werden keine Zinsen bezahlt. Die Zinsen werden also erst am Ende der Laufzeit fällig. Die Rückzahlung erfolge dann einschließlich der angefallenen Zinsen zu 100 %.
a) Berechnen Sie den Ausgabekurs bei einer Laufzeit von 10 Jahren und einem Zinssatz von 8 %.
b) Bei einem Zinssatz von 12 % kauft jemand Zero-Bonds mit einer Laufzeit von 10 Jahren. Nach 5 Jahren ist der Zinssatz auf 9 % gefallen. Zu diesem Zeitpunkt werden die Zero-Bonds zum Marktwert verkauft. Mit welchem effektiven Zinsfuß p wurde das Kapital während dieser 4 Jahre verzinst?

13. Wie lange dauert es, bis ein Kapital von 10 000 DM auf 25 000 DM anwächst, wenn der Jahreszins in den ersten 8 Jahren 6 %, danach aber nur noch 5 % beträgt?

Kapitel 5:
Folgen und Reihen

In Abschnitt 3.5 wurden bereits die arithmetische und geometrische Folge sowie ihre endlichen Reihen behandelt. Bei der Finanzmathematik in Kapitel 4 spielten sie eine zentrale Rolle.

In diesem Kapitel beschäftigen wir uns mit allgemeinen Folgen sowie mit endlichen und unendlichen Reihen.

5.1 Grundlegende Eigenschaften von Folgen

Definition 1: Jeder natürlichen Zahl n werde durch eine eindeutige Abbildungsvorschrift f eine reelle Zahl $f(n) = a_n$ zugeordnet. Dann heißt

$$a_1, a_2, a_3, ..., a_n, ... \quad \text{oder} \quad \left(a_n\right)_{n = 1, 2, 3, ...} \quad \text{bzw.} \quad \left(a_n\right)_{n \in \mathbb{N}} \quad \text{oder} \quad \left(a_n\right)$$

eine **Folge** (oder **Zahlenfolge**). Die reelle Zahl a_n nennt man das **n-te Glied** der Folge, n ist der **Index** der Zahl a_n.

Eine Folge entsteht also durch eine Abbildung der Menge der natürlichen Zahlen in die Menge der reellen Zahlen.

Beispiel 1:

a) $a_n = \frac{1}{n}$ ergibt die Folge $\qquad 1, \frac{1}{2}, \frac{1}{3}, \frac{1}{4}, \frac{1}{5}, ...$

b) $a_n = 2^n$ ergibt die geometrische Folge $\quad 2, 4, 8, 16, 32, 64, ...$

c) $a_n = \frac{n}{n + 1}$ liefert die Folge $\qquad \frac{1}{2}, \frac{2}{3}, \frac{3}{4}, \frac{4}{5}, \frac{5}{6}, \frac{6}{7}, ...$

d) $a_n = (-1)^n \cdot n$ ergibt die Folge $\qquad -1, +2, -3, +4, -5, +6, ...$

e) $a_n = 5$ ist die konstante Folge $\qquad 5, 5, 5, 5, ...$

f) Durch $a_{n+1} = \sqrt{6 \cdot a_n + 3} - 1$ für $n = 1, 2, 3$, wird eine Folge **rekursiv** definiert. Sie ist durch das Anfangsglied a_1 eindeutig bestimmt. $a_1 = 1$ ergibt z.B. $a_2 = 2$, $a_3 = \sqrt{15} - 1, ...$

g) Durch $a_{n+1} = a_n + d$ für $n = 1, 2, ...$ mit dem Anfangsglied $a_1 = a$ wird eine **arithmetische Folge** definiert (s. Abschnitt 3.5).

h) $a_{n+1} = q \cdot a_n$ für $n = 1, 2, 3, ...$ mit $a_1 = a$ ergibt eine **geometrische Folge** (s. Abschnitt 3.5).

i) Die durch $a_{n+2} = a_n + a_{n+1}$, $n = 1, 2, 3$ rekursiv definierte Folge ist durch die ersten beiden Anfangsglieder a_1 und a_2 bestimmt. Jedes Folgenglied ist gleich der Summe der beiden vorangehenden Folgenglieder. Sie wird in Abschnitt 10.2 unter Fibonacci-Zahlenfolge behandelt.

Zur Untersuchung einer Folge sind einige typische Eigenschaften interessant, die in der nachfolgenden Definition zusammengestellt werden sollen.

Definition 2: Eine Folge $(a_n)_{n \in \mathbb{N}}$ heißt

monoton wachsend,	falls $a_n \leq a_{n+1}$	für alle n;
streng monoton wachsend,	falls $a_n < a_{n+1}$	für alle n;
monoton fallend,	falls $a_n \geq a_{n+1}$	für alle n;
streng monoton fallend,	falls $a_n > a_{n+1}$	für alle n;
beschränkt,	falls $|a_n| \leq c$ mit einer **Schranke** $c \in \mathbb{R}$;	für alle n
nach unten beschränkt,	falls $a_n \geq c_1$ mit einer **unteren Schranke** $c_1 \in \mathbb{R}$;	für alle n
nach oben beschränkt,	falls $a_n \leq c_2$ mit einer **oberen Schranke** $c_2 \in \mathbb{R}$.	für alle n

In der Definition monoton wachsend bzw. fallend wird auch zugelassen, daß aufeinanderfolgende Glieder gleich sind. Bei der strengen Monotonie wird die Gleichheit ausgeschlossen. Eine Folge ist genau dann beschränkt, wenn sie nach unten und nach oben beschränkt ist.

Beispiel 2:

a) Die Folge (a_n) mit $a_n = \frac{1}{n}$ ist wegen

$$a_{n+1} = \frac{1}{n+1} < \frac{1}{n} = a_n$$ streng monoton fallend. Sie besitzt die untere Schranke 0 und die obere Schranke 1.

b) Für die Folge (a_n) mit $a_n = \frac{n}{n+2}$ gilt

$$a_{n+1} - a_n = \frac{n+1}{n+3} - \frac{n}{n+2} = \frac{(n+1) \cdot (n+2) - n \cdot (n+3)}{(n+2) \cdot (n+3)}$$

$$= \frac{2}{(n+2) \cdot (n+3)} > 0 .$$

Sie ist streng monoton wachsend und besitzt die untere Schranke $\frac{1}{3}$ und die obere Schranke 1.

c) Die Folge (a_n) mit $a_n = 2^n$ ist streng monoton wachsend mit der unteren Schranke 2. Sie besitzt keine obere Schranke.

d) Die alternierende Folge (a_n) mit $a_n = (-1)^n$, also $-1, +1, -1, +1, \ldots$ ist nicht monoton. Wegen $|a_n| = 1$ ist sie jedoch beschränkt.

e) Die Folge (a_n) mit $a_n = (-1)^n \cdot 5^n$ ist weder monoton noch beschränkt.

Eine arithmetische Folge (a_n) mit $a_n = a + (n-1)d$ ist für $d > 0$ streng monoton wachsend, nach unten durch a beschränkt und nach oben nicht bechränkt. Für $d < 0$ ist sie streng monoton fallend mit der oberen Schranke a und nach unten nicht beschränkt. Im Falle $d = 0$ handelt es sich um eine konstante Folge.

Die spezielle geometrische Folge (a_n) mit $a_n = q^n$ ist wegen $|a_n| = |q|^n$ für $|q| \leq 1$ beschränkt. Sie ist für $q > 1$ streng monoton wachsend und unbeschränkt. Für $q = 1$ ist sie konstant, für $0 < q < 1$ streng monoton fallend und für $q < 0$ (bzgl. des Vorzeichens) alternierend.

5.2 Konvergente und divergente Folgen

Beispiel 3:

a) Die Glieder der Folge (a_n) mit $a_n = 2^n + n^2$ werden mit wachsendem n immer größer. Die Folgenglieder a_n werden beliebig groß, wenn n nur groß genug gewählt wird. Entsprechend werden die Glieder der Folge mit $a_n = -n$ mit wachsendem n beliebig klein.

b) Die Glieder der Folge (a_n) mit $a_n = \dfrac{n}{n+1}$ nähern sich mit wachsendem n immer mehr der Zahl 1. Wegen

$$\left| a_n - 1 \right| = \left| \frac{n}{n+1} - 1 \right| = \left| \frac{n - (n+1)}{n+1} \right| = \frac{1}{n+1} \quad \text{kann der Abstand des}$$

Folgengliedes a_n von 1 beliebig klein gemacht werden, wenn n nur groß genug gewählt wird. Die Folgenglieder nähern sich immer mehr der Zahl 1, sie konvergieren gegen 1. Dieser Sachverhalt wird nun näher präzisiert.

Definition 3: Eine Folge $(a_n)_{n \in \mathbb{N}}$ heißt **konvergent** gegen den **Grenzwert** $a \in \mathbb{R}$, wenn es zu jeder noch so kleinen Zahl $\varepsilon > 0$ einen (im allgemeinen von ε abhängigen) Index $n_0 = n_0(\varepsilon)$ gibt mit $|a_n - a| < \varepsilon$ für alle $n \geq n_0$. Man sagt dann: die Folge **konvergiert** gegen den Grenzwert a und schreibt

$$\lim_{n \to \infty} a_n = a \quad \text{oder} \quad a_n \longrightarrow a \text{ für } n \longrightarrow \infty.$$

Dafür sagt man: "limes n gegen unendlich von a_n ist gleich a".

Eine gegen den Grenzwert 0 konvergierende Folge heißt **Nullfolge**.

Bemerkung:

$$|a_n - a| < \varepsilon \text{ ist gleichwertig mit } a - \varepsilon < a_n < a + \varepsilon.$$

Vom Index n_0 an müssen dann alle Folgenglieder a_n im offenen Intervall $(a - \varepsilon; a + \varepsilon)$ liegen, also alle mit Ausnahme von höchstens endlich vielen. Wenn die Folge (a_n) gegen a konvergiert, ist $(b_n) = (a_n - a)$ eine Nullfolge.

Beispiel 4:

a) Die konstante Folge (a_n) mit $a_n = 5$ konvergiert gegen 5, denn für jedes $\varepsilon > 0$ gilt $|a_n - 5| = 0 < \varepsilon$ für alle n (es ist also $n_0 = 1$).

b) Die Folge (a_n) mit $a_n = \frac{1}{n}$ konvergiert gegen 0 wegen $|a_n - 0| = \frac{1}{n} < \varepsilon$ für $n > \frac{1}{\varepsilon}$. n_0 ist die kleinste natürliche Zahl, die größer als $\frac{1}{\varepsilon}$ ist.

c) Die Folge (a_n) mit $a_n = \frac{n}{n+1}$ konvergiert gegen 1 wegen

$$|a_n - 1| = \left|\frac{n-n-1}{n+1}\right| = \frac{1}{n+1} < \varepsilon \text{ für } n+1 > \frac{1}{\varepsilon}, \text{ also } n > \frac{1}{\varepsilon} - 1.$$

d) Die Folge (a_n) mit $a_n = \frac{1}{\sqrt{n}}$ konvergiert gegen Null wegen

$$|a_n - 0| = \frac{1}{\sqrt{n}} < \varepsilon \text{ für } n > \frac{1}{\varepsilon^2}.$$

e) Die Folge (a_n) mit $a_n = 2^n$ kann nicht konvergieren, da die Folgenglieder beliebig groß werden können.

f) Für die Folge (a_n) mit $a_n = (-1)^n \cdot 5 + \frac{1}{n}$ gilt: $a_n = -5 + \frac{1}{n}$ für ungerades n und $a_n = 5 + \frac{1}{n}$ für gerades n. Da die Folge $\frac{1}{n}$ gegen 0 konvergiert, kommen die Folgenglieder mit ungeradem Index der Zahl -5 beliebig nahe und die Folgenglieder mit geradem Index der Zahl 5. Die Werte -5 und 5 nennt man Häufungspunkte.

Definition 4: Eine reelle Zahl a heißt **Häufungspunkt** der Folge (a_n), wenn es zu jeder (noch so kleinen) Zahl $\varepsilon > 0$ unendlich viele Glieder der Folge gibt, welche im Intervall $(a - \varepsilon, a + \varepsilon)$ liegen. Es muß also unendlich viele Indizes $m \in \mathbb{N}$ geben mit $|a_m - a| < \varepsilon$.

Die Folge (a_n) mit $a_n = (-1)^n$ besitzt die beiden Häufungspunkte $+1$ (für gerade Indizes) und -1 (für ungerade Indizes).

Eine gegen a konvergente Zahlenfolge besitzt den einzigen Häufungspunkt a. Falls also eine Folge mehr als einen Häufungspunkt besitzt, kann sie nicht konvergieren.

Definition 5:

a) Eine nicht konvergente Folge heißt **divergent**.

b) Falls zu jeder noch so großen Zahl $K > 0$ ein (von K abhängiger) Index n_0 existiert mit $a_n > K$ für alle $n \geq n_0$, dann heißt die Folge (a_n) **bestimmt divergent** (gegen $+\infty$). Dafür schreibt man

$$\lim_{n\to\infty} a_n = +\infty \qquad \text{oder} \qquad a_n \longrightarrow +\infty \text{ für } n \longrightarrow \infty.$$

c) Existiert zu jeder noch so großen Zahl K > 0 ein Index n_0 mit $a_n < -K$ für alle $n \geq n_0$, so heißt die Folge (a_n) **bestimmt divergent** (gegen $-\infty$). Dafür schreibt man

$$\lim_{n\to\infty} a_n = -\infty \qquad \text{oder} \qquad a_n \longrightarrow -\infty \quad \text{für } n \longrightarrow \infty.$$

d) Eine divergente Folge, die nicht bestimmt divergent ist, nennt man **unbestimmt divergent**.

Eine gegen $+\infty$ oder $-\infty$ bestimmt divergente Folge kann keinen Häufungspunkt besitzen. Jede beschränkte Folge besitzt jedoch mindestens einen Häufungspunkt. Falls die Folge einen einzigen Häufungspunkt besitzt, muß sie nicht konvergent sein. Dazu das

Beispiel 5: Die Folge (a_n) sei definiert durch

$$a_n = \begin{cases} 2^n & \text{für gerades } n \\ \frac{1}{n} & \text{für ungerades } n . \end{cases}$$

Die Teilfolge mit geraden Indizes ist bestimmt divergent gegen $+\infty$, während die Teilfolge mit ungeraden Indizes gegen Null konvergiert. Die Folge besitzt zwar den einzigen Häufungspunkt 0, sie ist jedoch nicht konvergent.

Eine Folge (a_n) konvergiert genau dann gegen den Grenzwert a, wenn jede Teilfolge gegen a konvergiert. Dabei ist a der einzige Häufungspunkt der Folge.

Satz 1 (Konvergenz und Divergenz der geometrischen Reihe):

a) Für jedes q mit $|q| < 1$ gilt $\lim_{n\to\infty} q^n = 0$.

b) Für $q = 1$ gilt $\lim_{n\to\infty} q^n = 1$.

c) Für $q > 1$ ist (q^n) bestimmt divergent mit $\lim_{n\to\infty} q^n = \infty$.

d) Für $q \leq -1$ ist (q^n) unbestimmt divergent.

Beweis:

a) Allgemein gilt $|q^n| = |q|^n$. Im Falle $|q| < 1$ gibt es eine Zahl $x > 0$ mit $|q| = \frac{1}{1 + x}$. Für jedes $x > 0$ ist $(1 + x)^n \geq 1 + n \cdot x$ für alle $n \in \mathbf{N}$. Diese **Bernoullische Ungleichung** folgt unmittelbar aus dem binomischen Lehrsatz. Sie kann aber auch durch vollständige Induktion bewiesen werden (s. Aufgabe 4 in Abschnitt 3.6). Aus der Bernoullischen Ungleichung folgt

$$|q^n - 0| = |q|^n = \frac{1}{(1 + x)^n} \leq \frac{1}{1 + n \cdot x} < \varepsilon \quad \text{für alle } n > \frac{\frac{1}{\varepsilon} - 1}{x}.$$

Damit ist (q^n) eine Nullfolge.

b) Für $q = 1$ ist (q^n) die identische Folge mit $q^n = 1$, die gegen 1 konvergiert.

c) Für $q > 1$ gilt $\ln q > 0$ und für jede (noch so große) Zahl K

$$q^n > K \Leftrightarrow n \cdot \ln q > \ln K \Leftrightarrow n > \frac{\ln K}{\ln q}. \text{ Daraus folgt } \lim_{n \to \infty} q^n = \infty.$$

d) Für $q = -1$ erhält man die alternierende Folge $-1, +1, -1, +1, \ldots$
   Im Falle $q < -1$ gilt $q^n = (-1)^n \cdot |q|^n$ mit $\lim_{n \to \infty} |q|^n = \infty$. Damit ist die Folge unbestimmt divergent.

Mit den Formeln des nachfolgenden Satzes lassen sich oft Grenzwerte sehr bequem berechnen.

Satz 2 (praktische Berechnung von Grenzwerten):

Die Folgen (a_n) und (b_n) seien konvergent mit

$$\lim_{n \to \infty} a_n = a; \quad \lim_{n \to \infty} b_n = b; \quad \text{ferner sei } c \in \mathbb{R}.$$

Dann sind auch die Folgen

$$(c \cdot a_n); \; (a_n + b_n); \; (a_n - b_n); \; (a_n \cdot b_n); \; \left(\frac{a_n}{b_n}\right) \text{ für } b_n, b \neq 0$$

konvergent und es gilt

1) $\lim_{n \to \infty} (c \cdot a_n) = c \cdot a = c \cdot \lim_{n \to \infty} a_n \quad \text{für } c \in \mathbb{R};$

2) $\lim_{n \to \infty} (a_n + b_n) = a + b = \lim_{n \to \infty} a_n + \lim_{n \to \infty} b_n;$

3) $\lim_{n \to \infty} (a_n - b_n) = a - b = \lim_{n \to \infty} a_n - \lim_{n \to \infty} b_n;$

4) $\lim_{n \to \infty} (a_n \cdot b_n) = a \cdot b = \lim_{n \to \infty} a_n \cdot \lim_{n \to \infty} b_n;$

5) $\lim_{n \to \infty} \left(\frac{a_n}{b_n}\right) = \frac{a}{b} = \frac{\lim_{n \to \infty} a_n}{\lim_{n \to \infty} b_n} \quad \text{für } b_n, b \neq 0.$

Ferner gilt für $a_n \geq 0$

6) $\sqrt{\lim_{n \to \infty} a_n} = \lim_{n \to \infty} \sqrt{a_n}.$

Bemerkung: Mit dem Prinzip der vollständigen Induktion kann gezeigt werden, daß die obigen Formeln auch für Summen, Differenzen und Produkte endlich vieler Folgen gelten.

Beispiel 6:

a) $a_n = \frac{1}{n^2}$. Nach Eigenschaft 4) gilt

$$\lim_{n\to\infty} \left(\frac{1}{n^2}\right) = \lim_{n\to\infty} \frac{1}{n} \cdot \lim_{n\to\infty} \frac{1}{n} = 0 \cdot 0 = 0. \text{ Durch vollständige In-}$$

duktion läßt sich zeigen, daß für jede natürliche Zahl k die Folge (a_n) mit $a_n = \frac{1}{n^k}$ gegen Null konvergiert.

b) $a_n = \dfrac{2n^3 + 3n^2 - 4n + 1}{5n^3 + 7n^2 + 3}$. Division von Zähler und Nenner durch n^3

(die höchste gemeinsame Potenz ist 3) ergibt mit a) und den obigen Eigenschaften

$$a_n = \frac{2 + \frac{3}{n} - \frac{4}{n^2} + \frac{1}{n^3}}{5 + \frac{7}{n} + \frac{3}{n^3}}; \qquad \lim_{n\to\infty} a_n = \frac{2 + \lim_{n\to\infty}\frac{3}{n} - \lim_{n\to\infty}\frac{4}{n^2} + \lim_{n\to\infty}\frac{1}{n^3}}{5 + \lim_{n\to\infty}\frac{7}{n} + \lim_{n\to\infty}\frac{3}{n^3}}$$

$$= \frac{2 + 0 - 0 + 0}{5 + 0 + 0} = \frac{2}{5}.$$

c) $a_n = \dfrac{5n^4 - 2n^2 + 8n}{9n^2 + 3n + 4}$. Division von Zähler und Nenner durch n^2

(die höchste Potenz im Nenner ist 2) ergibt $a_n = \dfrac{5n^2 - 2 + \frac{8}{n}}{9 + \frac{3}{n} + \frac{4}{n^2}}$;

der Nenner konvergiert gegen 9, der Zähler divergiert gegen ∞. Damit gilt $\lim_{n\to\infty} a_n = +\infty$. Die Folge ist bestimmt divergent.

d) $a_n = \dfrac{n+5}{2n^2 + 3n + 4} = \dfrac{\frac{1}{n} + \frac{5}{n^2}}{2 + \frac{3}{n} + \frac{4}{n^2}}$; $\qquad \lim_{n\to\infty} a_n = 0$

(dabei ist wichtig, daß der Nenner nicht gegen 0 konvergiert).

e) $a_n = \sqrt{n+1} - \sqrt{n}$; Erweiterung mit $\sqrt{n+1} + \sqrt{n}$ ergibt mit Hilfe der dritten binomischen Formel $(a+b)\cdot(a-b) = a^2 - b^2$

$$0 \le a_n = \frac{(\sqrt{n+1} - \sqrt{n})\cdot(\sqrt{n+1} + \sqrt{n})}{\sqrt{n+1} + \sqrt{n}} = \frac{(n+1) - n}{\sqrt{n+1} + \sqrt{n}} \le \frac{1}{2\cdot\sqrt{n}} \to 0$$

(nach Beispiel 4 d) gilt $\frac{1}{\sqrt{n}} \to 0$). Daraus folgt $\lim_{n\to\infty} a_n = 0$.

Satz 3: Jede konvergente Folge ist beschränkt.

Beweis: Es sei $\lim\limits_{n\to\infty} a_n = a$. Dann gibt es nach der Definition der Konvergenz zu $\varepsilon > 0$ einen Index n_0 mit $a - \varepsilon < a_n < a + \varepsilon$ für alle $n \geq n_0$. Außerhalb des Intervalls $(a - \varepsilon, a + \varepsilon)$ liegen dann höchstens die Folgenglieder $a_1, a_2, ..., a_{n_0-1}$, also endlich viele. Mit

$$c_1 = \min(a_1, a_2, ..., a_{n_0-1}, a - \varepsilon)\,;\quad c_2 = \max(a_1, a_2, ..., a_{n_0-1}, a + \varepsilon)$$

gilt dann für alle Folgenglieder $c_1 \leq a_n \leq c_2$. Hieraus folgt $|a_n| \leq c$ mit $c = \max(|c_1|, |c_2|)$. Die Folge ist also beschränkt.

Falls eine Folge nicht beschränkt ist, kann sie auch nicht konvergent sein. Aus der Konvergenz folgt allgemein die Beschränktheit. Die Umkehrung gilt nicht, denn die Folge mit $a_n = (-1)^n$ ist beschränkt, jedoch nicht konvergent. Es gilt jedoch der

Satz 4: Jede monotone und beschränkte Folge ist konvergent.

Der Beweis soll nur für monoton wachsende Folgen skizziert werden. Es gelte $a_n \leq a_{n+1}$ und $a_n \leq c$ für alle n mit einer Konstanten c.

Die angegebene obere Schranke c kann eventuell verkleinert werden. Es gibt offensichtlich eine kleinste obere Schranke, d.h. eine kleinste Zahl a mit $a_n \leq a$ für alle n. Zu jedem $\varepsilon > 0$ liegt dann mindestens ein Folgenglied a_{n_0} im Intervall $(a - \varepsilon, a]$, sonst wäre ja $a - \varepsilon$ eine kleinere obere Schranke als a. Wegen der vorausgesetzten Monotonie liegen dann alle Folgenglieder a_n mit $n \geq n_0$ im Intervall $(a - \varepsilon, a]$, was gerade die Konvergenz der Folge gegen a bedeutet. Die kleinste obere Schranke ist also der Grenzwert.

Bei beschränkten monoton fallenden Folgen ist entsprechend die größte untere Schranke der Grenzwert.

Mit Hilfe dieses Satzes können oft Grenzwerte **rekursiv definierter Folgen** berechnet werden. Dazu das

Beispiel 7 (Berechnung des Grenzwertes einer rekursiv definierten Folge):

a) Durch $a_1 = 1$; $a_{n+1} = \sqrt{2 \cdot a_n + 2} + 1$ für $n = 1, 2, 3, ...$ wird eine Folge (a_n) rekursiv definiert. Man erhält $a_2 = 3$; $a_3 = \sqrt{8} + 1$. Zunächst liegt die Vermutung nahe, daß die Folge monoton wachsend ist. Wenn sie dann auch noch beschränkt ist, konvergiert sie nach Satz 4. Die Behauptung

$$a_n \leq a_{n+1} \text{ für alle } n \in \mathbb{N}$$

wird durch vollständige Induktion nachgewiesen.

Die Behauptung ist für $n = 1$ richtig wegen $a_1 = 1 \leq 3 = a_2$.

Zum Induktionsschluß nehmen wir an, es gelte $a_{n_0} \leq a_{n_0+1}$. Da offensichtlich alle Folgenglieder positiv sind, folgt daraus

$$0 \leq 2 \cdot a_{n_0} \qquad \leq 2 \cdot a_{n_0+1} \qquad | +2$$

$$0 \leq 2 \cdot a_{n_0} + 2 \qquad \leq 2 \cdot a_{n_0+1} + 2 \qquad | \sqrt{}$$

$$0 \leq \sqrt{2 \cdot a_{n_0} + 2} \qquad \leq \sqrt{2 \cdot a_{n_0+1} + 2} \qquad | +1$$

$$a_{n_0+1} = \sqrt{2 \cdot a_{n_0} + 2} + 1 \leq \sqrt{2 \cdot a_{n_0+1} + 2} + 1 = a_{n_0+2}.$$

Mit n_0 ist die Behauptung dann auch für n_0+1 richtig. Damit ist die Monotonie nachgewiesen.

Wir setzen zunächst voraus, daß die Folge konvergiert. Dann läßt sich der Grenzwert sehr einfach berechnen. Dazu setzen wir

$$\lim_{n \to \infty} a_n = \lim_{n \to \infty} a_{n+1} = a.$$

Mit der Eigenschaft 6) aus Satz 2 erhält man

$$a_{n+1} = \sqrt{2 \cdot a_n + 2} + 1$$
$$\downarrow \qquad \qquad \downarrow$$
$$a = \sqrt{2 \cdot a + 2} + 1 \qquad \Rightarrow \qquad \sqrt{2 \cdot a + 2} = a - 1.$$

Quadrieren ergibt

$$2\,a + 2 = (a-1)^2 = a^2 - 2a + 1; \qquad a^2 - 4a - 1 = 0.$$

Diese quadratische Gleichung besitzt die beiden Lösungen $a = 2 \pm \sqrt{5}$. Da alle Folgenglieder positiv sind, scheidet $2 - \sqrt{5}$ als Grenzwert aus.

Daher gilt im Falle der Konvergenz $\lim_{n \to \infty} a_n = 2 + \sqrt{5}$.

Die Konvergenz der Folge ist nachgewiesen, wenn wir die Beschränktheit nach oben zeigen können. Als nachzuweisende obere Schranke wählen wir einen Wert, der nicht kleiner als $a = 2 + \sqrt{5}$ ist. Die kleinste ganze Zahl mit dieser Eigenschaft ist 5. Die Behauptung $a_n \leq 5$ wird ebenfalls mit dem Prinzip der vollständigen Induktion nachgewiesen.

Wegen $a_1 = 1$ ist die Behauptung für $n = 1$ richtig.

Wir nehmen an, die Behauptung sei für n_0 richtig, also $a_{n_0} \leq 5$. Daraus folgt

$$2 \cdot a_{n_0} \leq 10; \quad 2 \cdot a_{n_0} + 2 \leq 12; \quad \sqrt{2 \cdot a_{n_0} + 2} \leq \sqrt{12} \leq 4.$$

$$a_{n_0+1} = \sqrt{2 \cdot a_{n_0} + 2} + 1 \leq 4 + 1 = 5.$$

Falls die Behauptung für n_0 gilt, ist sie auch für $n_0 + 1$ richtig. Damit ist die Beschränktheit bewiesen.

b) Mit dem Anfangsglied $a_1 = 2 + \sqrt{5}$ (= Grenzwert der obigen Folge) erhält man

$$a_2 = \sqrt{2 \cdot (2 + \sqrt{5}) + 2} + 1 = \sqrt{6 + 2 \cdot \sqrt{5}} + 1$$

$$= \sqrt{1 + 2 \cdot \sqrt{5} + 5} + 1 = \sqrt{(1 + \sqrt{5})^2} + 1 = 1 + \sqrt{5} + 1$$

$$= 2 + \sqrt{5} = a_1.$$

Daraus folgt $a_n = 2 + \sqrt{5}$ für alle n. Beim Start mit dem Grenzwert entsteht also eine konstante Folge, die gegen diese Konstante konvergiert.

c) Falls das Anfangsglied $a_1 > 2 + \sqrt{5}$ ist, z.B. für $a_1 = 5$ erhält man eine nach unten beschränkte monoton fallende Folge, die gegen den gleichen Grenzwert $a = 2 + \sqrt{5}$ konvergiert.

d) Mit $a_1 = 2 - \sqrt{5}$ erhält man entsprechend $a_n = 2 - \sqrt{5}$ für alle n und damit den Grenzwert $2 - \sqrt{5}$.

Für verschiedene Anfangswerte sind verschiedene Grenzwerte möglich.

Bemerkung: Bevor man aus der Rekursionsformel den Grenzwert berechnet, muß zuerst die Konvergenz nachgewiesen werden, z.B. durch den Nachweis der Beschränktheit und der Monotonie. Aus der Rekursionsformel könnte man nämlich eine "Lösung" erhalten, obwohl die Folge gar nicht konvergiert. Dazu das

Beispiel 8:
a) $a_{n+1} = 1 - a_n$ für $n = 1, 2, 3, \ldots$. Durch formale Grenzwertbildung $n \to \infty$ erhält man hier die Gleichung $a = 1 - a$ mit der Lösung $a = \frac{1}{2}$.
Für $a_1 = 1$ erhält man die alternierende Folge $1; 0; 1; 0; \ldots$, die nicht konvergiert. Der oben berechnete Zahlenwert ist also nicht Grenzwert der Folge. Nur für $a_1 = \frac{1}{2}$ erhält man eine konvergente Folge. In diesem Fall ist die Folge konstant mit $a_n = \frac{1}{2}$ für alle n.

b) $a_{n+1} = \frac{1}{a_n}$ für $n = 1, 2, \ldots$ ergibt durch Grenzwertbildung die Lösungen $a = \pm 1$. $a_1 = \frac{1}{2}$ ergibt die alternierende Folge $\frac{1}{2}, 2, \frac{1}{2}, 2, \ldots$, die nicht konvergiert. Für $a_1 = 1$ konvergiert die Folge gegen $a = 1$ und für $a_1 = -1$ gegen $a = -1$.

Irrationale Zahlen lassen sich beliebig genau durch rationale Zahlen approximieren. Allgemein gilt der folgende Satz, der ohne Beweis angegeben wird:

Satz 5: Jede **irrationale Zahl** läßt sich als Grenzwert einer Folge rationaler Zahler darstellen. Zu jeder irrationalen Zahl a gibt es eine Folge rationaler Zahlen $r_n \in \mathbf{Q}$ mit

$$a = \lim_{n \to \infty} r_n.$$

Als r_n kann z. B. der Dezimalbruch mit n Stellen nach dem Komma als Näherung benutzt werden.

Beispiel 9 (Dezimalbruchentwicklung von $\sqrt{2}$):

Da $\sqrt{2}$ irrational ist, kann die Dezimalbruchentwicklung nie abbrechen und es kann auch keine Periode auftreten. Es gilt

$$
\begin{aligned}
a_1 &= 1,4 & &< \sqrt{2} < & 1,5 &= b_1 \\
a_2 &= 1,41 & &< \sqrt{2} < & 1,42 &= b_2 \\
a_3 &= 1,414 & &< \sqrt{2} < & 1,415 &= b_3 \\
a_4 &= 1,4142 & &< \sqrt{2} < & 1,4143 &= b_3 \\
a_5 &= 1,41421 & &< \sqrt{2} < & 1,41422 &= b_5 \\
a_6 &= 1,414213 & &< \sqrt{2} < & 1,414214 &= b_6 \\
a_7 &= 1,4142135 & &< \sqrt{2} < & 1,4142136 &= b_7 \\
a_8 &= 1,41421356 & &< \sqrt{2} < & 1,41421357 &= b_8
\end{aligned}
$$

. . . .

So fortfahrend erhält man eine monoton wachsende Folge $(a_n)_{n \in \mathbf{N}}$ und eine monoton fallende Folge $(b_n)_{n \in \mathbf{N}}$ mit

$$a_n < \sqrt{2} < b_n; \qquad b_n - a_n = \left(\frac{1}{10}\right)^n;$$

$$\left| a_n - \sqrt{2} \right| \le \left(\frac{1}{10}\right)^n; \qquad \left| b_n - \sqrt{2} \right| \le \left(\frac{1}{10}\right)^n \qquad \text{für alle n.}$$

Hieraus folgt

$$\lim_{n \to \infty} (b_n - a_n) = 0.$$

$$\lim_{n \to \infty} a_n = \lim_{n \to \infty} b_n = \sqrt{2}.$$

Die irrationale Zahl $\sqrt{2}$ ist als Grenzwert einer Folge rationaler Zahlen darstellbar.

5.3 Die Eulersche Zahl e

Ausgangspunkt sei folgendes Zinsmodell: Für einen bestimmten Zeitraum werden 100 % Zinsen gezahlt, wobei die Verzinsung n-mal unterjährig erfolgen soll. Nach jedem $\frac{1}{n}$-ten Teil des Zeitraums werden $\frac{100}{n}$ % Zinsen gezahlt. Nach Abschnitt 4.1.2 hat das Ausgangskapital K_0 nach dem entsprechenden Zeitraum einen Endwert von

$$K_{1,\,n} = K_0 \cdot \left(1 + \tfrac{1}{n}\right)^n .$$

Der Endwert hängt von K_0 und von n ab. Für n = 1,2,3,... erhält man aus dieser Formel eine Folge (a_n) mit

$$a_n = \left(1 + \tfrac{1}{n}\right)^n = \left(\tfrac{n+1}{n}\right)^n \text{ für } n = 1, 2, 3, \dots .$$

In der nachfolgenden Tabelle sind einige gerundete Werte berechnet.

n	$\left(1 + \tfrac{1}{n}\right)^n$	n	$\left(1 + \tfrac{1}{n}\right)^n$
1	2	10	2,593742460
2	2,25	100	2,704813829
3	2,3704	1 000	2,716923932
4	2,4414	10 000	2,718145927
5	2,4883	100 000	2,718268237
6	2,5216	1 000 000	2,718280469
8	2,5658	10 000 000	2,718281693

Die in der Tabelle berechneten Glieder legen folgende Vermutung nahe:

> Die Folge (a_n) mit $a_n = \left(1 + \tfrac{1}{n}\right)^n$ ist streng monoton wachsend. Es gilt also
> $$\left(1 + \tfrac{1}{n}\right)^n > \left(1 + \tfrac{1}{n-1}\right)^{n-1} \text{ für alle } n \geq 2.$$

Beweis: In der Bernoullischen Ungleichung (s. Aufgabe 4 in Abschnitt 3.6) setzen wir $x = -\frac{1}{n^2}$. Dann gilt für $n \geq 2$

$$\left(1 - \tfrac{1}{n^2}\right)^n = \left[\left(1 - \tfrac{1}{n}\right) \cdot \left(1 + \tfrac{1}{n}\right)\right]^n = \left(1 - \tfrac{1}{n}\right)^n \cdot \left(1 + \tfrac{1}{n}\right)^n > 1 - \tfrac{1}{n} .$$

Division durch $\left(1 - \tfrac{1}{n}\right)^n > 0$ ergibt

$$\left(1 + \tfrac{1}{n}\right)^n > \frac{1 - \tfrac{1}{n}}{\left(1 - \tfrac{1}{n}\right)^n} = \frac{1}{\left(1 - \tfrac{1}{n}\right)^{n-1}} = \left(\tfrac{n}{n-1}\right)^{n-1} = \left(1 + \tfrac{1}{n-1}\right)^{n-1},$$

womit die Monotonie bewiesen ist.

Die Folge (a_n) mit $a_n = \left(1 + \frac{1}{n}\right)^n$ ist beschränkt mit

$2 \leq \left(1 + \frac{1}{n}\right)^n < 3$ für alle $n \geq 1$.

Daß 2 die größte untere Schranke ist, folgt aus $a_1 = 2$ und der Monotonie der Folge. Nach dem binomischen Satz gilt

$$\left(1 + \frac{1}{n}\right)^n = \sum_{k=0}^{n} \binom{n}{k} \cdot \frac{1}{n^k} = 1 + \sum_{k=1}^{n} \binom{n}{k} \cdot \frac{1}{n^k} .$$

Für $1 \leq k \leq n$ gilt

$$\binom{n}{k} \cdot \frac{1}{n^k} = \frac{n \cdot (n-1) \cdot \ldots \cdot (n-k+1)}{k! \cdot n^k} = \frac{1}{k!} \cdot \frac{n}{n} \cdot \frac{n-1}{n} \cdot \ldots \cdot \frac{n-k+1}{n}$$

$$\leq \frac{1}{k!} = \frac{1}{2 \cdot 3 \cdot \ldots \cdot k} \leq \underbrace{\frac{1}{2 \cdot 2 \cdot \ldots \cdot 2}}_{k-1 \text{ Faktoren}} = \frac{1}{2^{k-1}} .$$

Daraus folgt

$$\sum_{k=1}^{n} \binom{n}{k} \cdot \frac{1}{n^k} \leq \sum_{k=1}^{n} \left(\frac{1}{2}\right)^{k-1} = \sum_{i=0}^{n-1} \left(\frac{1}{2}\right)^i = \frac{1 - \frac{1}{2^n}}{1 - \frac{1}{2}}$$

$$= 2 \cdot \left(1 - \frac{1}{2^n}\right) < 2.$$

Damit gilt

$$\left(1 + \frac{1}{n}\right)^n = 1 + \sum_{k=1}^{n} \binom{n}{k} \cdot \frac{1}{n^k} < 1 + 2 = 3.$$

Die Zahl 3 ist also eine obere Schranke der Folge.

Als beschränkte, monoton wachsende Folge ist sie konvergent. Ihr Grenzwert

$$e = \lim_{n \to \infty} \left(1 + \frac{1}{n}\right)^n$$

ist die nach dem deutschen Mathematiker **L. Euler** (1707 – 1783) benannte **Eulersche Zahl**. Man kann zeigen, daß e irrational ist. Für die Zahl e können beliebig viele Dezimalstellen angegeben werden. Wegen der Irrationalität kann die Dezimalbruchentwicklung nicht abbrechen. Es kann auch keine Periode auftreten. Es gilt

$$e = 2,71\,82\,81\,82\,84 \ldots.$$

In Beispiel 41 von Abschnitt 6.10 wird die Zahl e mit Hilfe der Taylor-Entwicklung berechnet. Das dort benutzte Verfahren konvergiert wesentlich schneller.

Nach Abschnitt 4.1.3 tritt die Eulersche Zahl e bei der **stetigen Verzinsung** auf. Man findet sie bei sehr vielen Naturprozessen, z.B. beim stetigen Wachstum oder beim Zerfall von Atomen.

5.4 Reihen

Reihen entstehen durch Addition von Gliedern einer Folge.

Definition 6: Es sei $\left(a_n\right)_{n=1,2,3,\ldots}$ eine (unendliche) Folge. Durch schrittweise Addition der ersten n Glieder erhält man eine Folge (s_n) mit den Gliedern

$$s_n = a_1 + a_2 + \ldots + a_n = \sum_{i=1}^{n} a_i \quad \text{für } n \in \mathbb{N}.$$

Die Folge (s_n) nennt man die zur Folge (a_n) gehörige (**unendliche**) **Reihe**. Das n-te Glied heißt n-te **Partialsumme (Teilsumme)**.

Nach Abschnitt 3.5 lauten die Glieder der **geometrischen Reihe**

$$s_n = \sum_{i=1}^{n} a \cdot q^{i-1} = \begin{cases} a \cdot \dfrac{1-q^n}{1-q} & \text{für } q \neq 1 \\ n \cdot a & \text{für } q = 1. \end{cases}$$

Definition 7: Falls die Folge (s_n) der Partialsummen keinen Grenzwert besitzt, nennt man die Reihe **divergent**. Die Reihe heißt **konvergent**, wenn (s_n) konvergiert. Dann setzt man

$$s = \lim_{n \to \infty} s_n = \lim_{n \to \infty} \sum_{i=1}^{n} a_i = \sum_{i=1}^{\infty} a_i \,.$$

Im Falle der Konvergenz sagt man die Reihe $\sum\limits_{i=1}^{\infty} a_i$ sei konvergent und nennt den Grenzwert s die **Summe** der unendlichen Reihe.

Aus der Definition der Konvergenz einer Folge erhält man die Bedingung für die Konvergenz der Reihe in der Form: Zu jedem $\varepsilon > 0$ gibt es einen Index n_0 mit

$$|s_n - s| = \left| \sum_{i=n+1}^{\infty} a_i \right| < \varepsilon \quad \text{für alle } n \geq n_0.$$

Bei konvergenten Reihen müssen also die **Reihenreste** $r_n = \sum\limits_{i=n+1}^{\infty} a_i$ eine Nullfolge bilden. Hieraus folgt insbesondere die

---

Notwendige Bedingung für die Konvergenz einer Reihe

Notwendig für die Konvergenz der Reihe $\sum\limits_{i=1}^{\infty} a_i$ ist die Bedingung, daß die Folge (a_n) eine Nullfolge ist, also

$$\lim_{n \to \infty} a_n = 0.$$

Falls die Folge (a_n) nicht gegen Null konvergiert, ist die unendliche Reihe divergent.

Die geometrische Reihe ist genau dann konvergent, wenn q^n gegen 0 konvergiert. Dies ist nach Satz 1 nur für $|q| < 1$ der Fall. Aus Satz 1 folgt der

---

Satz 6: Es gilt

a) $\displaystyle \lim_{n \to \infty} \sum_{k=0}^{n} q^k = \sum_{k=0}^{\infty} q^k = \frac{1}{1-q}$ für $|q| < 1$;

b) $\displaystyle \lim_{n \to \infty} \sum_{k=0}^{n} q^k = \sum_{k=0}^{\infty} q^k = +\infty$ für $q \geq 1$ (bestimmt divergent);

c) Für $q \leq -1$ ist die Reihe unbestimmt divergent.

Beispiel 10:

a) $\displaystyle \sum_{k=0}^{\infty} \frac{1}{2^k} = \sum_{k=0}^{\infty} \left(\frac{1}{2}\right)^k = \frac{1}{1-\frac{1}{2}} = 2$ $\left(q = \frac{1}{2}\right)$;

b) $\displaystyle \sum_{k=0}^{\infty} \left(-\frac{1}{3}\right)^k = \frac{1}{1+\frac{1}{3}} = \frac{3}{4}$ $\left(q = -\frac{1}{3}\right)$.

c) $\displaystyle \sum_{k=0}^{\infty} \left(1{,}01\right)^k = +\infty$ $(q = 1{,}01 > 1)$.

Unendliche **periodische Dezimalbrüche** können als Summen unendlicher geometrischer Reihen dargestellt werden. Dazu das

Beispiel 11:

a) $0{,}\overline{4} = 0{,}4 + 0{,}04 + 0{,}004 + 0{,}0004 + 0{,}00004 + \ldots$

$$= 0{,}4 \cdot \left(1 + \frac{1}{10} + \left(\frac{1}{10}\right)^2 + \left(\frac{1}{10}\right)^3 + \left(\frac{1}{10}\right)^4 + \left(\frac{1}{10}\right)^5 + \ldots\right)$$

$$= 0{,}4 \cdot \sum_{k=0}^{\infty} \left(\frac{1}{10}\right)^k = 0{,}4 \cdot \frac{1}{1-\frac{1}{10}} = 0{,}4 \cdot \frac{10}{9} = \frac{4}{9};$$

b) $\displaystyle 0{,}\overline{9} = 0{,}9 \cdot \sum_{k=0}^{\infty} \left(\frac{1}{10}\right)^k = 0{,}9 \cdot \frac{1}{1-\frac{1}{10}} = 0{,}9 \cdot \frac{10}{9} = 1;$

c) $\displaystyle 0{,}12\overline{24} = \frac{12}{100} + 0{,}0024 \cdot \sum_{k=0}^{\infty} \left(\frac{1}{100}\right)^k = \frac{12}{100} + \frac{24}{10\,000} \cdot \frac{1}{1-\frac{1}{100}}$

$$= \frac{12}{100} + \frac{24}{10\,000} \cdot \frac{100}{99} = \frac{12}{100} + \frac{24}{100 \cdot 99}$$

$$= \frac{12 \cdot 99 + 24}{9\,900} = \frac{1\,212}{9\,900} = \frac{101}{825}.$$

Absolute und bedingte Konvergenz von Reihen

Beispiel 12:

$\sum_{i=1}^{\infty} (-1)^i$ besitzt die Partialsummen $\quad s_n = \begin{cases} -1 & \text{für ungerades n} \\ 0 & \text{für gerades n.} \end{cases}$

Da die Folge (s_n) nicht konvergiert, ist die unendliche Reihe unbestimmt divergent.

Faßt man in der Summe der Reihe nach jeweils zwei Summanden zusammen, so entsteht eine konvergente Reihe mit der Summe $s = 0$:

$$(-1+1) + (-1+1) + (-1+1) + \dots = 0.$$

Falls die paarweise Zusammenfassung erst vom zweiten Glied an vorgenommen wird, erhält man eine Reihe mit der Summe $s = -1$:

$$-1 + (1-1) + (1-1) + (1-1) + \dots = -1.$$

Werden jeweils zwei positive und ein negativer Summand zusammengefaßt, so entsteht eine Reihe, deren Glieder alle $= 1$ sind. Diese Reihe ist bestimmt divergent mit $s = +\infty$. Durch Zusammenfassung von jeweils zwei negativen und einem positiven Summanden entsteht eine Reihe, die bestimmt divergent ist gegen $-\infty$.

Durch verschiedene Summationsreihenfolgen kann man verschiedene Summen der unendlichen Reihe erhalten.

Die in Beispiel 12 aufgetretene Situation soll nun ausgeschlossen werden. Dazu die

Definition 8: Die Reihe $\sum_{i=1}^{\infty} a_i$ heißt **absolut konvergent**, wenn die Reihe der Beträge $\sum_{i=1}^{\infty} |a_i|$ konvergiert.

Eine konvergente Reihe, welche nicht absolut konvergent ist, heißt **bedingt konvergent**.

Wegen

$$|a_{n+1} + a_{n+2} + a_{n+3} + \dots| \leq |a_{n+1}| + |a_{n+2}| + |a_{n+3}| + \dots < \varepsilon$$

für $n \geq n_0$ ist eine absolut konvergente Reihe auch konvergent und es gilt

$$\left| \sum_{i=1}^{\infty} a_i \right| \leq \sum_{i=1}^{\infty} |a_i| \qquad \text{(verallgemeinerte Dreiecksungleichung).}$$

Allgemein gilt der

Satz 7: Eine absolut konvergente Reihe ist auch konvergent. Sie besitzt bei jeder Summationsreihenfolge die gleiche Summe s.

Die Reihe aus Beispiel 12 ist wegen $|a_i| = 1$ für alle i nicht absolut konvergent. Daher können durch verschiedene Summationsreihenfolgen verschiedene Summen erzeugt werden.

Konvergenz- und Divergenzkriterien

Der Nachweis dafür, daß eine Reihe konvergiert oder divergiert, ist in der Regel viel schwieriger als bei Folgen. Im allgemeinen untersucht man eine Reihe zuerst auf Konvergenz. Dazu benutzt man sogenannte **Konvergenz- oder Divergenzkriterien**. Falls Konvergenz festgestellt wird, ist es meistens nicht einfach, den Grenzwert zu bestimmen. Oft benötigt man dazu Verfahren aus der höheren Mathematik, z. B. Taylor-Reihen (Abschnitt 6.10).

Die Bedingung $\lim_{n \to \infty} a_n = 0$ ist zwar notwendig für die Konvergenz der Reihe, jedoch nicht hinreichend, wie folgendes Beispiel zeigt.

Beispiel 13 (harmonische Reihe): In der Reihe $\sum_{i=1}^{\infty} \frac{1}{i}$ bilden die einzelnen Glieder $a_n = \frac{1}{n}$ eine Nullfolge. Die Reihe ist jedoch bestimmt divergent gegen $+\infty$. Vom dritten Summanden an werden der Reihe nach 2, 4, 8, 16, 32, ... Summanden zusammengefaßt mit

$$\sum_{i=1}^{\infty} \frac{1}{i} = 1 + \frac{1}{2} + \underbrace{\left(\frac{1}{3} + \frac{1}{4}\right)}_{> \frac{1}{2}} + \underbrace{\left(\frac{1}{5} + \frac{1}{6} + \frac{1}{7} + \frac{1}{8}\right)}_{> \frac{1}{2}} + \underbrace{\left(\frac{1}{9} + ... + \frac{1}{16}\right)}_{> \frac{1}{2}} + ...$$

Dadurch entstehen beliebig viele Terme die größer als $\frac{1}{2}$ sind. Dann werden die Teilsummen $s_n = \sum_{i=1}^{n} \frac{1}{i}$ beliebig groß, wenn nur n groß genug gewählt wird. Damit gilt $\sum_{i=1}^{\infty} \frac{1}{i} = +\infty$ (bestimmt divergent).

Beispiel 14: Die Reihe $\sum_{i=1}^{\infty} (-1)^{i-1} \cdot \frac{1}{i}$ ist nicht absolut konvergent, da die Beträge die nicht konvergente harmonische Reihe aus Beispiel 12 bilden. Mit der Taylor-Entwicklung (s. Beispiel 43 b) aus Abschnitt 6.10) kann gezeigt werden, daß diese Reihe bedingt konvergent ist mit

$$\sum_{i=1}^{\infty} (-1)^{i-1} \cdot \frac{1}{i} = \ln 2.$$

Bei Reihen mit **nichtnegativen Gliedern** $a_n \geq 0$ ist die Folge der Partialsummen $s_n = \sum_{i=1}^{n} a_i$ monoton wachsend. Die Reihe ist genau dann konvergent, wenn die Folge der Partialsummen beschränkt ist.

Majorantenkriterium: Es sei $\sum\limits_{i=1}^{\infty} c_i$ eine konvergente Reihe mit nicht-negativen Gliedern und es gelte $|a_n| \le c_n$ für alle $n \ge m$ (m fest). Dann ist die Reihe $\sum\limits_{i=1}^{\infty} a_i$ absolut konvergent, also auch konvergent.

Beweis: Für alle $n \ge m$ gilt $\sum\limits_{i=n+1}^{\infty} |a_i| \le \sum\limits_{i=n+1}^{\infty} c_i \to 0$ für $n \to \infty$.

Minorantenkriterium: Es sei $\sum\limits_{i=1}^{\infty} d_i = \infty$ (bestimmt divergent) mit nichtnegativen Gliedern und es gelte $a_n \ge d_n$ für alle $n \ge m$ (m fest). Dann gilt auch $\sum\limits_{i=1}^{\infty} a_i = \infty$ (bestimmt divergent).

Beweis: Für alle $n \ge m$ gilt $\sum\limits_{i=n+1}^{\infty} a_i \ge \sum\limits_{i=n+1}^{\infty} d_i = \infty$.

Beispiel 15:

a) Die Reihe $\sum\limits_{i=1}^{\infty} \frac{1}{i^2}$ ist konvergent. Für $i \ge 2$ gilt nämlich

$$\frac{1}{i^2} < \frac{1}{i^2 - i} = \frac{1}{i \cdot (i-1)} = \frac{i - (i-1)}{i \cdot (i-1)} = \frac{1}{i-1} - \frac{1}{i}.$$

Hieraus folgt

$$s_n = \sum_{i=1}^{n} \frac{1}{i^2} = 1 + \sum_{i=2}^{n} \frac{1}{i^2} < 1 + \sum_{i=2}^{n} \left(\frac{1}{i-1} - \frac{1}{i}\right)$$

$$= 1 + \left(1 - \frac{1}{2}\right) + \left(\frac{1}{2} - \frac{1}{3}\right) + \dots + \left(\frac{1}{n-1} - \frac{1}{n}\right) = 2 - \frac{1}{n} < 2.$$

Die Folge (s_n) ist monoton wachsend und beschränkt, also konvergent. Nicht elementar beweisbar ist

$$\sum_{i=1}^{\infty} \frac{1}{i^2} = \frac{\pi^2}{6}.$$

b) Für $k \ge 2$ gilt $\frac{1}{i^k} \le \frac{1}{i^2}$. Dann ist nach dem Majorantenkriterium die Reihe $\sum\limits_{i=1}^{\infty} \frac{1}{i^k}$ konvergent.

c) Für $\alpha \le 1$ gilt $\frac{1}{i^\alpha} \ge \frac{1}{i}$. Nach dem Minorantenkriterium und Beispiel 13 gilt $\sum\limits_{i=1}^{\infty} \frac{1}{i^\alpha} = +\infty$ (bestimmt divergent).

Quotientenkriterium: Für die Folge (a_n) gebe es eine Konstante q mit

a) $\left|\dfrac{a_{n+1}}{a_n}\right| \leq q < 1$ für alle $n \geq n_0$.

Dann ist die Reihe $\displaystyle\sum_{i=1}^{\infty} a_i$ absolut konvergent und damit konvergent.

b) Im Falle

   $\left|\dfrac{a_{n+1}}{a_n}\right| \geq 1$ für alle $n \geq n_0$ gilt $\displaystyle\sum_{i=1}^{\infty} |a_i| = +\infty$.

Beweis:

a) Für $n \geq n_0$ gilt $|a_{n+1}| \leq q \cdot |a_n|$. Daraus folgt

$$|a_{n_0+1}| \leq q \cdot |a_{n_0}|; \quad |a_{n_0+2}| \leq q \cdot |a_{n_0+1}| \leq q^2 \cdot |a_{n_0}|.$$

Durch vollständige Induktion läßt sich zeigen, daß gilt

$$|a_{n_0+k}| \leq q^k \cdot |a_{n_0}| \quad \text{für } k = 0, 1, 2, 3, \ldots$$

Wegen $q < 1$ erhält man eine konvergente Majorante mit

$$0 \leq \sum_{i=n_0}^{\infty} |a_i| \leq |a_{n_0}| \cdot \sum_{k=0}^{\infty} q^k = |a_{n_0}| \cdot \frac{1}{1-q} < \infty.$$

b) Analog zu a) gilt $|a_{n_0+k}| \geq |a_{n_0}| > 0$ für $k = 0, 1, 2, 3, \ldots$

Dann erhält man eine bestimmt divergente Minorante mit

$$\sum_{i=n_0}^{\infty} |a_i| \geq |a_{n_0}| \cdot \sum_{k=0}^{\infty} 1 = +\infty.$$

Bemerkungen: Falls der Grenzwert $\displaystyle\lim_{n\to\infty} \left|\frac{a_{n+1}}{a_n}\right| = r$ existiert mit $r < 1$, ist die Bedingung a) der absoluten Konvergenz erfüllt.

In a) genügt die Bedingung $\left|\dfrac{a_{n+1}}{a_n}\right| < 1$ nicht. Diese Bedingung wäre bei der harmonischen Reihe (Beispiel 13) wegen $\left|\dfrac{a_{n+1}}{a_n}\right| = \dfrac{n}{n+1} < 1$ erfüllt. Die Reihe konvergiert jedoch nicht. Wegen $\displaystyle\lim_{n\to\infty}\frac{n}{n+1} = 1$ gibt es keine Konstante $q < 1$ mit $\dfrac{n}{n+1} \leq q$ für alle $n \geq n_0$.

Beispiel 16: Für die Glieder der Reihe $\displaystyle\sum_{i=0}^{\infty}\frac{1}{i!} = 1 + \sum_{i=1}^{\infty}\frac{1}{i!}$ gilt

$\dfrac{a_{n+1}}{a_n} = \dfrac{n!}{(n+1)!} = \dfrac{1}{n+1} \leq \dfrac{1}{2}$ für alle $n \geq 1$. Daher konvergiert die Reihe. Mit Hilfe der Taylor-Entwicklung (s. Beispiel 41 in Abschnitt 6.10) läßt sich zeigen, daß die Summe gleich der Eulerschen Zahl e ist, also

$$e = \sum_{i=0}^{\infty}\frac{1}{i!} = 1 + \frac{1}{1} + \frac{1}{2!} + \frac{1}{3!} + \ldots$$

$s_n = \displaystyle\sum_{i=0}^{n}\frac{1}{i!}$ konvergiert wesentlich schneller gegen e als $\left(1 + \frac{1}{n}\right)^n$.

Wurzelkriterium: Es sei (a_n) eine Folge und q eine Konstante mit

a) $\sqrt[n]{|a_n|} \leq q < 1$ für alle $n \geq n_0$.

Dann ist $\sum\limits_{i=1}^{\infty} a_i$ absolut konvergent und damit konvergent.

b) Im Falle $\sqrt[n]{|a_n|} \geq 1$ für alle $n \geq n_0$ gilt $\sum\limits_{i=1}^{\infty} |a_i| = +\infty$.

Beweis:

a) Für $n \geq n_0$ gilt $|a_n| \leq q^n$ und wegen $0 \leq q < 1$

$$\sum_{i=n_0}^{\infty} |a_i| \leq q^{n_0} \cdot \sum_{k=0}^{\infty} q^k = |q^{n_0}| \cdot \frac{1}{1-q} < \infty.$$

Damit ist die Reihe absolut konvergent.

b) Aus $|a_n| \geq 1$ für $n \geq n_0$ folgt

$$\sum_{i=n_0}^{\infty} |a_i| \geq \sum_{i=n_0}^{\infty} 1 = \infty \text{ und daraus } \sum_{i=1}^{\infty} |a_i| = +\infty .$$

Bemerkungen: Falls der Grenzwert $\lim\limits_{n\to\infty} \sqrt[n]{|a_n|} = r$ existiert mit $r < 1$, ist die Bedingung a) der absoluten Konvergenz erfüllt.

Wie beim Quotientenkriterium genügt die Bedingung $\sqrt[n]{|a_n|} < 1$ nicht.

Von **G. W. Leibniz** (1646 – 1716) stammt die

Leibnizsche Regel für alternierende Reihen: Es sei (a_n) eine monoton fallende Folge mit $\lim\limits_{n\to\infty} a_n = 0$. Dann ist die alternierende Reihe

$$\sum_{i=1}^{\infty} (-1)^{i-1} a_i = a_1 - a_2 + - .... \text{ konvergent.}$$

Beweis: Da (a_n) eine monoton fallende Nullfolge ist, läßt sich zeigen, daß für jedes $m \geq n + 1$ gilt

$$\left| \sum_{i=n+1}^{m} (-1)^{i+1} a_i \right| \leq |a_n|. \text{ Damit gilt auch für die Reihenreste}$$

$$|r_{n+1}| = \left| \sum_{i=n}^{\infty} (-1)^{i+1} a_i \right| \leq |a_n| \to 0 \text{ für } n\to\infty.$$

Die Reihe $\sum\limits_{i=1}^{\infty} (-1)^{i-1} \cdot \frac{1}{i}$ (s. Beispiel 13) erfüllt die obigen Bedingungen. Sie ist jedoch nur bedingt konvergent, da die Absolutglieder die bestimmt divergente harmonische Reihe aus Beispiel 13 ergeben.

5.5 Aufgaben

1. Untersuchen Sie die Folgen $(a_n)_{n=1, 2, \ldots}$ auf Konvergenz und bestimmen Sie gegebenenfalls ihren Grenzwert

a) $a_n = \dfrac{1}{1 + n^2}$;

b) $a_n = \dfrac{n^2 + 2n}{3(2n + 1)^2}$;

c) $a_n = \dfrac{n^3 + 4n^2 + 8}{3n^2 + 5n + 1}$;

d) $a_n = \dfrac{4^{n+1} + 5^{n-1}}{4^n + 5^n}$;

e) $a_n = \dfrac{\sqrt{n+1} - \sqrt{n^2 + 1}}{n}$;

f) $a_n = \sqrt{2n + 10} - \sqrt{2n + 5}$;

g) $a_n = \frac{1}{n} \cdot (2\sqrt{n} - 1)^2$;

h) $a_n = \dfrac{\sqrt{n} + \sqrt{2n}}{\sqrt{3n}}$.

2. Untersuchen Sie die Folgen auf Konvergenz:

a) $a_n = \dfrac{2n + 3 + (-1)^n \cdot n^2}{n^2}$;

b) $a_n = \dfrac{5 + 4n^2 + (-1)^n n}{n^2 + 3n + 72}$.

3. Zeigen Sie, daß die Folge $a_{n+1} = \sqrt{2a_n + 6}$; $a_1 = 2$ monoton wachsend und beschränkt ist mit $a_n \leq 5$. Bestimmen Sie den Grenzwert.

4. Untersuchen Sie die Folgen auf Konvergenz und bestimmen Sie gegebenenfalls ihren Grenzwert:

a) $a_{n+1} = \sqrt{2a_n + 3} - 1$; $a_1 = 5$;   b) $a_{n+1} = \sqrt{2 + a_n}$; $a_1 = 1$;

c) $a_{n+1} = \dfrac{a_n}{a_n + 3}$ für $a_1 = 2$ bzw. $a_1 = -2$;

d) $a_{n+1} = \dfrac{1 + a_n}{3 - a_n}$; $a_1 = \dfrac{1}{2}$.

5. Für welchen Startwert a_1 konvergiert die Folge $a_{n+1} = \dfrac{3}{2} a_n$?

6. Berechnen Sie

a) $\displaystyle\sum_{i=0}^{\infty} \left(-\dfrac{2}{3}\right)^i$;   b) $\displaystyle\sum_{i=0}^{\infty} \dfrac{2^i + (-5)^i}{6^i}$;   c) $\displaystyle\sum_{i=3}^{\infty} \dfrac{25 \cdot 5^{i-3} - 3 \cdot 2^{i-1}}{7^{i-1}}$.

7. Stellen Sie folgende periodische Dezimalzahlen mit Hilfe einer geometrischen Reihe dar und bestimmen Sie die entsprechenden Brüche:

a) $0,4\overline{78}$;   b) $2,\overline{981}$;   c) $0,\overline{923076}$;   d) $1,34\overline{951}$.

Kapitel 6:

Differentialrechnung bei reellen Funktionen einer Variablen

In diesem Kapitel werden Funktionen einer einzigen Veränderlichen sowie ihre Ableitungen behandelt.

6.1 Grundbegriffe für reelle Funktionen einer Variablen

Die Mengenabbildungen aus Abschnitt 1.4 sind die Grundlage für die

Definition 1: Eine Abbildung f einer Teilmenge $D \subset \mathbb{R}$ in $\mathbb{R}$ bezeichnet man als (**reelle**) **Funktion** einer **reellen Variablen**. Dabei heißt $D = D_f$ der **Definitionsbereich** und die Menge $W = f(D)$ der Bildpunkte der **Wertebereich** oder die **Bildmenge**, also

$$W = f(D) = \{y \mid y = f(x), x \in D\}.$$

Nach Abschnitt 1.4 kann die Abbildung dargestellt werden durch

$$x \in D: x \longrightarrow y = f(x) \in W \quad \text{oder} \quad f: D \longrightarrow W.$$

x heißt die **unabhängige Variable** (**Argument** oder **Abszisse**), y ist die **abhängige Variable** (**Ordinate**).

Der Zusatz reell soll in Zukunft weggelassen werden. Unter einer Funktion verstehen wir also immer eine reelle Funktion.

In der Zahlenebene $\mathbb{R} \times \mathbb{R}$ werden alle Zahlenpaare $(x, f(x))$ mit $x \in D$ graphisch dargestellt. Die Gesamtheit dieser Punkte heißt der **Graph** oder das **Schaubild** der Funktion f.

Beispiel 1: 1 kg einer bestimmten Ware koste 1,5 DM. Für x kg muß dann $y = 1,5 \cdot x$ gezahlt werden. Durch diese Kostenfunktion wird jeder Menge $x \geq 0$ der Preis $y = 1,5 \cdot x$ zugeordnet. Definitions- und Wertebereich lauten

$$D = W = \mathbb{R}_+ = \{x \mid x \geq 0\}.$$

Der Graph der Funktion stellt eine im Koordinatenursprung O beginnende Halbgerade dar mit der Steigung m = 1,5.

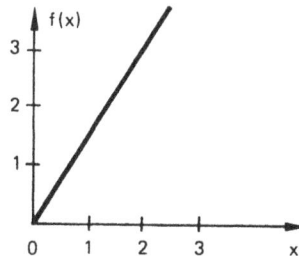

Beispiel 2: Durch $y = f(x) = x^2$ wird jeder reellen Zahl x das Quadrat $y = x^2$ zugeordnet. Der Definitionsbereich ist ganz $\mathbb{R}$, also $D = \mathbb{R}$, während der Wertebereich $W = \mathbb{R}_+$ aus den nichtnegativen reellen Zahlen besteht. Der Graph stellt eine nach oben geöffnete **Parabel** dar.

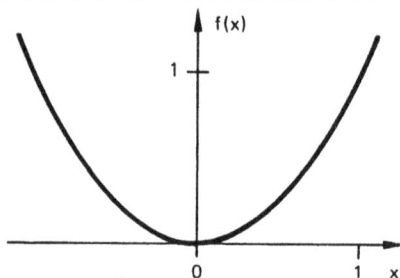

Beispiel 3: Die Funktion f mit dem Definitionsbereich $D = \mathbb{R}$ sei gegeben durch die nebenstehende Zuordnung. f ist eine sogenannte **Treppenfunktion** mit den Sprungstellen 1 und 2. Dabei gilt $f(1) = 1$ und $f(2) = 1,5$. An der Stelle 2 tritt im Graphen ein isolierter Punkt auf (s. nachfolgende Abbildung). Der Wertebereich lautet $W = \{0\,;1\,;1,5\,;2\}$.

$$f(x) = \begin{cases} 0 & \text{für } x < 1 \\ 1 & \text{für } 1 \le x < 2 \\ 1,5 & \text{für } x = 2 \\ 2 & \text{für } x > 2. \end{cases}$$

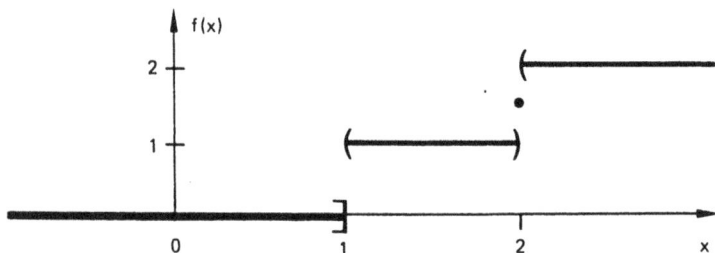

Definition 2: Eine Funktion f: $D \longrightarrow \mathbb{R}$ heißt in $A \subset D$

monoton wachsend, falls $f(x_1) \le f(x_2)$ für alle $x_1 < x_2$ mit $x_1, x_2 \in A$;

streng monoton wachsend, falls $f(x_1) < f(x_2)$ für alle $x_1 < x_2$ mit $x_1, x_2 \in A$;

monoton fallend, falls $f(x_1) \ge f(x_2)$ für alle $x_1 < x_2$ mit $x_1, x_2 \in A$;

streng monoton fallend, falls $f(x_1) > f(x_2)$ für alle $x_1 < x_2$ mit $x_1, x_2 \in A$;

nach unten beschränkt, falls $f(x) \ge c_u$ für alle $x \in A$; c_u=Konstante;

nach oben beschränkt, falls $f(x) \le c_o$ für alle $x \in A$; c_o=Konstante;

beschränkt, falls $|f(x)| \le c$ für alle $x \in A$; $c =$ Konstante.

Eine Funktion f ist genau dann beschränkt, wenn sie nach unten und nach oben beschränkt ist.

Die Funktion $f(x) = 1,5 \cdot x$ aus Beispiel 1 ist streng monoton wachsend und nach oben nicht beschränkt.

Die Funktion $f(x) = x^2$ aus Beispiel 2 ist in $\mathbb{R}_- = \{x \mid x \le 0\}$ streng monoton fallend und in $\mathbb{R}_+$ streng monoton wachsend. Sie ist nach unten beschränkt mit $0 \le f(x)$. Nach oben ist sie nicht beschränkt. Die Treppenfunktion aus Beispiel 3 ist monoton wachsend, jedoch nicht streng monoton wachsend. Sie ist beschränkt mit $0 \le f(x) \le 2$ für alle $x \in \mathbb{R}$.

Definition 3: Mit x sei auch $-x$ im Definitionsbereich der Funktion f enthalten. Dann heißt die Funktion f: $D \to \mathbb{R}$ **gerade,** wenn $f(-x) = f(x)$ für alle $x \in D$ erfüllt ist, und **ungerade,** wenn für alle $x \in D$ gilt $f(-x) = -f(x)$.

Bei geraden Funktionen ist der Graph symmetrisch zur y-Achse (**Achsensymmetrie**), bei ungeraden Funktionen symmetrisch zum Koordinatenursprung O (**Punktsymmetrie**).

Beispiel 4: Gegeben seien die Funktionen $f_n(x) = x^n$ für $n = 1, 2, \ldots$ Dann ist für gerades n die Funktion gerade. Für ungerades n ist f ungerade.

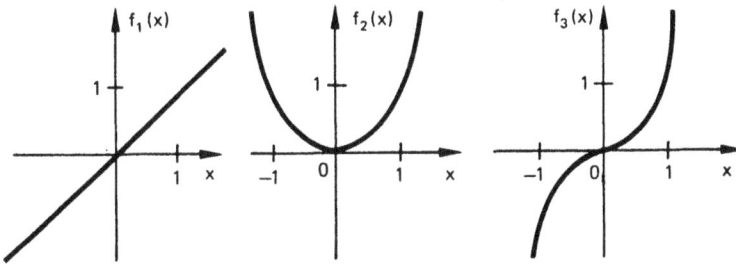

Aus einzelnen Funktionen f und g mit den Definitionsbereichen D_f und D_g können durch Anwendung von Rechenoperationen neue Funktionen gebildet werden. Die wichtigsten sind:

Operation	Funktion	Funktionswerte	Definitionsbereich
Multiplikation mit einer Konstanten c	$h = c \cdot f;$ $c \in \mathbb{R}$	$h(x) = c \cdot f(x)$	D_f
Summe	$h = f + g$	$h(x) = f(x) + g(x)$	$D_f \cap D_g$
Differenz	$h = f - g$	$h(x) = f(x) - g(x)$	$D_f \cap D_g$
Produkt	$h = f \cdot g$	$h(x) = f(x) \cdot g(x)$	$D_f \cap D_g$
Quotient	$h = \dfrac{f}{g}$	$h(x) = \dfrac{f(x)}{g(x)}$	$D_f \cap D_g \setminus \{x \mid g(x) = 0\}$
zusammengesetzte Funktion	$h = f \circ g$	$h(x) = f(g(x))$	$\{x \mid x \in D_f;\ f(x) \in D_g\}$

Satz 1: Die Funktion f sei in D streng monoton, also entweder streng monoton wachsend oder streng monoton fallend. Dann exisiert die durch

$$y = f^{-1}(x) \Leftrightarrow x = f(y)$$

definierte **Umkehrfunktion (inverse** Funktion) $f^{-1}: W \longrightarrow D$.

Beweis: Wegen der vorausgesetzten strengen Monotonie besitzt für jedes $y \in W$ die Gleichung $y = f(x)$ genau eine Lösung x. Diese bezeichnet man nach Abschnitt 1.4 mit $x = f^{-1}(y)$. Durch Vertauschung der beiden Variablen x und y erhält man die Werte der Umkehrfunktion in der Form

$$y = f^{-1}(x) \qquad \Leftrightarrow \qquad x = f(y).$$

Vertauschen der beiden Variablen bedeutet eine Vertauschung der beiden Achsen und stellt eine **Spiegelung** an der ersten Winkelhalbierenden dar.

Den Graphen der Umkehrfunktion f^{-1} erhält man somit durch Spiegelung des Graphen von f an der ersten Winkelhalbierenden.

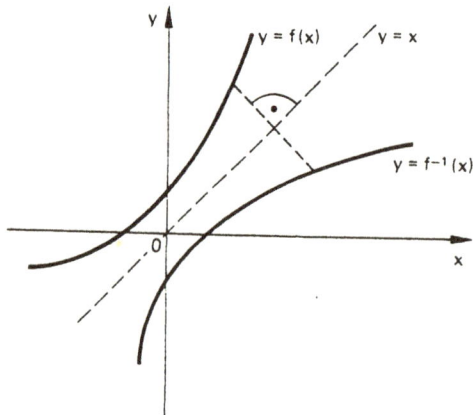

Beispiel 5 (Wurzelfunktion):

a) Im Definitionsbereich $D = \mathbb{R}_+$ ist die Funktion $f(x) = x^2$ streng monoton wachsend. Aus

$$y = x^2 \Leftrightarrow x = +\sqrt{y}$$

erhält man als Umkehrfunktion die (positive) Wurzelfunktion

$$y = f^{-1}(x) = +\sqrt{x}.$$

Definitions- und Wertebereich sind jeweils $\mathbb{R}_+$.

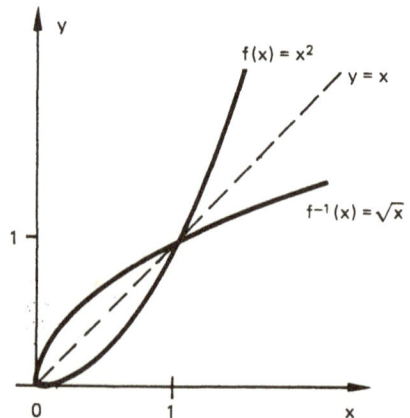

b) Im Definitionsbereich $D = \mathbb{R}_-$ ist $f(x) = x^2$ streng monoton fallend.
Hier erhält man als Umkehrfunktion die (negative) Wurzelfunktion

$$y = f^{-1}(x) = -\sqrt{x} \quad \text{mit} \quad D_{f-1} = \mathbb{R}_+; \quad W_{f-1} = \mathbb{R}_-.$$

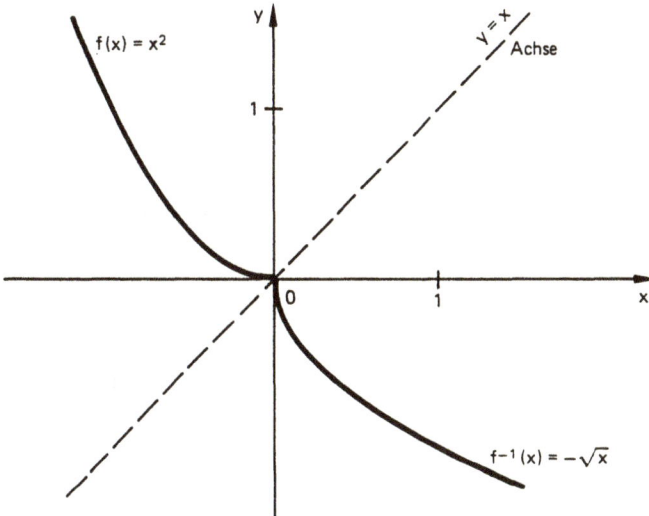

c) Die Funktion $f(x) = x^2$ mit dem Definitionsbereich $\mathbb{R}$ besitzt keine
Umkehrfunktion, da jeder Bildpunkt $y > 0$ die beiden verschiedenen Urbilder $+\sqrt{y}$ und $-\sqrt{y}$ besitzen müßte. Daher wurde in a) und b) der
Definitionsbereich jeweils auf den nichtnegativen bzw. nichtpositiven Bereich eingeschränkt.

Ein **Polynom** n-ten Grades besitzt die Form

$$P_n(x) = a_0 + a_1 x + a_2 x^2 + \dots + a_n x^n = \sum_{k=0}^{n} a_k x^k ; \, a_k \in \mathbb{R}, \, a_n \neq 0.$$

Ein Polynom nennt man eine **ganzrationale** Funktion.

Ein Polynom vom Grad Null ist eine **konstante** Funktion mit $P_0(x) \equiv a_0$
für alle x. Ihr Graph verläuft parallel zur x-Achse.

Für $n = 1$ erhält man eine **lineare** Funktion $P_1(x) = a_0 + a_1 x$. Der Graph
dieser Funktion ist eine **Gerade** mit dem y-Achsenabschnitt a_0 und der
Steigung $m = a_1$.

$n = 2$ ergibt eine **quadratische** Funktion $P_2(x) = a_0 + a_1 x + a_2 x^2$. Ihr
Graph ist eine **Parabel**, die für $a_2 > 0$ nach oben und für $a_2 < 0$ nach
unten geöffnet ist. Aus

$$a_2 x^2 + a_1 x + a_0 = a_2 \left[x^2 + \frac{a_1}{a_2} x + \frac{a_0}{a_2} \right]$$

$$= a_2 \left[\left(x + \frac{a_1}{2 a_2} \right)^2 + \frac{a_0}{a_2} - \frac{a_1^2}{4 a_2^2} \right] = a_2 \left[\left(x + \frac{a_1}{2 a_2} \right)^2 + \frac{4 a_2 a_0 - a_1^2}{4 a_2^2} \right]$$

erhält man den **Scheitelpunkt** der Parabel

$$S \left(- \frac{a_1}{2 a_2} ; \ \frac{4 a_2 a_0 - a_1^2}{4 a_2^2} \right) .$$

Der Quotient zweier Polynome

$$Q(x) = \frac{Z_n(x)}{N_m(x)} = \frac{\text{Zählerpolynom vom Grad n}}{\text{Nennerpolynom vom Grad m}} \quad \text{für} \ \ N_m(x) \neq 0$$

heißt eine **gebrochenrationale** Funktion.

Beispiel 6: Die Funktion $f(x) = \frac{1}{x}$ ist ungerade und nicht beschränkt. Definitions- und Wertebereich stimmen überein mit $D = W = \{ x \mid x \neq 0 \}$. Der Graph ist eine zweiseitige **Hyperbel**. Asymptoten sind die beiden Koordinatenachsen.

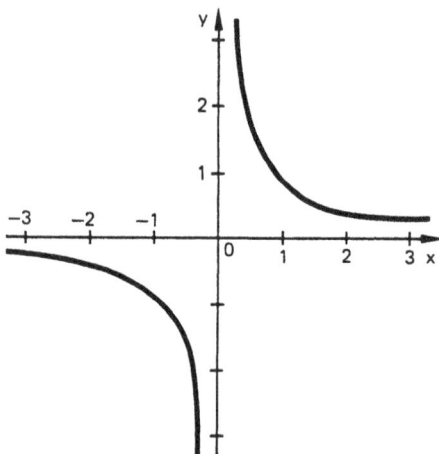

Folgende Funktionen sind für die Anwendung von Interesse:

Kostenfunktion	$K(x)$	x = (Produktions-) Menge
Durchschnittskosten-funktion (Stückkosten)	$\frac{K(x)}{x}$	x = (Produktions-) Menge
Nachfragefunktion	$N(p)$	p = Preis je Mengeneinheit
Angebotsfunktion	$A(p)$	p = Preis je Mengeneinheit
Erlösfunktion	$E(p) = p \cdot N(p)$	p = Preis je Mengeneinheit
	$\tilde{E}(p) = x \cdot p(x)$	p = Preis; x = Menge
Gewinnfunktion	$G(x) = E(x) - K(x)$	x = Menge
Konsumfunktion	$C(y)$	y = Volkseinkommen

6.2 Grenzwerte von Funktionen

Es sei $(x_n)_{n=1,2,\ldots}$ eine Folge, deren Glieder im Definitionsbereich der Funktion f enthalten sind, also mit $x_n \in D$ für alle n. Dann bilden die Funktionswerte aus dem Wertebereich $a_n = f(x_n)$ wieder eine Folge. Falls die Folge (x_n) gegen x_0 konvergiert oder gegen $+\infty$ bzw. gegen $-\infty$ bestimmt divergent ist, kann die Folge $\big(f(x_n)\big)_{n=1,2,\ldots}$ konvergent oder divergent sein. Interessant sind solche Funktionen, bei denen die Folgen der Funktionswerte konvergieren. Dabei wird vorausgesetzt, daß der Definitionsbereich D der Funktion f so beschaffen ist, daß eine solche Folge (x_n) immer existiert. Dies ist sicher dann der Fall, wenn die Funktion f in einer Umgebung von x_0 definiert ist. Dabei muß der Grenzwert x_0 nicht unbedingt zum Definitionsbereich gehören.

6.2.1 Grenzwerte für $x \to x_0$

Definition 4: Die Funktion f besitzt an der Stelle x_0 den **Grenzwert** b, wenn folgende Bedingung erfüllt ist: Für jede beliebige Folge (x_n) mit

$$x_n \in D, \quad x_n \neq x_0 \quad \text{für alle n} \quad \text{und} \quad \lim_{n\to\infty} x_n = x_0$$

gilt

$$\lim_{n\to\infty} f(x_n) = b.$$

Dafür schreibt man auch

$$\lim_{x\to x_0} f(x) = b \quad \text{oder} \quad \lim_{h\to 0} f(x_0 + h) = b.$$

Bemerkung: Wesentlich in dieser Definition ist die Forderung, daß für jede beliebige gegen x_0 konvergierende Folge (x_n) die Funktionswerte immer gegen den gleichen Grenzwert b konvergieren. Die Grenzstelle x_0 muß dabei nicht unbedingt zum Definitionsbereich D gehören.

Der Vorteil dieser Definition liegt darin, daß zur Untersuchung der Grenzwerte einer Funktion sämtliche Eigenschaften konvergenter Folgen aus Abschnitt 5.2 benutzt werden können.

Beispiel 7: Es sei $f(x) = x^2$ mit $D = \mathbb{R}$. Aus $x_n \neq x_0$ mit

$$\lim_{n\to\infty} x_n = x_0 \quad \text{folgt} \quad \lim_{n\to\infty} f(x_n) = \lim_{n\to\infty} x_n^2 = x_0^2 = f(x_0) .$$

An jeder Stelle $x_0 \in \mathbb{R}$ besitzt die Funktion f den Grenzwert $b = f(x_0) = x_0^2$.

Beispiel 8: Die durch $f(x) = \dfrac{x^2 - 4x + 3}{x^2 - 3x + 2}$ definierte Funktion f ist an denjenigen Stellen nicht erklärt, an denen der Nenner verschwindet. Die Nullstellen des Nenners erhält man mit Hilfe der quadratischen Ergänzung

$$x^2 - 3x + 2 = 0$$
$$\left(x - \frac{3}{2}\right)^2 = -2 + \frac{9}{4} = \frac{1}{4}$$
$$x_{1,2} = \frac{3}{2} \mp \frac{1}{2}; \quad x_1 = 1; \quad x_2 = 2.$$

Damit lautet der Definitionsbereich $D = \{ x \,|\, x \neq 1 ; x \neq 2 \}$.

Wir betrachten eine beliebige Folge (x_n) mit $x_n \neq 1$ für alle n, die gegen 1 konvergiert. Mit $x_n = 1 + h_n$ erhält man eine Nullfolge (h_n) mit $h_n \neq 0$ für alle n. Dann gilt wegen $h_n \neq 0$

$$f(1 + h_n) = \frac{(1 + h_n)^2 - 4(1 + h_n) + 3}{(1 + h_n)^2 - 3(1 + h_n) + 2}$$

$$= \frac{1 + 2h_n + h_n^2 - 4 - 4h_n + 3}{1 + 2h_n + h_n^2 - 3 - 3h_n + 2} = \frac{h_n^2 - 2h_n}{h_n^2 - h_n} = \frac{h_n - 2}{h_n - 1}.$$

Aus $\lim\limits_{n \to \infty} h_n = 0$ folgt $\lim\limits_{n \to \infty} f(1 + h_n) = \frac{0 - 2}{0 - 1} = 2.$

Die Funktion f besitzt an der Stelle 1 den Grenzwert 2.

An der Stelle 2 besitzt die Funktion dagegen keinen Grenzwert. Für $h_n \neq 0$, $h_n \to 0$ gilt

$$f(2 + h_n) = \frac{(2 + h_n)^2 - 4(2 + h_n) + 3}{(2 + h_n)^2 - 3(2 + h_n) + 2}$$

$$= \frac{4 + 4h_n + h_n^2 - 8 - 4h_n + 3}{4 + 4h_n + h_n^2 - 6 - 3h_n + 2} = \frac{h_n^2 - 1}{h_n^2 + h_n}.$$

Aus $h_n < 0$ und $\lim\limits_{n \to \infty} h_n = 0$ folgt $\lim\limits_{n \to \infty} f(2 + h_n) = +\infty$.

$h_n > 0$ und $\lim\limits_{n \to \infty} h_n = 0$ ergibt $\lim\limits_{n \to \infty} f(2 + h_n) = -\infty$.

Die Nullstellen des Zählers sind 1 und 3. Damit läßt sich f darstellen als

$$f(x) = \frac{(x - 1) \cdot (x - 3)}{(x - 1) \cdot (x - 2)}.$$

Für $x \neq 1$ kann man durch $(x - 1)$ kürzen und erhält

$$f(x) = \frac{(x - 3)}{(x - 2)} \text{ für } x \neq 1.$$

Setzt man hier nachträglich $x = 1$ ein, so erhält man den oben berechneten Grenzwert 2. Allerdings wurde für $x = 1$ durch 0 gekürzt, was gar nicht zulässig ist.

6.2.2 Einseitige Grenzwerte

Beispiel 9 (vgl. Beispiel 3): Die in Beispiel 3 angegebene Treppenfunktion besitzt an den Sprungstellen keinen Grenzwert. Für $x_0 = 1$ erhält man

$$x_n = 1 - \frac{1}{n}; \quad \lim_{n\to\infty} x_n = 1; \quad f(x_n) = 0 \text{ für alle } n \Rightarrow \lim_{n\to\infty} f(x_n) = 0;$$

$$\tilde{x}_n = 1 + \frac{1}{n}; \quad \lim_{n\to\infty} \tilde{x}_n = 1; \quad f(\tilde{x}_n) = 1 \text{ für alle } n \Rightarrow \lim_{n\to\infty} f(\tilde{x}_n) = 1.$$

Damit haben wir zwei gegen 1 konvergierende Folgen angegeben, bei denen die Folgen der Funktionswerte gegen zwei verschiedene Grenzwerte konvergieren. Daher besitzt die Funktion f an der Stelle 1 keinen Grenzwert. Für jede beliebige Folge (x_n) mit $x_n < 1$ und $\lim_{n\to\infty} x_n = 1$ (Konvergenz von links) gilt

$$f(x_n) = 0 \text{ für alle } n \qquad \Rightarrow \qquad \lim_{n\to\infty} f(x_n) = 0.$$

Für jede beliebige Folge $(\tilde{x}_n)$ mit $1 < \tilde{x}_n < 2$ und $\lim_{n\to\infty} \tilde{x}_n = 1$ (Konvergenz von rechts) erhält man

$$f(\tilde{x}_n) = 1 \text{ für alle } n \qquad \Rightarrow \qquad \lim_{n\to\infty} f(\tilde{x}_n) = 1.$$

Diese Eigenschaft gibt Anlaß zur

Definition 5:

a) Die Funktion f besitzt an der Stelle x_0 den **linksseitigen Grenzwert** $f(x_0-)$, wenn folgende Bedingung erfüllt ist: Für jede beliebige Folge (x_n) mit $x_n \in D$, $x_n < x_0$ für alle n und $\lim_{n\to\infty} x_n = x_0$ gilt

$$\lim_{n\to\infty} f(x_n) = f(x_0-).$$

Dafür schreibt man auch

$$\lim_{\substack{x\to x_0- \\ x < x_0}} f(x) = \lim_{\substack{x\to x_0 \\ x < x_0}} f(x) = \lim_{h\to 0-} f(x_0 + h) = \lim_{\substack{h\to 0 \\ h < 0}} f(x_0 + h) = f(x_0-).$$

b) Die Funktion f besitzt an der Stelle x_0 den **rechtsseitigen Grenzwert** $f(x_0+)$, wenn folgende Bedingung erfüllt ist: Für jede beliebige Folge (x_n) mit $x_n \in D$, $x_n > x_0$ für alle n und $\lim_{n\to\infty} x_n = x_0$ gilt

$$\lim_{n\to\infty} f(x_n) = f(x_0+).$$

Dafür schreibt man

$$\lim_{\substack{x\to x_0+ \\ x > x_0}} f(x) = \lim_{\substack{x\to x_0 \\ x > x_0}} f(x) = \lim_{h\to 0+} f(x_0 + h) = \lim_{\substack{h\to 0 \\ h > 0}} f(x_0 + h) = f(x_0+).$$

Eine Funktion f besitzt an der Stelle x_0 genau dann den Grenzwert b, wenn sie an dieser Stelle einen linksseitigen Grenzwert $f(x_0-)$ und einen rechtsseitigen Grenzwert $f(x_0+)$ besitzt und beide gleich sind, wenn also $f(x_0-) = f(x_0+) = b$ ist.

Die Funktion f aus Beispiel 3 besitzt an den Sprungstellen folgende einseitige Grenzwerte:

$x_0 = 1$: linksseitiger Grenzwert $= 0$, rechtsseitiger Grenzwert $= 1$;

$x_0 = 2$: linksseitiger Grenzwert $= 1$, rechtsseitiger Grenzwert $= 2$.

6.2.3 Grenzwerte für $x \to \pm\infty$

Falls der Definitionsbereich D eine nach rechts nicht beschränkte Menge ist, gibt es aus dem Definitionsbereich Folgen (x_n), die bestimmt gegen $+\infty$ konvergieren, also mit $x_n \to \infty$. Entsprechend gibt es Folgen mit $x_n \to -\infty$, falls D nach links nicht beschränkt ist. In Analogie zu Abschnitt 6.2.2 gilt die

Definition 6:

a) Die Funktion f besitzt den **Grenzwert** $\lim\limits_{x \to \infty} f(x) = c_r$, wenn für jede Folge (x_n) mit $x_n \to \infty$ die Folge der Funktionswerte gegen den gleichen Grenzwert c_r konvergiert, d.h. $\lim\limits_{n \to \infty} f(x_n) = c_r$.

b) Die Funktion f besitzt den **Grenzwert** $\lim\limits_{x \to -\infty} f(x) = c_l$, wenn für jede Folge (x_n) mit $x_n \to -\infty$ die Folge der Funktionswerte gegen den gleichen Grenzwert c_l konvergiert, d.h. $\lim\limits_{n \to \infty} f(x_n) = c_l$.

Beispiel 10: Es gilt

a) $\lim\limits_{x \to \infty} \dfrac{1}{x^n} = \lim\limits_{x \to -\infty} \dfrac{1}{x^n} = 0$ für alle $n \in \mathbb{N}$;

b) $\lim\limits_{x \to \pm\infty} \dfrac{2x^2 - 3x + 8}{5x^2 + 7x + 20} = \lim\limits_{x \to \pm\infty} \dfrac{2 - \frac{3}{x} + \frac{8}{x^2}}{5 + \frac{7}{x} + \frac{20}{x^2}} = \dfrac{2 - 0 + 0}{5 + 0 + 0} = \dfrac{2}{5}$;

c) Aus $\sqrt{x+c} - \sqrt{x} = \dfrac{(\sqrt{x+c} - \sqrt{x}) \cdot (\sqrt{x+c} + \sqrt{x})}{\sqrt{x+c} + \sqrt{x}}$

$= \dfrac{c}{\sqrt{x+c} + \sqrt{x}}$

folgt

$\lim\limits_{x \to \infty} (\sqrt{x+c} - \sqrt{x}) = 0$.

6.3 Stetige Funktionen

Die Stetigkeit einer Funktion f an der Stelle $x_0 \in D$ wird mit Hilfe des Grenzwertes aus Abschnitt 6.2 erklärt. Im Gegensatz zur Existenz des Grenzwertes muß bei der Stetigkeit die Stelle x_0 zum Definitionsbereich gehören.

Definition 7:
a) Die Funktion f heißt an der **an der Stelle x_0 stetig**, wenn folgende Bedingung erfüllt ist: Für jede beliebige Folge (x_n) mit

$$x_n \in D \text{ und } \lim_{n \to \infty} x_n = x_0$$

gilt

$$\lim_{n \to \infty} f(x_n) = f(x_0) = f(\lim_{n \to \infty} x_n).$$

Dafür schreibt man auch

$$\lim_{x \to x_0} f(x) = f(x_0) \text{ oder } \lim_{h \to 0} f(x_0 + h) = f(x_0).$$

b) Die Funktion f heißt **stetig**, wenn sie an jeder Stelle ihres Definitionsbereichs D stetig ist.

Eine Funktion f ist an der Stelle $x_0 \in D$ genau dann stetig, wenn sie an dieser Stelle einen Grenzwert b besitzt und dieser Grenzwert mit dem Funktionswert übereinstimmt, also für $b = f(x_0)$. Bei einer stetigen Funktion ist die Grenzwertbildung mit der Funktionswertbildung vertauschbar.

Zur Untersuchung auf Stetigkeit können alle Eigenschaften konvergenter Folgen aus Abschnitt 5.2 benutzt werden.

Beispiel 11 : Die Wurzelfunktion $f(x) = \sqrt{x}$ ist an jeder Stelle $x_0 > 0$ stetig. Für eine beliebige Folge (x_n) mit $x_n > 0$ und $\lim_{n \to \infty} x_n = x_0$ gilt

$$0 \leq \left| \sqrt{x_n} - \sqrt{x_0} \right| = \frac{\left| (\sqrt{x_n} - \sqrt{x_0}) \cdot (\sqrt{x_n} + \sqrt{x_0}) \right|}{\sqrt{x_n} + \sqrt{x_0}}$$

$$= \frac{|x_n - x_0|}{\sqrt{x_n} + \sqrt{x_0}} < \frac{|x_n - x_0|}{\sqrt{x_0}} \to 0 \quad \text{für } n \to \infty.$$

Damit ist die Bedingung der Stetigkeit erfüllt.

Eine Treppenfunktion (s. Beispiel 3) ist an den Sprungstellen nicht stetig. In Analogie zu Abschnitt 6.2.2 untersucht man die Funktion auf einseitige Stetigkeit an diesen Stellen.

Definition 8:

a) Die Funktion f heißt an der Stelle $x_0 \in D$ **linksseitig stetig**, wenn folgende Bedingung erfüllt ist: Für jede beliebige Folge (x_n) mit

$$x_n \in D, \quad x_n < x_0 \quad \text{für alle n} \quad \text{und} \quad \lim_{n \to \infty} x_n = x_0$$

gilt

$$\lim_{n \to \infty} f(x_n) = f(x_0).$$

Dafür schreibt man auch

$$\lim_{\substack{x \to x_0 - }} f(x) = \lim_{\substack{x \to x_0 \\ x < x_0}} f(x) = \lim_{\substack{h \to 0 \\ h < 0}} f(x_0 + h) = f(x_0 -) = f(x_0).$$

b) Die Funktion f nennt man an der Stelle $x_0 \in D$ **rechtsseitig stetig**, wenn gilt: Für jede beliebige Folge (x_n) mit

$$x_n \in D, \quad x_n > x_0 \quad \text{für alle n} \quad \text{und} \quad \lim_{n \to \infty} x_n = x_0$$

gilt

$$\lim_{n \to \infty} f(x_n) = f(x_0).$$

Dafür schreibt man

$$\lim_{x \to x_0 +} f(x) = \lim_{\substack{x \to x_0 \\ x > x_0}} f(x) = \lim_{\substack{h \to 0 \\ h > 0}} f(x_0 + h) = f(x_0+) = f(x_0).$$

Falls f an der Stelle x_0 linksseitig stetig ist, muß an der Stelle x_0 der linksseitige Grenzwert $f(x_0 -)$ existieren und mit dem Funktionswert $f(x_0)$ übereinstimmen. Falls auch noch der rechtsseitige Grenzwert $f(x_0+)$ existiert mit $f(x_0+) = f(x_0)$, ist die Funktion dort stetig.

Eine Funktion f ist an der Stelle x_0 genau dann stetig, wenn sie dort links- und rechtsseitig stetig ist, falls also gilt $f(x_0 -) = f(x_0+) = f(x_0)$.

Beispiel 12 (vgl. Beispiel 3): Die in Beispiel 3 angegebene Funktion besitzt an der Sprungstelle $x_0 = 1$ den Funktionswert $f(1) = 0$.
Für $x_n < 1$ gilt $f(x_n) = 0$ und $\lim_{n \to \infty} f(x_n) = 0 = f(x_0)$. Die Funktion ist dort linksseitig stetig.

Im Falle $1 < x_n < 2$ ist $f(x_n) = 1$, $\lim_{n \to \infty} f(x_n) = 1 \neq f(x_0)$. Die Funktion ist an der Stelle $x_0 = 1$ nicht rechtsseitig stetig.

An der Sprungstelle $x_0 = 2$ mit $f(2) = 1,5$ ist f weder links- noch rechtsseitig stetig. Der linksseitige Grenzwert ist 1 und der rechtsseitige gleich 2. Beide einseitige Grenzwerte sind vom Funktionswert verschieden.

An allen von den Sprungstellen verschiedenen Stellen ist die Funktion stetig.

Beispiel 13: Die Funktion f
sei erklärt durch

$$f(x) = \begin{cases} x^2 & \text{für } 0 \leq x \leq 1 \\ m x + b & \text{für } x > 1. \end{cases}$$

Dabei sind m und b fest vorgegebene Konstanten. An der
Grenzstelle $x = 1$ ist der
Funktionswert gleich 1. Links
davon stellt der Graph ein
Parabelstück, rechts ein Gera-
denstück dar.

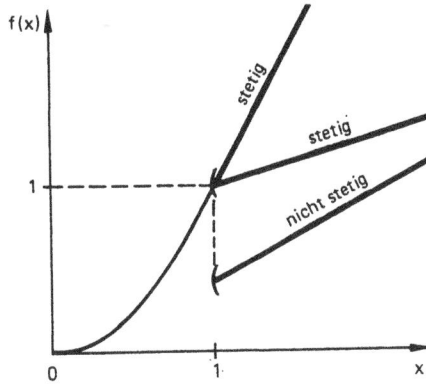

Für $0 \leq x_n < 1$ ist $f(x_n) = x_n^2$. Aus $\lim\limits_{n \to \infty} x_n = 1$ erhält man den linksseitigen Grenzwert $f(1-) = \lim\limits_{n \to \infty} f(x_n) = 1 = f(1)$.
Die Funktion ist an der Stelle $x_0 = 1$ linksseitig stetig.

Im Falle $x_n > 1$ ist $f(x_n) = m x_n + b$. Für $\lim\limits_{n \to \infty} x_n = 1$ erhält man den
rechtsseitigen Grenzwert $f(1+) = \lim\limits_{n \to \infty} f(x_n) = m \cdot \lim\limits_{n \to \infty} x_n + b = m + b$.
Die Funktion f ist an der Stelle $x_0 = 1$ genau dann stetig, wenn beide
Grenzwerte gleich sind, also für $m + b = 1$. Die Funktion ist stetig, wenn
die Stelle $x_0 = 1$ keine Sprungstelle ist. Ein Knick darf dort vorhanden
sein; in einem solchen Fall ist die Funktion trotzdem stetig.

Aus der Definition der Konvergenz einer Folge in Abschnitt 5.2 erhält man
unmittelbar das

Stetigkeitskriterium:
Eine Funktion f ist an der Stelle x_0 genau dann stetig, wenn
es zu jedem beliebigen $\varepsilon > 0$ ein
$\delta > 0$ gibt, so daß für alle x
mit $|x - x_0| < \delta$ gilt
$|f(x) - f(x_0)| < \varepsilon$.
Alle Funktionswerte über dem
Intervall $(x_0 - \delta, x_0 + \delta)$ müssen
also in $(f(x_0) - \varepsilon, \ f(x_0) + \varepsilon)$
liegen. Das δ hängt im allge-
meinen von ε und x_0 ab.

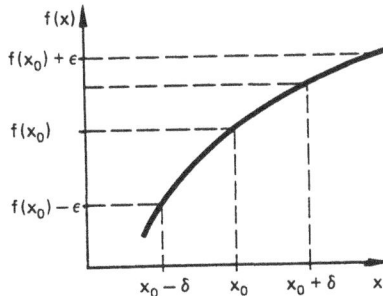

Beispiel 14 (vgl. Beispiel 11): Für die Wurzelfunktion $f(x) = \sqrt{x}$ erhält man aus der in Beispiel 11 angegebenen Abschätzung

$$0 \leq \left| \sqrt{x} - \sqrt{x_0} \right| < \frac{|x - x_0|}{\sqrt{x_0}} < \varepsilon.$$

Diese Bedingung ist für alle x mit

$$|x_n - x_0| < \varepsilon \cdot \sqrt{x_0} = \delta \text{ erfüllt.}$$

Satz 2:

a) Die Funktionen f und g seien an der Stelle x_0 stetig. Dann sind auch folgende Funktionen an der Stelle x_0 stetig:

$c \cdot f, \quad c \in \mathbb{R}; \quad f + g; \quad f - g; \quad f \cdot g; \quad \frac{f}{g}$, falls $g(x_0) \neq 0$.

b) Ist f an der Stelle x_0 stetig und g in $y_0 = f(x_0) \in D_g$ stetig, so ist die zusammengesetzte Funktion $g \circ f$ an der Stelle x_0 stetig.

c) Falls die stetige Funktion f eine Umkehrfunktion f^{-1} besitzt, ist die Umkehrfunktion f^{-1} ebenfalls stetig.

Beweis:

a) folgt direkt aus Satz 2 in Abschnitt 5.2.

b) Aus den Voraussetzungen folgt für $x, x_0 \in D_{g \circ f}$ mit $(g \circ f)(x) = g(f(x))$

$$\lim_{x \to x_0} g(f(x)) = g(\lim_{x \to x_0} f(x)) = g(f(\lim_{x \to x_0} x)) = g(f(x_0)).$$

c) Diese Eigenschaft erhält man unmittelbar aus dem obigen Stetigkeitskriterium und der Darstellung der Umkehrfunktion aus Abschnitt 6.1.

Bemerkung: Durch vollständige Induktion kann unmittelbar gezeigt werden, daß die im Satz angegebenen Stetigkeitseigenschaften auch für mehrere Summanden und Produkte sowie für mehrfach zusammengesetzte Funktionen gelten.

Anwendungen: Die Funktion $f_1(x) = x$ ist stetig. Dann ist nach Satz 2 auch $f_2(x) = x^2 = f_1(x) \cdot f_1(x)$ stetig. Durch vollständige Induktion kann gezeigt werden, daß für jedes $n \in \mathbb{N}$ die Funktion $f_n(x) = x^n$ stetig ist. Dann ist auch für jede Konstante a_n die Funktion $a_n x^n$ stetig. Da die konstante Funktion $f(x) \equiv a_0$ ebenfalls stetig ist, ist jedes **Polynom**

$$P_n(x) = a_0 + a_1 x + a_2 x^2 + \ldots + a_n x^n \quad \text{mit} \quad a_i \in \mathbb{R} \quad \text{für } i = 0, 1, \ldots, n$$

stetig. Damit ist aber auch der Quotient zweier Polynome, also jede **gebrochenrationale** Funktion an jeder Stelle ihres Definitionsbereichs stetig.

6.4 Ableitungen einer Funktion

Die Ableitung einer Funktion f an einer bestimmten Stelle x_0 kann geometrisch interpretiert werden als Steigung der Tangente an den Graphen der Funktion an dieser Stelle x_0. Dadurch ist es möglich, Ableitungen anschaulich darzustellen. Ableitungen treten aber auch bei der Lösung vieler anwendungsorientierter Probleme auf. Mit Hilfe von Ableitungen können z. B. Funktionszuwächse, etwa Kostenzuwächse im lokalen Bereich, also in Intervallen kleiner Länge beschrieben werden.

6.4.1 Der Differenzenquotient

Beispiel 15: Es sei $y = K(x)$ eine Kostenfunktion in Abhängigkeit von der Produktionsmenge x. Die Produktionsmenge x verursache also die Kosten $K(x)$. Wird die Produktionsmenge x_0 um Δx vergrößert, so wachsen die Kosten von $K(x_0)$ auf $K(x_0 + \Delta x)$ an. Dann stellt

$$\Delta y = K(x_0 + \Delta x) - K(x_0)$$

den Kostenzuwachs bei einer Produktionssteigerung von x_0 auf $x_0 + \Delta x$ dar. Die Durchschnittskosten (Kosten pro Mengeneinheit) der zusätzlichen Produktionsmenge Δx lauten dann

$$\frac{\Delta y}{\Delta x} = \frac{K(x_0 + \Delta x) - K(x_0)}{\Delta x}.$$

Dieser sogenannte **Differenzenquotient** der Funktion K an der Stelle x_0 wird in der Abbildung auf der nächsten Seite graphisch interpretiert, wobei die Funktion allgemein mit f bezeichnet wird.

Es sei f eine beliebige stetige Funktion, deren Graph auf der nächsten Seite skizziert ist. Neben dem Punkt $P_0(x_0; f(x_0))$ betrachten wir für $\Delta x = h > 0$ den Punkt $P(x_0 + \Delta x; f(x_0 + \Delta x))$. Die Verbindungsstrecke dieser beiden Punkte ist die **rechtsseitige Sekante**. Sie besitzt die Steigung

$$\tan(\alpha(\Delta x)) = \frac{f(x_0 + \Delta x) - f(x_0)}{\Delta x} \qquad \text{(rechtsseitig für } \Delta x > 0\text{).}$$

Mit $w > 0$ erhält man links von x_0 den Punkt $P(x_0 - w; f(x_0 - w))$. Die **linksseitige Sekante** besitzt die Steigung

$$\tan(\beta(w)) = \frac{f(x_0) - f(x_0 - w)}{w} \qquad \text{(linksseitig für } w > 0\text{).}$$

Mit $\Delta x = -w < 0$ geht dieser Wert über in

$$\tan(\beta(-\Delta x)) = \frac{f(x_0) - f(x_0 + \Delta x)}{-\Delta x}$$

$$= \frac{f(x_0 + \Delta x) - f(x_0)}{\Delta x} \qquad \text{(linksseitig für } \Delta x < 0\text{).}$$

Definition 9: Mit $\Delta x = h \neq 0$ und $x = x_0 + \Delta x = x_0 + h$ nennt man die Funktion

$$\frac{\Delta y}{\Delta x} = \frac{f(x) - f(x_0)}{x - x_0} = \frac{f(x_0 + \Delta x) - f(x_0)}{\Delta x} = \frac{f(x_0 + h) - f(x_0)}{h}$$

Differenzenquotient von f an der Stelle x_0. Er ist nur für $x = x_0$ nicht erklärt. Ihr Definitionsbereich lautet $D_f \setminus \{x_0\}$.

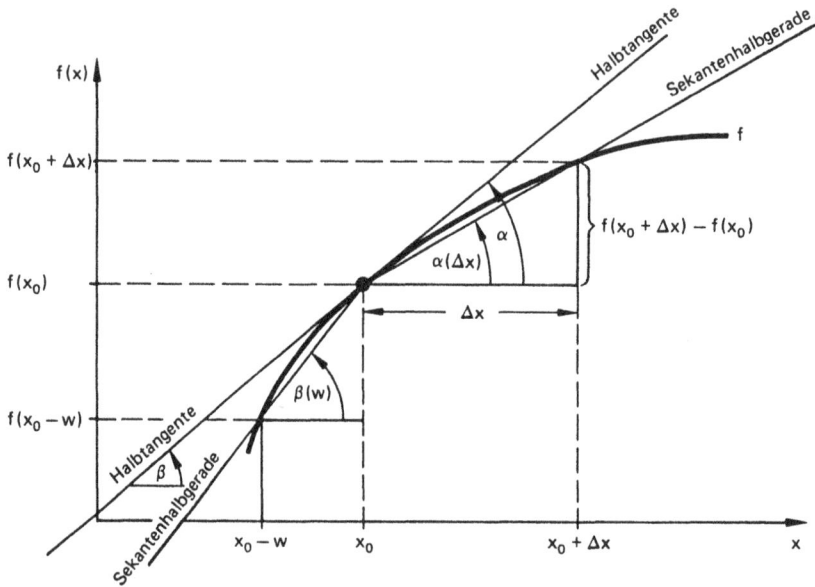

6.4.2 Die erste Ableitung (Ableitung erster Ordnung)

Wir nehmen an, für $\Delta x > 0$ und $\Delta x \to 0$ gehe die rechtsseitige Sekantenhalbgerade über in eine rechtsseitige Halbtangente. Dies ist genau dann der Fall, wenn der rechtsseitige Grenzwert

$$\lim_{\Delta x \to 0+} \tan(\alpha(\Delta x)) = \lim_{\Delta x \to 0+} \frac{f(x_0 + \Delta x) - f(x_0)}{\Delta x} = \tan \alpha \qquad (\Delta x > 0)$$

existiert. Falls der linksseitige Grenzwert

$$\lim_{w \to 0+} \tan(\beta(w)) = \lim_{w \to 0+} \frac{f(x_0) - f(x_0 - w)}{w} \qquad (w > 0)$$

$$= \lim_{\Delta x \to 0-} \frac{f(x_0 + \Delta x) - f(x_0)}{\Delta x} = \tan \beta \qquad (\Delta x < 0)$$

existiert, geht die linksseitige Sekantenhalbgerade über in die linksseitige
Halbtangente. Im Falle $\tan\alpha = \tan\beta$ liegen beide Halbtangenten auf der
gleichen Gerade. Sie bilden dann die Tangente. Dies ist in der oben dargestellten Funktion der Fall.

Für $\tan\alpha \neq \tan\beta$ ist die Stelle x_0
eine **Knickstelle**. Dann existieren
zwar die beiden einseitigen Halbtangenten. Es gibt jedoch viele Geraden, welche die Kurve berühren. Das
Tangentenproblem ist in diesem Fall
nicht eindeutig lösbar (s. nebenstehende Abbildung).

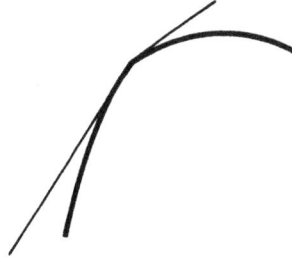

Definition 10: Der Definitionsbereich D der Funktion f sei ein offenes
Intervall, also $D = (a, b)$ und $x_0 \in (a, b)$. Dann nennt man im Falle der
Existenz die Grenzwerte

a) $f_r'(x_0) = \lim\limits_{\Delta x \to 0+} \dfrac{f(x_0 + \Delta x) - f(x_0)}{\Delta x} = \lim\limits_{\substack{\Delta x \to 0 \\ \Delta x > 0}} \dfrac{f(x_0 + \Delta x) - f(x_0)}{\Delta x}$

die **rechtsseitige Ableitung** von f an der Stelle x_0;

b) $f_l'(x_0) = \lim\limits_{\Delta x \to 0-} \dfrac{f(x_0 + \Delta x) - f(x_0)}{\Delta x} = \lim\limits_{\substack{\Delta x \to 0 \\ \Delta x < 0}} \dfrac{f(x_0 + \Delta x) - f(x_0)}{\Delta x}$

die **linksseitige Ableitung** von f an der Stelle x_0;

c) $f'(x_0) = \lim\limits_{\Delta x \to 0} \dfrac{f(x_0 + \Delta x) - f(x_0)}{\Delta x} = \dfrac{d\,f(x)}{d\,x}\bigg|_{x=x_0} = \dfrac{dy}{dx}\bigg|_{x=x_0}$

die **Ableitung** von f an der Stelle x_0 (hier darf Δx beliebig sein)

(f': sprich "f Strich" ; $\dfrac{df(x)}{dx}$: sprich "df nach dx").

Falls die Ableitung an der Stelle x_0 existiert, nennt man die Funktion f
an der Stelle x_0 differenzierbar. Eine Funktion heißt **differenzierbar**,
wenn sie an jeder Stelle $x_0 \in (a, b)$ differenzierbar ist.

Bemerkung: Falls für beliebiges Δx mit $\Delta x \to 0$ unabhängig vom Vorzeichen von Δx der Grenzwert

$$\lim\limits_{\Delta x \to 0} \dfrac{f(x_0 + \Delta x) - f(x_0)}{\Delta x}$$

existiert, ist dieser Grenzwert die Ableitung $f'(x_0)$.

Beispiel 16:

a) $f(x) = c$ (kostant); $D = \mathbb{R}$; $\dfrac{f(x_0 + \Delta x) - f(x_0)}{\Delta x} = \dfrac{c - c}{\Delta x} = 0.$

Daraus folgt $f'(x_0) = 0$ an jeder Stelle x_0.

b) $f(x) = a + mx$ (Gleichung der Geraden); $D = \mathbb{R}$;

$$\frac{f(x_0 + \Delta x) - f(x_0)}{\Delta x} = \frac{a + m(x_0 + \Delta x) - (a + m x_0)}{\Delta x} = \frac{m\,\Delta x}{\Delta x} = m.$$

Hieraus folgt $f'(x_0) = m$ (Steigung der Geraden) für jedes x_0.

c) $f(x) = x^2$ (Gleichung der Parabel); $D = \mathbb{R}$;

$$\frac{f(x_0 + \Delta x) - f(x_0)}{\Delta x} = \frac{(x_0 + \Delta x)^2 - x_0^2}{\Delta x} = \frac{x_0^2 + 2\,\Delta x\, x_0 + (\Delta x)^2 - x_0^2}{\Delta x}$$

$$= 2\,x_0 + \Delta x ;$$

$$f'(x_0) = \lim_{\Delta x \to 0} \frac{f(x_0 + \Delta x) - f(x_0)}{\Delta x} = \lim_{\Delta x \to 0} (2\,x_0 + \Delta x) = 2\,x_0.$$

d) $f(x) = \sqrt{x}$; $D = R_+$;   für $x_0 > 0$ erhält man

$$\frac{f(x_0 + \Delta x) - f(x_0)}{\Delta x} = \frac{\sqrt{x_0 + \Delta x} - \sqrt{x_0}}{\Delta x}$$

$$= \frac{\left(\sqrt{x_0 + \Delta x} - \sqrt{x_0}\right) \cdot \left(\sqrt{x_0 + \Delta x} + \sqrt{x_0}\right)}{\left(\sqrt{x_0 + \Delta x} + \sqrt{x_0}\right)\Delta x} = \frac{1}{\sqrt{x_0 + \Delta x} + \sqrt{x_0}} ;$$

$$f'(x_0) = \lim_{\Delta x \to 0} \frac{1}{\sqrt{x_0 + \Delta x} + \sqrt{x_0}} = \frac{1}{2 \cdot \sqrt{x_0}}.$$

An der Stelle $x_0 = 0$ existiert die rechtsseitige Ableitung nicht wegen

$$\lim_{\substack{\Delta x \to 0 \\ \Delta x > 0}} \frac{f(0 + \Delta x) - f(0)}{\Delta x} = \lim_{\substack{\Delta x \to 0 \\ \Delta x > 0}} \frac{1}{\sqrt{\Delta x}} = +\infty .$$

e) $f(x) = |x| = \begin{cases} x & \text{für } x \geq 0 \\ -x & \text{für } x < 0. \end{cases}$

An der Stelle $x_0 = 0$ gilt

$$\frac{f(0 + \Delta x) - f(0)}{\Delta x} = \frac{|\Delta x|}{\Delta x} = \begin{cases} 1 & \text{für } \Delta x > 0 \\ -1 & \text{für } \Delta x < 0. \end{cases}$$

Daher ist die rechtsseitige Ableitung gleich $+1$ und die linksseitige gleich -1. Obwohl die Funktion f an der Stelle 0 stetig ist, ist sie dort nicht differenzierbar.

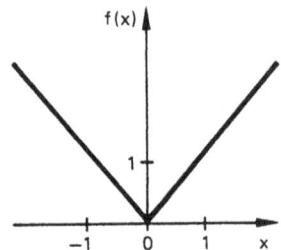

Bei der Grenzwertbildung $\lim\limits_{\Delta x \to 0} \dfrac{f(x_0 + \Delta x) - f(x_0)}{\Delta x}$ geht der Nenner gegen 0.
Damit dann überhaupt ein (endlicher) Grenzwert herauskommen kann, muß auch der Zähler gegen 0 konvergieren. Dies ist genau dann der Fall, wenn die Funktion f an der Stelle x_0 stetig ist. Damit erhalten wir die

---

Notwendige Bedingung für die Differenzierbarkeit
Notwendig für die Differenzierbarkeit der Funktion f an der Stelle x_0 ist die Stetigkeit an dieser Stelle. Eine differenzierbare Funktion muß also auch stetig sein.

Die Stetigkeit reicht für die Differenzierbarkeit nicht aus. Eine Funktion kann an einer Stelle stetig sein, ohne daß sie dort differenzierbar ist. Ein Beispiel dafür ist die Betragsfunktion $f(x) = |x|$ aus Beispiel 16 e), die zwar an der Stelle $x_0 = 0$ stetig, dort jedoch nicht differenzierbar ist.

Beispiel 17 (vgl. Beispiel 13): Die Funktion aus Beispiel 13 ist an der Stelle $x_0 = 1$ genau dann stetig, wenn die Bedingung $m + b = 1$ erfüllt ist. Diese Bedingung muß auch für die Differenzierbarkeit erfüllt sein.

Nach Beispiel 16 c) ist die linksseitige Ableitung an der Stelle $x_0 = 1$ gleich $2 \cdot x_0 = 2$. Die rechtsseitige lautet wegen $f(1) = 1$ und $m + b = 1$

$$f'_r(x_0) = \lim_{\substack{\Delta x \to 0 \\ \Delta x > 0}} \frac{f(1 + \Delta x) - f(1)}{\Delta x} = \lim_{\substack{\Delta x \to 0 \\ \Delta x > 0}} \frac{m \cdot (1 + \Delta x) + b - 1}{\Delta x}$$

$$= \lim_{\substack{\Delta x \to 0 \\ \Delta x > 0}} \frac{m + b - 1 + m \cdot \Delta x}{\Delta x} = \lim_{\substack{\Delta x \to 0 \\ \Delta x > 0}} \frac{m \cdot \Delta x}{\Delta x} = m.$$

Die Funktion ist genau dann differenzierbar, wenn $m = 2$ ist. Aus $m+b=1$ erhält man dann $b = 1 - m = 1 - 2 = -1$. Diese spezielle Halbgerade ist in Beispiel 13 bereits eingezeichnet. Sie stellt die rechtsseitige Halbtangente an die Parabel an der Stelle 1 dar. Bei allen Halbgeraden mit $m + b = 1$ und $m \neq 2$ ist die Funktion an der Stelle $x_0 = 1$ stetig, jedoch nicht differenzierbar. In diesem Fall ist dort eine Knickstelle.

Ableitungsfunktion: Falls die Funktion f an jeder Stelle x_0 differenzierbar ist, kann man die Ableitung an der variablen Stelle x bilden. Dadurch entsteht eine Funktion, die sogenannte **Ableitungsfunktion** f' mit den Funktionswerten

$$f'(x) = \lim_{\Delta x \to 0} \frac{f(x + \Delta x) - f(x)}{\Delta x} = \lim_{h \to 0} \frac{f(x + h) - f(x)}{h}.$$

6.4.3 Ableitungsregeln

Die Berechnung einer Ableitung auf direktem Weg mit Hilfe des Grenzwertes ist im allgemeinen Fall kaum möglich. Daher benutzt man Ableitungsregeln, mit deren Hilfe viele Ableitungen wesentlich einfacher berechnet werden können.

Satz 3: Die Funktionen f und g seien an der Stelle x differenzierbar. Dann sind an dieser Stelle auch folgende Funktionen differenzierbar:

$c \cdot f$, $c = $ Konstante; $f + g$; $f - g$; $f \cdot g$; $\frac{f}{g}$; $\frac{1}{g}$ (falls $g(x) \neq 0$)

und es gilt:

a) $\bigl(c \cdot f(x)\bigr)' = c \cdot f'(x)$ für jede Konstante $c \in \mathbb{R}$;

b) $\bigl(f(x) + g(x)\bigr)' = f'(x) + g'(x)$; $\bigl(f(x) - g(x)\bigr)' = f'(x) - g'(x)$;

c) $\bigl(f(x) \cdot g(x)\bigr)' = f'(x) \cdot g(x) + f(x) \cdot g'(x)$ (**Produktregel**);

d) $\left(\dfrac{f(x)}{g(x)}\right)' = \dfrac{g(x) \cdot f'(x) - f(x) \cdot g'(x)}{g^2(x)}$ (**Quotientenregel**);
für $g(x) \neq 0$

e) $\left(\dfrac{1}{g(x)}\right)' = -\dfrac{g'(x)}{g^2(x)}$ für $g(x) \neq 0$.

Beweis: Mit den Eigenschaften des Grenzwertes für stetige Funktionen (s. Satz 2 in Abschnitt 6.3) erhält man

a) $\bigl(c \cdot f(x)\bigr)' = \lim\limits_{h \to 0} \dfrac{c \cdot f(x + h) - c \cdot f(x)}{h} = c \cdot \lim\limits_{h \to 0} \dfrac{f(x + h) - f(x)}{h} = c \cdot f'(x)$.

b) $\bigl(f(x) \pm g(x)\bigr)' = \lim\limits_{h \to 0} \dfrac{f(x + h) \pm g(x + h) - [f(x) \pm g(x)]}{h}$

$= \lim\limits_{h \to 0} \dfrac{f(x + h) - f(x)}{h} \pm \lim\limits_{h \to 0} \dfrac{g(x + h) - g(x)}{h}$

$= f'(x) \pm g'(x)$.

c) $\bigl(f(x) \cdot g(x)\bigr)' = \lim\limits_{h \to 0} \dfrac{f(x + h) \cdot g(x + h) - f(x) \cdot g(x)}{h}$

$= \lim\limits_{h \to 0} \dfrac{[f(x + h) - f(x)] \cdot g(x + h) + f(x) \cdot [g(x + h) - g(x)]}{h}$

$$= \lim_{h \to 0} \frac{[f(x+h) - f(x)]}{h} \cdot g(x+h) \; + \; \lim_{h \to 0} f(x) \cdot \frac{g(x+h) - g(x)}{h}$$

$$= \; f'(x) \cdot g(x) + f(x) \cdot g'(x).$$

d) $\left(\dfrac{f(x)}{g(x)}\right)' = \lim_{h \to 0} \dfrac{\dfrac{f(x+h)}{g(x+h)} - \dfrac{f(x)}{g(x)}}{h} = \lim_{h \to 0} \dfrac{f(x+h) \cdot g(x) - f(x) \cdot g(x+h)}{h \cdot g(x+h) \cdot g(x)}$

$$= \lim_{h \to 0} \frac{[f(x+h) - f(x)] \cdot g(x) - f(x) \cdot [g(x+h) - g(x)]}{h \cdot g(x+h) \cdot g(x)}$$

$$= \lim_{h \to 0} \frac{\dfrac{f(x+h) - f(x)}{h} \cdot g(x) - f(x) \cdot \dfrac{g(x+h) - g(x)}{h}}{g(x+h) \cdot g(x)}$$

$$= \frac{g(x) \cdot f'(x) - f(x) \cdot g'(x)}{g^2(x)}.$$

e) folgt aus d) mit $f(x) \equiv 1$; $f'(x) \equiv 0$.

Die Eigenschaften b) und c) können unmittelbar auf mehrere Summanden bzw. Faktoren übertragen werden.

Mit $f(x) = f_1(x)$ und $g(x) = f_2(x) + f_3(x)$ erhält man aus b)

$$\big(f_1(x) + f_2(x) + f_3(x)\big)' = \big(f(x) + g(x)\big)' = f'(x) + g'(x)$$

$$= f_1'(x) + \big(f_2(x) + f_3(x)\big)' = f_1'(x) + f_2'(x) + f_3'(x).$$

Durch vollständige Induktion erhält man zusammen mit a)

$$\big(c_1 f_1(x) + c_2 f_2(x) + ... + c_n f_n(x)\big)' = c_1 f_1'(x) + c_2 f_2'(x) + ... + c_n f_n'(x)$$
$$\text{für beliebige Konstanten } c_1, c_2, ..., c_n.$$

Mit $f(x) = f_1(x)$ und $g(x) = f_2(x) \cdot f_3(x)$ erhält man aus c)

$$\big(f_1(x) \cdot f_2(x) \cdot f_3(x)\big)' = \big(f(x) \cdot g(x)\big)' = f'(x) \cdot g(x) + f(x) \cdot g'(x)$$

$$= f_1'(x) \cdot f_2(x) \cdot f_3(x) + f_1(x) \cdot f_2'(x) \cdot f_3(x) + f_1(x) \cdot f_2(x) \cdot f_3'(x).$$

Entsprechend gilt die

Allgemeine Produktregel:
Ein Produkt von n Funktionen wird differenziert, indem im Produkt jeweils ein Faktor differenziert wird und diese Produkte aufaddiert werden.

Allgemein gilt:

$$\left(x^n\right)' = n \cdot x^{n-1} \; ; \quad \left(\frac{1}{x^n}\right)' = -\frac{n}{x^{n+1}} \quad \text{für jedes } n \in \mathbb{N}.$$

Die erste Formel beweisen wir durch vollständige Induktion.

a) Induktionsanfang: Für n = 1 gilt mit f(x) = x

$$f'(x) = \lim_{h \to 0} \frac{x+h-x}{h} = \lim_{h \to 0} 1 = 1 = 1 \cdot x^0 .$$

b) Induktionsschluß: Annahme es gelte $\left(x^{n_0}\right)' = n_0 \cdot x^{n_0 - 1}$. Dann folgt hieraus mit der Produktregel

$$\begin{aligned}
\left(x^{n_0+1}\right)' &= \left(x^{n_0} \cdot x\right)' = \left(x^{n_0}\right)' \cdot x + x^{n_0} \cdot (x)' \\
&= n_0 \cdot x^{n_0-1} \cdot x + x^{n_0} \cdot 1 = (n_0+1) \cdot x^{n_0}.
\end{aligned}$$

Mit n_0 ist die Formel auch für $n_0 + 1$ richtig.

Hieraus erhält man sofort die

Ableitung eines Polynoms:

$$P_n(x) = a_0 + a_1 x + a_2 x^2 + \dots + a_n x^n = \sum_{k=0}^{n} a_k x^k \; ;$$

$$P_n'(x) = a_1 + 2 a_2 x + 3 a_3 x^2 + \dots + n a_n x^{n-1} = \sum_{i=1}^{n} i \, a_i x^{i-1} .$$

Für zusammengesetzte Funktionen gilt die

Kettenregel für zusammengesetzte Funktionen:
Die Funktion $u = u(x) = \varphi(x)$ sei an der Stelle x differenzierbar. Ferner sei die Funktion $y = g(u)$ an der Stelle $u = \varphi(x)$ differenzierbar. Dann ist die zusammengesetzte Funktion $g \circ u = g \circ \varphi$ an der Stelle x differenzierbar und es gilt

$$f'(x) = g(u(x))' = \frac{d}{dx} g(u(x)) = \underbrace{\frac{dg(u)}{du}}_{\text{äußere}} \cdot \underbrace{\frac{du(x)}{dx}}_{\text{innere Ableitung}} \Bigg|_{u=u(x)} \quad \text{(Kettenregel)}.$$

Beweis: Falls die Funktion $u(x)$ in einer Umgebung von x konstant ist, ist dort auch die zusammengestzte Funktion $g(u(x))$ konstant und es gilt $f'(x) = g(u(x))' = 0$. Andernfalls folgt aus $\Delta u \neq 0$ und der Stetigkeit der Funktion $u(x)$

$$\Delta x \to 0 \quad \Leftrightarrow \quad \Delta u = u(x + \Delta x) - u(x) \to 0$$

und

$$f'(x) = g(u(x))' = \lim_{\Delta x \to 0} \frac{g(u(x + \Delta x)) - g(u(x))}{\Delta x}$$

$$= \lim_{\Delta x \to 0} \frac{g(u(x + \Delta x)) - g(u(x))}{u(x + \Delta x) - u(x)} \cdot \frac{u(x + \Delta x) - u(x)}{\Delta x}$$

$$= \frac{dg(u)}{du} \cdot \frac{du(x)}{dx} \text{, also die Behauptung.}$$

Beispiel 18: In $f(x) = \sqrt{x^2 + 3x + 7}$ ist $u(x) = x^2 + 3x + 7$ die innere und $g(u) = \sqrt{u}$ die äußere Funktion. Mit

$$\frac{dg(u)}{du} = \frac{1}{2 \cdot \sqrt{u}} = \frac{1}{2 \cdot \sqrt{x^2 + 3x + 7}} \quad \text{und} \quad \frac{du(x)}{dx} = 2x + 3 \text{ erhält man}$$

$$f'(x) = \frac{d}{dx} \sqrt{x^2 + 3x + 7} = \frac{2x + 3}{2 \cdot \sqrt{x^2 + 3x + 7}} .$$

Ableitung der Umkehrfunktion: Die Funktion $x = f(y)$ sei im Definitionsbereich streng monoton und nach y differenzierbar. Dann ist die Umkehrfunktion $y = f^{-1}(x)$ in $x = f(y)$ differenzierbar und es gilt

$$f^{-1}{}'(x) = \frac{d}{dx} f^{-1}(x) = \frac{dy}{dx} = \frac{1}{\frac{dx}{dy}} = \frac{1}{f'(y))} \bigg|_{y=f(x)} = \frac{1}{f'(f(x))} .$$

Beweis: Aus $y = f^{-1}(x)$ und $x = f(y) = f(f^{-1}(x))$ folgt durch Differentiation nach x mit der Kettenregel

$$1 = \frac{d}{dx} f(f^{-1}(x)) = \frac{df(y)}{dy} \cdot \frac{df^{-1}(x)}{dx} = f'(f(x)) \cdot f^{-1}{}'(x).$$

Hieraus folgt unmittelbar die Behauptung.

Beispiel 19: $y = \sqrt{x} = f^{-1}(x) \quad \Leftrightarrow \quad x = y^2 = f(y).$

$$(\sqrt{x})' = \frac{dy}{dx} = \frac{1}{\frac{dx}{dy}} = \frac{1}{2y} = \frac{1}{2\sqrt{x}} .$$

6.4.4 Das Differential einer Funktion und Grenzfunktionen

Die Funktion f sei an der Stelle x differenzierbar mit der Ableitung f'(x). Die Änderung Δx der unabhängigen Variablen bezeichnet man auch mit dx, also $dx = \Delta x$. Dann lautet der Zuwachs der Funktion f beim Übergang von der Stelle x zur benachbarten Stelle $x + dx$

$$\Delta y = \Delta f = f(x + dx) - f(x).$$

Damit gilt für kleine $|\Delta x|$

$$\frac{\Delta y}{\Delta x} = \frac{f(x + \Delta x) - f(x)}{\Delta x} \approx f'(x)$$

$$\Delta y \approx f'(x) \cdot \Delta x = f'(x) \cdot dx.$$

Diese Näherung wird umso besser, je kleiner $|\Delta x| = |dx|$ ist. Der Zuwachs der Funktion $y = f(x)$ auf der Tangente soll mit $dy = df(x)$ bezeichnet werden (s. obige Abbildung).

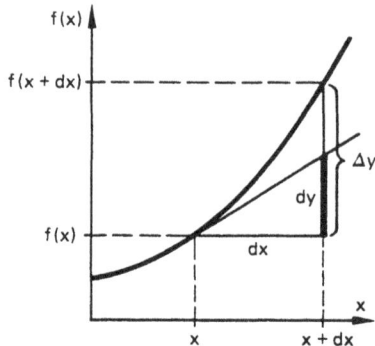

Definition 11: Beim Übergang von der Stelle x zur benachbarten Stelle $x + \Delta x = x + dx$ nennt man den Zuwachs auf der Tangente

$$dy = df(x) = \tan\alpha \cdot dx = f'(x) \cdot dx \approx \Delta y = f(x + \Delta x) - f(x)$$

das (zu dx gehörende) **Differential** der Funktion f(x).

Das Differential $dy = f'(x) \cdot dx$ und damit die Ableitung f'(x) beschreibt (approximativ) die lokale Änderung der Funktion f(x). Es handelt sich also um eine Grenzwertbetrachtung. Aus diesem Grund heißen in der Anwendung die Ableitungen häufig benutzter Funktionen **Grenzfunktionen**. Dabei gilt für kleine $|\Delta x|$

$$\Delta f = f(x + \Delta x) - f(x) \approx f'(x) \cdot \Delta x = f'(x) \cdot dx.$$

Beispiele dafür sind (Bezeichnungen s. Seite 88):

Grenzkostenfunktion: $K'(x) = k(x)$ mit $K(x + \Delta x) - K(x) \approx k(x) \cdot \Delta x$;

Grenzdurchschnittskostenfunktion: $\left(\dfrac{K(x)}{x}\right)' = \dfrac{x \cdot K'(x) - K(x)}{x^2}$;

Grenznachfragefunktion: $N'(p)$;   **Grenzangebotsfunktion** $A'(p)$;

Grenzerlösfunktion: $E'(p) = (p \cdot N(p))' = N(p) + p \cdot N'(p)$.

Beispiel 20: Eine Kostenfunktion in Abhängigkeit von der Produktionsmenge x habe die Form $K(x) = 5 + 2x + \sqrt{x}$. Die Produktionsmenge x
werde um dx erhöht. Die Kosten für die Zusatzproduktion dx sind ungefähr gleich

$$dy = dK(x) = \left(2 + \frac{1}{2\sqrt{x}}\right)dx.$$

Von $x = 2\,500$ soll die Produktion um eine Einheit erhöht werden. Mit
$dx = 1$ erhält man die ungefähren Stückkosten für die Zusatzproduktion

$$dy = dK(2\,500) = \left(2 + \frac{1}{2\sqrt{2\,500}}\right) \cdot 1 = 2{,}01.$$

Der exakte Kostenzuwachs beträgt (gerundet)

$$\Delta K = K(2\,501) - K(2\,500) = 2 + \sqrt{2\,501} - \sqrt{2\,500} = 2{,}009999\,.$$

Beispiel 21: Mit der Kostenfunktion aus Beispiel 20 erhält man die Durchschnittskostenfunktion (Stückkosten)

$$\frac{K(x)}{x} = \frac{5}{x} + 2 + \frac{1}{\sqrt{x}}\,.$$

Mit den Ableitungen $\left(\frac{1}{x}\right)' = -\frac{1}{x^2}$ und $\left(\sqrt{x}\right)' = \frac{1}{2\sqrt{x}}$ und der Eigenschaft d) aus Satz 3 erhält man die Grenzdurchschnittskostenfunktion

$$\left(\frac{K(x)}{x}\right)' = \left(\frac{5}{x} + 2 + \frac{1}{\sqrt{x}}\right)' = -\frac{5}{x^2} - \frac{1}{2x\sqrt{x}}\,.$$

Beispiel 22: Die Fläche eines Kreises mit dem Radius r beträgt

$$F = \pi \cdot r^2 = F(r).$$

Der Radius r soll um 1 % vergrößert werden, also um $\Delta r = dr = 0{,}01\,r$.
Dann ändert sich die Fläche ungefähr um

$$dF = 2\,\pi\,r \cdot dr = 0{,}02\,\pi\,r^2\,.$$

Die relative Änderung der Fläche beträgt

$$\frac{dF}{F} = \frac{2\,\pi\,r \cdot dr}{\pi\,r^2} = 2 \cdot \frac{dr}{r} = 0{,}02.$$

Die Fläche ändert sich also ungefähr um 2 %. Dieses Ergebnis ist auch
plausibel, da die Dimension der Fläche wegen des Faktors r^2 gleich 2 ist.
Die tatsächliche relative Änderung der Fläche beträgt

$$\frac{\Delta F}{F} = \frac{F(r + dr) - F(r)}{\pi\,r^2} = \frac{r^2 + 2\,dr \cdot r + (dr)^2 - r^2}{r^2} = \frac{2\,dr}{r} + \left(\frac{dr}{r}\right)^2\,.$$

Damit gilt $\frac{\Delta F}{F} - \frac{dF}{F} = \left(\frac{dr}{r}\right)^2$. Bei kleinem $|dr|$ wird diese Differenz sehr
klein.

6.4.5 Der Mittelwertsatz der Differentialrechnung

Die Funktion f sei im Intervall $[a, b]$ stetig. In der nebenstehenden Abbildung hat die Sekante zwischen den beiden Punkten $P_1(a, f(a))$ und $P_2(b, f(b))$ die Steigung

$$\tan \alpha = \frac{f(b) - f(a)}{b - a}.$$

Falls die Funktion f an jeder Stelle zwischen a und b differenzierbar ist, gibt es offensichtlich eine Stelle ξ zwischen a und b, an der die Tangente an die Kurve parallel zu dieser Sekante verläuft, also mit

$$\frac{f(b) - f(a)}{b - a} = f'(\xi).$$

Diese Aussage nennt man den

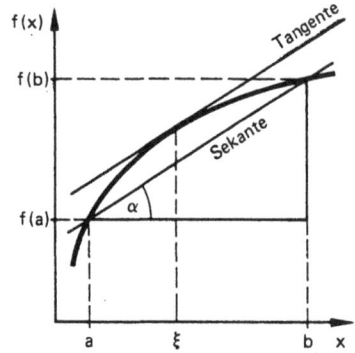

Mittelwertsatz der Differentialrechnung:

Die Funktion f sei im Intervalle $[a, b]$ stetig und in (a, b) differenzierbar. Dann gibt es mindestens eine Zwischenstelle $\xi \in (a, b)$ mit

$$\frac{f(b) - f(a)}{b - a} = f'(\xi).$$

Spezialfall:
Im Falle $f(a) = f(b)$ gibt es mindestens eine Zwischenstelle $\xi \in (a, b)$ mit $f'(\xi) = 0$ (Satz von **M. Rolle** (1652 – 1719)).

Der Satz von Rolle ist ein Spezialfall des Zwischenwertsatzes (s. nachfolgende Abbildung). Ein Beweis des Satzes ist z. B. bei H. Heuser [1980], Teil 1, S. 279 zu finden.

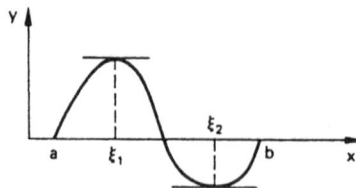

6.4.6 Ableitungen höherer Ordnung

Falls die Ableitungsfunktion

$$f'(x) = \lim_{h \to 0} \frac{f(x + h) - f(x)}{h} = g(x)$$

nochmals differenzierbar ist, lautet ihre Ableitung

$$g'(x) = \lim_{h \to 0} \frac{g(x + h) - g(x)}{h} = \lim_{h \to 0} \frac{f'(x + h) - f'(x)}{h} .$$

Diese Ableitung heißt die **zweite Ableitung** der Funktion f. Sie wird mit

$$f''(x) = \frac{d^2 f(x)}{dx^2} = \frac{d}{dx} f'(x)$$

bezeichnet (sprich "f zwei Strich" bzw. "d zwei f nach dx Quadrat").

So fortfahrend erhält man die **n-te Ableitung**

$$f^{(n)}(x) = \frac{d^n f(x)}{dx^n} = \frac{d}{dx} f^{(n-1)}(x) \qquad \text{für } n = 1, 2, \dots \quad .$$

Dabei ist $f^{(0)}(x) = f(x)$ als "nullte" Ableitung die Funktion selbst.

Beispiel 23:

$$
\begin{aligned}
f(x) &= 2x^4 - 4x^3 + 6x^2 + 10x + 20 \\
f'(x) &= 8x^3 - 12x^2 + 12x + 10 \\
f''(x) &= 24x^2 - 24x + 12 \\
f'''(x) &= 48x - 24 \\
f^{(4)}(x) &= 48 \\
f^{(5)}(x) &= 0 ; \quad f^{(n)}(x) \equiv 0 \ \text{für } n \geq 5.
\end{aligned}
$$

Wird allgemein ein Polynom n-ten Grades

$$P_n(x) = a_0 + a_1 x + a_2 x^2 + \dots + a_n x^n$$

n-mal differenziert, so entsteht eine Konstante

$$P_n^{(n)}(x) \equiv n! \cdot a_n .$$

Nochmalige Differentiation ergibt

$$P_n^{(m)}(x) \equiv 0 \quad \text{für} \quad m \geq n + 1.$$

6.5 Exponentialfunktionen und Logarithmen

In diesem Abschnitt soll für jedes $a > 0$ die sogenannte Exponential-funktion $y = a^x$ zur Basis a erklärt und untersucht werden. Für $a \neq 1$ erhält man als Umkehrfunktion die Logarithmusfunktion zur Basis a.

6.5.1 Definition der Exponentialfunktion zur Basis a

In diesem Abschnitt sei a eine beliebige positive reelle Zahl. Die **n-te Potenz** (sprich "a hoch n") ist definiert durch

$$a^n = \underbrace{a \cdot a \cdot \ldots \cdot a}_{\text{n Faktoren}} , \, n \in \mathbb{N} .$$

Aus dieser Produktdarstellung erhält man unmittelbar die Potenzgesetze

$$a^n \cdot a^m = a^{n+m} ; \quad (a^n)^m = (a^m)^n = a^{n \cdot m} \quad \text{für n, m} \in \mathbb{N}.$$

Bei der Division erhält man durch Kürzen gleicher Faktoren

$$\frac{a^m}{a^n} = \begin{cases} a^{m-n} & \text{für } m > n \\ 1 & \text{für } m = n \\ \frac{1}{a^{n-m}} & \text{für } m < n. \end{cases}$$

Wir fordern nun allgemein, daß für beliebige n, m $\in \mathbb{N}_0 = \{0, 1, 2, \ldots \}$ gilt

$$\frac{a^m}{a^n} = a^{m-n}.$$

Für $m = n$ bzw. $m = 0$ erhält man aus der obigen Darstellung die Bedingungen

$$a^0 = 1 \quad \text{und} \quad a^{-n} = \frac{1}{a^n} \quad \text{für } n \in \mathbb{N}.$$

Damit sind die Funktionswerte a^z für alle $z \in \mathbb{Z}$ definiert.

Die **n-te Wurzel** ist erklärt durch

$$a^{\frac{1}{n}} = \sqrt[n]{a} = b \quad \Leftrightarrow \quad b^n = a.$$

Mit der n-ten Wurzel setzt man

$$a^{\frac{m}{n}} = \left(a^{\frac{1}{n}} \right)^m = (\sqrt[n]{a})^m = \sqrt[n]{a^m} ; \quad a^{-\frac{m}{n}} = \frac{1}{a^{\frac{m}{n}}} .$$

Mit diesen Wurzeloperationen ist die Funktion $y = a^x$ für alle rationalen Zahlen $x \in \mathbb{Q}$ definiert.

Jede irrationale Zahl $x \notin \mathbb{Q}$ läßt sich als Grenzwert einer Folge rationaler Zahlen darstellen. Es gibt immer eine Folge (x_n) mit $x_n \in \mathbb{Q}$ und

$$\lim_{n \to \infty} x_n = x.$$

Dann bilden die Funktionswerte $a_n = a^{x_n}$ eine Folge reeller Zahlen. Man kann zeigen, daß für jede beliebige gegen x konvergente Folge (x_n) auch die Folge $(a_n) = (a^{x_n})$ konvergiert, wobei der Grenzwert nur von x und nicht von der Folge (x_n) abhängt (s. H. Heuser [1980] Teil 1, S. 164). Diesen Grenzwert bezeichnet man mit a^x, also

$$a^x = \lim_{n \to \infty} a^{x_n} \quad \text{mit} \quad x_n \in \mathbb{Q} \quad \text{und} \quad \lim_{n \to \infty} x_n = x; \quad x \in \mathbb{R}.$$

Die so definierte Funktion $f(x) = a^x$ heißt **Exponentialfunktion zur Basis a.**

Für jedes $a > 0$ ist $f(x) = a^x$ eine stetige Funktion. Wegen $a^0 = 1$ schneiden alle Exponentialfunktionen die y-Achse an der Stelle 1. Es gilt

1.) $a = 1 \Rightarrow a^x = 1^x \equiv 1$ für alle x   (Parallele zur x-Achse);

2.) $a > 1 \Rightarrow a^x$ ist streng monoton wachsend mit

$$\lim_{x \to \infty} a^x = \infty; \quad \lim_{x \to -\infty} a^x = 0.$$

3.) $a < 1 \Rightarrow a^x$ ist streng monoton fallend mit

$$\lim_{x \to -\infty} a^x = \infty; \quad \lim_{x \to \infty} a^x = 0.$$

Die Funktion $f(x) = \left(\frac{1}{a}\right)^x = \frac{1}{a^x} = a^{-x}$ geht aus der Funktion a^x durch Spiegelung an der y-Achse hervor. Daraus folgt

$$\lim_{x \to -\infty} \left(\frac{1}{a}\right)^x = \frac{1}{\lim\limits_{x \to -\infty} a^x}; \quad \lim_{x \to \infty} \left(\frac{1}{a}\right)^x = \frac{1}{\lim\limits_{x \to \infty} a^x}.$$

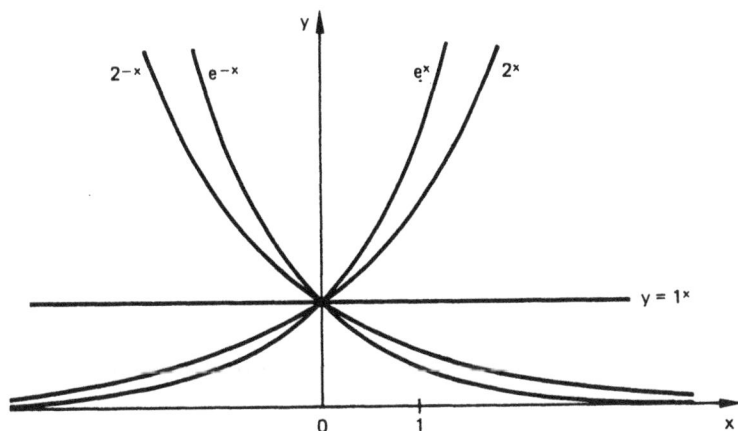

Für $a = e = \lim\limits_{n \to \infty} \left(1 + \frac{1}{n}\right)^n$ (Eulersche Zahl s. Abschnitt 5.3) erhält man die Funktion $f(x) = e^x$, die bei der stetigen Verzinsung und beim stetigen Wachstum eine zentrale Rolle spielt. Diese Funktion nennt man üblicherweise **die Exponentialfunktion**, wobei die Basis nicht erwähnt wird.

Satz 4:   Für jedes $x \in \mathbb{R}$ gilt $\lim\limits_{n \to \infty} \left(1 + \frac{x}{n}\right)^n = e^x$.

Ein Beweis dieses Satzes ist bei H. Heuser [1980], Teil 1 S. 171 zu finden.

Falls ein Kapital K_0 mit der Jahreszinsrate $\frac{p}{100}$ stetig verzinst wird, wächst es nach t Jahren an auf

$$K(t) = K_0 \cdot e^{\frac{p}{100} t}.$$

6.5.2 Logarithmusfunktionen

Für $a > 0$, $a \neq 1$ und $b > 0$ ist die Gleichung $a^x = b$ eindeutig lösbar. Die Lösung x heißt **Logarithmus von b zur Basis a**. Man bezeichnet sie mit

$$x = \log_a b \quad \Leftrightarrow \quad a^x = b.$$

Beispiel 24:

   a) $x = \log_{10} 100 \Leftrightarrow 10^x = 100$; $x = 2$, also $\log_{10} 100 = 2$;

   b) $x = \log_2 64 \quad \Leftrightarrow 2^x = 64$; $x = 6$, also $\log_2 64 = 6$;

   c) $x = \log_{10} 0{,}1 \Leftrightarrow 10^x = 0{,}1 = 10^{-1}$; $x = -1$, $\log_{10} 0{,}1 = -1$.

Für die Berechnung des Logarithmus gelten die in dem nachfolgenden Satz angegebenen Eigenschaften, welche für die praktische Rechnung äußerst nützlich sind.

Satz 5 (Eigenschaften des Logarithmus):

Für den Logarithmus zu einer beliebigen Basis $a > 0$ mit $a \neq 1$ gilt:

1.) $\log_a a = 1$;

2.) $\log_a 1 = 0$;

3.) $\log_a(u \cdot v) = \log_a u + \log_a v$;

4.) $\log_a\left(\frac{u}{v}\right) = \log_a u - \log_a v$ für u, v > 0;

5.) $\log_a(u^w) = w \cdot \log_a u$ für $u > 0$ und $w \in \mathbb{R}$.

Beweis:

1.) $x = \log_a a \Leftrightarrow a^x = a \Leftrightarrow x = 1$;

2.) $x = \log_a 1 \Leftrightarrow a^x = 1 \Leftrightarrow x = 0$;

3.) bis 5.) Wir setzen $x = \log_a u \Leftrightarrow a^x = u$; $y = \log_a v \Leftrightarrow a^y = v$.

Daraus folgt mit Hilfe der Potenzgesetze

$$u \cdot v = a^{x+y} \Leftrightarrow \log_a(u \cdot v) = x + y = \log_a u + \log_a v;$$

$$\frac{u}{v} = a^{x-y} \Leftrightarrow \log_a\left(\frac{u}{v}\right) = x - y = \log_a u - \log_a v;$$

$$u^w = (a^x)^w = a^{x \cdot w} \Leftrightarrow \log_a(u^w) = w \cdot x = w \cdot \log_a u.$$

Wir nehmen nun an, die Logarithmen zur Basis a können mit einem Taschenrechner berechnet werden. Dann lassen sich daraus sehr einfach die Logarithmen zu einer beliebigen Basis c berechnen.

Gegeben: $z_1 = \log_a u \Leftrightarrow a^{z_1} = u$.

Gesucht $z_2 = \log_c u \Leftrightarrow c^{z_2} = u$.

Gleichsetzen ergibt $c^{z_2} = a^{z_1}$.

Hieraus erhält man durch Logarithmieren mit Hilfe der Eigenschaften aus Satz 5

$$\underbrace{z_2 \cdot \log_a c}_{= \log_c u} = z_1 \cdot \underbrace{\log_a a}_{=1} = z_1 = \log_a u.$$

Division durch $\log_a c$ (gegeben) ergibt die

Umrechnungsformel bei verschiedenen Basen:	$\log_c u = \underbrace{\dfrac{1}{\log_a c}}_{\text{konstanter Faktor}} \cdot \log_a u.$

Die Logarithmen zur Basis a müssen mit dem gleichen Faktor $\dfrac{1}{\log_a c}$ multipliziert werden. Dadurch erhält man die Logarithmen zur Basis c. Daher genügt es, wenn die Werte für einen einzigen Logarithmus zur Verfügung stehen.

Die **Logarithmusfunktion** $y = \log_a x \Leftrightarrow a^y = x$ ist die Umkehrfunktion der Exponentialfunktion $f(x) = a^x$. Daher erhält man die Logarithmusfunktion durch Spiegelung der Exponentialfunktion $f(x) = a^x$ an der ersten Winkelhalbierenden. Ihr Definitionsbereich ist $D = \{x \mid x > 0\}$. Sie ist stetig.

In der nachfolgenden Abbildung ist die Logarithmusfunktion für $a > 1$ (links) und $0 < a < 1$ (rechts) graphisch dargestellt.

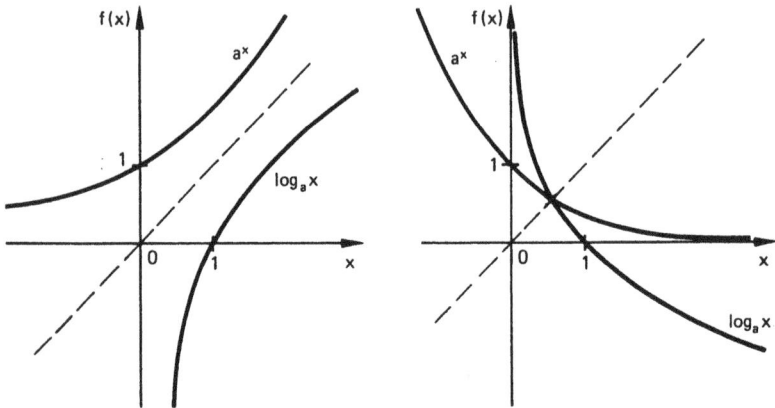

Für $a > 1$ ist der Logarithmus streng monoton wachsend mit

$\log_a x < 0$ für $0 < x < 1$ und $\lim\limits_{x \to 0+} \log_a x = -\infty$; $\lim\limits_{x \to \infty} \log_a x = +\infty$.

Der negative Teil der y-Achse ist in diesem Fall Asymptote.

Für $0 < a < 1$ ist der Logarithmus streng monoton fallend mit

$\log_a x < 0$ für $x > 1$ und $\lim\limits_{x \to 0+} \log_a x = +\infty$; $\lim\limits_{x \to \infty} \log_a x = -\infty$.

Der positive Teil der y-Achse ist Asymptote.

Dekadischer Logarithmus

Für $a = 10$ erhält man den dekadischen Logarithmus. Man bezeichnet ihn mit $\lg x = \log_{10} x$.

Natürlicher Logarithmus

$a = e$ (Eulersche Zahl) ergibt den natürlichen Logarithmus

$\ln x = \log_e x$ (logarithmus naturalis).

6.5.3 Zusammenhang zwischen Exponentialfunktion und Logarithmus

Da jede der beiden Funktionen die Umkehrfunktion der anderen ist, gilt

$$\log_a(a^x) = x; \quad a^{\log_a x} = x; \quad \ln(e^x) = x; \quad e^{\ln x} = x.$$

6.5.4 Ableitungen der Logarithmus- und Exponentialfunktion

Für den natürlichen Logarithmus $f(x) = \ln x$ läßt sich der Differenzenquotient nach Satz 5 umformen

$$\frac{f(x+h) - f(x)}{h} = \frac{\ln(x+h) - \ln(x)}{h} = \frac{1}{h} \cdot \ln \frac{x+h}{x} = \ln \left(1 + \frac{h}{x}\right)^{\frac{1}{h}}.$$

Mit $\frac{x}{h} = u$ folgt hieraus

$$\frac{f(x+h) - f(x)}{h} = \ln \left(1 + \frac{1}{u}\right)^{u \cdot \frac{1}{x}} = \ln \left[\left(1 + \frac{1}{u}\right)^u\right]^{\frac{1}{x}} = \frac{1}{x} \cdot \ln \left(1 + \frac{1}{u}\right)^u.$$

Für $h > 0$ ist $u > 0$. Dann erhält man die rechtsseitige Ableitung

$$f'_r(x) = \frac{1}{x} \cdot \lim_{u \to \infty} \ln \left(1 + \frac{1}{u}\right)^u = \frac{1}{x} \cdot \ln e = \frac{1}{x}.$$

Für $h < 0$ ist u negativ. Dann erhält man mit $-u = w > 0$ nach Satz 4 die linksseitige Ableitung

$$f'_l(x) = \frac{1}{x} \cdot \lim_{u \to -\infty} \ln \left(1 + \frac{1}{u}\right)^u = \frac{1}{x} \cdot \lim_{w \to +\infty} \ln \left(1 + \frac{-1}{w}\right)^{-w}$$

$$= \frac{1}{x} \cdot \lim_{w \to +\infty} \ln \frac{1}{\left(1 + \frac{-1}{w}\right)^w}$$

$$= \frac{1}{x} \cdot \left(\ln 1 - \lim_{w \to +\infty} \ln \left(1 + \frac{-1}{w}\right)^w\right) = \frac{1}{x} \cdot [0 - (-1)] = \frac{1}{x}.$$

Damit gilt allgemein

$$(\ln x)' = \frac{1}{x}.$$

Für negative x-Werte ist der natürliche Logarithmus nicht erklärt. In diesem Fall benutzt man oft den Logarithmus des Betrages, also

$$\ln|x| = \begin{cases} \ln x & \text{für } x > 0 \\ \ln(-x) & \text{für } x < 0. \end{cases}$$

Nach der Kettenregel erhält man für $x < 0$

$$(\ln|x|)' = (\ln(-x))' = \frac{-1}{-x} = \frac{1}{x}.$$

Damit gilt allgemein

$$(\ln|x|)' = \frac{1}{x} \quad \text{für} \quad x \neq 0; \qquad (\ln|f(x)|)' = \frac{f'(x)}{f(x)} \quad \text{für} \quad f(x) \neq 0.$$

Ableitung eines beliebigen Logarithmus

$$y = \log_a x \quad \Leftrightarrow \quad a^y = x.$$

Durch Logarithmieren erhält man hieraus $y \cdot \ln a = \ln x$.

Differentiation nach x ergibt $y' \cdot \ln a = (\ln x)' = \frac{1}{x}$, also

$$(\log_a x)' = \frac{1}{\ln a} \cdot \frac{1}{x}.$$

Ableitung der Exponentialfunktion

Für die Exponentialfunktion gilt

$$y = a^x = f(x) \quad \Leftrightarrow \quad x = f^{-1}(y) = \log_a y.$$

Mit der Ableitung der Umkehrfunktion erhält man

$$(a^x)' = \frac{dy}{dx} = \frac{1}{\frac{dx}{dy}} = \frac{1}{\frac{d\log_a y}{dy}} = \frac{1}{\frac{1}{\ln a} \cdot \frac{1}{y}} = (\ln a) \cdot y = (\ln a) \cdot a^x.$$

Damit gilt

$$(a^x)' = a^x \cdot \ln a; \qquad (e^x)' = e^x.$$

Beispiel 25: Nach der Ketten- und Produktregel gilt

a) $(e^{-2x})' = -2 \cdot e^{-2x};$

b) $(e^{-x^2})' = -2x \cdot e^{-x^2};$

c) $(\ln(x^2 + x + 5))' = \frac{2x + 1}{x^2 + x + 5}.$

6.6 Potenzfunktionen und Ableitung der Funktion u(x)$^{v(x)}$

Potenzen x^α wurden bereits in Abschnitt 6.5.1 definiert. Bei festem $\alpha \in \mathbb{R}$ und variablem x erhält man die sogenannte **Potenzfunktion**

$$f(x) = x^\alpha.$$

Der (maximale) Definitionsbereich der Potenzfunktion hängt vom Exponenten α ab.

a) Im Falle $\alpha = 0$ ist die Potenzfunktion zunächst nur für alle $x \neq 0$ erklärt mit $x^0 = 1$. An der Stelle $x = 0$ besitzt die Funktion x^0 den Grenzwert 0 (vgl. Abschnitt 6.2.1), so daß sie durch $f(0) = 0$ auf ganz $\mathbb{R}$ stetig fortgesetzt werden kann.

b) $\alpha > 0$: Hier ist der Definitionsbereich $D = \mathbb{R}_+ = \{x \,|\, x \geq 0\}$. Die Potenzfunktion ist streng monoton wachsend mit $f(0) = 0$ und $f(x) > 0$ für $x > 0$.

c) $\alpha < 0$: Der Definitionsbereich ist $D \{x \,|\, x > 0\}$. Die Potenzfunktion ist streng monoton fallend mit $f(x) > 0$ für $x > 0$.

Aus $\ x = e^{\ln x} \ $ folgt

$$x^\alpha \ = \ (e^{\ln x})^\alpha \ = \ e^{\alpha \cdot \ln x}.$$

Mit Hilfe der Kettenregel erhält man hieraus die Ableitung

$$(x^\alpha)' \ = \ (e^{\alpha \cdot \ln x})' \ = \ e^{\alpha \cdot \ln x} \cdot \alpha \cdot \frac{1}{x} \ = \ x^\alpha \cdot \alpha \cdot \frac{1}{x} \ = \ \alpha \cdot x^{\alpha - 1}.$$

Damit gilt allgemein

$$(x^\alpha)' \ = \ \alpha \cdot x^{\alpha - 1} \quad \text{für } \alpha \in \mathbb{R}.$$

Für jedes x aus dem Definitionsbereich der Funktion $f(x) = u(x)^{v(x)}$ gilt

$$f(x) \ = \ u(x)^{v(x)} \ = \ e^{\ln(u(x)^{v(x)})} \ = \ e^{v(x) \cdot \ln u(x)}.$$

Falls die Funktionen u und v differenzierbar sind, erhält man hieraus

$$f'(x) \ = \ \left(e^{v(x) \cdot \ln u(x)}\right)' = \ e^{v(x) \cdot \ln u(x)} \cdot (v(x) \cdot \ln u(x))'$$

$$= \ e^{v(x) \cdot \ln u(x)} \cdot \left(v'(x) \cdot \ln u(x) + v(x) \cdot \frac{u'(x)}{u(x)}\right)$$

$$= \ u(x)^{v(x)} \cdot \left(v'(x) \cdot \ln u(x) + v(x) \cdot \frac{u'(x)}{u(x)}\right).$$

Damit gilt

$$\left(u(x)^{v(x)}\right)' = u(x)^{v(x)} \cdot \left[v'(x) \cdot \ln u(x) + v(x) \cdot \frac{u'(x)}{u(x)}\right].$$

Beispiel 26:

a) $(x^x)' = \left(e^{x \cdot \ln x}\right)' = e^{x \cdot \ln x} \cdot (\ln x + x \cdot \frac{1}{x}) = (1 + \ln x) \cdot x^x$;

b) $(x^{\ln x})' = \left(e^{(\ln x)^2}\right)' = e^{(\ln x)^2} \cdot 2\ln x \cdot \frac{1}{x} = \frac{2\ln x}{x} \cdot x^{\ln x}$;

c) $\left(x^{\sqrt{x}}\right)' = \left(e^{\sqrt{x} \cdot \ln x}\right)' = e^{\sqrt{x} \cdot \ln x} \cdot \left(\frac{1}{2\sqrt{x}} \cdot \ln x + \frac{\sqrt{x}}{x}\right)$

$$= \frac{1}{2\sqrt{x}} \cdot (2 + \ln x) \cdot x^{\sqrt{x}}.$$

6.7 Trigonometrische Funktionen

6.7.1 Triginometrische Funktionen im Einheitskreis

Über den Einheitskreis mit dem Radius $r = 1$ wird jedem Winkel φ auf dem zugehörigen Kreisbogen das Bogenmaß $x = x(\varphi)$ zugeordnet. Dem vollen Winkel $\varphi = 360°$ entspricht der Umfang des Einheitskreises, also das Bogenmaß 2π. Allgemein verhält sich x zum Kreisumfang 2π wie φ zum vollen Winkel $360°$.

Daraus ergibt sich die Umrechnungsformel

$$x = \frac{\pi}{180} \cdot \varphi.$$

Ein negatives Bogenmaß x gehört zu einem negativen Winkel φ, der im Uhrzeigersinn (mathematisch negative Umlaufrichtung) gemessen wird. Das Bogenmaß $x > 2\pi$ gehört zu einem Winkel $\varphi > 360°$.

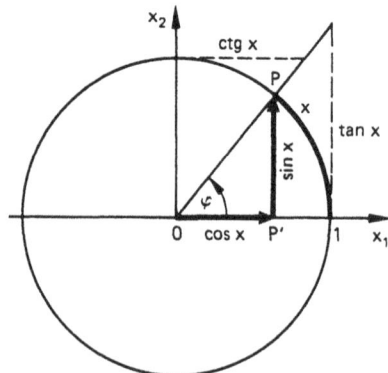

$P(x_1; x_2)$ sei ein beliebiger Punkt auf dem Einheitskreis mit dem zugehörigen Bogenmaß x. Im kartesischen Koordinatensystem bezeichnen wir die Koordinaten dieses Punktes P mit

$$x_1 = \cos x \quad (\textbf{Kosinus x}); \qquad x_2 = \sin x \quad (\textbf{Sinus x}).$$

Damit sind für jeden Zahlenwert $x \in \mathbb{R}$ die trigonometrischen Funktionen Sinus und Kosinus definiert.

Nach dem Satz von Pythagoras gilt

$$\sin^2 x + \cos^2 x = 1 \text{ für alle x.}$$

Aus der obigen Abbildung ergeben sich unmittelbar die folgenden Eigenschaften:

$$\sin(x + 2\pi) = \sin x; \quad \cos(x + 2\pi) = \cos x \qquad (\text{Perioden } 2\pi);$$

$$\sin(-x) \quad = \quad -\sin x \qquad\qquad\qquad (\text{ungerade Funktion});$$

$$\cos(-x) \quad = \quad \cos x \qquad\qquad\qquad\quad (\text{gerade Funktion});$$

$$\sin(k\pi) \quad = \quad 0 \text{ für } k \in \mathbb{Z};$$

$$\cos(\tfrac{\pi}{2} + k\pi) = 0 \text{ für } k \in \mathbb{Z};$$

$$\sin x \quad = \quad \cos(x - \tfrac{\pi}{2}) \text{ für alle x};$$

$$\cos x \quad = \quad \sin(x + \tfrac{\pi}{2}) \text{ für alle x}.$$

In der nach folgenden Abbidung sind die Graphen der Sinus- und Kosinusfunktion skizziert.

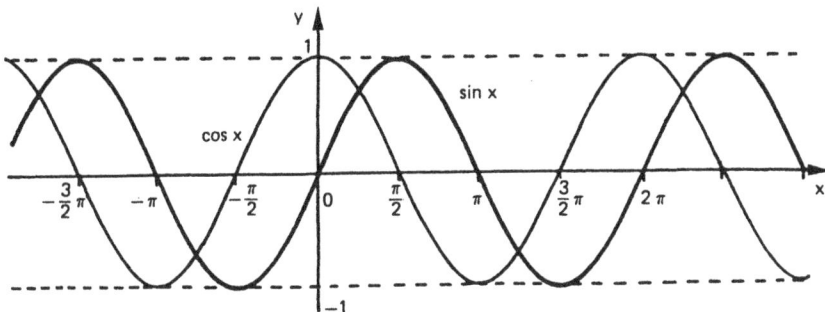

Als Quotienten dieser beiden trigonometrischen Funktionen erhält man die **Tangens**- bzw. die **Kotangensfunktion**

$$\tan x = \tfrac{\sin x}{\cos x} \text{ für } x \neq \tfrac{\pi}{2} + k\pi \qquad (\text{vertikale Asymptoten}), k \in \mathbb{Z};$$

$$\cot x = \tfrac{\cos x}{\sin x} \text{ für } x \neq k\pi \qquad\qquad (\text{vertikale Asymptoten}), k \in \mathbb{Z}.$$

Beide Funktionen sind ungerade und besitzen die Periode π. In der nachfolgenden Abbildung sind ihre Graphen skizziert.

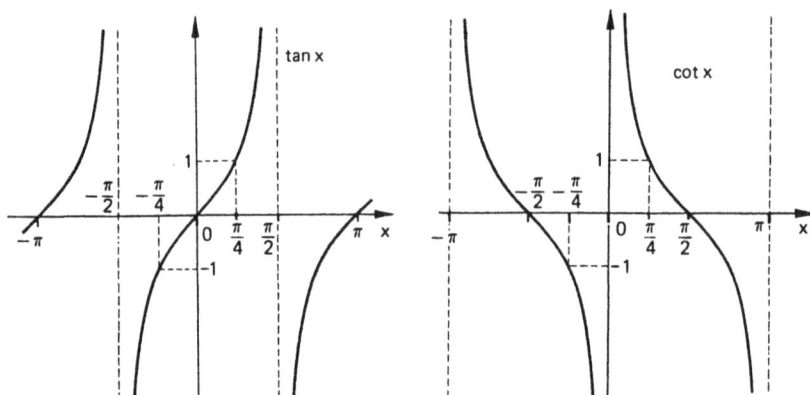

Allgemein gilt für alle x aus den Definitionsbereichen

$$\tan x \cdot \cot x = 1; \quad 1 + \tan^2 x = \frac{1}{\cos^2 x}; \quad 1 + \cot^2 x = \frac{1}{\sin^2 x}.$$

In den jeweiligen Definitionsbereichen gilt:				
$(\sin x)'$	$=$	$\cos x;$	$(\cos x)' = -\sin x;$	
$(\tan x)'$	$=$	$\dfrac{1}{\cos^2 x}$	$=$	$1 + \tan^2 x;$
$(\cot x)'$	$=$	$-\dfrac{1}{\sin^2 x}$	$=$	$-(1 + \cot^2 x).$

6.7.2 Trigonometrische Funktionen im rechtwinkligen Dreieck

Für Winkel zwischen $0°$ und $90°$ werden die trigonometrischen Funktionen auch im rechtwinkligen Dreieck erklärt. Daß diese Definition mit der Definition im Einheitskreis verträglich ist, folgt aus der nebenstehenden Zeichnung. Mit Hilfe des Strahlensatzes erhält man

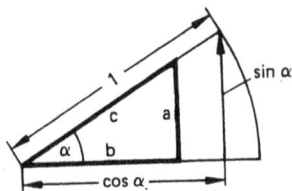

$$\sin \alpha : a = 1 : c; \qquad \sin \alpha = \frac{a}{c} = \frac{\text{Gegenkathete}}{\text{Hypothenuse}} \, ;$$

$$\cos \alpha : b = 1 : c; \qquad \cos \alpha = \frac{b}{c} = \frac{\text{Ankathete}}{\text{Hypothenuse}} \, ;$$

$$\tan \alpha = \frac{\sin \alpha}{\cos \alpha} = \frac{a}{b} = \frac{\text{Gegenkathete}}{\text{Ankathete}} \, ; \qquad \cot = \frac{b}{a} = \frac{\text{Ankathete}}{\text{Gegenkathete}} \, .$$

6.7.3 Allgemeine Sinusfunktion

Mit Hilfe periodischer Funktionen können von der Saison oder Konjunktur abhängige Prozesse beschrieben werden. Dazu eignet sich die **allgemeine Sinusfunktion**

$$f(x) = a \cdot \sin(b\,x + c) \quad \text{mit } a, b, c > 0.$$

Die **Amplitude** a ist der maximale und $-a$ der minimale Funktionswert. Die Funktion schwankt periodisch zwischen $+a$ und $-a$. Die Periode p dieser Funktion erhält man aus

$$a \cdot \sin(b\,(x + p) + c) = a \cdot \sin(b\,x + c + 2\,\pi).$$

Hieraus folgt $b\,p = 2\,\pi$, also $p = \dfrac{2\,\pi}{b}$. Damit gilt

$$f(x + \frac{2\,\pi}{b}) = f(x) \quad \text{für alle x.}$$

Die Konstante c verschiebt die Nullstellen, während die Konstante b die Periode ändert. Für $b < 1$ ist sie größer, für $b > 1$ kleiner als 2π.

In der nachfolgenden Abbildung ist ein saisoneller Prozeß bezüglich der Zeit t [in Jahren] beschrieben. Damit die Periode 1 Jahr ist, muß $b = 2\,\pi$ sein. Wegen $c = \frac{\pi}{2}$ besitzt die Funktion an der Stelle 0 ein Maximum. Die skizzierte Funktion besitzt die die Gestalt

$$f(t) = 5 + 4 \cdot \sin(2\,\pi\,t + \frac{\pi}{2}).$$

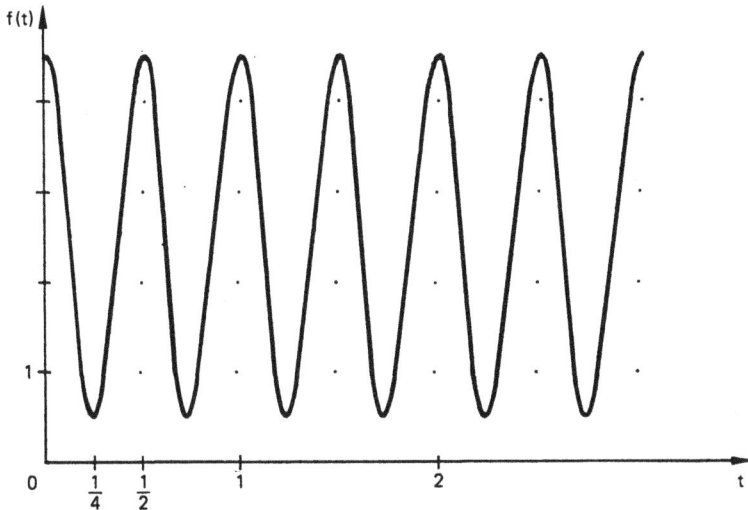

6.8 Änderungsraten und Elastizitäten

Beispiel 27 (Begriffsbildung): Es sei p der Preis je Mengeneinheit einer bestimmten Ware und $N(p) = 10\,000 - 20\,p$ ($p \leq 500$) die vom Preis abhängige Nachfragemenge, die zu diesem Preis verkauft werden kann (Angaben in bestimmten Einheiten).

Der Preis p ändere sich um Δp. Bei positivem Δp findet also eine Preiserhöhung, bei negativem Δp eine Preissenkung statt. Als Beispiel betrachten wir $p = 200$ und $\Delta p = 3$. Dann lautet die

relative Preisänderung: $\dfrac{\Delta p}{p} = \dfrac{3}{200} = 0{,}015$ (Erhöhung um 1,5 %).

Bei diesem neuen Preis beträgt die Nachfragemenge

$$N(p + \Delta p) = 10\,000 - 20\,(p + \Delta p) = 10\,000 - 20\,p - 20\,\Delta p.$$

Die durch die Preiserhöhung erfolgte Änderung der Nachfragemenge lautet

$$\Delta N(p) = N(p + \Delta p) - N(p) = -20\,\Delta p = -60.$$

Daraus erhält man die relative Nachfrageänderung

$$\frac{\Delta N(p)}{N(p)} = \frac{N(p + \Delta p) - N(p)}{N(p)} = -\frac{20\,\Delta p}{N(p)} = \frac{-60}{6\,000} = -0{,}01.$$

Falls der Preis $p = 200$ um 1,5 % erhöht wird, nimmt die Nachfragemenge um 1 % ab.

Der Preis $p = 100$ werde um eine Einheit gesenkt. Mit $\Delta p = -1$ erhält man

relative Preisänderung: $\dfrac{\Delta p}{p} = \dfrac{-1}{100} = -0{,}01$ (Senkung um 1 %) ;

relative Nachfrageänderung: $\dfrac{\Delta N(p)}{N(p)} = -\dfrac{20\,\Delta p}{N(p)} = \dfrac{20}{8\,000} = 0{,}0025.$

Falls der Preis $p = 100$ um 1 % gesenkt wird, nimmt die Nachfragemenge um 0,25 % zu.

Wir betrachten nun eine beliebige Funktion $y = f(x)$. Falls sich die unabhängige Variable x um $\Delta x = dx$ ändert, ändert sich die abhängige Variable (Funktion) um

$$\Delta y = \Delta f(x) = f(x + \Delta x) - f(x).$$

Dann ist

$$\frac{\Delta y}{y} = \frac{\Delta f(x)}{f(x)} = \frac{f(x + \Delta x) - f(x)}{f(x)} = \frac{f(x + \Delta x) - f(x)}{\Delta x} \cdot \frac{\Delta x}{f(x)}$$

die relative Änderung der abhängigen Variablen. Falls die Funktion $f(x)$ an der Stelle x differenzierbar ist, gilt für kleine $|\Delta x|$ die Näherung

$$\frac{\Delta y}{y} = \frac{f(x + \Delta x) - f(x)}{\Delta x} \cdot \frac{\Delta x}{f(x)} \approx \frac{f'(x)}{f(x)} \cdot \Delta x = r_f(x) \cdot \Delta x.$$

Die Funktion $r_f(x) = \dfrac{f'(x)}{f(x)} = \dfrac{d \ln |f(x)|}{dx}$ beschreibt im lokalen Bereich die relative Änderung der abhängigen Variablen beim Übergang von der Stelle x zur benachbarten Stelle x + Δx. Sie heißt Änderungsrate oder Wachstumsrate.

Beispiel 28 (stetige Verzinsung): Ein Kapital K_0 wächst bei der stetigen Verzinsung mit der nominellen Jahreszinsrate $\frac{p}{100}$ in t Jahren an auf

$$K(t) = K_0 \cdot e^{\frac{p}{100} t}.$$

Diese Exponentialfunktion besitzt die Wachstumsrate

$$r_K(t) = \frac{\frac{p}{100} \cdot K(t)}{K(t)} = \frac{p}{100}.$$

Die Wachstumsrate ist konstant. In einem kleinen Zeitintervall $[t, t + \Delta t]$ ist der relative Kapitalzuwachs ungefähr gleich $\frac{p}{100} \cdot \Delta t$, also

$$\frac{K(t + \Delta t) - K(t)}{K(t)} \approx \frac{p}{100} \cdot \Delta t.$$

Wie in Beispiel 27 interessiert man sich oft für das Verhältnis der relativen Änderungen der abhängigen und der unabhängigen Variablen. Es lautet

$$\frac{\Delta y}{y} : \frac{\Delta x}{x} = \frac{\Delta f(x)}{f(x)} : \frac{\Delta x}{x} = \frac{f(x + \Delta x) - f(x)}{\Delta x} \cdot \frac{x}{f(x)}$$

$$\approx \frac{f'(x)}{f(x)} \cdot x = \varepsilon_f(x).$$

Definition 12: Die Funktion f(x) sei differenzierbar und es sei f(x) $\neq$ 0. Dann heißen

$$r_f(x) = \frac{f'(x)}{f(x)} \quad \text{die } \textbf{Änderungs- oder Wachstumsrate} \text{ von f}$$
$$\text{an der Stelle x}$$

und

$$\varepsilon_f(x) = \frac{f'(x)}{f(x)} \cdot x \quad \text{die } \textbf{Elastizität} \text{ von f an der Stelle x.}$$

Nach den obigen Ausführungen gilt im lokalen Bereich folgende Interpretation:

Für kleine $|\Delta x|$ gelten die Näherungen:

relative Funktionsänderung:

$$\frac{\Delta y}{y} = \frac{\Delta f(x)}{f(x)} = \frac{f(x + \Delta x) - f(x)}{\Delta x} \cdot \frac{\Delta x}{f(x)} \approx r_f(x) \cdot \Delta x.$$

$$\frac{\text{relative Änderung von } f(x)}{\text{relative Änderung von } x} = \frac{\Delta y}{y} : \frac{\Delta x}{x} = \frac{\Delta f(x)}{f(x)} : \frac{\Delta x}{x} \approx \varepsilon_f(x).$$

Im Grenzwert $\Delta x \rightarrow 0$ gilt dabei das Gleichheitszeichen.

Beispiel 29:

a) $f(x) = c$ (Konstante); $f'(x) \equiv 0$; $\varepsilon_f(x) \equiv 0$.

b) $f(x) = a + mx$; $f'(x) = m$; $\varepsilon_f(x) = \dfrac{mx}{a + mx}$.

c) $f(x) = c \cdot x^\alpha$; $f'(x) = c \cdot \alpha \cdot x^{\alpha - 1}$; $\varepsilon_f(x) = \dfrac{c \cdot \alpha \cdot x^{\alpha - 1}}{c \cdot x^\alpha} \cdot x \equiv \alpha$.

   Bei der Potenzfunktion ist die Elastizität konstant.

d) $f(x) = c \cdot \sqrt{x}$. Die Elasitizität der Funktion erhält man aus c) mit $\alpha = \frac{1}{2}$ als $\varepsilon_f(x) \equiv \frac{1}{2}$.

e) $f(x) = c \cdot x$. Die Funktion besitzt die Elastiziät $\varepsilon_f(x) \equiv 1$.

f) $f(x) = a^x$, $a > 0$; $f'(x) = a^x \cdot \ln a$; $\varepsilon_f(x) = \dfrac{a^x \cdot \ln a}{a^x} \cdot x = x \cdot \ln a$.

Maßstabsänderungen auf einer oder beiden Achsen haben auf die Elastizität keinen Einfluß. Aus $\hat{x} = a \cdot x$ und $\hat{y} = b \cdot y$, $a, b > 0$ folgt

$$y = f(x) = f(\tfrac{\hat{x}}{a}); \quad \hat{y} = g(\hat{x}) = b \cdot y = b \cdot f(x) = b \cdot f(\tfrac{\hat{x}}{a}).$$

Mit Hilfe der Kettenregel erhält man

$$\frac{d\,g(\hat{x})}{d\,\hat{x}} = \frac{d\,\hat{y}}{d\,\hat{x}} = \frac{d\,\hat{y}}{d\,x} \cdot \frac{d\,x}{d\,\hat{x}} = b \cdot f'(x) \cdot \frac{1}{a};$$

$$\varepsilon_g(\hat{x}) = \frac{\dfrac{d\,g(\hat{x})}{d\,\hat{x}}}{g(\hat{x})} \cdot \hat{x} = \frac{b}{a} \cdot \frac{f'(x)}{b \cdot f(x)} \cdot ax = \frac{f'(x)}{f(x)} \cdot x = \varepsilon_f(x).$$

Mit Hilfe der Ableitungregeln erhält man durch elementare Rechnung folgende Eigenschaften der Elastizität:

Satz 6 (Eigenschaften der Elastizität):

Die Funktionen f und g sollen die Elastizitäten $\varepsilon_f(x)$ und $\varepsilon_g(x)$ besitzen. Dann besitzen folgende Funktionen die Elastizitäten:

Produkt $f \cdot g$: $\varepsilon_{f \cdot g}(x) \quad = \varepsilon_f(x) + \varepsilon_g(x)$;

Quotient $\frac{f}{g}$: $\varepsilon_{\frac{f}{g}}(x) \quad = \varepsilon_f(x) - \varepsilon_g(x)$;

Quotient $\frac{1}{g}$: $\varepsilon_{\frac{1}{g}}(x) \quad = -\varepsilon_g(x)$;

zusammengesetzte
Funktion $f(g(x))$: $\varepsilon_{f(g(x))}(x) \quad = \varepsilon_f(g(x)) \cdot \varepsilon_g(x)$;

inverse Funktion
$x = f^{-1}(y) \Leftrightarrow x = f(y)$: $\varepsilon_{f^{-1}}(y) \quad = \dfrac{1}{\varepsilon_f(x)} = \dfrac{1}{\varepsilon_f(f^{-1}(y))}$.

Beispiel 30:

a) Die Kostenfunktion K(x) besitzt die Elastizität $\varepsilon_K(x)$. Dann besitzt die Durchschnittskostenfunktion $\dfrac{K(x)}{x}$ wegen der obigen Eigenschaft und Beispiel 29 e) die Elastizität

$$\varepsilon_{\frac{K(x)}{x}}(x) = \varepsilon_K(x) - \varepsilon_x(x) = \varepsilon_K(x) - 1.$$

b) Die Nachfragefunktion N(p) besitze die Elastizität $\varepsilon_N(p)$. Dann besitzt die Erlösfunktion $E(p) = p \cdot N(p)$ die Elastizität $1 + \varepsilon_N(p)$.

Amoroso-Robinson-Beziehung

Es sei p der Preis je Mengeneinheit, der von der Nachfragemenge x abhängt, also $p = p(x)$. Davon existiere die Umkehrfunktion $x = x(p)$. Dann lautet der von x abhängige Umsatz $U(x) = p(x) \cdot x$.

Differentiation nach x ergibt die von x abhängige Grenzumsatzfunktion

$$U'(x) = p(x) + p'(x) \cdot x \quad = p(x) \cdot \left[1 + \frac{p'(x)}{p(x)} \cdot x\right]$$

$$= p(x) \cdot \left[1 + \varepsilon_p(x)\right] \quad = p \cdot \left[1 + \frac{1}{\varepsilon_x(p)}\right].$$

Diese Beziehung zwischen Grenzumsatz, Preis und Preiselastizität bezeichnet man als **Amoroso-Robinson-Beziehung**.

6.9 Kurvendiskussion

Zur graphischen Darstellung einer Funktion ist es nicht sinnvoll, mit Hife einer Wertetabelle sehr viele Punkte zu zeichnen. Man sollte sich vielmehr auf die Zeichnung weniger typischer Punkte beschränken und zusätzlich Eigenschaften über den Kurvenverlauf ausnutzen. Mit Hilfe der Differentialrechnung werden derartige Untersuchungen in der Kurvendiskussion vorgenommen. Vor allem werden Nullstellen, Extremstellen (globale und lokale Maxima und Minima) bestimmt und das Krümmungsverhalten (konvexe und konkave Bereiche) untersucht.

6.9.1 Definitionsbereich

Der (größtmögliche) Definitionsbereich D besteht im allgemeinen aus allen Werten x, für welche die Funktion f(x) erkärt ist. Manchmal ist es aber auch sinnvoll, den Definitionsbereich einzuschränken. Die Untersuchung einer Kostenfunktion $y = K(x)$ ist nur für nichtnegative Produktionsmengen $x \geq 0$ sinnvoll, auch wenn mathematisch Funktionswerte für negative Argumente x berechnet werden können. Falls eine vom Preis p je Mengeneinheit abhängige Nachfragefunktion N(p) in analytischer Form gegeben ist, sind nur diejenigen Funktionswerte interessant, die nichtnegativ sind. So wäre z. B. die Nachfragefunktion $N(p) = 50\,000 - 100\,p$ für $p > 500$ negativ. Zusätzlich kann noch eine untere Grenze für p angegeben werden.

Beispiel 31:

a) Die Funktion $f(x) = \dfrac{2\,x - 2}{x - 5}$ hat den Definitionsbereich $D = \{\, x \mid x \neq 5 \,\}$.

An der Stelle $x = 5$ liegt eine Polstelle (Unendlichkeitsstelle) vor. Ihr Graph ist in Beispiel 33 skizziert.

b) Die Funktion $f(x) = \dfrac{x^2 - 4}{x - 2} = \dfrac{(x - 2) \cdot (x + 2)}{x - 2}$ ist zunächst an der Stelle

$x = 2$ nicht definiert, da hier der Nenner verschwindet. Damit gilt $D_f = \{\, x \mid x \neq 2 \,\}$. Für $x \neq 2$ kann durch $(x - 2)$ gekürzt werden. Dann erhält man $f(x) = x + 2$ für $x \neq 2$. Die Funktion f stellt also eine Gerade dar mit einer Lücke an der Stelle $x = 2$. Wie in Beispiel 8 aus Abschnitt 6.2 kann man zeigen, daß der Grenzwert $\lim_{x \to 2} f(x) = 4$ existiert.

Setzt man $g(x) = f(x) = x + 2$ für $x \neq 2$ und $g(2) = 4$, so ist die Funktion $g(x) = x + 2$ für alle $x \in \mathbb{R}$ definiert mit $D_g = \mathbb{R}$.

6.9.2 Symmetrie

Falls eine Achsen- oder Punktsymmetrie vorhanden ist, kann die Darstellung des Graphen wesentlich vereinfacht werden. Eine Hälfte des Graphen entsteht dann durch Spiegelung der anderen.

Achsensymmetrie

Eine Funktion $y = f(x)$ ist symmetrisch zur vertikalen Achse $x = x_S$ (Parallele zur y-Achse durch $x = x_S$), wenn gilt

$$f(x_s - z) = f(x_s + z)$$

für alle Werte z mit $x_s + z$ und $x_s - z \in D$.

Im Falle $x_s = 0$ ist die Funktion **gerade** (s. Definition 3 in Abschnitt 6.1). Dann ist die y-Achse Symmetrie-Achse.

Punktsymmetrie

Eine Funktion $y = f(x)$ ist symmetrisch zum Punkt $P(x_S, y_S)$, falls gilt

$$f(x_S - z) - y_S = -[f(x_S + z) - y_S]$$

für alle Werte z mit $x_S + z$ und $x_S - z \in D$.

Im Falle $x_S = y_S = 0$ ist die Funktion **ungerade** (s. Definition 3 in Abschnitt 6.1). Dann ist Funktion punktsymmetrisch zum Koordinatenursprung O.

Beispiel 32:

a) Die Funktion $y = f(x) = x^2 - 4x + 5$ stellt eine nach oben geöffnete Parabel dar. Es gilt die Darstellung

$$y = f(x) = x^2 - 4x + 5 = (x - 2)^2 + 1.$$

Wegen

$$f(2 + z) = z^2 + 1 = (-z)^2 + 1 = f(2 - z) \quad \text{für alle } z \in \mathbb{R}$$

ist die Funktion symmetrisch zur Achse $x_S = 2$ (Parallele zur y-Achse). Ihr Graph ist in der nachfolgenden Abbildung (links) dargestellt. Der Scheitel der Parabel besitzt die Koordinaten $x_S = 2$ und $y_S = 1$.

b) Die Funktion $y = f(x) = 3 + (x - 2)^3$ ist punktsymmetrisch zu $P(2; 3)$. Für alle $z \in \mathbb{R}$ gilt

$$f(2 - z) - 3 = (-z)^3 = -z^3 = -[f(2 + z) - 3].$$

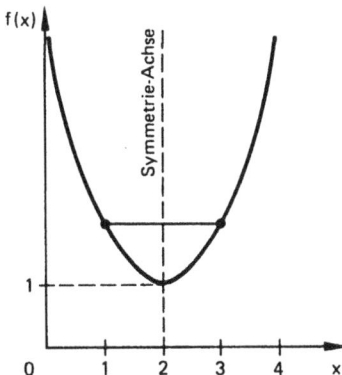

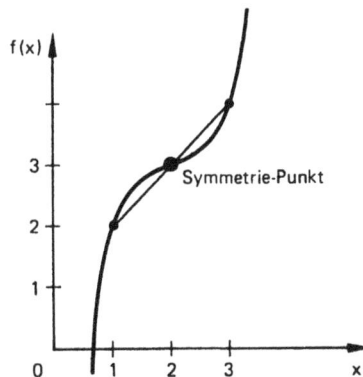

6.9.3 Nullstellen

Die Stelle x_N ist **Nullstelle** der Funktion f, alls $f(x_N) = 0$ gilt.

Eine Funktion kann keine oder auch mehrere, ja sogar unendlich viele Nullstellen besitzen. So hat z. B. die Funktion $f(x) = 5 + (x + 3)^4$ keine Nullstelle, da ihr Wertebereich $W = [5; +\infty)$ ist. Die Funktion $f(x) = \sin x$ besitzt unendlich viele Nullstelllen, nämlich $x_k = k\,\pi$, $k \in \mathbb{Z}$.

Nullstellen sind oft nicht elementar zu bestimmen. So ist. z. B. die Gleichung $e^x - 3\,x = 0$ nicht geschlossen lösbar. Zu ihrer Lösung benötigt man numerische Methoden (s. Beispiel 53 Abschnitt 6.12.3).

6.9.4 Asymptotisches Verhalten

Definition 13:

a) Die Funktion $y = f(x)$ besitzt die **Gerade** $Y = m\,x + b$ als **Asymptote**, wenn gilt

$$\lim_{x \to \infty} [f(x) - m\,x - b] = 0 \qquad \text{oder} \qquad \lim_{x \to -\infty} [f(x) - m\,x - b] = 0 .$$

Für $m = 0$ erhält man die **horizontale Asymptote** $Y = b$ (Parallele zur x-Achse). Dies ist genau dann der Fall, wenn gilt

$$\lim_{x \to \infty} f(x) = b \qquad \text{oder} \qquad \lim_{x \to -\infty} f(x) = b .$$

b) Die Funktion $y = f(x)$ besitzt die **Asymptote** $x = a$ (Parellele zur y-Achse), wenn mindestens eine der folgenden Divergenzbedingungen erfüllt ist

$$\lim_{\substack{x \to a \\ x > a}} f(x) = \infty; \lim_{\substack{x \to a \\ x > a}} f(x) = -\infty; \lim_{\substack{x \to a \\ x < a}} f(x) = +\infty; \lim_{\substack{x \to a \\ x < a}} f(x) = -\infty .$$

Dann nennt man die Stelle $x = a$ eine **Pol**- oder **Unendlichkeitsstelle**.

Beispiel 33 (vgl. Beispiel 31 a)):

Die Funktion $f(x) = \dfrac{2\,x - 2}{x - 5}$ hat an der Stelle $x = 5$ eine Polstelle mit

$$\lim_{\substack{x \to 5 \\ x > 5}} f(x) = +\infty ; \lim_{\substack{x \to 5 \\ x < 5}} f(x) = -\infty;$$

$x = 5$ ist vertikale Asymptote.

Wegen $\lim_{x \to \pm\infty} f(x) = 2$

besitzt die Funktion die horizontale Asymptote $y = 2$.

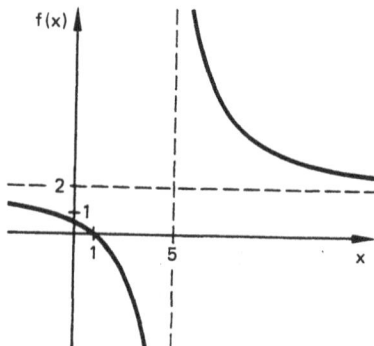

6.9.5 Monotonie

Die Monotonie einer Funktion wurde bereits in der Definition 2 in Abschnitt 6.1 erklärt. Bei differenzierbaren Funktionen kann die Untersuchung auf Monotonie mit Hilfe der ersten Ableitung erfolgen.

Die Funktion f sei im offenen Intervall (a, b) differenzierbar. Mit Hilfe der Steigung der Tangente sind folgende Eigenschaften unmittelbar plausibel:

f ist in (a, b) monoton wachsend $\Leftrightarrow$ $f'(x) \geq 0$ für alle $x \in (a, b)$;

f ist in (a, b) streng monoton wachsend $\Leftrightarrow$ $f'(x) > 0$ für alle $x \in (a, b)$;

f ist in (a, b) nomoton fallend $\Leftrightarrow$ $f'(x) \leq 0$ für alle $x \in (a, b)$;

f ist in (a, b) streng monoton fallend $\Leftrightarrow$ $f'(x) < 0$ für alle $x \in (a, b)$.

6.9.6 Krümmungsverhalten (konvexe und konkave Bereiche)

Eine Funktion f heißt im Intervall $[a, b]$ **konvex** oder **nach unten gewölbt**, wenn zwischen zwei beliebigen Stellen x_1, $x_2 \in [a, b]$ die Sekante zwischen den Punkten $P(x_1, f(x_1))$ und $P(x_2, f(x_2))$ oberhalb der Kurve verläuft.

Entsprechend heißt die Funktion f im Intervall $[a, b]$ **konkav** oder **nach oben gewölbt**, wenn die Sekante zwischen den Punkten $P(x_1, f(x_1))$ und $P(x_2, f(x_2))$, $x_1, x_2 \in [a, b]$, unterhalb der Kurve in diesem Bereich verläuft.

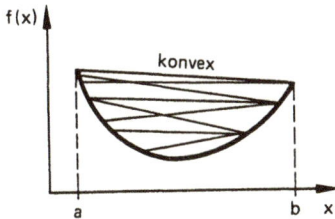

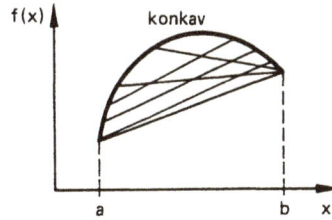

Für $x_1 < x_2$ kann jede Stelle x mit $x_1 < x < x_2$ dargestellt werden in der Form

$$x = x_1 + \lambda \cdot (x_2 - x_1) \text{ mit } 0 < \lambda < 1.$$

Mit dem Strahlensatz erhält man den Funktionswert auf der Sekante an der Stelle $x_1 + \lambda \cdot (x_2 - x_1)$ als

$$f(x_1) + \lambda \cdot [f(x_1) - f(x_2)].$$

Damit ist es möglich, die Begriffe Konvexität und Konkavität mathematisch zu formulieren.

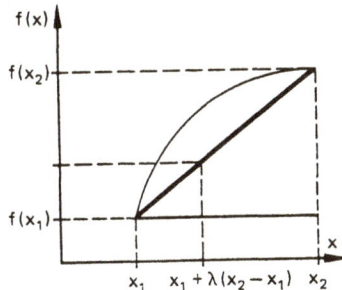

Definition 14:

a) Die Funktion f heißt im Intervall [a, b] **konvex (nach unten gewölbt)**, wenn für zwei beliebige Punkte x_1, $x_2 \in [a, b]$ mit $x_1 < x_2$ für alle λ mit $0 < \lambda < 1$ gilt

$$f\big(x_1 + \lambda \cdot (x_2 - x_1)\big) < f(x_1) + \lambda \cdot [f(x_1) - f(x_2)].$$

b) Die Funktion f heißt im Intervall [a, b] **konkav (nach oben gewölbt)**, wenn für zwei beliebige Punkte x_1, $x_2 \in [a, b]$ mit $x_1 < x_2$ für alle λ mit $0 < \lambda < 1$ gilt

$$f\big(x_1 + \lambda \cdot (x_2 - x_1)\big) > f(x_1) + \lambda \cdot [f(x_1) - f(x_2)].$$

Die Funktion f sei zweimal differenzierbar. Im Innern des konvexen Bereichs werden die Steigungen der Tangenten in wachsender x-Richtung größer. Daher ist die Ableitung $f'(x)$ in diesem Bereich streng monoton wachsend. Dies ist der Fall, wenn für ihre Ableitung gilt $f''(x) > 0$. Im konkaven Bereich ist dagegen f' streng monoton fallend mit $f''(x) < 0$. Damit gilt der

---

Satz 7: Die Funktion f sei im Intervall (a, b) zweimal differenzierbar.

a) Falls für jedes $x \in (a, b)$ gilt $f''(x) > 0$, ist f in (a, b) **konvex**.

b) Im Falle $f''(x) < 0$ für jedes $x \in (a, b)$ ist f in (a, b) **konkav**.

Beispiel 34 (vgl Beispiel 6 in Abschnitt 6.1): Die Funktion $f(x) = \frac{1}{x}$ ist symmetrisch zum Koordinatenursprung O. Beide Koordinatenachsen sind Asymptoten. Wegen

$$f'(x) = -\frac{1}{x^2}; \quad f''(x) = \frac{2}{x^3}$$

gilt $f''(x) > 0$ für $x > 0$ und $f''(x) < 0$ für $x < 0$.

Für $x > 0$ ist die Funktion konvex, im Bereich $x < 0$ konkav.

6.9.7 Extremwerte

Unter einem **Extremum (Extremwert)** einer Funktion $f(x)$ versteht man ein Maximum oder ein Minimum. Falls es sich um ein Maximum oder Minimum im ganzen Definitionsbereich handelt, spricht man von einem **globalen (absoluten)** Extremwert. Falls ein Wert nur extremaler Wert in einer (kleinen) Umgebung einer festen Stelle ist, handelt es sich um ein **lokales (relatives)** Extremum.

Definition 15 :

a) Eine Funktion f mit dem Definitionsbereich D besitzt an der Stelle x_{max} ein **globales (absolutes) Maximum** $f(x_{max})$, wenn für alle $x \in D$ gilt $f(x) \leq f(x_{max})$. Dafür schreibt man

$$f(x_{max}) = \max_{x \in D} f(x).$$

Falls für alle $x \in D$ gilt $f(x) \geq f(x_{min})$, besitzt die Funktion an der Stelle x_{min} ein **globales (absolutes) Minimum** $f(x_{min})$ mit

$$f(x_{min}) = \min_{x \in D} f(x).$$

b) Die Funktion $f(x)$ besitzt an der Stelle x_0 ein **lokales (relatives) Maximum** bzw. **Minimum**, falls für alle Werte x aus einer Umgebung von x_0 gilt

$$f(x) \leq f(x_0) \qquad \text{bzw.} \qquad f(x) \geq f(x_0).$$

c) An der Stelle x_E hat die Funktion f ein **Extremum (Extremwert)**, wenn f an dieser Stelle entweder ein Maximum oder ein Minimum annimmt.

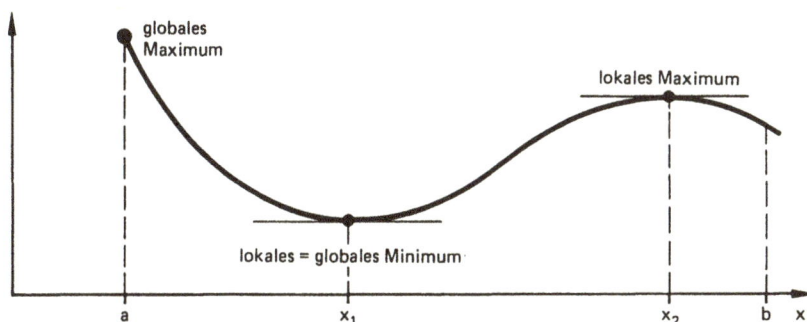

Die in der obigen Abbildung skizzierte Funktion f nimmt im abgeschlossenen Intervall $[a;b]$ das globale Maximum am Rand a an. Es ist kein lokales Maximum. Das globale Minimum stimmt jedoch mit dem lokalen Minimum überein.

Die in Beispiel 16 e) in Abschnitt 6.4 dargestelle Betragsfunktion $f(x)=|x|$ besitzt an der Stelle $x_E = 0$ ein lokales Minimum, das gleichzeitig auch globales Minimum ist. An dieser Stelle ist die Funktion $f(x)$ nicht differenzierbar. Allerdings existieren dort die beiden einseitigen Ableitungen. Entspechend hat die Funktion $f(x) = -|x|$ an der Stelle $x_E = 0$ ein lokales (= globales) Maximum.

Falls die Funktion an der Stelle x_0 stetig ist und die beiden einseitigen Ableitungen an dieser Stelle existieren und beide von Null verschieden sind und verschiedene Vorzeichen besitzen, ist an der Stelle x_0 (Knickstelle) ein lokales Maximum oder Minimum (s. nachfolgende Skizze).

Satz 8 (hinreichende Bedingung für einen lokalen Extremwert):

Die Funktion f sei an der Stelle x_0 stetig und besitze dort die linksseitige Ableitung $f_l'(x_0)$ und die rechtsseitige Ableitung $f_r'(x_0)$.

a) Falls $f_l'(x_0) > 0$ und $f_r'(x_0) < 0$ ist, besitzt f an der Stelle x_0 ein lokales Maximum.

b) Im Falle $f_l'(x_0) < 0$ und $f_r'(x_0) > 0$ ist, hat f an der Stelle x_0 ein lokales Minimum.

Falls die Funktion f an der Stelle x_E differenzierbar ist und dort einen lokalen Extremwert besitzt, muß die Tangente an dieser Stelle horizontal sein, es muß also $f'(x_E) = 0$ sein. Damit erhält man den

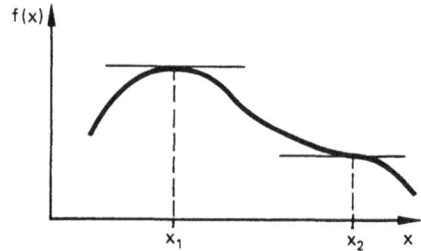

Satz 9 (notwendige Bedingung für einen lokalen Extremwert):

Die Funktion f sei an der Stelle x_E differenzierbar. Notwendig dafür, daß f an der Stelle x_E einen relativen Extremwert besitzt, ist die Bedingung

$$f'(x_E) = 0.$$

Diese Bedingung ist noch nicht hinreichend für die Existenz eines lokalen Extremums. An der Stelle x_2 in der obigen Abbildung verschwindet die Ableitung. Trotzdem liegt an dieser Stelle kein Extremum von.

Wir nehmen nun an, es sei $f'(x_E) = 0$ und an der Stelle x_E existiere die zweite Ableitung $f''(x_E)$. An der Stelle x_E liegt sicherlich dann ein lokales Minimum, wenn x_E im Innern eines konvexen Bereichs liegt, falls also $f''(x) > 0$ ist (vgl. Satz 7). Im Falle $f''(x) < 0$ liegt x_E im Innern eines konkaven Bereichs. Dann ist an der Stelle x_E ein lokales Maximum.

Satz 10 (hinreichende Bedingung für einen lokalen Extremwert):

An der Stelle x_E gelte $f'(x_E) = 0$ und $f''(x_E) \neq 0$. Dann besitzt f an der Stelle x_E einen lokalen Extremwert. Dabei gilt

$f''(x_E) < 0 \quad \Rightarrow \quad$ lokales Maximum an der Stelle x_E;

$f''(x_E) > 0 \quad \Rightarrow \quad$ lokales Minimum an der Stelle x_E.

Extremwerte von Durchschnittskostenfunktionen

Es sei $K(x)$ eine zweimal differenzierbare Kostenfunktion in Abhängigkeit von der Produktionsmenge $x > 0$. Für die Funktion der Durchschnittskosten (Stückkosten) $\dfrac{K(x)}{x}$ sollen die lokalen Extremwerte berechnet werden. Nach der Quotientenregel erhält man die Bestimmungsgleichung

$$\left(\frac{K(x)}{x}\right)' = \frac{x \cdot K'(x) - K(x)}{x^2} = 0 \quad \Leftrightarrow \quad x \cdot K'(x) - K(x) = 0$$

mit der Lösung

$$K'(x_E) = \frac{K(x_E)}{x_E} .$$

An der Stelle x_E muß also die Ableitung $K'(x_E)$ der Kostenfunktion mit der Durchschnittskostenfunktion $\dfrac{K(x)}{x}$ übereinstimmen. Aus der untenstehenden Abbildung folgt

$$K'(x_E) = \tan\alpha = \frac{K(x_E)}{x_E} .$$

Ein lokaler Extremwert für die Durchschnittskostenfunktion liegt möglicherweise an der Stelle x_E, bei der die Tangente durch den Koordinatenursprung O geht.

$$\left(\frac{K(x)}{x}\right)'' = \frac{x^2 \cdot [K'(x) + x \cdot K''(x) - K'(x)] - 2x \cdot [x \cdot K'(x) - K(x)]}{x^4}$$

$$= \frac{x^3 \cdot K''(x) - 2x \cdot [x \cdot K'(x) - K(x)]}{x^4} .$$

Mit $x_E \cdot K'(x_E) - K(x_E) = 0$ folgt hieraus

$$\left(\frac{K(x_E)}{x_E}\right)'' = \frac{K''(x_E)}{x_E} .$$

Wegen $x_E > 0$ folgt daraus

$$K''(x_E) > 0 \quad \text{(konvex)} \quad \Rightarrow \quad \text{an der Stelle } x_E \text{ ist ein lokales Minimum};$$

$$K''(x_E) < 0 \quad \text{(konkav)} \quad \Rightarrow \quad \text{an der Stelle } x_E \text{ ist ein lokales Minimum}.$$

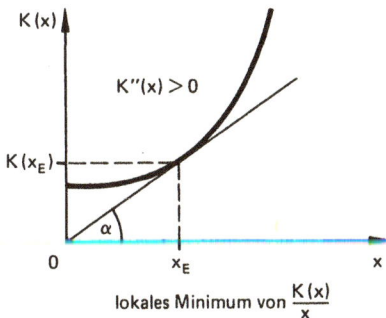

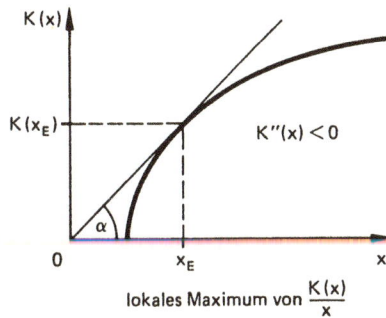

lokales Minimum von $\dfrac{K(x)}{x}$

lokales Maximum von $\dfrac{K(x)}{x}$

Beispiel 35:

$$K(x) \ = \ 50 \ + 2,5\,x \ - 0,5\sqrt{x}$$

$$\frac{K(x)}{x} \ = \ \frac{50}{x} + 2,5 \ - \frac{0,5}{\sqrt{x}}$$

$$\left(\frac{K(x)}{x}\right)' \ = \ - \frac{50}{x^2} \ + \frac{1}{4 \cdot x^{3/2}} \ = \ 0 \qquad \text{(Multiplikation mit } 4\,x^2)$$

$$\sqrt{x} = 200\,; \ \ x_E = 40\,000\,;$$

$$K'(x) \ = \ - \frac{1}{4 \cdot \sqrt{x}}\,; \ \ K''(x) = \frac{1}{8 \cdot x^{3/2}} > 0\,.$$

Damit sind die Stückkosten an der Stelle $x_E = 40\,000$ minimal.

Im Falle $f'(x_E) = f''(x_E) = 0$ müssen zur Untersuchung auf lokale Extremwerte weitere Ableitungen benutzt werden. Allgemein gilt der

---

Satz 11 (allgemeine hinreichende Bedingung für ein lokales Extremum):

Die Funktion f sei an der Stelle x_E n-mal differenzierbar, wobei n **gerade** ist. f besitzt an der Stelle x_E ein

a) lokales Maximum, falls

$$f'(x_E) = f''(x_E) = \dots = f^{(n-1)}(x_E) = 0 \ \text{und} \ f^{(n)}(x_E) < 0\,;$$

b) lokales Maximum, falls

$$f'(x_E) = f''(x_E) = \dots = f^{(n-1)}(x_E) = 0 \ \text{und} \ f^{(n)}(x_E) > 0\,.$$

Bemerkungen: Falls in dieser Bedingung n ungerade ist, hat f an der Stelle x_E einen **Sattelpunkt** (s. Abschnitt 6.9.8).

Satz 10 und Satz 11 können mit Hilfe der Taylorschen Formel (s. Abschnitt 6.10) bewiesen werden.

Beispiel 36: Für die Funktion $f(x) = x^n$, $n \in \mathbb{N}$ gilt $f^{(k)}(0) = 0$ für $k = 1, 2, \dots, n-1$; $f^{(n)}(0) = n! > 0$. Alle Funktionen mit geradem n besitzen an der Stelle 0 ein lokales Minimum. Bei ungeradem n ist an der Stelle 0 ein sog. Sattelpunkt (vgl. Beispiel 4 in Abschnitt 6.1).

Extremwerte unter einer Nebenbedingung (Eliminationsmethode)

Die Eliminationsmethode soll in einem Beispiel durchgeführt werden.

Beispiel 37: Eine oben geschlossene
zylindrische Dose mit dem Radius r
und der Höhe h hat das Volumen

$$V = \pi r^2 h.$$

Der Materialverbrauch hängt von der
Oberfläche ab. Boden und Deckel sind
zwei Kreisflächen mit dem Flächeninhalt $2\pi r^2$. Die Mantelfläche kann
als Rechtecksfläche dargestellt werden, die dadurch entsteht, daß die
oben und unten offene Dose längs einer Mantellinie aufgeschnitten und in
ein Rechteck abgewickelt wird. Eine Rechtecksseite ist gleich der Höhe h,
die andere gleich dem Kreisumfang $2r\pi$. Damit lautet die Oberfläche

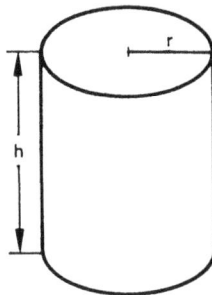

$$O = 2\pi r^2 + 2\pi r h.$$

Unter allen Dosen mit dem festen Volumen V soll diejenige mit der kleinsten Oberfläche bestimmt werden. Es ist also das Minimum von O gesucht
unter der **Nebenbedingung** $V = \pi r^2 h$.

Die Nebenbedingung kann nach h aufgelöst werden mit $h = \dfrac{V}{\pi r^2}$. Mit
diesem Wert geht O über in

$$O = f(r) = 2\pi r^2 + 2\pi r \cdot \frac{V}{\pi r^2} = 2\pi r^2 + \frac{2V}{r}.$$

Es ist also das Minimum der Funktion f(r) zu bestimmen. Differentiation
ergibt

$$f'(r) = 4\pi r - \frac{2V}{r^2} = 0; \qquad r^3 = \frac{V}{2\pi}.$$

Die Extremstelle lautet $\quad r = \sqrt[3]{\dfrac{V}{2\pi}}$;

$$h = \frac{V}{\pi r^2} = \frac{V}{\pi \cdot \left(\dfrac{V}{2\pi}\right)^{2/3}} = \left(\frac{4V}{\pi}\right)^{\frac{1}{3}} = \left(\frac{8V}{2\pi}\right)^{\frac{1}{3}} = 2 \cdot \sqrt[3]{\frac{V}{2\pi}} = 2r.$$

Für die bzgl. des Materialverbrauchs optimalen Größen gilt also $h = 2r$.
Der Durchmesser $d = 2r$ muß also gleich der Höhe h sein.

Das in diesem Beispiel benutzte Verfahren kann immer dann angewandt
werden, wenn eine der beiden Variablen aus der Nebenbedingung durch die
andere ersetzt werden kann. Dadurch entsteht eine Funktion einer einzigen
Veränderlichen.

6.9.8 Wendepunkte

In einem Wendepunkt ändert sich das Krümmungsverhalten einer Funktion. In einem solchen Punkt berührt die Tangente die Kurve und durchdringt sie gleichzeitig. Auf einer Seite einer Umgebung verläuft sie oberhalb, auf der anderen Seite unterhalb der Kurve.

Definition 16 : In einem **Wendepunkt** $P(x_W, f(x_W))$ findet ein Übergang von einem konvexen in einen konkaven Bereich statt oder umgekehrt.

Ein Wendepunkt mit horizontaler Tangente heißt **Sattelpunkt** oder **Waagepunkt.**

Falls die Funktion differenzierbar ist, besitzt die Ableitung $f'(x)$ an einem Wendepunkt ein Extremum. Falls f zweimal differenzierbar ist, wechselt f'' an der Stelle x_W das Vorzeichen. Damit erhält man den

---

Satz 12 (notwendige Bedingung für einen Wendepunkt):

Die Funktion f sei an der Stelle x_W zweimal stetig differenzierbar. Notwendig dafür, daß f an der Stelle x_W einen Wendepunkt besitzt, ist die Bedingung

$$f''(x_W) = 0.$$

Diese Bedingung ist nicht hinreichend. Für die Funktion $f(x) = x^4$ gilt z.B. $f''(0) = 0$, obwohl an der Stelle 0 ein lokales Extremum ist.

Mit Hilfe der Taylor-Entwicklung aus Abschnitt 6.10 kann folgender Satz bewiesen werden.

Satz 13 (hinreichende Bedingung für einen Wendepunkt):

Die Funktion f sei an der Stelle x_E n-mal differenzierbar, wobei n **ungerade** ist. Dann besitzt f an der Stelle x_W einen Wendepunkt, falls gilt

$$f''(x_W) = ... = f^{(n-1)}(x_W) = 0 \quad \text{und} \quad f^{(n)}(x_W) \neq 0.$$

Beispiel 38: Von der Funktion $f(x) = e^{-\frac{x^2}{2}}$ soll das Krümmungsverhalten untersucht werden.

$$f'(x) = -x\, e^{-\frac{x^2}{2}} = 0 \quad \text{für } x = 0;$$

$$f''(x) = -e^{-\frac{x^2}{2}} - x \cdot (-x) \cdot e^{-\frac{x^2}{2}} = (x^2 - 1) \cdot e^{-\frac{x^2}{2}} = 0.$$

Die Lösungen dieser Gleichung lauten $x_1 = -1$; $x_2 = 1$. Wegen

$$f'''(x) = 2x\,e^{-\frac{x^2}{2}} + (x^2-1)\cdot(-x)\cdot e^{-\frac{x^2}{2}} = x\cdot(3-x^2)\,e^{-\frac{x^2}{2}} \neq 0$$

für $x \neq 0$ und $x \neq \sqrt{3}$ befinden sich an diesen beiden Stellen Wendepunkte.

Für $|x| > 1 \Leftrightarrow x^2 > 1$ ist $f''(x) > 0$. Daher ist in diesem Bereich die Funktion konvex.

Für $x^2 < 1$, also $|x| < 1$ gilt $f''(x) < 0$. Hier ist die Funktion konkav.

6.9.9 Beispiele für die (vollständige) Kurvendiskussion

Beispiel 39: $f(x) = \frac{1}{2}\cdot x \cdot (x-2)^3$.

$$f'(x) \quad = \quad \tfrac{1}{2}\cdot(x-2)^3 + \tfrac{3}{2}\cdot x\cdot(x-2)^2 = (x-2)^2\cdot(2x-1);$$

$$f''(x) \quad = \quad 2\cdot(x-2)\cdot(2x-1) + 2\cdot(x-2)^2 = 6\cdot(x-1)\cdot(x-2);$$

$$f'''(x) \quad = \quad 6\cdot(x-1) + 6\cdot(x-2) = 12x - 18.$$

Definitionsbereich: $D = \mathbb{R}$;   Symmetrie: keine.

Asymptotisches Verhalten: $\lim\limits_{x\to\pm\infty} f(x) = +\infty$.

Nullstellen: $f(x) = 0$; $x_1 = 0$; $x_2 = 2$ (dreifach).

Lokale Extremwerte: $f'(x) = 0$; $x_3 = 2$; $x_4 = \frac{1}{2}$.

$$f''(2) = 0; \quad f''\!\left(\tfrac{1}{2}\right) = 6\cdot\left(-\tfrac{1}{2}\right)\cdot\left(-\tfrac{3}{2}\right) > 0 \ \Rightarrow P\!\left(\tfrac{1}{2}; -\tfrac{27}{32}\right) \text{ ist Minimum.}$$

Wendepunkte: $f''(x) = 0$; $x_3 = 2$; $x_5 = 1$;

$f'''(2) = 6 \neq 0 \qquad \Rightarrow\ P(2;0)$ ist Sattelpunkt wegen $f'(2) = 0$.

$f'''(1) = -6 \neq 0 \quad \Rightarrow\ P\!\left(1; -\tfrac{1}{2}\right)$ ist Wendepunkt.

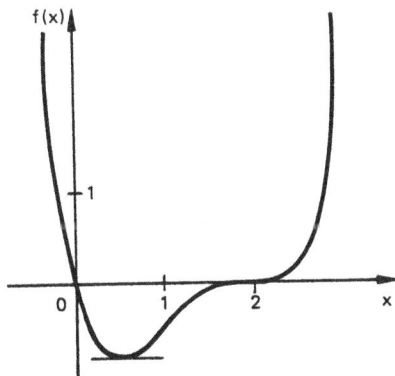

Beispiel 40 (Kurvenschar): Diskutiert werden soll die Kurvenschar

$$f_t(x) = (\ln x - 2t) \cdot \ln x \qquad \text{mit } t \in \mathbb{R}.$$

Ferner soll der Graph für $t = 0,5$ skizziert werden.

Definitionsbereich: $\quad D = \{x \mid x > 0\} = \mathbb{R}_+$;

Symmetrie: $\quad$ keine.

Asymptotisches Verhalten: $\quad \lim\limits_{x \to +\infty} f_t(x) = +\infty$.

$$\lim_{\substack{x \to 0 \\ x > 0}} f(x) = (-\infty) \cdot (-\infty) = +\infty ;$$

die (positive) y-Achse ist Asymptote.

Nullstellen:

$$f_t(x) = 0 ; \; x_1 = 1 ; \; x_2 = e^{2t} ; \; N_1(1;0) ; \; N_2(e^{2t};0).$$

Ableitungen:

$$f_t'(x) \quad = \quad \tfrac{1}{x} \cdot \ln x + (\ln x - 2t) \cdot \tfrac{1}{x} = \tfrac{2}{x} \cdot (\ln x - t) ;$$

$$f_t''(x) \quad = \quad -\tfrac{2}{x^2} \cdot (\ln x - t) + \tfrac{2}{x} \cdot \tfrac{1}{x} = \tfrac{2}{x^2} \cdot (t + 1 - \ln x) ;$$

$$f_t'''(x) \quad = \quad -\tfrac{4}{x^3} \cdot (t + 1 - \ln x) - \tfrac{2}{x^2} \cdot \tfrac{1}{x} = -\tfrac{4}{x^3} \cdot (t + \tfrac{3}{2} - \ln x) .$$

Extremwerte:

$$f_t'(x) = 0 ; \; \ln x - t = 0 ; \; x = e^t ;$$

$$f_t''(e^t) \quad = \quad \tfrac{2}{e^{2t}} \cdot (t + 1 - t) = \tfrac{2}{e^{2t}} > 0 :$$

lokales Minimum an der Stelle $P_{\min.}(e^t, -t^2)$.

Wendepunkte:

$$f_t''(x) = 0 ; \; \ln x = t + 1 ; \; x = e^{t+1} ;$$

$$f_t'''(e^{t+1}) \neq 0 \Rightarrow W(e^{t+1}; 1 - t^2) \text{ ist Wendepunkt.}$$

Spezialwerte für $t = 0,5$:

Nullstellen: $\quad N_1(1;0) ; \; N_2(e;0).$

Extremwert: lokales Minimum an der Stelle $P_{\min.}\left(\sqrt{e} ; -\tfrac{1}{4}\right).$

Wendepunkt: $W\left(e^{3/2}; \tfrac{3}{4}\right).$

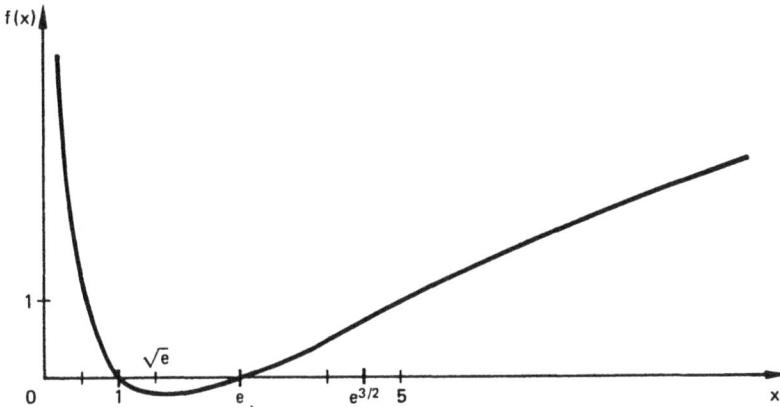

6.10 Taylorpolynome

Mit Hilfe von Taylorpolynomen können Werte von vielen irrationalen Funktionen, z.B. der Exponentialfunktion, des Logarithmus oder der trigonometrischen Funktionen beliebig genau berechnet werden. Dabei wird eine Funktion $f(x)$ durch ein Polynom n-ten Grades approximiert. Für $n \to \infty$ kann die Funktion mit Hilfe einer Potenzreihe dargestellt werden.

Falls die Funktion $f(x)$ an der Stelle x_0 differenzierbar ist, besitzt die Tangente an die Kurve f an der Stelle x_0 die Gleichung

$$T_1(x) = f(x_0) + f'(x_0) \cdot (x - x_0).$$

Die Tangente geht durch den Punkt $P\big(x_0; f(x_0)\big)$. Ihre Steigung ist $f'(x_0)$. Es gilt also

$$T_1(x_0) = f(x_0) \qquad \text{und} \qquad T_1'(x_0) = f'(x_0).$$

In der unmittelbaren Umgebung der Stelle x_0 läßt sich die Funktion $f(x)$ durch die Tangente $T_1(x)$ im allgemeinen gut approximieren. Falls die Funktion f an der Stelle x_0 zweimal differenzierbar ist, wird ein Approximationspolynom 2. Grades benutzt, welches durch den Punkt $P\big(x_0; f(x_0)\big)$ geht und dort die gleiche erste und zweite Ableitung (Krümmung) wie die Funktion f besitzt. Das Polynom

$$T_2(x) = a_0 + a_1 \cdot (x - x_0) + a_2 \cdot (x - x_0)^2$$

muß also folgende Bedingungen erfüllen:

$$T_2(x_0) = f(x_0) \quad \Rightarrow \quad a_0 = f(x_0) \quad = \quad \frac{f(x_0)}{0!};$$

$$T_2'(x_0) = f'(x_0) \quad \Rightarrow \quad a_1 = f'(x_0) \quad = \quad \frac{f'(x_0)}{1!};$$

$$T_2''(x_0) = f''(x_0) \quad \Rightarrow \quad a_2 = \frac{f''(x_0)}{2} \quad = \quad \frac{f''(x_0)}{2!}.$$

Das gesuchte Polynom 2. Grades lautet somit

$$T_2(x) = f(x_0) + f'(x_0) \cdot (x - x_0) + \frac{f''(x_0)}{2} \cdot (x - x_0)^2 \;.$$

Die Funktion f sei an der Stelle x_0 n-mal differenzierbar. Von einem Approximationspolynom n-ten Grades

$$T_n(x) = \sum_{k=0}^{n} a_k \cdot (x - x_0)^k$$

wird gefordert, daß Funktionswert und die ersten n Ableitungen mit den entsprechenden Werten der Funktion übereinstimmen, also

$$T^{(k)}(x_0) = f^{(k)}(x_0) \quad \text{für } k = 0, 1, \ldots, n.$$

Aus $T^{(k)}(x_0) = k! \cdot a_k = f^{(k)}(x_0)$ erhält man die Bedingung

$$a_k = \frac{f^{(k)}(x_0)}{k!} \quad \text{für } k = 0, 1, \ldots, n.$$

Dabei muß $f^{(0)}(x_0) = f(x_0)$ und $0! = 1$ gesetzt werden.

Definition 17: Falls die Funktion f an der Stelle x_0 n-mal differenzierbar ist, heißt das Polynom

$$T_n(x) = f(x_0) + \frac{f'(x_0)}{1!} \cdot (x - x_0) + \ldots + \frac{f^{(n)}(x_0)}{n!} \cdot (x - x_0)^n$$

$$= \sum_{k=0}^{n} \frac{f^{(k)}(x_0)}{k!} \cdot (x - x_0)^k \quad \text{mit } f^{(0)}(x_0) = f(x_0); \, 0! = 1$$

nach **B. Taylor** (1685 – 1731) das **Taylorpolynom** n-ten Grades der Funktion f an der Stelle x_0.

Bei der Approximation $f(x) \approx T_n(x)$ wird ein Fehler $R_n(x)$ gemacht. Die Abweichung $R_n(x)$ heißt das **Restglied** nach **J. L. Lagrange** (1736 – 1813). Es gilt also

$$f(x) = \underbrace{T_n(x)}_{\text{Taylorpolynom}} + \underbrace{R_n(x)}_{\text{Restglied}} \;.$$

Je kleiner der absolute Fehler $|R_n(x)|$ ist, umso besser ist die Approximation $f(x) \approx T_n(x)$.

Falls der Funktionswert $f(x)$ nicht elementar berechenbar ist, gilt dies auch für das Restglied $R_n(x) = f(x) - T_n(x)$. Bezüglich des Restgliedes gilt jedoch der

Satz 14 (Restgliedabschätzung nach Taylor):

Die Funktion f sei in (a, b) $(n+1)$-mal differenzierbar. Dann gibt es für jedes x und $x_0 \in (a, b)$ eine Zwischenstelle

$$\eta = x_0 + \theta \cdot (x - x_0), \; 0 < \theta < 1,$$

die zwischen x_0 und x liegt, mit

$$R_n(x) = \frac{f^{(n+1)}(\eta)}{(n+1)!} \cdot (x - x_0)^{n+1}$$

und

$$|R_n(x)| \leq \frac{|x - x_0|^{n+1}}{(n+1)!} \cdot \max_{0 \leq \theta \leq 1} \left| f^{(n+1)}(x_0 + \theta \cdot (x - x_0)) \right|.$$

In der Restgliedabschätzung wird das Maximum der $(n+1)$-ten Ableitung zwischen x_0 und x berechnet. Die Existenz des Maximums soll hier vorausgesetzt werden.

Beweis s. H. Heuser [1980], Teil 1, S. 354 − 355.

Falls die Funktion f beliebig oft differenzierbar ist mit $\lim_{n \to \infty} R_n(x) = 0$, kann der Funktionswert f(x) durch ein Taylorpolynom von großem Grade beliebig gut approximiert werden.

Beispiel 41 (Berechnung der Eulerschen Zahl e): Für $f(x) = e^x$, $x_0 = 0$ gilt

$$f^{(k)}(x) = e^x; \; f^{(k)}(0) = e^0 = 1 \text{ für } k = 0, 1, 2, \ldots$$

Damit gilt für jedes n und $x \in \mathbb{R}$

$$e^x = 1 + \frac{x}{1!} + \frac{x^2}{2!} + \ldots + \frac{x^n}{n!} + e^{\theta x} \cdot \frac{x^{n+1}}{(n+1)!}, \; 0 < \theta < 1.$$

Dabei ist $\lim_{n \to \infty} R_n(x) = \lim_{n \to \infty} e^{\theta x} \cdot \frac{x^{n+1}}{(n+1)!} = 0.$

Das Restglied kann also beliebig klein gemacht werden.

Zur Berechnung der Eulerschen Zahl e setzen wir $x = 1$. Dann gilt

$$e = 1 + \frac{1}{1!} + \frac{1}{2!} + \ldots + \frac{1}{n!} + e^\theta \cdot \frac{1}{(n+1)!}, \; 0 < \theta < 1.$$

Wegen $e < 3$ gilt für das Restglied die Abschätzung

$$R_n(1) = e^\theta \cdot \frac{1}{(n+1)!} \leq \frac{3}{(n+1)!}.$$

Diese Abschätzung kann dazu benutzt werden, die Zahl e auf m Stellen genau zu berechnen. Dabei muß n so gewählt werden, daß die Ungleichung

$$\frac{3}{(n+1)!} \leq \frac{5}{10^{m+1}}$$

erfüllt ist. Für n = 9 gilt z. B. $\frac{3}{10!} = 0{,}0000008$. In

$$\hat{e} = \sum_{k=0}^{9} \frac{1}{k!} = 2{,}718282$$

kann die letzte Stelle um höchstens eine Einheit von e abweichen. Es gilt also

$$|\,2{,}718282 - e\,| < 0{,}000001.$$

$\lim\limits_{n\to\infty} \sum\limits_{k=0}^{n} \frac{1}{k!} = e$ konvergiert wesentlich schneller als $\lim\limits_{n\to\infty} \left(1 + \frac{1}{n}\right)^n$

aus Abschnitt 5.3.

Beispiel 42 (Berechnung von $\sqrt{2}$, vgl. Beispiel 9 in Abschnitt 5.2):

Zur Berechnung von $\sqrt{2}$ berechnen wir das Taylorpolynom 4. Grades von der Funktion

$$f(x) = \sqrt{\frac{9}{4} + x} = \left(\frac{9}{4} + x\right)^{\frac{1}{2}} \quad \text{mit } f(0) = \frac{1}{2}$$

an der Stelle $x_0 = 0$.

$$f'(x) = \frac{1}{2}\cdot\left(\frac{9}{4} + x\right)^{-\frac{1}{2}}; \qquad f'(0) = \frac{1}{2}\cdot\left(\frac{9}{4}\right)^{-\frac{1}{2}} = \frac{1}{2}\cdot\frac{1}{\frac{3}{2}} = \frac{1}{3};$$

$$f''(x) = -\frac{1}{4}\cdot\left(\frac{9}{4} + x\right)^{-\frac{3}{2}}; \qquad f''(0) = -\frac{1}{4}\cdot\frac{1}{\left(\frac{3}{2}\right)^3} = -\frac{2}{27};$$

$$f'''(x) = \frac{3}{8}\cdot\left(\frac{9}{4} + x\right)^{-\frac{5}{2}}; \qquad f'''(0) = \frac{3}{8}\cdot\frac{1}{\left(\frac{3}{2}\right)^5} = \frac{4}{81};$$

$$f^{(4)}(x) = -\frac{15}{16}\cdot\left(\frac{9}{4} + x\right)^{-\frac{7}{2}}; \qquad f^{(4)}(x) = -\frac{15}{16}\cdot\frac{1}{\left(\frac{3}{2}\right)^7} = -\frac{40}{729};$$

$$f^{(5)}(x) = \frac{105}{32}\cdot\left(\frac{9}{4} + x\right)^{-\frac{7}{2}};$$

$$T_4(x) = \frac{1}{2} + \frac{1}{3}\cdot x - \frac{2}{27}\cdot\frac{x^2}{2!} + \frac{4}{81}\cdot\frac{x^3}{3!} - \frac{40}{729}\cdot\frac{x^4}{4!}.$$

Für $x = -\frac{1}{4}$ erhält man die Näherung

$$\sqrt{2} \approx T_4\left(-\frac{1}{4}\right) = \frac{1}{2} - \frac{1}{3}\cdot\frac{1}{4} - \frac{2}{27}\cdot\frac{1}{16\cdot 2!} - \frac{4}{81}\cdot\frac{1}{64\cdot 3!} - \frac{40}{729}\cdot\frac{1}{256\cdot 4!}$$

$$\approx 1{,}41421432.$$

Das Restglied lautet

$$R_4\left(-\tfrac{1}{4}\right) \;=\; \tfrac{1}{5!}\cdot\tfrac{105}{32}\cdot\left(\tfrac{9}{4}-\theta\cdot\tfrac{1}{4}\right)^{-\frac{7}{2}}\cdot\left(-\tfrac{1}{4}\right)^{5}$$

$$=\; -\tfrac{1}{5!}\cdot\tfrac{1}{4^5}\cdot\tfrac{105}{32}\cdot\frac{1}{\sqrt{\left(\tfrac{9}{4}-\theta\cdot\tfrac{1}{4}\right)^{7}}}\;,\; 0<\theta<1.$$

Der maximale Funktionswert von $\dfrac{1}{\sqrt{\left(\tfrac{9}{4}-\theta\cdot\tfrac{1}{4}\right)^{7}}}$, $0\le\theta\le 1$ wird für $\theta=1$

angenommen. Wegen $\sqrt{2}>1{,}4$ gilt

$$\left|R_4\left(-\tfrac{1}{4}\right)\right| \;\le\; \tfrac{1}{5!}\cdot\tfrac{1}{4^5}\cdot\tfrac{105}{32}\cdot\frac{1}{(1{,}4)^7} \;\approx\; 0{,}000002533.$$

Die obige Näherung ist damit auf mindestens 5 Stellen genau.

Wir nehmen nun allgemein an, die Funktion f sei beliebig oft differenzierbar. Ferner gelte an der Stelle x

$$\max_{0\le\theta\le 1}\left|f^{(n+1)}\big(x_0+\theta\cdot(x-x_0)\big)\right| \;\le c\ \text{(Konstante) für alle n.}$$

Daraus folgt dann

$$|R_n(x)| \;\le\; c\cdot\frac{|x-x_0|^{n+1}}{(n+1)!} \quad \text{für alle n.}$$

Für die Folge $a_n=\dfrac{|x-x_0|^{n+1}}{(n+1)!}$ erhält man die Rekursionsgleichung

$$a_n=\frac{|x-x_0|}{(n+1)}\cdot a_{n-1} \quad \text{für } n=2,3,\dots.$$

Da x fest ist, gibt es zu jeder Zahl d mit $0<d<1$ ein n_0 mit

$$\frac{|x-x_0|}{n_0+1} < d < 1.$$

Dann gilt

$$a_{n_0} < d\cdot a_{n_0-1};\quad a_{n_0+1} < d\cdot a_{n_0} \;<\; d^2\cdot a_{n_0-1};\ \dots;$$

$$a_{n_0+m} \;<\; d^{m-1}\cdot a_{n_0} \quad \text{für alle } m\in\mathbf{N}.$$

Wegen $0\le d<1$ folgt hieraus

$$\lim_{n\to\infty} a_n = \lim_{m\to\infty} a_{n_0+m} = 0 \quad \text{und} \quad \lim_{n\to\infty} R_n(x) = c\cdot\lim_{n\to\infty} a_n = 0\,.$$

Damit erhält man die Darstellung

$$f(x) = \lim_{n \to \infty} T_n(x) = \sum_{k=0}^{\infty} \frac{f^{(k)}(x_0)}{k!} \cdot (x - x_0)^k,$$

$$\text{falls} \quad \lim_{n \to \infty} R_n(x) = 0 \quad \text{ist.}$$

Definition 18: Die Funktion f sei in (a, b) beliebig oft differenzierbar. Falls die Folge $(T_n(x))_{n=1,2,\dots}$ der Taylorpolynome an der Stelle x gegen den Funktionswert f(x) konvergiert, heißt der Grenzwert

$$f(x) = \lim_{n \to \infty} T_n(x) = \sum_{k=0}^{\infty} \frac{f^{(k)}(x_0)}{k!} \cdot (x - x_0)^k,$$

die **Taylorreihe** oder **Taylorentwicklung** von f an der Stelle x_0.

Beispiel 43

a) $f(x) = e^x$, $x_0 = 0$: Nach Beispiel 41 gilt für jedes $x \in \mathbb{R}$

$$e^x = 1 + \frac{x}{1!} + \frac{x^2}{2!} + \dots + \frac{x^n}{n!} + \dots = \sum_{k=0}^{\infty} \frac{x}{k!}.$$

b) $f(x) = \ln x$; der natürliche Logarithmus ist nur für positive x definiert. Wir setzen $x_0 = 1$; $f(1) = 0$;

$$f'(x) = \frac{1}{x}; \quad f''(x) = -\frac{1}{x^2}; \quad f'''(x) = \frac{2!}{x^3}.$$

Allgemein gilt: $f^{(k)}(x) = (-1)^{k-1} \cdot \dfrac{(k-1)!}{x^k}$ für $k = 1, 2, 3, \dots$

$$\frac{f^{(k)}(1)}{k!} = (-1)^{k-1} \cdot \frac{1}{k} \quad \text{für } k = 1, 2, 3, \dots \text{ ; } f(1) = 0.$$

Das Restglied lautet

$$R_n(x) = (-1)^n \cdot \frac{(x-1)^{n+1}}{(1 + \theta(x-1))^{n+1}} \cdot \frac{1}{n+1} \quad \text{für } 0 < \theta < 1.$$

Für $1 \le x \le 2$ gilt $|R_n(x)| \le \dfrac{1}{n+1}$ und $\lim\limits_{n \to \infty} R_n(x) = 0$.

Es läßt sich zeigen, daß auch für $0 < x \le 1$ das Restglied gegen 0 konvergiert. Damit gilt für $0 < x \le 2$

$$\ln x = (x-1) - \frac{(x-1)^2}{2} + \frac{(x-1)^3}{3} - + \dots = \sum_{k=0}^{\infty} \frac{(-1)^{k+1}}{k} \cdot (x-1)^k.$$

Für jedes x mit $0 < x < 2$ ist die Reihe absolut konvergent. An der Stelle $x = 2$ ist die Reihe

$$\ln 2 = \sum_{k=0}^{\infty} \frac{(-1)^{k+1}}{k} \quad \text{(vgl. Beispiel 14 in Abschnitt 5.4) nur bedingt, aber}$$

nicht absolut konvergent.

c) $f(x) = \sin x$; $x_0 = 0$;

$f'(x) = \cos x$; $f''(x) = -\sin x$; $f'''(x) = \cos x$; $f^{(4)}(x) = \sin x$;

wegen $\sin 0 = 0$; $\cos 0 = 1$ und $|\sin x| \le 1$, $|\cos x| \le 1$ gilt

$$|R_n(x)| \le \frac{|x|^{n+1}}{(n+1)!}\,; \qquad \lim_{n\to\infty} R_n(x) = 0 \quad \text{für alle } x \in \mathbb{R}.$$

Daraus folgt

$$\sin x = x - \frac{x^3}{3!} + \frac{x^5}{5!} - \frac{x^7}{7!} + \frac{x^9}{9!} - \frac{x^{11}}{11!} + \cdots$$

$$= \sum_{k=0}^{\infty} (-1)^k \cdot \frac{x^{2k+1}}{(2k+1)!} \qquad \text{(die Reihe ist absolut konvergent)}.$$

d) $f(x) = \cos x$; $x_0 = 0$;

$f'(x) = -\sin x$; $f''(x) = -\cos x$; $f'''(x) = \sin x$; $f^{(4)}(x) = \cos x$;

nach c) gilt $\lim_{n\to\infty} R_n(x) = 0$ für alle $x \in \mathbb{R}$.

Daraus folgt

$$\cos x = 1 - \frac{x^2}{2!} + \frac{x^4}{4!} - \frac{x^6}{6!} + \frac{x^8}{8!} - \frac{x^{10}}{10!} + \cdots$$

$$= \sum_{k=0}^{\infty} (-1)^k \cdot \frac{x^{2k}}{(2k)!} \qquad \text{(die Reihe ist absolut konvergent)}.$$

Ersetzt man in der Taylorentwicklung der Exponentialfunktion in Beispiel 43 a) die reelle Zahl x durch die imaginäre Zahl i x (i = imaginäre Einheit), so erhält man

$$e^{ix} = 1 + \frac{ix}{1!} + \frac{(ix)^2}{2!} + \frac{(ix)^3}{3!} + \frac{(ix)^4}{4!} + \frac{(ix)^5}{5!} + \frac{(ix)^6}{6!} + \frac{(ix)^7}{7!} + \frac{(ix)^8}{8!} + \cdots$$

$$= 1 \qquad - \frac{x^2}{2!} \qquad + \frac{x^4}{4!} \qquad - \frac{x^6}{6!} \qquad + \frac{x^8}{8!} - \cdots$$

$$+ ix \qquad - i\frac{x^3}{3!} \qquad + i\frac{x^5}{5!} \qquad - i\frac{x^7}{7!} \qquad + \cdots$$

In der ersten Zeile steht die Taylorreihe der Funktion $\cos x$ (Beispiel 43 d) und in der zweiten das i - fache der Taylorreihe von $\sin x$ (Beispiel 43 c). Damit gilt die nach L. Euler benannte

---

Eulersche Formel:

Für jede imaginäre Zahl i x (i = imaginäre Einheit, $x \in \mathbb{R}$) gilt:

$$e^{ix} = \cos x + i \sin x.$$

Damit läßt sich nach Abschnitt 2.5.2 mit dem Winkel φ die komplexe Zahl z darstellen in der Form

$$z = |z| \cdot (\cos \varphi + i \cdot \sin \varphi) = |z| \cdot e^{i\varphi} = r \cdot e^{i\varphi}.$$

6.11 Grenzwertbestimmung bei unbestimmten Ausdrücken
- die Regel von de l'Hospital

6.11.1 Unbestimmte Ausdrücke der Formen $\ "\frac{0}{0}\ "$; $\ "\frac{\infty}{\infty}\ "$; $\ "\frac{-\infty}{\infty}\ "$

Beispiel 44: Gegeben sind die Kostenfunktion $K(x) = 5x + 2 \cdot \sqrt{x}$ und die Ertragsfunktion $E(x) = 6x + \sqrt{x}$. Der Quotient stellt die **Wirtschaftlichkeit**

$$W(x) = \frac{E(x)}{K(x)} = \frac{6x + \sqrt{x}}{5x + 2 \cdot \sqrt{x}} .$$

dar. Setzt man hier formal $x = 0$ bzw. $x = \infty$, so erhält man sogenannte **unbestimmte Ausdrücke**

$$W(0) = \frac{E(0)}{K(0)} = \ "\frac{0}{0}\ " \quad \text{bzw.} \quad W(\infty) = \frac{E(\infty)}{K(\infty)} = \ "\frac{\infty}{\infty}\ " .$$

Der Mathematiker **G. F. A. de l'Hospital** (1661 – 1704) hat eine Regel entwickelt, mit der im Falle der Existenz die Grenzwerte

$$\lim_{x \to 0} \frac{E(x)}{K(x)} \quad \text{und} \quad \lim_{x \to \infty} \frac{E(x)}{K(x)} \quad \text{bestimmt werden können.}$$

Allgemein seien $u(x)$ und $v(x)$ zwei Funktionen mit $u(x_0) = v(x_0) = 0$. In einer Umgebung der Stelle x_0 sollen beide Funktionen stetige Ableitungen zweiter Ordnung besitzen. Dann ist der Quotient

$$f(x) = \frac{u(x)}{v(x)} \text{ an der Stelle } x_0 \text{ nicht definiert, da man für } x = x_0 \text{ den unbestimm-}$$

ten Ausdruck $\dfrac{u(x_0)}{v(x_0)} = \ "\dfrac{0}{0}\ "$ erhält.

Wegen $u(x_0) = v(x_0) = 0$ lauten für jeden Wert x aus dieser Umgebung die Taylorapproximationen

$$u(x) = u'(x_0) \cdot (x - x_0) + \frac{1}{2} \cdot u''(\xi) \cdot (x - x_0)^2 ;$$

$$v(x) = v'(x_0) \cdot (x - x_0) + \frac{1}{2} \cdot v''(\eta) \cdot (x - x_0)^2 .$$

Dabei sind ξ und η Zwischenstellen zwischen x und x_0. Für $x \neq x_0$ erhält man nach Division durch $(x - x_0)$

$$\frac{u(x)}{v(x)} = \frac{u'(x_0) + \frac{1}{2} \cdot u''(\xi) \cdot (x - x_0)}{v'(x_0) + \frac{1}{2} \cdot v''(\eta) \cdot (x - x_0)} .$$

Daraus folgt

$$\lim_{x \to x_0} \frac{u(x)}{v(x)} = \frac{u'(x_0)}{v'(x_0)} = \lim_{x \to x_0} \frac{u'(x)}{v'(x)} , \text{ falls dieser Grenzwert existiert.}$$

Im Falle $u'(x_0) = v'(x_0) = 0$ kann das Verfahren so lange wiederholt werden, bis eventuell erstmals der Grenzwert der entsprechenden Ableitungen existiert.

Auch für die Fälle $x_0 = \infty$ sowie $u(x_0) = v(x_0) = \infty$ darf diese Regel angewandt werden. Allgemein gilt der

---

Satz 15 (Regel von de l'Hospital):

Die Funktionen $u(x)$ und $v(x)$ seien in einer Umgebung von x_0 n-mal stetig differenzierbar, wobei auch $x_0 = \infty$ zulässig ist. Ferner gelte

$$u(x_0) = u'(x_0) = u''(x_0) = ... = u^{(n-1)}(x_0) = 0 \quad (\text{bzw.} = \pm\infty)\,;$$

$$v(x_0) = v'(x_0) = v''(x_0) = ... = v^{(n-1)}(x_0) = 0 \quad (\text{bzw.} = \pm\infty)\,.$$

Falls der Grenzwert

$$\lim_{x\to x_0} \frac{u^{(n)}(x)}{v^{(n)}(x)} = \frac{u^{(n)}(x_0)}{v^{(n)}(x_0)} \quad \text{existiert, gilt}$$

$$\lim_{x\to x_0} \frac{u(x)}{v(x)} = \lim_{x\to x_0} \frac{u'(x)}{v'(x)} = ... = \lim_{x\to x_0} \frac{u^{(n)}(x)}{v^{(n)}(x)} = \frac{u^{(n)}(x_0)}{v^{(n)}(x_0)}\,.$$

Beweis s. Mangold-Knopp [1968], Band 2, S. 174 – 176.

Beispiel 45 (vgl. Beispiel 44): Für die Funktionen aus Beispiel 44 gilt

a) $\displaystyle \lim_{x\to 0} \frac{E(x)}{K(x)} \left(= \text{''}\frac{0}{0}\text{''}\right) = \lim_{x\to 0} \frac{6 + \frac{1}{2\sqrt{x}}}{5 + \frac{1}{\sqrt{x}}} \quad \left(= \text{''}\frac{\infty}{\infty}\text{''}\right)$

$$= \lim_{x\to 0} \frac{-\frac{1}{4}\cdot x^{-\frac{3}{2}}}{-\frac{1}{2}\cdot x^{-\frac{3}{2}}} = \lim_{x\to 0} \frac{1}{2} = \frac{1}{2}\,;$$

b) $\displaystyle \lim_{x\to\infty} \frac{E(x)}{K(x)} \left(= \text{''}\frac{\infty}{\infty}\text{''}\right) = \lim_{x\to\infty} \frac{6 + \frac{1}{2\sqrt{x}}}{5 + \frac{1}{\sqrt{x}}} = \frac{6}{5}\,.$

Beispiel 46:

a) $f(x) = \dfrac{x^2 - 4x + 3}{x^2 - 3x + 2}$ (vgl. Beispiel 8 in Abschnitt 6.2.1); $f(1) = \text{''}\dfrac{0}{0}\text{''}$;

$\displaystyle \lim_{x\to 1} f(x) = \lim_{x\to 1} \frac{2x-4}{2x-3} = 2;\ \lim_{x\to\infty} f(x) = \lim_{x\to\infty} \frac{2x-4}{2x-3} = \lim_{x\to\infty} \frac{2}{2} = 1;$

b) $f(x) = \dfrac{x^2 - 1}{x - 1}$; $f(1) = \text{''}\dfrac{0}{0}\text{''}$; $\displaystyle \lim_{x\to 1} f(x) = \lim_{x\to 1} \frac{2x}{1} = 2;$

c) $f(x) = \frac{e^x - 1}{x}$; $f(0) = \; "\frac{0}{0}" \;$; $\lim_{x \to 0} f(x) = \lim_{x \to 0} \frac{e^x}{1} = 1$;

d) $f(x) = \frac{\sin x}{x}$; $f(0) = \; "\frac{0}{0}" \;$; $\lim_{x \to 0} f(x) = \lim_{x \to 0} \frac{\cos x}{1} = 1$;

e) $f(x) = \frac{\cos x - 1}{x}$; $f(0) = \; "\frac{0}{0}" \;$; $\lim_{x \to 0} f(x) = \lim_{x \to 0} \frac{-\sin x}{1} = 0$;

f) $f(x) = \frac{a^x - b^x}{x}$, $a, b > 0$; $f(0) = \; "\frac{0}{0}" \;$;

$$\lim_{x \to 0} f(x) = \lim_{x \to 0} \frac{a^x \cdot \ln a - b^x \cdot \ln b}{1} = \ln a - \ln b = \ln \frac{a}{b} ;$$

g) $f(x) = \frac{x^n}{e^x}$; $f(\infty) = \; "\frac{\infty}{\infty}" \;$;

$$\lim_{x \to \infty} f(x) = \lim_{x \to \infty} \frac{n \cdot x^{n-1}}{e^x} = \ldots = \lim_{x \to \infty} \frac{n!}{e^x} = 0 \text{ für jedes } n \in \mathbf{N}.$$

h) $f(x) = \frac{e^x - e^{-x}}{e^x + e^{-x}}$; $f(\infty) = \; "\frac{\infty}{\infty}" \;$; wegen

$$\frac{(e^x - e^{-x})'}{(e^x + e^{-x})'} = \frac{e^x + e^{-x}}{e^x - e^{-x}} \; ; \quad \frac{(e^x + e^{-x})'}{(e^x - e^{-x})'} = \frac{e^x - e^{-x}}{e^x + e^{-x}} = f(x)$$

führt hier die Regel von de l'Hospital nicht zum Ziel. Division von Zähler und Nenner duch e^x ergibt jedoch

$$\frac{e^x - e^{-x}}{e^x + e^{-x}} = \frac{1 - e^{-2x}}{1 + e^{-2x}} \; ;$$

$$\lim_{x \to \infty} f(x) = \lim_{x \to \infty} \frac{1 - e^{-2x}}{1 + e^{-2x}} = \frac{1 - 0}{1 + 0} = 1.$$

Bemerkung: Falls mit der Regel von de l'Hospital für n der Grenzwert

$\lim_{x \to x_0} \frac{u^{(n)}(x)}{v^{(n)}(x)}$ existiert, stimmt er mit $\lim_{x \to x_0} \frac{u(x)}{v(x)}$ überein. Wenn jedoch

$\frac{u^{(n)}(x_0)}{v^{(n)}(x_0)}$ erstmals kein unbestimmter Ausdruck mehr ist und der entspre-

chende Grenzwert nicht existiert, folgt daraus noch nicht, daß es den

Grenzwert $\lim_{x \to x_0} \frac{u(x)}{v(x)}$ nicht gibt. Dazu das

Beispiel 47: Wegen $|\sin x| \le 1$ gilt $\lim_{x \to \infty} \frac{x + \sin x}{x} = 1 + \lim_{x \to \infty} \frac{\sin x}{x} = 1$.

Nach der Regel von de l'Hospital würde folgen

$f(x) = \frac{x + \sin x}{x}$; $f(0) = \; "\frac{0}{0}" \;$; aber $\lim_{x \to \infty} \frac{1 + \cos x}{1}$ existiert nicht.

6.11.2 Unbestimmte Ausdrücke der Form " $0 \cdot (\pm\infty)$ "

Es sei $\lim\limits_{x\to x_0} u(x) = 0$ und $\lim\limits_{x\to x_0} v(x) = \pm\infty$. Das Produkt $u(x) \cdot v(x)$ läßt

sich als Quotient schreiben:

$$u(x) \cdot v(x) = \frac{u(x)}{\dfrac{1}{v(x)}} \quad \text{mit} \quad u(x_0) \cdot v(x_0) = \frac{u(x_0)}{\dfrac{1}{v(x_0)}} = \text{"} \frac{0}{0} \text{"}$$

bzw.

$$u(x) \cdot v(x) = \frac{v(x)}{\dfrac{1}{u(x)}} \quad \text{mit} \quad u(x_0) \cdot v(x_0) = \frac{v(x_0)}{\dfrac{1}{u(x_0)}} = \text{"} \frac{\pm\infty}{\pm\infty} \text{"} .$$

Damit werden diese unbestimmten Ausdrücke auf solche in Abschnitt 6.11.1 zurückgeführt.

Beispiel 48:

a) $f(x) = x \cdot \ln x$; $f(0+) = \text{"} 0 \cdot (-\infty) \text{"}$; $f(x) = \dfrac{\ln x}{\dfrac{1}{x}}$; $f(0+) = \text{"} \dfrac{-\infty}{\infty} \text{"}$;

$$\lim\limits_{x\to 0+} f(x) = \lim\limits_{x\to 0+} \frac{\dfrac{1}{x}}{-\dfrac{1}{x^2}} = \lim\limits_{x\to 0+} (-x) = 0.$$

b) $f(x) = (e^x - 1) \cdot \dfrac{1}{\sqrt{x}}$; $f(0+) = \text{"} 0 \cdot \infty \text{"}$;

$$f(x) = \frac{(e^x - 1)}{\sqrt{x}} ; \quad f(0+) = \text{"} \frac{0}{0} \text{"} ; \quad \lim\limits_{x\to 0+} f(x) = \lim\limits_{x\to 0+} \frac{e^x \cdot 2 \cdot \sqrt{x}}{1} = 0.$$

6.11.3 Unbestimmte Ausdrücke der Form " $\infty - \infty$ "

Es sei $f(x) = u(x) - v(x)$ mit $u(x_0) = v(x_0) = \infty$.

Zur Bestimmung des Grenzwertes benutzt man die Umformung

$$f(x) = v(x) \cdot \left[\frac{u(x)}{v(x)} - 1 \right] \quad \text{mit} \quad \frac{u(x_0)}{v(x_0)} = \text{"} \frac{\infty}{\infty} \text{"} .$$

a) Im Falle $\lim\limits_{x\to x_0} \left[\dfrac{u(x)}{v(x)} - 1 \right] = c \neq 0$ gilt $\lim\limits_{x\to x_0} f(x) = \pm\infty$.

b) Für $\lim\limits_{x\to x_0} \left[\dfrac{u(x)}{v(x)} - 1 \right] = 0$ entsteht ein unbestimmter Ausdruck aus

Abschnitt 6.11.2.

Häufig erhält man diese Umformung, indem beide Funktionen auf den gleichen Nenner gebracht werden.

Beispiel 49:

a) $f(x) = \frac{1}{x} - \frac{1}{e^x - 1}$; $f(0) = "\infty - \infty"$.

$f(x) = \frac{e^x - 1 - x}{x \cdot (e^x - 1)}$; $f(0) = "\frac{0}{0}"$;

$\lim_{x \to 0} f(x) = \lim_{x \to 0} \frac{e^x - 1}{x \cdot e^x + e^x - 1} \left(= "\frac{0}{0}" \right) = \lim_{x \to 0} \frac{e^x}{e^x + x \cdot e^x + e^x} = \frac{1}{2}$.

b) $f(x) = \frac{1}{\sin x} - \frac{1}{x}$; $f(0) = "\infty - \infty"$.

$f(x) = \frac{x - \sin x}{x \cdot \sin x}$; $f(0) = "\frac{0}{0}"$;

$\lim_{x \to 0} f(x) = \lim_{x \to 0} \frac{1 - \cos x}{\sin x + x \cdot \cos x} \left(= "\frac{0}{0}" \right) = \lim_{x \to 0} \frac{\sin x}{2 \cos x - x \cdot \sin x} = 0$.

6.11.4 Unbestimmte Ausdrücke der Form $" 0^0 ; 1^\infty ; \infty^0 "$

Mit der Darstellung

$$u(x)^{v(x)} = e^{\ln\left((u(x)^{v(x)}) \right)} = e^{v(x) \cdot \ln u(x)}$$

werden diese unbestimmten Ausdrücke auf den Fall aus Abschnitt 6.11.2 zurückgeführt. Dabei wird die Stetigkeit der Exponentialfunktion benutzt.

Beispiel 50:

a) $f(x) = x^x$; $f(0+) = " 0^0 "$

$f(x) = e^{x \cdot \ln x}$; $g(x) = \ln(f(x)) = x \cdot \ln x$;

Nach Beispiel 48 a) gilt $\lim_{x \to 0+} x \cdot \ln x = 0$. Daraus folgt

$\lim_{x \to 0+} f(x) = e^0 = 1$.

b) $f(x) = (1 + x)^{\frac{1}{x}}$; $f(0+) = " 1^\infty "$.

$g(x) = \ln(f(x)) = \frac{1}{x} \cdot \ln(1 + x)$; $g(0+) = " \infty \cdot 0 "$;

$g(x) = \frac{\ln(1 + x)}{x}$; $\lim_{x \to 0+} g(x) = \lim_{x \to 0+} \frac{\frac{1}{1+x}}{1} = 1$;

$\lim_{x \to 0+} f(x) = e^1 = e$.

$f(\infty) = "\infty^0"$; $g(\infty) = "\frac{\infty}{\infty}"$; $\lim_{x \to \infty} g(x) = \lim_{x \to \infty} \frac{\frac{1}{1+x}}{1} = 0$;

$\lim_{x \to \infty} f(x) = e^0 = 1$.

6.12 Numerische Verfahren zur Bestimmung von Nullstellen (Lösung von Gleichungen)

Oft ist zur Nullstellenbestimmung die Gleichung $f(x) = 0$ nicht elementar lösbar wie z. B. $e^x - 3x = 0$. Das nachfolgende Beispiel stammt aus der Finanzmathematik.

Beispiel 51 (vgl. Abschnitt 4.2.1): Jemand zahlt n Jahre lang jeweils vorschüssig den Betrag E auf ein Konto ein und erhält dann einschließlich der Zinsen den Betrag K_n ausgezahlt. Gesucht ist der Zinssatz p. Nach Abschnitt 4.2.1 gilt mit $q = 1 + \frac{P}{100}$

$$K_n = E \cdot q \cdot \frac{q^n - 1}{q - 1} \, .$$

In dieser Gleichung ist also n, E und K_n gegeben und q gesucht. Für $n > 1$ läßt sich diese Gleichung nicht geschlossen nach q auflösen. Bei der Berechnung der Nullstelle q_0 der Gleichung

$$f(q) = E \cdot q \cdot \frac{q^n - 1}{q - 1} - K_n = 0$$

ist man auf numerische Methoden angewiesen.

Allgemein kann das Lösen einer Gleichung auf die Nullstellenbestimmung zurückgeführt werden. So ist z. B.

$$g(x) = h(x)$$

äquivalent mit

$$f(x) = g(x) - h(x) = 0.$$

In diesem Abschnitt werden drei Verfahren behandelt.

Zur Anwendung der Intervallhalbierungsmethode und der Regula falsi benötigt man nur die Stetigkeit der Funktion $f(x)$. Beim Newton-Verfahren müssen neben der zweimaligen stetigen Differenzierbarkeit noch zusätzliche Bedingungen gefordert werden. Dafür erreicht man mit dem Newton-Verfahren eine wesentlich schnellere Konvergenz als mit den anderen Methoden.

6.12.1 Intervallhalbierungsmethode

Die Funktion $f(x)$ sei stetig. Ausgangspunkt sind zwei Stellen a_1 und b_1, an denen die Funktion f verschiedene Vorzeichen besitzt, also mit

$$f(a_1) < 0 \; ; \; f(b_1) > 0 \, .$$

Wegen der vorausgesetzten Stetigkeit der Funktion f muß die Nullstelle zwischen a_1 und b_1 liegen (s. nachfolgende Zeichnung). Dabei kann a_1 links oder rechts von b_1 sein.

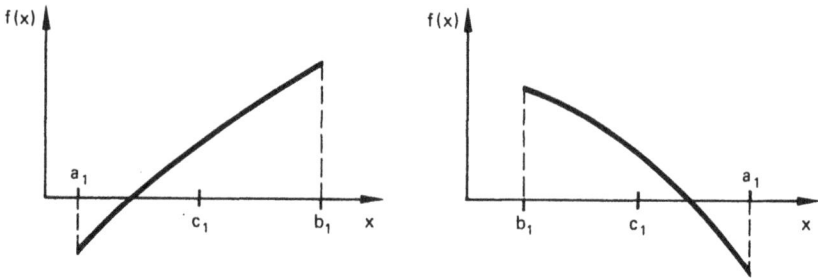

Zunächst berechnet man das arithmetische Mittel $c_1 = \dfrac{a_1 + b_1}{2}$. Im Falle $f(c_1) = 0$ ist das Problem gelöst. Für $c_1 < 0$ muß die Nullstelle zwischen c_1 und b_1 liegen, sonst zwischen a_1 und c_1. Dabei ist das neue Intervall nur noch halb so lang wie das Ausgangsintervall. Auf dieses Intervall wird die Halbierungsmethode wiederum angewandt usw.

Allgemein geht man für $n = 1, 2, \dots$ folgendermaßen vor:

Man berechnet $\quad c_n = \dfrac{a_n + b_n}{2}$;

1. Fall: $f(c_n) = 0 \quad \Rightarrow \quad c_n$ ist Nullstelle $\qquad$ (Verfahren ist beendet);

2. Fall: $f(c_n) < 0 \quad \Rightarrow \quad$ man setze $\quad a_{n+1} = c_n$ und $b_{n+1} = b_n$;

3. Fall: $f(c_n) > 0 \quad \Rightarrow \quad$ man setze $\quad a_{n+1} = a_n$ und $b_{n+1} = c_n$.

Für jedes n liegt dann die Nullstelle zwischen a_n und b_n. Falls die Nullstelle auf m Stellen genau berechnet werden soll, wird das Verfahren so lange durchgeführt, bis erstmals die Ungleichung

$$|a_n - b_n| = \frac{|a_1 - b_1|}{2^{n-1}} < \frac{5}{10^{m+1}}$$

erfüllt ist. Diese Ungleichung kann durch Logarithmieren nach n aufgelöst werden. Aus

$$\frac{|a_1 - b_1|}{5} \cdot 10^{m+1} < 2^{n-1}$$

erhält man die Bedingung

$$n > \frac{\ln\left(\dfrac{|a_1 - b_1|}{5} \cdot 10^{m+1}\right)}{\ln 2} + 1.$$

Dann ist a_n bzw. b_n der gesuchte Näherungswert für die Nullstelle. Dieses Verfahren kann sehr einfach mit Hilfe eines Rechners durchgeführt werden, wobei der Laufindex n solange erhöht wird, bis erstmals die gewünschte Genauigkeit erreicht wird. Dabei können auch die Werte a_n ab- und b_n aufgerundet werden.

Beispiel 52 (vgl. Beispiel 51): Für E = 2 000, n = 10 und K_{10} = 30 000 erhält man

$$f(q) = 2\,000 \cdot q \cdot \frac{q^{10} - 1}{q - 1} - 30\,000.$$

Es ist $f(1,07) = -432,80 < 0$ und $f(1,08) = 31\,290,97 > 0$.

Elementares Rechnen ergibt die (gerundeten) Grenzen für q

n	a_n(untere Grenze)	b_n(obere Grenze)
1	1,07	1,08
2	1,07	1,075
3	1,0725	1,075
4	1,0725	1,07375
5	1,0725	1,073125
6	1,0725	1,0728125
7	1,0725	1,07265625
8	1,0725	1,072578125
9	1,072539063	1,072578125
10	1,072539063	1,072568359
11	1,072553711	1,072568359

Der Zinssatz beträgt ungefähr 7,256 %

6.12.2 Regula falsi (lineares Eingabeln)

Dieses Verfahren verläuft ähnlich wie die Intervallhalbierungsmethode aus Abschnitt 6.12.1, wobei anstelle der Intervallmitte der Schnittpunkt der Sekante mit der x-Achse benutzt wird. Im allgemeinen konvergiert dieses Verfahren schneller als die Intervallhalbierungsmethode.

a_1 und b_1 mit $a_1 < b_1$ seien zwei Stellen, an denen die Funktionswerte $f(a_1)$ und $f(b_1)$ verschiedene Vorzeichen besitzen, also mit $f(a_1) \cdot f(b_1) < 0$.

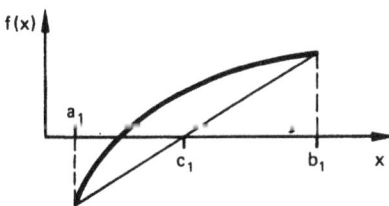

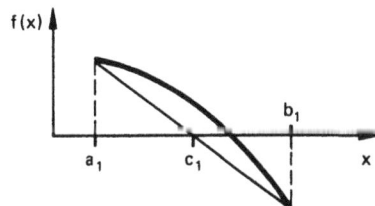

Die Sekante durch die beiden Punkte $P(a_1; f(a_1))$ und $P(b_1; f(b_1))$ besitzt die Steigung

$$\frac{f(b_1) - f(a_1)}{b_1 - a_1} .$$

Damit lautet die Gleichung der Sekantengeraden

$$y = f(a_1) + \frac{f(b_1) - f(a_1)}{b_1 - a_1} \cdot (x - a_1) .$$

Diese Sekante schneidet die x-Achse an der Stelle

$$c_1 = a_1 - f(a_1) \cdot \frac{b_1 - a_1}{f(b_1) - f(a_1)} .$$

Nach der in Abschnitt 6.12.1 beschriebenen Methode setzt man allgemein für $n = 1, 2, \ldots$

$$c_n = a_n - f(a_n) \cdot \frac{b_n - a_n}{f(b_n) - f(a_n)} .$$

1. Fall: $f(c_n) = 0$ $\quad\Rightarrow\quad c_n$ ist Nullstelle $\quad$ (Verfahren ist beendet);

2. Fall: $f(c_n) \cdot f(a_n) < 0 \Rightarrow$ man setze $a_{n+1} = a_n$ und $b_{n+1} = c_n$;

3. Fall: $f(c_n) \cdot f(a_n) > 0 \Rightarrow$ man setze $a_{n+1} = c_n$ und $b_{n+1} = b_n$.

Für jedes n liegt dann die Nullstelle zwischen a_n und b_n. Falls die Nullstelle auf m Stellen genau berechnet werden soll, wird das Verfahren so lange durchgeführt, bis erstmals

$$|a_n - b_n| \leq \frac{5}{10^{m+1}}$$

erreicht wird.

6.12.3 Newton-Verfahren

Das von I. **Newton** (1643 – 1727) vorgeschlagene Verfahren wird folgendermaßen durchgeführt: Ausgangspunkt ist eine Näherungslösung x_0 für die gesuchte Nullstelle. Die Funktion f wird durch die Tangente im Punkt $P(x_0; f(x_0))$ ersetzt und deren Schnittpunkt mit der x-Achse als neuer Näherungswert benutzt.

Aus der Gleichung der Tangente erhält man die Gleichung

$$y = f(x_0) + f'(x_0) \cdot (x_1 - x_0) = 0$$

mit der Lösung

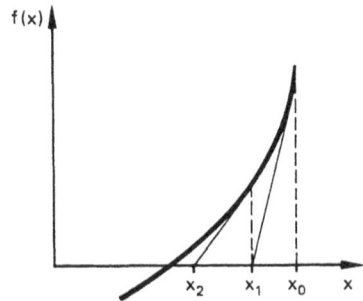

$$x_1 = x_0 - \frac{f(x_0)}{f'(x_0)} \ .$$

Man erhält nur dann eine Lösung, wenn die Ableitung nicht verschwindet. Entsprechend berechnet man weitere Werte nach der Formel

$$x_{n+1} = x_n - \frac{f(x_n)}{f'(x_n)} \ \text{für } n = 1, 2, ... \ .$$

Unter bestimmten Bedingungen konvergiert die dadurch entstehende Folge $(x_n)_{n=1,2,...}$ gegen die gesuchte Nullstelle ξ. Eine allgemeine Konvergenzbedingung ist bei H. Heuser [1980], Band 2, S. 407 zu finden. Für die Anwendung interessant sind jedoch die im folgenden Satz angegebenen Bedingungen.

Satz 15 (hinreichende Bedingungen für die Konvergenz des Newton-Verfahrens):

Die Funktion f sei auf dem Intervall [a, b] definiert und besitze folgende Eigenschaften:

$f'(x)$ existiere in (a, b) und habe dort keine Nullstelle.

$f''(x)$ existiere in (a, b) und sei dort stetig.

Ferner sei einer der folgenden Fälle erfüllt:

I) $f(a) < 0 < f(b)$ und $f''(x) \geq 0$ in (a, b)   (f konvex) ;

II) $f(a) > 0 > f(b)$ und $f''(x) \geq 0$ in (a, b)   (f konvex) ;

III) $f(a) < 0 < f(b)$ und $f''(x) \leq 0$ in (a, b)   (f konkav) ;

IV) $f(a) > 0 > f(b)$ und $f''(x) \leq 0$ in (a, b)   (f konkav) .

Dann gilt:

1.) Im Intervall (a, b) gibt es genau eine Nullstelle ξ mit $f(\xi) = 0$.

2.) Die Folge $x_{n+1} = x_n - \dfrac{f(x_n)}{f'(x_n)}$ für $n = 1, 2, ...$ mit $x_0 = a$ in den Fällen II und III bzw. $x_0 = b$ in den Fällen I und IV konvergiert monoton gegen die Nullstelle ξ.

Im konvexen Fall startet man also an der Stelle mit dem positiven Funktionswert, in konkaven Fall an der Stelle mit dem negativen Funktionswert.

3.) Für alle $n \in N$ gilt die Fehlerabschätzung

$$|x_n - \xi| \leq \begin{cases} \dfrac{|f(x_n)|}{|f'(a)|} & \text{für die Fälle I und IV} \\[3mm] \dfrac{|f(x_n)|}{|f'(b)|} & \text{für die Fälle II und III} \ . \end{cases}$$

Beweis s. H. Heuser [1980], Band 2, S. 408 – 409.

Die vier im obigen Satz angegebenen Fälle sind in der nachfolgenden Abbildung zusammengestellt.

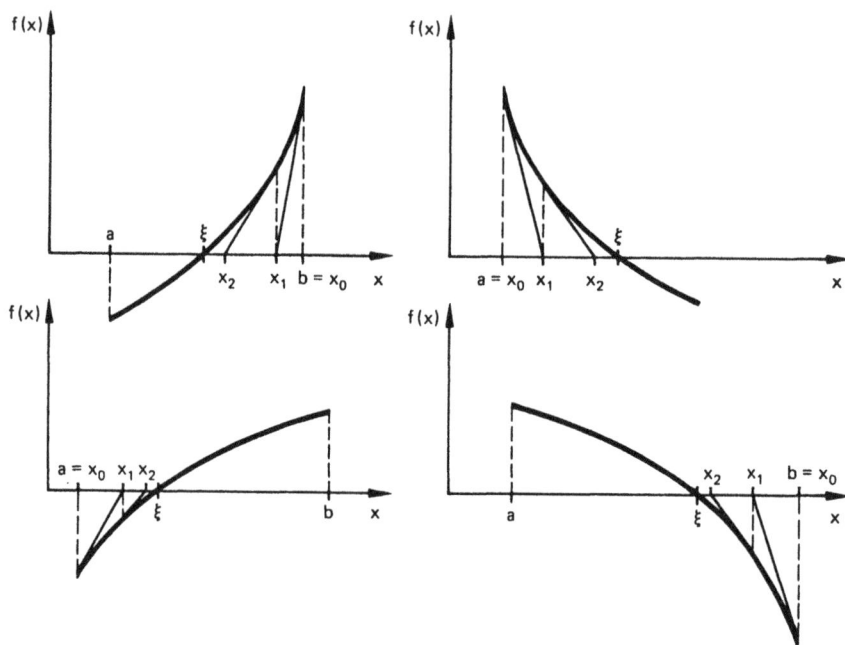

Beispiel 53: Gesucht sind alle Schnittpunkte der Funktionen $g(x) = e^x$ und $h(x) = 3\,x$, also die Nullstellen von $f(x)^{\flat} = e^x - 3\,x$.

Wegen $f''(x) = e^x > 0$ für alle $x \in \mathbb{R}$ ist die Funktion (streng) konvex. Wegen $f(0) = 1 > 0$ und $f(1) = e - 3 < 0$ (Fall II) liegt zwischen $x = 0$ und $x = 1$ genau eine Nullstelle ξ_1. Die Glieder der Folge

$$x_{n+1} = x_n - \frac{e^{x_n} - 3\,x_n}{e^{x_n} - 3} \quad \text{für } n = 1, 2, \dots \text{ mit } x_0 = 0 \text{ lauten}$$

$$x_1 = \tfrac{1}{2}; \quad x_2 = \frac{1}{2} - \frac{e^{\frac{1}{2}} - \frac{3}{2}}{e^{\frac{1}{2}} - 3} \approx 0,610;$$

$$x_3 \approx 0,61 - \frac{e^{0,61} - 3 \cdot 0,61}{e^{0,61} - 3} \approx 0,6190;$$

$$x_4 \approx 0,619 - \frac{e^{0,619} - 3 \cdot 0,619}{e^{0,619} - 3} \approx 0,61906.$$

Für den maximalen Fehler erhält man die Abschätzung

$$|x_4 - \xi_1| \leq \frac{|e^{0,61906} - 3 \cdot 0,61906|}{|e^1 - 3|} \approx 0,00000522.$$

Wegen $f(1,5) \approx -0,018 < 0$ und $f(1,6) \approx 0,153 > 0$ (Fall I) liegt zwischen $x = 1,5$ und $x = 1,6$ ebenfalls eine Nullstelle ξ_2. Aus

$$x_{n+1} = x_n - \frac{e^{x_n} - 3 x_n}{e^{x_n} - 3} \quad \text{für} \quad n = 1, 2, \dots \text{ mit } \quad x_0 = 1,6$$

folgt $x_1 = 1,6 - \dfrac{e^{1,6} - 3 \cdot 1,6}{e^{1,6} - 3} \approx 1,5216;$

$$x_2 \approx 1,5216 - \frac{e^{1,5216} - 3 \cdot 1,5216}{e^{1,5216} - 3} \approx 1,51226;$$

$$x_3 \approx 1,51226 - \frac{e^{1,51226} - 3 \cdot 1,51226}{e^{1,51226} - 3} \approx 1,51213.$$

Für den maximalen Fehler erhält man die Abschätzung

$$|x_3 - \xi_2| \leq \frac{|e^{1,51213} - 3 \cdot 1,51213|}{|e^{1,5} - 3|} \approx 0,000004720.$$

> Falls keine der im Satz 15 angegebene Bedingung erfüllt ist, muß das Verfahren nicht unbedingt konvergieren. Hier ist es empfehlenswert, mit einem Näherungswert x_0 zu starten. Falls keine Konvergenz erkennbar ist, sollte der Näherungswert verbessert werden.

Beispiel 54 (vgl. Beispiel 52): $2\,000 \cdot \dfrac{q^{11} - q}{q - 1} - 30\,000 = 0.$

Multiplikation mit $q - 1$ ergibt

$$f(q) = 2\,000 \cdot (q^{11} - q) - 30\,000 \cdot (q - 1)$$
$$= 2\,000 \cdot q^{11} - 32\,000\, q + 30\,000 = 0.$$

$$f'(q) = 22\,000 \cdot q^{10} - 32\,000.$$

$q_0 = 1,07; \; q_1 = 1,07 - \dfrac{f(1,07)}{f'(1,07)} = 1,07268646 \,; \; q_2 = 1,072571788 \,;$

$q_3 = 1,072567402 \,; \; q_4 = 1,072567402.$

Wegen $f''(q) = 440\,000 \cdot q^{10} > 0$; $f(1,07) < 0$ liegt Fall I aus Satz 18 vor. Damit erhält man für den tatsächlichen Zinsfaktor q mit $a = 1,07$ die Abschätzung

$|q_4 - q| \leq \dfrac{f(q_4)}{f'(1,07)} = 0,000000000115.$ Die Verzinsung $p = 7,2567402\,\%$ ist somit auf sieben Stellen genau.

6.13 Aufgaben

1. Gegeben ist die Funktion $f(x) = \dfrac{x^2 - 5x + 6}{2x^2 - 12x + 16}$.

a) Bestimmen Sie den Definitionsbereich der Funktion f.

b) An welcher Nullstelle des Nenners läßt sich die Funktion stetig fortsetzen? Wie lautet die Fortsetzungsfunktion g und ihr Definitionsbereich?

c) Bestimmen Sie die Asymptoten der Funktion g und fertigen Sie eine Skizze an.

2. Sind die Funktionen

$$f(x) = \begin{cases} \sin \frac{1}{x} & \text{für } x \neq 0 \\ 0 & \text{für } x = 0; \end{cases} \qquad g(x) = \begin{cases} x \cdot \sin \frac{1}{x} & \text{für } x \neq 0 \\ 0 & \text{für } x = 0; \end{cases}$$

an der Stelle $x_0 = 0$ stetig?

3. Berechnen Sie die erste Ableitung der Funktionen

a) $f(x) = x^7$;

b) $f(x) = x(5x^4 - 6x^2)$;

c) $f(x) = \dfrac{7}{x^2}$;

d) $f(x) = \sqrt[4]{x^3}$;

e) $f(x) = \dfrac{1}{5x}$;

f) $f(x) = \dfrac{1}{4x+1}$;

g) $f(x) = 5\cos x^2$;

h) $f(x) = (\sqrt{x} + x)^5$;

i) $f(x) = \dfrac{x-1}{x+1}$;

j) $f(x) = \dfrac{\sin x}{x}$;

k) $f(x) = \dfrac{1}{\sin x}$;

l) $f(x) = \sqrt{x\sqrt{x}}$;

m) $f(x) = \left(\sin \frac{1}{x}\right)^2$;

n) $f(x) = x \cdot \ln x$;

o) $f(x) = x^2 \cdot e^{-x^2}$;

p) $f(x) = \dfrac{e^x + 1}{e^x - 1}$;

q) $f(x) = x \cdot e^{2x}$;

r) $f(x) = \ln \dfrac{1}{x^2 + 1}$;

s) $f(x) = \sin(\ln x)$;

t) $f(x) = x^2 \cdot \ln(x^2 - 1)$;

u) $f(x) = e^{x^2 - x + 1}$;

v) $f(x) = \sin(e^x)$

w) $f(x) = x \cdot (\sin x) \cdot e^x$;

x) $f(x) = \sqrt{x}^x$;

y) $f(x) = e^{2 \cdot \ln \sqrt{x}}$;

z) $f(x) = \ln(x^x)$.

4. Untersuchen Sie die folgenden Funktionen auf Stetigkeit und Differenzierbarkeit:

$$f(x) = \begin{cases} x^2 + 2x + 3 & \text{für } x \geq 0 \\ x + 3 & \text{für } x < 0; \end{cases} \qquad g(x) = \begin{cases} x + 1 & \text{für } x < 0 \\ e^x & \text{für } x \geq 0 . \end{cases}$$

5. Sind die folgenden Funktionen stetig und differenzierbar?

$f(x) = x + |x|$; $g(x) = x - |x|$; $h(x) = x \cdot |x|$.

6. Skizzieren Sie die Funktion $f(x) = \sin |x|$. An welchen Stellen ist f nicht differenzierbar?

7. Für welche Konstanten a und b ist die folgende Funktion f differenzierbar?

$$f(x) = \begin{cases} x^2 - x + 2 & \text{für } x \leq 2 \\ -x^2 + ax + b & \text{für } x > 2. \end{cases}$$

8. Bestimmen Sie die Asymptoten der Funktion $f(x) = \dfrac{x^3 - 2x^2 + 4}{x^2 - 1}$.

Hinweis: Benutzen Sie die Polynomdivision.

9. Auf einem Sportgelände, das die Form eines rechtwinkligen Dreiecks mit den Kathetenlängen 200 m bzw. 100 m hat, soll parallel zu den Katheten ein rechteckiges Eisstadion gebaut werden. Wie groß kann das Eisstadion maximal werden?

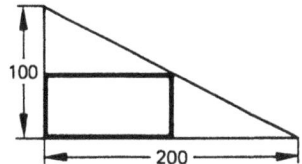

10. In einen Kreis mit dem Radius r werde ein Rechteck mit den Seitenlängen x und h einbeschrieben. Wie groß müssen x und h sein, damit
a) die Fläche des Rechtecks maximal,
b) der Umfang des Rechtecks minimal ist?

11. $x_1, x_2, \dots, x_n$ seien n fest vorgegebene reelle Zahlen (Stichprobe vom Umfang n). Bei welchem Wert a ist die Summe

$$\sum_{i=1}^{n} (x_i - a)^2 \text{ minimal?}$$

12. Für die Produktionsmenge x sei $E(x) = 3x - 6$ die Ertragsfunktion und $K(x) = x^2 + 4$ die Kostenfunktion. Bei welcher Produktionsmenge x wird die Wirtschaftlichkeit $\dfrac{E(x)}{K(x)}$ am größten?

13. In Abhängigkeit vom Preis p sei $x = N(p) = 80 - 20p$ die Nachfragemenge und $K(x) = 2x + c$ mit einer Konstanten $c > 0$ die Kostenfunktion. Bestimmen Sie
a) die Grenzkostenfunktion;   b) die Umsatzfunktion;
c) die Reingewinnfunktion.
d) Bei welchem Preis p wird der Reingewinn maximal?
e) Für welche Werte $c \geq 0$ ist der maximale Reingewinn positiv?

14. Der Verkaufsleiter eines Unternehmens hat festgestellt, daß sich bei einem Preis von x je Produkteinheit $f(x) = 1\,000 \cdot (15 - \frac{3}{4}x + \frac{1}{x})$ Stück am Tag absetzen lassen ($\frac{1}{10} \leq x \leq 20$). Bei welchem Preis x_M ist der Umsatz $U(x) = x \cdot f(x)$ maximal?

15. Ein Unternehmen erzielt bei einem Absatz von x Mengeneinheiten einen Gewinn vor Steuern von $G(x) = -10x + 2\sqrt{x}$. Dabei werde eine Mengensteuer von $T(x) = r \cdot x$, $r \geq 0$ erhoben.
a) Bei welchem x_M ist der Nettogewinn $G(x) - T(x)$ maximal?
b) Bestimmen Sie den Steuersatz r, der dem Staat höchste Steuereinnahmen beim Nettogewinnmaximum garantiert; mit x_M aus a) ist also $r \cdot x_M$ zu maximieren.

16. Ein Unternehmen hat festgestellt, daß bei einem Preis p für eine Ware der tägliche Mengenabsatz

$$x = 15 - \frac{3}{4} \cdot p + \frac{1}{p} \quad \text{für} \quad \frac{1}{10} \leq p \leq 20 \text{ beträgt.}$$

Bei welchem Preis p ist der Umsatz maximal?

17. Eine Kostenfunktion in Abhängigkeit von der Produktionsmenge x sei $K(x) = x \cdot \left(2 - e^{-\frac{x}{100}}\right)$ DM. Der Verkaufspreis für eine Einheit sei 2 DM. Bei welcher Produktionsmenge x ist der Gewinn maximal? Wie hoch ist dieser maximale Gewinn?

18. Die Kostenfunktion in Abhängigkeit von der Produktionsmenge x sei

$$K(x) = 4 \cdot (10^{-4}x^3 - 10^{-2}x^2 + \frac{1}{3}x).$$

a) Bestimmen Sie näherungsweise die Kosten, welche eine Produktionserhöhung von x_0 auf $x_0 + 1$ verursacht.
b) Für welche Produktionsmenge x werden die Stückkosten $\frac{K(x)}{x}$ maximal?
c) Der Verkauf von x Produktionseinheiten ergibt einen Erlös von 3x. Für welches x ist der Reingewinn (Erlös minus Herstellungskosten) maximal?

19. Berechnen Sie die Elastizität der Angebotsfunktion $f(p) = p \cdot e^{p^2+1}$. Berechnen Sie hiermit, um wieviel Prozent sich das Angebot näherungsweise ändert, wenn p von $p_0 = 1$ um 1 % erhöht wird.

20. Die Nachfrage $f(x)$ nach einem Produkt hänge vom durchschnittlichen Pro-Kopf-Einkommen x ab und zwar in der Form: $f(x) = 7 \cdot e^{-\frac{x}{1\,000}}$.
a) Bestimmen Sie die Einkommenselastizität der Nachfrage nach diesem Produkt.
b) Berechnen Sie näherungsweise mit Hilfe der Einkommenselastizität aus Teil a) um wieviel Prozent die Nachfrage fällt, wenn sich das durchschnittliche Einkommen von $x_0 = 3\,000$ um 1 % erhöht.

21. Geben Sie die Elastizität der folgenden Funktionen an:

a) $f(x) = \dfrac{3}{1 + 2x^2}$;   b) $f(x) = 100 - 15x^2$;   c) $f(x) = 13\,e^{-1,2x}$.

22. $K(x) = 2 + \sqrt{x}$ sei eine Kostenfunktion. Bestimmen Sie die Elastizität der Stückkostenfunktion $\dfrac{K(x)}{x}$.

23. Die Nachfrage in Abhängigkeit des Preises p sei

$f(p) = \dfrac{\ln(p + 1)}{p}$.

a) Bestimmen Sie die Elastizität der Nachfrage.
b) Um wieviel Prozent wächst ungefähr die Nachfrage, wenn der Preis von $p_0 = 24$ DM um 1 % erhöht wird?
c) Berechnen Sie den Grenzwert $\lim\limits_{p \to \infty} f(p)$.

24. Für den Preis (je Einheit) in Abhängigkeit der nachgefragten Menge x eines Produktes gelte

$p = f(x) = 2\,e^{-2x^2}$.

a) Berechnen Sie die Elastizität von p bezüglich x.
b) Bestimmen Sie für den Umsatz $U(x) = x \cdot f(x)$ den Grenzumsatz und überprüfen Sie damit die Formel von Amoroso-Robinson.
c) Für welchen Wert x ist der Umsatz maximal?

25. Die Nachfrage $y = g(x) = e^{(x-4)}$ nach einem Produkt hänge vom durchschnittlichen Einkommen x ab. Der Preis $f(y) = \dfrac{\ln y}{y}$, $y > 0$, dieses Produkts ist eine Funktion der nachgefragten Menge y.
Bestimmen Sie die Elastizität des Preises bezüglich des durchschnittlichen Einkommens x.

26. a) Bestimmen Sie für die Produktionsfunktion

$f(x) = \dfrac{1}{108} \cdot 10^{-4} \cdot x^4 - \dfrac{2}{9} \cdot 10^{-3} \cdot x^3 + \dfrac{4}{3} \cdot 10^{-2} \cdot x^2$

Extremwerte und Wendepunkte.
b) An welcher Stelle x besitzt der durchschnittliche Ertrag $\dfrac{f(x)}{x}$ ein Maximum?
c) An welchen Stellen verschwindet die Elastizität von $f(x)$?

27. a) Skizzieren Sie die Produktionsfunktion

$f(x) = 10 \cdot \left(e^{-\frac{1}{50} \cdot (x-10)^2} - e^{-2} \right)$ im Intervall $[0\,;11]$.

b) Bestimmen Sie die Elastizität von f im Wendepunkt aus $[0\,;11]$.

28. Führen Sie Kurvendiskussionen für folgende Funktionen durch:

a) $f(x) = \frac{1}{3} \cdot (x-3) \cdot (x^2 - x - 6)$;   b) $f(x) = [\ln(x-1)]^2$;

c) $f(x) = \frac{1}{2} \cdot x^2 \cdot (x-3)$;   d) $f(x) = \ln\left(\frac{x^2}{2} - x + 1\right)$;

e) $f(x) = x^2 \cdot e^x$;   f) $f(x) = \left(\frac{1}{2}x^2 + x + \frac{1}{2}\right) \cdot e^{-2x+7}$

29. Entwickeln Sie die Funktionen

a) $f(x) = 1 + (x-1)^3 + 2(x-2)^4$;   b) $f(x) = \frac{1}{1+2x}$

in eine Taylorreihe an der Stelle $x_o = 0$.

30. a) Bestimmen Sie die ersten drei Terme der Taylor-Entwicklung von

$$f(x) = \sqrt[3]{8+x} \quad \text{an der Stelle } x_o = 0 .$$

b) Bestimmen Sie mit Hilfe des Taylorpolynoms ersten Grades näherungsweise den Wert $\sqrt[3]{7}$.

c) Schätzen Sie den Fehler ab, den Sie in Aufgabe b) machen.

31. Gesucht sind Näherungswerte für die Nullstellen von

$$f(x) = 8\,e^x - 9 - 6x + 4\,x^2.$$

a) Bestimmen Sie dazu das Taylorpolynom zweiten Grades von $f(x)$ an der Stelle $x_0 = 0$ und geben Sie die Nullstellen dieses Polynoms an.

b) Um wieviel weicht $f(x)$ an der in a) gefundenen positiven Nullstelle höchstens von Null ab? (Restgliedabschätzung!)

32. a) Bestimmen Sie das Taylor-Polynom fünften Grades der Funktion $f(x) = \frac{4}{\sqrt{x}}$ für den Entwicklungspunkt $x_0 = 1$.

b) Um wieviel weicht dieses Polynom im Intervall $[1 ; \frac{3}{2}]$ von $f(x)$ höchstens ab (Restgliedabschätzung)?

33. Bestimmen Sie von der Funktion $f(x) = \sqrt{9+x}$ das Taylor-Polynom vierten Grades an der Entwicklungsstelle $x_0 = 0$. Berechnen Sie daraus einen Näherungswert für die Zahl $\sqrt{10}$. Um wieviel weicht dieser Näherungswert vom tatsächlichen Wert höchstens ab?.

34. Bestimmen Sie die Taylor-Entwicklung der Funktion $f(x) = a^x$, $a > 0$, an der Stelle $x_0 = 0$.

35. Im Bereich $[0 ; 5]$ laute eine Ertragsfunktion

$E(x) = e^{3x} - 3\,e^{2x} + 3\,e^x - 1$. Berechnen Sie für folgende Kostenfunktionen

$K(x)$ den Grenzwert $\lim\limits_{x\to\infty} \dfrac{E(x)}{K(x)}$, falls er existiert:

a) $K(x) = 4\,x^3$;   b) $K(x) = 4\,x^3 + 2\,x^2 + 5\,x$;   c) $K(x) = x^5$.

36. Für die Produktionsmenge $x > 0$ sei $K(x) = x + 2\cdot\sqrt{x} + 5$ die Kostenfunktion und $E(x) = \ln x + 2\,x + 1$ die Ertragsfunktion.

a) Berechnen Sie den Grenzwert $\lim\limits_{x\to\infty} \dfrac{E(x)}{K(x)}$ und interpretieren Sie das Ergebnis.

b) Existiert der Grenzwert $\lim\limits_{x\to 0} \dfrac{E(x)}{K(x)}$?

37. Bestimmen Sie im Falle der Existenz folgende Grenzwerte

a) $\displaystyle\lim_{x\to 3} \frac{x^2 - 5\,x + 6}{2\,x^2 - 10\,x + 12}$;   b) $\displaystyle\lim_{x\to\infty} \frac{x^2 - 5\,x + 6}{2\,x^2 - 10\,x + 12}$;

c) $\displaystyle\lim_{x\to 0} \frac{x\cdot\sin x}{\cos x - 1}$;   d) $\displaystyle\lim_{x\to 0+} (e^x - 1)\cdot\ln x$;

e) $\displaystyle\lim_{x\to 0} \frac{x - \sin x}{x^3}$;   f) $\displaystyle\lim_{x\to 0} \frac{\tan x - \sin x}{x^3}$;

g) $\displaystyle\lim_{x\to 1-} \ln x\cdot\ln(1 - x)$;   h) $\displaystyle\lim_{x\to 0+} x\cdot\ln(1 + \tfrac{a}{x})$, $a > 0$;

i) $\displaystyle\lim_{x\to 0+} x^{\sqrt{x}}$;   j) $\displaystyle\lim_{x\to 0+} (\sin x)^x$.

k) $\displaystyle\lim_{x\to\infty} x^{\frac{1}{x}}$; welchen Grenzwert besitzt die Folge $\left(\sqrt[n]{n} \right)_{n\,\in\,\mathbb{N}}$?

38. Weshalb führt folgende Rechnung zum falschen Ergebnis?

$$\lim_{x\to 3} \frac{x^2 - 4\,x + 3}{x^2 - 9} = \lim_{x\to 3} \frac{2\,x - 4}{2\,x} = \lim_{x\to 3} \frac{2}{2} = 1 \, .$$

Wie lautet der tatsächliche Grenzwert?

39. Bestimmen Sie für die in Aufgabe 8 angegebene Funktion

$$f(x) = \frac{x^3 - 2\,x^2 + 4}{x^2 - 1}$$

die Nullstellen, Extremwerte und Wendepunkte mit Hilfe numerischer Methoden. Skizzieren Sie die Funktion unter Benutzung der in Aufgabe 8 berechneten Asymptoten. Hinweis: Führen Sie vor der Differentiation die Polynomdivision durch.

Kapitel 7:

Integralrechnung bei Funktionen einer Variablen

Da der Intergalbegriff bei der Flächenberechnung am anschaulichsten ist, wird bei nicht-negativen stetigen Funktionen das bestimmte Integral als Flächeninhalt zwischen der Kurve und der x-Achse über dem Intervall [a, b] eingeführt. Mit Hilfe der Integration können aber auch sehr viele andere Probleme gelöst werden. So kann z. B. eine Kostenfunktion K(x) aus einer vorgegebenen Grenzkostenfunktion k(x) berechnet werden. Die Integration stellt praktisch die "Umkehrung der Differentiation" dar.

7.1 Das bestimmte Integral

Beispiel 1 (Grenzkostenfunktion und Kostenfunktion): Es sei $y = k(x)$ eine fest vorgegebene Grenzkostenfunktion, die in dem Intervall [a, b] stetig ist. Das gesamte Intervall [a, b] wird in n Teilintervalle mit der gleichen Länge $\Delta x = \frac{b-a}{n}$ eingeteilt (s. nachfolgendes Bild). Die Grenzkostenfunktion $k(x) = K'(x)$ ist allgemein die Ableitung der Kostenfunktion K(x). Damit gilt für den Kostenzuwachs $K(x_i) - K(x_{i-1})$ im Intervall $[x_{i-1}, x_i]$ für kleine $\Delta x = x_i - x_{i-1}$ nach Abschnitt 6.4.1 und 6.4.2 die Näherung

$$K(x_i) - K(x_{i-1}) = K(x_{i-1} + \Delta x) - K(x_{i-1}) \approx k(x_{i-1}) \cdot \Delta x.$$

Dann ist der gesamte Kostenzuwachs im Intervall [a, b] ungefähr gleich der Summe der Inhalte der Rechtecke mit den Seitenlängen $k(x_{i-1})$ und Δx. Es gilt also

$$K(b) - K(a) \approx \sum_{i=1}^{n} k(x_{i-1}) \cdot \frac{b-a}{n} .$$

Mit wachsendem n wird diese Approximation besser. Für $\Delta x \to 0$ geht die Summe über in den Inhalt der Fläche, welche die Kurve k(x) mit der x-Achse über dem Intervall [a ; b] aufspannt.

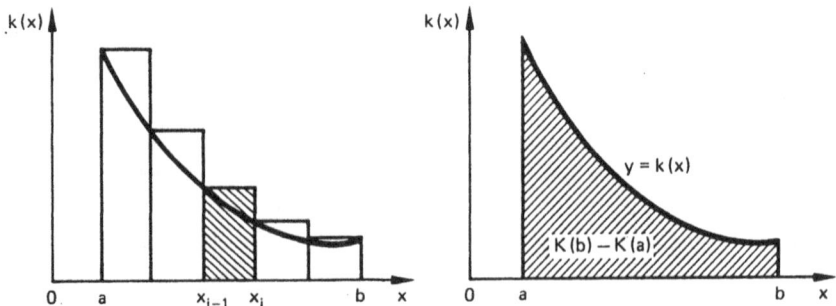

Allgemein sei die Funktion f im Intervall [a; b] stetig und nicht-negativ. Zur Bestimmung des Flächeninhalts F zwischen der Kurve f und der x-Achse über dem Intervall [a; b] wird das Intervall in n Teilintervalle eingeteilt durch die Zerlegung

$$a = x_0 < x_1 < x_2 < ... < x_{i-1} < x_i < ... < x_n = b.$$

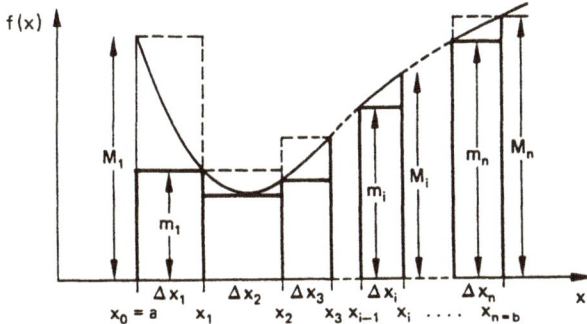

Über dem i-ten Teilintervall $I_i = [x_{i-1}; x_i]$ besitzt das größte Rechteck, welches unterhalb der Kurve f liegt, die Höhe m_i und das kleinste Rechteck oberhalb der Kurve f die Höhe M_i mit

$$m_i = \min_{x \in I_i} f(x) ; \quad M_i = \max_{x \in I_i} f(x) , i = 1, 2, ..., n.$$

Damit stellt die sogenannte

Untersumme $\qquad U_n = \sum_{i=1}^{n} m_i \cdot (x_i - x_{i-1}) = \sum_{i=1}^{n} m_i \cdot \Delta x_i$

einen Flächeninhalt dar, der kleiner als F ist, während der durch die

Obersumme $\qquad O_n = \sum_{i=1}^{n} M_i \cdot (x_i - x_{i-1}) = \sum_{i=1}^{n} M_i \cdot \Delta x_i$

beschriebene Flächeninhalt größer als F ist. Für jede beliebige Intervalleinteilung gilt also $U_n \leq F \leq O_n$.

Da die Funktion f nach Voraussetzung stetig ist, gibt es zu jedem beliebigen $\varepsilon > 0$ eine Einteilung mit

$$M_i - m_i \leq \frac{\varepsilon}{b-a} \quad \text{für } i = 1, 2, ..., n.$$

Bei kleinem ε müssen die Intervallbreiten $\Delta x_i = x_i - x_{i-1}$ klein gewählt werden. Dabei wird die Anzahl der Intervalle n entsprechend groß. Für diese Intervallzerlegung gilt

$$0 \leq O_n - U_n = \sum_{i=1}^{n} (M_i - m_i) \cdot (x_i - x_{i-1}) \leq \frac{\varepsilon}{b-a} \cdot \sum_{i=1}^{n} (x_i - x_{i-1})$$

$$= \frac{\varepsilon}{b-a} \cdot (b-a) = \varepsilon.$$

Läßt man alle Intervallbreiten $\Delta x_i = x_i - x_{i-1}$ gegen Null gehen (dabei geht n gegen unendlich), so folgt

$$\lim_{n \to \infty; \, \Delta x_i \to 0} (O_n - U_n) = 0.$$

Aus $U_n \leq F \leq O_n$ folgt dann

$$\lim_{n\to\infty;\ \Delta x_i\to 0} O_n = \lim_{n\to\infty;\ \Delta x_i\to 0} U_n = F.$$

Wählt man aus jedem Intervall $I_i = [x_{i-1}; x_i]$ eine beliebige Zwischen-stelle ξ_i mit $x_{i-1} \leq \xi_i \leq x_i$ für $i = 1, 2, \ldots, n$, so folgt aus $m_i \leq f(\xi_i) \leq M_i$ für $i = 1, 2, 3, \ldots, n$ für die

Zwischensumme $\quad \sum_{i=1}^{n} f(\xi_i) \cdot (x_i - x_{i-1}) = \sum_{i=1}^{n} f(\xi_i) \cdot \Delta x_i$

$$U_n \leq \sum_{i=1}^{n} f(\xi_i) \cdot (x_i - x_{i-1}) = \sum_{i=1}^{n} f(\xi_i) \cdot \Delta x_i \leq O_n.$$

$$\lim_{n\to\infty;\ \Delta x_i\to 0} \sum_{i=1}^{n} f(\xi_i) \cdot \Delta x_i = F.$$

Den bei stetigen Funktionen existierenden Grenzwert bezeichnet man mit

$$\lim_{n\to\infty;\ \Delta x_i\to 0} \sum_{i=1}^{n} f(\xi_i) \cdot \Delta x_i = \int_a^b f(x)\, dx$$

(sprich: ''Integral von a bis b über f(x) dx''). Man nennt diesen Grenzwert das **bestimmte Integral** über f(x) von a bis b.

Bei einer im Intervall [a; b] stetigen Funktion f existiert nach den obigen Ausführungen das bestimmte Integral immer. Es kann aber auch bei nicht-stetigen Funktionen existieren wie z. B. bei Treppenfunktionen. Dabei kön-nen die Zerlegungen so gewählt werden, daß die Sprungstellen jeweils mit einem Zerlegungspunkt zusammenfallen. Allgemein geben wir die

Definition 1: Die Funktion f sei im Intervall [a; b] definiert. Für $n = 1, 2, \ldots$ sei $a = x_0 < x_1 < x_2 < \ldots < x_n = b$ eine Zerlegungsfolge von [a; b] mit $\Delta x_i = x_i - x_{i-1} \to 0$ für $n\to\infty$. ξ_i sei eine beliebige Zwischenstelle mit $x_{i-1} \leq \xi_i \leq x_i$ für $i = 1, 2, \ldots, n$. Falls für beliebige Zwischenstellen die Folge

$$Z_n = \sum_{i=1}^{n} f(\xi_i) \cdot (x_i - x_{i-1}) = \sum_{i=1}^{n} f(\xi_i) \cdot \Delta x_i, \ n = 1, 2, \ldots$$

gegen den gleichen Grenzwert konvergiert, heißt der Grenzwert

$$\lim_{n\to\infty;\ \Delta x_i\to 0} \sum_{i=1}^{n} f(\xi_i) \cdot \Delta x_i = \int_a^b f(x)\, dx$$

das **bestimmte Integral** von a bis b über f(x). Die Funktion f heißt der **Integrand**. Die Funktion f nennt man dann im Intervall [a; b] **integrierbar**. Dabei ist a die untere und b die obere **Integrationsgrenze**.

Für $a > b$ benutzt man die Intervallzerlegung $a = x_0 > x_1 > \ldots > x_n = b$ (von rechts) mit $Z_n = \sum_{i=1}^{n} f(\xi_i) \cdot (x_i - x_{i-1}) = \sum_{i=1}^{n} f(\xi_i) \cdot \Delta x_i \ ; \ \Delta x_i < 0.$

Beispiel 2:

a) $f(x) = c$ (konstant). Aus $f(\xi_i) = c$ für alle i folgt

$$\int_a^b c\,dx = \lim_{n \to \infty} \sum_{i=1}^n c \cdot (x_i - x_{i-1}) = c \cdot \sum_{i=1}^n (x_i - x_{i-1}) = c \cdot (b-a).$$

b) $f(x) = x$. Eine äquidistante Zerlegung mit konstanter Teilintervallbreite $\Delta x = x_i - x_{i-1} = \frac{b-a}{n}$ ergibt die Zerlegungspunkte $x_i = a + i\,\Delta x$ für $i = 1, 2, \ldots, n$. Mit $\xi_i = x_i$ erhält man

$$\sum_{i=1}^n f(\xi_i) \cdot (x_i - x_{i-1}) = \sum_{i=1}^n [a + i\,\Delta x] \cdot \Delta x = n \cdot a \cdot \Delta x + (\Delta x)^2 \cdot \sum_{i=1}^n i$$

$$= \Delta x \cdot \left[n \cdot a + \Delta x \cdot \frac{n \cdot (n+1)}{2} \right] = \frac{b-a}{n} \cdot \left[n \cdot a + \frac{b-a}{n} \cdot \frac{n \cdot (n+1)}{2} \right]$$

$$= \frac{b-a}{n} \cdot \left[n \cdot a + \frac{(b-a) \cdot (n+1)}{2} \right] = (b-a) \cdot \left[a + \frac{b-a}{2} \cdot \frac{n+1}{n} \right].$$

Für $n \to \infty$ folgt hieraus

$$\int_a^b x\,dx = (b-a) \cdot \left[a + \frac{b-a}{2} \right] = (b-a) \cdot \frac{a+b}{2} = \tfrac{1}{2}(b^2 - a^2).$$

Die Berechnung bestimmter Integrale ist in den meisten Fällen mit Hilfe des Grenzwertes der Zerlegungssumme kaum möglich. Zur speziellen Berechnung wird im allgemeinen eine Stammfunktion (s. Abschnitt 7.4) benutzt.

Im Falle der Existenz der bestimmten Integrale erhält man aus der Definition des bestimmten Integrals unmittelbar die

---

Eigenschaften des bestimmten Integrals:

1.) $\int_a^a f(x)\,dx = 0$;

2.) $\int_b^a f(x)\,dx = -\int_a^b f(x)\,dx$ (Umkehrung des Integrationsweges);

3.) $\int_a^b f(x)\,dx + \int_b^c f(x)\,dx = \int_a^c f(x)\,dx$ (Zusammmensetzung des Integrationsweges);

4.) $\int_a^b (c_1 \cdot f_1(x) + c_2 \cdot f_2(x))\,dx = c_1 \cdot \int_a^b f_1(x)\,dx + c_2 \cdot \int_a^b f_2(x)\,dx$

   (Linearität des bestimmten Integrals).

Ist die Funktion f im Intervall $[b; c]$ negativ, so ist $\int\limits_b^c f(x)\,dx < 0$ der negative Flächeninhalt zwischen Kurve und der x-Achse. Bei einer Integration über Nullstellen hinweg erhält man in $\int\limits_a^d f(x)\,dx$ die Differenz der Inhalte der Flächen oberhalb und unterhalb der x-Achse.

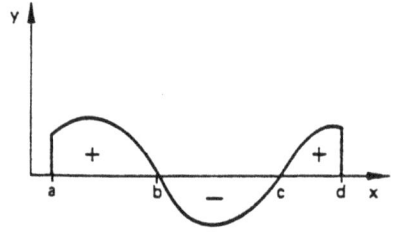

Satz 1 (Mittelwertsatz der Integralrechnung):
Die Funktion f sei im Intervall $[a; b]$ stetig. Dann gibt es eine Stelle $\xi \in [a; b]$ mit

$$\int\limits_a^b f(x)\,dx = f(\xi) \cdot (b - a).$$

Beweis: Eine in $[a; b]$ stetige Funktion f besitzt dort ein Minimum und ein Maximum

$$m = \min_{a \le x \le b} f(x)\ ;\ M = \max_{a \le x \le b} f(x)\,.$$

Wegen $m \le f(\xi_i) \le M$ gilt für jede Zerlegungssumme

$$m \cdot (b - a) = \sum_{i=1}^n m \cdot (x_i - x_{i-1}) \le \sum_{i=1}^n f(\xi_i) \cdot (x_i - x_{i-1})$$
$$\le \sum_{i=1}^n M \cdot (x_i - x_{i-1}) = M \cdot (b - a).$$

Damit gilt auch für den Grenzwert

$$m \cdot (b - a) \le \int\limits_a^b f(x)\,dx \le M \cdot (b - a).$$

Hieraus folgt

$$m \le \frac{1}{b - a} \cdot \int\limits_a^b f(x)\,dx \le M.$$

Da eine stetige Funktion jeden Wert zwischen dem Minimum und dem Maximum annimmt, gibt es eine Zwischenstelle ξ mit

$$\frac{1}{b - a} \cdot \int\limits_a^b f(x)\,dx = f(\xi) \quad \text{und damit}$$

$$\int\limits_a^b f(x)\,dx = f(\xi) \cdot (b - a),$$

womit der Satz bewiesen ist.

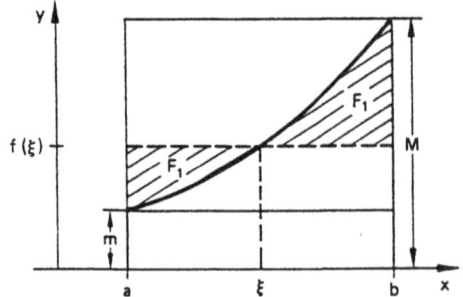

7.2 Die Integralfunktion

In diesem Abschnitt soll der Zusammenhang zwischen Integral- und Differentialrechnung dargestellt werden.

Falls man beim bestimmten Integral die obere Grenze variabel wählt, erhält man die **Integralfunktion**

$$I(x) = \int_a^x f(u)\,du.$$

Da die obere Grenze mit x bezeichnet ist, wird als Integrationsvariable u benutzt.

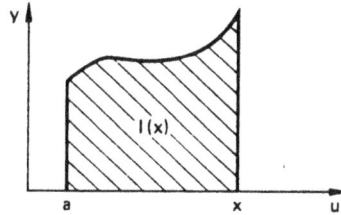

Beispiel 3 (Grenzkostenfunktion und Kostenfunktion s. Beispiel 1):

Die Grenzkostenfunktion $k(x) = K'(x)$ sei im Intervall $[a;b]$ stetig. Für jedes $x \in [a;b]$ stellt dann $I(x) = \int_a^x k(u)\,du$ den Kostenzuwachs im Intervall $[a;b]$ dar. Daraus erhält man die Kostenfunktion K(x) in der Form

$$I(x) = \int_a^x k(u)\,du = K(x) - K(a), \text{ also}$$

$$K(x) = K(a) + \int_a^x k(u)\,du.$$

Satz 2: Die Funktion $f(x)$ sei in $[a;b]$ stetig und beschränkt. Dann ist die Integralfunktion $I(x)$ an jeder Stelle $x \in (a;b)$ differenzierbar mit

$$I'(x) = \frac{d}{dx}\left(\int_a^x f(u)\,du\right) = f(x).$$

Die Ableitung der Integralfunktion ist also gleich dem Integranden.

Beweis: Aus den Eigenschaften des bestimmten Integrals folgt

$$I(x + h) - I(x) = \int_a^{x+h} f(u)\,du - \int_a^x f(u)\,du = \int_x^{x+h} f(u)\,du.$$

Nach dem Mittelwertsatz der Integralrechnung aus Abschnitt 7.1 gibt es eine Stelle $\xi = \xi(h)$ zwischen x und $x + h$ mit

$$\int_x^{x+h} f(u)\,du = f(\xi(h)) \cdot h.$$

Wegen $\lim_{h \to 0} \xi(h) = x$ und der Stetigkeit von f folgt hieraus

$$I'(x) = \lim_{h \to 0} \frac{I(x + h) - I(x)}{h} = \lim_{h \to 0} f(\xi(h)) = f(x).$$

7.3 Das unbestimmte Integral und Stammfunktionen

Definition 2: Jede differenzierbare Funktion F mit $F'(x) = f(x)$ heißt **Stammfunktion** oder ein **unbestimmtes Integral** von f. Man bezeichnet ein unbestimmtes Integral auch mit

$$\int f(x)\, dx.$$

Beispiel 4:

a) Für jede Konstante $C \in \mathbb{R}$ ist $F(x) = \frac{x^{n+1}}{n+1} + C$ Stammfunktion von $f(x) = x^n$ mit $n \in \mathbb{N}$;

b) $f(x) = e^{2x}$; $F(x) = \frac{1}{2} \cdot e^{2x} + C$ ist für jedes $C \in \mathbb{R}$ Stammfunktion;

c) $f(x) = \sin x$; $F(x) = -\cos x + C$;

d) $f(x) = \frac{1}{x}$; $F(x) = \ln|x| + C$.

Satz 3: Zwei Stammfunktionen F_1 und F_2 zur gleichen Funktion f unterscheiden sich höchstens um eine (additive) Konstante C.
Mit einer Konstanten $C \in \mathbb{R}$ gilt also

$$F_2(x) = F_1(x) + C.$$

Beweis: $F_1(x)$ und $F_2(x)$ seien zwei Stammfunktionen von f mit

$$F_1'(x) = f(x) \quad \text{und} \quad F_2'(x) = f(x).$$

Dann folgt für die Differenz $D(x) = F_2(x) - F_1(x)$

$$D'(x) = F_2'(x) - F_1'(x) = f(x) - f(x) \equiv 0.$$

Nach dem Mittelwertsatz der Differentialrechnung (s. Abschnitt 6.4.5) gilt mit einer Zwischenstelle ξ mit

$$\frac{D(x) - D(a)}{x - a} = f'(\xi) = 0.$$

Daraus folgt $D(x) \equiv D(a) = C$, also die Behauptung $F_2(x) = F_1(x) + C$.

Falls $F(x)$ Stammfunktion von f ist, so ist für jedes $C \in \mathbb{R}$ die Funktion $F(x) + C$ ebenfalls Stammfunktion oder ein unbestimmtes Integral. Sämtliche unbestimmten Integrale (Stammfunktionen) erhält man somit aus einer einzigen Stammfunktion durch Addition einer **Integrationskonstanten** C. Daher benutzt man die Darstellung

$$\int f(x)\, dx = F(x) + C, \quad C \in \mathbb{R}.$$

Für das unbestimmte Integral gilt

$$\frac{d}{dx} \int f(x) \, dx = f(x),$$

falls f an der Stelle x stetig ist.

Beispiel 5 (Grundintegrale):

Durch Differentiation kann unmittelbar gezeigt werden:

$$\int b \, dx = b \, x + C \quad \text{für } b \in \mathbb{R};$$

$$\int x^n \, dx = \frac{x^{n+1}}{n+1} + C \quad \text{für } n \in \mathbb{N};$$

$$\int \frac{1}{x} \, dx = \ln|x| + C;$$

$$\int x^\alpha \, dx = \frac{1}{\alpha+1} \cdot x^{\alpha+1} + C \quad \text{für } \alpha \in \mathbb{R}, \, \alpha \neq -1;$$

$$\int e^x \, dx = e^x + C;$$

$$\int a^x \, dx = \frac{1}{\ln a} \cdot a^x + C \quad \text{für } a > 0;$$

$$\int \sin x \, dx = -\cos x + C;$$

$$\int \cos x \, dx = \sin x + C.$$

7.4 Berechnung bestimmter Integrale
mit Hilfe einer beliebigen Stammfunktion

Es sei $F(x)$ eine beliebige Stammfunktion von $f(x)$. Da die Integralfunktion $I(x) = \int\limits_{a}^{x} f(u) \, du$ ebenfalls eine Stammfunktion ist, gibt es nach Satz 3 eine Konstante C mit

$$I(x) = F(x) + C.$$

Wegen $I(a) = \int\limits_{a}^{a} f(u) \, du = 0$ folgt hieraus

$$0 = I(a) = F(a) + C \, ; \, C = -F(a).$$

Damit gilt

$$I(x) = \int\limits_{a}^{x} f(u) \, du = F(x) - F(a).$$

Für $x = b$ erhält man das bestimmte Integral in der Form

$$\int\limits_{a}^{b} f(u) \, du = F(b) - F(a).$$

Damit gilt der

Satz 4 (Hauptsatz der Integralrechnung): Mit einer beliebigen Stammfunktion F von f gilt

$$\int\limits_a^b f(x)\,dx = F(b) - F(a) = \Big[F(x)\Big]_a^b .$$

Beispiel 6:

a) $\int\limits_0^2 x^4\,dx = \left[\dfrac{x^5}{5}\right]_0^2 = \dfrac{32}{5}$;

b) $\int\limits_0^1 e^x\,dx = \Big[e^x\Big]_0^1 = e - 1$;

c) $\int\limits_0^\pi \sin x\,dx = [-\cos]_0^\pi = -\cos\pi + \cos 0 = 2.$

7.5 Integrationsregeln

In diesem Abschnitt werden einige Regeln zur Berechnung von unbestimmten Integralen angegeben, die sich unmittelbar aus den entsprechenden Differentiationsregeln herleiten lassen.

7.5.1 Linearitätseigenschaften

Konstanter Faktor: Für einen beliebigen Faktor $a \in \mathbb{R}$ gilt

$\int a \cdot f(x)\,dx = a \cdot \int f(x)\,dx.$

Ein konstanter Faktor a kann also vor das Integral gezogen werden.

Beispiel 7: $\int 5 \cdot \sin x\,dx = 5 \cdot \int \sin x\,dx = -5 \cdot \cos x + C.$

Summenregel: Es gilt

$\int [f(x) + g(x)]\,dx = \int f(x)\,dx + \int g(x)\,dx.$

Die Summenregel und die Behandlung des konstanten Faktors können mit Hilfe des Prinzips der vollständigen Induktion auf mehrere Summanden übertragen werden.

$$\int \sum_{i=1}^{n} a_i \cdot f_i(x)\,dx = \sum_{i=1}^{n} a_i \cdot \int f_i(x)\,dx \quad \text{für} \quad a_i \in \mathbb{R}.$$

Beispiel 8:
$$\int \left(8\,x^2 + 5\,e^x - \frac{7}{x} \right) dx \; = 8 \cdot \int x^2\,dx + 5 \cdot \int e^x\,dx - 7 \cdot \int \frac{1}{x}\,dx$$
$$= 8 \cdot \frac{x^3}{3} + 5 \cdot e^x - 7 \cdot \ln|x| + C.$$

7.5.2 Partielle Integration

Nach der Produktregel für die Differentiation gilt

$$\big(f(x) \cdot g(x)\big)' \;=\; f(x) \cdot g'(x) + f'(x) \cdot g(x) \,.$$

Hieraus erhält man

$$\int \big(f(x) \cdot g(x)\big)'dx \;=\; f(x) \cdot g(x) + C \,.$$

Integration der obigen Gleichung ergibt

$$\int \big(f(x) \cdot g(x)\big)'dx = f(x) \cdot g(x) \;=\; \int f(x) \cdot g'(x)\,dx + \int f'(x) \cdot g(x)\,dx.$$

Hieraus erhält man unmittelbar die

> **Partielle Integration:** Falls f und g integrierbar sind und stetige Ableitungen besitzen, gilt
>
> $$\int f(x) \cdot g'(x)\,dx = f(x) \cdot g(x) - \int f'(x) \cdot g(x)\,dx\,;$$
>
> $$\int_a^b f(x) \cdot g'(x)\,dx = \Big[f(x) \cdot g(x) \Big]_a^b - \int_a^b f'(x) \cdot g(x)\,dx\,.$$

Diese Formel sollte dann benutzt werden, wenn das auf der rechten Seite stehende Integral einfacher berechnet werden kann als das auf der linken Seite.

Beispiel 9:

a) $\int \ln x\,dx$; $f(x) = \ln x$; $f'(x) = \frac{1}{x}$ und $g'(x) = 1$; $g(x) = x$ ergibt

$$\int 1 \cdot \ln x\,dx = (\ln x) \cdot x - \int \frac{1}{x} \cdot x\,dx \;= x \cdot \ln x - x + C;$$

b) $\int x^n \cdot \ln x\,dx$; $f(x) = \ln x$; $f'(x) = \frac{1}{x}$ und $g'(x) = x^n$; $g(x) = \frac{x^{n+1}}{n+1}$;

$$\int x^n \cdot \ln x\,dx = \frac{x^{n+1}}{n+1} \cdot \ln x - \int \frac{x^{n+1}}{n+1} \cdot \frac{1}{x}\,dx \;= \frac{x^{n+1}}{n+1} \cdot \ln x - \frac{x^{n+1}}{(n+1)^2} + C.$$

c) $\int x \cdot e^x dx$; $f(x) = x$; $f'(x) = 1$ und $g'(x) = e^x$; $g(x) = e^x$;

$\int x \cdot e^x dx = x \cdot e^x - \int e^x dx = x \cdot e^x - e^x + C = e^x \cdot (x - 1) + C;$

d) $\int x^2 \cdot e^x dx$; $f(x) = x^2$; $f'(x) = 2x$ und $g'(x) = e^x$; $g(x) = e^x$;

$\int x^2 \cdot e^x dx = x^2 \cdot e^x - 2 \cdot \int x \cdot e^x dx = x^2 \cdot e^x - 2 \cdot e^x \cdot (x - 1) + C$ (s.c))

$\qquad = e^x \cdot (x^2 - 2x + 2) + C;$

e) $\int x^n \cdot e^x dx = x^n \cdot e^x - n \cdot \int x^{n-1} \cdot e^x dx$, $n = 1, 2, \ldots$

Dieses Integral läßt sich rekursiv wie in d) und c) berechnen.

f) $\int x \cdot \sin x dx$; $f(x) = x$; $f'(x) = 1$ und $g'(x) = \sin x$; $g(x) = -\cos x$;

$\int x \cdot \sin x dx = -x \cdot \cos x + \int \cos x dx = \sin x - x \cdot \cos x + C;$

g) $\int e^x \cdot \cos x dx$; $f(x) = e^x$; $f'(x) = e^x$ und $g'(x) = \cos x$; $g(x) = \sin x$;

$\int e^x \cdot \cos x dx = e^x \cdot \sin x - \int e^x \cdot \sin x dx;$

$\int e^x \cdot \sin x dx$; $f(x) = e^x$; $f'(x) = e^x$ und $g'(x) = \sin x$; $g(x) = -\cos x$;

$\int e^x \cdot \sin x dx = -e^x \cdot \cos x + \int e^x \cdot \cos x dx.$

Daraus folgt

$\int e^x \cdot \cos x dx = e^x \cdot \sin x - (-e^x \cdot \cos x + \int e^x \cdot \cos x dx)$

$2 \cdot \int e^x \cdot \cos x dx = e^x \cdot (\sin x + \cos x) + 2C;$

$\int e^x \cdot \cos x dx = \frac{1}{2} \cdot e^x \cdot (\sin x + \cos x) + C;$

h) $\int\limits_{0}^{\frac{\pi}{2}} \sin x \cdot \cos x dx$;

zunächst wird eine spezielle Stammfunktion bestimmt mit $C = 0$:

$\int \sin x \cdot \cos x dx$; $f(x) = \sin x$; $f'(x) = \cos x$; $g'(x) = \cos x$; $g(x) = \sin x$;

$\int \sin x \cdot \cos x dx = \sin^2 x - \int \sin x \cdot \cos x dx$; daraus folgt

$2 \cdot \int \sin x \cdot \cos x dx = \sin^2 x;$ $\int \sin x \cdot \cos x dx = \frac{1}{2} \cdot \sin^2 x .$

$\int\limits_{0}^{\frac{\pi}{2}} \sin x \cdot \cos x dx = \frac{1}{2} \cdot \left[\sin^2 x \right]_{0}^{\frac{\pi}{2}} = \frac{1}{2}.$

7.5.3 Die Substitutionsmethode (Einführung einer neuen Veränderlichen)

Es sei F(u) eine Stammfunktion von f(u) mit

$$\int f(u)\,du = F(u) + C.$$

Ist $u = g(x)$ eine stetig differenzierbare Funktion in x, so folgt nach der Kettenregel

$$\frac{d\,F(g(x))}{dx} = \frac{d\,F(u)}{du}\cdot\frac{du}{dx} = f(u)\cdot g'(x) = f(g(x))\cdot g'(x)\,.$$

Integration ergibt unmittelbar die Regel für die

Integration durch Substitution: Die Funktion f(u) besitze die Stammfunktion F(u), ferner sei $u = g(x)$ eine stetig differenzierbare Funktion, wobei die zusammengesetzte Funktion f(g(x)) existiere.
Dann gilt

$$\int f(g(x))\cdot g'(x)\,dx = \left[\int f(u)\,du\right]_{u\,=\,g(x)} = F(g(x)) + C.$$

Bei der Integration durch Substitution wird entweder die Funktion g(x) durch die neue Variable u substituiert oder die Variable u durch g(x). Aus $u = g(x)$ folgt dann

$$du = g'(x)\,dx.$$

Beispiel 10:

a) $\int\dfrac{1}{5x+8}\,dx$; Substitution: $u = 5x+8$; $du = 5\,dx$; $dx = \frac{1}{5}\,du$ ergibt

$$\int\frac{1}{5x+8}\,dx = \frac{1}{5}\cdot\int\frac{du}{u} = \frac{1}{5}\cdot\ln|u| + C = \frac{1}{5}\cdot\ln|5x+8| + C\ ;\ x\neq-\frac{8}{5};$$

b) $\int\sqrt{3x+4}\,dx$; $u = 3x+4$; $du = 3\,dx$; $dx = \frac{1}{3}\,du$ ergibt

$$\int\sqrt{3x+4}\,dx = \frac{1}{3}\cdot\int\sqrt{u}\,du = \frac{1}{3}\cdot\frac{2}{3}\cdot u^{\frac{3}{2}}+C = 2\cdot\sqrt{(3x+4)^3} + C;$$
$$(3x+4)^3 \geq 0;$$

c) $\int\sin x\cdot\cos x\,dx = \int g(x)\cdot g'(x)\,dx$; $u = \sin x$; $du = \cos x\,dx$;

$$\int\sin x\cdot\cos x\,dx = \int u\,du = \frac{1}{2}\cdot u^2 + C = \frac{1}{2}\cdot\sin^2 x + C;$$

d) $\int\cot x\,dx = \int\dfrac{\cos x}{\sin x}\,dx = \int\dfrac{g'(x)}{g(x)}\,dx$; $u = \sin x$; $du = \cos x\,dx$;

$$\int\cot x\,dx = \int\frac{du}{u} = \ln|u| + C = \ln|\sin x| + C;$$

e) $\int \dfrac{3x^2 + 4x + 5}{x^3 + 2x^2 + 5x + 8}\,dx = \int \dfrac{g'(x)}{g(x)}\,dx \;;$

Substitution: $u = x^3 + 2x^2 + 5x + 8\,;\; du = (3x^2 + 4x + 5)\,du$ ergibt

$\int \dfrac{3x^2 + 4x + 5}{x^3 + 2x^2 + 5x + 8}\,dx = \int \dfrac{du}{u} = \ln|u| + C = \ln|x^3 + 2x^2 + 5x + 8| + C;$

f) $\int 2x \cdot e^{x^2}\,dx = \int g'(x) \cdot e^{g(x)}\,dx \;;$ Substitution: $u = x^2;\; du = 2x\,dx\;;$

$\int 2x \cdot e^{x^2}\,dx = \int e^u\,du = e^u + C = e^{x^2} + C;$

g) $\int e^{\sqrt{x}}\,dx;$ Substitution: $u = \sqrt{x}\,;\; du = \dfrac{1}{2 \cdot \sqrt{x}}\,dx\;;\; dx = 2 \cdot \sqrt{x}\,du = 2\,u\,du;$

$\int e^{\sqrt{x}}\,dx = 2 \cdot \int u \cdot e^u\,du = 2 \cdot e^u \cdot (u - 1) + C$ (s. Beispiel 9 c))

$\qquad = 2 \cdot (\sqrt{x} - 1) \cdot e^{\sqrt{x}} + C.$

Spezielle Integrale:

a) $\int f(ax + b)\,dx = \frac{1}{a} \cdot F(ax + b) + C \quad$ für $a \neq 0,$

$\qquad\qquad\qquad\qquad\qquad\qquad F = $ Stammfunktion von $f;$

b) $\int g(x)^{\alpha} \cdot g'(x)\,dx = \dfrac{1}{\alpha + 1} \cdot [g(x)]^{\alpha + 1} + C \;$ für $\alpha \neq -1;$

c) $\int \dfrac{g'(x)}{g(x)}\,dx = \ln|g(x)| + C \quad$ für $g(x) \neq 0 \quad (\alpha = -1$ aus b)).

Beweis:

a) Die Substitution $u = ax + b\,;\; du = a\,dx;\; dx = \frac{1}{a}du$ ergibt

$\int f(ax + b)\,dx = \frac{1}{a}\int f(u)\,du = \frac{1}{a} \cdot F(u) + C = \frac{1}{a} \cdot F(ax + b) + C.$

b) Die Substitution: $u = g(x);\; du = g'(x)\,dx$ liefert

$\int g(x)^{\alpha} \cdot g'(x)\,dx = \int u^{\alpha} \cdot du = \dfrac{1}{\alpha + 1} \cdot u^{\alpha + 1} + C =$

$\qquad\qquad = \dfrac{1}{\alpha + 1} \cdot [g(x)]^{\alpha + 1} + C \;$ für $\alpha \neq -1.$

c) Die Substitution aus b ergibt

$\int \dfrac{g'(x)}{g(x)}\,dx = \int \dfrac{du}{u} = \ln|u| + C = \ln|g(x)| + C \;$ für $g(x) \neq 0.$

Falls bestimmte Integrale mit Hilfe der Substitution $u = g(x)$ berechnet werden, können die Grenzen gleich mittransformiert werden. Es gilt

---

Substitution bei bestimmten Integralen:

$$\int_a^b f(g(x)) \cdot g'(x)\, dx = \int_{g(a)}^{g(b)} f(u)\, du \ .$$

Beweis: Ist F Stammfunktion von f, so ist $F(g(x))$ eine Stammfunktion von $f(g(x)) \cdot g'(x)$. Daher gilt

$$\int_a^b f(g(x)) \cdot g'(x)\, dx = \Big[F(g(x)) \Big]_a^b = F(g(b)) - F(g(a)) = \int_{g(a)}^{g(b)} f(u)\, du \ .$$

Beispiel 11: Ein Grenzkostenfunktion besitze die Form $\dfrac{1}{\sqrt{3x+6}}$. Gesucht ist der Kostenzuwachs im Intervall $[1\,;10]$. Mit der Substitution $3x + 6 = u$; $3\,dx = du$; $x = 1 \Rightarrow u = 9$; $x = 10 \Rightarrow u = 36$ erhält man den gesuchten Kostenzuwachs

$$K(10) - K(1) = \int_1^{10} \frac{dx}{\sqrt{3x+6}} = \frac{1}{3} \cdot \int_9^{36} \frac{du}{\sqrt{u}} = \frac{2}{3} \cdot \Big[\sqrt{u} \ \Big]_9^{36} = \frac{2}{3} \cdot (6 - 3) = 2.$$

7.6 Uneigentliche Integrale

Bisher wurde das bestimmte Integral nur von beschränkten Funktionen auf abgeschlossenen (beschränkten) Intervallen $[a;b]$ definiert. Unter gewissen Voraussetzungen ist es möglich, das bestimmte Integral auch über unbeschränkte (unendliche) Intervalle zu definieren (Abschnitt 7.6.1). Auch wenn eine Funktion auf einem Intervall nicht beschränkt ist, kann unter Umständen auch auf diesem Intervall das bestimmte Integral erklärt werden (Abschnitt 7.6.2).

7.6.1 Integrale über unbeschränkte Intervalle

Beispiel 12:

a) Für jedes $b > 0$ existiert das bestimmte Integral

$$\int_0^b e^{-x}\, dx = \Big[-e^{-x} \Big]_0^b = 1 - e^{-b} \quad \text{mit dem Grenzwert}$$

$$\lim_{b \to \infty} \int_0^b e^{-x}\, dx = \lim_{b \to \infty} (1 - e^{-b}) = 1.$$

Für diesen Grenzwert schreibt man auch

$$\lim_{b\to\infty} \int_0^b e^{-x}\,dx = \int_0^\infty e^{-x}\,dx = 1$$

und nennt ihn uneigentliches Integral.

b) Mit der Substitution $u = g(x) = x^2$, $du = 2x\,dx$ erhält man

$$\int_a^b x\cdot e^{-x^2}\,dx = \frac{1}{2}\cdot\int_{a^2}^{b^2} e^{-u}\,du = \frac{1}{2}\cdot\left[-e^{-u}\right]_{a^2}^{b^2} = \frac{1}{2}\cdot\left(e^{-a^2} - e^{-b^2}\right).$$

Hier existiert der Grenzwert sowohl für $a\to-\infty$ als auch für $b\to\infty$. Damit erhält man

$$\int_0^\infty x\cdot e^{-x^2}\,dx = \lim_{b\to\infty}\int_0^b x\cdot e^{-x^2}\,dx = \lim_{b\to\infty}\frac{1}{2}\cdot\left(e^0 - e^{-b^2}\right) = \frac{1}{2};$$

$$\int_{-\infty}^0 x\cdot e^{-x^2}\,dx = \lim_{a\to-\infty}\int_a^0 x\cdot e^{-x^2}\,dx = \lim_{a\to-\infty}\frac{1}{2}\cdot\left(e^{-a^2} - e^0\right) = -\frac{1}{2};$$

$$\int_{-\infty}^{+\infty} x\cdot e^{-x^2}\,dx = \lim_{\substack{a\to-\infty\\b\to\infty}}\int_a^b x\cdot e^{-x^2}\,dx = \frac{1}{2}\cdot\lim_{\substack{a\to-\infty\\b\to\infty}}\left(e^{-a^2} - e^{-b^2}\right) = 0.$$

Definition 3: Die Funktion f sei im Intervall $[a;+\infty)$ bzw. $(-\infty;b]$ bzw. auf ganz $\mathbb{R}$ definiert. Im Falle der Existenz heißen die Grenzwerte

$$\lim_{b\to\infty}\int_a^b f(x)\,dx = \int_a^\infty f(x)\,dx\ ;$$

$$\lim_{a\to-\infty}\int_a^b f(x)\,dx = \int_{-\infty}^b f(x)\,dx\ ;$$

$$\lim_{\substack{b\to\infty\\a\to-\infty}}\int_a^b f(x)\,dx = \int_{-\infty}^\infty f(x)\,dx$$

konvergente uneigentliche Integrale von f über dem entsprechenden Intervall. Falls ein uneigentliches Integral nicht konvergiert, nennt man es **divergent**.

Beispiel 13:

a) $f(x) = \frac{1}{x}$ für $x \geq 1$.

$$\int\limits_{1}^{\infty} \frac{1}{x} dx = \lim_{b \to \infty} \int\limits_{1}^{b} \frac{1}{x} dx$$

$$= \lim_{b \to \infty} \left[\ln x \right]_{1}^{b} = \lim_{b \to \infty} \ln b = +\infty.$$

Das uneigentliche Integral ist divergent. Der Inhalt der Fläche zwischen der Funktion und der x-Achse über dem Intervall $[1;b]$ wird beliebig groß, wenn nur b groß genug gewählt wird. Die Fläche rechts von 1 hat den Inhalt unendlich.

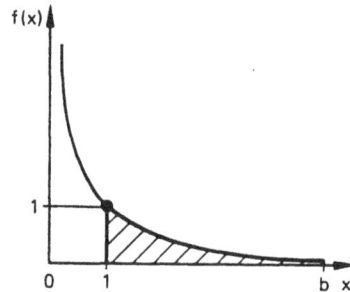

b) $f(x) = \frac{1}{x^2}$ für $x \geq 1$.

$$\int\limits_{1}^{\infty} \frac{1}{x^2} dx = \lim_{b \to \infty} \int\limits_{1}^{b} \frac{1}{x^2} dx$$

$$= \lim_{b \to \infty} \left[-\frac{1}{x} \right]_{1}^{b} = \lim_{b \to \infty} \left(1 - \frac{1}{b} \right) = 1.$$

Das uneigentliche Integral ist konvergent. Der Inhalt der Fläche zwischen der Funktion und der x-Achse über dem Intervall $[1;b]$ nähert sich immer mehr der Zahl 1, wenn nur b groß genug gewählt wird. Die Fläche rechts von 1 besitzt den Inhalt 1.

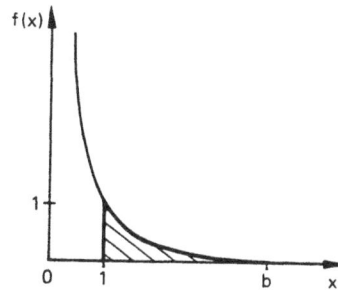

7.6.2 Integrale von unbeschränkten Funktionen

Beispiel 14: Die Funktion $f(x) = \frac{1}{\sqrt{x}}$ ist im halboffenen Intervall $(0;1]$ nicht beschränkt. Für jedes $\delta > 0$ gilt

$$\int\limits_{\delta}^{1} \frac{1}{\sqrt{x}} dx = 2 \cdot \left[\sqrt{x} \right]_{\delta}^{1} = 2 \cdot (1 - \sqrt{\delta})$$

$$\int\limits_{0}^{1} \frac{1}{\sqrt{x}} dx = \lim_{\delta \to 0} \int\limits_{\delta}^{1} \frac{1}{\sqrt{x}} dx = 2.$$

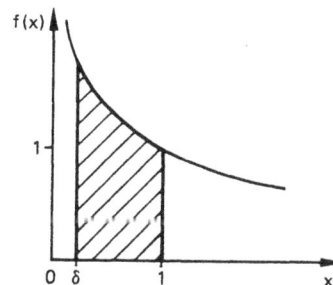

Definition 4: Die Funktion f sei in [a; b) bzw. (a; b] definiert und für alle δ mit $0 < \delta < b - a$ in $[a; b - \delta]$ bzw. $[a + \delta; b]$ integrierbar. Im Falle der Existenz heißen die Grenzwerte

$$\lim_{\delta \to 0} \int_a^{b-\delta} f(x)\,dx = \int_a^b f(x)\,dx \;;\quad \lim_{\delta \to 0} \int_{a+\delta}^b f(x)\,dx = \int_a^b f(x)\,dx$$

konvergente uneigentliche Integrale von f im Intervall [a; b) bzw. (a; b]. Ein nicht konvergentes uneigentliches Integral heißt **divergent**.

Beispiel 15: Die Funktion $f(x) = \frac{1}{x^\alpha}$, $x > 0$ mit $\alpha > 0$ ist im Intervall $(0; 1]$ nicht beschränkt. Für $\delta > 0$ erhält man

$$\int_\delta^1 \frac{1}{x^\alpha}\,dx = \int_\delta^1 x^{-\alpha}\,dx = \begin{cases} \frac{1}{1-\alpha} \cdot \left[x^{1-\alpha}\right]_\delta^1 = \frac{1}{1-\alpha} \cdot (1 - \delta^{1-\alpha}) & \text{für } \alpha \neq 1 \\[2mm] \left[\ln x\right]_\delta^1 = -\ln \delta & \text{für } \alpha = 1. \end{cases}$$

Für $\alpha \geq 1$ gilt

$$\int_0^1 \frac{1}{x^\alpha}\,dx = \lim_{\delta \to 0} \int_\delta^1 \frac{1}{x^\alpha}\,dx = +\infty \text{ (bestimmt divergent).}$$

$\alpha < 1$ ergibt

$$\int_0^1 \frac{1}{x^\alpha}\,dx = \lim_{\delta \to 0} \int_\delta^1 \frac{1}{x^\alpha}\,dx = \frac{1}{1-\alpha}\,.$$

In diesem Fall besitzt die Fläche unterhalb der Kurve zwischen 0 und 1 den endlichen Inhalt $\frac{1}{1-\alpha}$. Für $\alpha = \frac{1}{2}$ erhält man die Funktion $f(x) = \frac{1}{\sqrt{x}}$ aus Beispiel 14. Für $\alpha \geq 1$ ist der Inhalt der Fläche zwischen 0 und 1 unendlich groß.

Beispiel 16: Die Funktion $f(x) = \frac{1}{\sqrt{|x|}}$ ist an der Stelle x=0 nicht definiert.

Nach Beispiel 14 gilt $\displaystyle\int_0^1 \frac{1}{\sqrt{|x|}}\,dx = \int_0^1 \frac{1}{\sqrt{x}}\,dx = \lim_{\delta \to 0} \int_\delta^1 \frac{1}{\sqrt{x}}\,dx = 2.$

Mit der Substitution $-x = u$; $dx = -du$ erhält man

$$\int_{-1}^0 \frac{1}{\sqrt{|x|}}\,dx = \int_{-1}^0 \frac{1}{\sqrt{-x}}\,dx = \lim_{\varepsilon \to 0} \int_{-1}^{-\varepsilon} \frac{1}{\sqrt{-x}}\,dx$$

$$= -\lim_{\varepsilon \to 0} \int_1^\varepsilon \frac{1}{\sqrt{u}}\,du = -\lim_{\varepsilon \to 0} 2 \cdot \left[\sqrt{u}\right]_1^\varepsilon = 2 \cdot (-\sqrt{\varepsilon} + 1) = 2.$$

Damit konvergiert das uneigentliche Integral

$$\int_{-1}^1 \frac{1}{\sqrt{|x|}}\,dx = \int_{-1}^0 \frac{1}{\sqrt{|x|}}\,dx + \int_0^1 \frac{1}{\sqrt{|x|}}\,dx = 2 + 2 = 4.$$

7.7 Anwendungen der Integralrechnung

In diesem Abschnitt sollen einige spezielle Probleme aus der Ökonomie mit Hilfe der Integralrechnung gelöst werden.

7.7.1 Bestimmung einer Funktion bei vorgegebener Grenzfunktion

Zu einer vorgegebenen Grenzkostenfunktion $k(x) = K'(x)$ erhält man nach Beispiel 1 und Beispiel 3 die Kostenfunktion $K(x)$ in der Form

$$K(x) = K(a) + \int_a^x k(t)\, dt.$$

Dabei stellt $K(x)$ die Kosten der Produktionsmenge x dar.

$$K(x) - K(a) = \int_a^x k(t)\, dt$$

ist der Kostenzuwachs, falls die Produktionsmenge von a auf x erhöht wird, also die Kosten der zusätzlichen Produktionsmege $x - a$.

Die gleiche Beziehung besteht zwischen einer Umsatzfunktion $U(x)$ und dem zugehörigen Grenzumsatz $u(x) = U'(x)$

$$U(x) = U(a) + \int_a^x u(t)\, dt.$$

Ist $F(x)$ eine beliebige differenzierbare Funktion mit der (lokalen) Grenzfunktion $f(x) = F'(x)$, so gilt auch hier

$$F(x) = F(a) + \int_a^x f(t)\, dt$$

7.7.2 Bestimmung einer Funktion aus einer vorgegebenen Elastizität

Nach Abschnitt 6.8 lautet die Elastizität einer differenzierbaren Funktion f

$$\varepsilon_f(x) = \frac{f'(x)}{f(x)} \cdot x$$

Falls die Elastizität $\varepsilon_f(x)$ vollständig vorgegeben ist, erhält man die Funktion $f(x)$ durch Integration

$$\int \frac{f'(x)}{f(x)}\, dx = \int \frac{\varepsilon_f(x)}{x}\, dx$$

$$\ln|f(x)| = \int \frac{\varepsilon_f(x)}{x}\, dx$$

$$|f(x)| = e^{\int \frac{\varepsilon_f(x)}{x}\, dx}; \quad f(x) = \pm e^{\int \frac{\varepsilon_f(x)}{x}\, dx} = c \cdot e^{\int \frac{\varepsilon_f(x)}{x}\, dx}, \, c \in \mathbb{R}.$$

$E(x)$ sei eine beliebige Stammfunktion von $\frac{\varepsilon_f(x)}{x}$. Dann erhält man sämtliche Funktionen, welche die Elastizität $\varepsilon_f(x)$ besitzen, in der Form

$$f(x) = \pm e^{E(x) + C} = \pm e^C \cdot e^{E(x)} = b \cdot e^{E(x)} \quad \text{mit } b \in \mathbb{R}.$$

Über die Vorgabe des Funktionswertes $f(a)$ ist die Konstante b bestimmt durch

$$f(a) = b \cdot e^{E(a)}; \ b = \frac{f(a)}{e^{E(a)}}; \quad \text{also } f(x) = \frac{f(a)}{e^{E(a)}} \cdot e^{E(x)}.$$

Beispiel 17:

a) $\varepsilon_f(x) = \alpha$ (konstant); $x > 0$; $\frac{f'(x)}{f(x)} = \frac{\alpha}{x}$;

$\ln|f(x)| = \alpha \cdot \ln x$; $|f(x)| = e^{\alpha \cdot \ln x + C} = e^C \cdot e^{\ln(x^\alpha)} = e^C \cdot x^\alpha$;

$f(x) = \pm e^C \cdot x^\alpha = b \cdot x^\alpha$; $b \in \mathbb{R}$.

Die Funktion f mit $f(1) = 1$ lautet wegen $1 = b$: $f(x) = x^\alpha$.

b) $\varepsilon_f(x) = 5x + 12$; $x > 0$; $f(1) = 25$; $\frac{f'(x)}{f(x)} = 5 + \frac{12}{x}$;

$\ln|f(x)| = 5x + 12\ln x + C$;

$f(x) = \pm e^{5x + 12\ln x + C} = \pm e^C \cdot e^{5x} \cdot x^{12} = b \cdot x^{12} \cdot e^{5x}$;

$25 = f(1) = b \cdot e^5$; $b = 25 \cdot e^{-5}$;

$f(x) = 25 \cdot e^{-5} \cdot x^{12} \cdot e^{5x} = 25 \cdot x^{12} \cdot e^{5(x-1)}$.

Probe: $f'(x) = 25 \cdot e^{5(x-1)}(12x^{11} + 5 \cdot x^{12})$

$$\varepsilon_f(x) = \frac{25 \cdot e^{5(x-1)}(12x^{11} + 5 \cdot x^{12})}{25 \cdot x^{12} \cdot e^{5(x-1)}} \cdot x = \frac{12x^{12} + 5 \cdot x^{13}}{x^{12}} = 5x + 12.$$

c) $\varepsilon_f(x) = x \cdot e^x$; $x > 0$; $f(1) = 2$; $\frac{f'(x)}{f(x)} = e^x$;

$\ln|f(x)| = e^x + C$; $f(x) = \pm e^C \cdot e^{(e^x)} = b \cdot e^{(e^x)}$;

$2 = f(1) = b \cdot e^e$; $b = 2 \cdot e^{-e}$; $f(x) = 2 \cdot e^{-e} \cdot e^{(e^x)} = 2 \cdot e^{(e^x) - e}$;

Probe: $f'(x) = 2 \cdot e^x \cdot e^{(e^x) - e}$; $\varepsilon_f(x) = \frac{2 \cdot e^x \cdot e^{(e^x) - e}}{2 \cdot e^{(e^x) - e}} \cdot x = x \cdot e^x.$

Falls die Elastizität $\varepsilon_f(x)$ eine Funktion der unbekannten Funktion f ist, kann die Gleichung

$$\varepsilon_f(x) = \frac{f'(x)}{f(x)} \cdot x$$

unter Umständen durch Integration gelöst werden. Dazu das

Beispiel 18:

a) $\varepsilon_f(x) = a \cdot f'(x); a \neq 0; f'(x) \neq 0;$

$$a \cdot f'(x) = \frac{f'(x)}{f(x)} \cdot x ; \quad f(x) = \frac{1}{a} \cdot x.$$

b) $\varepsilon_f(x) = 2 f(x); x > 0;$

$$2 \cdot f(x) = \frac{f'(x)}{f(x)} \cdot x; \quad \frac{2}{x} = \frac{f'(x)}{f^2(x)}$$

$$\int \frac{f'(x)}{f^2(x)}\, dx = 2 \int \frac{1}{x} dx ;$$

$$-\frac{1}{f(x)} = 2\ln x + C; \quad f(x) = -\frac{1}{2\ln x + C};$$

Probe: $\quad f'(x) = \frac{1}{(2\ln x + C)^2} \cdot \frac{2}{x} ;$

$$\varepsilon_f(x) = -\frac{1}{(2\ln x + C)^2} \cdot \frac{2}{x} \cdot (2\ln x + C) \cdot x = 2 \cdot f(x).$$

7.7.3 Gesamtumsatz bei stetigen Preissenkungen

Die Nachfragefunktion N(p) gibt an, welche Menge einer Ware verkauft werden könnte, falls als Preis je Mengeneinheit p festgesetzt wird. Dabei sei p_u der Mindestpreis und p_o der Höchstpreis. Die Funktion N(p) sei monoton fallend und im Intervall $[p_u; p_o]$ integrierbar. Für die Ware soll es nur einen einzigen Hersteller geben. Dann kann dieser Monopolist seinen Umsatz durch folgende Preisfestsetzungsstrategie maximieren:

Zunächst setzt er den Höchstpreis p_o fest. Zu diesem Preis befriedigt er die Nachfrage $N(p_o)$, was ihm einen Umsatz von $p_o \cdot N(p_o)$ bringt. Dieser Umsatz ist gleich dem Inhalt des unteren Rechtecks in der nachfolgenden Abbildung. Danach senkt er den Preis um Δp auf $p_o - \Delta p$. Diejenigen Käufer, die bereits zum Preis p_o gekauft haben, hätten zwar auch zu dem niedrigen Preis gekauft. Da sie aber schon zum höheren Preis gekauft haben, fallen sie als Käufer aus. Somit gibt es nur noch die zusätzliche Nachfragemenge $N(p_o - \Delta p) - N(p_o)$ mit dem zusätzlichen Umsatz

$$(p_0 - \Delta p) \cdot [N(p_0 - \Delta p) - N(p_0)].$$

Dieser zusätzliche Umsatz ist gleich dem Inhalt des zweituntersten Rechtecks in der nachfolgenden Abbildung.

Nochmalige Preissenkung um Δp bewirkt eine zusätzliche Nachfragemenge $N(p_0 - 2\Delta p) - N(p_0 - \Delta p)$ mit der Umsatzsteigerung

$$(p_0 - 2\Delta p) \cdot [N(p_0 - 2\Delta p) - N(p_0 - \Delta p)].$$

Bei weiteren Preissenkungen lassen sich die Umsatzzunahmen als Inhalte der in der nachfolgenden Abbildungen unterhalb von $N(p)$ eingezeichneten Rechtecke anschaulich darstellen.

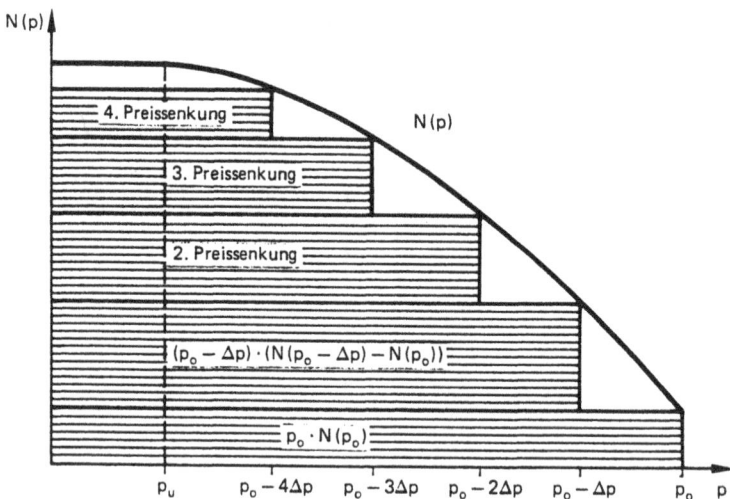

Für $\Delta p \to 0$ (stetige Preissenkung) geht die Umsatzsumme über in den Inhalt der Fläche unterhalb der Kurve $N(p)$ zwischen p_u und p_0, wobei noch zusätzlich der Inhalt $p_u \cdot N(p_u)$ des Rechtecks links von p_u hinzugenommen werden muß. Damit erhält man den

---

Gesamtumsatz bei stetiger Preissenkung von p_0 bis p_u:

$$U_{Grenz} = p_u \cdot N(p_u) + \int_{p_u}^{p_0} N(p)\, dp.$$

Interpretation: Dieser maximale Gesamtumsatz wäre bei einer stetigen Preissenkung vom maximalen Preis p_0 bis zum minimalen Preis p_u erreichbar. Findet die Preissenkung jeweils in kleinen Schritten statt, so ist der Gesamtumsatz U ungefähr gleich U_{Grenz}. Der Umsatz U_{Grenz} stellt die obere Schranke für den Umsatz bei einer beliebigen Preispolitik dar.

Beispiel 19: In Intervall $[50\,;100]$ betrage die Nachfragefunktion
$N(p) = 1\,000 - 10\,p$ (Mengeneinheiten = ME).

a) Von $p_0 = 100$ werde der Preis 50mal der Reihe nach um eine Einheit gesenkt. Beim Höchstpreis findet wegen $N(100) = 0$ kein Umsatz statt. Bei jeder Preissenkung ist die zusätzliche Nachfrage $N(p-1) - n(p) = 10$ konstant. Damit erhält man den Gesamtumsatz

$$U = 10 \cdot (99 + 98 + \ldots + 50) = 10 \cdot \frac{50}{2} \cdot (99 + 50) = 37\,250 \text{ Einheiten.}$$

b) Bei einer Preissenkung von jeweils 0,1 erhält man die jeweilige zusätzliche Nachfrage 1 ME und den Gesamtumsatz

$$U = 1 \cdot (99,9 + 99,8 + \ldots + 50) = \frac{500}{2} \cdot (99,9 + 50) = 37\,475 \text{ Einheiten.}$$

c) Eine stetige Preissenkung ergäbe den Gesamtumsatz

$$U_{\text{Grenz}} = 50 \cdot [1\,000 - 10 \cdot 50] + \int_{50}^{100} (1\,000 - 10\,p)\,dp$$

$$= 25\,000 + \left[1\,000\,p - 5\,p^2\right]_{50}^{100} = 37\,500 \text{ Einheiten.}$$

7.7.4 Die Konsumentenrente

Es sei $N(p)$ die vom Preis p abhängige Nachfragefunktion und $A(p)$ die entsprechende Angebotsfunktion. Durch das Wechselspiel von Angebot und Nachfrage stellt sich auf dem Markt ein Gleichgewichtspreis, der sogenannte **Marktpreis** p_M ein. Beim Marktpreis gleichen sich Angebot und Nachfrage aus, es gilt also

$$A(p_M) = N(p_M)\,.$$

Falls der Monopolist gleich den Marktpreis verlangt, erzielt er einen Umsatz von $p_M \cdot N(p_M)$. Manche Konsumenten wären allerdings auch bereit gewesen, einen höheren Preis als den Marktpreis zu bezahlen. Bei einer stetigen Preisreduzierung vom Höchstpreis p_0 bis zum Marktpreis p_M beträgt nach Abschnitt 7.7.3 der Gesamtumsatz

$$U_{\text{Grenz}} = p_M \cdot N(p_M) + \int_{p_M}^{p_0} N(p)\,dp\,.$$

Gegenüber dem Marktpreis p_M erhielte man dadurch einen zusätzlichen Umsatz von (s. Abbildung auf S. 186)

$$K = \int_{p_M}^{p_0} N(p)\,dp\,.$$

Falls die Anbieter gleich den Marktpreis festsetzen sparen die Abnehmer gegenüber der stetigen Preisreduktion von p_0 bis p_M die

Konsumentenrente $\quad K = \int_{p_M}^{p_0} N(p)\,dp\,.$

Beispiel 20: Im Preisintervall $[0,5\,;5]$ sei $A(p) = 1,2 + 2\,p$ die Angebots-
und $N(p) = 6 - 0,2\,p^2$ die Nachfragefunktion.

a) Für den Marktpreis erhält man die Bestimmungsgleichung
$1,2 + 2\,p = 6 - 0,2\,p^2$; $p^2 + 10\,p - 24 = 0$; $p_{1,2} = -5 \pm 7$;
$p_1 < 0 \Rightarrow p_M = p_2 = 2$.

b) Die Konsumentenrente lautet

$$K = \int\limits_2^5 (6 - 0,2\,p^2)\,dp = \left[6\,p - \frac{2}{30}\,p^3\right]_2^5 = 6 \cdot (5-2) - \frac{1}{15} \cdot (125 - 8)$$

$$= 18 - \frac{117}{15} = \frac{270 - 117}{15} = \frac{153}{15} = 10,2.$$

7.7.5 Die Produzentenrente

Manche Produzenten wären auch bereit, ihre Ware unter dem Marktpreis
zu verkaufen. Falls der Preis durch ein Preisdiktat der Abnehmer stetig
vom unteren Preis p_u bis zum Marktpreis erhöht wird, ist der Umsatz U
gleich dem Inhalt der in der nachfolgenden Abbildung eingezeichneten
Fläche.

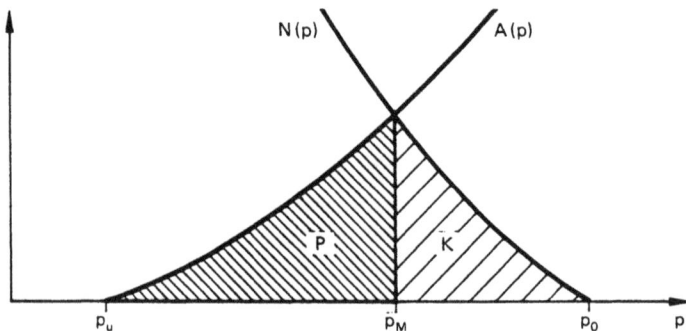

Dieser Flächeninhalt lautet

$$U = p_M \cdot A(p_M) - \int\limits_{p_u}^{p_M} A(p)\,dp \; .$$

Falls gleich der Marktpreis festgesetzt wird, beträgt der Umsat $p_M \cdot A(p_M)$.

Dieser ist um $P = \int\limits_{p_u}^{p_M} A(p)\,dp$ größer als bei der stetigen Preiserhöhung

von p_u bis zum Maktpreis p_M.

Falls die Produzenten gleich den Marktpreis p_M festsetzen, erzielen sie gegenüber der stetigen Preiserhöhung von p_u bis zum Marktpreis p_M als Mehreinahmen die

Produzententenrente $P = \int\limits_{p_u}^{p_M} A(p)\, dp.$

Beispiel 21 (vgl. Beispiel 20): Für Beispiel 20 lautet die Produzentenrente

$$P = \int\limits_{0,5}^{2} (1,2 + 2\,p)\, dp = \left[1,2\,p + p^2\right]_{0,5}^{2} = 1,2 \cdot (2 - 0,5) + 4 - \frac{1}{4} = 5,55.$$

7.7.6 Kapitalwert eines Ertragsstromes

Im Zeitintervall $[0; t]$ erwirtschafte ein Unternehmen einen Ertrag $B(t)$. Die Ertragsfunktion $B(t)$ sei stetig differenzierbar. Dann heißt $b(t) = B'(t)$ der **Ertragsstrom** (Grenzertrag) mit

$$B(t + \Delta t) - B(t) \approx b(t) \cdot \Delta t.$$

Der Ertrag werde laufend auf ein Konto eingezahlt, das stetig verzinst wird mit der Zinsrate $\gamma = \frac{p}{100}$ (p = nomineller Jahreszinssatz). Gesucht ist der Endwert (Kontostand) $K(T)$ nach der Zeit T (in Jahren).

Zur Berechnung wird das Intervall $[0; T]$ zerlegt in n Teilintervalle

$$t_0 = 0 < t_1 < t_2 < ... < t_{i-1} < t_i < ... < t_{n-1} < t_n = T.$$

Im Intervall $[t_{i-1}; t_i)$ fällt ein Ertrag von ungefähr $b(t_{i-1}) \cdot (t_i - t_{i-1})$ an. Falls dieser Betrag zum Zeitpunkt t_i angelegt wird, fallen für ihn Zinsen für eine Zeitspanne von $T - t_i$ an. Damit trägt dieser Ertrag mit ungefähr

$$b(t_{i-1}) \cdot (t_i - t_{i-1}) \cdot e^{\gamma \cdot (T - t_i)}$$

zum Endwert $K(T)$ bei.

Summation liefert als Näherung für den Endwert $K(T)$

$$K_n(T) = \sum_{i=1}^{n} b(t_{i-1}) \cdot e^{\gamma \cdot (T - t_i)} \cdot (t_i - t_{i-1}).$$

Für $n \to \infty$ mit $t_i - t_{i-1} \to 0$ für alle i erhält man den Endwert

$$K(T) = \lim_{n \to \infty} K_n(T) = \int\limits_{0}^{T} b(t) \cdot e^{\gamma \cdot (T - t)}\, dt.$$

Für den auf den jetzigen Zeitpunkt t = 0 abgezinsten Barwert v(T) erhält man aus

$$v(T) e^{\gamma T} = K(T)$$

$$v(T) = \int_0^T b(t) e^{-\gamma t} dt.$$

Damit gilt:

Ein im Intervall $[0;T]$ anfallender Ertragsstrom besitzt bei stetiger Verzinsung mit der Zinsrate $\gamma = \dfrac{p}{100}$ den

Endwert zum Zeitpunkt T: $K(T) = \int_0^T b(t) e^{\gamma(T-t)} dt$

und den

Barwert zum Zeitpunkt t = 0: $v(T) = \int_0^T b(t) e^{-\gamma t} dt.$

Beispiel 22: Kapitalstrom $b(t) = 2 + t$; $\gamma = 0{,}1$, d.h. p = 10%.

$$\int \underbrace{(2+t)}_{=f} \cdot \underbrace{e^{-0{,}1\,t}}_{=g'} dt \quad = -10 \cdot e^{-0{,}1\,t}(2+t) + 10 \int e^{-0{,}1\,t} dt$$

$$= -10 e^{-0{,}1\,t}(12+t).$$

Gegenwartswert:

$$v(T) = \int_0^T (2+t) e^{-0{,}1\,t} dt = \left[-10 e^{-0{,}1\,t}(12+t) \right]_0^T$$

$$= -10(12+T) e^{-0{,}1\,T} + 120.$$

Für T→∞ erhält man den Grenzwert

$$\lim_{T \to \infty} v(T) = 120.$$

Nach T Jahren wächst der Ertragsstrom an auf einen Betrag von

$$K(T) = \left[120 - 10(12+T) e^{-0{,}1\,T} \right] e^{0{,}1\,T}$$

$$= 120 e^{0{,}1\,T} - 10(12+T) \text{ Einheiten.}$$

7.8 Numerische (näherungsweise) Integration

Manchmal ist eine Funktion f(x) gar nicht vollständig gegeben; durch Messungen oder sonstige Erkenntnisse sind jedoch an n+1 Stellen $x_0, x_1, \ldots, x_n$ die Funktionswerte $f(x_0), f(x_1), \ldots, f(x_n)$ bekannt. In einem solchen Fall ist es nicht möglich, eine Stammfunktion anzugeben, mit deren Hilfe bestimmte Integrale berechnet werden können.

Andererseits gibt es auch explizite Funktionen, für die keine Stammfunktion in geschlossener Form angegeben werden kann.

Beispiele dafür sind die Funktionen e^{-x^2}; $\frac{\sin x}{x}$; $\frac{\cos x}{x}$; $\frac{1}{\ln x}$ oder $\frac{e^x}{x}$.

Damit stellt sich die Frage, wie man bei solchen Funktionen bestimmte Integrale numerisch behandeln kann. Dabei möchte man für die Integrale möglichst gute Näherungen erhalten.

Für die näherungsweise Lösung betrachten wir zwei Möglichkeiten. Falls die Funktion f(x) genügend oft differenzierbar ist, kann sie durch ein **Taylorpolynom** approximiert werden. Mit Hilfe der Restgliedabschätzung erhält man eine obere Grenze für den Fehler (Abschnitt 7.8.1).

Die zweite Methode besteht darin, daß die Funktion stückweise durch **Polynome** approximiert wird. In diesem Bereich gibt es sehr viele verschiedene Verfahren, die alle den Vorteil haben, daß sie mit Hilfe eines Rechners sehr bequem durchgeführt werden können. In diesem Rahmen sollen nur ein paar einfache Verfahren behandelt werden. Im Übrigen wird auf die weiterführende Literatur verwiesen, z.B. K. Bosch [1993], S. 549 − 555.

7.8.1 Integration mit Hilfe von Taylorpolynomen

Die Funktion f(x) besitze das Taylorpolynom vom Grade n

$$T_n(x) = f(x_0) + \frac{f'(x_0)}{1!} \cdot (x - x_0) + \ldots + \frac{f^{(n)}(x_0)}{n!} \cdot (x - x_0)^n$$

mit

$$f(x) = T_n(x) + R_n(x) .$$

Dann gilt nach Abschnitt 6.10 für das Restglied $R_n(x)$ die Darstellung

$$R_n(x) = \frac{f^{(n+1)}(x_0 + \theta \cdot (x - x_0))}{(n+1)!} \cdot (x - x_0)^{n+1} \quad \text{mit } 0 < \theta < 1.$$

Als Näherungswert für das bestimmte Integral $\int\limits_a^b f(x)\, dx$ benutzt man

$$\int\limits_a^b f(x)\, dx \approx \int\limits_a^b T_n(x)\, dx = \left[\sum_{k=0}^n \frac{f^{(k)}(x_0)}{(k+1)!} \cdot (x - x_0)^{k+1} \right]_a^b .$$

Für den Fehler F erhält man aus

$$F = \int_a^b f(x)\,dx - \int_a^b T_n(x)\,dx = \int_a^b R_n(x)\,dx$$

die obere Grenze (maximaler Fehler)

$$|F| \leq \int_a^b |R_n(x)|\,dx \leq \int_a^b \frac{|x - x_0|^{n+1}}{(n+1)!} \cdot \max_{0 \leq \theta \leq 1} \left| f^{(n+1)}(x_0 + \theta \cdot (x - x_0)) \right| dx.$$

Beispiel 23 (Verteilungsfunktion der Standardnormalverteilung):
Die Standardnormalverteilung besitzt die Dichte $\varphi(x) = \frac{1}{\sqrt{2\pi}} \cdot e^{-\frac{x^2}{2}}$. Mit nichtelementaren Mitteln läßt sich zeigen, daß diese Dichte mit der x-Achse eine Fläche mit dem Inhalt 1 einschließt.

Die Verteilungsfunktion

$$\Phi(x) = \frac{1}{\sqrt{2\pi}} \int_{-\infty}^x e^{-\frac{u^2}{2}}\,du$$

kann nicht in geschlossener Form angegeben werden. Da die Dichte φ symmetrisch zur y-Achse ist, gilt $\Phi(0) = \frac{1}{2}$. Damit erhält man für $x > 0$

$$\Phi(x) = \frac{1}{2} + \frac{1}{\sqrt{2\pi}} \int_0^x e^{-\frac{u^2}{2}}\,du \qquad \text{für } x > 0.$$

Zur näherungsweisen Berechnung benutzen wir für den Integranden $e^{-\frac{u^2}{2}}$ das Taylorpolynom vom Grad $2n+1$ an der Entwicklungsstelle $u_0 = 0$. Dieses Taylorpolynom erhält man dadurch, daß im Taylorpolynom der Funktion e^x (vgl. Beispiel 43 a) in Abschnitt 6.10) die Variable x durch $-\frac{u^2}{2}$ ersetzt wird. Dies ergibt für jedes $x > 0$ die Näherung

$$\Phi(x) \approx \frac{1}{2} + \frac{1}{\sqrt{2\pi}} \int_0^x \sum_{k=0}^n \left(-\frac{u^2}{2} \right)^k \cdot \frac{1}{k!}\,du$$

$$= \frac{1}{2} + \frac{1}{\sqrt{2\pi}} \sum_{k=0}^n \int_0^x (-1)^k \cdot \frac{u^{2k}}{2^k \cdot k!}\,du$$

$$= \frac{1}{2} + \frac{1}{\sqrt{2\pi}} \sum_{k=0}^n (-1)^k \cdot \frac{x^{2k+1}}{2^k \cdot (2k+1) \cdot k!} \cdot$$

$$R_n(u) = e^{\theta \cdot \left(-\frac{u^2}{2} \right)} \cdot \left(-\frac{u^2}{2} \right)^{n+1} \cdot \frac{1}{(n+1)!} \quad , 0 < \theta < 1$$

ergibt für den Fehler F die Abschätzung

$$|F| \le \frac{1}{\sqrt{2\pi}} \int_0^x \frac{u^{2n+2}}{2^{n+1}} \cdot \frac{1}{(n+1)!} \, du \le \frac{1}{\sqrt{2\pi}} \cdot \frac{x^{2n+3}}{(2n+3) \cdot 2^{n+1}} \cdot \frac{1}{(n+1)!}.$$

Zahlenbeispiel: $x = 1$; $n = 4$:

$$\Phi(1) \approx \frac{1}{2} + \frac{1}{\sqrt{2\pi}} \cdot \left[1 - \frac{1}{2 \cdot 3} + \frac{1}{2^2 \cdot 5 \cdot 2} - \frac{1}{2^3 \cdot 7 \cdot 3!} + \frac{1}{2^4 \cdot 9 \cdot 4!} \right] = 0{,}841354;$$

$$|F| \le \frac{1}{\sqrt{2\pi}} \cdot \frac{1}{11 \cdot 2^5 \cdot 5!} = 0{,}000006.$$

7.8.2 Integration mit Hilfe von Rechtecksapproximationen

Analog zu Abschnitt 7.1 wird das Integrationsintervall $[a; b]$ in n Teilintervalle zerlegt durch $n + 1$ **Stützstellen**

$$a = x_0 < x_1 < x_2 < \dots < x_{i-1} < x_i < \dots < x_n = b.$$

Die Fläche wird approximiert durch die n Rechtecke mit den Grundseiten $\Delta x_i = x_i - x_{i-1}$ und den Höhen

$$f(\xi_i) = f\left(\frac{x_{i-1} + x_i}{2}\right), \; i = 1, 2, \dots, n.$$

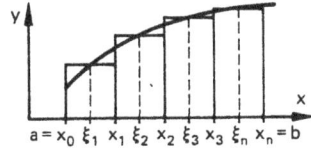

Dadurch erhält man die Näherung

$$\int_a^b f(x)\,dx \approx \sum_{i=1}^n f(\xi_i) \cdot \Delta x_i = \sum_{i=1}^n f\left(\frac{x_{i-1} + x_i}{2}\right) \cdot (x_i - x_{i-1}).$$

Rechtecksapproximationen wurden bereits bei der Unter- und Obersumme in Abschnitt 7.1 sowie in Beispiel 19 bei diskreten Preissenkungen benutzt. Die Rechteckshöhen waren dort allerdings die maximalen bzw. minimalen Funktionswerte oder die Funktionswerte an den Rändern

Beispiel 24 (vgl. Beispiel 23): Zur Bestimmung des Näherungswertes $\Phi(1)$ teilen wir das Intervall $[0; 1]$ in 5 äquidistante Teilintervalle mit $\Delta x_i \equiv 0{,}2$ für alle i. Dadurch erhält man den Näherungswert

$$\Phi(1) = \frac{1}{2} + \frac{1}{\sqrt{2\pi}} \int_0^1 e^{-\frac{x^2}{2}} \, dx$$

$$\approx \frac{1}{2} + \frac{1}{\sqrt{2\pi}} \cdot \left[e^{-\frac{0{,}1^2}{2}} + e^{-\frac{0{,}3^2}{2}} + e^{-\frac{0{,}5^2}{2}} + e^{-\frac{0{,}7^2}{2}} + e^{-\frac{0{,}9^2}{2}} \right] \cdot 0{,}2 = 0{,}84175.$$

7.8.3 Integration mit Hilfe der Sehnen-Trapezformel

Eine Verbesserung der Näherung gegenüber der Rechtecksapproximation erhält man, indem man anstelle der Rechtecke die Flächen der Trapeze über $[x_{i-1}; x_i]$ mit dem Inhalt

$$\frac{f(x_{i-1}) + f(x_i)}{2} \cdot (x_i - x_{i-1})$$

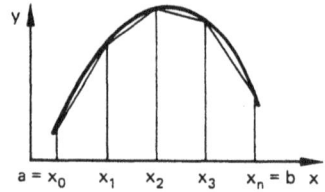

wählt. Falls die Kurve im gesamten Bereich konvex oder konkav ist, findet jedoch keine Verbesserung statt. Als Näherungswert erhält man

$$\int_a^b f(x)\, dx \approx \sum_{i=1}^n \frac{f(x_{i-1}) + f(x_i)}{2} \cdot (x_i - x_{i-1}) \,.$$

Bei äquidistanten Stützstellen mit $x_i - x_{i-1} \equiv \Delta x = \frac{b-a}{n}$ für alle i vereinfacht sich diese Formel zu

$$\int_a^b f(x)\, dx \approx \left[\frac{f(x_0) + f(x_1)}{2} + \frac{f(x_1) + f(x_2)}{2} + \ldots + \frac{f(x_{n-1}) + f(x_n)}{2} \right] \cdot \Delta x$$

$$= \left[\frac{1}{2} \cdot f(x_0) + \sum_{i=1}^{n-1} f(x_i) + \frac{1}{2} \cdot f(x_n) \right] \cdot \Delta x.$$

Dann gilt

$$\int_a^b f(x)\, dx \approx \left[\frac{1}{2} \cdot f(x_0) + \sum_{i=1}^{n-1} f(x_i) + \frac{1}{2} \cdot f(x_n) \right] \cdot \Delta x$$

bei äquidistanter Einteilung $x_i - x_{i-1} \equiv \Delta x = \frac{b-a}{n}$ für alle i;

maximaler Fehler: $r = -\dfrac{(b-a)^3}{12\,n^2} \cdot f''(\xi)$ mit $a < \xi < b$.

Der Fehler konvergiert für $n \to \infty$ gegen Null.

Beispiel 25 (vgl. Beispiel 24 und 23): Für das Beispiel 24 erhält man mit den 6 äquidistanten Stützstellen

$$\Phi(1) = \frac{1}{2} + \frac{1}{\sqrt{2\pi}} \int_0^1 e^{-\frac{x^2}{2}}\, dx$$

$$\approx \frac{1}{2} + \frac{1}{\sqrt{2\pi}} \cdot \left[\frac{1}{2} \cdot e^0 + e^{-\frac{0,2^2}{2}} + e^{-\frac{0,4^2}{2}} + e^{-\frac{0,6^2}{2}} + e^{-\frac{0,8^2}{2}} + \frac{1}{2} \cdot e^{-\frac{1}{2}} \right] \cdot 0,2$$

$$= 0,84054.$$

Beispiel 26: Zur Berechnung der Konsumentenrente $K = \int\limits_{p_M}^{p_O} N(p)\,dp$ aus Abschnitt 7.7.4 sei die Nachfragefunktion nicht bekannt.
Zwischen dem Marktpreis $p_M = 5$ und der oberen Preisgrenze $p_O = 10$ erhielt man jedoch durch eine Umfrage folgende (Näherungs-) Werte

$$N(5) = 10\,; \quad N(6) = 9,5\,; \quad N(7) = 8\,; \quad N(8) = 6\,; \quad N(9) = 4\,; \quad N(10) = 1\,.$$

Mit dieser äquidistanten Einteilung ($\Delta p = 1$) erhält man mit Hilfe der Sehnen-Trapezformel die Näherung

$$\int\limits_{5}^{10} N(p)\,dp \approx \tfrac{1}{2} \cdot 10 + 9,5 + 8 + 6 + 4 + \tfrac{1}{2} \cdot 1 = 33 \text{ Einheiten.}$$

7.8.4 Integration mit Hilfe der Simpsonschen Regel (Keplersche Faßregel)

Das nach **T. Simpson** (1710 – 1761) benannte Verfahren benutzt die von **J. Kepler** (1571 – 1630) stammende Faßregel: Durch drei benachbarte Punkte der Funktion wird jeweils ein Polynom von Grade ≤ 2 gelegt, also eine Parabel oder eine Gerade. In diesem Fall muß n gerade sein. Integriert wird dann über alle Parabelstücke. Die Formel wird bei **äquidistanten** Stützstellen sehr einfach. Sie soll nur für diesen Fall angegeben werden.

Mit $\Delta x \equiv x_i - x_{i-1} = \dfrac{b-a}{n}$, n gerade gilt

$$\int\limits_{a}^{b} f(x)\,dx \approx \frac{\Delta x}{3} \cdot \left[f(x_0) + 4\,f(x_1) + 2\,f(x_2) + 4\,f(x_3) + \ldots + 4\,f(x_{n-1}) + f(x_n) \right];$$

maximaler Fehler: $r = -\dfrac{(b-a)^5}{180\,n^4} \cdot f^{(4)}(\xi)$ mit $a < \xi < b$.

Bei $f(x_0)$ und $f(x_n)$ steht jeweils der Koeffizient 1. Dazwischen alternieren die Koeffizienten zwischen 4 und 2, wobei $f(x_1)$ und $f(x_{n-1})$ jeweils die Koeffizienten 4 besitzen.

Für $n \to \infty$ konvergiert der maximale Fehler gegen Null. Dabei konvergiert der Fehler wesentlich schneller gegen 0 (im Nenner steht n^4) als bei der Sehnen-Trapezformel, bei der im Nenner n^2 steht.

Beispiel 27 (vgl. Beispiele 25, 24 und 23): Mit $n = 4$ (gerade) erhält man

$$\Delta x = 0,25\,; \quad \Phi(1) = \frac{1}{2} + \frac{1}{\sqrt{2\pi}} \cdot \int\limits_{0}^{1} e^{-\frac{x^2}{2}}\,dx$$

$$\approx \frac{1}{2} + \frac{0,25}{3} \cdot \frac{1}{\sqrt{2\pi}} \cdot \left[e^0 + 4 \cdot e^{-\frac{0,25^2}{2}} + 2 \cdot e^{-\frac{0,5^2}{2}} + 4 \cdot e^{-\frac{0,75^2}{2}} + e^{-\frac{1}{2}} \right]$$

$$= 0,841355.$$

7.9 Aufgaben

1. Geben Sie jeweils eine Stammfunktion von f(x) an:

a) $f(x) = \dfrac{2}{x^2} + \dfrac{4}{x^3} + \dfrac{1}{x}$;

b) $f(x) = \left(x^{\frac{1}{5}} + 1\right)^2$;

c) $f(x) = \sqrt{x} + \dfrac{1}{\sqrt{x}}$;

d) $f(x) = e^{3x}\left(1 + e^{-3x}\right)$;

e) $f(x) = \sin(3x + \pi)$;

f) $f(x) = e^{4-2x}$.

2. Bestimmen Sie die folgenden unbestimmten Integrale:

a) $\int x\sqrt{x}\,dx$;

b) $\int \sqrt{x\sqrt{x}}\,dx$;

c) $\int [f(x)^n]\,f'(x)\,dx$;

d) $\int a\,e^{-bx}\,dx$; $b \neq 0$;

e) $\int 7\,2^x\,dx$;

f) $\int \dfrac{\sin x}{\cos^2 x}\,dx$.

3. Bestimmen Sie folgende Werte durch partielle Integration:

a) $\displaystyle\int_0^{\frac{\pi}{2}} x\sin x\,dx$;

b) $\displaystyle\int_1^e x^3 \ln x\,dx$;

c) $\displaystyle\int_0^{\pi} \cos^2 x\,dx$;

d) $\displaystyle\int_0^2 (x+1)\,e^{2x}\,dx$;

e) $\displaystyle\int_{\sqrt{2}}^{\sqrt{2e}} \ln\frac{x^2}{2}\,dx$;

f) $\displaystyle\int_0^{\pi} e^x \sin x\,dx$.

4. Berechnen Sie folgende Integrale mit Hilfe einer geeigneten Substitution:

a) $\displaystyle\int_0^{\frac{\pi}{2}} \cos x \cdot \sin^7 x\,dx$;

b) $\displaystyle\int_1^2 \frac{6x^2}{x^3+5}\,dx$;

c) $\displaystyle\int_{\frac{3}{2}}^{\frac{39}{2}} \frac{x}{\sqrt{2x-3}}\,dx$;

d) $\displaystyle\int_1^2 \frac{(\ln x)^2 - 1}{x}\,dx$;

e) $\displaystyle\int_{-1}^2 2x^3 e^{x^2}\,dx$;

f) $\displaystyle\int_0^{10} \frac{dx}{\sqrt{4x+9}}$.

5. Berechnen Sie die Fläche zwischen der x-Achse und $f(x)$:

   a) $f(x) = 6 (\sqrt{x} + 1)^2$ für $0 \leq x \leq 1$;

   b) $f(x) = \cos 2x$ für $0 \leq x \leq \pi$;

   c) $f(x) = \dfrac{3x}{1 + x^2}$ für $-1 \leq x \leq 2$;

   d) $f(x) = e^x - e^{2x-1}$ für $0 \leq x \leq 2$.

6. Berechnen Sie im Falle der Existenz folgende uneigentliche Integrale:

   a) $\displaystyle\int_{1}^{\infty} \dfrac{dx}{\sqrt[3]{x^5}}$;   b) $\displaystyle\int_{1}^{\infty} \dfrac{x^3 + 5x^2 + 3x + 4}{x^5} dx$;

   c) $\displaystyle\int_{0}^{1} \dfrac{dx}{\sqrt[3]{x}}$;   d) $\displaystyle\int_{1}^{2} \dfrac{dx}{\sqrt[5]{x-1}}$;

   e) $\displaystyle\int_{-\infty}^{+\infty} e^{-x} dx$;   f) $\displaystyle\int_{-\infty}^{+\infty} e^{-|x|} dx$.

7. Über die Elastizität $\varepsilon_f(x)$ einer Funktion $f(x)$ sei folgendes bekannt:

a) $\varepsilon_f(x) = 3 f'(x)$ $\left(f'(x) \neq 0 \right)$;

b) $\varepsilon_f(x) = 2x + 3$; $f(1) = 1$; $x > 0$;

c) $\varepsilon_f(x) = 5 f(x)$; $f(2) = -\dfrac{1}{5 \ln 2}$; $x > 0$.

Bestimmen Sie jeweils die Funktion $f(x)$.

8. Im Preisintervall $[25 ; 100]$ (DM) sei $N(p) = \dfrac{1\,000}{\sqrt{p}}$ die Nachfragefunktion.
Berechnen Sie jeweils den Gesamtumsatz bei folgenden sukzessiven Preisfestsetzungen:
a) $p_1 = 100$; $p_2 = 25$.
b) $p_1 = 100$; $p_2 = 64$; $p_3 = 25$.
c) $p_1 = 100$; $p_2 = 81$; $p_3 = 64$; $p_4 = 49$; $p_5 = 36$; $p_6 = 25$.
d) Stetige Preisreduzierung von $p = 100$ bis $p = 25$.

9. Im Bereich $p \geq 1$ laute die Angebotsfunktion $A(p) = \frac{1}{4}p^2 - \frac{1}{2}p + \frac{9}{4}$ und die Nachfragefunktion $N(p) = 8 - 0,08\,p^2$.

a) Bestimmen Sie den Marktpreis.

b) Berechnen Sie die Konsumentenrente für $p \leq p_0 = 10$.

c) Berechnen Sie die Produzentenrente für $p \geq p_u = 1$.

10. Im Preisintervall $[1;\, 10\,e]$ seien $A(p) = 1 + p$ die Angebotsfunktion und $N(p) = 10 + \frac{10}{p}$ die Nachfragefunktion.

a) Bestimmen Sie den Marktpreis.

b) Berechnen Sie die Konsumentenrente für die Preisobergrenze $p_0 = 10\,e$.

c) Berechnen Sie die Produzentenrente für die Preisuntergrenze $p_u = 1$.

11. Der Kapitalstrom eines Unternehmens sei $b(t) = \frac{t^2}{4} + e^{-0,4\,t}$.

a) Berechnen Sie den Gegenwartswert $v(T)$ bei stetiger Verzinsung mit der Zinsrate $\gamma = 0,1$.

b) Berechnen Sie den Grenzwert $\lim_{T \to \infty} v(T)$.

12. Für die nächsten T Jahre erwartet ein Unternehmen einen Kapitalstrom $b(t) = 5 + 4\,t + e^{-t}$.

a) Berechnen Sie den Gegenwartswert $v(T)$ bei stetiger Verzinsung mit der Zinsrate $\gamma = 0,06$.

b) Berechnen Sie den Grenzwert $\lim_{T \to \infty} v(T)$.

13. Gegeben sei die reelle Funktion $f(x) = \sqrt[3]{\ln x + 1}$.

a) Bestimmen Sie für $f(x)$ die Taylorpolynome 1. und 2. Grades an der Stelle $x_0 = 1$.

b) Berechnen Sie unter Verwendung dieser Polynome Näherungswerte $\hat{A}$ und A^* für das bestimmte Integral

$$A = \int_1^2 \sqrt[3]{\ln x + 1}\, dx.$$

c) Um wieviel weichen die Taylorpolynome aus a) im Intervall $[1;2]$ von $f(x)$ höchstens ab?

d) Um wieviel weichen $\hat{A}$ und A^* von A höchstens ab?

14. Berechnen Sie mit den in den Abschnitten 7.8.2 bis 7.8.4 angegebenen Verfahren Näherungswerte für $\int_1^2 \frac{e^x}{x}\,dx$ mit 11 Stützstellen ($n = 10$).

Kapitel 8:
Funktionen von zwei Variablen

Oft hängt der Wert einer bestimmten Größe nicht nur von einer einzigen, sondern gleichzeitig von mehreren Veränderlichen (Variablen) ab. In diesem Kapitel sollen nur Funktionen von zwei unabhängigen Variablen betrachtet werden. Der Vorteil der Einschränkung auf zwei Veränderliche besteht darin, daß Funktionen von zwei Variablen im allgemeinen als Flächen im dreidimensionalen Raum dargestellt werden können. Die partiellen Ableitungen sowie die Richtungsableitungen können dann anschaulich als Steigungen spezieller Tangenten an die Fläche interpretiert werden, die im Falle der Existenz die Tangentialebenen an die Fläche aufspannen.

Die in diesem Kapitel anschaulich eingeführten Begriffe können dann auch ohne geometrische Veranschaulichung auf Funktionen von mehreren Variablen (Kapitel 9) übertragen werden.

8.1 Definition und Darstellung einer Funktion zweier Variabler

Beispiel 1: Von einem Produkt werden x Einheiten zum jeweiligen Preis y pro Mengeneinheit verkauft. Dann hängt der Umsatz $z = x \cdot y = f(x, y)$ von den beiden Variablen x und y ab. Jedem Zahlenpaar (x, y) mit $x \geq 0$, $y \geq 0$ wird eine reelle Zahl $z = f(x, y) = x \cdot y$ zugeordnet. f bildet also die Menge $D = \{(x, y) \mid x \geq 0, y \geq 0\} \subset \mathbb{R}^2$ in die Menge der reellen Zahlen ab.

Definition 1: Es sei $D \subset \mathbb{R}^2$ eine Menge von Zahlenpaaren aus der zweidimensionalen Zahlenebene. Wird durch eine bestimmte Zuordnungsvorschrift f jedem Element $(x, y) \in D$ eine reelle Zahl $z = f(x, y) \in \mathbb{R}$ zugeordnet, so heißt f eine **Funktion** der beiden unabhängigen Variablen x und y und D der **Definitionsbereich** von f.

Geometrische Darstellung: Das (geordnete) Zahlenpaar (x, y) läßt sich im zweidimensionalen kartesischen Koordinatensystem als Punkt mit den Koordinaten x und y darstellen. Im Koordinatenursprung O wird senkrecht zu den beiden anderen Achsen eine dritte Achse angebracht. Die Richtung der z-Achse ist diejenige Richtung, in die sich eine Schraube mit Rechtsgewinde bewegen würde, falls die x-Achse auf dem kürzesten Weg zur y-Achse gedreht wird. Dieses Koordinatendreibein wird auf eine Ebene projiziert (s. nachfolgende Abbildung). Falls über der x-y-Ebene parallel zur z-Achse der vorzeichenbehaftete Funktionswert $z = f(x, y)$ abgetragen wird, erhält man einen Punkt $P(x, y, z)$ im dreidimensionalen Raum $\mathbb{R}^3$. Alle so konstruierten Punkte stellen im allgemeinen eine **Fläche** im $\mathbb{R}^0$ dar.

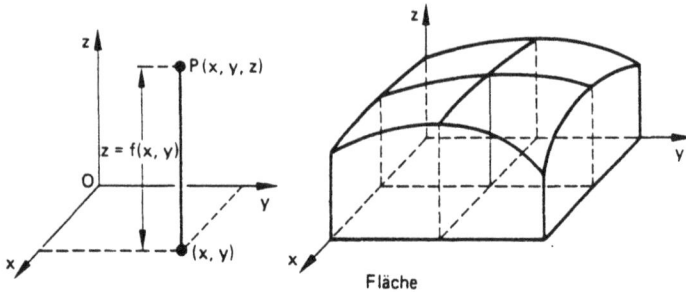

Fläche

Beispiel 2 : Ein Monopolist stellt ein bestimmtes Gebrauchsgut in zwei Ausführungen her, die erste Sorte S_1 in einfacher Ausführung, die zweite Sorte S_2 für gehobene Ansprüche. Dann hängt die Nachfragemenge z nach S_1 von den beiden Preisen x (für S_1) und y für S_2 je Mengeneinheit ab. Die Nachfragefunktion laute

$$z = f(x,y) = 110 - 10x + 5y \quad \text{mit } 1 \leq x \leq 7; \quad 3 \leq y \leq 10.$$

Mit dieser Einschränkung ist der Definitionsbereich D der Funktion f die Fläche eines Rechtecks in der x-y-Ebene. Über dieser Rechtecksfläche stellt die Funktion f ein Ebenenstück dar (s. nachfolgende Abbildung).

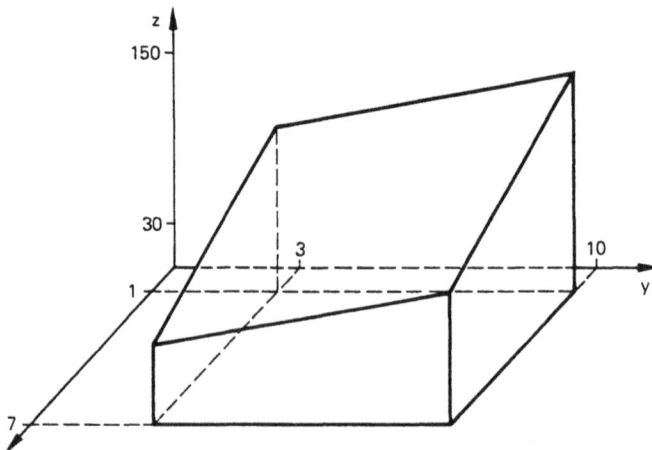

Hält man die erste Variable $x = x_0$ fest, so entsteht eine Funktion $z = f(x_0, y) = g(y)$ der einzigen Variablen y. Durch diese Funktion wird eine ebene **Schnittkurve** beschrieben. Sie liegt auf der durch die Funktion f beschriebenen Fläche und gleichzeitig in einer Ebene, die senkrecht zur x-y-Ebene und parallel zur y-Achse verläuft. Diese Kurve erhält man anschaulich, indem durch die Fläche parallel zur y-z-Ebene durch die Stelle x_0 ein vertikaler Schnitt durchgeführt wird, also durch einen Schnitt durch die zur y-z-Ebene parallelen Ebene: $x = x_0$.

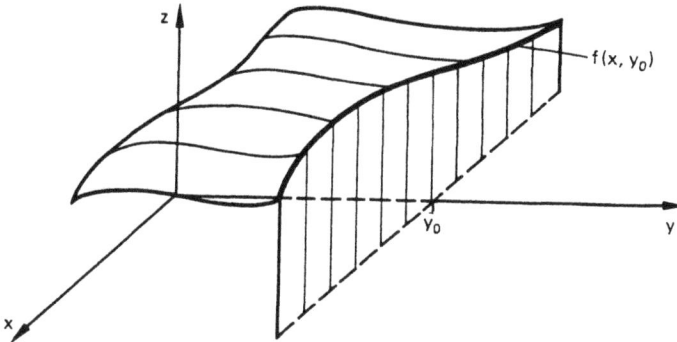

Falls die zweite Variable $y = y_0$ festgehalten wird, entsteht die ebene **Schnittkurve** $z = f(x, y_0) = u(x)$ als Funktion der Variablen x. Man erhält sie durch einen vertikalen Schnitt durch die Ebene: $y = y_0$ (parallel zur x-z-Ebene).

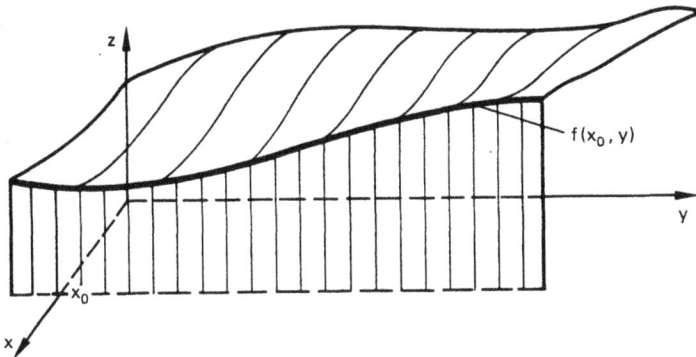

Entsprechend könnte man auch Vertikalschnitte in beliebiger Richtung, z. B. in Richtung der Geraden $y = mx + b$ durchführen. Dadurch entstehen ebenfalls Kurven auf der Fläche, die in einer Ebene liegen, welche senkrecht auf der x-y-Ebene steht, also ebene Schnittkurven.

In der nachfolgenden Abbildung ist eine Fläche durch Schnittkurven mit den Schnittflächen $y = y_0$ und $x = x_0$ dargestellt.

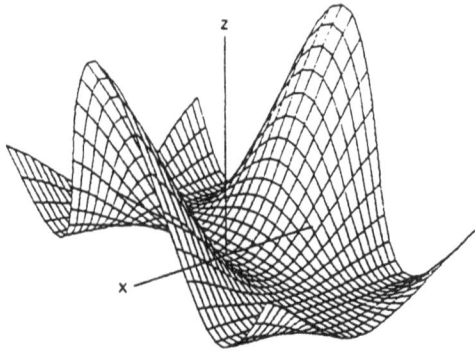

Durch Schnitte durch die Ebene: $z = z_0$ (parallel zur x-y-Ebene) entsteht die ebene Schnittkurve $f(x,y) = z_0$. Da alle Punkte auf diesen Schnittkurven die gleiche Höhe besitzen (die Funktionswerte sind konstant gleich z_0), nennt man diese Kurven auch **Höhenlinien** oder **Niveaulinien**. Die entsprechenden Kurven in der x-y-Ebene, die den gleichen Funktionswert besitzen (Projektionen der Höhenlinien auf die x-y-Ebene), heißen **Isoquanten** oder **Isolinien**. In der nachfolgenden Abbildung ist eine Fläche durch Höhenlinien dargestellt. Isoquanten sind z. B. in Wanderkarten eingezeichnet.

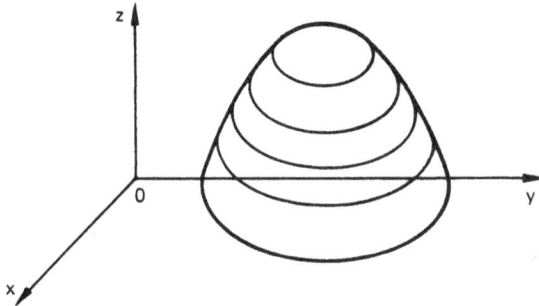

Beispiel 3 (Halbkugel): Die Funktion $z = f(x,y) = +\sqrt{1-x^2-y^2}$ besitzt den Definitionsbereich $D = \{(x,y) \mid x^2+y^2 \le 1\}$. D ist die Fläche des Einheitskreises in der x-y-Ebene mit dem Koordinatenursprung O als Mittelpunkt. Die durch f beschriebene Fläche stellt die obere Halbkugel mit dem Radius 1 dar. Alle ebenen Schnittkurven und Isoquanten sind Kreise bzw. Halbkreise.

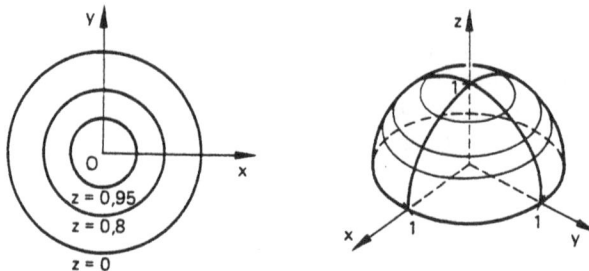

Quadrieren der Funktionsgleichung ergibt die Gleichung der Kugel mit dem Radius 1 und dem Koordinatenursprung O als Mittelpunkt

$$x^2 + y^2 + z^2 = 1.$$

Durch diese **implizite** Darstellung wird nicht eine einzige Funktion beschrieben. Zu jeder Stelle (x, y) mit $x^2 + y^2 < 1$ gäbe es nämlich zwei Funktionswerte

$$z_1 = +\sqrt{1 - x^2 - y^2} \quad \text{und} \quad z_2 = -\sqrt{1 - x^2 - y^2}.$$

Damit wäre die Eindeutigkeit verletzt. Für $x = y = 0$ (Koordinatenursprung) erhält man $z_1 = 1$ (Nordpol) und $z_2 = -1$ (Südpol). Durch die implizite Darstellung $x^2 + y^2 + z^2 - 1 = 0$ werden jedoch zwei Funktionen

$$f_1(x, y) = +\sqrt{1 - x^2 - y^2} \quad \text{und} \quad f_2(x, y) = -\sqrt{1 - x^2 - y^2}$$

dargestellt. Die beiden Flächen sind die obere und die untere Halbkugel.

8.2 Stetige Funktionen zweier Variabler

Die Stetigkeit einer Funktion zweier Variabler kann wie bei Funktionen einer Veränderlichen (s. Abschnitt 6.3) mit Hilfe konvergenter Zahlenfolgen anschaulich erklärt werden.

Definition 2: Die Funktion $f(x, y)$ heißt **an der Stelle $(x_0, y_0) \in D$ stetig,** wenn folgende Bedingung erfüllt ist: Für jede beliebige Folge $(x_n, y_n) \in D$, $n = 1, 2, \dots$ mit $\lim\limits_{n \to \infty} x_n = x_0$ und $\lim\limits_{n \to \infty} y_n = y_0$ gilt $\lim\limits_{n \to \infty} f(x_n, y_n) = f(x_0, y_0)$.

Für diesen Sachverhalt schreibt man auch $\lim\limits_{\substack{x \to x_0 \\ y \to y_0}} f(x, y) = f(x_0, y_0)$.

Eine Funktion f nennt man **stetig,** wenn sie an jeder Stelle $(x, y) \in D$ stetig ist.

Eine Funktion ist also genau dann stetig, wenn für jede Punktfolge $(x_n, y_n) \in D$, die auf einem beliebigen Weg gegen (x_0, y_0) konvergiert, auch die Folge der Funktionswerte $f(x_n, y_n)$ gegen den Funktionswert $f(x_0, y_0)$ konvergiert, wenn als gilt

$$\lim_{n \to \infty} f(x_n, y_n) = f(\lim_{n \to \infty} x_n, \lim_{n \to \infty} y_n).$$

Bei jedem beliebigem Weg muß also der gleiche Grenzwert $f(x_0, y_0)$ entstehen.

Beispiel 4 (Halbkugel): $z = f(x, y) = {}_+\sqrt{1 - x^2 - y^2}$ aus Beispiel 3 ist stetig. Aus $\lim\limits_{n \to \infty} x_n = x_0$ und $\lim\limits_{n \to \infty} y_n = y_0$ mit $(x_n, y_n) \in D$ folgt mit den Eigenschaften konvergenter Zahlenfolgen $\lim\limits_{n \to \infty} (1 - x_n^2 - y_n^2) = 1 - x_0^2 - y_0^2$.
Da die Quadratwurzel eine stetige Funktion ist, folgt hieraus

$$\lim\limits_{n \to \infty} f(x_n, y_n) = \lim\limits_{n \to \infty} \sqrt{1 - x_n^2 - y_n^2} = \sqrt{1 - x_0^2 - y_0^2} = f(x_0, y_0),$$

also die Stetigkeit an jeder Stelle $(x_0, y_0) \in D$.

Beispiel 5: Gegeben ist die Funktion $f(x, y) = \begin{cases} 1 & \text{für } 0 \le x, y \le 4; \\ 0 & \text{sonst.} \end{cases}$

Über dem Quadrat $Q = \{(x, y) \mid 0 \le x, y \le 4\}$ nimmt die Funktion f den Wert 1 an, sonst ist sie überall gleich Null. Es handelt sich um eine Treppenfunktion. An allen Stellen der Seiten des Quadrats ist die Funktion nicht stetig. So gilt z. B. $f(2, 4) = 1$; $f(x, y) = 0$ für $y > 4$. Daraus folgt

$$\lim\limits_{\substack{x \to 2 \\ y \to 4,\, y > 4}} f(x, y) = 0 \neq f(2, 4).$$

Aus den Rechenregeln für konvergente Zahlenfolgen erhält man den

---

Satz 1: Auf stetige Funktionen u(x) und v(y) einer Veränderlichen werden die Grundrechenarten $+, -, \cdot$ und : angewandt, wobei nicht durch 0 geteilt werden darf. Davon werden wieder stetige Funktionen einer Variablen gebildet. Dann sind die so definierten Funktionen in den beiden Variablen x und y in jedem Punkt ihres Definitionsbereichs stetig.

Die beiden Punkte in der x-y-Ebene mit den Koordinaten (x_n, y_n) und $(x_0\, y_0)$ besitzen nach dem Satz von Pythagoras den **Abstand**

$$|(x_n, y_n) - (x_0\, y_0)| = \sqrt{(x_n - x_0)^2 + (y_n - y_0)^2}.$$

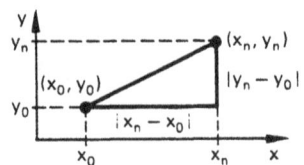

Analog zu Funktionen einer Variablen gilt das

Stetigkeitskriterium: Die Funktion f ist an der Stelle $(x_0, y_0) \in D$ genau dann stetig, wenn folgende Bedingung erfüllt ist:
zu jedem beliebigen $\varepsilon > 0$ gibt es ein (von ε abhängiges) $\delta > 0$, so daß für alle $(x_n, y_n) \in D$ mit dem Abstand $|(x_n, y_n) - (x_0\, y_0)| < \delta$ gilt

$$|f(x_n, y_n) - f(x_0\, y_0)| < \varepsilon.$$

Die Funktionswerte unterscheiden sich beliebig wenig, wenn nur die entsprechenden Punkte (x_n, y_n) und $(x_0\, y_0)$ nahe genug beieinander liegen.

8.3 Partielle Ableitungen (erster Ordnung)

Ebene Schnittkurven (s. Abschnitt 8.1) ergeben Funktionen einer einzigen Variablen. Die Ableitungen dieser Funktionen stellen die Grundlagen bei der Differentiation von Funktionen zweier Variabler dar.

Wird in $f(x,y)$ die zweite Variable $y = y_0$ festgehalten, so erhält man die Funktion $z = f(x,y_0) = u(x)$ der einzigen Variablen x. Sie stellt eine Schnittkurve dar, die auf der Fläche und in einer Ebene parallel zur x-Achse liegt, also eine Schnittkurve in x-Richtung. An diese ebene Kurve soll im Falle der Existenz an der Stelle (x_0,y_0) eine Tangente gelegt werden. Sie besitzt die Steigung

$$\tan \alpha = u'(x_0) = \lim_{\Delta x \to 0} \frac{f(x_0 + \Delta x, y_0) - f(x_0, y_0)}{\Delta x}.$$

Entsprechend besitzt die Schnittkurve in y-Richtung $z = f(x_0,y) = v(y)$ an der Stelle (x_0,y_0) die Steigung

$$\tan \beta = v'(y_0) = \lim_{\Delta y \to 0} \frac{f(x_0, y_0 + \Delta y) - f(x_0, y_0)}{\Delta y}.$$

$\tan \alpha$ und $\tan \beta$ stellen die Steigungen der beiden Tangenten an die Fläche in x- bzw. y-Richtung dar.

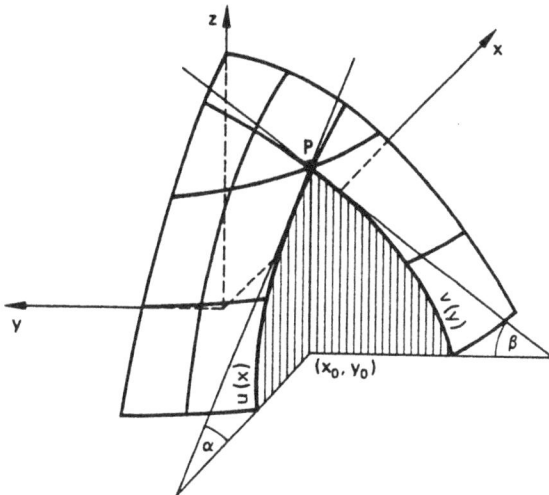

Definition 3: In Falle der Existenz heißt

$$\left.\frac{\partial f(x,y)}{\partial x}\right|_{(x_0,y_0)} = f_x(x_0,y_0) = \lim_{\Delta x \to 0} \frac{f(x_0+\Delta x, y_0) - f(x_0,y_0)}{\Delta x}$$

die **partielle Ableitung** (erster Ordnung) **von f nach x** oder die **Steigung** von f in x-Richtung an der Stelle (x_0,y_0) und

$$\left.\frac{\partial f(x,y)}{\partial y}\right|_{(x_0,y_0)} = f_y(x_0,y_0) = \lim_{\Delta y \to 0} \frac{f(x_0,y_0+\Delta y) - f(x_0,y_0)}{\Delta y}$$

die **partielle Ableitung** (erster Ordnung) von f nach y oder die **Steigung** von f in y-Richtung an der Stelle (x_0,y_0).

Bemerkung: Nach der obigen Darstellung können die beiden partiellen Ableitungen interpretiert werden als Steigungen der Tangenten an die Fläche in x- bzw. y-Richtung. Da bei der Bestimmung der partiellen Ableitungen jeweils eine Variable konstant gehalten wird, handelt es sich um die Differentiation einer Funktion einer einzigen Variablen. Daher können sämtliche Differentiationsregeln bei Funktionen einer Variablen unmittelbar benutzt werden.

Berechnet man die partiellen Ableitungen an einer variablen Stelle (x,y), so erhält man mit $x_0 = x$ und $y_0 = y$ unmittelbar

---

partielle Ableitungsfunktionen erster Ordnung:

$$\frac{\partial f(x,y)}{\partial x} = f_x(x,y) = \lim_{\Delta x \to 0} \frac{f(x+\Delta x, y) - f(x,y)}{\Delta x} ;$$

$$\frac{\partial f(x,y)}{\partial y} = f_y(x,y) = \lim_{\Delta y \to 0} \frac{f(x,y+\Delta y) - f(x,y)}{\Delta y} .$$

Beispiel 6: $f(x,y) = x^3 + 2y^2 + e^{xy^2}$;

$f_x(x,y) = 3x^2 + y^2 e^{xy^2}$; $f_y(x,y) = 4y + 2xy\, e^{xy^2}$.

Tangentialebene: Falls die beiden partiellen Ableitungen $f_x(x,y)$ und $f_y(x,y)$ an der Stelle (x_0,y_0) stetig sind, besitzt die Fläche f an dieser Stelle eine Tangetialebene, also eine Ebene T, welche die Fläche im Punkt $P(x_0,y_0,z_0)$, $z_0 = f(x_0,y_0)$) berührt (Ebenengleichung s. Abschnitt 11.2).

Gleichung der Tangentialebene an der Stelle (x_0,y_0):

$$T(x,y) = f(x_0,y_0) + f_x(x_0,y_0)\cdot(x-x_0) + f_y(x_0,y_0)\cdot(y-y_0).$$

8.4 Das totale (vollständige) Differential

Bei Funktionen einer Variablen wird der Funktionszuwachs im lokalen Bereich durch das Differential (Zuwachs auf der Tangente) beschrieben. Entsprechend kann der Funktionszuwachs bei zwei Variablen lokal durch das totale Differential (Zuwachs auf der Tangentialebene) näherungsweise beschrieben werden.

Die unabhängige Variable x ändere sich um $\Delta x = dx$ und y um $\Delta y = dy$. Dann ändert sich die abhängige Variable z um

$$\Delta z = \Delta f = f(x + \Delta x, y + \Delta y) - f(x, y)$$
$$= f(x + \Delta x, y + \Delta y) - f(x, y + \Delta y) + f(x, y + \Delta y) - f(x, y).$$

Falls beide partielle Ableitungen stetige Funktionen sind, gelten nach Abschnitt 6.4.4 für kleine $\Delta x, \Delta y$ die Näherungen

$$f(x + \Delta x, y + \Delta y) - f(x, y + \Delta y) \approx f_x(x, y + \Delta y) \cdot \Delta x$$

$$f(x, y + \Delta y) - f(x, y) \approx f_y(x, y) \cdot \Delta y .$$

Wegen $f(x, y + \Delta y) \approx f(x, y)$ folgt hieraus

$$\Delta z = \Delta f = f(x + \Delta x, y + \Delta y) - f(x, y) \approx f_x(x, y) \cdot \Delta x + f_y(x, y) \cdot \Delta y.$$

Diese Näherung stellt den Zuwachs auf der Tangentialebene dar. Sie wird umso besser ausfallen, je kleiner Δx und Δy sind.

Definition 4: Der Ausdruck

$$dz = df(x, y) = f_x(x, y) dx + f_y(x, y) dy$$

heißt **totales (vollständiges) Differential** der Funktion f an der Stelle (x, y).

Interpretation: Falls die beiden partiellen Ableitungen f_x und f_y stetig sind, stellt das totale Differential beim Übergang von (x, y) zur benachbarten Stelle $(x + dx, y + dy)$ den Zuwachs auf der Tangentialebene dar. Für kleine dx, dy gilt dann für den Funktionzuwachs die Näherung

$$\Delta z = \Delta f = f(x + dx, y + dy) - f(x, y) \approx dz = df(x, y).$$

Anwendung in der Fehlerrechnung: Manchmal müssen die beiden unabhängigen Variablen x und y gemessen werden, wobei eine exakte Messung gar nicht möglich ist. Falls jedoch $|\Delta x|$ und $|\Delta y|$ die maximalen absoluten Meßfehler sind, kann der maximale absolute Fehler $|\Delta z|$ der abhängigen Variablen von $z = f(x, y)$ mit Hilfe des totalen Differentials näherungsweise abgeschätzt werden durch

$$|\Delta z| \approx |dz| \leq |f_x(x, y)| \cdot |\Delta x| + |f_y(x, y)| \cdot |\Delta y| .$$

Beispiel 7 (Volumen eines Kreisylinders): Ein Kreiszylinder mit dem Radius
r und der Höhe h besitzt das Volumen

$$V = f(r, h) = \pi r^2 h.$$

Auf 0,1 cm genau werden folgende Werte gemessen (in cm): r = 9,9 und
h = 14,2. Als Schätzwert für das Volumen erhält man den Wert

$$V \approx \pi \cdot 9,9^2 \cdot 14,2 = 4\,372,286 \text{ cm}^3.$$

Die maximalen Meßfehler sind $|\Delta r| = |\Delta h| = 0,1$. Daraus erhält man für
den maximalen Fehler des berechneten Volumens die Abschätzung

$$|\Delta V| \approx dv \leq 2\pi r h |\Delta r| + \pi r^2 |\Delta h|$$
$$= \pi \cdot (19,8 \cdot 14,2 + 9,9^2) \cdot 0,1 = 119,120.$$

Das tatsächliche Volumen liegt zwischen $4\,372,286 - 119,120 = 4\,253,166$
und $4\,372,286 + 119,120 = 4\,491,406$, also

$$4\,253,166 \leq f(9,9\,;14,2) \leq 4\,491,406,$$

Beispiel 8 (Cobb-Douglas-Funktion): Für die Produktionsmenge z in Abhängigkeit vom Arbeitseinsatz x und Kapitaleinsatz y gibt es nach Cobb-
Douglas oft eine Darstellung

$$z = f(x, y) = c x^\alpha y^\beta \qquad \text{mit } c, \alpha, \beta \in \mathbb{R}_+.$$

Diese Funktion besitzt das totale Differential

$$dz = \alpha c x^{\alpha-1} y^\beta \, dx + \beta c x^\alpha y^{\beta-1} \, dy.$$

Division durch $z = f(x, y)$ ergibt die interessante Eigenschaft

$$\frac{dz}{z} = \alpha \frac{dx}{x} + \beta \frac{dy}{y}.$$

x ändere sich um a % und y um b %. Dann gilt $\frac{dx}{x} = \frac{a}{100}$; $\frac{dy}{y} = \frac{b}{100}$;

$$\frac{dz}{z} = \frac{\alpha a}{100} + \frac{\beta b}{100} = \frac{\alpha a + \beta b}{100}.$$

Damit ändert sich die abhängige Variable z um ungefähr $(\alpha a + \beta b)$ %.

8.5 Die verallgemeinerte Kettenregel und
Ableitung impliziter Funktionen

Die Funktion $f(x, y)$ besitze stetige partielle Ableitungen erster Ordnung.
$x = x(t)$ und $y = y(t)$ seien Funktionen von t mit den Ableitungen

$$x'(t) = \frac{dx(t)}{dt} \quad \text{und} \quad y'(t) = \frac{dy(t)}{dt}.$$

Dann ist

$$g(t) = f\big(x(t), y(t)\big)$$

Funktion der einzigen Variablen t. Aus dem totalen Differential folgt

$$dg = f_x(x,y) \cdot dx + f_y(x,y) \cdot dy$$

$$\frac{dg}{dt} = f_x(x,y) \cdot \frac{dx}{dt} + f_y(x,y) \cdot \frac{dy}{dt}.$$

Hieraus erhält man den

Satz 2 (verallgemeinerte Kettenregel):

$$g'(t) = \frac{d}{dt} f(x(t),y(t)) = f_x(x(t),y(t)) \cdot x'(t) + f_y(x(t),y(t)) \cdot y'(t).$$

Alle Punkte (x,y) mit $f(x,y) = 0$ können interpretiert werden als Punkte auf der Fläche mit der Höhe $z = 0$. Diese Punkte liegen auf dem Schnitt der Fläche f mit der x-y-Ebene. Wir nehmen nun an, diese **implizite** Funktion $f(x,y) = 0$ sei (evtl. mehrdeutig) nach y auflösbar. Eine dieser Auflösungen sei die explizite Funktion $y = g(x)$. Diese Funktion sei differenzierbar mit der Ableitung $g'(x)$. Dann erhält man aus $0 = f(x,y)$ mit Hilfe der Kettenregel bezüglich $x = x$ und $y = g(x)$

$$0 = \frac{d}{dx} f(x,g(x)) = f_x(x,g(x)) \cdot \frac{dx}{dx} + f_y(x,g(x)) \cdot \frac{dy}{dx}$$

$$= f_x(x,g(x)) \cdot 1 + f_y(x,g(x)) \cdot g'(x).$$

Hieraus erhält man im Falle der Existenz den

Satz 3 (Ableitung impliziter Funktionen):
Auflösung der impliziten Funktion $f(x,y) = 0$ ergebe die explizite Funktion $y = g(x)$. f_x und f_y seien stetig. Dann besitzt die Funktion $y = g(x)$ die Ableitung

$$g'(x) = \frac{dy}{dx} = -\frac{f_x(x,y)}{f_y(x,y)}\bigg|_{y=g(x)} = -\frac{f_x(x,g(x))}{f_y(x,g(x))}, \text{ falls } f_y(x,g(x)) \neq 0.$$

Der Vorteil dieser Regel besteht darin, daß zur Berechnung der Ableitung die explizite Funktion $f(x,y) = 0$ nicht nach nach y aufgelöst werden muß.

Beispiel 9: Die implizite Funktion $f(x,y) = e^y + y - x = 0$ ist nicht geschlossen nach y auflösbar. Die Ableitung der expliziten Funktion $y(x)$ lautet nach Satz 3

$$y'(x) = \frac{1}{e^{y(x)} + 1}; \quad y'(0) = \frac{1}{e^{y(0)} + 1}.$$

Den Funktionswert $y(0)$ erhält man aus $e^{y(0)} + y(0) = 0$ mit Hilfe des Newton-Verfahrens (s. Abschnitt 6.12.3) als $y(0) = -0{,}56714329041$. Damit erhält man die (gerundete) Ableitung $y'(0) = 0{,}6381$.

8.6 Richtungsableitungen und Gradient

Die Funktion $f(x, y)$ besitze stetige partielle Ableitungen erster Ordnung. In der x-y-Ebene gehe die Gerade g durch den Punkt $P(x_0, y_0)$ und schließe mit der positiven x-Achse den Winkel γ ein. Alle Punkte $P(\xi, \eta)$ auf dieser Geraden besitzen die Parameterdarstellung (s. Abschnitt 11.1)

$$\xi = x_0 + t \cdot \cos \gamma; \quad \eta = y_0 + t \cdot \sin \gamma, \quad t \in \mathbb{R} \text{ (variabel)}.$$

Ein Vertikalschnitt längs dieser Geraden ergibt die ebene Schnittkurve auf der Fläche f

$$g(t) = f(x_0 + t \cdot \cos \gamma, y_0 + t \cdot \sin \gamma).$$

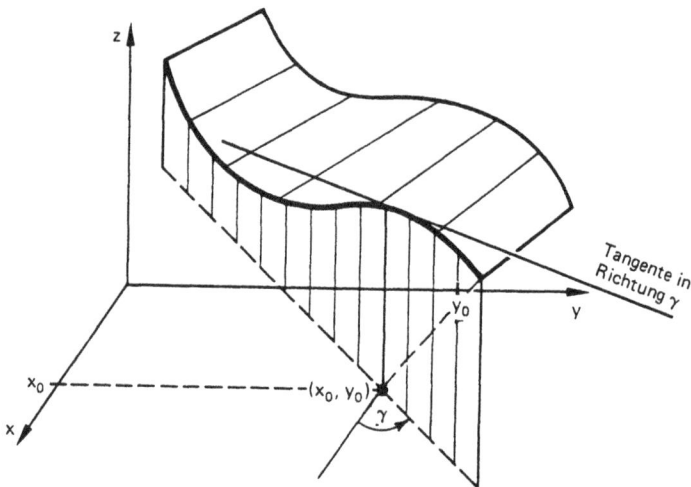

Mit $x = x_0 + t \cdot \cos \gamma$, $y = y_0 + t \cdot \sin \gamma$ erhält man mit der Kettenregel aus Abschnitt 8.5 die Ableitung

$$\frac{dg(t)}{dt} = f_x(x_0 + t \cdot \cos \gamma, y_0 + t \cdot \sin \gamma) \cdot \cos \gamma$$
$$+ f_y(x_0 + t \cdot \cos \gamma, y_0 + t \cdot \sin \gamma) \cdot \sin \gamma.$$

Die Ableitung in Richtung der Geraden g mit dem Richtungswinkel γ erhält man hieraus durch den Grenzübergang $t \to 0$.

Definition 5: Die Funktion f besitze stetige partielle Ableitungen. Dann heißt

$$\left. \frac{\partial f(x, y)}{\partial r(\gamma)} \right|_{(x_0, y_0)} = f_x(x_0, y_0) \cdot \cos \gamma + f_y(x_0, y_0) \cdot \sin \gamma$$

die **Richtungsableitung** in Richtung γ der Funktion f an der Stelle (x_0, y_0).

Bei festgehaltenem (x_0, y_0) ist die Richtungsableitung eine Funktion des Winkels γ. Gesucht ist diejenige Richtung, für welche die Richtungsableitung am größten bzw. am kleinsten wird. In dieser Richtung finden also die stärksten Funktionsveränderungen statt. Differentiation der Funktion

$$h(\gamma) = f_x(x_0, y_0) \cdot \cos\gamma + f_y(x_0, y_0) \cdot \sin\gamma$$

nach γ ergibt die Bestimmungsgleichung

$$h'(\gamma) = -f_x(x_0, y_0) \cdot \sin\gamma + f_y(x_0, y_0) \cdot \cos\gamma = 0.$$

$$h''(\gamma) = -f_x(x_0, y_0) \cdot \cos\gamma - f_y(x_0, y_0) \cdot \sin\gamma.$$

1. Fall: $f_x(x_0, y_0) = f_y(x_0, y_0) = 0$. Dann sind alle Richtungsableitungen gleich 0 (horizontale Tangentialebene).

2. Fall: $f_x(x_0, y_0) = 0$; $f_y(x_0, y_0) \neq 0$. Aus $\cos\gamma = 0$ folgt $\gamma = \frac{\pi}{2}$ oder $\frac{3\pi}{2}$. Wegen $h''(\gamma) = f_y(x_0, y_0) \neq 0$ liegt ein Extremum vor.

3. Fall: $f_x(x_0, y_0) \neq 0$. Dann gilt $\tan\gamma = \dfrac{f_y(x_0, y_0)}{f_x(x_0, y_0)}$ und

$$h''(\gamma) = -\frac{\cos\gamma}{f_x(x_0, y_0)} \cdot [f_x^2(x_0, y_0) + f_y(x_0, y_0) \cdot f_x(x_0, y_0) \cdot \tan\gamma]$$

$$= -\frac{\cos\gamma}{f_x(x_0, y_0)} \cdot [f_x^2(x_0, y_0) + f_y^2(x_0, y_0)] \neq 0$$

für $f_x(x_0, y_0) \neq 0$; wegen $\tan\gamma = \dfrac{\sin\gamma}{\cos\gamma} = \dfrac{f_y}{f_x}$ ist auch $\cos\gamma \neq 0$.

Damit liegt ein Extremum vor.

Somit gilt der

Satz 4: In Richtung des Vektors $\big(f_x(x, y), f_y(x, y)\big)$ (s. Abschnitt 11.1) finden die **stärksten Funktionswertänderungen** von der Stelle (x, y) aus statt.

Der Zeilenvektor $\big(f_x(x, y), f_y(x, y)\big)$ heißt der **Gradient** der Funktion f an der Stelle (x, y).

Beispiel 10 (obere Halbkugel): $f(x, y) = \sqrt{1 - x^2 - y^2}$;

$$f_x(x, y) = -\frac{x}{\sqrt{1 - x^2 - y^2}} \; ; \qquad f_y(x, y) = -\frac{y}{\sqrt{1 - x^2 - y^2}} \; .$$

Es sei γ der Richtungswinkel des Gradienten. Dabei gilt

$$\tan\gamma = \frac{f_y}{f_x} = \frac{y}{x} \; ; \quad x \neq 0.$$

An jeder beliebigen Stelle (x, y) finden daher die stärksten Funktionswertänderungen in Richtung des Koordinatenursprungs, also in Richtung Nordpol bzw. in entgegengesetzter Richtung statt.

8.7 Homogene Funktionen

Beispiel 11 (Cobb - Douglas - Funktion): In der Cobb-Douglas Funktion

$$z = f(x,y) = c\,x^{\alpha}\,y^{\beta}$$

werden die beiden Einbringungsmengen (unabhängige Variablen) x,y mit $\lambda > 0$ multipliziert. Dann geht die Ausbringungsmenge (abhängige Variable) über in

$$z = f(\lambda x, \lambda y) = c\,(\lambda x)^{\alpha}\,(\lambda y)^{\beta} = \lambda^{\alpha+\beta}\,c\,x^{\alpha}\,y^{\beta} = \lambda^{\alpha+\beta}\,f(x,y).$$

Sie wird also mit $\lambda^{\alpha+\beta} = \lambda^{r}$ multipliziert. Die Funktion nennt man homogen vom Grade $r = \alpha + \beta$.

Definition 6: Die Funktion f heißt **homogen vom Grade r**, wenn für alle $\lambda \in \mathbb{R}$ und (x,y) mit (x,y), $(\lambda x, \lambda y) \in D$ gilt

$$f(\lambda x, \lambda y) = \lambda^{r} \cdot f(x,y).$$

Falls f homogen ist von Grad $r = 1$, heißt f **linear homogen**.

Nach Beispiel 11 sind Cobb - Douglas - Funktionen homogen vom Grad $\lambda = \alpha + \beta$.

Bemerkung: Die Bedeutung der Homogenität liegt in der folgenden Tatsache: Falls die beiden unabhängigen Variablen x und y prozentual gleich geändert werden, ist die prozentuale Änderung der abhängigen Variablen z unmittelbar bekannt. Dazu das

Beispiel 12: Die Funktion $z = f(x,y) = 1\,000\,x^2\sqrt{y} = 1\,000\,x^2 \cdot y^{\frac{1}{2}}$ ist eine Cobb - Douglas - Funktion (s. Beispiel 11). Sie ist homogen vom Grad $r = 2,5$. Die beiden Einbringungsmengen x und y werden um 10 Prozent erhöht, also mit $\lambda = 1,1$ multipliziert. Dann multipliziert sich die Ausbringungsmenge z mit $(1,1)^{2,5} = 1,269059$. Sie erhöht sich damit um 26,9059 % unabhängig von den Werten x und y.

Beispiel 13:

a) $f(x,y) = x^2 y^3 + x y^4 + x^5 + y^5$;

   $f(\lambda x, \lambda y) = \lambda^5 (x^2 y^3 + x y^4 + x^5 + y^5) = \lambda^5 f(x,y).$

   f ist homogen vom Grade $r = 5$.

b) $f(x,y) = x \cdot y^3 + x^2 \cdot y^4$;

   f ist nicht homogen. Um einen Faktor λ^r herausziehen zu können, müßte in jedem Summanden die Summe aller Potenzen gleich sein.

c) $f(x,y) = \dfrac{x \cdot y}{x^2 + y^2}$; $f(\lambda x, \lambda y) = \dfrac{\lambda^2 \cdot x \cdot y}{\lambda^2 \cdot (x^2 + y^2)} = \dfrac{x \cdot y}{x^2 + y^2} = \lambda^0 f(x,y)$.

f ist homogen vom Grad $r = 0$.

Satz 5 (Eulersche Homogenitätsrelation):
Die Funktion $z = f(x,y)$ sei homogen vom Grade r. Dann gilt für alle $(x,y) \in D$ die Beziehung

$$r \cdot z = r \cdot f(x,y) = x \cdot f_x(x,y) + y \cdot f_y(x,y).$$

Beweis: f sei homogen von Grad r. Differentiation von

$$f(\lambda x, \lambda y) = \lambda^r \cdot f(x,y)$$

nach λ ergibt unter Anwendung der verallgemeinerten Kettenregel

$$\frac{\partial f(\lambda x, \lambda y)}{\partial \lambda} = f_x(\lambda x, \lambda y) \cdot \frac{\partial (\lambda x)}{\partial \lambda} + f_y(\lambda x, \lambda y) \cdot \frac{\partial (\lambda y)}{\partial \lambda}$$

$$= f_x(\lambda x, \lambda y) \cdot x + f_y(\lambda x, \lambda y) \cdot y$$

$$= r \lambda^{r-1} f(x,y).$$

Für $\lambda = 1$ erhält man hieraus

$$x \cdot f_x(x,y) + y \cdot f_y(x,y) = r \cdot f(x,y),$$

also die Behauptung.

Die Funktion f sei homogen vom Grade r. Dann erhält man zusammen mit der Eulerschen Homogenitätsrelation (Satz 5) für die Gleichung der Tangentialebene an der Stelle (x_0, y_0) (s. Abschnitt 8.3) die Beziehung

$$T(x,y) = f(x_0, y_0) + f_x(x_0, y_0) \cdot (x - x_0) + f_y(x_0, y_0) \cdot (y - y_0)$$

$$= f(x_0, y_0) + f_x(x_0, y_0) \cdot x + f_y(x_0, y_0) \cdot y$$

$$\quad - \underbrace{\left[f(x_0, y_0) \cdot x_0 + f_y(x_0, y_0) \cdot y_0 \right]}_{= r \cdot f(x_0, y_0)}$$

$$= f(x_0, y_0) + f_x(x_0, y_0) \cdot x + f_y(x_0, y_0) \cdot y - r \cdot f(x_0, y_0)$$

$$= (1 - r) \cdot f(x_0, y_0) + f_x(x_0, y_0) \cdot x + f_y(x_0, y_0) \cdot y.$$

Bei linear homogenen Funktionen $(r = 1)$ verschwindet der erste Term. Dann gehen sämtliche Tangentialebenen durch den Koordinatenursprung.

Tangentialebenen bei homogenen Funktionen vom Grade r:

$$T(x,y) = (1-r) \cdot f(x_0, y_0) + f_x(x_0, y_0) \cdot x + f_y(x_0, y_0) \cdot y.$$

8.8 Partielle Elastizitäten

Falls von den beiden unabhängigen Veränderlichen x bzw. y eine festgehalten wird und sich nur die andere ändern darf, erhält man eine Funktion einer Variablen. Auf diese Funktion werden die Begriffe Änderungsrate und Elastizität aus Abschnitt 6.8 übertragen.

Definition 7: Die Funktion $f(x,y)$ sei nach beiden Variablen (partiell) differenzierbar. Dann heißt für $f(x,y) \neq 0$

$$r_{f,x}(x,y) = \frac{f_x(x,y)}{f(x,y)} \quad \text{bzw.} \quad r_{f,y}(x,y) = \frac{f_y(x,y)}{f(x,y)}$$

die **partielle Änderungsrate** der Funktion f bezüglich x bzw. y

und

$$\varepsilon_{f,x}(x,y) = x \cdot \frac{f_x(x,y)}{f(x,y)} \quad \text{bzw.} \quad \varepsilon_{f,y}(x,y) = y \cdot \frac{f_y(x,y)}{f(x,y)}$$

die **partielle Elastizität** der Funktion f bezüglich x bzw. y.

Wie bei Funktionen einer Variablen gilt die

Interpretation:

Für kleine Δx bzw. Δy gilt

Funktionszuwachs: $f(x+\Delta x, y) - f(x,y) \approx f_x(x,y) \cdot \Delta x$;

Funktionszuwachs: $f(x,y+\Delta y) - f(x,y) \approx f_y(x,y) \cdot \Delta y$;

relativer Zuwachs der abhängigen Variablen $z = f(x,y)$:

$$\frac{\Delta z}{z} = \frac{f(x+\Delta x, y) - f(x,y)}{f(x,y)} \approx r_{f,x}(x,y) \cdot \Delta x \qquad \text{(y bleibt konstant)};$$

$$\frac{\Delta z}{z} = \frac{f(x,y+\Delta x) - f(x,y)}{f(x,y)} \approx r_{f,y}(x,y) \cdot \Delta y \qquad \text{(x bleibt konstant)};$$

Für das Verhältnis der relativen Zuwächse der abhängigen Variablen $z = f(x,y)$ und der uanbhängigen Variablen x bzw. y gilt

$$\frac{\Delta z}{z} : \frac{\Delta x}{x} = \frac{\Delta f}{f} : \frac{\Delta x}{x} \approx \varepsilon_{f,x}(x,y) \quad \text{(falls y konstant bleibt)};$$

$$\frac{\Delta z}{z} : \frac{\Delta y}{y} = \frac{\Delta f}{f} : \frac{\Delta y}{y} \approx \varepsilon_{f,y}(x,y) \quad \text{(falls x konstant bleibt)}.$$

Beispiel 14 (lineare Kostenfunktion): $f(x, y) = a + b \cdot x + c \cdot y$, $a, b, c \in \mathbb{R}$.

Partielle Grenzkosten: $f_x(x, y) = b$; $f_y(x, y) = c$;

partielle Änderungsraten: $r_{f,x}(x, y) = \dfrac{b}{f(x, y)}$; $r_{f,y}(x, y) = \dfrac{c}{f(x, y)}$;

partielle Elastizitäten: $\varepsilon_{f,x}(x, y) = \dfrac{b \cdot x}{f(x, y)}$; $\varepsilon_{f,y}(x, y) = \dfrac{c \cdot y}{f(x, y)}$.

Beispiel 15 (Cobb-Douglas-Funktion): $z = f(x, y) = c\, x^{\alpha} y^{\beta}$.

$$f_x(x, y) = \alpha\, c\, x^{\alpha - 1} y^{\beta} \; ; \quad f_y(x, y) = \beta\, c\, x^{\alpha} y^{\beta - 1};$$

partielle Änderungsraten: $r_{f,x}(x, y) = \dfrac{\alpha}{x}$; $r_{f,y}(x, y) = \dfrac{\beta}{y}$;

partielle Elastizitäten: $\varepsilon_{f,x}(x, y) \equiv \alpha$; $\varepsilon_{f,y}(x, y) \equiv \beta$.

Die Summe der partiellen Elastizitäten ist gleich dem Homogenitätsgrad $r = \alpha + \beta$. Diese Eigenschaft gilt allgemein bei homogenen Funktionen (vgl. Satz 6).

Die Funktion $z = f(x, y)$ sei homogen vom Grade r. Dann gilt für alle $(x, y) \in D$ nach Satz 5 die Eulersche Homogenitätsbeziehung

$$r\, f(x, y) = x\, f_x(x, y) + y\, f_y(x, y).$$

Division durch $f(x, y)$ ergibt für $f(x, y) \neq 0$

$$r = x \cdot \frac{f_x(x, y)}{f(x, y)} + y \cdot \frac{f_y(x, y)}{f(x, y)} = \varepsilon_{f,x}(x, y) + \varepsilon_{f,y}(x, y).$$

Damit gilt der

Satz 6 (Homogenitätsbeziehung):

Die Funktion $z = f(x, y)$ sei homogen vom Grade r. Dann gilt für alle $(x, y) \in D$ mit $f(x, y) \neq 0$ die Beziehung

$$\varepsilon_{f,x}(x, y) + \varepsilon_{f,y}(x, y) = r.$$

Die Summe der beiden partiellen Elastizitäten ist also konstant und zwar gleich dem Homogenitätsgrad r.

Beweis s. o.

8.9 Partielle Ableitungen höherer Ordnung

Falls die partiellen Ableitungsfunktionen erster Ordnung

$$\frac{\partial f(x,y)}{\partial x} = f_x(x,y) \quad \text{und} \quad \frac{\partial f(x,y)}{\partial y} = f_y(x,y)$$

wiederum nach x und y partiell differenzierbar sind, erhält man

partielle Ableitungen zweiter Ordnung:

$$f_{xx}(x,y) = \frac{\partial^2 f(x,y)}{\partial x^2} = \frac{\partial f_x(x,y)}{\partial x} = \lim_{\Delta x \to 0} \frac{f_x(x+\Delta x, y) - f_x(x,y)}{\Delta x};$$

$$f_{xy}(x,y) = \frac{\partial^2 f(x,y)}{\partial x \partial y} = \frac{\partial f_x(x,y)}{\partial y} = \lim_{\Delta y \to 0} \frac{f_x(x, y+\Delta x) - f_x(x,y)}{\Delta y};$$

$$f_{yx}(x,y) = \frac{\partial^2 f(x,y)}{\partial y \partial x} = \frac{\partial f_y(x,y)}{\partial x} = \lim_{\Delta x \to 0} \frac{f_y(x+\Delta x, y) - f_y(x,y)}{\Delta x};$$

$$f_{yy}(x,y) = \frac{\partial^2 f(x,y)}{\partial y^2} = \frac{\partial f_y(x,y)}{\partial y} = \lim_{\Delta y \to 0} \frac{f_y(x, y+\Delta y) - f_y(x,y)}{\Delta y}.$$

Beispiel 16:

a) $f(x,y) = x^2 + 3xy + y^5$;

$f_x(x,y) = 2x + 3y$; $\quad f_y(x,y) = 3x + 5y^4$;

$f_{xx}(x,y) = 2$; $\quad f_{xy}(x,y) = 3$; $\quad f_{yx}(x,y) = 3$; $\quad f_{yy}(x,y) = 20y^3$.

b) $f(x,y) = cx^\alpha y^\beta$;

$f_x(x,y) = \alpha c x^{\alpha-1} y^\beta$; $\quad f_y(x,y) = \beta c x^\alpha y^{\beta-1}$;

$f_{xx}(x,y) = \alpha(\alpha-1) c x^{\alpha-2} y^\beta$; $\quad f_{yy}(x,y) = \beta(\beta-1) c x^\alpha y^{\beta-2}$;

$f_{xy}(x,y) = \alpha \beta c x^{\alpha-1} y^{\beta-1} = f_{yx}(x,y)$.

In diesem Beispiel stimmen die gemischten Ableitungen überein. Dies ist kein Zufall, denn es gilt der von **H. A. Schwarz** (1843 – 1921) stammende

---

Satz 7 (Satz von Schwarz):

Existiert eine der gemischten Ableitungen $f_{xy}(x,y)$, $f_{yx}(x,y)$ und ist sie stetig, so existiert auch die andere und beide sind gleich, d.h.

$$f_{xy}(x,y) = f_{yx}(x,y).$$

Bei stetigen Ableitungen kommt es also auf die Reihenfolge der Differentiation nicht an.

Falls der Reihe nach n-mal partiell differenziert wird, erhält man im Falle
der Existenz eine **partielle Ableitung n-ter Ordnung**. Wenn diese stetig ist,
kommt es nach dem Satz von Schwarz (Satz 7) auf Reihenfolge der einzelnen Ableitungen nicht an.

8.10 Taylorpolynome

In Analogie zu Funktionen einer Variablen benutzt man als erste lokale
Approximation der Funktion $f(x,y)$ in einer Umgebung der Stelle (x_0, y_0)
die Tangentialebene (s. Abschnitt 8.3)

$$f(x,y) \approx T_1(x,y) = f(x_0, y_0) + f_x(x_0, y_0) \cdot (x - x_0) + f_y(x_0, y_0) \cdot (y - y_0).$$

Eine bessere Approximation erhält man durch Taylorpolynome höheren
Grades, die nun hergeleitet werden sollen.

Die Funktion $f(x,y)$ soll in einer Umgebung U der Stelle (x_0, y_0) stetige
partielle Ableitungen bis zur $(n+1)$-ten Ordnung besitzen. In Analogie zur
Taylorentwicklung bei Funktionen einer Variablen soll für die Funktion
$f(x_0 + h, y_0 + k)$ zunächst eine Entwicklung nach Potenzen von h und k
gefunden werden. Dabei sei h und k so, daß die gesamte Verbindungsstrecke vom Punkt $P(x_0, y_0)$ zum Punkt $P(x_0 + h, y_0 + k)$ in der Umgebung U liegt. Dann ist jede Stelle (x,y) mit

$$x = x_0 + th; \quad x = y_0 + tk \quad , \quad 0 \le t \le 1,$$

in der Umgebung U enthalten. Wir setzen

$$f(x_0 + th, y_0 + tk) = \varphi(t).$$

Die Taylorentwicklung der Funktion $\varphi(t)$ der einzigen Variablen t an der
Stelle $t_0 = 0$ lautet nach Abschnitt 6.10

$$\varphi(t) = \varphi(0) + \frac{t}{1!} \cdot \varphi'(t) + \frac{t^2}{2!} \cdot \varphi''(t) + \dots + \frac{t^n}{n!} \cdot \varphi^{(n)}(t) + R_n(t)$$

mit dem Restglied

$$R_n(t) = \frac{t^{n+1}}{(n+1)!} \cdot \varphi^{(n+1)}(\vartheta t), \quad 0 < \vartheta < 1.$$

Das Hauptproblem besteht nun darin, die Ableitungen $\varphi^{(k)}(t)$ geeignet
darzustellen.

Nach der verallgemeinerten Kettenregel (Satz 2) gilt

$$\varphi'(t) = f_x(x_0 + th, y_0 + tk) \cdot h + f_y(x_0 + th, y_0 + tk) \cdot k;$$

$$\varphi'(0) = f_x(x_0, y_0) \cdot h + f_y(x_0, y_0) \cdot k.$$

Für diesen Ausdruck führen wir folgenden **Differentialoperator** ein

$$D^1 f(x_0,y_0) = \left(h \cdot \frac{\partial}{\partial x} + k \cdot \frac{\partial}{\partial y}\right) f(x_0,y_0) = f_x(x_0,y_0) \cdot h + f_y(x_0,y_0) \cdot k.$$

Zuerst ist die partielle Ableitung nach x mit h zu multiplizieren, dann die partielle Ableitung nach y mit k. Diese Summanden müssen addiert werden. Nochmalige Differentiation von $\varphi'(t)$ ergibt nach der Kettenregel und dem Satz von Schwarz

$$\varphi''(t) = f_{xx}(x_0+th,y_0+tk) \cdot h^2 + 2 f_{xy}(x_0+th,y_0+tk) \cdot hk$$
$$+ f_{yy}(x_0+th,y_0+tk) \cdot k^2;$$
$$\varphi''(0) = f_{xx}(x_0,y_0) \cdot h^2 + 2 f_{xy}(x_0,y_0) \cdot hk + f_{yy}(x_0,y_0) \cdot k^2.$$

Für diesen Ausdruck setzen wir

$$D^2 f(x_0,y_0) = \left(h \cdot \frac{\partial}{\partial x} + k \cdot \frac{\partial}{\partial y}\right)^2 f(x_0,y_0)$$
$$= \left(h^2 \cdot \frac{\partial^2}{\partial x^2} + 2hk \cdot \frac{\partial^2}{\partial x \partial y} + k^2 \cdot \frac{\partial^2}{\partial y^2}\right) f(x_0,y_0) = \varphi''(0).$$

So fortfahrend erhält man

$$\varphi^{(k)}(0) = D^k f(x_0,y_0) = \left(h \cdot \frac{\partial}{\partial x} + k \cdot \frac{\partial}{\partial y}\right)^k f(x_0,y_0) \ .$$

Dabei wird $\left(h \cdot \frac{\partial}{\partial x} + k \cdot \frac{\partial}{\partial y}\right)^k$ nach dem binomischen Lehrsatz entwickelt. Danach werden die enstprechenden Ableitungen berechnet.
Mit $h = x - x_0$ und $k = y - y_0$ erhält man das

Taylorpolynom n-ten Grades:

$$T_n(x,y) = f(x_0,y_0) + \sum_{k=1}^{n} \frac{1}{k!} \cdot \left((x-x_0) \cdot \frac{\partial}{\partial x} + (y-y_0) \cdot \frac{\partial}{\partial y}\right)^k f(x_0,y_0)$$

und den

Satz 8 (Taylorentwicklung):
Die Funktion $f(x,y)$ besitze in einer Umgebung U der Stelle (x_0,y_0) stetige partielle Ableitungen bis zur Ordnung $n+1$. Dann gilt für jede Stelle (x,y) aus dieser Umgebung

$$f(x,y) = T_n(x,y) + R_n(x,y)$$

mit

$$R_n(x,y) = \frac{1}{(n+1)!} \cdot \left(h \frac{\partial}{\partial x} + k \frac{\partial}{\partial y}\right)^{n+1} f(x_0 + \vartheta(x-x_0), y_0 + \vartheta(y-y_0)),$$

$$0 < \vartheta < 1; \ h = x - x_0 \ \text{und} \ k = y - y_0 \ .$$

Für $n = 2$ lautet das

Taylorpolynom zweiten Grades

$$T_2(x,y) = f(x_0,y_0) + f_x(x_0,y_0) \cdot (x - x_0) + f_y(x_0,y_0) \cdot (y - y_0)$$

$$+ \frac{1}{2} \cdot \left\{ f_{xx}(x_0,y_0) \cdot (x - x_0)^2 + 2 f_{xy}(x_0,y_0) \cdot (x - x_0) \cdot (y - y_0) \right.$$

$$\left. + f_{yy}(x_0,y_0) \cdot (y - y_0)^2 \right\} .$$

Das Restglied besitzt die Darstellung

$$R_2(x,y) = \frac{1}{6} \cdot \left\{ f_{xxx}(\xi,\eta) \cdot (x - x_0)^3 + 3 f_{xxy}(\xi,\eta) \cdot (x - x_0)^2 \cdot (y - y_0) \right.$$

$$\left. + 3 f_{xyy}(\xi,\eta) \cdot (x - x_0) \cdot (y - y_0)^2 + f_{yyy}(\xi,\eta) \cdot (y - y_0)^3 \right\}.$$

Dabei ist (ξ,η) eine (unbekannte) Zwischenstelle zwischen (x_0,y_0) und (x,y).

Beispiel 17: Die Funktion $f(x,y) = e^{x-y} + \cos(x+y)$ soll durch das Taylorpolynom zweiten Grades an der Stelle $(0,0)$ approximiert werden.

$$f(0,0) = 2 ;$$

$$f_x(x,y) = e^{x-y} - \sin(x+y) ; \qquad\qquad f_x(0,0) = 1 ;$$

$$f_y(x,y) = -e^{x-y} - \sin(x+y) ; \qquad\qquad f_y(0,0) = -1 ;$$

$$f_{xx}(x,y) = e^{x-y} - \cos(x+y) ; \qquad\qquad f_{xx}(0,0) = 0 ;$$

$$f_{xy}(x,y) = -e^{x-y} - \cos(x+y) ; \qquad\qquad f_{xy}(0,0) = -2 ;$$

$$f_{yy}(x,y) = e^{x-y} - \cos(x+y) ; \qquad\qquad f_{yy}(0,0) = 0.$$

Damit lautet das Taylorpolynom

$$T_2(x,y) = 2 + x - y - 2xy .$$

Vergleichswerte:

$$f(0,1 ; 0,15) = 1,951229 ; \quad T_2(0,1 ; 0,15) = 1,92 .$$

8.11 Extremwerte (ohne Nebenbedingungen) und Sattelpunkte

Definition 8:

a) Die Funktion $f(x, y)$ besitzt an der Stelle (x_0, y_0) ein **lokales Maximum** (**lokales Minimum**), falls es eine zum Definitionsbereich D gehörende Umgebung U gibt mit

$$f(x, y) \le f(x_0, y_0) \quad \text{bzw.} \quad f(x, y) \ge f(x_0, y_0) \quad \text{für alle } (x, y) \in U.$$

b) Die Funktion $f(x, y)$ hat an der Stelle (x_0, y_0) ein **globales Maximum** (**globales Minimum**), falls gilt

$$f(x, y) \le f(x_0, y_0) \quad \text{bzw.} \quad f(x, y) \ge f(x_0, y_0) \quad \text{für alle } (x, y) \in D.$$

c) Unter einem **Extremwert (Extremum)** versteht man ein Minimum oder ein Maximum.

Satz 9: Die Funktion $f(x, y)$ sei in dem beschränkten und abgeschlossenen (kompakten) Bereich $B \subset D \subset \mathbb{R}^2$ stetig. Dann besitzt sie in diesem Bereich ein globales Maximum und ein globales Minimum.

Beweis s. H. Heuser[1981], Teil 2, S. 34.

Falls die partiellen Ableitungen f_x und f_y an der Stelle (x_0, y_0) stetig sind, existiert dort eine Tangentialebene. Dann kann an dieser Stelle höchstens dann ein Extremum vorliegen, wenn diese Tangentialebene horizontal ist, also nur für $f_x(x_0, y_0) = 0$ und $f_y(x_0, y_0) = 0$.

Damit gilt der

Satz 10 (notwendige Bedingung für ein lokales Extremum):
Die Funktion f besitze an der Stelle (x_0, y_0) stetige partielle Ableitungen (erster Ordnung). Notwendig dafür, daß an der Stelle (x_0, y_0) ein lokales Extremwert vorliegt, ist dann die Bedingung

$$f_x(x_0, y_0) = 0 \; ; \quad f_y(x_0, y_0) = 0.$$

Die lokalen Extremwerte befinden sich also unter den Lösungen der beiden Gleichungen

$$f_x(x, y) = 0 \; ; \quad f_y(x, y) = 0.$$

Jede Stelle (x_0, y_0) mit $f_x(x_0, y_0) = 0$; $f_y(x_0, y_0) = 0$ heißt **stationäre Stelle** von f.

Falls die im Satz 10 angegebene Bedingung erfüllt ist, muß an der Stelle (x_0, y_0) noch kein Extremwert vorhanden sein. In der nachfolgenden Abbildung ist an der Stelle (x_0, y_0) ein lokales Maximum, während an der Stelle (x_1, y_1) ein Sattelpunkt liegt. Die Bedingung ist zwar notwendig, aber nicht hinreichend.

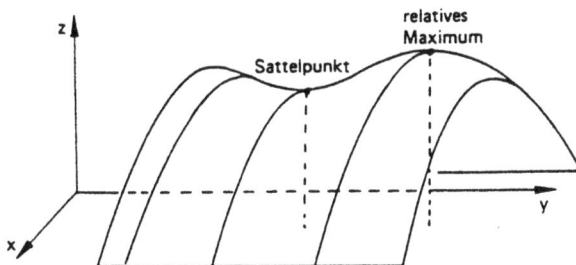

Satz 11 (hinreichende Bedingungen für ein **Extremum** bzw. einen **Sattelpunkt):** Die Funktion f besitze in einer Umgebung von (x_0, y_0) bzw. im ganzen Definitionsbereich D stetige partielle Ableitungen erster und zweiter Ordnung. Dabei gelte

$$f_x(x_0, y_0) = 0 \; ; \quad f_y(x_0, y_0) = 0,$$

$$\Delta = f_{xx}(x_0, y_0) \cdot f_{yy}(x_0, y_0) - f_{xy}^2(x_0, y_0) > 0.$$

a) Im Falle $f_{xx}(x_0, y_0) < 0 \Leftrightarrow f_{yy}(x_0, y_0) < 0$ hat f an der Stelle (x_0, y_0) ein **lokales Maximum**, für $f_{xx}(x_0, y_0) > 0 \Leftrightarrow f_{yy}(x_0, y_0) > 0$ ist an der Stelle (x_0, y_0) ein **lokales Minimum**.

b) Im Falle $f_{xx}(x, y) < 0$ für alle $(x, y) \in D$ besitzt die Funktion f an der Stelle (x_0, y_0) ein **globales Maximum**, falls $f_{xx}(x, y) > 0$ für alle $(x, y) \in D$ hat f dort ein **globales Minimum**.

c) Wenn $\Delta = f_{xx}(x_0, y_0) \cdot f_{yy}(x_0, y_0) - f_{xy}^2(x_0, y_0) < 0$ ist, hat f an der Stelle (x_0, y_0) einen **Sattelpunkt**.

Bemerkung: Falls die Bedingung $\Delta > 0$ erfüllt ist, müssen beide Ableitungen $f_{xx}(x_0, y_0)$ als auch $f_{yy}(x_0, y_0)$ von Null verschieden sein und das gleiche Vorzeichen besitzen. Bei verschiedenen Vorzeichen wäre ja das erste Produkt $f_{xx}(x_0, y_0) \cdot f_{yy}(x_0, y_0)$ und damit Δ negativ.

Beweis für lokale Extremwerte: Mit $x - x_0 = h$ und $y - y_0 = k$ erhält man aus der Taylorentwicklung (Satz 8) mit $n = 1$ (Taylorpolynom ersten Grades) mit dem Restglied die Darstellung

$$f(x_0 + h, y_0 + k) = f(x_0, y_0) + \frac{1}{2}\left\{h^2 f_{xx}(x_0 + \theta h, y_0 + \theta k)\right.$$

$$\left. + 2\, h\, k\, f_{xy}(x_0 + \theta h, y_0 + \theta k) + k^2 f_{yy}(x_0 + \theta h, y_0 + \theta k)\right\}$$

$$\text{mit } 0 < \theta < 1.$$

f_{xx}, f_{yy}, f_{xy} seien die Ableitungen an der Zwischenstelle $(x_0 + \theta h, y_0 + \theta k)$. Wegen der Stetigkeit der zweiten Ableitungen gilt $f_{xx} \neq 0$ in einer Umgebung von (x_0, y_0). Ebenfalls ist dort wegen der Stetigkeit der parteiellen Ableitungen $\Delta > 0$. Dann erhält man für $f_{xx} \neq 0$ die Darstellung

$$f(x_0 + h, y_0 + k) - f(x_0, y_0) = \frac{1}{2 f_{xx}} \cdot \left[(h\, f_{xx} + k\, f_{xy})^2 + k^2(f_{xx} f_{yy} - f_{xy}^2)\right].$$

Falls h und k nicht beide gleich Null sind, ist wegen $\Delta > 0$ die eckige Klammer positiv. Dann ist $f(x_0 + h, y_0 + k) - f(x_0, y_0)$ von Null verschieden und hat das gleiche Vorzeichen wie f_{xx}. Im Falle $f_{xx}(x_0, y_0) > 0$ ist $f(x_0 + h, y_0 + k) - f(x_0, y_0) > 0$. Dann ist an der Stelle (x_0, y_0) ein lokales Minimum. Für $f_{xx}(x_0, y_0) < 0$ ist die Differenz negativ. Dann besitzt f an der Stelle (x_0, y_0) ein lokales Maximum.

Für globale Extrema ist ein Beweis bei O. Opitz [1989] S. 585 und für Sattelpunkte bei Mangold-Knopp [1968], Band 2, S. 389 zu finden.

Beispiel 18: Gesucht sind die Extremwerte und Sattelpunkte der Funktion

$f(x, y) = x^2(e^y - 2) - y^2.$

$f_x(x, y) = 2x(e^y - 2)$; $f_y(x, y) = x^2 e^y - 2y$;

$f_{xx}(x, y) = 2(e^y - 2)$; $f_{yy}(x, y) = x^2 e^y - 2$;

$f_{xy}(x, y) = 2x e^y.$

$f_x(x, y) = 0$ ergibt   a) $x = 0$ oder b) $y = \ln 2$.

Einsetzen dieser beiden Werte in $f_y(x, y) = 0$ ergibt

a) $0 - y = 0$, also die Stelle **(0, 0)**.

b) $x^2 \cdot e^{\ln 2} - 2 \ln 2 = x^2 \cdot 2 - 2 \ln 2 = 0$; $x_{2,3} = \pm\sqrt{\ln 2}$,

   also die Stellen $(\sqrt{\ln 2}, \ln 2)$ und $(-\sqrt{\ln 2}, \ln 2)$.

Stelle	f_{xx}	f_{yy}	f_{xy}	Δ	
$(0, 0)$	-2	-2	0	$4 > 0$	rel. Maximum
$(\sqrt{\ln 2}, \ln 2)$	0	$2\ln 2 - 2$	$4\sqrt{\ln 2}$	$-16 \ln 2 < 0$	Sattelpunkt
$(-\sqrt{\ln 2}, \ln 2)$	0	$2\ln 2 - 2$	$-4\sqrt{\ln 2}$	$-16 \ln 2 < 0$	Sattelpunkt

8.12 Extremwerte unter einer Nebenbedingung

Beispiel 19: Gesucht sind alle Punkte auf der Ellipse

$$x^2 + xy + y^2 = 1,$$

die vom Koordinatenursprung O den kürzesten bzw. größten Abstand haben. Da die Quadratfunktion streng monoton wachsend ist, ist der Abstand minimal, wenn das Abstandsquadrat minimal ist. Nach Pythagoras besitzt der Punkt $P(x, y)$ vom Koordinatenursprung O das Abstandsquadrat $d^2(x, y) = x^2 + y^2$.

Damit sind die Extremwerte der Funktion

$$d^2(x, y) = f(x, y) = x^2 + y^2$$

gesucht unter der Nebenbedingung

$$x^2 + xy + y^2 = 1 \quad \Leftrightarrow \quad g(x, y) = x^2 + xy + y^2 - 1 = 0.$$

Nach der allgemeinen Behandlung dieses Problems kommen wir auf dieses Beispiel zurück.

Problemstellung: Gesucht sind die Extrema der Funktion $f(x, y)$ unter der Nebenbedingung $g(x, y) = 0$. Da $g(x, y) = 0$ im allgemeinen eine Kurve in der x-y-Ebene darstellt, sind die Extremwerte unter denjenigen Punkten auf der durch f beschriebenen Fläche gesucht, die senkrecht über dieser Kurve liegen (s. nachfolgende Abbildung). Die Nebenbedingung stellt eine implizite Funktion in der x-y-Ebene (s. Abschnitt 8.5) dar.

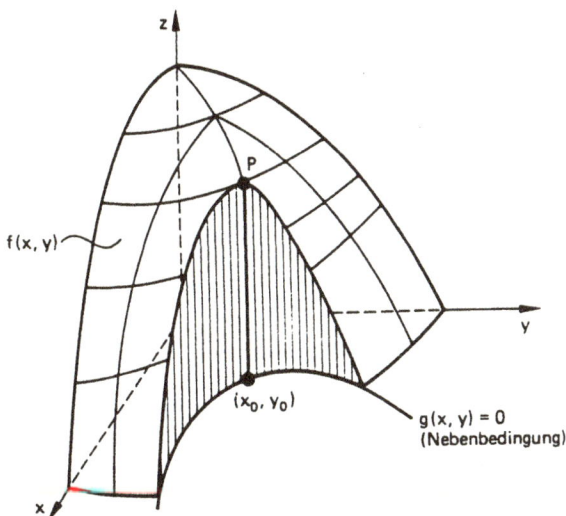

8.12.1 Lösung mit Hilfe der Elimination einer Variablen

Falls die Nebenbedingung $g(x,y) = 0$ eindeutig nach x bzw. y auflösbar ist in der Form

$$y = \varphi(x) \quad \text{bzw.} \quad x = \psi(y)$$

erhält man durch Einsetzen in die Funktion $f(x,y)$

$$f(x,y) = f\big(x, \varphi(x)\big) = g(x)$$
$$f(x,y) = f\big(\psi(y), y\big) = h(y),$$

also Funktionen, die nur von einer einzigen Variablen x bzw. y abhängen. Damit ist das Problem zurückgeführt auf die Bestimmung von Extrema bei Funktionen einer Variablen (s. Abschnitt 6.9.7).

8.12.2 Lösung mit Hilfe der Methode von Lagrange

Von **J. L. Lagrange** (1736 − 1813) stammt das folgende Verfahren, das vor allem dann benutzt werden kann, wenn die Nebenbedingung $g(x,y) = 0$ nicht nach x bzw. y auflösbar ist.

Durch die Nebenbedingung $g(x,y) = 0$ sei y als (nicht unbedingt eindeutige) Funktion $y = \varphi(x)$ darstellbar. Dann gilt $g(x, \varphi(x)) \equiv 0$. Differentiation nach x ergibt mit Hilfe der verallgemeinerten Kettenregel

$$(1) \quad g_x(x, \varphi(x)) + g_y(x, \varphi(x)) \cdot \varphi'(x) = 0.$$

Mit $y = \varphi(x)$ geht die Funktion $f(x,y)$ über in

$$f(x,y) = f(x, \varphi(x)) = u(x).$$

Als notwendige Bedingung für einen Extremwert erhält man ebenfalls mit der Kettenregel

$$(2) \quad u'(x) = f_x(x, \varphi(x)) + f_y(x, \varphi(x)) \cdot \varphi'(x) = 0.$$

Multipliziert man (1) mit $f_y(x, \varphi(x))$ und (2) mit $g_y(x, \varphi(x))$ und subtrahiert diese beiden Gleichungen voneinander, so erhält man mit $y = \varphi(x)$ die Bedingung

$$f_x(x,y) \cdot g_y(x,y) - f_y(x,y) \cdot g_x(x,y) = 0.$$

In dieser Bedingung kommt die Auflösungsfunktion $\varphi(x)$ nicht mehr vor. Diese Gleichung ist genau dann erfüllt, wenn mit einem geeigneten Proportionalitätsfaktor λ gilt

$$f_x(x,y) = -\lambda \cdot g_x(x,y) \quad \Leftrightarrow \quad f_x(x,y) + \lambda \cdot g_x(x,y) = 0$$

$$f_y(x,y) = -\lambda \cdot g_y(x,y) \quad \Leftrightarrow \quad f_y(x,y) + \lambda \cdot g_y(x,y) = 0.$$

Damit gilt der

**Satz 12 (notwendige Bedingung für ein Extremum unter einer Neben-
bedingung):**

Die Funktionen f und g besitzen stetige partielle Ableitungen erster
Ordnung. Mit Hilfe der sog. **Langrange-Funktion**

$$L(x, y, \lambda) = f(x, y) + \lambda \cdot g(x, y)$$

löse man das Gleichungssystem mit den 3 Unbekannten x, y, λ

$$L_x(x, y, \lambda) = f_x(x, y) + \lambda \cdot g_x(x, y) = 0$$

$$L_y(x, y, \lambda) = f_y(x, y) + \lambda \cdot g_y(x, y) = 0$$

$$L_\lambda(x, y, \lambda) = g(x, y) = 0 \quad \text{(Nebenbedingung)}.$$

Dann befinden sind unter diesen Lösungen die Extremwerte von
$f(x, y)$ unter der Nebenbedingung $g(x, y) = 0$.

Bemerkungen:

1) Allgemeine hinreichende Bedingungen für Extremwerte unter einer
Nebenbedingung werden in Abschnitt 9.6.2 angegeben.

2) Zur Überprüfung, ob es sich um ein lokales Maximum oder Minimum
handelt, können Funktionswerte an Stellen der Umgebung der Lösung, die
gleichzeitig die Nebenbedingung erfüllen, in die Funktion $f(x, y)$ eingesetzt
werden.

3) Oft weiß man jedoch aus der Problemstellung, daß ein Maximum bzw.
Minimum existiert. Falls die Methode von Lagrange genau eine Lösung
liefert, ist dies die Stelle des gesuchten Extremums.

4) Falls die Nebenbedingungsmenge $\{(x, y) \mid (x, y) \in D \text{ und } g(x, y) = 0\}$ abgeschlossen und beschränkt ist, besitzt die stetige Funktion f unter der Nebenbedingung $g(x, y) = 0$ in diesem Bereich ein globales Maximum und
Minimum (s. H. Heuser, [1981], Teil 2, S. 324).

Beispiel 20 (s. Beispiel 19): In Beipiel 19 lautet die Lagrange-Funktion

$$L(x, y, \lambda) = x^2 + y^2 + \lambda(x^2 + xy + y^2 - 1).$$

Die partiellen Ableitungen sind

(1) $L_x(x, y, \lambda) = 2x + \lambda(2x + y) = 0$

(2) $L_y(x, y, \lambda) = 2y + \lambda(x + 2y) = 0$

(3) $L_\lambda(x, y, \lambda) = x^2 + xy + y^2 - 1 = 0$ (Nebenbedingung).

Aus (1) erhält man $\lambda = -\dfrac{2x}{2x + y}$.

Dieser Ausdruck wird in (2) eingesetzt mit $2y - \dfrac{2x \cdot (x + 2y)}{2x + y} = 0$.

Multiplikation mit $2x + y$ und gleichzeitige Division durch 2 ergibt

$$y \cdot (2x + y) = x \cdot (x + 2y)$$

$$2xy + y^2 = x^2 + 2xy \quad \Leftrightarrow \quad x^2 = y^2, \quad \text{also} \quad y = x \quad \text{oder} \quad y = -x.$$

Mit $x = y$ erhält man aus (3)

$$x^2 + x^2 + x^2 - 1 = 0, \quad \text{also} \quad x = y = \pm \frac{1}{\sqrt{3}}.$$

$y = -x$ ergibt $x^2 = 1$, also $x = \pm 1$.

Damit erhält man die vier möglichen Punkte

$$P_1\left(\frac{1}{\sqrt{3}}, \frac{1}{\sqrt{3}}\right); \quad P_2\left(-\frac{1}{\sqrt{3}}, -\frac{1}{\sqrt{3}}\right); \quad P_3(1, -1); \quad P_4(-1, 1).$$

Wegen $x^2 = y^2$ gilt $d^2(x, y) = 2x^2$. P_1 und P_2 ergeben den minimalen Abstand $\sqrt{\frac{2}{3}}$, P_3 und P_4 den maximalen Abstand $\sqrt{2}$.

Beispiel 21: Von Gut 1 werden x, von Gut 2 y Einheiten hergestellt. Die Nutzenfunktion sei $f(x, y) = x \cdot y$. Die Herstellungskosten je Mengeneinheit betragen bei Gut 1 $p_1 > 0$ und bei Gut 2 $p_2 > 0$. Insgesamt stehen für die Herstellung beider Güter nur $c > 0$ Geldeinheiten zur Verfügung. p_1, p_2 und c sind also fest vorgegebene Konstanten.
Die Nebenbedingung lautet somit

$$g(x, y) = p_1 x + p_2 y - c = 0.$$

Gesucht ist das Maximum der Nutzenfunktion unter dieser Nebenbedingung. Die Lagrange-Funktion lautet

$$L(x, y, \lambda) = xy + \lambda(p_1 x + p_2 y - c).$$

Partielle Differentiation ergibt

(1) $L_x(x, y, \lambda) = y + \lambda p_1 = 0$

(2) $L_y(x, y, \lambda) = x + \lambda p_2 = 0$

(3) $L_\lambda(x, y, \lambda) = p_1 x + p_2 y - c = 0$ (Nebenbedingung).

Aus (1) und (2) folgt

$$\lambda = -\frac{y}{p_1} = -\frac{x}{p_2}, \quad \text{also} \quad y = \frac{p_1}{p_2} x.$$

Aus der Nebenbedingung (3) erhält man hiermit

$$p_1 x + p_1 x - c = 0.$$

Daraus folgt

$$x = \frac{c}{2p_1}; \quad y = \frac{c}{2p_2} \quad \text{mit} \quad f\left(\frac{c}{2p_1}; \frac{c}{2p_2}\right) = \frac{c^2}{4p_1 p_2}.$$

Daß an dieser Stelle ein Maximum vorliegt, erhält man durch folgende Überlegung. Die Stelle $(0, \frac{c}{p_2})$ erfüllt ebenfalls die Nebenbedingung mit dem Funktionswert

$$f(0, \frac{c}{p_2}) = 0.$$

Da dieser Funktionswert kleiner als $f\left(\frac{c}{2 p_1}; \frac{c}{2 p_2}\right) = \frac{c^2}{4 p_1 p_2}$ ist, nimmt die Funktion an der oben berechneten Stelle das Maximum an.

8.13 Aufgaben

1. Das Zeltdach in der nachfolgenden Abbildung stelle eine Funktion $z = f(x, y)$ dar, die außerhalb des Rechtecks $ABCD$ den Wert 0 annimmt.

a) Stellen Sie die Gleichungen der Funktion in den einzelnen Gebieten auf.

b) An welchen Stellen existieren die partiellen Ableitungen nicht?

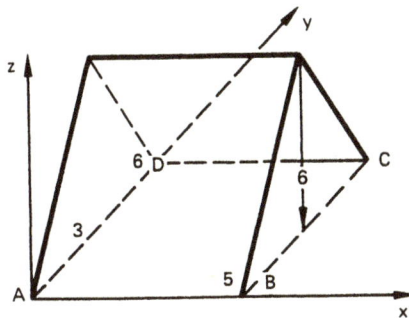

2. Gegeben ist die Funktion $f(x, y) = x^2 + y^2 - 4$.

a) Bestimmen Sie den Definitionsbereich D von f.

b) Bestimmen Sie die Schnittkurven, die beim Schnitt mit folgenden Ebenen enstehen: $x = 2$; $y = 0$; $x = y$; $y = mx$, $m \in \mathbb{R}$ entstehen.

c) Welche Kurven stellen die Isoquanten dar?

d) Bestimmen Sie das Minimum der Funktion f. Weshalb besitzt f kein Maximum?

3. Bestimmen Sie alle partiellen Ableitungen erster und zweiter Ordnung der Funktion $f(x,y) = e^{x-2x} + x\sin y$ und bestätigen Sie den Satz von Schwarz.

4. In einer Fabrik werden kegelförmige Eistüten mit dem Radius r und der Höhe h hergestellt. Bei der Herstellung kleiner Eistüten mit $r = 2$ cm und $h = 10$ cm ergeben sich wegen ungenauer Einstellung der Maschinen die tatsächlichen Werte zu $r = 2{,}05$ cm und $h = 9{,}8$ cm. Bestimmen Sie mit Hilfe des totalen Differentials angenähert die Änderung des Volumens V.

5. Eine Produktionsfunktion sei gegeben durch $z = f(x,y) = \sqrt{x \cdot y}$.

a) Berechnen Sie mit Hilfe des totalen Differentials näherungsweise die Änderung der Ausbringungsmenge z, falls der Einsatzfaktor x von 100 auf 102 und y von 50 auf 51 Mengeneinheiten erhöht wird.

b) Wächst x um 7 % und y um 13 % an, so läßt sich mit Hilfe des totalen Differentials die relative Änderung von $f(x,y)$ näherungsweise angeben. Wie groß ist sie?

6. Sind folgende Funktionen homogen? Wenn ja, von welchem Grad?

a) $f(x, y) = 3\,x^3 y + x^2\,y^2;$ b) $f(x, y) = e^{x+y};$

c) $f(x, y) = \ln(x\,y\,e^{xy}) + \ln \frac{1}{xy};$ d) $f(x, y) = e^{\frac{x}{y}}.$

e) $f(x, y) = x\,y\ln\left(\dfrac{x+y}{y}\right);$ f) $f(x,y) = x\sin\left(\dfrac{x}{y}\right) + y\cos\left(\dfrac{y}{x}\right).$

7. Die Funktionen $f_1(x, y)$ und $f_2(x, y)$ besitzen beide den Homogenitätsgrad 2. Sind dann auch die Funktionen

a) $g(x, y) = f_1(x, y) + f_2(x, y);$ b) $h(x, y) = f_1(x, y) \cdot f_2(x, y)$

homogen? Bestimmen Sie gegebenenfalls den Homogenitätsgrad.

8. Gegeben sei die Funktion $f(x,y) = \sqrt{x\,y^3} + x^2$.

a) Bestimmen Sie die partiellen Elastizitäten.

b) Ist $f(x,y)$ homogen? Wenn ja, von welchem Grad?

9. Bestimmen Sie die Tangentialebene von $f(x, y) = \sqrt[3]{8 + x + \cos y}$ an der Stelle $(x_0, y_0) = (0, \frac{\pi}{2})$. Geben Sie mit Hilfe der Tangentialebene eine Näherung für den Zahlenwert $\sqrt[3]{7 + \cos \frac{\pi}{4}}$ an.

10. Bestimmen Sie das Taylorpolynom zweiten Grades von der Funktion $f(x, y) = \dfrac{e^x}{y^2}$ an der Stelle $(2, 1)$.

11. Bestimmen Sie die lokalen Extremwerte und Sattelpunkte der Funktionen

a) $f(x, y) = 4x^3 + 2xy^2 + x^2 y - x$;

b) $f(x, y) = x^3 + \dfrac{2y^2}{1+x} - 3x^2$; $x \neq -1$;

c) $f(x, y) = x^3 + y^2 - 3xy + 15$;

d) $f(x, y) = x^2(y+1) + \dfrac{1}{2}(y-1)^2$;

e) $f(x, y) = x^4 + y^4 - 2x^2 + 4xy - 2y^2 - 1$;

f) $f(x, y) = x^3 + y^3 - 3(x+y)$;

g) $f(x, y) = 5y^2 x + 3(y-5)^2 - 20x$;

h) $f(x, y) = e^{xy} + 2xy + y$;

i) $f(x, y) = 2(x-y)^2 + y^2 e^y$;

j) $f(x, y) = 3xy^2 + \dfrac{9}{2}x^2 - 6y^2 - 45x$;

k) $f(x, y) = x + y + \dfrac{8}{x \cdot y}$; $x, y > 0$;

l) $f(x, y) = x^2(e^y - 2) - y^2$;

m) $f(x, y) = xy - \ln(x+y)^2$; $x, y > 0$;

n) $f(x, y) = xy\, e^{y-x^2}$;

o) $f(x, y) = e^x(x^2 - y^2)$.

12. Bei den Preisen p_A, p_B je Mengeneinheit zweier Güter lauten die Nachfragefunktionen nach Gut A: $x = 120 - 5p_A$; nach Gut B: $y = 80 - 4p_B$. Die Herstellungskosten betragen $K(x, y) = x^2 + y^2$. Bei welchen Preisen wird der Reingewinn maximal? Berechnen Sie den maximalen Reingewinn.

13. Bestimmen Sie die Extremwerte der Funktion $f(x, y) = 4x^2 + y^2$ unter der Nebenbedingung $x \cdot y = 1$.

14. a) Es sollen oben geschlossene zylindrische Dosen mit dem festen Volumen V_0 hergestellt werden. Bestimmen Sie Radius r und Höhe h so, daß die Oberfläche (Materialverbrauch) minimal ist.

b) Bestimmen Sie die entsprechenden Werte, falls die Dosen oben offen sind (ohne Deckel).

15. Bestimmen Sie das maximale Volumen eines Kreiskegels

$$V = V(r, h) = \frac{1}{3}\pi r^2 h$$

unter der Nebenbedingung für den Kegelmantel

$$M(r, h) = \sqrt{r^2 + h^2} = 3.$$

16. Gesucht sind die Extremwerte der Funktion $\ f(x, y) = x + y$

unter der Nebenbedingung $\ \frac{1}{x} + \frac{4}{y} = 1; x, y \neq 0.$

17. Ein Unternehmen hat zwei unabhängige Verkaufsfilialen, deren Gewinne $G_1(x)$ bzw. $G_2(y)$ von den eingesetzten Kapitalmengen x und y in folgender Weise abhängen:

$$G_1(x) = \ln(1 + x), \ x > 0; \qquad G_2(y) = \frac{y}{1 + y}, \ y > 0.$$

Bestimmen Sie den maximal möglichen Gesamtgewinn $G_1(x) + G_2(y)$ des Unternehmens unter der Nebenbedingung, daß ingesamt eine Kapitalmenge von $x + y = 10$ Geldeinheiten zur Verfügung steht.

18. Es sei x die Produktionsmenge für eine Ware A und y die für die Ware B. Die Kostenfunktion laute $K(x, y) = x^2 + 2y^2 - x \cdot y$. Für welche Werte x, y sind die Kosten minimal, falls unbedingt die Gesamtmenge $x + y = 8$ hergestellt werden muß?

19. Bei einer Herstellungsmenge x [Mio Stück] lauten die Herstellungskosten $K(x) = 5x^2 - 6x + 3$. Der Verkaufspreis betrage p DM / Stück.

a) Wie lautet der Reingewinn in Abhängigkeit von x und p?

b) Maximieren Sie den Reingewinn unter der Nebenbedingung $p \cdot x = 6$ [Mio DM].

20. Ein Quader habe die Kantenlängen x, 2x und y [cm]. Die Länge der Diagonalen ist mit $\sqrt{x^2 + (2x)^2 + y^2} = \sqrt{30}$ cm vorgegeben. Wie sind x und y zu wählen, damit unter dieser Nebenbedingung das Volumen $V(x, y) = 2x^2 y$ maximal wird?

21. Gesucht sind die Extremwerte der Funktion $f(x, y) = -x^2 y + y^2 x$ unter der Nebenbedingung $g(x, y) = e^{xy} - x^2 y^2 = 0$.
Hinweis: Da die Nebenbedingung nicht geschlossen nach einer Variablen aufgelöst werden kann, müssen zur Lösung numerische Methoden aus Abschnitt 6.12 benutzt werden.

Kapitel 9:
Funktionen von mehreren Variablen

In Kapitel 8 wurden bei Funktionen von zwei Variablen Begriffe und Eigenschaften benutzt, die meistens über die Fläche bzw. Tangentialebene veranschaulicht werden konnten. Diese Begriffe lassen sich unmittelbar auf n (n ≥ 3) Variable übertragen, auch wenn keine geometrische Interpretation möglich ist. Der Übergang von zwei auf mehr als zwei Variable ist damit nicht schwierig. Aus diesem Grund sollen in diesem Kapitel die wichtigsten Begriffe nur kurz zusammengestellt werden. Zur Angabe von hinreichenden Bedingungen für Extremwerte werden Eigenschaften von quadratischen Formen aus Abschnitt 15.3 benutzt. Wer sich damit ausführlich beschäftigen möchte, sollte diesen Teil erst nach der linearen Algebra behandeln.

9.1 Stetige Funktion von n Variablen

Definition 1: Es sei $D \subset \mathbb{R}^n$ eine Menge des n-dimensionalen Zahlenraums. Durch eine bestimmte Zuordnungsvorschrift f werde jedem n-tupel (Vektor) $(x_1, x_2, ..., x_n) \in D$ eine reelle Zahl $z = f(x_1, x_2, ..., x_n) \in \mathbb{R}$ zugeordnet. Dann heißt f **Funktion** der n unabhängigen Variablen $x_1, x_2, ..., x_n$ und D der **Definitionsbereich** von f. Dabei ist z die abhängige Variable.

Beispiel 1: Die Preise je Mengeneinheit von n Gütern lauten der Reihe nach $p_1, p_2, ..., p_n$. Bei den variablen Produktionsmengen $x_1, x_2, ..., x_n$ erhält man den Umsatz

$$U = f(x_1, x_2, ..., x_n) = p_1 x_1 + p_2 x_2 + ... + p_n x_n = \sum_{i=1}^{n} p_i x_i.$$

Die Stetigkeit einer Funktion von n Variablen wird wie bei zwei Variablen (Abschnitt 8.2) mit Hilfe konvergenter Folgen anschaulich erklärt.

Zur Definition der Stetigkeit benötigt man die Konvergenz von n-tupeln (Vektoren). Diese wird komponentenweise erklärt. Da n die fest vorgegebene Anzahl der Variablen, also die Dimension ist, muß der Laufindex einer Folge anders bezeichnet werden. Wir bezeichnen ihn mit m.

Definition 2: Eine Folge von n-tupeln (Vektoren) $(x_1^{(m)}, x_2^{(m)}, ..., x_n^{(m)})$,

$m = 1, 2, ...$ heißt **konvergent** gegen $(x_1^{(0)}, x_2^{(0)}, ..., x_n^{(0)})$, wenn gilt

$$\lim_{m \to \infty} x_i^{(m)} = x_i^{(0)} \text{ für } i = 1, 2, ..., n. \qquad \text{Dafür schreibt man}$$

$$\lim_{m \to \infty} (x_1^{(m)}, x_2^{(m)}, ..., x_n^{(m)}) = (x_1^{(0)}, x_2^{(0)}, ..., x_n^{(0)}).$$

Definition 3: Die Funktion $f(x_1, x_2, ..., x_n)$ nennt man **stetig an der Stelle** $(x_1^{(0)}, x_2^{(0)}, ..., x_n^{(0)}) \in D$, wenn für jede Folge $(x_1^{(m)}, x_2^{(m)}, ..., x_n^{(m)})$,

$m = 1,2,...$ aus dem Definitionsbereich D mit

$$\lim_{m \to \infty} (x_1^{(m)}, x_2^{(m)}, ..., x_n^{(m)}) = (x_1^{(0)}, x_2^{(0)}, ..., x_n^{(0)})$$

gilt

$$\lim_{m \to \infty} f(x_1^{(m)}, x_2^{(m)}, ..., x_n^{(m)}) = f(x_1^{(0)}, x_2^{(0)}, ..., x_n^{(0)}).$$

Für diesen Sachverhalt schreibt man auch

$$\lim_{\substack{x_i \to x_i^{(0)} \\ i=1,2,...,n}} f(x_1, x_2, ..., x_n) = f(x_1^{(0)}, x_2^{(0)}, ..., x_n^{(0)}).$$

Eine Funktion f heißt **stetig**, wenn sie an jeder Stelle ihres Definitionsbereichs D stetig ist.

Wegen der Rechengesetze für konvergente Zahlenfolgen gilt folgende Aussage: Es seien $h_i(x_i)$ stetige Funktionen der einzigen Variablen x_i für $i = 1, 2, ..., n$. Falls diese Funktionen mit Hilfe der Grundrechenarten $+, -, \cdot$ und : verknüpft werden, wobei nicht durch 0 dividiert werden darf, erhält man stetige Funktionen der n Variablen.

In Analogie zum zweidimensionalen Fall in Abschnitt 8.2 wird der **Abstand** zweier Punkte mit den Koordinaten $(x_1, x_2, ..., x_n)$ und $(x_1^{(0)}, x_2^{(0)}, ..., x_n^{(0)})$ erklärt durch

$$|(x_1, x_2, ..., x_n) - (x_1^{(0)}, x_2^{(0)}, ..., x_n^{(0)})| = \sqrt{\sum_{i=1}^{n} \left(x_i - x_i^{(0)}\right)^2}.$$

Für $n \leq 3$ wird dadurch der Euklidische Abstand im entsprechenden Raum $\mathbb{R}^n$ beschrieben.

Umgebungen einer Stelle $(x_1^{(0)}, x_2^{(0)}, ..., x_n^{(0)})$ können auf zwei Arten definiert werden:

a) $U_\delta = \left\{ \{(x_1, x_2, ..., x_n) \mid \sqrt{\sum_{i=1}^{n} \left(x_i - x_i^{(0)}\right)^2} < \delta \right\}.$

b) $U_{\delta'} = \left\{ \{(x_1, x_2, ..., x_n) \mid |(x_i - x_i^{(0)})| < \delta' \text{ für } i = 1, 2, ..., n \right\}.$

Für $n = 2$ ist in a) die Umgebung U_δ die Fläche eines Kreises mit dem Radius δ, in b) die Fläche eines Quadrates mit der Seitenlänge δ'. Für $n = 3$ handelt es sich um eine Kugel mit dem Radius δ bzw. um einen Würfel mit den Seitenlängen δ'.

Da beide Umgebungsbegriffe gleichwertig sind, beschränken wir uns auf Umgebungen des Typs a), also auf "Kugelumgebungen".

Wie bei Funktionen einer bzw. zweier Variabler gilt der

Satz 1 (Stetigkeitskriterium):
Die Funktion f ist an der Stelle $(x_1^{(0)}, x_2^{(0)}, ..., x_n^{(0)}) \in D$ genau dann
stetig, wenn folgende Bedingung erfüllt ist:
zu jedem $\varepsilon > 0$ gibt es ein $\delta > 0$, das von ε abhängt, so daß für alle

$$(x_1, x_2, ..., x_n) \in D \quad \text{mit} \quad \sqrt{\sum_{i=1}^{n} (x_i - x_i^{(0)})^2} < \delta \quad \text{gilt}$$

$$\left| f(x_1, x_2, ..., x_n) - f(x_1^{(0)}, x_2^{(0)}, ..., x_n^{(0)}) \right| < \varepsilon.$$

9.2 Partielle Ableitungen

Falls von den n Variablen $n - 1$ Stück festgehalten werden und nur die restliche Variable verändert wird, entsteht eine Funktion einer einzigen Veränderlichen. Die Ableitung nach dieser Variablen ergibt die entsprechende partielle Ableitung.

Definition 4:
a) In Falle der Existenz heißt

$$\frac{\partial f(x_1, x_2, ..., x_n)}{\partial x_i} = f_{x_i}(x_1, x_2, ..., x_n)$$

$$= \lim_{\Delta x_i \to 0} \frac{f(x_1, x_2, ..., x_{i-1}, x_i + \Delta x_i, x_{i+1}, ..., x_n) - f(x_1, x_2, ..., x_n)}{\Delta x_i}$$

die **partielle Ableitung (erster Ordnung) nach x_i** für $i = 1, 2, ..., n$.

b) Der Vektor $(f_{x_1}(x_1, ..., x_n), f_{x_2}(x_1, ..., x_n), ..., f_{x_n}(x_1, ..., x_n))^T$ heißt
der **Gradient** der Funktion f an der Stelle $(x_1, x_2, ..., x_n)$.

c) Falls die partiellen Ableitungsfunktionen $f_{x_i}(x_1, x_2, ..., x_n)$ nach allen
Variablen differenzierbar sind, erhält man

partielle Ableitungen zweiter Ordnung:

$$f_{x_i x_j}(x_1, x_2, ..., x_n) = \frac{\partial^2 f(x_1, x_2, ..., x_n)}{\partial x_i \partial x_j}$$

$$= \lim_{\Delta x_j \to 0} \frac{f_{x_i}(x_1, ..., x_{j-1}, x_j + \Delta x_j, x_{j+1}, ..., x_n) - f_{x_i}(x_1, ..., x_n)}{\Delta x_j},$$

$$\text{für } i = 1, 2, ..., n; j = 1, 2, ..., n.$$

$i = j$ ergibt die **zweite Ableitung** nach der Variablen x_i. Man bezeichnet sie mit

$$f_{x_i x_i}(x_1, x_2, \ldots, x_n) = \frac{\partial^2 f(x_1, x_2, \ldots, x_n)}{\partial x_i^2} .$$

n-malige Differentiation ergibt partielle Ableitungen n-ter Ordnung.

Wie bei zwei Variablen gilt auch hier der

Satz 2 (Satz von Schwarz):

Existiert eine der gemischten Ableitungen $f_{x_i x_j}(x_1, x_2, \ldots, x_n)$ bzw. $f_{x_j x_i}(x_1, x_2, \ldots, x_n)$ und ist sie stetig, so existiert auch die andere und beide sind gleich, d.h.

$$f_{x_i x_j}(x_1, x_2, \ldots, x_n) = f_{x_j x_i}(x_1, x_2, \ldots, x_n)$$

$$\text{für } i = 1, 2, \ldots, n; \quad j = 1, 2, \ldots, n.$$

Beispiel 2: $f(x_1, x_2, x_3) = x_1^2 x_3 + e^{x_2 - x_3} + \sin(x_1 x_2)$.

$f_{x_1}(x_1, x_2, x_3) = 2 x_1 x_3 + x_2 \sin(x_1 x_2)$;

$f_{x_2}(x_1, x_2, x_3) = e^{x_2 - x_3} + x_1 \sin(x_1 x_2)$;

$f_{x_3}(x_1, x_2, x_3) = x_1^2 - e^{x_2 - x_3}$;

$f_{x_1 x_1}(x_1, x_2, x_3) = 2 x_3 + x_2^2 \sin(x_1 x_2)$;

$f_{x_1 x_2}(x_1, x_2, x_3) = f_{x_2 x_1}(x_1, x_2, x_3) = \sin(x_1 x_2) + x_1 x_2 \cos(x_1 x_2)$;

$f_{x_1 x_3}(x_1, x_2, x_3) = f_{x_3 x_1}(x_1, x_2, x_3) = 2 x_1$;

$f_{x_2 x_2}(x_1, x_2, x_3) = e^{x_2 - x_3} + x_1^2 \cos(x_1 x_2)$;

$f_{x_2 x_3}(x_1, x_2, x_3) = f_{x_3 x_2}(x_1, x_2, x_3) = -e^{x_2 - x_3}; f_{x_3 x_3}(x_1, x_2, x_3) = e^{x_2 - x_3}$.

9.3 Totales Differential, Kettenregel und partielle Ableitungen impliziter Funktionen

Definition 5: Der Ausdruck

$$dz = df(x_1, x_2, \ldots, x_n) = \sum_{i=1}^{n} f_{x_i}(x_1, x_2, \ldots, x_n) \, dx_i$$

heißt **totales (vollständiges) Differential** der Funktion f an der Stelle $(x_1, x_2, \ldots, x_n)$.

Interpretation: Falls alle n partielle Ableitungen stetig sind, gilt für kleine dx_i für den exakten Funktionszuwachs Δz die Näherung

$$\Delta z = \Delta f = f(x_1 + dx_1, x_2 + dx_2, \ldots, x_n + dx_n) - f(x_1, x_2, \ldots, x_n) \approx dz.$$

Anwendung in der Fehlerrechnung: Falls alle n unabhängige Variable x_i gemessen werden, wobei $|\Delta x_i|$ die jeweiligen maximalen absoluten Meßfehler sind, kann der maximale absolute Fehler $|\Delta z|$ der abhängigen Variablen $z = f(x_1, x_2, \ldots, x_n)$ mit Hilfe des totalen Differentials näherungsweise abgeschätzt werden durch

$$|\Delta z| \approx |dz| \leq \sum_{i=1}^{n} |f_{x_i}(x_1, x_2, \ldots, x_n)| \cdot |\Delta x_i|.$$

Die Funktion $f(x_1, x_2, \ldots, x_n)$ besitze stetige partielle Ableitungen erster Ordnung. Ferner seien $x_i = x_i(t)$ differenzierbare Funktionen von t mit den Ableitungen

$$x_i'(t) = \frac{dx_i(t)}{dt} \quad \text{für } i = 1, 2, \ldots, n.$$

Dann ist

$$g(t) = f(x_1(t), x_2(t), \ldots, x_n(t))$$

eine Funktion der einzigen Variablen t. Mit dem totalen Differential erhält man

$$dg = \sum_{i=1}^{n} f_{x_i}(x_1, x_2, \ldots, x_n) \, dx_i$$

$$\frac{dg}{dt} = \sum_{i=1}^{n} f_{x_i}(x_1, x_2, \ldots, x_n) \frac{dx_i}{dt}.$$

Mit dem Grenzwert $dt \to 0$ erhält man hieraus unmittelbar den

---

Satz 3 (verallgemeinerte Kettenregel):
$$g'(t) = \frac{d}{dt} f(x_1(t), x_2(t), \ldots, x_n(t)) = \sum_{i=1}^{n} f_{x_i}(x_1, x_2, \ldots, x_n) \cdot x_i'(t).$$

Die **implizite Funktion** $f(x_1, x_2, \ldots, x_{n-1}, y) = 0$ sei (evtl. mehrdeutig) nach der Variablen y auflösbar mit der impliziten Lösung

$$y = g(x_1, x_2, \ldots, x_{n-1}).$$

Dann ist y Funktion von $n-1$ Variablen mit

$$f(x_1, x_2, \ldots, x_{n-1}, g(x_1, x_2, \ldots, x_{n-1})) = 0.$$

Mit Hilfe der verallgemeinerten Kettenregel erhält man hieraus für $i = 1, 2, \ldots, n-1$ die partiellen Ableitungen

$$0 = \frac{\partial f(x_1, x_2, \ldots, x_{n-1}, g(x_1, x_2, \ldots, x_{n-1}))}{\partial x_i}$$

$$= f_{x_i}(x_1, x_2, \ldots, x_{n-1}, y) + f_y(x_1, x_2, \ldots, x_{n-1}, y) \cdot g_{x_i}(x_1, x_2, \ldots, x_{n-1}).$$

Division durch $f_y(x_1, x_2, \ldots, x_{n-1}, y) \neq 0$ ergibt den

---

Satz 4 (partielle Ableitungen impliziter Funktionen):
Die Auflösung der impliziten Funktion $f(x_1, x_2, \ldots, x_{n-1}, y) = 0$ nach der Variablen y ergebe die explizite Funktion $y = g(x_1, x_2, \ldots, x_{n-1})$. Alle partiellen Ableitungen von f seien stetig. Dann besitzt die Funktion $y = g(x_1, x_2, \ldots, x_{n-1})$ die partiellen Ableitungen

$$g_{x_i}(x_1, x_2, \ldots, x_{n-1}) = - \left. \frac{f_{x_i}(x_1, x_2, \ldots, x_{n-1}, y)}{f_y(x_1, x_2, \ldots, x_{n-1}, y)} \right|_{y = g(x_1, \ldots, x_{n-1})}$$

für $i = 1, 2, \ldots, n-1$, falls $f_y(x_1, x_2, \ldots, x_{n-1}, y) \neq 0$ ist.

Der Vorteil dieser Regel besteht darin, daß zur Berechnung der Ableitung die explizite Funktion $f(x_1, x_2, \ldots, x_{n-1}, y) = 0$ nicht nach y aufgelöst werden muß. Der zugehörige y-Wert muß jedoch die Gleichung der impliziten Funktion erfüllen.

9.4 Homogene Funktionen und partielle Elastizitäten

Definition 6: Die Funktion $f(x_1, x_2, \ldots, x_n)$ heißt **homogen vom Grade r,** wenn für alle $\lambda \in \mathbb{R}$ und $(x_1, x_2, \ldots, x_n) \in D$ mit $(\lambda x_1, \lambda x_2, \ldots, \lambda x_n) \in D$ gilt

$$f(\lambda x_1, \lambda x_2, \ldots, \lambda x_n) = \lambda^r \cdot f(x_1, x_2, \ldots, x_n).$$

Falls f homogen ist von Grad $r = 1$, heißt f **linear homogen.**

Wie bei zwei Variablen gilt bei homogenen Funktionen die Eigenschaft: Falls alle n Variablen prozentual gleich geändert werden, ist die prozentuale Änderung der abhängigen Variablen z unmittelbar bekannt.

Beispiel 3 (Cobb-Douglas Funktion):

$$f(x_1, x_2, \ldots, x_n) = c \prod_{i=1}^{n} x_i^{\alpha_i}, \quad c > 0; \ \alpha_i \in \mathbb{R}. \text{ Mit } \alpha = \sum_{i=1}^{n} \alpha_i \text{ erhält man}$$

$$f(\lambda x_1, \lambda x_2, \ldots, \lambda x_n) = \lambda^\alpha c \prod_{i=1}^{n} x_i^{\alpha_i} = \lambda^\alpha f(x_1, x_2, \ldots, x_n).$$

f ist homogen vom Grad $r = \alpha = \sum_{i=1}^{n} \alpha_i$.

Wie bei Funktionen zweier Variabler gilt auch hier der

Satz 5 (Eulersche Homogenitätsrelation):
Die Funktion $z = f(x_1, x_2, \ldots, x_n)$ sei homogen vom Grade r. Dann gilt für alle $(x_1, x_2, \ldots, x_n) \in D$ die Beziehung

$$r\,z = r\,f(x_1, x_2, \ldots, x_n) = \sum_{i=1}^{n} x_i f_{x_i}(x_1, x_2, \ldots, x_n).$$

Falls von den n unabhängigen Veränderlichen $n - 1$ festgehalten werden und sich nur eine ändern darf, erhält man eine Funktion einer Variablen. Auf diese Funktion werden die Begriffe Änderungsrate und Elastizität aus Abschnitt 6.8 übertragen.

Definition 7:

a) Die Funktion $f(x_1, x_2, \ldots, x_n)$ besitze partielle Ableitungen nach allen n Variablen. Dann heißt

$$r_{f, x_i}(x_1, x_2, \ldots, x_n) = \frac{f_{x_i}(x_1, x_2, \ldots, x_n)}{f(x_1, x_2, \ldots, x_n)}$$

die **partielle Änderungsrate** der Funktion f bezüglich x_i für $i = 1, 2, \ldots, n$.

b) Die Funktion

$$\varepsilon_{f, x_i}(x_1, x_2, \ldots, x_n) = x_i \cdot \frac{f_{x_i}(x_1, x_2, \ldots, x_n)}{f(x_1, x_2, \ldots, x_n)}$$

nennt man die **partielle Elastizität** der Funktion f bezüglich x_i für $i = 1, 2, \ldots, n$.

Aus der Eulerschen Homogenitätsrelation erhält man unmittelbar den

---

Satz 6 (Homogenitätsbeziehung):
Die Funktion $z = f(x_1, x_2, \ldots, x_n)$ sei homogen vom Grade r. Dann gilt für alle $(x_1, x_2, \ldots, x_n) \in D$ die Beziehung

$$\sum_{i=1}^{n} \varepsilon_{f, x_i}(x_1, x_2, \ldots, x_n) = r.$$

Die Summe aller n partiellen Elastizitäten ist also bei homogenen Funktionen konstant und zwar gleich dem Homogenitätsgrad r.

9.5 Extremwerte (ohne Nebenbedingungen)

Definition 8:

a) Die Funktion $f(x_1, x_2, \ldots, x_n)$ besitzt an der Stelle $(x_1^{(0)}, x_2^{(0)}, \ldots, x_n^{(0)})$ ein **lokales Maximum** bzw. **lokales Minimum**, falls es eine zum Definitionsbereich D gehörende Umgebung U_δ gibt mit

$$f(x_1, x_2, \ldots, x_n) \leq f(x_1^{(0)}, x_2^{(0)}, \ldots, x_n^{(0)}) \qquad \text{bzw.}$$

$$f(x_1, x_2, \ldots, x_n) \geq f(x_1^{(0)}, x_2^{(0)}, \ldots, x_n^{(0)})$$

für alle $(x_1, x_2, \ldots, x_n) \in U_\delta$.

b) Gilt im ganzen Definitionsbereich, also für jedes $(x_1, x_2, \ldots, x_n) \in D$

$$f(x_1, x_2, \ldots, x_n) \leq f(x_1^{(0)}, x_2^{(0)}, \ldots, x_n^{(0)}) \qquad \text{bzw.}$$

$$f(x_1, x_2, \ldots, x_n) \geq f(x_1^{(0)}, x_2^{(0)}, \ldots, x_n^{(0)})$$

so besitzt die Funktion f an der Stelle $(x_1^{(0)}, x_2^{(0)}, \ldots, x_n^{(0)})$ ein **globales Maximum** bzw. **globales Minimum**.

Nach H. Heuser[1980], Teil 2, S. 34 gilt folgende Eigenschaft:

> Die Funktion $f(x_1, x_2, \ldots, x_n)$ sei in dem beschränkten und abgeschlossenen Bereich $B \subset D \subset \mathbb{R}^n$ stetig. Dann besitzt die Funktion f in diesem Bereich ein globales Maximum und ein globales Minimum.

Analog zu Funktionen von zwei Variablen gilt der

> **Satz 7 (notwendige Bedingung für ein lokales Extremum):**
> Die Funktion f besitze an der Stelle $(x_1^{(0)}, x_2^{(0)}, \ldots, x_n^{(0)})$ stetige partielle Ableitungen nach allen n Variablen. Notwendig dafür, daß an dieser Stelle ein lokaler Extremwert vorliegt, ist
>
> $$f_{x_i}(x_1^{(0)}, x_2^{(0)}, \ldots, x_n^{(0)}) = 0 \quad \text{für } i = 1, 2, \ldots, n.$$

Diese notwendige Bedingung bedeutet, daß der Gradient der Nullvektor ist. An der Stelle $(x_1^{(0)}, x_2^{(0)}, \ldots, x_n^{(0)})$ muß also gelten

$$(f_{x_1}, f_{x_2}, \ldots, f_{x_n}) = (0, 0, \ldots, 0).$$

Jede Stelle $(x_1, \ldots, x_n)$ mit $(f_{x_1}, f_{x_2}, \ldots, f_{x_n}) = (0, 0, \ldots, 0)$ nennt man **stationäre Stelle** der Funktion f.

Wie bei Funktionen zweier Variabler ist diese Bedingung zwar notwendig, jedoch nicht hinreichend. Hinreichende Bedingungen werden mit Hilfe der Ableitungen zweiter Ordnung angegeben. Allerdings benötigt man dazu spezielle Eigenschaften quadratischer Formen aus Abschnitt 15.3.

Sämtliche partielle Ableitungen zweiter Ordnung an der variablen Stelle $(x_1, \ldots, x_n)$ können in der nach **O. Hesse** (1811 – 1874) benannten **Hessematrix** zusammengestellt werden. Sie lautet

$$H(x_1, \ldots, x_n) = \begin{pmatrix} f_{x_1 x_1} & f_{x_1 x_2} & \cdots & f_{x_1 x_n} \\ f_{x_2 x_1} & f_{x_2 x_2} & \cdots & f_{x_2 x_n} \\ \vdots & \vdots & \vdots & \vdots \\ f_{x_n x_1} & f_{x_n x_2} & \cdots & f_{x_n x_n} \end{pmatrix}$$

(Matrizen s. Kapitel 12). Die partiellen Ableitungen in der Hessematrix sind an der Stelle $(x_1, \ldots, x_n)$ zu bilden. In der Matrix gilt also

$$f_{x_i x_j}(x_1, \ldots, x_n) = f_{x_j x_i}(x_1, \ldots, x_n).$$

Nach dem Satz von Schwarz ist die Hessematrix symmetrisch. Sie stimmt mit ihrer transponierten Matrix überein (vgl. Abschnitt 15.3).

Definition 9 (vgl. Definition 4 in Abschnitt 15.3):

a) Die Hessematrix $H(x_1, \ldots, x_n)$ heißt **positiv definit**, wenn für sämtliche Variablenwerte $(u_1, u_2, \ldots, u_n) \neq (0, 0, \ldots, 0)$ gilt

$$\sum_{i,j=1}^{n} f_{x_i x_j}(x_1, \ldots, x_n) u_i u_j > 0.$$

b) Gilt für alle $(u_1, u_2, \ldots, u_n) \neq (0, 0, \ldots, 0)$

$$\sum_{i,j=1}^{n} f_{x_i x_j}(x_1, \ldots, x_n) u_i u_j < 0,$$

so heißt die Hessesche Matrix **negativ definit**.

Positiv und negativ definite symmetrische Matrizen werden ausführlich bei den quadratischen Formen in Abschnitt 15.3 behandelt. In den Sätzen 10 bis 14 werden dort notwendige und hinreichende Bedingungen für die positive bzw. negative Definitheit angegeben. Die Bedingungen aus Satz 13 Abschnitt 15.3 sollen hier kurz zusammengestellt werden.

Für $k = 1, 2, \ldots, n$ sind D_k die Hauptunterdeterminanten derjenigen Elemente, die in den ersten k Zeilen und in den ersten k Spalten der Hessematrix stehen.

Nach Satz 13 aus Abschnitt 15.3 ist die Hessematrix genau dann **positiv definit**, wenn alle n Hauptunterdeterminanten positiv sind, also für

$$D_1 = f_{x_1 x_1} > 0;$$

$$D_2 = \begin{vmatrix} f_{x_1 x_1} & f_{x_1 x_2} \\ f_{x_2 x_1} & f_{x_2 x_2} \end{vmatrix} > 0; \quad D_3 = \begin{vmatrix} f_{x_1 x_1} & f_{x_1 x_2} & f_{x_1 x_3} \\ f_{x_2 x_1} & f_{x_2 x_2} & f_{x_2 x_3} \\ f_{x_3 x_1} & f_{x_3 x_2} & f_{x_3 x_3} \end{vmatrix} > 0;$$

$$\ldots\ldots\ldots ; \quad D_n = \begin{vmatrix} f_{x_1 x_1} & f_{x_1 x_2} & \cdots & f_{x_1 x_n} \\ f_{x_2 x_1} & f_{x_2 x_2} & \cdots & f_{x_2 x_n} \\ \vdots & \vdots & \vdots & \vdots \\ f_{x_n x_1} & f_{x_n x_2} & \cdots & f_{x_n x_n} \end{vmatrix} > 0.$$

Die Hessematrix ist genau dann **negativ definit**, wenn alle n Hauptunterdeterminanten von Null verschieden sind und alternierendes Vorzeichen besitzen. Dabei ist D_1 negativ, also:

$$D_1 = f_{x_1 x_1} < 0;$$

$$D_2 = \begin{vmatrix} f_{x_1 x_1} & f_{x_1 x_2} \\ f_{x_2 x_1} & f_{x_2 x_2} \end{vmatrix} > 0; \quad D_3 = \begin{vmatrix} f_{x_1 x_1} & f_{x_1 x_2} & f_{x_1 x_3} \\ f_{x_2 x_1} & f_{x_2 x_2} & f_{x_2 x_3} \\ f_{x_3 x_1} & f_{x_3 x_2} & f_{x_3 x_3} \end{vmatrix} < 0;$$

$$\ldots\ldots ; \quad (-1)^n \cdot D_n = (-1)^n \cdot \begin{vmatrix} f_{x_1 x_1} & f_{x_1 x_2} & \cdots & f_{x_1 x_n} \\ f_{x_2 x_1} & f_{x_2 x_2} & \cdots & f_{x_2 x_n} \\ \vdots & \vdots & \vdots & \vdots \\ f_{x_n x_1} & f_{x_n x_2} & \cdots & f_{x_n x_n} \end{vmatrix} > 0.$$

Definition 10 (vgl. **Definition 4 in Abschnitt 15.3**):

a) Gilt für alle Stellen $(u_1, \ldots, u_n)$ $\sum\limits_{i,j=1}^{n} f_{x_i x_j}(x_1, \ldots, x_n) u_i u_j \geq (\leq) \, 0$

und ist an mindestens einer Stelle $(u_1, \ldots, u_n) \neq (0, \ldots, 0)$

$$\sum_{i,j=1}^{n} f_{x_i x_j}(x_1, \ldots, x_n) u_i u_j = 0 \, ,$$

so heißt die Hessematrix **positiv (negativ) semidefinit**.

b) Eine Hessematrix, die weder positiv noch negativ definit bzw. semidefinit ist, heißt **indefinit**.

Ist die Hessematrix positiv semidefinit, so folgt daraus die (nur notwendige Bedingung) a) $D_k \geq 0$ für $k = 1, 2, \ldots, n$. Aus der negativen Semidefinitheit der Hessematrix folgt b) $(-1)^k D_k \geq 0$ für $k = 1, \ldots, n$.

Ist weder a) noch b) erfüllt, dann ist die Hessematrix indefinit.

Satz 8 (Hinreichende Bedingung für ein Extremum) :

Die Funktion f besitze in einer Umgebung von $(x_1^{(0)}, x_2^{(0)}, \ldots, x_n^{(0)})$ bzw. im ganzen Definitionsbereich D stetige partielle Ableitungen erster und zweiter Ordnung. Dabei gelte

$$f_{x_i}(x_1^{(0)}, x_2^{(0)}, \ldots, x_n^{(0)}) = 0 \quad \text{für } i = 1, 2, \ldots, n.$$

a) Ist die Hessematrix $H(x_1^{(0)}, x_2^{(0)}, \ldots, x_n^{(0)})$ an der Stelle $(x_1^{(0)}, x_2^{(0)}, \ldots, x_n^{(0)})$ positiv definit, so besitzt f an dieser Stelle ein lokales Minimum.

Ist die Hessematrix $H(x_1^{(0)}, x_2^{(0)}, \ldots, x_n^{(0)})$ negativ definit, so hat f an der Stelle $(x_1^{(0)}, x_2^{(0)}, \ldots, x_n^{(0)})$ ein lokales Maximum.

b) Falls die Hessematrix $H(x_1^{(0)}, x_2^{(0)}, \ldots, x_n^{(0)})$ indefinit ist, besitzt f an der Stelle $(x_1^{(0)}, x_2^{(0)}, \ldots, x_n^{(0)})$ kein lokales Extremum.

c) Ist die Hessematrix $H(x_1, \ldots, x_n)$ an jeder Stelle $(x_1, \ldots, x_n) \in D$ positiv definit, so besitzt f an der Stelle $(x_1^{(0)}, x_2^{(0)}, \ldots, x_n^{(0)})$ ein globales Minimum.

Ist die Hessematrix $H(x_1, \ldots, x_n)$ an jeder Stelle $(x_1, \ldots, x_n) \in D$ negativ definit, so hat f an der Stelle $(x_1^{(0)}, x_2^{(0)}, \ldots, x_n^{(0)})$ ein globales Maximum.

Beweis s. H.Heuser [1981], Teil 2, S. 312 und O. Opitz [1991], S. 579.

Bemerkung: Falls $D_k \geq 0$ ist für $k = 1, 2, \ldots, n$, wobei mindestens eine dieser Hauptunterdeterminanten verschwindet, ist die Hessematrix positiv semidefinit, jedoch nicht definit. Dann ist ohne weitere Untersuchung keine Aussage möglich, ob an der entsprechenden Stelle ein Extremum vorliegt. Das gleiche gilt auch für den Fall, daß die Hessematrix zwar negativ semidefinit, jedoch nicht negativ definit, also für $(-1)^k D_k \geq 0$, wobei jedoch mindestens eine dieser Unterdeterminanten verschwindet.

Für diesen Fall gibt es jedoch weitere hinreichende Bedingungen, auf die in diesem Rahmen nicht eingegangen werden soll.

Spezialfall n = 2: Für $n = 2$ lautet die Hessematrix mit $x_1 = x$ und $x_2 = y$

$$H(x,y) = \begin{pmatrix} f_{xx}(x,y) & f_{xy}(x,y) \\ f_{yx}(x,y) & f_{yy}(x,y) \end{pmatrix}$$

mit den Hauptunterdeterminanten (die Argumente werden weggelassen)

$$D_1 = f_{xx}; \quad D_2 = \begin{vmatrix} f_{xx} & f_{xy} \\ f_{yx} & f_{yy} \end{vmatrix} = f_{xx} \cdot f_{yy} - f_{xy} \cdot f_{yx}.$$

Die Hessematrix ist positiv definit für $f_{xx} > 0$ und $D_2 = \Delta > 0$ und negativ definit, falls $f_{xx} < 0$ und $D_2 = \Delta > 0$. Dies sind die Bedingungen a) bzw. b) aus Satz 11 Abschnitt 8.11. Nur für $D_2 = \Delta < 0$ ist die Hessematrix indefinit. Dann liegt ein Sattelpunkt vor (s. Bedingung c) in Satz 11 Abschnitt 8.11). Im Falle $D_2 = \Delta = 0$ ist die Hessematrix zwar semidefinit, jedoch nicht definit. Dann ist ohne weitere Untersuchung keine Entscheidung möglich.

Beispiel 4: Gesucht sind die Extremwerte der Funktion

$f(x_1, x_2, x_3, x_4) = x_1^2 x_2 + x_1 x_2^2 + \frac{1}{3} x_2^3 - 4 x_2 - \frac{1}{2} x_3^2 + x_3 - x_4^2 + 2 x_4$.

(1) $f_{x_1}(x_1, x_2, x_3, x_4) = 2 x_1 x_2 + x_2^2 = x_2(2 x_1 + x_2) = 0$

(2) $f_{x_2}(x_1, x_2, x_3, x_4) = x_1^2 + 2 x_1 x_2 + x_2^2 - 4 = 0$

(3) $f_{x_3}(x_1, x_2, x_3, x_4) = -x_3 + 1 = 0 \quad \Rightarrow \quad \underline{x_3 = 1}$

(4) $f_{x_4}(x_1, x_2, x_3, x_4) = -2 x_4 + 2 = 0 \quad \Rightarrow \quad \underline{x_4 = 1}$

Aus (1) folgt $x_2 = 0$ der $x_2 = -2 x_1$.

$x_2 = 0$ ergibt aus (2) $x_1 = \pm 2 \quad \Rightarrow \quad P_1(2; 0; 1; 1); \quad P_2(-2; 0; 1; 1)$.

$x_2 = -2 x_1$ ergibt mit (2)

$$x_1^2 - 4x_1^2 + 4x_1^2 - 4 = x_1^2 - 4 = 0 \; ; \; x_1 = \pm 2;$$

$$P_3(2; -4; 1; 1); \; P_4(-2; 4; 1; 1).$$

$$f_{x_1x_1} = 2x_2; \; f_{x_1x_2} = 2x_1 + 2x_2; \; f_{x_1x_3} = f_{x_1x_4} = 0;$$

$$f_{x_2x_1} = 2x_1 + 2x_2 \; ; \; f_{x_2x_2} = 2x_1 + 2x_2; \; f_{x_2x_3} = f_{x_2x_4} = 0;$$

$$f_{x_3x_1} = f_{x_3x_2} = 0; \; f_{x_3x_3} = -1; \; f_{x_3x_4} = 0;$$

$$f_{x_4x_1} = f_{x_4x_2} = f_{x_4x_3} = 0; \; f_{x_4x_4} = -2.$$

Damit lautet die Hessematrix

$$H(x_1, x_2, x_3, x_4) = \begin{pmatrix} 2x_2 & 2x_1 + 2x_2 & 0 & 0 \\ 2x_1 + 2x_2 & 2x_1 + 2x_2 & 0 & 0 \\ 0 & 0 & -1 & 0 \\ 0 & 0 & 0 & -2 \end{pmatrix}.$$

Die Hauptunterdeterminanten lauten

$$D_1 = 2x_2;$$

$$D_2 = \begin{vmatrix} 2x_2 & 2(x_1 + x_2) \\ 2(x_1 + x_2) & 2(x_1 + x_2) \end{vmatrix} = 2(x_1 + x_2) \cdot [2x_2 - 2x_1 - 2x_2]$$

$$= -4x_1 \cdot (x_1 + x_2);$$

$$D_3 = \begin{vmatrix} 2x_2 & 2x_1 + 2x_2 & 0 \\ 2x_1 + 2x_2 & 2x_1 + 2x_2 & 0 \\ 0 & 0 & -1 \end{vmatrix} = -D_2 = 4x_1 \cdot (x_1 + x_2);$$

$$D_4 = \begin{vmatrix} 2x_2 & 2x_1 + 2x_2 & 0 & 0 \\ 2x_1 + 2x_2 & 2x_1 + 2x_2 & 0 & 0 \\ 0 & 0 & -1 & 0 \\ 0 & 0 & 0 & -2 \end{vmatrix} = -2D_3;$$

$$P_1(2; 0; 1; 1); P_2(-2; 0; 1; 1) \quad \Rightarrow \quad D_1 = 0; \quad D_2 = -16; \quad D_3 = 16;$$

$$D_4 = -32. \text{ Die Hessematrix ist indefinit. Kein Extremwert.}$$

$P_3(2; -4; 1; 1);\ D_1 = -8 < 0;\ D_2 = -8 \cdot (-2) = 16 > 0;$

$D_3 = -16 < 0;\ D_4 = 32 > 0.$ H ist negativ definit $\Rightarrow$ lokales Maximum.

$P_4(-2; 4; 1; 1);\ D_1 = 8;\ D_2 = 8 \cdot 2 = 16 > 0;\ D_3 = -32 < 0.$

Die Hessematrix ist weder positiv semidefinit noch negativ semidefinit, weil die notwendigen Bedingungen nicht erfüllt sind. Damit ist sie indefinit. An der Stelle P_4 liegt also kein Extremum vor.

9.6 Extremwerte unter Nebenbedingungen

Es ist möglich, daß eine Funktion f im gesamten Definitionsbereich D kein Extremum besitzt, wohl aber Extrema hat, wenn für die Variablen bestimmte Einschränkungen gemacht werden. In Abschnitt 8.12 wurden Extremwerte einer Funktion zweier Variabler unter einer Nebenbedingung bestimmt. Bei n Variablen darf die Anzahl der Nebenbedingungen höchstens $n - 1$ sein.

Gesucht sind die Extremwerte der Funktion $z = f(x_1, \dots, x_n)$ unter den $m < n$ Nebenbedingungen

$$g_1(x_1, \dots, x_n) = 0$$
$$g_2(x_1, \dots, x_n) = 0$$
$$\dots\dots\dots\dots\dots\dots$$
$$g_m(x_1, \dots, x_n) = 0.$$

Nach H. Heuser[1981], Teil 2, S. 324 gilt folgende Eigenschaft

> Falls die Menge $M = \{(x_1, \dots, x_n) \in D \mid g_k(x_1, \dots, x_n) = 0$ für alle $k\}$ beschränkt und abgeschlossen ist, so besitzt die stetige Funktion f unter den m Nebenbedingungen $g_k(x_1, \dots, x_n) = 0$ $(k = 1, 2, \dots, m)$ ein globales Minimum und ein globales Maximum.

9.6.1 Lösung mit Hilfe der Elimination von Variablen

Manchmal kann das System der m Gleichungen nach m Variablen z. B. nach $x_{n-m+1}, \dots, x_n$ explizit aufgelöst werden in der Form

$$x_{n-m+1} = u_{n-m+1}(x_1, \dots, x_{n-m}); \dots; x_n = u_n(x_1, \dots, x_{n-m}).$$

Mit diesen Funktionen geht die zu optimierende Funktion über in

$$z = f(x_1, \dots, x_n)$$
$$= f(x_1, \dots, x_{n-m}; u_{n-m+1}(x_1, \dots, x_{n-m}); \dots; u_n(x_1, \dots, x_{n-m}))$$
$$= h(x_1, \dots, x_{n-m}).$$

Durch diese **Variablensubstitution** erhält man eine Funktion von $n - m$ Variablen, von der dann die Extremwerte ohne Nebenbedingugen zu bestimmen sind. Die Variablensubstitution ist auf jeden Fall dann möglich, wenn die Nebenbedingungen in Form linearer Gleichungen gegeben sind. Dazu das

Beispiel 5 : Falls von drei Produkten x_1, x_2 bzw. x_3 Einheiten hergestellt werden, laute die Kostenfunktion

$$K(x_1, x_2, x_3) = x_1^2 + x_2^2 + x_3^2 + x_1 x_2 + 2 x_1 x_3 + 3 x_2 x_3.$$

Gesucht sind die Produktionsmengen, bei denen die Kostenfunktion minimal wird unter den beiden Nebenbedingungen:

a) insgesamt müssen 1 000 Einheiten produziert werden;

b) vom dritten Produkt muß halbsoviel hergestellt werden wie von den beiden anderen Produkten zusammen.

Die Nebenbedingungen lauten

$$g_1(x_1, x_2, x_3) = x_1 + x_2 + x_3 - 1\,000 = 0$$
$$g_2(x_1, x_2, x_3) = x_3 - 0{,}5 x_1 - 0{,}5 x_2 = 0.$$

Subtraktion der beiden linearen Gleichungen ergibt

$$g_1(x_1, x_2, x_3) - g_2(x_1, x_2, x_3) = \frac{3}{2} x_1 + \frac{3}{2} x_2 - 1\,000 = 0.$$

Hieraus folgt

$$x_2 = \frac{2\,000}{3} - x_1.$$

Aus der zweiten Nebenbedingung erhält man hiermit

$$x_3 = 0{,}5 x_1 + 0{,}5 x_2 = 0{,}5 x_1 + \frac{1\,000}{3} - 0{,}5 x_1 = \frac{1\,000}{3}.$$

Mit $x_1 = x$ geht die Kostenfunktion über in

$$h(x) = x^2 + \left(\frac{2\,000}{3} - x\right)^2 + \frac{(1\,000)^2}{9} + \frac{2\,000}{3} x - x^2 + \frac{2\,000}{3} x$$
$$+ 1\,000 \cdot \left(\frac{2\,000}{3} - x\right) = x^2 - 1\,000 x + \frac{1\,100\,000}{9}.$$

Von dieser Funktion der Variablen x ist das Minimum gesucht.

$h'(x) = 2x - 1\,000 = 0 \Rightarrow x = x_1 = 500$.

Aus den obigen Bedingungen erhält man

$$x_2 = \frac{2\,000}{3} - x_1 = \frac{500}{2} \; ; \quad x_3 = \frac{1\,000}{3} \; .$$

Wegen $h''(x) = 2 > 0$ handelt es sich um ein Minimum.

Die minimalen Produktionskosten betragen $h(500) = \frac{875\,000}{9}$ Einheiten.

9.6.2 Lösung mit Hilfe der Methode von Lagrange

Falls aus den Nebenbedingungen keine eindeutige Elimination möglich oder die Variablensubstitution zu kompliziert wird, benutzt man wie bei Funktionen zweier Variabler die Methode von Lagrange.

Die Funktionen $f(x_1, \ldots, x_n)$, $g_k(x_1, \ldots, x_n)$, $k = 1, 2, \ldots, m$ seien nach allen Variablen stetig differenzierbar. Die Matrix

$$B = \begin{pmatrix} \dfrac{\partial g_1(x_1, \ldots, x_n)}{\partial x_1} & \cdots & \dfrac{\partial g_1(x_1, \ldots, x_n)}{\partial x_n} \\ \vdots & \cdots & \vdots \\ \dfrac{\partial g_m(x_1, \ldots, x_n)}{\partial x_1} & \cdots & \dfrac{\partial g_m(x_1, \ldots, x_n)}{\partial x_m} \end{pmatrix}$$

besitze den Rang m (vgl. Abschnitt 12.3). Dann gibt es m Zahlen $\lambda_1, \ldots, \lambda_m$ (**Lagrange-Multiplikatoren**), für die das Gleichungssystem

$$f_{x_1}(x_1, \ldots, x_n) + \sum_{k=1}^{m} \lambda_k \cdot \frac{\partial}{\partial x_1} g_k(x_1, \ldots, x_n) = 0$$

$$f_{x_2}(x_1, \ldots, x_n) + \sum_{k=1}^{m} \lambda_k \cdot \frac{\partial}{\partial x_2} g_k(x_1, \ldots, x_n) = 0$$

$$\cdots\cdots\cdots\cdots\cdots\cdots\cdots\cdots\cdots\cdots\cdots\cdots\cdots\cdots$$

$$f_{x_n}(x_1, \ldots, x_n) + \sum_{k=1}^{m} \lambda_k \cdot \frac{\partial}{\partial x_n} g_k(x_1, \ldots, x_n) = 0$$

erfüllt ist.

Beweis s. H. Heuser [1981], Teil 2, S. 320.

Die linken Seiten dieser Gleichungen sind die partiellen Ableitungen nach den Variablen $x_1, \ldots, x_n$ der

Lagrange-Funktion

$$L(x_1, \ldots, x_n, \lambda_1, \ldots, \lambda_m) = f(x_1, \ldots, x_n) + \sum_{k=1}^{m} \lambda_k \cdot g_k(x_1, \ldots, x_n) .$$

Satz 9: Falls m feste Werte $\lambda_1^*, \ldots, \lambda_m^*$ gefunden werden können, zu denen es eine Stelle $(x_1^{(0)}, x_2^{(0)}, \ldots, x_n^{(0)})$ gibt, die globale (bzw. lokale) Minimal- bzw. Maximalstelle von $L(x_1, \ldots, x_n, \lambda_1^*, \ldots, \lambda_m^*)$ ist, dann ist diese Stelle $(x_1^{(0)}, x_2^{(0)}, \ldots, x_n^{(0)})$ auch globale (bzw. lokale) Maximal- bzw. Minimalstelle der Funktion $f(x_1, \ldots, x_n)$ unter den m Nebenbedingungen $g_k(x_1, \ldots, x_n) = 0$ für $k = 1, 2, \ldots, m$.

Beweis: $(x_1^{(0)}, x_2^{(0)}, \ldots, x_n^{(0)})$ sei globale Maximalstelle von $L(x_1, \ldots, x_n, \lambda_1^*, \ldots, \lambda_m^*)$ mit $g_k(x_1^{(0)}, x_2^{(0)}, \ldots, x_n^{(0)}) = 0$ für $k = 1, 2, \ldots, m$. Dann gilt für beliebiges $(x_1, \ldots, x_n)$ mit $g_k(x_1, \ldots, x_n) = 0$ für $k = 1, 2, \ldots, m$

$$f(x_1^{(0)}, x_2^{(0)}, \ldots, x_n^{(0)}) = f(x_1^{(0)}, x_2^{(0)}, \ldots, x_n^{(0)}) + \sum_{k=1}^{m} \lambda_k^* \cdot g_k(x_1^{(0)}, x_2^{(0)}, \ldots, x_n^{(0)})$$

$$\geq f(x_1, \ldots, x_n) + \sum_{k=1}^{m} \lambda_k^* \cdot g_k(x_1, \ldots, x_n) = f(x_1, \ldots, x_n).$$

Damit besitzt die Funktion $f(x_1, \ldots, x_n)$ unter den m Nebenbedingungen an der Stelle $(x_1^{(0)}, x_2^{(0)}, \ldots, x_n^{(0)})$ ebenfalls ein globales Maximum. Für ein globales Minimum gilt die entsprechende Abschätzung mit $\leq$.

Bei lokalen Extremstellen muß man sich bei der Abschätzung auf eine Umgebung dieser Stelle beschränken.

Aus Satz 7 erhält man zusammen mit Satz 9 den

Satz 10: Die Funktionen $f(x_1, \ldots, x_n)$ und $g_k(x_1, \ldots, x_n)$ seien nach allen Variablen stetig differenzierbar. Die Stelle $(x_1^{(0)}, x_2^{(0)}, \ldots, x_n^{(0)})$ mit $g_k(x_1^{(0)}, x_2^{(0)}, \ldots, x_n^{(0)}) = 0$ $(k = 1, 2, \ldots, m)$ sei Maximal- bzw. Minimalstelle der Funktion $L(x_1, \ldots, x_n, \lambda_1^*, \ldots, \lambda_m^*)$, in der die Werte λ_k^* fest sind. Dann gilt

$$L_{x_i}(x_1^{(0)}, x_2^{(0)}, \ldots, x_n^{(0)}, \lambda_1^*, \ldots, \lambda_m^*)$$

$$= f_{x_i}(x_1^{(0)}, x_2^{(0)}, \ldots, x_n^{(0)} + \sum_{k=1}^{m} \lambda_k^* \cdot \frac{\partial}{\partial x_i} g_k(x_1^{(0)}, x_2^{(0)}, \ldots, x_n^{(0)}) = 0$$

$$\text{für } i = 1, 2, \ldots, n.$$

Mit Hilfe dieses Satzes können evtl. vorhandene Extrema folgendermaßen bestimmt werden:

Man löse das Gleichungssystem ($n + m$ Gleichungen für die $n + m$ Unbekannten $x_1, \ldots, x_n, \lambda_1, \ldots, \lambda_m$)

$$L_{x_i}(x_1, \ldots, x_n, \lambda_1, \ldots, \lambda_m)$$

$$= f_{x_i}(x_1, \ldots, x_n) + \sum_{k=1}^{m} \lambda_k \cdot \frac{\partial}{\partial x_i} g_k(x_1, \ldots, x_n) = 0 \quad \text{für} \quad i = 1, 2, \ldots, n;$$

$$L_{\lambda_k}(x_1, \ldots, x_n, \lambda_1, \ldots, \lambda_m) = g_k(x_1, \ldots, x_n) = 0 \quad \text{für} \quad k = 1, \ldots, m,$$

also

$$(L_{x_1}, L_{x_2}, \ldots, L_{x_n}, L_{\lambda_1}, \ldots, L_{\lambda_m}) = (0, 0, \ldots, 0).$$

Dann sind die Extremwerte des Optimierungsproblems von f unter den Nebenbedingungen unter diesen Lösungen zu suchen.

Die Lösungen des Optimierungsproblems unter den m Nebendedingungen befinden sich also unter den stationären Punkten der Lagrange-Funktion. Da die Bedingung nur notwendig ist, muß nicht jeder stationäre Punkt der Lagrange-Funktion ein Extremum sein.

Satz 11 (Hinreichende Bedingungen für ein Extremum) :

Die Funktionen f und g_k ($k = 1, 2, \ldots, m$) besitzen an der Stelle $(x_1^{(0)}, x_2^{(0)}, \ldots, x_n^{(0)}) \in D$ stetige partielle Ableitungen erster und zweiter Ordnung. $(x_1^{(0)}, x_2^{(0)}, \ldots, x_n^{(0)}, \lambda_1^{(0)}, \ldots, \lambda_m^{(0)})$ sei eine stationäre Stelle der Lagrange-Funktion, also eine Lösung des Gleichungssystems

$$f_{x_i}(x_1, \ldots, x_n) + \sum_{k=1}^{m} \lambda_k \cdot \frac{\partial}{\partial x_i} g_k(x_1, \ldots, x_n) = 0 \quad \text{für} \quad i = 1, 2, \ldots, n$$

$$g_k(x_1, \ldots, x_n) = 0 \quad \text{für} \quad k = 1, \ldots, m.$$

Bei gegebenem $\lambda_1^*, \ldots, \lambda_m^*$ sei

$$\hat{H}(x_1^{(0)}, x_2^{(0)}, \ldots, x_n^{(0)}, \lambda_1^*, \ldots, \lambda_m^*) = \begin{pmatrix} L_{x_1 x_1} & \cdots & L_{x_1 x_n} \\ \vdots & \cdots & \vdots \\ L_{x_n x_1} & \cdots & L_{x_n x_n} \end{pmatrix}$$

die Hessematrix. Dabei müssen die partiellen Ableitungen an der zu untersuchenden stationären Stelle gebildet werden mit

$$L_{x_i x_j} = L_{x_i x_j}(x_1^{(0)}, x_2^{(0)}, \ldots, x_n^{(0)}, \lambda_1^*, \ldots, \lambda_m^*).$$

a) Falls $\hat{H}(x_1^{(0)}, x_2^{(0)}, \ldots, x_n^{(0)}, \lambda_1^*, \ldots, \lambda_m^*)$ positiv (negativ) definit
    ist, besitzt f unter den m Nebenbedingungen an der Stelle
    $(x_1^{(0)}, x_2^{(0)}, \ldots, x_n^{(0)})$ ein lokales Minimum (Maximum).

b) Falls an jeder beliebigen Stelle $(x_1, \ldots, x_n) \in D$ die Hessematrix
    $\hat{H}(x_1, \ldots, x_n, \lambda_1^*, \ldots, \lambda_m^*)$ gebildet werden kann und positiv (nega-
    tiv) definit ist, besitzt f unter den m Nebenbedingungen an der
    Stelle $(x_1^{(0)}, x_2^{(0)}, \ldots, x_n^{(0)})$ ein globales Minimum (Maximum).

Beweis s. O. Opitz [1991], S. 596.

Beispiel 6: Gesucht sind die Extremwerte der Funktion

$$f(x, y) = x + y$$

unter der Nebenbedingung $x^2 + y^2 - 1 = 0$.

Die Nebenbedingung stellt einen Kreis mit dem Radius 1 dar. Der Kreis-
mittelpunkt ist der Koordinatenursprung O. Die Funktion $f(x, y) = x + y$
ist eine Ebene im $\mathbb{R}^3$. Der vertikale Zylinder mit dem obigen Grundkreis
schneidet diese Ebene in einer räumlichen Ellipse. Davon ist der höchste
und tiefste Punkt gesucht.

$$
\begin{aligned}
L(x, y, \lambda) &= x + y + \lambda(x^2 + y^2 - 1) \\
L_x(x, y, \lambda) &= 1 + 2\lambda x = 0 \\
L_y(x, y, \lambda) &= 1 + 2\lambda y = 0
\end{aligned} \Bigg\} \Rightarrow x = y
$$

$$L_\lambda(x, y, \lambda) = x^2 + y^2 - 1 = 0 \qquad \Rightarrow 2x^2 = 1; \; x = \pm\frac{1}{\sqrt{2}}.$$

a) $x = y = \dfrac{1}{\sqrt{2}} \qquad \Rightarrow \lambda = -\dfrac{1}{\sqrt{2}}; \qquad P_1\left(\dfrac{1}{\sqrt{2}}, \dfrac{1}{\sqrt{2}}, -\dfrac{1}{\sqrt{2}}\right);$

b) $x = y = -\dfrac{1}{\sqrt{2}} \qquad \Rightarrow \lambda = \dfrac{1}{\sqrt{2}}; \qquad P_2\left(-\dfrac{1}{\sqrt{2}}, -\dfrac{1}{\sqrt{2}}, \dfrac{1}{\sqrt{2}}\right).$

a) $\lambda = -\dfrac{1}{\sqrt{2}}$

$$L_x\left(x, y, -\tfrac{1}{\sqrt{2}}\right) = 1 - \sqrt{2}\,x;$$

$$L_{xx}\left(x, y, -\tfrac{1}{\sqrt{2}}\right) = -\sqrt{2}; \quad L_{xy}\left(x, y, -\tfrac{1}{\sqrt{2}}\right) = 0$$

$$L_y\left(x, y, -\tfrac{1}{\sqrt{2}}\right) = 1 - \sqrt{2}\,y;$$

$$L_{yx}\left(x, y, -\tfrac{1}{\sqrt{2}}\right) = 0; \quad L_{yy}\left(x, y, -\tfrac{1}{\sqrt{2}}\right) = -\sqrt{2}.$$

Die Hessematrix lautet

$$\hat{H}(x,y,-\tfrac{1}{\sqrt{2}}) = \begin{pmatrix} -\sqrt{2} & 0 \\ 0 & -\sqrt{2} \end{pmatrix}; \quad D_1 = -\sqrt{2} < 0 \, ; \ D_2 = 2 > 0.$$

Damit ist die Hessematrix für alle (x,y) negativ definit. Für $x = y = \tfrac{1}{\sqrt{2}}$ erhält man ein globales Maximum.

b) $\lambda = \tfrac{1}{\sqrt{2}}$

$$L_x(x,y,\tfrac{1}{\sqrt{2}}) \ = \ 1 + \sqrt{2}\,x \, ;$$

$$L_y(x,y,\tfrac{1}{\sqrt{2}}) \ = \ 1 + \sqrt{2}\,y \, ;$$

$$\hat{H}(x,y,\tfrac{1}{\sqrt{2}}) \ = \ \begin{pmatrix} \sqrt{2} & 0 \\ 0 & \sqrt{2} \end{pmatrix}; \quad D_1 = \sqrt{2} > 0 \, ; \ D_2 = 2 > 0.$$

Die Hessematrix ist für alle (x,y) positiv definit. $x = y = -\tfrac{1}{\sqrt{2}}$ ergibt ein globales Minimum.

Beispiel 7 (vgl. Beispiel 5): Das Minimum der Kostenfunktion

$$K(x_1, x_2, x_3) = x_1^2 + x_2^2 + x_3^2 + x_1 x_2 + 2 x_1 x_3 + 3 x_2 x_3$$

unter den Nebenbedingungen

$$g_1(x_1, x_2, x_3) = x_1 + x_2 + x_3 - 1\,000 = 0$$

$$g_2(x_1, x_2, x_3) = x_3 - 0{,}5 x_1 - 0{,}5 x_2 = 0$$

soll mit Hilfe der Methode von Lagrange bestimmt werden.

Die Lagrange-Funktion lautet

$$L(x_1, x_2, x_3, \lambda, \mu) = x_1^2 + x_2^2 + x_3^2 + x_1 x_2 + 2 x_1 x_3 + 3 x_2 x_3$$
$$+ \lambda(x_1 + x_2 + x_3 - 1\,000) + \mu(x_3 - 0{,}5 x_1 - 0{,}5 x_2)$$

$$L_{x_1}(x_1, x_2, x_3, \lambda, \mu) \ = \ 2 x_1 + x_2 + 2 x_3 + \lambda - 0{,}5 \mu \ = \ 0 \qquad (1)$$

$$L_{x_2}(x_1, x_2, x_3, \lambda, \mu) \ = \ 2 x_2 + x_1 + 3 x_3 + \lambda - 0{,}5 \mu \ = \ 0 \qquad (2)$$

$$L_{x_3}(x_1, x_2, x_3, \lambda, \mu) \ = \ 2 x_3 + 2 x_1 + 3 x_2 + \lambda + \mu \ = \ 0 \qquad (3)$$

$$L_{\lambda}(x_1, x_2, x_3, \lambda, \mu) \ = \ x_1 + x_2 + x_3 - 1\,000 \ = \ 0 \qquad (4)$$

$$L_{\mu}(x_1, x_2, x_3, \lambda, \mu) \ = \ x_3 - 0{,}5 x_1 - 0{,}5 x_2 \ = \ 0 \qquad (5)$$

$$(1) - (2) \quad \Rightarrow \quad \begin{array}{rcl} x_1 - x_2 - x_3 &=& 0 \\ (4) \qquad x_1 + x_2 + x_3 &=& 1\,000 \end{array} \left.\vphantom{\begin{array}{c}0\\1\end{array}}\right\} + \quad \Rightarrow \quad \underline{x_1 = 500};$$

$(4) + 2 \times (5)$ ergibt $3\,x_3 = 1\,000$; $\underline{x_3 = \dfrac{1\,000}{3}}$; $(4) \Rightarrow \underline{x_2 = \dfrac{500}{3}}$;

$(3) - (2) \Rightarrow x_1 + x_2 - x_3 + \dfrac{3}{2}\mu = 0$; $\underline{\mu = -\dfrac{2\,000}{9}}$;

$(2) \Rightarrow \underline{\lambda = -\dfrac{17\,500}{9}}$;

Damit lautet die Lösung

$$x_1 = 500\,; x_2 = \frac{500}{3}\,; x_3 = \frac{1\,000}{3}\,; \lambda = -\frac{17\,500}{9}\,; \mu = -\frac{2\,000}{9}$$

mit $K(500, \dfrac{500}{3}, \dfrac{1\,000}{3}) = \dfrac{875\,000}{9}$.

$L_{x_1 x_1} = 2$; $L_{x_1 x_2} = 1$; $L_{x_1 x_3} = 2$;

$L_{x_2 x_1} = 1$; $L_{x_2 x_2} = 2$; $L_{x_2 x_3} = 3$;

$L_{x_3 x_1} = 2$; $L_{x_3 x_2} = 3$; $L_{x_3 x_3} = 2$;

Die Hessematrix lautet für für $\lambda = -\dfrac{17\,500}{9}$; $\mu = -\dfrac{2\,000}{9}$

$$H(500\,; \frac{500}{3}\,; \frac{1\,000}{3}\,; \frac{17\,500}{9}\,; -\frac{2\,000}{9}) = \begin{pmatrix} 2 & 1 & 2 \\ 1 & 2 & 3 \\ 2 & 3 & 2 \end{pmatrix}.$$

Wegen

$$D_1 = 2 > 0\,; D_2 = \begin{vmatrix} 2 & 1 \\ 1 & 2 \end{vmatrix} = 3 > 0\,; D_3 = \begin{vmatrix} 2 & 1 & 2 \\ 1 & 2 & 3 \\ 2 & 3 & 2 \end{vmatrix} = -8 < 0$$

ist sie an der Stelle $(500\,; \dfrac{500}{3}\,; \dfrac{1\,000}{3})$ indefinit. Hier führt Satz 11 nicht zur Entscheidung.

Für $(x_1, x_2, x_3) = (\dfrac{2\,000}{3}\,; 0\,; \dfrac{1\,000}{3})$ sind beide Nebenbedingungen erfüllt

mit $K(\dfrac{2\,000}{3}, 0, \dfrac{1\,000}{3}) > \dfrac{875\,000}{9}$. Damit besitzt die Kostenfunktion an

der oben berechneten Stelle ein Minimum.

9.7 Aufgaben

1. Untersuchen Sie, ob folgende Funktionen homogen sind; bestimmen Sie gegebenenfalls den Homogenitätsgrad r.

a) $f(x_1, x_2, x_3) = \dfrac{x_1 + x_2 + x_3}{x_1 x_2 x_3}$;

b) $f(x_1, x_2, \ldots, x_n) = \prod\limits_{i=1}^{n} x_i^{\alpha_i}$, $\alpha_i \in \mathbb{R}$;

c) $f(x_1, x_2, x_3) = \ln x_1^2 + \ln x_2^2 + \ln x_3^2$;

d) $f(x_1, x_2, x_3) = (x_1 x_2)^{x_3}$;

e) $f(x_1, x_2, x_3, x_4) = (x_1 + x_2 + x_3 + x_4)^2 + \dfrac{x_1^4 + x_2^4 + x_3^4 + x_4^4}{x_1^2 + x_2^2 + x_3^2 + x_4^2}$

   mit $\sum\limits_{i=1}^{4} x_i^2 \neq 0$.

2. Berechnen Sie die partiellen Elastizitäten sowie deren Summen für folgende Funktionen:

a) $f(x_1, x_2, x_3, x_4) = x_1^2 + x_2^2 + x_3^2 + 2x_1 x_2 + 3x_1 x_3 + 4x_1 x_4$;

b) $f(x_1, x_2, x_3, x_4) = \dfrac{\sqrt{x_1 x_2}}{x_3^2 + x_4^2}$; $x_3^2 + x_4^2 \neq 0$;

c) $f(x_1, x_2, \ldots, x_n) = \dfrac{\prod\limits_{i=1}^{n} x_i}{\sum\limits_{i=1}^{n} x_i^2}$; $\sum\limits_{i=1}^{n} x_i^2 \neq 0$.

3. Gegeben ist die Funktion $z = \sqrt{x_1}\, x_2 x_3 \sqrt{x_3}\, x_4^2$.

a) Ist die Funktion homogen?

b) Berechnen Sie das totale Differential und damit näherungsweise den Funktionszuwachs beim Übergang von der Stelle $(9; 6; 4:2)$ zur Stelle $(9,01; 5,98; 4,02; 1,97)$.

c) Stellen Sie die relative Änderung der abhängigen Variablen z in Abhängigkeit der relativen Änderungen der unabhängigen Variablen dar.

d) Berechnen Sie die partiellen Elastizitäten.

4. Berechnen Sie die Extremwerte der Funktion

$$f(x_1, x_2, x_3, x_4, x_5) = x_1^2 + x_2^2 + x_3^2 + x_4^2 + x_5^2.$$

5. Die Kostenfunktion für die Produktionsmengen dreier Güter laute

$$K(x_1, x_2, x_3) = x_1^2 + 1{,}5\,x_2^2 + 2\,x_3^2 \,.$$

Bestimmen Sie die Extremwerte

a) unter der Nebenbedingung: Die gesamte Produktionsmenge beträgt 1 040 Einheiten;

b) unter den Nebenbedingungen: Die gesamte Produktionsmenge beträgt 1 040 Einheiten, wobei vom dritten Gut (Produktionsmenge x_3) genausoviel hergestellt werden muß wie von den beiden anderen Gütern zusammen.

Benutzen Sie für beide Aufgaben sowohl die Eliminationsmethode als auch die Methode von Lagrange.

6. Der Ernteertrag z hänge von den Einsatzmengen x_1, x_2 und x_3 dreier Düngemittel ab durch

$$z = A \cdot \left(1 - e^{-x_1^2 x_2 x_3}\right); \quad A \in \mathbb{R}\,.$$

Bestimmen Sie den maximalen Ertrag unter den Nebenbedingungen

$$x_1 + x_2 + x_3 = 4; \ x_1 = 2\,x_2.$$

a) mit der Eliminationsmethode;

b) mit der Methode von Lagrange.

7. Ein oben geschlossener Quader mit den Kantenlängen x, y und z soll das feste Volumen 1 Liter besitzen. Bestimmen Sie die Kantenlängen so, daß die Oberfläche minimal ist.

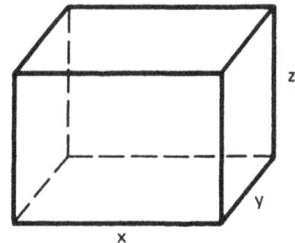

8. Lösen Sie die Aufgabe 7, falls der entsprechende Quader (Schachtel) oben offen ist.

9. Bestimmen Sie die Extrema der Funktion

$$f(x, y, z) = \sqrt{x} + \sqrt{y} + \sqrt{z} \,, x \le y, z > 0$$

unter der Nebenbedingung

$$x + 2\,y + 4\,z = 28.$$

Zeigen Sie mit Hilfe der Hessematrix, daß es sich bei der Lösung um ein globales Maximum handelt.

Kapitel 10:
Differential- und Differenzengleichungen

Bei der Beschreibung ökonomischer Prozesse dienen Funktionen dazu, den Zusammenhang zwischen zwei oder mehreren Variablen wiederzugeben. Oftmals sind diese Funktionen jedoch nicht vollständig bekannt, sondern es gibt nur von der Sache her begründete Vorstellungen darüber, in welchem Zusammenhang der Zuwachs einer Funktion und der Funktionswert stehen. Gleichungen, durch welche die zu bestimmende Funktion mit ihrer Ableitung bzw. Differenz verknüpft wird, nennt man Differential- bzw. Differenzengleichung.

Beispiel 1: Ein einfaches Wachstumsmodell für das Bruttosozialprodukt $y(t)$ eines Landes zur Zeit t unterstellt zeitkontinuierliche Änderungen. Es wird angenommen, daß die zeitliche Änderung $y'(t)$ proportional dem Bruttosozialprodukt $y(t)$ mit einer Proportionalitätskonstanten a ist, also

$$y'(t) = a \cdot y(t).$$

Dabei wird zur Zeit t=0 von einem (bekannten) Wert $y_0 = y(0)$ ausgegangen. Die Ausführungen aus Abschnitt 6.8 legen es nahe, daß bei einer konstanten Wachstumsrate

$$\frac{y'(t)}{y(t)} = a$$

die Exponentialfunktion $y(t) = y(0) \cdot e^{at}$ eine Lösung der oben aufgestellten Differentialgleichung ist. Es gilt nämlich

$$y'(t) = y(0) \cdot a\,e^{at} = a \cdot y(t).$$

Beispiel 2 (Das Spinnweb-Modell): Das Spinnweb-Modell beschreibt die adaptive Anpassung der Angebotsmenge eines Gutes und des Preises an die Marktbedingungen unter idealisierten Annahmen. Dabei wird davon ausgegangen, daß alle Änderungen nur in konstanten Zeitabständen (von Periode zu Periode), also zeitdiskret zu Zeitpunkten t=0,1,2,... stattfinden können. Mit den Bezeichnungen:

   $A(t)$ Angebotsmenge in Periode t,
   $N(t)$ Nachfragemenge in Periode t,
   $p(t)$ Preis je Mengeneinheit in Periode t

sollen folgende Annahmen erfüllt sein:
1. $A(t) = N(t)$. Die Angebotsmenge wird vollständig abgesetzt (Gleichgewichts- oder Markträumungsbedingung).
2. $A(t) = \alpha_1 \cdot p(t-1) - \alpha_2$, $\alpha_1, \alpha_2 > 0$. Der Produzent plant die Angebotsmenge für die folgende Periode in Abhängigkeit des gegenwärtigen Preises.

3. $N(t) = \beta_1 - \beta_2 \cdot p(t)$, $\beta_1, \beta_2 > 0$. Die Nachfragemenge hängt linear vom Preis ab.

Setzt man die Ausdrücke für $A(t)$ und $N(t)$ gleich, so erhält man

$$\beta_2 \cdot p(t) + \alpha_1 \cdot p(t-1) = \beta_2 + \alpha_2.$$

Kennt man die vier Konstanten α_1, α_2, β_1, β_2 und den Preis $p(0)$ als Startwert, so lassen sich die Preise für alle nachfolgenden Perioden sukzessive berechnen. Da sich die angegebene Rekursionsgleichung auch mit Hilfe des Preiszuwachses, nämlich der **Differenz** $\Delta p(t) = p(t) - p(t-1)$ ausdrücken läßt in der Form

$$\beta_2 \cdot \Delta p(t) + (\alpha_1 + \beta_2) p(t-1) = \beta_2 + \alpha_2,$$

spricht man auch von einer Differenzengleichung.

Natürlich können Differential- und Differenzengleichungen hier nur kurz und beispielhaft behandelt werden. Im Vordergrund steht die Beschreibung von Lösungsverfahren einiger einfacher Gleichungstypen. Wer sich für die allgemeine Theorie, insbesondere für Existenz- und Eindeutigkeitssätze interessiert, der sei auf die weiterführende Literatur verwiesen, z.B. auf Rommelfanger [1977], zum Thema Differentialgleichungen auf Heuser [1989] und zum Thema Differenzengleichungen auf Goldberg [1968], Meschkowski [1959] und Spiegel [1982].

10.1 Differentialgleichungen

Wir gehen von einer Funktion $y = y(x)$ aus, die auf einem Intervall $I \subset \mathbb{R}$ definiert ist.

Definition 1: Eine Gleichung der Form

$$F(x, y, y', y'', ..., y^{(n)}) = 0$$

mit einer bekannten Funktion F von $n+2$ Variablen, welche die unabhängige Variable x, die Funktion y und deren Ableitungen bis zur Ordnung n miteinander verknüpft, heißt **gewöhnliche Differentialgleichung n-ter Ordnung**.

Eine Funktion $y = f(x)$, welche diese Gleichung identisch auf einem Intervall I erfüllt, heißt **spezielle** oder **partikuläre Lösung** der Differentialgleichung.

Beispiel 3: Eine Lösung der Differentialgleichung $y'' - 6x = 0$ erhält man offensichtlich durch zweimaliges Bilden einer Stammfunktion:

$$y'(x) = 3x^2, \quad y(x) = x^3.$$

Da jede beliebige Stammfunktion eingesetzt werden könnte, ergibt sich mit zwei Konstanten c_1, c_2 die allgemeine Lösung

$$y'(x) = 3x^2 + c_1, \, y(x) = x^3 + c_1 x + c_2.$$

Für jede beliebige Wahl der Konstanten c_1, c_2 ergibt sich eine Lösung der Differentialgleichung, wie man leicht durch zweimaliges Ableiten kontrollieren kann. Da sich andererseits alle Stammfunktionen nur um eine Konstante unterscheiden, erhält man auf diese Weise auch tatsächlich alle möglichen Lösungen. Das führt auf die

Definition 2: Die Gesamtheit aller Lösungen einer Differentialgleichung n-ter Ordnung $y(x, c_1, \ldots, c_n)$, die n beliebig wählbare Konstanten $c_1, \ldots, c_n$ enthält, wird **allgemeine Lösung** der Differentialgleichung genannt.

Durch spezielle Festlegung der Konstanten kann jede spezielle Lösung der Differentialgleichung gewonnen werden. Insbesondere ist oft die Lösung einer Differentialgleichung unter bestimmten Anfangsbedingungen gesucht. Man spricht dann von einer **Anfangswertaufgabe.** Diese Anfangsbedingungen haben bei einer Differentialgleichung n-ter Ordnung für fest vorgegebene Werte $x_0, y_0, y_0', \ldots, y_0^{(n)}$ die Form:

$$y(x_0) = y_0, \, y'(x_0) = y_0', \ldots, y^{(n)}(x_0) = y_0^{(n)}.$$

Diese Anfangsbedingungen legen dann die Konstanten $c_1, \ldots, c_n$ fest.

Beispiel 4: Für die Differentialgleichung $y'' - 6x = 0$ aus dem vorhergehenden Beispiel sei die Anfangsbedingung $y(0) = 1$ und $y'(0) = 2$ vorgegeben. Dann ergeben sich aus der allgemeinen Lösung

$$y(0) = 0^3 + 0c_1 + c_2 = c_2 = 1, \, y'(0) = 3 \cdot 0^2 + c_1 = c_1 = 2$$

die Werte $c_1 = 2$ und $c_2 = 1$ und damit die spezielle Lösung

$$y(x) = x^3 + 2x + 1.$$

Wie man zur Kontrolle leicht nachrechnet, erfüllt diese Funktion tatsächlich die Differentialgleichung mit der angegebenen Anfangsbedingung.

Zur weiteren Typisierung von Differentialgleichungen sind noch folgende Begriffe von Bedeutung.

Definition 3:
a) Eine Differentialgleichung heißt **homogen**, wenn die Nullfunktion $y \equiv 0$ eine Lösung ist, andernfalls nennt man sie **inhomogen.**

b) Eine Differentialgleichung, die sich in der Form

$$y^{(n)} + a_{n-1}(x) y^{(n-1)} + \ldots + a_1(x) y' + a_0(x) y = b(x)$$

mit bekannten Funktionen $a_i(x)$ und $b(x)$ darstellen läßt, heißt **lineare Differentialgleichung n-ter Ordnung**. Sind die $a_i(x)$ Konstanten, so spricht man von einer **linearen Differentialgleichung mit konstanten Koeffizienten**.

In Beispiel 3 wurde eine Differentialgleichung vorgestellt, für welche die Lösung unmittelbar angegeben werden konnte. Wir wollen jetzt ein paar Schritte weitergehen und Lösungsverfahren für einige grundlegende Typen von Differentialgleichungen ansprechen.

10.1.1 Trennung der Variablen

In diesem Abschnitt gehen wir zunächst von einer Differentialgleichung 1. Ordnung vom Typ

$$y' = \frac{dy}{dx} = f(x) \cdot g(y)$$

aus. Das Verfahren *Trennung der Variablen* besteht nun darin, alle y-Größen auf die eine und alle x-Größen auf die andere Seite der Gleichung zu bringen. Dazu wird durch $g(y)$ geteilt, wobei selbstverständlich $g(y) \neq 0$ vorausgesetzt werden muß, und formal mit dx multipliziert:

$$\frac{dy}{g(y)} = f(x) \, dx.$$

Gibt es nun Stammfunktionen

$$G(y) = \int \frac{dy}{g(y)} \quad \text{und} \quad F(x) = \int f(x) \, dx,$$

so läßt sich auf beiden Seiten der Gleichung das unbestimmte Integral bilden

$$G(y) + C_1 = F(x) + C_2.$$

Die Integrationskonstanten können zu $C = C_2 - C_1$ zusammengefaßt werden. Existiert die Umkehrfunktion G^{-1}, so kann die allgemeine Lösung in folgender Form dargestellt werden:

$$y(x) = G^{-1}(F(x) + C).$$

Beispiel 5:
a) Zur Lösung der Differentialgleichung $y' = 3x^2 e^{-y}$ werden die Variablen getrennt

$$\frac{dy}{e^{-y}} = e^y \, dy = 3x^2 \, dx.$$

Die Integration liefert $e^y = x^3 + C$ mit der Auflösung

$$y(x) = \ln(x^3 + C), \quad x > -\sqrt[3]{C}.$$

Hierbei können sich, wie man erkennt, durchaus Einschränkungen des Definitionsbereiches der Lösungsfunktion ergeben.

b) In der Problemstellung von Beispiel 1 sei nach der Funktion y(t) gefragt, die das Bruttosozialprodukt zum Zeitpunkt t angibt, wenn man davon ausgeht, daß die Wachstumsrate konstant 3% beträgt und zum Zeitpunkt 0 ein Bruttosozialprodukt von y(0) = 2 260 Mrd. DM vorliegt. Es liegt also das folgende Anfangswertproblem vor:

$$\frac{y'(t)}{y(t)} = 0{,}03 \,, \; y(0) = 2\,260 \,.$$

Die Integration ergibt $\ln y = 0{,}03\,t + C_1$, bzw. nach y aufgelöst

$$y(t) = C\,e^{0{,}03\,t} \; \text{mit} \; C = e^{C_1}.$$

Aus $y(0) = C\,e^0 = C = 2\,260$ erhält man schließlich

$$y(t) = 2\,260\,e^{0{,}03\,t}.$$

c) Ist die in Abschnitt 6.8 erklärte Elastizität $\epsilon_h(x)$ einer differenzierbaren Funktion h(x)

$$\epsilon_h(x) = \frac{h'(x)}{h(x)} \cdot x$$

vollständig als Funktion von x vorgegeben, und soll daraus die Funktion h(x) bestimmt werden, so liegt eine Differentialgleichung vor, die durch Trennung der Variablen gelöst werden kann. Dies wurde schon in Abschnitt 7.7.2 im Rahmen der Integralrechnung behandelt, ohne allerdings den Begriff der Differentialgleichung zu verwenden. Auf die in 7.2.2 aufgeführten Beispiele sei verwiesen.

10.1.2   Die lineare Differentialgleichung 1. Ordnung

Die lineare Differentialgleichung 1. Ordnung hat die Form

$$y'(x) + q(x)\,y(x) = r(x)$$

mit vorgegebenen, bekannten Funktionen q und r. Ist $r(x) \equiv 0$, so handelt es sich um eine homogene Differentialgleichung, da die Nullfunktion dann eine Lösung ist. In diesem Fall liegt ein Spezialfall der im letzten Abschnitt behandelten Differentialgleichung vor:

$$y' = -q(x)\,y \; \text{oder nach Trennung der Variablen} \; \frac{y'}{y} = -q(x).$$

Ist Q(x) eine Stammfunktion von q(x), dann ergibt sich als allgemeine Lösung

$$\ln|y| = -Q(x) + C$$

bzw. nach Auflösen nach y

$$y = y(x) = c\,e^{-Q(x)} \; \text{mit} \; c \in \mathbb{R}, \; (|c| = e^C).$$

Ist r nicht die Nullfunktion, so liegt eine inhomogene Differentialgleichung vor. In diesem Fall läßt sich ein ganz allgemein gültiges Lösungsprinzip anwenden: Bezeichnet y_s irgend eine spezielle Lösung der inhomogenen Gleichung und y_h die allgemeine Lösung der zugehörigen homogenen Gleichung, so läßt sich die allgemeine Lösung der inhomogenen Gleichung aus diesen beiden additiv zusammensetzen.

Die allgemeine Lösung der inhomogenen Differentialgleichung

$$y'(x) + q(x)\, y(x) = r(x)$$

ist gegeben durch

$$y(x) = y_s(x) + y_h(x).$$

Dabei ist
y_s eine spezielle Lösung der inhomogenen Gleichung und
y_h die allgemeine Lösung der homogenen Gleichung.

Diese Aussage läßt sich leicht bestätigen. Denn ist $y_1(x)$ irgend eine Lösung der inhomogenen Differentialgleichung, so muß sie von der angegebenen Form sein. Wegen $y_1'(x) + q(x)\, y_1(x) = r(x)$ muß die Differenz $y_1 - y_s$ eine Lösung der homogenen Differentialgleichung sein, also

$$y_1(x) - y_s(x) = y_h(x) \quad \text{oder} \quad y_1(x) = y_s(x) + y_h(x).$$

Es bleibt nun nur noch die Frage zu klären, auf welche Weise man eine spezielle Lösung der inhomogenen Gleichung erhält. Dazu wird die Methode der **Variation der Konstanten** angewandt. Man macht den Ansatz

$$y_s(x) = c(x)\, e^{-Q(x)}.$$

Dies entspricht der Lösung der homogenen Gleichung, wobei jetzt c nicht als Konstante, sondern als Funktion von x aufgefaßt wird. Durch Einsetzen der Ableitung

$$y_s'(x) = c'(x)\, e^{-Q(x)} - c(x)\, q(x)\, e^{-Q(x)}$$

in die inhomogene Gleichung ergibt sich

$$c'(x)\, e^{-Q(x)} - c(x)\, q(x)\, e^{-Q(x)} + q(x)\, c(x)\, e^{-Q(x)} = r(x).$$

Auflösen nach c' und Integration liefert

$$c(x) = \int r(x)\, e^{Q(x)}\, dx.$$

Damit ergibt sich unmittelbar folgender

> **Satz 1:** Die lineare Differentialgleichung 1. Ordnung
>
> $$y'(x) + q(x)\,y(x) = r(x)$$
>
> besitzt die allgemeine Lösung
>
> $$y(x) = e^{-Q(x)}\{c + \int r(x)\,e^{Q(x)}\,dx\}, \quad c \in \mathbb{R}, \text{ wobei}$$
>
> $Q(x)$ eine Stammfunktion von $q(x)$ ist.

Beispiel 6: Die zeitliche Änderung des Umsatzes $U(t)$ werde durch folgende Modellgleichung beschrieben:

$$U'(t) = q \cdot U(t) + a \cdot \cos(b\,t), \quad q, a, b \in \mathbb{R},$$

mit bekannten Konstanten q, a, b. Die Umsatzänderung ist proportional zum derzeitigen Umsatz und wird überlagert durch periodische, saisonale Schwankungen. Die Konstante q kann dabei als saisonbereinigte Änderungsrate interpretiert werden. Es gilt mit der hier verwendeten Zeitvariablen t: $r(t) = a \cdot \cos(b\,t)$, $q(t) = -q$, $Q(t) = -q\,t$. Satz 1 ergibt die Umsatzfunktion

$$U(t) = e^{q\,t}\{c + \int a \cdot \cos(b\,t) \cdot e^{-q\,t}\,dt\}, \quad c \in \mathbb{R}.$$

Das verbliebene Integral läßt sich, wie in Beispiel 9 g) Kapitel 7 gezeigt, durch zweimalige partielle Integration lösen. Man erhält

$$U(t) = e^{q\,t}\left(c + \frac{a}{b^2+q^2} \cdot e^{-q\,t}[-q \cdot \cos(b\,t) + b \cdot \sin(b\,t)]\right)$$

$$= c\,e^{q\,t} + \frac{a}{b^2+q^2} \cdot [-q \cdot \cos(b\,t) + b \cdot \sin(b\,t)], \quad c \in \mathbb{R}.$$

Handelt es sich um ein Anfangswertproblem mit einem bekannten Anfangswert $U(0)$, so kann aus

$$U(0) = c - \frac{a\,q}{b^2+q^2}$$

die Konstante c bestimmt werden: $\quad c = U(0) + \dfrac{a\,q}{b^2+q^2}$.

10.1.3 Lineare Differentialgleichungen n-ter Ordnung mit konstanten Koeffizienten

In diesem Abschnitt sollen lineare Differentialgleichungen n-ter Ordnung

$$y^{(n)} + a_{n-1}\,y^{(n-1)} + \dots + a_1\,y' + a_0\,y = r(x)$$

mit den konstanten Koeffizienten $a_0, a_1, \dots, a_n$ untersucht werden. Wie im vorhergehenden Abschnitt schon angesprochen, setzt sich die allgemeine Lösung der linearen inhomogenen Differentialgleichung zusammen aus der allgemeinen Lösung y_h der homogenen Gleichung ($r(x) \equiv 0$) und einer speziellen Lösung y_s der inhomogenen Gleichun $y = y_h + y_s$. Zunächst soll daher die allgemeine Lösung der homogenen Gleichung charakterisiert werden. Im einfachen Spezialfall $y' - \lambda y = 0$ ist jedes Vielfache der Exponentialfunktion $e^{\lambda x}$ eine Lösung. Da sich die Exponentialfunktion auch bei höheren Ableitungen reproduziert, macht man auch im allgemeinen Fall den Ansatz

$$y = e^{\lambda x}.$$

Einsetzen in die homogene Differentialgleichung führt auf

$$\lambda^n e^{\lambda x} + a_{n-1} \lambda^{n-1} e^{\lambda x} + \ldots + a_1 \lambda e^{\lambda x} + a_0 e^{\lambda x} = 0 \quad \text{bzw.}$$

$$e^{\lambda x} (\lambda^n + a_{n-1} \lambda^{n-1} + \ldots + a_1 \lambda + a_0) = 0.$$

Diese Gleichung kann nur erfüllt sein, wenn der zweite Faktor Null wird, also an einer Nullstelle des sogenannten **charakteristischen Polynoms**.

Der Lösungsmechanismus soll zunächst für den Fall einer Differentialgleichung 2. Ordnung beschrieben werden.

Beispiel 7: Zu den folgenden Differentialgleichungen 2. Ordnung ist jeweils das charakteristische Polynom mit den zugehörigen Nullstellen angegeben.

a) $y'' + 4y' - 5y = 0$; $\lambda^2 + 4\lambda - 5 = 0 \Rightarrow \lambda_1 = 1, \lambda_2 = -5$;

b) $y'' - 2y' + y = 0$; $\lambda^2 - 2\lambda + 1 = 0 \Rightarrow \lambda_{1/2} = 1$;

c) $y'' + 4y = 0$; $\lambda^2 + 4 = 0 \Rightarrow \lambda_1 = 2i = 2\sqrt{-1}, \lambda_2 = -2i$;

(vgl. komplexe Zahlen in Abschnitt 2.6).

In a) sind $y_1 = e^x$ und $y_2 = e^{-5x}$ Lösungen der Differentialgleichung. Charakteristisch für lineare homogene Differentialgleichungen ist, daß mit einer Lösung auch jedes Vielfache die Gleichung erfüllt und daß auch die Summe zweier Lösungen dieser Gleichung genügt. Dies kann am Beispiel 7a) unmittelbar nachvollzogen werden. Mit y_1 und y_2 ist auch $y = c_1 y_1 + c_2 y_2$ Lösung der homogenen Differentialgleichung:

$$\begin{aligned} y'' + 4y' - 5y &= c_1 y_1'' + c_2 y_2'' + 4(c_1 y_1' + c_2 y_2') - 5(c_1 y_1 + c_2 y_2) \\ &= c_1 (y_1'' + 4y_1' - 5y_1) + c_2 (y_2'' + 4y_2' - 5y_2) \\ &= 0 + 0 = 0. \end{aligned}$$

Hat demnach das charakteristische Polynom 2. Grades die 2 verschiedenen reellen Nullstellen λ_1 und λ_2, so ist die allgemeine Lösung der homogenen Gleichung gegeben durch

$$y_h = c_1 y_1 + c_2 y_2, \quad c_1, c_2 \in \mathbb{R}.$$

Im Beispiel 7 b) tritt eine doppelte Nullstelle des charakteristischen Polynoms auf. Damit erhält man zunächst nur die eine Lösung $y_1 = e^x$. In diesem Fall ist $y_2 = x\,y_1 = x\,e^x$ eine zweite Lösung; denn mit

$y_2' = e^x(1+x)$ und $y_2'' = e^x(2+x)$ gilt

$y_2'' - 2\,y_2' + y_2 = e^x(2+x-2(1+x)+x) = 0$.

Die dritte Möglichkeit, daß die quadratische Gleichung keine reellen, sondern ein Paar konjugiert komplexer Nullstellen besitzt, tritt in Beispiel 7 c) auf. In diesem Fall sind e^{2ix} und e^{-2ix} Lösungen der Differentialgleichung $y'' + 4\,y = 0$. Um zu einem Paar reellwertiger Funktionen zu gelangen, werden die Lösungen unter Verwendung der Eulerschen Formel (vgl. Abschnitt 6.10) umgeschrieben:

$$e^{i2x} = \cos 2x + i \sin 2x , \qquad e^{-i2x} = \cos 2x - i \sin 2x.$$

Nun müssen sowohl Realteil als auch Imaginärteil dieser Funktionen die Differentialgleichung erfüllen, damit sich auf der rechten Seite der Gleichung Null ergibt. Also sind

$$y_1 = c_1 \cos 2x \quad \text{und} \quad y_2 = c_2 \sin 2x , \quad c_1, c_2 \in \mathbb{R}$$

die gesuchten Lösungen in diesem Beispiel. Damit erhält man als allgemeine Lösung der homogenen Differentialgleichung

$$y_h = c_1 \cos 2x + c_2 \sin 2x .$$

Die Ergebnisse für die homogene lineare Differentialgleichung 2. Grades mit konstanten Koeffizienten werden in folgendem Satz zusammengefaßt.

Satz 2: Die homogene lineare Differentialgleichung 2. Ordnung

$$y'' + a_1 y' + a_0 y = 0$$

besitzt das charakteristische Polynom

$$\lambda^2 + a_1 \lambda + a_0$$

mit den Nullstellen $\lambda_{1/2} = -\dfrac{a_1}{2} \pm \dfrac{1}{2}\sqrt{a_1^2 - 4\,a_0}$.

Dann lautet die allgemeine Lösung y_h der homogenen Differentialgleichung

$$y_h = c_1 y_1 + c_2 y_2, \quad c_1, c_2 \in \mathbb{R},$$

wobei folgende Fälle zu unterscheiden sind.

1. Fall: $a_1^2 - 4\,a_0 > 0$ (zwei verschiedene reelle Nullstellen λ_1 und λ_2);

$$y_1 = e^{\lambda_1 x}, \quad y_2 = e^{\lambda_2 x}.$$

2. Fall: $a_1^2 - 4\,a_0 = 0$ (eine doppelte reelle Nullstelle $\lambda = -\dfrac{a_1}{2}$);

$$y_1 = e^{\lambda x}, \quad y_2 = x\,e^{\lambda x}.$$

3. Fall: $a_1^2 - 4a_0 < 0$ (zwei konjugiert komplexe Nullstellen)

$\lambda_{1/2} = \alpha \pm i\beta$ mit $\alpha = -\dfrac{a_1}{2}$ und $\beta = \dfrac{1}{2}\sqrt{4a_0 - a_1^2}$;

$y_1 = e^{\alpha x}\cos\beta x$, $y_2 = e^{\alpha x}\sin\beta x$.

Grundlage für die Lösung der homogenen Gleichung n-ten Grades ist das charakteristische Polynom

$$\lambda^n + a_{n-1}\lambda^{n-1} + ... + a_1\lambda + a_0 .$$

Die Lösungen werden ganz analog zum Fall n=2 mit Hilfe der Nullstellen dieses Polynoms aufgebaut. Dabei ist wiederum zu unterscheiden, ob es sich um ein- oder mehrfache reelle Nullstellen oder um Paare konjugiert komplexer Nullstellen handelt.

Satz 3: Gegeben sei die homogene Differentialgleichung

$$y^{(n)} + a_{n-1}y^{(n-1)} + ... + a_1 y' + a_0 y = 0 .$$

Das zugehörige charakteristische Polynom besitze die reellen Nullstellen $\lambda_1, ..., \lambda_k$ mit den Vielfachheiten $n_1, ..., n_k$ und die Paare konjugiert komplexer Nullstellen $\lambda_{k+1} = \alpha_{k+1} \pm i\beta_{k+1}, ..., \lambda_s = \alpha_s \pm i\beta_s$ mit den Vielfachheiten $n_{k+1}, ..., n_s$. Dann lautet die allgemeine Lösung

$$y_h = \sum_{i=1}^{k}\sum_{j=1}^{n_i} c_{ij}x^{j-1}e^{\lambda_i x} + \sum_{i=k+1}^{s}\sum_{j=1}^{n_i} x^{j-1}e^{\alpha_i x}\{d_{ij}\cos\beta_i x + g_{ij}\sin\beta_i x\}$$

mit beliebig wählbaren reellen Konstanten c_{ij}, d_{ij}, g_{ij}.

Beispiel 8: Die Differentialgleichung

$$y^{(6)} + 7y^{(5)} + 21y^{(4)} + 33y^{(3)} + 14y^{(2)} - 36y' - 40y = 0$$

besitzt das charakteristische Polynom

$$P(\lambda) = \lambda^6 + 7\lambda^5 + 21\lambda^4 + 33\lambda^3 + 14\lambda^2 - 36\lambda - 40$$

$$= (\lambda - 1)(\lambda + 2)^3(\lambda^2 + 2\lambda + 5).$$

Aus der Faktorzerlegung des Polynoms lassen sich die Nullstellen direkt ablesen, nämlich die reellen Nullstellen $\lambda_1 = 1$ und $\lambda_2 = -2$ mit den Vielfachheiten $n_1 = 1$ bzw. $n_2 = 3$ und das Paar konjugiert komplexer Nullstellen $\lambda_3 = -1 \pm 2i$ mit der Vielfachheit $n_3 = 1$. Die Summe aller Vielfachheiten muß natürlich den Grad des Polynoms ergeben:

$$n_1 + n_2 + 2\,n_3 = 6.$$

Mit Hilfe von Satz 3 läßt sich nun die allgemeine Lösung der Differentialgleichung unmittelbar angeben:

$$y_h = c_{11}e^x + c_{21}e^{-2x} + c_{22}\,x\,e^{-2x} + c_{23}\,x^2\,e^{-2x} +$$
$$+ e^{-x}\{d_{11}\cos 2x + g_{11}\sin 2x\}.$$

Nachdem die allgemeine Lösung der homogenen Gleichung festgelegt ist, fehlt im Falle einer inhomogenen Differentialgleichung vom Typ

$$y^{(n)} + a_{n-1}\,y^{(n-1)} + \ldots + a_1\,y' + a_0\,y = r(x)$$

nur noch die Bestimmung einer speziellen Lösung der inhomogenen Gleichung. Hierzu gibt es verschiedene Möglichkeiten. Wir beschränken uns hier auf den Fall, daß die rechte Seite, die verschiedentlich auch als Störglied bezeichnet wird, eine Funktion von einem bestimmten Typ ist. Daher nennt man dieses Verfahren auch **Störgliedansatz** oder **Ansatz vom Typ der rechten Seite**. Ist $r(x)$ aus folgenden Funktionstypen additiv oder multiplikativ zusammengesetzt, so kann ein Ansatz vom gleichen Typ gemacht werden:

a) Polynom $b_0 + b_1 x + \ldots + b_m x^m$;

b) Exponentialfunktion $b\,e^{ax}$;

c) Trigonometrische Funktion $b_1 \sin ax + b_2 \cos ax$.

Ein solcher Ansatz ist deshalb möglich, weil der Funktionstyp beim Differenzieren erhalten bleibt.

Beispiel 9:

a) $y'' + 4y' - 5y = 1 + x^2$. Die allgemeine Lösung der homogenen Gleichung lautet (vgl. Beispiel 7):

$$y_h = c_1\,e^x + c_2\,e^{-5x}.$$

Die rechte Seite ist ein Polynom zweiten Grades. Daher wird für die spezielle Lösung der Ansatz

$$y_s = B_0 + B_1 x + B_2 x^2$$

gemacht mit $y_s'' = 2\,B_2$ und $y_s' = B_1 + 2\,B_2 x$. In die Gleichung eingesetzt und nach Potenzen von x sortiert, ergibt sich

$$2\,B_2 + 4\,(B_1 + 2\,B_2 x) - 5\,(B_0 + B_1 x + B_2 x^2) =$$
$$= -5\,B_2 x^2 + (-5\,B_1 + 8\,B_2)\,x - 5\,B_0 + 4\,B_1 + 2\,B_2 = 1 + x^2.$$

Diese Gleichung muß für alle $x \in \mathbb{R}$ erfüllt sein. Daher kann ein Koeffizientenvergleich durchgeführt werden:

x^0: $-5 B_0 + 4 B_1 + 2 B_2 = 1$

x^1: $\qquad -5 B_1 + 8 B_2 = 0$

x^2: $\qquad\qquad -5 B_2 = 1$

Hieraus erhält man $B_2 = -0,2$ $B_1 = -0,32$ $B_0 = -0,536$.
Die allgemeine Lösung lautet dann:

$$y = c_1 e^x + c_2 e^{-5x} - 0,536 - 0,32 x - 0,2 x^2.$$

b)   Wir betrachten die Differentialgleichung aus a) mit der rechten Seite

$r(x) = e^x.$

Der Ansatz lautet dann $y_s = B e^x$ mit $y_s' = y_s'' = y_s$. Dieser führt nun wegen

$$B e^x (1 + 4 - 5) = 0 \neq e^x$$

nicht zum Ziel. In solch einem Fall, wenn wie hier die rechte Seite eine Lösung der homogenen Gleichung darstellt, führt die Multiplikation mit x zu einem neuen Ansatz:

$$y_s = B x e^x \text{ mit } y_s' = B e^x (1 + x), \, y_s'' = B e^x (2 + x).$$

Dieser führt auf

$$B e^x (2 + x + 4(1 + x) - 5x) = 6 B e^x = e^x \Rightarrow B = \frac{1}{6}$$

mit der allgemeinen Lösung

$$y = c_1 e^x + c_2 e^{-5x} + \frac{1}{6} x e^x.$$

Beispiel 10: Betrachtet wird folgendes Modell der Preis- und Güterbestandsänderungen. Der Preis $p(t)$ ändere sich in Abhängigkeit des Bestandes $G(t)$ an Gütern auf einem Markt: $p'(t) = a_1 - a_2 \cdot G(t)$. Die Änderungen im Bestand hängen ab vom Angebot $A = b_1 + b_2 \cdot p(t)$ und der Nachfrage $N = c_1 - c_2 \cdot p(t)$, welche Funktionen des Preises sind:

$$G'(t) = A - N = a_1 - a_2 \cdot G(t) - [b_1 + b_2 \cdot p(t)].$$

Differenziert man $p'(t) = a_1 - a_2 \cdot G(t)$ und löst man nach $G'(t) = -\dfrac{p''(t)}{a_2}$ auf, so erhält man durch Einsetzen die Differentialgleichung

$$-\frac{p''(t)}{a_2} = a_1 - a_2 \cdot G(t) - [b_1 + b_2 \cdot p(t)].$$

Diese inhomogene Gleichung 2. Ordnung läßt sich mit den angegebenen Methoden unmittelbar lösen (vgl. hierzu die Aufgaben).

10.2 Differenzengleichungen

Häufig sind in ökonomischen Anwendungen von einer auf einem Intervall $I \subset \mathbb{R}$ definierten Funktion $y = y(x)$ nur die Werte an Stellen x_k, k=1,2,... in gleichen Abständen bekannt, d.h.

$$x_k = x_0 + k \cdot h, \; x_0 \in I, \; h > 0, \; k = 1,2,\ldots .$$

So werden beispielsweise das Bruttosozialprodukt in Jahresabständen, Preisindices monatlich und Aktienkurse (werk-) täglich festgestellt. Da der Wert des Abstandes h im folgenden keine Rolle spielt, setzen wir

$$y_k = y(x_k) = y(x_0 + k \cdot h).$$

Die Variable x_k wird oft als Zeitparameter interpretiert; deshalb spricht man dann auch von der Periode oder dem Zeitpunkt k. Läßt sich der Wert y_k aus einem oder mehreren Werten der vorangegangenen Perioden bestimmen, so liegt eine *Rekursions-* oder *Differenzengleichung* vor.

Definition 4: Eine Gleichung der Form

$$F(k, y_k, y_{k+1}, y_{k+2}, \ldots, y_{k+n}) = 0, \; k = 1,2,\ldots$$

mit einer bekannten Funktion F von n+2 Variablen, welche die unabhängige Variable k und n+1 aufeinander folgende Werte y_k, y_{k+1}, $y_{k+2}, \ldots, y_{k+n}$ miteinander verknüpft, heißt **Differenzengleichung n-ter Ordnung**.

Eine Folge (y_k), welche diese Gleichung identisch auf $\mathbb{N}$ erfüllt, heißt Lösung der Differenzengleichung.

Beispiel 11: Eine Lösung der Differenzengleichung $y_{k+1} - (k+1) \cdot y_k = 0$ erhält man offensichtlich durch wiederholtes Einsetzen:

$$y_2 = 2y_1, \; y_3 = 3y_2 = 3 \cdot 2 \cdot y_1, \ldots, \; y_k = k \cdot (k-1) \cdot \ldots \cdot 2 \cdot y_1 = k! \cdot y_1.$$

Gibt man für y_1 einen beliebigen Wert vor, so ist die Folge eindeutig festgelegt. Wählt man z.B. den Wert $y_1 = 1$ als Anfangswert, so folgt $y_k = k!$. Ganz allgemein ist $y_k = C \cdot k!$ mit einer beliebigen Konstanten C eine Lösung der Differenzengleichung:

$$y_{k+1} - (k+1) \cdot y_k = C \cdot (k+1)! - (k+1) \cdot C \cdot k! = 0.$$

Durch Vorgabe eines Anfangswertes ist die Lösung dieser Differenzengleichung 1. Ordnung eindeutig bestimmt. Da andererseits durch entsprechende Wahl von C jeder beliebige Startwert dargestellt werden kann, erhält man mit $y_k = C \cdot k!$ auch tatsächlich alle möglichen Lösungen.

Dieses Beispiel deutet schon an, daß es weitgehende Analogien zwischen den Lösungsverfahren bei den Differentialgleichungen und den Differenzengleichungen gibt.

Definition 5: Eine Lösungsfolge der Differenzengleichung n-ter Ordnung $y_k = y_k(c_1, ..., c_n)$, die noch n frei wählbare Konstanten $c_1, ..., c_n$ enthält, heißt **allgemeine Lösung** der Differenzengleichung.

In den von uns ins Auge gefaßten Anwendungen spielen die linearen Differenzengleichungen mit konstanten Koeffizienten eine besondere Rolle.

Definition 6:
a) Eine Differenzengleichung der Form

$$y_{k+n} + a_{n-1} \cdot y_{k+n-1} + \cdots + a_1 \cdot y_{k+1} + a_0 \cdot y_k = b_k$$

mit bekannten Konstanten a_i und einer vorgegebenen Folge b_k heißt **lineare Differenzengleichung n-ter Ordnung mit konstanten Koeffizienten.**

b) Eine Differenzengleichung heißt **homogen**, wenn die Nullfolge $y \equiv 0$ eine Lösung ist, andernfalls nennt man sie **inhomogen**.

Beispiel 12: Für $k \in \mathbb{N}$ werden folgende Differenzengleichungen betrachtet:

a) $y_{k+1} - (k+1) y_k = 0$, $y_1 = 1$ (s. Bsp. 10);

b) $y_{k+2} = y_{k+1} + y_k$, $y_1 = 1$, $y_2 = 1$ (Fibonacci-Folge);

c) $y_{k+1} - 3 y_k - 5^k + 4 = 0$;

d) $y_{k+1} \cdot (e^{y_k} - 2 y_k) = e^{y_k}(y_k - 1) - y_k^2$;

e) $y_{k+3} = \frac{1}{3}(y_{k+2} + y_{k+1} + y_k)$;

f) $y_{k+1} + a y_k = b$, $a, b \in \mathbb{R}$.

Bis auf d) sind alle Differenzengleichungen linear, wobei b), c), e) und f) konstante Koeffizienten aufweisen. Die Differenzengleichungen a), b) und e) sind homogen.

Wie bei den linearen Differentialgleichungen setzt sich die Lösung linearer Differenzengleichungen mit konstanten Koeffizienten

$$y_{k+n} + a_{n-1} \cdot y_{k+n-1} + \cdots + a_1 \cdot y_{k+1} + a_0 \cdot y_k = r_k$$

zusammen aus einer speziellen Lösung y^s der inhomogenen Gleichung und der allgemeinen Lösung y^h der homogenen Gleichung

$$y_{k+n} + a_{n-1} \cdot y_{k+n-1} + \cdots + a_1 \cdot y_{k+1} + a_0 \cdot y_k = 0.$$

Die allgemeine Lösung der inhomogenen linearen Differenzengleichung

$$y_{k+n} + a_{n-1} \cdot y_{k+n-1} + \dots + a_1 \cdot y_{k+1} + a_0 \cdot y_k = r_k$$

ist gegeben durch

$$y_k = y_k^h + y_k^s$$

Dabei ist
y^h die allgemeine Lösung der homogenen Gleichung und
y^s eine spezielle Lösung der inhomogenen Gleichung.

Beispiel 13: Am Beispiel 12 c) der Differenzengleichung

$$y_{k+1} - 3 y_k = 5^k - 4$$

soll dies demonstriert werden. Die homogene Gleichung

$$y_{k+1} - 3 y_k = 0$$

besitzt die allgemeine Lösung $y_k^h = c \cdot 3^k$ mit einer beliebigen Konstanten $c \in \mathbb{R}$, wie sich leicht durch Einsetzen nachprüfen läßt:

$$c \cdot 3^{k+1} - 3 c \cdot 3^k = c\,(3^{k+1} - 3^{k+1}) = 0.$$

Andererseits läßt sich offenbar jede Lösungsfolge der homogenen Gleichung in der Form $c \cdot 3^k$ darstellen, da die Folge durch Vorgabe eines Anfangswertes y_1^h eindeutig festgelegt ist

$$y_2^h = 3 y_1^h,\ y_3^h = 3 y_2^h = 3^2 y_1^h,\ y_4^h = 3^3 y_1^h,\ \dots$$

und mit $c = \frac{1}{3} y_1^h$ die angegebene Form besitzt. Weiter ist

$$y_k^s = \tfrac{1}{2} 5^k + 2$$

eine spezielle Lösung der inhomogenen Gleichung:

$$\tfrac{1}{2} 5^{k+1} + 2 - 3\,(\tfrac{1}{2} 5^k + 2) = 5^k\,(\tfrac{5}{2} - \tfrac{3}{2}) + 2 - 6 = 5^k - 4.$$

Demnach ist die allgemeine Lösung der inhomogenen Gleichung gegeben durch

$$y_k = c \cdot 3^k + \tfrac{1}{2} 5^k + 2.$$

10.2.1 Homogene lineare Differenzengleichungen 1. und 2. Ordnung mit konstanten Koeffizienten

Um allgemeine Lösungen inhomogener Gleichungen zu erhalten, müssen wie im vorhergehenden Abschnitt erläutert, die allgemeinen Lösungen der zugehörigen homogenen Gleichungen bestimmt werden.

Für den Fall einer homogenen Differenzengleichung 1. Ordnung

$$y_{k+1} - a\,y_k = 0 \text{ mit } a \in \mathbb{R}$$

kann das Beispiel 13 unmittelbar verallgemeinert werden. Ausgehend von einem Startwert y_1 erhält man die Folge

$$y_2 = a\,y_1, \, y_3 = a\,y_2 = a^2\,y_1, \, y_4 = a^3\,y_1, \, ...$$

Die allgemeine Lösung ist $y_k = c \cdot a^k$ mit einer beliebigen reellen Konstanten c, wie man durch Einsetzen wiederum bestätigen kann:

$$c \cdot a^{k+1} - a\,c \cdot a^k = c \cdot (a\,a^k - a\,a^k) = 0.$$

Beispiel 14: Der Kontostand zu Beginn des Jahres k werde mit K_k bezeichnet. Bei einem nominellen Jahreszins von p % ist der Kontostand dann zu Beginn des Jahres $k + 1$:

$$K_{k+1} = K_k \cdot q \text{ mit } q = (1 + \tfrac{p}{100}).$$

Die homogene Differenzengleichung $K_{k+1} - q \cdot K_k = 0$ hat die allgemeine Lösung $K_k = c \cdot q^k$. Ist der Kontostand K_1 zu Beginn des ersten Jahres bekannt, so läßt sich aus $K_1 = c \cdot q$ die freie Konstante c zu $c = \tfrac{1}{q}K_1$ bestimmen, und man erhält die bekannte finanzmathematische Formel

$$K_k = K_1 \cdot q^{k-1}.$$

Zur Lösung der homogenen Differenzengleichung 2. Ordnung

$$y_{k+2} + a_1\,y_{k+1} + a_0\,y_k = 0$$

wird man analog zum Lösungsverfahren für Gleichungen 1. Ordnung einen Potenzansatz der Form

$$y_k = \lambda^k$$

mit einer noch unbekannten reellen Konstanten λ machen. Einsetzen in die Differenzengleichung führt auf

$$\lambda^{k+2} + a_1\,\lambda^{k+1} + a_0\,\lambda^k = 0 \text{ bzw. auf}$$

$$\lambda^k(\lambda^2 + a_1\,\lambda + a_0) = 0.$$

Läßt man die unmittelbar erkennbare Lösung $\lambda = 0$ außer Betracht, so ist diese Gleichung nur dann erfüllt, wenn λ eine Nullstelle des sogenannten **charakteristischen Polynoms** $\lambda^2 + a_1\,\lambda + a_0$ ist. Die hinsichtlich der Nullstellen notwendigen Fallunterscheidungen sollen zunächst an einem Beispiel demonstriert werden. Dabei verfährt man wie bei der Lösung entsprechender Differentialgleichungen (vgl. Beispiel 7).

Beispiel 15: Zu folgenden drei Differenzengleichungen werden jeweils die charakteristischen Polynome mit den zugehörigen Nullstellen angegeben.

a) $y_{k+2} + 4y_{k+1} - 5y_k = 0$; $\lambda^2 + 4\lambda - 5 = 0 \Rightarrow \lambda_1 = 1, \lambda_2 = -5$;

b) $y_{k+2} - 2y_{k+1} + y_k = 0$; $\lambda^2 - 2\lambda + 1 = 0 \Rightarrow \lambda_{1/2} = 1$;

c) $y_{k+2} + 4y_k = 0$; $\lambda^2 + 4 = 0 \Rightarrow \lambda_1 = 2i = 2\sqrt{-1}, \lambda_2 = -2i$

(vgl. komplexe Zahlen in Abschnitt 2.6).

In a) sind $\lambda_1^k = 1^k$ und $\lambda_2^k = (-5)^k$ Lösungsfolgen. Damit ist auch

$$y_k = c_1 \lambda_1^k + c_2 \lambda_2^k = c_1 1^k + c_2 (-5)^k = c_1 + c_2 (-5)^k$$

mit beliebigen reellen Konstanten c_1 und c_2 Lösung der Differenzengleichung. Daß sich jede Lösung in dieser Form darstellen lassen muß, erkennt man analog zu Beispiel 13 folgendermaßen. Durch Vorgabe zweier Anfangsglieder y_1 und y_2 ist die Folge offensichtlich vollständig festgelegt. Wählt man die Konstanten c_1 und c_2 nun so, daß $y_1 = c_1 + c_2 (-5)$ und $y_2 = c_1 + c_2 (-5)^2$ gilt, ist die eindeutig festgelegte Folge vom Typ

$$y_k = c_1 1^k + c_2 (-5)^k.$$

Daher muß jede Lösungsfolge von dieser Gestalt sein. Besitzt also das charakteristische Polynom zwei verschiedene reelle Nullstellen λ_1 und λ_2, so ist die allgemeine Lösung der homogenen Gleichung gegeben durch

$$y_k^h = c_1 \lambda_1^k + c_2 \lambda_2^k, \quad c_1, c_2 \in \mathbb{R}.$$

In b) tritt eine doppelte Nullstelle des charakteristischen Polynoms auf. Daher liegt zunächst nur die Lösung 1^k vor. Im Falle einer doppelten Nullstelle λ_1 ist mit λ_1^k auch immer $k \cdot \lambda_1^k$ eine Lösung, so daß die allgemeine Lösung

$$y_k = c_1 1^k + c_2 k \cdot 1^k = c_1 + c_2 k, \quad c_1, c_2 \in \mathbb{R}$$

lautet.

In c) schließlich tritt der noch verbleibende Fall ein, daß das charakteristische Polynom ein Paar konjugiert komplexer Nullstellen besitzt. Damit erhält man zunächst die komplexen Lösungsfolgen $(2i)^k$ und $(-2i)^k$. Um eine reelle Darstellung zu erhalten, werden die komplexen Zahlen $2i$ und $-2i$ in Polarkoordinaten dargestellt (vgl. Abschnitt 2.6):

$$\pm 2i = 2 \cdot (\cos \varphi \pm i \sin \varphi) \Rightarrow \sin \varphi = 1.$$

Wendet man die Formel von A. Moivre (Abschnitt 2.6) an, so erhält man

$$(\pm 2i)^k = 2^k \cdot (\cos k\varphi \pm \sin k\varphi).$$

Da sowohl Realteil als auch Imaginärteil dieser Folgen der Differenzengleichung genügen müssen, sind $c_1 2^k \cos k\varphi$ und $c_2 2^k \sin k\varphi$ die gesuchten reellen Lösungsfolgen. Daraus ergibt sich wegen $\sin \varphi = 1$, also $\varphi = \frac{\pi}{2}$ im

Bogenmaß, die allgemeine Lösung

$$y_k = 2^k \cdot (c_1 \cdot \cos k\frac{\pi}{2} + c_2 \cdot \sin k\frac{\pi}{2}).$$

Die an diesen drei Beispielen demonstrierten Ergebnisse werden in folgendem Satz zusammengefaßt.

Satz 4: Die homogene lineare Differenzengleichung 2. Ordnung

$$y_{k+2} + a_1 y_{k+1} + a_0 y_k = 0$$

besitzt das charakteristische Polynom

$$\lambda^2 + a_1 \lambda + a_0$$

mit den Nullstellen $\lambda_{1/2} = -\dfrac{a_1}{2} \pm \dfrac{1}{2}\sqrt{a_1^2 - 4 a_0}$.

Dann lautet die allgemeine Lösung y_k der homogenen Differenzengleichung

$$y_k = c_1 y_k^{(1)} + c_2 y_k^{(2)}, \quad c_1, c_2 \in \mathbb{R},$$

wobei folgende Fälle zu unterscheiden sind.

1. Fall: $a_1^2 - 4 a_0 > 0$ (zwei verschiedene reelle Nullstellen λ_1 und λ_2);
$$y_k^{(1)} = \lambda_1^k, \quad y_k^{(2)} = \lambda_2^k.$$

2. Fall: $a_1^2 - 4 a_0 = 0$ (eine doppelte reelle Nullstelle $\lambda = -\dfrac{a_1}{2}$);
$$y_k^{(1)} = \lambda^k, \quad y_k^{(2)} = k\lambda^k.$$

3. Fall: $a_1^2 - 4 a_0 < 0$ (zwei konjugiert komplexe Nullstellen)
$$\lambda_{1/2} = r \cdot (\cos\varphi \pm i\sin\varphi) \text{ mit } r = \sqrt{a_0} \text{ und}$$
$$\cos\varphi = -\frac{a_1}{2\sqrt{a_0}}, \ 0 \le \varphi \le \pi, \ \varphi = \arccos\left(-\frac{a_1}{2\sqrt{a_0}}\right);$$
$$y_k^{(1)} = r^k \cdot \cos k\varphi, \quad y_k^{(2)} = r^k \cdot \sin k\varphi.$$

10.2.2 Lineare Differenzengleichungen n-ter Ordnung mit konstanten Koeffizienten

Zunächst soll die Lösung der homogenen Gleichung n-ter Ordnung

$$y_{k+n} + a_{n-1} \cdot y_{k+n-1} + \ldots + a_1 \cdot y_{k+1} + a_0 \cdot y_k = 0$$

als Verallgemeinerung des Falles $n = 2$ angegeben werden. Dabei werden die Lösungsfolgen wiederum aus den Nullstellen des charakteristischen Polynoms

$$\lambda^n + a_{n-1}\lambda^{n-1} + \ldots + a_1\lambda + a_0$$

gebildet, wobei zwischen reellen und Paaren konjugiert komplexer Nullstellen zu unterscheiden ist.

Satz 5: Gegeben sei die homogene Differenzengleichung

$$y_{k+n} + a_{n-1} \cdot y_{k+n-1} + \ldots + a_1 \cdot y_{k+1} + a_0 \cdot y_k = 0.$$

Das zugehörige charakteristische Polynom besitze die reellen Nullstellen $\lambda_1, \ldots, \lambda_m$ mit den Vielfachheiten $n_1, \ldots, n_m$ und die Paare konjugiert komplexer Nullstellen

$$\lambda_{m+1} = r_{m+1} \cdot (\cos\varphi_{m+1} \pm i\sin\varphi_{m+1}), \ldots, \lambda_s = r_s \cdot (\cos\varphi_s \pm i\sin\varphi_s)$$

mit den Vielfachheiten $n_{m+1}, \ldots, n_s$. Dann lautet die allgemeine Lösung

$$y_k^h = \sum_{i=1}^{m}\sum_{j=1}^{n_i} c_{ij} k^{j-1}\lambda_i^k + \sum_{i=m+1}^{s}\sum_{j=1}^{n_i} k^{j-1} r_i^k \{d_{ij}\cos k\varphi_i + g_{ij}\sin k\varphi_i\}$$

mit beliebig wählbaren reellen Konstanten c_{ij}, d_{ij}, g_{ij}.

Bemerkung: Dies ist die allgemeine Lösung der homogenen Differenzengleichung, in der noch frei wählbare Konstanten auftreten. Sind n Anfangswerte $y_1, \ldots, y_n$ vorgegeben, so ist die Lösungsfolge eindeutig bestimmt, und die freien Konstanten c_{ij}, d_{ij}, g_{ij} lassen sich dann aus den Anfangswerten berechnen. Natürlich stimmt die Anzahl n der zu bestimmenden Konstanten mit der Anzahl der Anfangswerte überein, was formal darin begründet ist, daß die Summe aller Vielfachheiten $n_1 + \ldots + n_m + 2 \cdot (n_{m+1} + \ldots + n_s) = n$ den Grad der Differenzengleichung ergibt.

Beispiel 16: Die Differenzengleichung

$$y_{k+5} - 5y_{k+4} + 8y_{k+3} - 2y_{k+2} - 8y_{k+1} + 8y_k = 0$$

besitzt das charakteristische Polynom

$$P(\lambda) = \lambda^5 - 5\lambda^4 + 8\lambda^3 - 2\lambda^2 - 8\lambda + 8$$

$$= (\lambda+1)(\lambda-2)^2(\lambda^2 - 2\lambda + 2),$$

Aus der Faktorzerlegung des Polynoms lassen sich wieder die Nullstellen direkt ablesen, nämlich die reellen Nullstellen $\lambda_1 = -1$ und $\lambda_2 = 2$ mit den Vielfachheiten $n_1 = 1$ bzw. $n_2 = 2$ und das Paar konjugiert komplexer

Nullstellen $\lambda_3 = 1 \pm i$ mit der Vielfachheit $n_3 = 1$. Mit der Polarkoordinatendarstellung $\lambda_3 = \sqrt{2}\,(\cos\frac{\pi}{4} \pm i\sin\frac{\pi}{4})$ ergibt sich für die allgemeine Lösung der Differenzengleichung nach Satz 5:

$$y_k^h = c_{11}(-1)^k + c_{21}2^k + c_{22}\,k\,2^k + (\sqrt{2})^k\{d_{11}\cos k\tfrac{\pi}{4} + g_{11}\sin k\tfrac{\pi}{4}\}.$$

Wie bei der Behandlung der Differentialgleichungen soll neben der allgemeinen Lösung der homogenen Gleichung auch eine spezielle Lösung für einige Typen inhomogener linearer Differenzengleichungen

$$y_{k+n} + a_{n-1} \cdot y_{k+n-1} + \dots + a_1 \cdot y_{k+1} + a_0 \cdot y_k = r_k$$

bestimmt werden. Dazu wird wiederum ein **Ansatz vom Typ der rechten Seite** gemacht. Dies ist möglich, wenn die Folge r_k von einem der folgenden Typen ist oder aus ihnen additiv oder multiplikativ zusammengesetzt ist:

a) Polynom $b_0 + b_1k + b_2k^2 + \dots + b_mk^m$, $b_0, b_1, \dots, b_m \in \mathbb{R}$;

b) Potenzfolge $b\,a^k$, $a, b \in \mathbb{R}$;

c) Trigonometrische Funktion $b_1\sin(a\,k) + b_2\cos(a\,k)$, $a, b_1, b_2 \in \mathbb{R}$.

Diese Funktionstypen haben die Eigenschaft, daß beim Bilden von Linearkombinationen der Typ erhalten bleibt. Daher führt ein solcher Ansatz vom Typ der rechten Seite oft zu einer speziellen Lösung der inhomogenen Differenzengleichung.

Beispiel 17:

a) $y_{k+2} + 4y_k = 5k$; Die allgemeine Lösung der homogenen Gleichung lautet (vgl. Beispiel 15 c):

$$y_k = 2^k \cdot (c_1 \cdot \cos k\tfrac{\pi}{2} + c_2 \cdot \sin k\tfrac{\pi}{2}).$$

Die rechte Seite ist ein Polynom ersten Grades. Daher wird für die spezielle Lösung der Ansatz

$$y_k^s = B_0 + B_1k$$

gemacht mit $y_{k+2}^s = B_0 + B_1(k+2) = B_0 + 2B_1 + B_1k$. In die Gleichung eingesetzt und nach Potenzen von k sortiert, ergibt sich

$$B_0 + B_1(k+2) + 4(B_0 + B_1k) = 5B_0 + 2B_1 + 5B_1k = 5k.$$

Diese Gleichung muß für alle $k \in \mathbb{N}$ erfüllt sein. Daher kann ein Koeffizientenvergleich durchgeführt werden:

k^0: $5\,B_0 + 2\,B_1 = 0$

k^1: $5\,B_1 = 5$

Hieraus erhält man sofort $B_1 = 1$ und $B_0 = -\frac{2}{5} = -0,4$ und damit die allgemeine Lösung:

$$y_k = 2^k \cdot (c_1 \cdot \cos k\tfrac{\pi}{2} + c_2 \cdot \sin k\tfrac{\pi}{2}) - 0,4 + k$$

b) Bleiben wir bei der Differenzengleichung aus a) und ändern die rechte Seite

$$r_k = 26 \cdot 3^k.$$

Der Ansatz für die spezielle Lösung lautet nun $y_k^s = B \cdot 3^k$. In die Gleichung eingesetzt ergibt sich

$$B\,3^{k+2} + 4\,B\,3^k = B\,9 \cdot 3^k + 4\,B\,3^k = 13\,B\,3^k = 26 \cdot 3^k.$$

Dies führt auf $B = 2$ und die allgemeine Lösung

$$y_k = 2^k \cdot (c_1 \cdot \cos k\tfrac{\pi}{2} + c_2 \cdot \sin k\tfrac{\pi}{2}) + 2 \cdot 3^k.$$

Sind zu der Differenzengleichung

$$y_{k+2} + 4\,y_k = 26 \cdot 3^k$$

noch zwei Anfangswerte $y_1 = 0$ und $y_2 = 2$ vorgegeben, so ist die Folge eindeutig bestimmt und die Lösung für diese Anfangswerte kann aus der allgemeinen Lösung gewonnen werden:

$$y_1 = 2 \cdot (c_1 \cdot \cos \tfrac{\pi}{2} + c_2 \cdot \sin \tfrac{\pi}{2}) + 2 \cdot 3 = 2\,c_2 + 6 = 0$$

$$y_2 = 2^2 \cdot (c_1 \cdot \cos 2\tfrac{\pi}{2} + c_2 \cdot \sin 2\tfrac{\pi}{2}) + 2 \cdot 3^2 = -4\,c_1 + 18 = 2.$$

Man erhält $c_1 = 4$ und $c_2 = -3$ und damit die Lösung der Differenzengleichung zu den vorgegebenen Anfangswerten

$$y_k = 2^k \cdot (4 \cdot \cos k\tfrac{\pi}{2} - 3 \cdot \sin k\tfrac{\pi}{2}) + 2 \cdot 3^k.$$

Natürlich kann man, ausgehend von den Anfangswerten, die Folgenglieder sukzessiv berechnen:

$$y_1 = 0$$

$$y_2 = 2$$

$$y_3 = 26 \cdot 3^1 - 4\,y_1 = 78$$

$$y_4 = 26 \cdot 3^2 - 4\,y_2 = 226$$

$$y_5 = 26 \cdot 3^3 - 4\,y_3 = 390$$

...

Der Vorteil der geschlossenen Lösung liegt darin, daß y_k auch für größere Werte k unmittelbar in geschlossener Form angegeben werden kann und daß dafür nur vergleichsweise wenige Rechenoperationen durchgeführt werden müssen. Beispielsweise sind

$$y_{10} = 2^{10}(4(-1)+0) + 2 \cdot 3^{10} = 114\,002 \quad \text{und}$$

$$y_{20} = 2^{20}(4+0) + 2 \cdot 3^{20} = 3\,490\,978\,705 \,.$$

10.2.3 Anwendungsbeispiele

Einige Beispiele aus unterschiedlichen Bereichen sollen zeigen, wie vielfältig das Instrument der Differenzengleichungen eingesetzt werden kann.

1. Das Spinnweb-Modell (Cobweb-Modell, vgl. Beispiel 2): Dieses Modell beschreibt die adaptive Anpassung der Angebotsmenge eines Gutes und des Preises an die Marktbedingungen unter idealisierten Annahmen. Es sei noch einmal an die Bezeichnungen und die Modellannahmen aus dem Beispiel 2 erinnert:

$A(t)$ Angebotsmenge in Periode t,
$N(t)$ Nachfragemenge in Periode t,
$p(t)$ Preis je Mengeneinheit in Periode t.

1. $A(t) = N(t)$. Die Angebotsmenge wird vollständig abgesetzt (Gleichgewichts- oder Markträumungsbedingung).
2. $A(t) = \alpha_1 \cdot p(t-1) - \alpha_2$, $\alpha_1, \alpha_2 > 0$. Der Produzent plant die Angebotsmenge für die folgende Periode in Abhängigkeit des gegenwärtigen Preises.
3. $N(t) = \beta_1 - \beta_2 \cdot p(t)$, $\beta_1, \beta_2 > 0$. Die Nachfragemenge hängt linear vom Preis ab.

Gleichsetzen der Ausdrücke für $A(t)$ und $N(t)$ ergibt

$$\beta_2 \cdot p(t) + \alpha_1 \cdot p(t-1) = \beta_2 + \alpha_2 \,.$$

Es handelt sich also um eine lineare Differenzengleichung 1. Ordnung mit konstanten Koeffizienten. Numeriert man die Perioden mit dem Index k und setzt man $y_k = p(t-1)$, so erhält man die Differenzengleichung nach Division durch β_2 in der bisher benutzten Notation

$$y_{k+1} + \frac{\alpha_1}{\beta_2} \cdot y_k = 1 + \frac{\alpha_2}{\beta_2} \,.$$

Zur Lösung der homogenen Gleichung wird der Ansatz $y_k^h = \lambda^k$ gemacht, der auf das charakteristische Polynom

$$\lambda - \frac{\alpha_1}{\beta_2}$$

und damit auf die allgemeine Lösung der homogenen Gleichung führt:

$$y_k^h = c \cdot \left(-\frac{\alpha_1}{\beta_2}\right)^k, \ c \in \mathbb{R}.$$

Für die spezielle Lösung macht man den Ansatz

$$y_k^s = B$$

und setzt ihn in die Gleichung ein:

$$B + \frac{\alpha_1}{\beta_2} \cdot B = 1 + \frac{\alpha_2}{\beta_2} \Rightarrow B = \frac{1 + \dfrac{\alpha_2}{\beta_2}}{1 + \dfrac{\alpha_1}{\beta_2}} = \frac{\beta_2 + \alpha_2}{\beta_2 + \alpha_1}.$$

Die allgemeine Lösung lautet demnach

$$y_k = c \cdot \left(-\frac{\alpha_1}{\beta_2}\right)^k + \frac{\beta_2 + \alpha_2}{\beta_2 + \alpha_1} = c \cdot q^k + B, \ q = -\frac{\alpha_1}{\beta_2}.$$

Ist ein Startwert y_1 vorgegeben, so läßt sich die Konstante c bestimmen:

$$y_1 = c \cdot q + B \Rightarrow c = \frac{1}{q}(y_1 - B).$$

Die durch den Startwert y_1 bestimmte Lösungsfolge

$$y_k = (y_1 - B) \cdot q^{k-1} + B$$

bestimmt die Preise in den Perioden $k = 1,2,...$ in Abhängigkeit von den Konstanten α_1, α_2, β_1 und β_2 und dem Ausgangspreis y_1. Ist $|q| < 1$, also

$\alpha_1 < \beta_2$, so konvergiert die Folge gegen den Gleichgewichtspreis

$$\lim_{k \to \infty} y_k = y^* = B.$$

Startet man mit diesem Gleichgewichtspreis, so ist die Folge konstant:

$$y_1 = B \Rightarrow B = y_2 = y_3 = ...$$

2. Die Summenformel: Dieses Anwendungsbeispiel zeigt, wie eine komplizierte Folge mit Hilfe einer Darstellung als Differenzengleichung einfacher dargestellt werden kann. Berechnet werden soll die Summe

$$S_k = \sum_{i=1}^{k} g(i), \ k = 1,2,...,$$

wobei $g(i)$ zunächst eine beliebige Folge ist. Später wollen wir spezielle Summen berechnen, z. B. die Summe der ersten k Quadratzahlen; dafür ist dann $g(i) = i^2$ zu setzen. Die Summenfolge S_k genügt offensichtlich der Differenzengleichung

$$S_{k+1} - S_k = g(k+1).$$

Die allgemeine Lösung der homogenen Gleichung ist dann konstant

$$S_k^h = c, \ c \in \mathbb{R}.$$

Für eine spezielle Lösung muß eine bestimmte Folge $g(i)$ festgelegt werden.

a) Wir wählen zunächst $g(i) = i^2$. Die rechte Seite der Differenzengleichung r_k hat dann die Form $r_k = (k+1)^2 = 1 + 2k + k^2$. Der zugehörige Ansatz vom Typ der rechten Seite lautet:

$$S_k^s = B_0 + B_1 k + B_2 k^2.$$

Setzt man diesen Ausdruck in die Differenzengleichung ein, erhält man

$$B_1 + B_2 + 2B_2 k = 1 + 2k + k^2,$$

und es zeigt sich, daß dieser Ansatz nicht zum Erfolg führt, da diese Gleichung nicht für alle Werte von k erfüllt sein kann, wie man die Konstanten auch wählt. Das liegt darin, daß der konstante Anteil B_0 schon Lösung der homogenen Gleichung ist und nach dem Einsetzen gar nicht mehr auftritt; damit reduziert sich der Grad des Polynoms auf der linken Seite. In solchen Fällen wird der Ansatz mit k multipliziert:

$$S_k^s = B_0 k + B_1 k^2 + B_2 k^3.$$

Einsetzen ergibt

$$\begin{aligned}
S_{k+1}^s - S_k^s &= B_0(k+1) + B_1(k+1)^2 + B_2(k+1)^3 - \{B_0 k + B_1 k^2 + B_2 k^3\} \\
&= B_0 + B_1 + B_2 + (2B_1 + 3B_2)\,k + 3B_2 k^2 \\
&= 1 + 2k + k^2.
\end{aligned}$$

Ein Koeffizientenvergleich liefert die Gleichungen

k^0: $B_0 + B_1 + B_2 = 1$

k^1: $\quad 2B_1 + 3B_2 = 2$

k^2: $\quad\quad 3B_2 = 1,$

aus denen die Konstanten unmittelbar bestimmt werden können:

$B_2 = \frac{1}{3} \quad B_1 = \frac{1}{2} \quad B_0 = \frac{1}{6}.$

Damit haben wir die allgemeine Lösung bestimmt

$$S_k = c + \left(\tfrac{1}{6} + \tfrac{1}{2}k + \tfrac{1}{3}k^2\right)k.$$

Setzt man noch die Anfangsbedingung $S_1 = g(1) = 1$ ein, so ergibt sich

$$S_1 = 1 = c + 1 \Rightarrow c = 0,$$

und man erhält die bekannte Summenformel für die ersten k Quadratzahlen:

$$S_k = 1^2 + 2^2 + \ldots + k^2 = \tfrac{1}{6}(1 + 3k + 2k^2)\,k = \tfrac{1}{6}k\,(k+1)\,(2k+1).$$

b) Es soll nun noch die Summe

$$S_k = 1 \cdot 2^1 + 2 \cdot 2^2 + 3 \cdot 2^3 + \ldots + k \cdot 2^k = \sum_{i=1}^{k} 1 \cdot 2^i$$

berechnet werden. Die Differenzengleichung ist also vom gleichen Typ wie die unter a) mit der neuen rechten Seite $g(k+1) = (k+1)\,2^{k+1}$. Die homo gene Lösung ist wiederum die konstante Folge

$$S_k^h = c \, , \; c \in \mathbb{R}.$$

Für die spezielle Lösung wird der Ansatz vom Typ der rechten Seite gemacht:

$$S_k^s = (B_0 + B_1 k)\, 2^k.$$

Setzt man diesen Ausdruck in die Differenzengleichung ein, erhält man

$$\begin{aligned}
S_{k+1}^s - S_k^s &= (B_0 + B_1(k+1))\, 2^{k+1} - (B_0 + B_1 k)\, 2^k \\
&= 2^{k+1}\,(\tfrac{1}{2}B_0 + B_1 + \tfrac{1}{2}B_1 k)\,. \\
&= 2^{k+1}\,(k+1)
\end{aligned}$$

Ein Koeffizientenvergleich ergibt

$$k^0: \quad \tfrac{1}{2}B_0 + B_1 = 1$$

$$k^1: \quad \tfrac{1}{2}B_1 = 1 \quad \Rightarrow \quad B_1 = 2 \quad B_0 = -2$$

Die allgemeine Lösung ist also

$$S_k = c + (-2 + 2\,k)\, 2^k.$$

Aus $S_1 = 2 = c + (-2 + 2)2^1$ ergibt sich $c = 2$ und damit die Summenfor mel

$$S_k = 1 \cdot 2^1 + 2 \cdot 2^2 + 3 \cdot 2^3 + \ldots + k \cdot 2^k = 2 + (k-1)\, 2^{k+1},$$

deren Gültigkeit Sie für einige Werte k überprüfen sollten.

3. Die Kochsche Schneeflockenkurve: Begriffe wie Fraktale, Chaos und Katastrophentheorie sind in jüngster Zeit auch einem breiteren Publikum bekannt geworden, nicht zuletzt wegen der schönen Computergrafiken und der Möglichkeit, diese Muster selbst mit geeigneten Programmen auf einem PC zu erzeugen. Hier ist nicht der Raum die mathematischen Hintergründe im Detail zu untersuchen. Es soll hier nur an einem Beispiel der Zusammenhang zur Theorie der Differenzengleichungen dargestellt werden. Ausgangspunkt war für B. Mandelbrot in einem Artikel für die Zeitschrift *Science* 1967 die Frage: Wie lang ist die Küste von Großbritannien? Diese Frage läßt sich nicht eindeutig beantworten. Approximiert man die Küstenlinie durch einen Streckenzug, dann hängt die Beantwortung der Frage natürlich stark vom gewählten Maßstab ab. Auf einer Satellitenaufnahme wird man nicht soviele Einzelheiten (Buchten und Halbinseln) erkennen wie auf einer Atlaskarte. Legt man eine Wanderkarte zugrunde oder geht man die Strecke zu Fuß ab, so werden sich noch größere Werte für die Länge der Küste ergeben.

Ein mathematisch idealisiertes Analogon liefert die Kochsche Schneeflockenkurve, die von H. von Koch 1904 analysiert wurde. Ausgegangen
wird von einem gleichseitigen Dreieck der Kantenlänge 1 (s. Fig. a). Bei
der ersten (Maßstabs-) Änderung wird auf dem mittleren Drittel jeder
Kante ein gleichseitiges Dreieck aufgesetzt (Fig. b). Von Schritt zu Schritt
wird auf diese Weise fortgefahren und jeweils auf dem mittleren Drittel ein
gleichseitiges Dreieck aufgesetzt. Die Figuren c) und d) zeigen die dritte
bzw. fünfte Iteration.

Figur a)

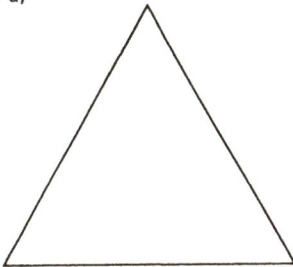

Figur b)

Figur c)

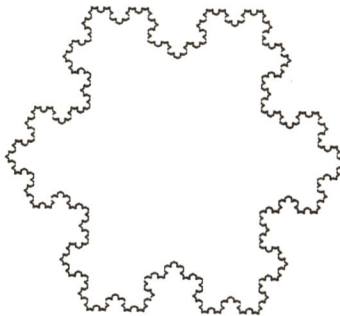

Unmittelbar erkennt man die Rekursionsgleichungen (Differenzengleichungen 1. Ordnung) beim Übergang vom k-ten zum (k+1)-ten Schritt für

die Anzahl der Kanten: $A_{k+1} = 4 A_k$, $A_1 = 3$;

die Kantenlänge: $L_{k+1} = \frac{1}{3} L_k$, $L_1 = 1$;

den Umfang: $U_{k+1} = A_{k+1} \cdot L_{k+1} = \frac{4}{3} U_k$, $U_1 = 3$.

Dies sind homogene Differenzengleichungen 1. Ordnung mit den Lösungen

$$A_k = 3 \cdot 4^{k-1}, \ L_k = \left(\frac{1}{3}\right)^{k-1}, \ U_k = 3 \cdot \left(\frac{4}{3}\right)^{k-1}, \ k = 1, 2, \ldots$$

Um für den Flächeninhalt eine Rekursionsbeziehung zu erhalten, ist zu berücksichtigen, daß ein gleichseitiges Dreieck mit der Kantenlänge L die Fläch $L^2 \cdot \frac{1}{4}\sqrt{3}$ besitzt. Da beim Übergang von Schritt k nach k+1 A_k Dreiecke mit der Seitenlänge $\frac{1}{3}L_k$ hinzukommen, gilt

$$F_{k+1} = F_k + A_k \cdot (\tfrac{1}{3}L_k)^2 \cdot \tfrac{1}{4}\sqrt{3} \,, \quad F_1 = \tfrac{1}{4}\sqrt{3}.$$

Ein entsprechender Zusammenhang ergibt sich für den Übergang von k+1 nach k+2:

$$F_{k+2} = F_{k+1} + A_{k+1} \cdot (\tfrac{1}{3}L_{k+1})^2 \cdot \tfrac{1}{4}\sqrt{3} = F_{k+1} + \tfrac{4}{9}\{A_k \cdot (\tfrac{1}{3}L_k)^2 \cdot \tfrac{1}{4}\sqrt{3}\}.$$

Für den Ausdruck in den geschweiften Klammern kann $F_{k+1} - F_k$ eingesetzt werden. Man erhält damit die homogene Differenzengleichung 2. Ordnung:

$$F_{k+2} = F_{k+1} + \tfrac{4}{9}\{F_{k+1} - F_k\}.$$

Durch Umstellen ergibt sich die Gleichung

$$F_{k+2} - \tfrac{13}{9}F_{k+1} + \tfrac{4}{9}F_k = 0,$$

deren charakteristisches Polynom $\lambda^2 - \frac{13}{9}\lambda + \frac{4}{9}$ die Nullstellen

$$\lambda_1 = 1 \text{ und } \lambda_2 = \tfrac{4}{9}$$

besitzt. Die Konstanten c_1 und c_2 in der allgemeinen Lösung

$$F_k = c_1 \cdot 1^k + c_2 \cdot (\tfrac{4}{9})^k, \ k = 1, 2, \ldots$$

können aus den Anfangswerten

$$F_1 = \tfrac{1}{4}\sqrt{3} = c_1 + c_2 \cdot \tfrac{4}{9}, \quad F_2 = \tfrac{1}{3}\sqrt{3} = c_1 + c_2 \cdot (\tfrac{4}{9})^2$$

bestimmt werden:

$$c_1 = \tfrac{1}{4}\sqrt{3} - c_2 \cdot \tfrac{4}{9} \Rightarrow \tfrac{1}{3}\sqrt{3} = \tfrac{1}{4}\sqrt{3} - c_2 \cdot \tfrac{4}{9} + c_2 \cdot (\tfrac{4}{9})^2$$

$$c_2 = -\tfrac{27}{80} \cdot \sqrt{3}, \ c_1 = \tfrac{2}{5} \cdot \sqrt{3}.$$

Die Flächeninhaltsformel für die Kochschen Schneeflocken lautet also:

$$F_k = \tfrac{2}{5} \cdot \sqrt{3} - \tfrac{27}{80} \cdot \sqrt{3} \cdot (\tfrac{4}{9})^k, \ k = 1, 2, \ldots$$

Mit diesen Formeln lassen sich beispielsweise für die Figur d) (k = 5) die Kenngrößen unmittelbar angeben:

Anzahl der Kanten (= Anzahl der Ecken): $A_5 = 3 \cdot 4^4 = 768$

Kantenlänge: $L_5 = (\tfrac{1}{3})^4 = 0{,}01234567\ldots$

Umfang: $U_5 = 3 \cdot (\tfrac{4}{3})^4 = 9{,}481481\ldots$

Flächeninhalt: $F_5 = \tfrac{2}{5} \cdot \sqrt{3} - \tfrac{27}{80} \cdot \sqrt{3} \cdot (\tfrac{4}{9})^5 = 0{,}692820\ldots$

Diese Formeln, die über Differenzengleichungen hergeleitet wurden, gestatten nicht nur eine einfache Berechnung der Kennzahlen, statt etwa die

Anzahl der Ecken in Figur d) mühsam auszuzählen, sondern sie erlauben
es auch in einfacher Weise das asymptotische Verhalten zu untersuchen. So
erkennt man unmittelbar, daß für $k \to \infty$ der Umfang unbeschränkt wächst,
der Flächeninhalt ebenfalls monoton wächst, jedoch gegen einen endlichen
Grenzwert strebt:

$$\lim_{k \to \infty} U_k = \infty, \quad \lim_{k \to \infty} F_k = \tfrac{2}{5} \cdot \sqrt{3}.$$

Das erstaunliche Phänomen, daß bei einem solchen Grenzübergang ein end-
liches Flächenstück von einer unendlich langen Kurve eingeschlossen wird,
hat unter anderen B. Mandelbrot veranlaßt, solche *fraktalen* Gebilde der
Geometrie näher zu untersuchen. Da die Grenzlinie in der Dimension 1 die
Länge ∞ aufweist, andererseits keine Fläche ausfüllt und ihr somit in der
Dimension 2 der Wert 0 zugeordnet wird, liegt es nahe, diesem *Fraktal* in
geeigneter Weise eine gebrochene Dimension zwischen 1 und 2 zuzuordnen.

4. Die Fibonacci-Zahlenfolge: Leonardo von Pisa (1170 − 1250?), bekannt
unter dem Namen *Fibonacci* (Filius Bonacci $\hat{=}$ Sohn des Bonacci), schrieb
im Jahre 1202 ein Buch, in dem das Bildungsgesetz der nach ihm benannten Folge in Form des folgenden Problems behandelt wurde:

"Ein Kaninchenpaar erzeugt vom zweiten Monat seiner Existenz an in
jedem Monat ein weiteres Paar. Die Nachkommen vermehren sich vom
zweiten Lebensmonat an in der gleichen Weise. Wie viele Paare leben zu
Beginn des k-ten Monats, wenn man annimmt, daß kein Tier in der Kanin-
chenkolonie stirbt und die Vermehrung regelmäßig nach der beschriebenen
Gesetzmäßigkeit abläuft?"

Ist y_k die Anzahl der zu Beginn des k-ten Monats lebenden Paare, so
erkennt man, daß die ersten Anzahlen gegeben sind durch:

$$y_1 = 1, \; y_2 = 1, \; y_3 = 2, \; y_4 = 3, \; y_5 = 5, \; y_6 = 8, \ldots$$

Als Bildungsgesetz ergibt sich $y_{k+2} = y_{k+1} + y_k$ und daraus die homogene
Differenzengleichung 2. Ordnung

$$y_{k+2} - y_{k+1} - y_k = 0, \quad y_1 = 1, \; y_2 = 1, \; k = 1, 2, \ldots$$

Das charakteristische Polynom besitzt die Nullstellen $\lambda_{1/2} = \tfrac{1}{2}(1 \pm \sqrt{5})$.
Die allgemeine Lösung lautet demnach

$$y_k = c_1 [\tfrac{1}{2}(1 + \sqrt{5})]^k + c_2 [\tfrac{1}{2}(1 - \sqrt{5})]^k.$$

Aus den Anfangswerten $y_1 = 1$ und $y_2 = 1$ lassen sich die Konstanten c_1
und c_2 bestimmen:

$$c_1 = -c_2 = \frac{1}{\sqrt{5}}.$$

Die FIBONACCI-Folge ist also bestimmt durch

$$y_k = \tfrac{1}{\sqrt{5}} \, [\tfrac{1}{2}(1 + \sqrt{5})]^k - \tfrac{1}{\sqrt{5}} \, [\tfrac{1}{2}(1 - \sqrt{5})]^k, \; k = 1, 2, \ldots$$

Diese Formel gestattet es beispielsweise, den Bestand nach 2 Jahren mit einem Taschenrechner zu bestimmen: $y_{24} = 46\,368$. Dabei mag es vielleicht erstaunen, daß diese Formel für jede natürliche Zahl k eine ganze Zahl liefert. Außerdem kann dieser expliziten Darstellung entnommen werden, daß die Wachstumsrate

$$r_k = \frac{y_{k+1}}{y_k}$$

gegen den Grenzwert

$$\lim_{k \to \infty} r_k = \tfrac{1}{2}(1 + \sqrt{5}) = 1{,}618033\ldots$$

konvergiert, die Population nach einer gewissen Zeit also von Monat zu Monat um etwa 62% wächst.

5. Numerische Integration von Differentialgleichungen: Differenzengleichungen spielen eine große Rolle bei einer Vielzahl von Problemen, die mit Hilfe von numerischen Methoden gelöst werden sollen. Als Beispiel betrachten wir die Differentialgleichung 1. Ordnung $y' = f(x, y)$. Die gesuchte Lösung sei $y = y(x)$ mit der Anfangsbedingung $y(x_0) = y_0$. Die der Approximation von $y(x)$ zugrunde liegende Idee besteht darin, ausgehend vom Startwert x_0 die Funktion an Stützstellen $x_k = x_0 + k \cdot h$, $k = 1, 2, 3, \ldots$ näherungsweise zu berechnen. Durch Integration der Differentialgleichung über ein Intervall der Länge h ergibt sich

$$y(x_k + h) - y(x_k) = y(x_{k+1}) - y(x_k) = \int_{x_k}^{x_{k+1}} y'(x)\,dx = \int_{x_k}^{x_{k+1}} f(x, y(x))\,dx.$$

Das auf der rechten Seite auftretende Integral wird (grob) genähert durch

$$\int_{x_k}^{x_{k+1}} f(x, y(x))\,dx \approx (x_{k+1} - x_k) \cdot f(x_k, y(x_k)) = h \cdot f(x_k, y(x_k)).$$

Setzt man diese Näherung ein, erhält man die Differenzengleichung

$$y_{k+1} - y_k = h \cdot f(x_k, y_k), \; k = 0, 1, 2, \ldots$$

mit der Anfangsbedingung $y_0 = y(x_0)$, die durch die Differentialgleichung vorgegeben ist. Die Größen y_k sind dann Näherungswerte für die Funktionswerte der Lösungsfunktion an den Stützstellen: $y_k \approx y(x_k)$. Verbindet man die Punkte (x_k, y_k) durch einen Polygonzug, so erhält man eine Näherungskurve für den Graphen der Funktion $y(x)$. Man nennt dieses Verfahren *Eulersches Polygonzugverfahren*. Für praktische Zwecke ist dieses Verfahren weniger geeignet, da auch für kleine Werte h, also bei einer großen Anzahl von Stützstellen, mit Ungenauigkeiten gerechnet werden muß, die sich aus der groben Näherung des Integrals und der Fehlerfortpflanzung ergeben.

Das *modifizierte Euler-Verfahren* ist eine Verbesserung, die dadurch erreicht wird, daß das zu approximierende Integral mit Hilfe der Trapezregel bestimmt wird:

$$\int\limits_{x_k}^{x_{k+1}} f(x,y(x))\,dx \approx h \cdot \frac{1}{2}\{f(x_{k+1},y(x_{k+1})) + f(x_k,y(x_k))\}.$$

Die Differenzengleichung lautet dann

$$y_{k+1} - y_k = h \cdot \frac{1}{2}\{f(x_{k+1},y_{k+1}) + f(x_k,y_k)\}.$$

Als konkretes Beispiel soll die Differentialgleichung 1. Ordnung

$$y' = x + y,\ y(0) = 1$$

betrachtet werden. Gesucht ist der Funktionswert y(0,5). Das Eulersche Polygonzugverfahren liefert mit $x_0 = 0$ die lineare Differenzengleichung:

$$y_{k+1} - y_k = h \cdot f(x_k,y_k) = h \cdot (x_k + y_k) = h \cdot (k \cdot h + y_k),\ y_0 = 1.$$

Diese lineare Differenzengleichung mit konstanten Koeffizienten kann nach Abschnitt 10.2.1 sogar explizit gelöst werden:

$$y_k = 2 \cdot (1 + h)^k - 1 - h \cdot k,\ k = 0, 1, 2, \ldots$$

Nach dem modifizierten Euler-Verfahren ergibt sich:

$$\begin{aligned}
y_{k+1} - y_k &= h \cdot \frac{1}{2}\{f(x_{k+1},y_{k+1}) + f(x_k,y_k)\} \\
&= h \cdot \frac{1}{2}(x_{k+1} + y_{k+1} + x_k + y_k) \\
&= h \cdot \frac{1}{2}(y_{k+1} + y_k + (2k+1) \cdot h)
\end{aligned}$$

Nach Umstellen und Zusammenfassen erhält man

$$y_{k+1} = y_k \cdot \frac{2+h}{2-h} + \frac{h^2(2k+1)}{2-h},\ y_0 = 1,\ k = 0, 1, 2, \ldots$$

mit der expliziten Lösung

$$y_k = 2 \cdot (1 + \frac{h}{1-0,5\,h})^k - 1 - h \cdot k,\ k = 0, 1, 2, \ldots$$

Damit die nach diesen beiden Verfahren berechneten Werte den exakten Werten gegenübergestellt werden können, soll die exakte Lösung der Differentialgleichung nach Satz 1 aus Abschnitt 10.1.2 hier angegeben werden:

$$y(x) = 2 \cdot e^x - 1 - x.$$

Für $h = 0,1$ erhält man folgende Tabelle:

k	0	1	2	3	4	5
x_k	0	0,1	0,2	0,3	0,4	0,5
y_k Euler	1	1,1	1,22	1,362	1,5282	1,72102
y_k modif.	1		1,11052	1,24321	1,40039	1,58465	1,79882
$y(x_k)$ exakt	1		1,11034	1.24281	1,39972	1,58365	1,79744

An der Stelle x=0,5 weicht der Wert nach dem Euler-Verfahren um 4,25%, der nach dem modifizierten Euler-Verfahren berechnete Wert nur um 0,07% vom exakten Wert ab. Für h=0,01 liefert das Euler-Verfahren für y(0,5) den Näherungswert 1,789263, der nach dem modifizierten Verfahren bestimmte Wert 1,79746 stimmt schon in vier Stellen nach dem Komma mit dem exakten Wert überein.

10.4 Aufgaben

1. Geben Sie die allgemeine Lösung der Differentialgleichung $y' = x \cdot e^{-y}$ an und skizzieren Sie verschiedene Lösungen. Welche Lösung ergibt sich, wenn der Anfangswert $y(0) = 1$ vorgegeben ist?

2. Für die Elastizität $\epsilon_f(x)$ einer Nachfragefunktion f (vgl. Kapitel 6.8) sei bekannt, daß $\epsilon_f(x) = 5 - 3x$ gilt. Bestimmen Sie alle Nachfragefunktionen f, die diese Elastizität besitzen.

3. Bestimmen Sie die Lösung der Differentialgleichung $y' = \frac{x}{1+x^2} \cdot y^2$ mit der Anfangsbedingung $y(0) = -2$.

4. Über den Umfang N(t) einer Population zur Zeit t werden folgende Annahmen gemacht. Die Zuwachsrate ist in einem gewissen Anfangsintervall in etwa proportional zu dem vorhandenen Umfang: $N'(t) \sim N(t)$. Wegen der beschränkten Ressourcen ist die Zuwachsrate auch näherungsweise proportional zum Abstand zu einem Maximalbestand N_{max}, d.h. mit zunehmendem Populationsumfang wird der Zuwachs geringer: $N'(t) \sim N_{max} - N(t)$. Dies führt zusammengefaßt auf die Differentialgleichung $N'(t) = a \cdot N(t) \cdot (N_{max} - N(t))$ mit einer Proportionalitätskonstanten a, deren Lösung *Logistische Funktion* genannt wird. Bestimmen Sie die allgemeine Lösung dieser Differentialgleichung für $a = 1$ und $N_{max} = 5$. Skizzieren Sie die Lösung für den Anfangswert $N(0) = 1$.
Hinweis: Berechnen Sie das nach Trennung der Variablen auftretende Integral mit Hilfe der Partialbruchzerlegung, fassen Sie die Logarithmen zu einem Ausdruck zusammen und lösen Sie anschließend nach N(t) auf.

5. Bestimmen Sie jeweils die allgemeine Lösung der Differentialgleichungen

a) $y' \cdot x = (x^2 + \sqrt{x}) \cdot y^2$;

b) $y' \cdot y^2 \cdot \ln x = \frac{1}{x} \cdot (1 + y^3)$;

c) $y' \cdot \cos y = a, \ a \in \mathbb{R}$.

6. Die Funktion $K(x)$ beschreibt die Kosten in Abhängigkeit von der produzierten Menge x. Wie lautet die Kostenfunktion, wenn die Grenzkosten $K'(x)$ mit den doppelten Durchschnittskosten übereinstimmen $K'(x) = 2 \cdot \dfrac{K(x)}{x}$?

7. Geben Sie die Lösungen der folgenden Differentialgleichungen an, die der Anfangsbedingung $y(1) = 3$ genügen.

a) $y' + x \cdot y = x$,

b) $y' - \frac{1}{x} \cdot y = \ln x \, , \ x > 0$.

8. Die Nachfrage $N(t)$ nach einem Gut zur Zeit t und das Angebot $A(t)$ werden durch den Preis $P(t)$ in folgender Weise bestimmt:
$N(t) = a_1 - a_2 \cdot P(t) \, , \ a_1, a_2 > 0$
$A(t) = -b_1 + b_2 \cdot P(t) \, , \ b_1, b_2 > 0$.
Weiter wird angenommen, daß die Preisänderung proportional der Differenz zwischen Nachfrage und Angebot ist:

$$P'(t) = c \cdot (N(t) - A(t)), \ c > 0.$$

Stellen Sie aufgrund dieser Angaben eine Differentialgleichung für die Preisfunktion auf und lösen Sie diese. Gegen welchen Gleichgewichtspreis konvergiert $P(t)$ für $t \to \infty$?

9. Geben Sie zu folgenden homogenen Differentialgleichungen jeweils die allgemeine Lösung an.

a) $y'' + y' - 2y = 0$;

b) $y'' + 4y' + 4y = 0$;

c) $y'' + 4y' + 5y = 0$.

10. Die in Beispiel 10 des Kapitel 10.1 dargestellten Zusammenhänge zwischen zeitlichen Änderungen des Preises $p(t)$ und des Bestandes an Gütern $G(t)$ auf einem Markt führen auf folgende Differentialgleichung

$$p''(t) - r \cdot p(t) = q;$$

Geben Sie die allgemeine Lösung dieser Gleichung für $r = 4$ und $q = -8$ an und passen Sie diese an die Anfangsbedingung $p(0) = 2, \ p'(0) = -2$ an.

Auf welchen Wert muß man p(0) abändern, damit für die Lösungsfunktion der Grenzwert $\lim\limits_{t\to\infty} p(t)$ existiert? Bestimmen Sie diesen Grenzwert.

11. Lösen Sie die folgenden Differentialgleichungen mit Hilfe des Ansatzes vom Typ der rechten Seite.

a) $y'' + y' - 2y = e^x$;

b) $y'' + 4y' + 4y = 1 + x^2$;

c) $y'' + 4y' + 5y = 3 \cdot \sin 2x$.

12. In einem Waldgebiet hat sich der Anteil an kranken Bäumen a_n in% während der letzten Jahre näherungsweise nach der folgenden Formel entwickelt $a_{n+1} = 0{,}75 \cdot a_n + 20$, $n = 1,2,...$, $a_1 = 10$.

a) Berechnen Sie a_2, a_3 und a_4.
b) Bestimmen Sie a_n als Lösung der entsprechenden Differenzengleichung.
c) Geben Sie den Grenzwert der Folge an.

13. Geben Sie zu folgenden Differenzengleichungen jeweils die allgemeine Lösung y_k, $k \in \mathbb{N}$ an.

a) $y_{k+2} + y_{k+1} - 2y_k = 2^k$;

b) $y_{k+2} + 4y_{k+1} + 4y_k = 1 + k^2$;

c) $y_{k+2} + 4y_{k+1} + 5y_k = 4 \cdot \sin\left(\frac{k}{2}\pi\right)$.

14. In einem Spiel sind A und B Gegener. Bei jedem Spielzug kann A mit Wahrscheinlichkeit (W) p eine Geldeinheit (GE) von B gewinnen und umgekehrt B von A eine GE mit W. q mit $0 \le p,q$ und $p+q = 1$. A besitzt zu Beginn des Spiels a GE und B hat b GE. Das Spiel ist beendet, wenn einer der Spieler bankrott ist, d.h. wenn ein Spieler $N = a + b$ GE besitzt. Die W. für A, das Spiel zu gewinnen, wenn er noch k GE besitzt, werde mit p_k bezeichnet.

a) Stellen Sie eine Differenzengleichung für p_k auf.
(Lösung: $p_k = p \cdot p_{k+1} + q \cdot p_{k-1}$)
b) Geben Sie die allgemeine Lösung dieser Differenzengleichung an.
Hinweis: Unterscheiden Sie die Fälle $p = q = \frac{1}{2}$ und $p \ne q$.
c) Mit zwei vorgegebenen Werten ist die Lösung in b) eindeutig festgelegt. In dem vorliegenden Spiel sind die Randbedingungen $p_0 = 0$ und $p_N = 1$. Passen Sie diesen Randbedingungen die Lösung aus b) an.

15. Über welchen Betrag kann man nach $n \in \mathbb{N}$ Jahren verfügen, wenn zu Beginn jeden Jahres 1 000 DM bei konstantem Jahreszinssatz von 7 % fest angelegt werden? Stellen Sie die entsprechende Rekursions- bzw. Differenzengleichung auf und lösen Sie diese.

Kapitel 11:
Vektoren

In diesem Kapitel werden Vektoren im n-dimensionalen Zahlenraum $\mathbb{R}^n$ behandelt. Zunächst beschränken wir uns auf den Fall $n = 2$, für den die Vektoren in der Zahlenebene $\mathbb{R}^2$ anschaulich dargestellt werden können. Anschließend werden Vektoren aus dem dreidimensionalen Raum $\mathbb{R}^3$ untersucht, die wie Funktionen von zwei Variablen geometrisch dargestellt werden können. Im zwei- und dreidimensionalen Raum kann sehr anschaulich mit Hilfe der Vektorrechnung analytische Geometrie (Bestimmung von Geraden- u. Ebenengleichungen sowie Berechnung von Abständen) betrieben werden. Anschließend werden die für $n = 2$ und $n = 3$ eingeführten Begriffe allgemeinen auf den $\mathbb{R}^n$ übertragen.

11.1 Vektoren in der Ebene $\mathbb{R}^2$

Beispiel 1: Eine Firma stellt zwei verschiedene Güter her. Die Produktionsmenge des i-ten Gutes in einem bestimmten Zeitraum betrage m_i Einheiten für $i = 1, 2$. Dann können diese beiden Produktionsmengen (Zahlen) zusammengefaßt werden zum

"Spaltenvektor" $\vec{m} = \begin{pmatrix} m_1 \\ m_2 \end{pmatrix}$ bzw. "Zeilenvektor" $\vec{m}^T = (m_1, m_2)$.

Ein "Spaltenvektor" besteht also aus zwei übereinanderstehenden Zahlen, beim "Zeilenvektor" stehen die beiden Zahlen nebeneinander.

Definition 1: Es seien a_1 und a_2 zwei reelle Zahlen. Dann heißt

$$\vec{a} = \begin{pmatrix} a_1 \\ a_2 \end{pmatrix} \quad \text{ein (zweidimensionaler)} \ \textbf{Spaltenvektor (Vektor)}$$

und

$$\vec{a}^T = (a_1, a_2) \quad \text{ein (zweidimensionaler)} \ \textbf{Zeilenvektor}$$

mit den beiden **Komponenten** $a_1, a_2 \in \mathbb{R}$. Der Vektor

$$\vec{0} = \begin{pmatrix} 0 \\ 0 \end{pmatrix} \quad \text{ist der} \ \textbf{Nullvektor}.$$

Aus einem Spaltenvektor $\vec{a}$ wird ein Zeilenvektor $\vec{a}^T$, indem die Spalte zu einer Zeile "transponiert" wird. Daher heißt $\vec{a}^T$ der zu $\vec{a}$ **transponierte** Vektor. Wegen dieser Eigenschaft wird bei der Bezeichnung der Zeilenvektoren das Symbol T (transponiert) benutzt.

Zweidimensionale Vektoren können in
der Zahlenebene graphisch dargestellt
werden. Dem Vektor $\vec{a}^T=(a_1, a_2)$ entspricht in der Ebene ein Pfeil, der
vom Koordinatenursprung O aus zum
Punkt $P(a_1, a_2)$ zeigt.

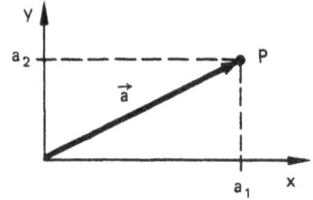

Eine reelle Zahl (**Skalar**) kann als Vektor mit einer einzigen Komponente
interpretiert werden. Im Gegensatz zu einem Skalar kann ein (zweidimen-
sionaler) Vektor als **gerichtete Größe** aufgefaßt werden. Kennt man die
Länge r und den Richtungswinkel φ $(0^\circ \leq \varphi \leq 360^\circ)$ eines Vektors (vgl.
obige Skizze) so können die Komponenten bestimmt werden durch

$$a_1 = r \cos\varphi ; \quad a_2 = r \sin\varphi .$$

In der Physik können z.B. Kräfte, Geschwindigkeiten oder magnetische
Feldstärken, die in einer Ebene wirken, durch zweidimensionale Vektoren
beschrieben werden.

Im folgenden sollen die Rechenoperationen für reelle Zahlen auf Vektoren
übertragen werden. Die Übertragung geschieht so, daß sich bei eindimensio-
nalen Vektoren (Vektoren mit nur einer Komponente) die üblichen Rechenoperationen ergeben.

Definition 2 (Gleichheit): Zwei Vektoren heißen **gleich**, wenn sie komponentenweise übereinstimmen:

$$\vec{a} = \begin{pmatrix} a_1 \\ a_2 \end{pmatrix} = \begin{pmatrix} b_1 \\ b_2 \end{pmatrix} = \vec{b} \quad \Leftrightarrow \quad a_1 = b_1 \text{ und } a_2 = b_2 .$$

Es seien $(5;6)$ und $(7;12)$ die Mengenvektoren zweier Güter im ersten
bzw. zweiten Halbjahr. Dann erhält man den Mengenvektor für das
gesamte Jahr durch Addition der jeweiligen Komponenten als
$$(5+7;6+11) = (12;17).$$

Die **Addition** zweier Vektoren geschieht im sogenannten Parallelogramm der Kräfte. Falls beide Vektoren $\vec{a}$ und $\vec{b}$ am Koordinatenursprung O angeheftet sind, ist die
Summe $\vec{a} + \vec{b}$ der Diagonalenvektor
in dem nebenstehenden Parallelo-
gramm. Verschiebt man den Vektor
b parallel so, daß er am Endpunkt
von $\vec{a}$ beginnt, so zeigt die Summe $\vec{a} + \vec{b}$ vom Anfangspunkt des Vektors
$\vec{a}$ zum Endpunkt des verschobenen Vektors $\vec{b}$. Man kann aber auch den
Vektor $\vec{a}$ parallel an den Endpunkt $\vec{b}$ verschieben (Kommutativgesetz).

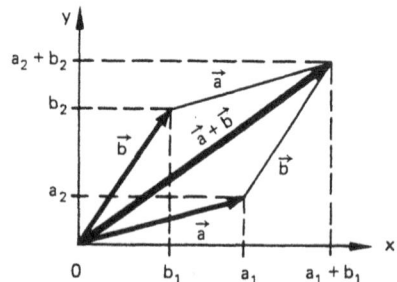

Definition 3 (Addition): Für zwei Vektoren

$$\vec{a} = \begin{pmatrix} a_1 \\ a_2 \end{pmatrix} \text{ und } \vec{b} = \begin{pmatrix} b_1 \\ b_2 \end{pmatrix} \text{ heißt } \vec{c} = \vec{a} + \vec{b} = \begin{pmatrix} a_1 + b_1 \\ a_2 + b_2 \end{pmatrix}$$

die **Summe** der Vektoren $\vec{a}$ und $\vec{b}$. Die Addition ist also **komponentenweise** durchzuführen.

Für die Addition gelten das kommutative und assoziative Gesetz, d.h.

$$\vec{a} + \vec{b} = \vec{b} + \vec{a}; \ (\vec{a} + \vec{b}) + \vec{c} = \vec{a} + (\vec{b} + \vec{c}).$$

Definition 4 (Multiplikation mit einem Skalar $\lambda \in \mathbb{R}$): Der Vektor

$$\lambda \cdot \vec{a} = \begin{pmatrix} \lambda \cdot a_1 \\ \lambda \cdot a_2 \end{pmatrix}, \ \lambda \in \mathbb{R}$$

heißt das **Produkt** des Vektors $\vec{a}$ mit dem Skalar λ.

Die Länge des Vektors $\lambda \cdot \vec{a}$ ist das $|\lambda|$-fache der Länge von $\vec{a}$. Für $\lambda > 0$ besitzen $\lambda \cdot \vec{a}$ und $\vec{a}$ die gleiche Richtung, aber für $\lambda \neq 1$ verschiedene Längen, im Falle $\lambda < 0$ sind die beiden Vektoren $\lambda \cdot \vec{a}$ und $\vec{a}$ zwar parallel, doch entgegengesetzt gerichtet. $\lambda = -1$ ergibt den Vektor $-\vec{a}$.

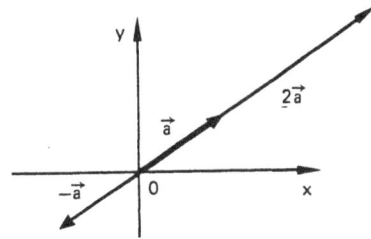

Die **Subtraktion** $\vec{a} - \vec{b}$ läßt sich durch

$$\vec{c} = \vec{a} - \vec{b} = \vec{a} + (-1) \cdot \vec{b}$$

auf die Addition zurückführen. Der Vektor $\vec{a} - \vec{b}$ führt vom Endpunkt von $\vec{b}$ zum Endpunkt von $\vec{a}$.

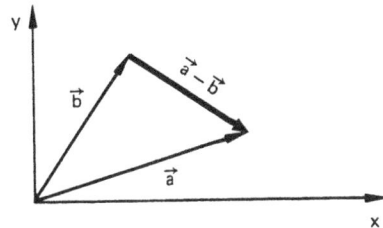

Ein Vektor der vom Koordinatenursprung O zu einem Punkt $P(p_1, p_2)$ zeigt, nennt man einen (gebundenen) **Ortsvektor**. Man bezeichnet ihn mit $\overrightarrow{OP}$. Sind $P(p_1, p_2)$ und $Q(q_1, q_2)$ Punkte in der Ebene, dann gilt für den Verbindungsvektor $\overrightarrow{PQ}$:

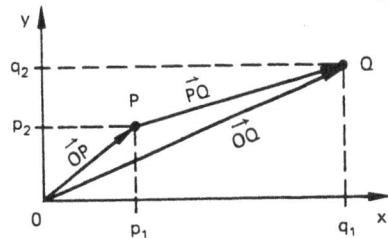

$$\overrightarrow{OP} + \overrightarrow{PQ} = \overrightarrow{OQ}$$

$$\overrightarrow{PQ} = \overrightarrow{OQ} - \overrightarrow{OP} = \begin{pmatrix} q_1 - p_1 \\ q_2 - p_2 \end{pmatrix} \qquad \text{(Verbindungsvektor)}.$$

Die Komponenten des Verbindungsvektors $\overrightarrow{PQ}$ sind die Differenzen der Koordinaten des Endpunktes Q und des Anfangspunktes P.

Definition 5 (Betrag): Der Betrag $|\vec{a}|$ eines (zweidimensionalen) Vektors ist die Länge des Vektors. Nach dem Satz des Pythagoras gilt:

$$|\vec{a}| = \sqrt{a_1^2 + a_2^2} \ .$$

$\vec{a}$ und $\vec{b}$ seien vom Nullvektor verschieden und nicht parallel. Der Anfangspunkt von $\vec{b}$ sei in den Endpunkt von $\vec{a}$ parallel verschoben. Dann bilden die Vektoren zwei Seiten eines Dreiecks. Die dritte Seite kann dann durch den Summenvektor $\vec{a} + \vec{b}$ beschrieben werden. Die Länge $|\vec{a} + \vec{b}|$ der dritten Seite kann nicht größer sein als die Summe der Längen $|\vec{a}|$ und $|\vec{b}|$ der beiden anderen Seiten, es gilt also

$$|\vec{a} + \vec{b}| \leq |\vec{a}| + |\vec{b}|.$$

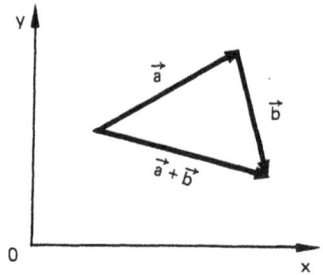

Eigenschaften des Betrags:

$$|\vec{a}| \geq 0; \quad |\vec{a}| = 0 \ \Leftrightarrow \ \vec{a} = \vec{0} \ \text{(Nullvektor)}$$

$$|\lambda \cdot \vec{a}| = |\lambda| \cdot |\vec{a}| \quad \text{für } \lambda \in \mathbb{R}$$

$$|\vec{a} + \vec{b}| \leq |\vec{a}| + |\vec{b}| \qquad \text{(Dreiecksungleichung)}.$$

Beispiel 2 (vgl. Beispiel 1): Es sei $\vec{m}^T = (m_1, m_2)$ der Vektor der Herstellungsmengen zweier Güter und $\vec{p}^T = (p_1, p_2)$ der Preisvektor. Eine Einheit von Gut i kostet also p_i Geldeinheiten. Dann lautet der Gesamtumsatz

$$U = m_1 p_1 + m_2 p_2 \ .$$

Zur Berechnung von U müssen die jeweiligen Komponenten der beiden Vektoren miteinander multipliziert und die Produkte aufaddiert werden. Für diesen aus den beiden Vektoren berechneten Zahlenwert führen wir eine besondere Bezeichnung ein.

Definition 6 (Skalarprodukt oder inneres Produkt): Der Zahlenwert

$$\vec{a}^T \cdot \vec{b} = (a_1, a_2) \cdot \begin{pmatrix} b_1 \\ b_2 \end{pmatrix} = a_1 \cdot b_1 + a_2 \cdot b_2 = \vec{b}^T \cdot \vec{a}$$

heißt das **innere Produkt** oder **Skalarprodukt** von $\vec{a}$ und $\vec{b}$.

Bemerkungen:

1. Das Skalarprodukt zweier Vektoren ist kein Vektor, sondern ein Skalar (Zahl).

2. Formal könnten auch zwei Spaltenvektoren miteinander multipliziert werden. Die Einführung des inneren Produkts als Zeilenvektor mal Spaltenvektor hat jedoch den Vorteil, daß mit dieser Operation das Matrizenprodukt (s. Kapitel 12) sehr übersichtlich dargestellt werden kann.

3. Der Betrag eines Vektors kann mit Hilfe des Skalarprodukts berechnet werden in der Form

$$| \vec{a} | = \sqrt{a_1^2 + a_2^2} = \sqrt{(a_1, a_2) \cdot \begin{pmatrix} a_1 \\ a_2 \end{pmatrix}} = \sqrt{\vec{a}^T \cdot \vec{a}} \ .$$

Es sei φ der von den beiden Vektoren $\vec{a}$ und $\vec{b}$ eingeschlossene Winkel mit $0° \leq \varphi \leq 180°$. Dann gilt allgemein

$$\vec{a}^T \cdot \vec{b} = | \vec{a} | \cdot | \vec{b} | \cdot \cos \varphi .$$

Damit lassen sich Winkel zwischen 2 Vektoren bestimmen durch

$$\cos \varphi = \frac{\vec{a}^T \cdot \vec{b}}{| \vec{a} | \cdot | \vec{b} |} = \frac{a_1 \cdot b_1 + a_2 \cdot b_2}{\sqrt{a_1^2 + a_2^2} \cdot \sqrt{b_1^2 + b_2^2}} .$$

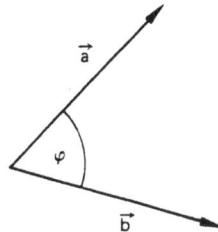

Die beiden Vektoren $\vec{a}$ und $\vec{b}$ sind genau dann **orthogonal**, d.h. sie stehen aufeinander senkrecht, wenn $\varphi = 90°$ ist, also für $\cos \varphi = 0$. Dafür schreibt man $\vec{a} \perp \vec{b}$. Dies ist genau dann der Fall, wenn das Skalarprodukt verschwindet. Damit gilt

$$\vec{a} \perp \vec{b} \quad \Leftrightarrow \quad \vec{a}^T \cdot \vec{b} = 0 .$$

Der Nullvektor ist definitionsgemäß orthogonal zu jedem beliebigen Vektor $\vec{a}$.

Beispiel 3: Gesucht sind sämtliche Vektoren, die auf $\vec{a}^T = (2; -1)$ senkrecht stehen. Mit $\vec{b}^T = (b_1, b_2)$ erhält man die Bedingung

$$\vec{a}^T \cdot \vec{b} = (2; -1) \cdot \begin{pmatrix} b_1 \\ b_2 \end{pmatrix} = 2b_1 - b_2 = 0 .$$

In dieser Gleichung kann $b_1 = \lambda$ beliebig gesetzt werden. Mit $b_2 = 2\lambda$ erhält man

$$\vec{b} = \begin{pmatrix} \lambda \\ 2\lambda \end{pmatrix} = \lambda \cdot \begin{pmatrix} 1 \\ 2 \end{pmatrix}, \ \lambda \in \mathbb{R} \ \text{(beliebig)}.$$

Alle Vielfache des Vektors $\begin{pmatrix} 1 \\ 2 \end{pmatrix}$ stehen somit senkrecht auf $\vec{a}$.

Beispiel 4:

a) Die Vektoren $\vec{a} = \begin{pmatrix} 2 \\ -4 \end{pmatrix}$ und $\vec{b} = \begin{pmatrix} -3 \\ 6 \end{pmatrix}$ sind wegen $\vec{b} = -1,5 \cdot \vec{a}$

parallel. Damit gilt die Beziehung $1,5\vec{a} + \vec{b} = \vec{0}$. Multiplikation mit λ ergibt $1,5\lambda\vec{a} + \lambda\vec{b} = \vec{0}$. Die Vektorgleichung

$$\lambda_1\vec{a} + \lambda_2\vec{b} = \vec{0}$$

besitzt beliebig viele Lösungen, nämlich $\lambda_2 = \lambda$ (beliebig) und $\lambda_1 = 1,5\lambda$.

b) Die Vektoren $\vec{a} = \begin{pmatrix} 4 \\ 1 \end{pmatrix}$ und $\vec{b} = \begin{pmatrix} 2 \\ 6 \end{pmatrix}$ sind nicht parallel. Gesucht sind

alle Lösungen λ_1, λ_2 der Vektorgleichung

$\lambda_1\vec{a} + \lambda_2\vec{b} = \vec{0}$, also

$$\lambda_1\begin{pmatrix} 4 \\ 1 \end{pmatrix} + \lambda_2\begin{pmatrix} 2 \\ 6 \end{pmatrix} = \begin{pmatrix} 4\lambda_1 + 2\lambda_2 \\ \lambda_1 + 6\lambda_2 \end{pmatrix} = \begin{pmatrix} 0 \\ 0 \end{pmatrix}.$$

Gleichsetzen der beiden Komponenten ergibt das Gleichungssystem

$$
\begin{array}{ll}
(1) & \quad 4\lambda_1 + 2\lambda_2 = 0 \\
(2) & \quad \ \ \lambda_1 + 6\lambda_2 = 0 \mid \cdot(-4)
\end{array} \Biggr\} +
$$

$$-22\lambda_2 = 0 \;\Rightarrow\; \lambda_2 = 0; \;\; (2) \Rightarrow \lambda_1 = 0.$$

Im Gegensatz zu a) hat die Vektorgleichung $\lambda_1\vec{a} + \lambda_2\vec{b} = \vec{0}$ in b) nur die triviale Lösung $\lambda_1 = \lambda_2 = 0$. Man nennt die Vektoren aus b) linear unabhängig, während die Vektoren aus a) linear abhängig sind.

Definition 7 (Linearkombination und lineare Unabhängigkeit):

$$\vec{b} = \sum_{i=1}^{m} \lambda_i \cdot \vec{a}_i \;\text{ mit } \lambda_i \in \mathbb{R}$$

heißt **Linearkombination** der Vektoren $\vec{a}_1, \vec{a}_2, \ldots, \vec{a}_m$.

Im Falle $\lambda_i \geq 0$ für alle i und $\sum_{i=1}^{m} \lambda_i = 1$ heißt die Linearkombination **konvex.**

Die Vektoren $\vec{a}_1, \vec{a}_2, \ldots, \vec{a}_m$ heißen **linear unabhängig**, wenn die Vektorgleichung

$$\sum_{i=1}^{m} \lambda_i \cdot \vec{a}_i = \vec{0}$$

nur die triviale Lösung $\lambda_1 = \lambda_2 = \ldots = \lambda_m = 0$ besitzt.

Falls es eine Darstellung $\sum_{i=1}^{m} \lambda_i \cdot \vec{a}_i = \vec{0}$ gibt, in der nicht alle λ_i verschwinden, heißen die Vektoren $\vec{a}_1, \vec{a}_2, \ldots, \vec{a}_m$ **linear abhängig.**

Bemerkungen:

1. Parallele Vektoren in der Ebene sind linear abhängig (vgl. Beispiel 4a)).

2. Zwei vom Nullvektor verschiedene Vektoren, welche nicht parallel sind, sind linear unabhängig (vgl. Beispiel 4b)).

3. Der Nullvektor $\vec{0}$ ist von jedem beliebigen Vektor $\vec{b}$ nach der Definition linear abhängig, da die Vektorgleichung

$$\lambda_1 \vec{0} + \lambda_2 \vec{b} = \vec{0}$$

mit $\lambda_1 = \lambda$ (beliebig) und $\lambda_2 = 0$ nichttriviale Lösungen besitzt.

Beispiel 5:

$\vec{a}_1 = \begin{pmatrix} 2 \\ 4 \end{pmatrix}$; $\vec{a}_2 = \begin{pmatrix} 4 \\ 2 \end{pmatrix}$ sind linear unabhhängig, da sie nicht parallel sind.

a) $\frac{1}{2} \cdot \begin{pmatrix} 2 \\ 4 \end{pmatrix} + \frac{3}{2} \cdot \begin{pmatrix} 4 \\ 2 \end{pmatrix} = \begin{pmatrix} 7 \\ 5 \end{pmatrix}$.

Die Linearkombinationen $\lambda_1 \vec{a}_1 + \lambda_2 \vec{a}_2$ mit $\lambda_1 \geq 0$ und $\lambda_2 \geq 0$ bilden den nebenstehenden schraffierten Bereich.

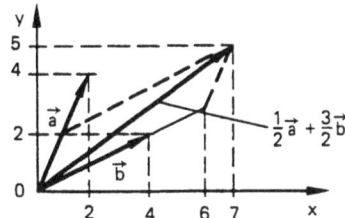

b) Die konvexe Linearkombination

$$\frac{1}{4} \cdot \begin{pmatrix} 2 \\ 4 \end{pmatrix} + \frac{3}{4} \cdot \begin{pmatrix} 4 \\ 2 \end{pmatrix} = \begin{pmatrix} \frac{7}{2} \\ \frac{5}{2} \end{pmatrix}$$

ist ein Ortsvektor zur Verbindungsstrecke der Punkte $P_1(2;4)$ und $P_2(4;2)$. Die Ortsvektoren aller konvexer Linearkombinationen stellen die Verbindungsstrecke $\overline{P_1 P_2}$ dar.

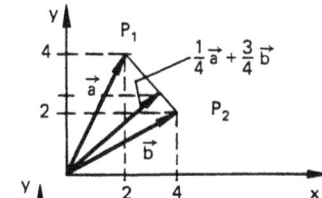

c) Die drei Punkte $P_1(1;1)$, $P_2(2;3)$ und $P_3(5;0)$ bilden ein Dreieck. Die konvexe Linearkombination

$$\frac{1}{4} \begin{pmatrix} 1 \\ 1 \end{pmatrix} + \frac{1}{2} \cdot \begin{pmatrix} 2 \\ 3 \end{pmatrix} + \frac{1}{4} \cdot \begin{pmatrix} 5 \\ 0 \end{pmatrix} = \begin{pmatrix} \frac{5}{2} \\ \frac{7}{4} \end{pmatrix}$$

stellt einen Ortsvektor zu einem Punkt dar, der im Innern dieses Dreiecks liegt. Alle Punkte P, deren Ortsvektoren konvexe Linearkombinationen sind mit

$$\overrightarrow{OP} - \lambda_1 \overrightarrow{OP_1} + \lambda_2 \overrightarrow{OP_2} + \lambda_3 \overrightarrow{OP_3} \quad \text{mit } \lambda_i \geq 0, \ \sum_{i=1}^{m} \lambda_i = 1$$

bilden die Dreiecksfläche (Rand und Inneres).

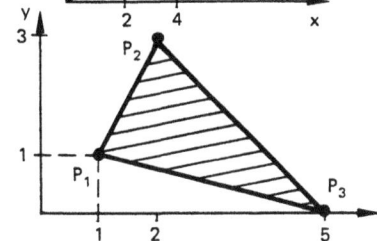

Beispiel 6 (Zerlegung eines Vektors):

Die Vektoren $\vec{a} = \begin{pmatrix} 4 \\ 2 \end{pmatrix}$ und $\vec{b} = \begin{pmatrix} 2 \\ 6 \end{pmatrix}$
sind linear unabhängig (nicht parallel). Der Vektor $\vec{c} = \begin{pmatrix} 3 \\ 4 \end{pmatrix}$ kann als
Linearkombination der linear unabhängigen Vektoren $\vec{a}$ und $\vec{b}$ dargestellt werden in der Form

$$\vec{c} = \lambda_1 \vec{a} + \lambda_2 \vec{b} \ .$$

Die Koeffizienten λ_1 und λ_2 können rechnerisch bestimmt werden durch

$$\vec{c} = \begin{pmatrix} 3 \\ 4 \end{pmatrix} = \lambda_1 \begin{pmatrix} 4 \\ 2 \end{pmatrix} + \lambda_2 \begin{pmatrix} 2 \\ 6 \end{pmatrix} = \begin{pmatrix} 4\lambda_1 + 2\lambda_2 \\ 2\lambda_1 + 6\lambda_2 \end{pmatrix} .$$

Gleichsetzen der beiden Komponenten ergibt das Gleichungssystem

$$
\begin{array}{ll}
(1) & 4\lambda_1 + 2\lambda_2 = 3 \\
(2) & 2\lambda_1 + 6\lambda_2 = 4 \mid \cdot(-2)
\end{array} \Big\} +
$$

$$-10\lambda_2 = -5 \ \Rightarrow \lambda_2 = \tfrac{1}{2}; \quad (1) \Rightarrow \lambda_1 = \tfrac{1}{2} \ .$$

Daraus folgt

$$\vec{c} = \tfrac{1}{2} \cdot \vec{a} + \tfrac{1}{2} \cdot \vec{b} \ .$$

Allgemein gilt:

> Falls die beiden Vektoren $\vec{a}$ und $\vec{b}$ linear unabhängig (nicht parallel und von $\vec{0}$ verschieden) sind, kann jeder beliebige Vektor $\vec{c}$ auf genau eine Weise (eindeutig) als **Linearkombination** von $\vec{a}$ und $\vec{b}$ dargestellt werden. In $\vec{c} = \lambda_1 \vec{a} + \lambda_2 \vec{b}$ können die beiden Koeffizienten λ_1 und λ_2 durch Gleichsetzen der jeweiligen Komponenten eindeutig bestimmt werden (s. Beispiel 6).

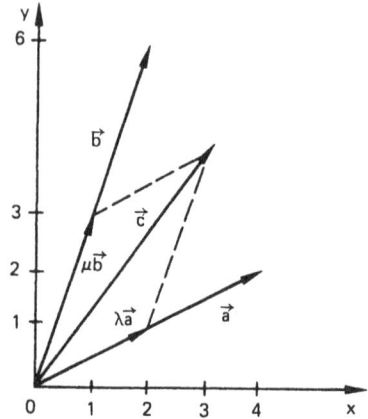

Beispiel 7: Die beiden Vektoren $\vec{e}_1 = \begin{pmatrix} 1 \\ 0 \end{pmatrix}$ und $\vec{e}_2 = \begin{pmatrix} 0 \\ 1 \end{pmatrix}$ stehen aufeinander senkrecht und besitzen beide die Länge Eins. Sie sind parallel zu den beiden Koordinatenachsen. Man nennt $\vec{e}_1$, $\vec{e}_2$ ein **Orthonormalsystem**. Jeder beliebige zweidimensionale Vektor $\vec{a}$ kann als Linearkombination von $\vec{e}_1$ und $\vec{e}_2$ dargestellt werden in der Form

$$\vec{a} = \begin{pmatrix} a_1 \\ a_2 \end{pmatrix} = a_1 \begin{pmatrix} 1 \\ 0 \end{pmatrix} + a_2 \begin{pmatrix} 0 \\ 1 \end{pmatrix} = a_1 \vec{e}_1 + a_2 \vec{e}_2 \ .$$

In Beispiel 6 gilt

$$\frac{1}{4} \cdot \vec{a} + \frac{1}{2} \cdot \vec{b} - \vec{c} = \vec{0}.$$

Die drei Vektoren $\vec{a}$, $\vec{b}$ und $\vec{c}$ sind also linear abhängig.

$\vec{a}$, $\vec{b}$ und $\vec{c}$ seien drei beliebige zweidimensionale Vektoren.

a) Falls $\vec{a}$, $\vec{b}$ parallel sind oder einer davon der Nullvektor ist, sind $\vec{a}$, $\vec{b}$ linear abhängig. Die Gleichung $\lambda_1 \vec{a} + \lambda_2 \vec{b} = \vec{0}$ besitzt dann nichttriviale Lösungen. Dann besitzt aber auch die Gleichung $\lambda_1 \vec{a} + \lambda_2 \vec{b} + \lambda_3 \vec{c} = \vec{0}$ mit $\lambda_3 = 0$ nichttriviale Lösungen. $\vec{a}$, $\vec{b}$ und $\vec{c}$ sind dann linear abhängig.

b) Sind die Vektoren $\vec{a}$ und $\vec{b}$ linear unabhängig, so kann der Vektor $\vec{c}$ als Linearkombination von $\vec{a}$ und $\vec{b}$ dargestellt werden in der eindeutigen Form $\vec{c} = \lambda_1 \vec{a} + \lambda_2 \vec{b}$. Dann besitzt die Gleichung $\lambda_1 \vec{a} + \lambda_2 \vec{b} + \lambda_3 \vec{c} = 0$ eine nichttriviale Lösung mit $\lambda_3 = -1$. $\vec{a}$, $\vec{b}$ und $\vec{c}$ sind also linear abhängig.

Drei beliebige zweidimensionale Vektoren $\vec{a}_1$, $\vec{a}_2$ und $\vec{a}_3$ sind somit immer linear abhängig. Die Gleichung $\lambda_1 \vec{a}_1 + \lambda_2 \vec{a}_2 + \lambda_3 \vec{a}_3 = \vec{0}$ besitzt nichttriviale Lösungen. Nimmt man noch weitere Vektoren dazu, dann hat die Gleichung

$$\lambda_1 \vec{a}_1 + \lambda_2 \vec{a}_2 + \lambda_3 \vec{a}_3 + \lambda_4 \vec{a}_4 + \ldots + \lambda_r \vec{a}_r = \vec{0} \ ; \ r \geq 4$$

nichttriviale Lösungen mit $\lambda_4 = \ldots = \lambda_r = 0$, wobei λ_1, λ_2 und λ_3 nicht alle verschwinden. Dann sind diese r Vektoren ebenfalls linear abhängig. Damit gilt der

Satz 1: Mehr als zwei Vektoren im $\mathbf{R}^2$ sind stets linear abhängig.

Geradengleichungen in der Ebene

Eine Gerade g ist durch zwei verschiedene auf der Geraden liegende Punkte $P \neq Q$ bestimmt.

$\overrightarrow{OP} = \vec{a}$ ist ein Ortsvektor zur Geraden, $\overrightarrow{PQ} = \vec{b}$ ein Richtungsvektor auf der Geraden. $X(x, y)$ sei ein beliebiger (variabler) Punkt auf der Geraden mit den Koordinaten x und y. Der Ortsvektor zum Punkt X besitzt die

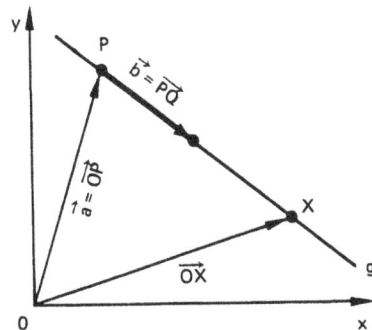

Parameterdarstellung einer Geraden

$$\overrightarrow{OX} = \begin{pmatrix} x \\ y \end{pmatrix} = \overrightarrow{OP} + \lambda \cdot \overrightarrow{PQ} = \vec{a} + \lambda \cdot \vec{b}; \ \lambda \in \mathbf{R}.$$

Jeder Parameterwert λ liefert einen Punkt auf der Geraden. Jedem Punkt der Geraden g kann der zughörige Parameterwert λ zugeordnet werden. Dadurch entsteht eine (eindimensionale) Gerade. Die Parameterdarstellung einer Geraden g ist nicht eindeutig. Es gibt viele verschiedene Darstellungen für die gleiche Gerade.

Beispiel 8: Gesucht ist eine Parameterdarstellung der Geraden g, die durch die Punkte P(2;3) und Q(5;2) geht. Mit

$$\overrightarrow{OP} = \vec{a} = \begin{pmatrix} 2 \\ 3 \end{pmatrix} \text{ und } \overrightarrow{PQ} = \vec{b} = \begin{pmatrix} 5-2 \\ 2-3 \end{pmatrix} = \begin{pmatrix} 3 \\ -1 \end{pmatrix} \text{ erhält man}$$

$$\text{g:} \quad \overrightarrow{OX} = \begin{pmatrix} x \\ y \end{pmatrix} = \begin{pmatrix} 2 \\ 3 \end{pmatrix} + \lambda \cdot \begin{pmatrix} 3 \\ -1 \end{pmatrix}; \quad \lambda \in \mathbb{R}.$$

Liegt der Punkt R(8;1) auf der Geraden g? Dies ist genau dann der Fall, wenn die Vektorgleichung

$$\overrightarrow{OR} = \begin{pmatrix} 8 \\ 1 \end{pmatrix} = \begin{pmatrix} 2 \\ 3 \end{pmatrix} + \lambda \cdot \begin{pmatrix} 3 \\ -1 \end{pmatrix}$$

eine Lösung λ besitzt. Vergleich der beiden Komponenten ergibt das Gleichungssystem

$$\begin{aligned} 8 &= 2 + 3\lambda \quad \Rightarrow \quad \lambda = 2 \\ 1 &= 3 - \lambda \quad \Rightarrow \quad \lambda = 2 \end{aligned} \Bigg\} \text{ beide Werte sind gleich } \Rightarrow \text{ R liegt auf g.}$$

Für den Punkt S(5;4) erhält man

$$\overrightarrow{OS} = \begin{pmatrix} 5 \\ 4 \end{pmatrix} = \begin{pmatrix} 2 \\ 3 \end{pmatrix} + \lambda \cdot \begin{pmatrix} 3 \\ -1 \end{pmatrix}$$

$$\begin{aligned} 5 &= 2 + 3\lambda \quad \Rightarrow \quad \lambda = 1 \\ 4 &= 3 - \lambda \quad \Rightarrow \quad \lambda = -1 \end{aligned} \Bigg\} \text{ Widerspruch.}$$

Der Punkt S liegt nicht auf der Geraden g.

Beispiel 9 (Koordinatengleichung): Die Parameterdarstellung der Geraden

$$\begin{pmatrix} x \\ y \end{pmatrix} = \begin{pmatrix} 4 \\ 7 \end{pmatrix} + \lambda \cdot \begin{pmatrix} 3 \\ 4 \end{pmatrix}$$

ist gleichwertig mit

$$\begin{aligned} x &= 4 + 3\lambda \mid \cdot 4 \\ y &= 7 + 4\lambda \mid \cdot (-3) \end{aligned} \Bigg\} +$$

$$\overline{4x - 3y = 16 - 21 = -5}$$

Durch Elimination des Parameters λ entsteht die Koordinatengleichung der Geraden:

$$4x - 3y + 5 = 0$$

bzw. die aus der Schule bekannte Darstellung

$$y = \frac{4}{3}x + \frac{5}{3}.$$

Durch Elimination des Parameters λ in der Parameterdarstellung erhält man allgemein eine

---

Koordinatengleichung einer Geraden:

$$ax + by + c = 0 \quad \text{mit } a, b, c \in \mathbb{R}.$$

Die Koeffizienten a und b dürfen nicht gleichzeitig verschwinden.

Beispiel 10:

a) Gegeben ist die Koordinatengleichung der Geraden g in der Form $2x + 3y + 4 = 0$. Aus dieser Koordinatengleichung erhält man unmittelbar eine Parameterdarstellung, indem eine Variable beliebig gesetzt wird.

$x = \lambda$ ergibt $y = -\frac{4}{3} - \frac{2}{3}x = -\frac{4}{3} - \frac{2}{3}\lambda$; $\begin{pmatrix} x \\ y \end{pmatrix} = \begin{pmatrix} 0 \\ -\frac{4}{3} \end{pmatrix} + \lambda \cdot \begin{pmatrix} 1 \\ -\frac{2}{3} \end{pmatrix}.$

b) In $x + 4 = 0$ muß $y = \lambda$ beliebig gesetzt werden mit

$$\begin{pmatrix} x \\ y \end{pmatrix} = \begin{pmatrix} -4 \\ 0 \end{pmatrix} + \lambda \cdot \begin{pmatrix} 0 \\ 1 \end{pmatrix}; \ \lambda \in \mathbb{R} \quad \text{(Gerade parallel zur x-Achse)}.$$

c) $2y - 3 = 0$ ergibt mit $x = \lambda$ die Parameterdarstellung

$$\begin{pmatrix} x \\ y \end{pmatrix} = \begin{pmatrix} 0 \\ \frac{3}{2} \end{pmatrix} + \lambda \cdot \begin{pmatrix} 1 \\ 0 \end{pmatrix}; \ \lambda \in \mathbb{R} \quad \text{(Gerade parallel zur x-Achse)}.$$

Die Hessesche Normalform einer Geraden im $\mathbb{R}^2$

Es sei $\vec{n} = \begin{pmatrix} n_1 \\ n_2 \end{pmatrix}$ ein vom Koordinaten-ursprung O wegweisender Vektor, der auf der Geraden senkrecht steht und die Länge Eins besitzt (**Normaleneinheitsvektor**). Es gelte also

$$|\vec{n}|^2 = n_1^2 + n_2^2 = 1.$$

Für einen beliebigen Ortsvektor $\overrightarrow{OX}$ zur Geraden gilt dann

$$\vec{n}^T \cdot \overrightarrow{OX} = |\vec{n}| \cdot |\overrightarrow{OX}| \cdot \cos\gamma$$

$$= 1 \cdot |\overrightarrow{OX}| \cdot \cos\gamma.$$

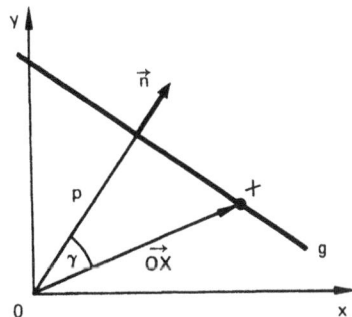

In dem eingezeichneten rechtwinkligen Dreieck hat die Hypothenuse die Länge $|\overrightarrow{OX}|$. Die Ankathete zum Winkel γ besitzt die Länge p. Es gilt also

$$|\overrightarrow{OX}| \cdot \cos\gamma = p.$$

Damit erhält man die Gleichungen

$$\vec{n}^T \cdot \overrightarrow{OX} - p = 0 \; ; \; (n_1, n_2) \cdot \begin{pmatrix} x \\ y \end{pmatrix} - p = 0, \text{ also die nach dem deutschen}$$

Mathematiker **O. Hesse** (1811 – 1874) benannte

Hessesche Normalform der Geraden g im $\mathbf{R}^2$:

$n_1 x + n_2 y - p = 0$;

$\vec{n}^T = (n_1, n_2)$ vom Koordinatenursprung O wegweisender Normaleneinheitsvektor auf der Geraden mit $n_1^2 + n_2^2 = 1$.

p ist dabei der (positive) Abstand des Koordinatenursprungs O von der Geraden g.

Mit Hilfe der Hesseschen Normalform kann sehr einfach der Abstand eines beliebigen Punktes von der Geraden berechnet werden. In der nachfolgenden Skizze betrachten wir zwei Punkte. Q und Q' liegen auf verschiedenen Seiten der Geraden g.

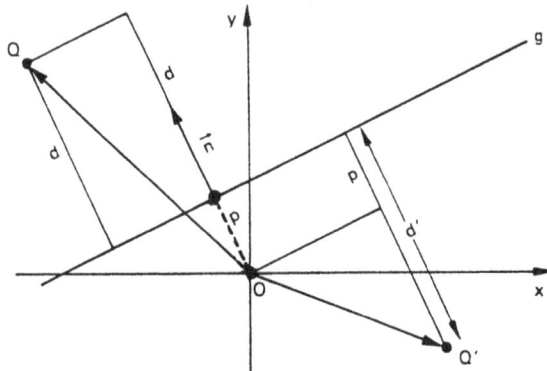

Für den Abstand d des Punktes Q von der Geraden gilt

$$\vec{n} \cdot \overrightarrow{OQ} = p + d; \qquad d = \vec{n} \cdot \overrightarrow{OQ} - p.$$

Der Abstand d' des Punktes Q' von der Geraden lautet

$$d' = p - \vec{n} \cdot \overrightarrow{OQ'} = -(\vec{n} \cdot \overrightarrow{OQ'} - p).$$

Damit gilt allgemein:

Setzt man die Koordinaten x_1 und y_1 eines beliebigen Punktes $P(x_1, y_1)$ in die Hessesche Normalform ein, so ist

$$d = n_1 x_1 + n_2 y_1 - p$$

der positive **Abstand des Punktes P** von der Geraden, falls P und der Koordinatenursprung O auf verschiedenen Seiten der Geraden liegen. Befinden sich der Koordinatenursprung O und P auf der gleichen Seite der Geraden, so ist d der negative Abstand des Punktes P von der Geraden. Allgemein ist also $|n_1 x_1 + n_2 y_1 - p|$ der Abstand des Punktes $P(x_1, y_1)$ von der Geraden g.

Die allgemeine Koordinatengleichung

$$ax + by + c = 0$$

kann dargestellt werden in der Form

$$(a, b) \cdot \begin{pmatrix} x \\ y \end{pmatrix} + c = 0.$$

Die Koordinatengleichung ist ein Vielfaches der Hesseschen Normalform. Daher steht der Vektor (a, b) senkrecht auf der Geraden. Er besitzt den

Betrag $\sqrt{a^2 + b^2}$. Dann ist

$$\vec{n} = \frac{1}{\sqrt{a^2 + b^2}} \cdot \begin{pmatrix} a \\ b \end{pmatrix}$$

ein Normaleneinheitsvektor mit dem Betrag 1. Division durch $\sqrt{a^2 + b^2}$ ergibt aus der Ausgangsgleichung

$$\frac{a}{\sqrt{a^2 + b^2}} x + \frac{b}{\sqrt{a^2 + b^2}} y + \frac{c}{\sqrt{a^2 + b^2}} = 0.$$

Für $c < 0$ ist dies bereits die Hessesche Normalform, sonst muß diese Gleichung mit -1 durchmultipliziert werden.

Die **Koordinatengleichung** $ax + by + c = 0$ besitzt die **Hessesche Normalform**

$$\frac{a}{\sqrt{a^2 + b^2}} x + \frac{b}{\sqrt{a^2 + b^2}} y + \frac{c}{\sqrt{a^2 + h^2}} = 0 \quad \text{für } c \leq 0.$$

$$-\frac{a}{\sqrt{a^2 + b^2}} x - \frac{b}{\sqrt{a^2 + b^2}} y - \frac{c}{\sqrt{a^2 + b^2}} = 0 \quad \text{für } c > 0.$$

Beispiel 11: Gesucht sind die Abstände des Koordinatenursprungs O und des Punktes P(1 ; 1) von der Geraden g: $3x + 4y - 11 = 0$. Befinden sich O und P auf derselben Seite der Geraden g ?

Wegen $\sqrt{a^2 + b^2} = \sqrt{3^2 + 4^2} = 5$ und $c = -11 < 0$ lautet die Hessesche Normalform

$$\frac{3}{5}x + \frac{4}{5}y - \frac{11}{5} = 0.$$

Der Abstand des Koordinatenursprungs O von der Geraden ist $p = \frac{11}{5}$.

Einsetzen der Koordinaten des Punktes P in die Hessesche Normalform ergibt

$$d = \frac{3}{5} \cdot 1 + \frac{4}{5} \cdot 1 - \frac{11}{5} = -\frac{4}{5}.$$

Der Abstand beträgt $\frac{4}{5}$.

Wegen $d < 0$ befinden sich der Koordinatenursprung O und P auf der gleichen Seite der Geraden g.

11.2 Vektoren im dreidimensionalen Raum $\mathbb{R}^3$

Beispiel 12 (vgl. Beispiel 1): Falls die Firma drei verschiedene Güter herstellt, können die drei Produktionsmengen zusammengefaßt werden zu den dreidimensionalen Produktionsvektoren

"Spaltenvektor" $\vec{m} = \begin{pmatrix} m_1 \\ m_2 \\ m_3 \end{pmatrix}$ bzw. "Zeilenvektor" $\vec{m}^T = (m_1, m_2, m_3)$.

Ein dreidimensionaler **Spaltenvektor** $\vec{a} = \begin{pmatrix} a_1 \\ a_2 \\ a_3 \end{pmatrix}$ bzw. **Zeilenvektor**

$\vec{a}^T = (a_1, a_2, a_3)$ besteht aus 3 Komponenten.

Beispiele von dreidimensionalen Vektoren sind Kräfte, Geschwindigkeiten oder magnetische Feldstärken, die räumlich wirken.

Verbindet man den Koordinatenursprung O mit dem Punkt P(a_1, a_2, a_3) im dreidimensionalen Raum, so erhält man den Ortsvektor

$$\overrightarrow{OP} = \vec{a} = \begin{pmatrix} a_1 \\ a_2 \\ a_3 \end{pmatrix}.$$

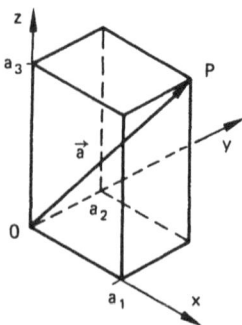

Zwei Vektoren heißen **gleich**, wenn die jeweiligen Komponenten übereinstimmen, also

$$\begin{pmatrix} a_1 \\ a_2 \\ a_3 \end{pmatrix} = \begin{pmatrix} b_1 \\ b_2 \\ b_3 \end{pmatrix} \quad \Leftrightarrow \quad a_1 = b_1,\ a_2 = b_2,\ a_3 = b_3 \,.$$

Die **Addition** zweier Vektoren und **Multiplikation** eines Vektors **mit einem
Skalar** ist wieder komponentenweise durchzuführen, also

$$\begin{pmatrix} a_1 \\ a_2 \\ a_3 \end{pmatrix} + \begin{pmatrix} b_1 \\ b_2 \\ b_3 \end{pmatrix} = \begin{pmatrix} a_1 + b_1 \\ a_2 + b_2 \\ a_3 + b_3 \end{pmatrix}; \quad \lambda \cdot \begin{pmatrix} a_1 \\ a_2 \\ a_3 \end{pmatrix} = \begin{pmatrix} \lambda\,a_1 \\ \lambda\,a_2 \\ \lambda\,a_3 \end{pmatrix},\ \lambda \in \mathbb{R} \,.$$

Zwei dreidimensionale Vektoren liegen immer in einer Ebene. Geometrisch kann die Addition analog zum
zweidimensionalen Fall in einem
räumlichen Parallelogramm durchgeführt werden. Wird der freie Vektor $\vec{b}$
an die Spitze von $\vec{a}$ angefügt, so zeigt
die Summe $\vec{a} + \vec{b}$ vom Anfangspunkt
von $\vec{a}$ zum Endpunkt von $\vec{b}$.

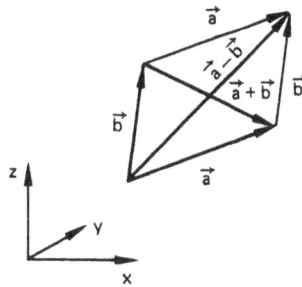

Der Vektor $\vec{a} - \vec{b}$ führt vom Endpunkt von $\vec{b}$ zum Endpunkt von $\vec{a}$.

Wie im zweidimensionalen Fall gilt
für den Verbindungsvektor der
Punkte $P(p_1, p_2, p_3)$ und $Q(q_1, q_2, q_3)$

$$\overrightarrow{PQ} = \overrightarrow{OQ} - \overrightarrow{OP} = \begin{pmatrix} q_1 - p_1 \\ q_2 - p_2 \\ q_3 - p_3 \end{pmatrix} .$$

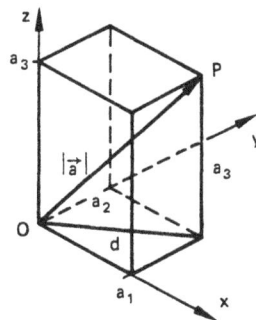

Betrag (Länge) eines Vektors:

Vom Punkt $P(a_1, a_2, a_3)$ werde auf
die x-y-Ebene das Lot gefällt. Dann
erhält man als Projektion den Durch-
stoßpunkt $P'(a_1, a_2, 0)$. Im rechtwinkligen Grunddreieck OAP' gilt nach
dem Satz des Pythagoras

$$d^2 = a_1^2 + a_2^2 \,.$$

Im Dreieck OP'P stellt der Vektor $\vec{a}$ die Hypothenuse dar mit

$$|\vec{a}|^2 = d^2 + a_3^2 = a_1^2 + a_2^2 + a_3^2 \,.$$

Damit lautet der **Betrag** (Länge) des Vektors $\vec{a}$

$$|\vec{a}| = \sqrt{a_1^2 + a_2^2 + a_3^2}\,.$$

Zwei nichtparallele vom Nullvektor verschiedene Vektoren $\vec{a}$ und $\vec{b}$, wobei der
Anfangspunkt von $\vec{b}$ an der Spitze von
$\vec{a}$ angetragen ist, spannen ein räumli-
ches Dreieck auf. Die dritte Seite kann
bei dieser Darstellung durch die Summe $\vec{a} + \vec{b}$ beschrieben werden. Nach
der Dreiecksungleichung kann die Län-
ge $|\vec{a} + \vec{b}|$ nicht größer sein als die
Summe $|\vec{a}| + |\vec{b}|$ der Längen der
beiden übrigen Seiten.

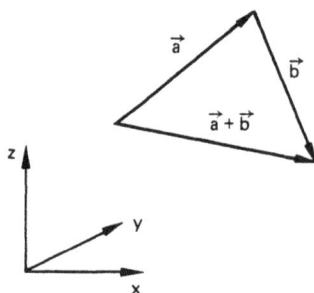

Wie im zweidimensionalen Fall gelten auch hier die

Eigenschaften des Betrags:

$$|\vec{a}| \geq 0; \quad |\vec{a}| = 0 \;\Leftrightarrow\; \vec{a}^T = \vec{0}^T = (0;0;0) \quad \text{(Nullvektor)}$$

$$|\lambda \cdot \vec{a}| = |\lambda| \cdot |\vec{a}| \quad \text{für } \lambda \in \mathbb{R}$$

$$|\vec{a} + \vec{b}| \leq |\vec{a}| + |\vec{b}| \qquad \text{(Dreiecksungleichung)}.$$

Das **Skalarprodukt (inneres Produkt)** eines Zeilenvektors mit einem Spaltenvektor ist erklärt durch

$$\vec{a}^T \cdot \vec{b} = (a_1, a_2, a_3) \cdot \begin{pmatrix} b_1 \\ b_2 \\ b_3 \end{pmatrix} = a_1 \cdot b_1 + a_2 \cdot b_2 + a_3 \cdot b_3 = \vec{b}^T \cdot \vec{a}.$$

Auch hier gilt wie im zweidimensionalen Fall

$$\vec{a}^T \cdot \vec{b} = |\vec{a}| \cdot |\vec{b}| \cdot \cos\varphi,$$

wobei φ der von den beiden Vektoren $\vec{a}$ und $\vec{b}$ eingeschlossene Winkel ist.
Mit dieser Formel lassen sich Winkel zwischen zwei Vektoren berechnen.

Zwei Vektoren sind **orthogonal** (stehen aufeinander senkrecht), wenn ihr
Skalarprodukt verschwindet:

$$\vec{a} \perp \vec{b} \;\Leftrightarrow\; \vec{a}^T \cdot \vec{b} = 0.$$

Der Nullvektor $\vec{0}^T = (0;0;0)$ ist nach dieser Definition orthogonal zu
jedem beliebigen Vektor $\vec{a}$.

Die **Linearkombination** von m Vektoren $\vec{a}_1, \vec{a}_2, ..., \vec{a}_m$

$$\vec{b} = \sum_{i=1}^{m} \lambda_i \cdot \vec{a}_i \quad \text{mit } \lambda_i \in \mathbb{R}$$

wird wie im zweidimensionalen Fall erklärt.

Für $\lambda_i \geq 0$ für alle i und $\sum_{i=1}^{m} \lambda_i = 1$ ist die Linearkombination **konvex**.

Entsprechend sind die Vektoren $\vec{a}_1, \vec{a}_2, ..., \vec{a}_m$ **linear unabhängig**, wenn die Vektorgleichung

$$\sum_{i=1}^{m} \lambda_i \cdot \vec{a}_i = \vec{0}$$

nur die triviale Lösung $\lambda_1 = \lambda_2 = ... = \lambda_m = 0$ besitzt.

Gibt es eine Darstellung $\sum_{i=1}^{m} \lambda_i \cdot \vec{a}_i = \vec{0}$, in der nicht alle λ_i verschwinden, dann heißen die Vektoren $\vec{a}_1, \vec{a}_2, ..., \vec{a}_m$ **linear abhängig**.

Beispiel 13: Die drei Vektoren $\vec{e}_1 = \begin{pmatrix} 1 \\ 0 \\ 0 \end{pmatrix}$, $\vec{e}_2 = \begin{pmatrix} 0 \\ 1 \\ 0 \end{pmatrix}$, $\vec{e}_3 = \begin{pmatrix} 0 \\ 0 \\ 1 \end{pmatrix}$ besitzen jeweils die Länge Eins und stehen paarweise aufeinander senkrecht, es gilt also

$$|\vec{e}_i| = 1 \text{ für } i = 1, 2, 3; \quad \vec{e}_i^{\,T} \cdot \vec{e}_k = 0 \text{ für } i \neq k.$$

Die drei Einheitsvektoren bilden ein sogenanntes **Orthonormalsystem**. Die Vektorgleichung

$$\lambda_1 \vec{e}_1 + \lambda_2 \vec{e}_2 + \lambda_3 \vec{e}_3 = \vec{0}$$

ist gleichwertig mit den drei Komponentengleichungen

$$\lambda_1 = 0, \quad \lambda_2 = 0, \quad \lambda_3 = 0.$$

Es gibt also nur die triviale Lösung. Daher sind die drei Vektoren linear unabhängig.

Jeder beliebige Vektor $\vec{a}^T = (a_1, a_2, a_3)$ läßt sich als Linearkombination dieser drei Vektoren darstellen in der Form

$$\vec{a} = a_1 \vec{e}_1 + a_2 \vec{e}_2 + a_3 \vec{e}_3 .$$

Bemerkungen

1. Zur Überprüfung auf lineare Abhängigkeit müssen für die λ_i drei lineare Gleichungen gelöst werden (vgl. Kap. 13). Falls das Gleichungssystem nur die triviale Lösung $\lambda_1 = ... = \lambda_m = 0$ besitzt, sind die m Vektoren linear unabhängig. Gibt es jedoch noch andere Lösungen, dann sind die Vektoren linear abhängig.

2. Mehr als 3 dreidimensionale Vektoren sind stets linear abhängig.

3. Falls m Vektoren linear abhängig sind, ist mindestens einer dieser Vektoren als Linearkombination der übrigen darstellbar. Wegen der Abhängigkeit besitzt die Gleichung

$$\lambda_1 \vec{a}_1 + \lambda_2 \vec{a}_2 + \dots + \lambda_m \vec{a}_m = \vec{0}$$

eine Lösung, bei der nicht alle λ-Werte gleich Null sind. Es sei z.B. $\lambda_r \neq 0$. Dann kann diese Gleichung durch λ_r dividiert und nach $\vec{a}_r$ aufgelöst werden in der Form

$$\vec{a}_r = \sum_{k \neq r} -\frac{\lambda_k}{\lambda_r} \vec{a}_k = \sum_{k \neq r} \mu_k \vec{a}_i \quad \text{mit} \quad \mu_k = -\frac{\lambda_k}{\lambda_r}.$$

Der Vektor $\vec{a}_r$ ist dann als Linearkombination der übrigen darstellbar.

4. Zwei vom Nullvektor verschiedene Vektoren sind genau dann linear unabhängig, wenn sie nicht parallel sind.

5. Drei vom Nullvektor verschiedene Vektoren sind genau dann linear unabhängig, wenn sie nicht in einer Ebene liegen.

6. Jede konvexe Linearkombination

$$\overrightarrow{OP} = \lambda_1 \overrightarrow{OP}_1 + \lambda_2 \overrightarrow{OP}_2 \,, \ \lambda_1, \lambda_2 \geq 0 \,; \ \lambda_1 + \lambda_2 = 1$$

ist ein Ortvektor zu einem Punkt auf der Verbindungsstrecke $\overrightarrow{P_1 P_2}$ dar.

7. Die Punkte $P_1, P_2, \dots, P_r$ sollen ein ebenes r-Eck im Raum bilden (alle r Punkte liegen in einer Ebene). Dann beschreiben die Punkte P der konvexen Linearkombinationen

$$\overrightarrow{OP} = \sum_{i=1}^{r} \lambda_i \overrightarrow{OP}_i \,, \ \lambda_i \geq 0 \text{ für alle i und } \sum_{i=1}^{r} \lambda_i = 1$$

die Fläche dieses r-Ecks (Rand und Inneres).

Beispiel 14 (Tetraeder):
Ein Tetraeder ist eine Pyramide mit einem Dreieck als Grundfläche. Von den vier Eckpunkten liegen jeweils drei in einer Ebene, aber nicht auf einer Geraden. Sie bilden die vier Dreiecke der Seitenflächen. Alle vier Punkte dürfen jedoch nicht in einer Ebene liegen.

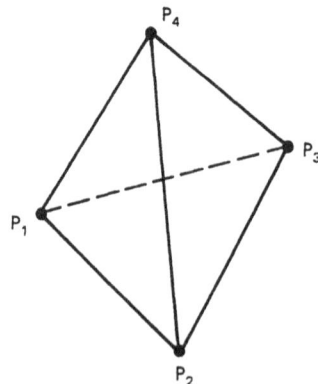

a) Die konvexen Linearkombinationen zweier Ortsvektoren mit $i \neq j$

$$\lambda_1 \overrightarrow{OP}_i + \lambda_2 \overrightarrow{OP}_j \,; \ \lambda_1, \lambda_2 \geq 0 \,; \ \lambda_1 + \lambda_2 = 1$$

sind Ortsvektoren zu der Kante (Verbindungsstrecke) $\overline{P_i P_j}$.

b) Die konvexen Linearkombinationen dreier Ortsvektoren mit verschiedenen i, j, k

$$\lambda_1 \overrightarrow{OP_i} + \lambda_2 \overrightarrow{OP_j} + \lambda_3 \overrightarrow{OP_k} \; ; \; \lambda_1, \lambda_2, \lambda_3 \geq 0 \; ; \; \lambda_1 + \lambda_2 + \lambda_3 = 1$$

sind Ortsvektoren zu der von den drei Punkten P_i, P_j und P_k gebildeten Dreiecksfläche.

c) Die konvexen Linearkombinationen aller vier Ortvektoren

$$\overrightarrow{OP} = \lambda_1 \overrightarrow{OP_1} + \lambda_2 \overrightarrow{OP_2} + \lambda_3 \overrightarrow{OP_3} + \lambda_4 \overrightarrow{OP_3} \; ;$$

$$\lambda_i \geq 0 \; \text{für } i = 1, \dots, 4 \; ; \; \lambda_1 + \lambda_2 + \lambda_3 + \lambda_4 = 1$$

führen zu Punkten P, die auf oder innerhalb des Tetraeders liegen. Der Körper des Tetraeders wird also durch die konvexen Linearkombinationen der Ortsvektoren aller vier Eckpunkte beschrieben.

Vektorprodukt (äußeres Produkt, Kreuzprodukt)

Es seien $\vec{a}$ und $\vec{b}$ zwei linear unabhängige Vektoren. Gesucht sind Vektoren $\vec{c}$, die auf $\vec{a}$ und $\vec{b}$ senkrecht stehen. Mit dem inneren Produkt erhält man die Bedingungen

$$\vec{c}^T \cdot \vec{a} = c_1 a_1 + c_2 a_2 + c_3 a_3 = 0$$

$$\vec{c}^T \cdot \vec{b} = c_1 b_1 + c_2 b_2 + c_3 b_3 = 0,$$

also zwei lineare Gleichungen für die drei Komponenten c_1, c_2, c_3. Dieses Gleichungssystem besitzt unendlich viele Lösungen. Sämtliche Lösungen $\vec{c}$ lassen sich als Vielfache eines Normalenvektors darstellen.

Ein auf $\vec{a}$ und $\vec{b}$ senkrechter Vektor kann jedoch direkt angegeben werden. Dazu die

Definition 8: Der Vektor

$$\vec{a} \times \vec{b} = \begin{pmatrix} a_1 \\ a_2 \\ a_3 \end{pmatrix} \times \begin{pmatrix} b_1 \\ b_2 \\ b_3 \end{pmatrix} = \begin{pmatrix} a_2 b_3 - a_3 b_2 \\ a_3 b_1 - a_1 b_3 \\ a_1 b_2 - a_2 b_1 \end{pmatrix}$$

heißt das **vektorielle Produkt (äußeres Produkt, Kreuzprodukt)** der beiden Vektoren $\vec{a}$ und $\vec{b}$.

Der Vektor $\vec{a} \times \vec{b}$ steht senkrecht auf den beiden Vektoren. Er zeigt in die Richtung, bei der die drei Vektoren $\vec{a}$, $\vec{b}$ und $\vec{a} \times \vec{b}$ ein sogenanntes Rechtssystem bilden. $\vec{a} \times \vec{b}$ zeigt in diejenige Richtung, in die sich eine Schraube mit Rechtsgewinde bewegen würde, wenn man $\vec{a}$ auf kürzestem Weg nach $\vec{b}$ dreht.

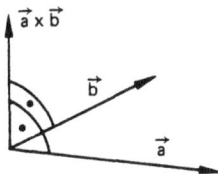

Das Kreuzprodukt kann formal als **Determinante** (s. Abschnitt 14.2) geschrieben werden, die nach der ersten Spalte entwickelt wird:

$$\vec{a}_1 \times \vec{a}_2 = \begin{vmatrix} \vec{e}_1 & a_1 & b_1 \\ \vec{e}_2 & a_2 & b_2 \\ \vec{e}_3 & a_3 & b_3 \end{vmatrix} = \vec{e}_1 \begin{vmatrix} a_2 & b_2 \\ a_3 & b_3 \end{vmatrix} - \vec{e}_2 \begin{vmatrix} a_1 & b_1 \\ a_3 & b_3 \end{vmatrix} + \vec{e}_3 \begin{vmatrix} a_1 & b_1 \\ a_2 & b_2 \end{vmatrix}.$$

$$= (a_2 b_3 - a_3 b_2) \cdot \vec{e}_1 - (a_1 b_3 - a_3 b_1) \cdot \vec{e}_2 + (a_1 b_2 - a_2 b_1) \vec{e}_3.$$

Beispiel 15:

a) $$\begin{pmatrix} 2 \\ 1 \\ -2 \end{pmatrix} \times \begin{pmatrix} -1 \\ 3 \\ 2 \end{pmatrix} = \begin{vmatrix} \vec{e}_1 & 2 & -1 \\ \vec{e}_2 & 1 & 3 \\ \vec{e}_3 & -2 & 2 \end{vmatrix}$$

$$= \vec{e}_1 \cdot \begin{vmatrix} 1 & 3 \\ -2 & 2 \end{vmatrix} - \vec{e}_2 \cdot \begin{vmatrix} 2 & -1 \\ -2 & 2 \end{vmatrix} + \vec{e}_3 \cdot \begin{vmatrix} 2 & -1 \\ 1 & 3 \end{vmatrix}$$

$$= \vec{e}_1 \cdot (2+6) - \vec{e}_2 \cdot (4-2) + \vec{e}_3 \cdot (6+1) = \begin{pmatrix} 8 \\ -2 \\ 7 \end{pmatrix} = \vec{n};$$

Probe: $\vec{n}^T \cdot \vec{a} = 8 \cdot 2 - 2 \cdot 1 + 7 \cdot (-2) = 0$

$\vec{n}^T \cdot \vec{b} = 8 \cdot (-1) - 2 \cdot 3 + 7 \cdot 2 = 0.$

Jeder Vektor, der auf $\vec{a}$ und $\vec{b}$ senkrecht steht, ist ein Vielfaches des Vektors $\vec{n}$, also darstellbar in der Form

$$\lambda \cdot \vec{n} = \lambda \cdot \begin{pmatrix} 8 \\ -2 \\ 7 \end{pmatrix}.$$

b) $$\begin{pmatrix} -1 \\ 3 \\ 2 \end{pmatrix} \times \begin{pmatrix} 2 \\ 1 \\ -2 \end{pmatrix} = \begin{vmatrix} \vec{e}_1 & -1 & 2 \\ \vec{e}_2 & 3 & 1 \\ \vec{e}_3 & 2 & -2 \end{vmatrix}$$

$$= \vec{e}_1 \cdot \begin{vmatrix} 3 & 1 \\ 2 & -2 \end{vmatrix} - \vec{e}_2 \cdot \begin{vmatrix} -1 & 2 \\ 2 & -2 \end{vmatrix} + \vec{e}_3 \cdot \begin{vmatrix} -1 & 2 \\ 3 & 1 \end{vmatrix}$$

$$= \vec{e}_1 \cdot (-6-2) - \vec{e}_2 \cdot (2-4) + \vec{e}_3 \cdot (-1-6) = \begin{pmatrix} -8 \\ 2 \\ -7 \end{pmatrix}.$$

Hier gilt also

$$\begin{pmatrix} -1 \\ 3 \\ 2 \end{pmatrix} \times \begin{pmatrix} 2 \\ 1 \\ -2 \end{pmatrix} = - \begin{pmatrix} 2 \\ 1 \\ -2 \end{pmatrix} \times \begin{pmatrix} -1 \\ 3 \\ 2 \end{pmatrix}.$$

Das Kreuzprodukt $\vec{a} \times \vec{b}$ ist **nicht kommutativ**. Allgemein gilt jedoch

$$\boxed{\vec{b} \times \vec{a} = - \vec{a} \times \vec{b}.}$$

Parameterdarstellung einer Geraden im $\mathbb{R}^3$

Entsprechend der Parameterdarstellung der Geraden in der Ebene in Abschnitt 11.1 lautet die Gleichung der Geraden durch die Punkte $P \neq Q$

$$g: \overrightarrow{OX} = \begin{pmatrix} x \\ y \\ z \end{pmatrix} = \overrightarrow{OP} + \lambda \cdot \overrightarrow{PQ}$$
$$= \vec{a} + \lambda \cdot \vec{b}; \lambda \in \mathbb{R}.$$

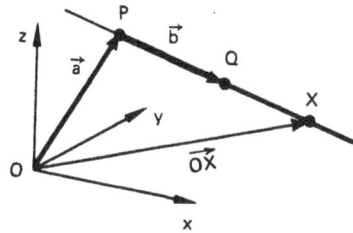

Für eine Gerade gibt es beliebig viele Parameterdarstellungen. Die Parameterdarstellung ist also nicht eindeutig.

Parameterdarstellung einer Ebene im $\mathbb{R}^3$

Durch drei nicht auf einer Geraden liegende Punkte P_1, P_2 und P_3 ist genau eine Ebene E bestimmt.

$\vec{a} = \overrightarrow{OP_1}$ ist ein Ortsvektor zur Ebene E.

$\vec{b} = \overrightarrow{P_1P_2}$ und $\vec{c} = \overrightarrow{P_1P_3}$ sind unabhängige (nichtparallele) Vektoren in der Ebene E.

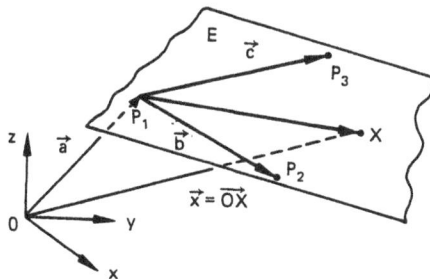

X(x, y, z) sei ein beliebiger Punkt auf der Ebene E. Dann gilt

$$\overrightarrow{OX} = \overrightarrow{OP_1} + \overrightarrow{P_1X}.$$

Die drei Vektoren $\overrightarrow{P_1X}$, $\vec{b}$ und $\vec{c}$ liegen in der Ebene E. Dann kann analog zu Beispiel 6 der Vektor $\overrightarrow{P_1X}$ als Linearkombination der Vektoren $\vec{b}$ und $\vec{c}$ dargestellt werden in der Form

$$\overrightarrow{P_1X} = \lambda \cdot \vec{b} + \mu \cdot \vec{c}, \lambda, \mu \in \mathbb{R}.$$

Damit erhält man die

Parameterdarstellung einer Ebene :

$$\overrightarrow{OX} = \begin{pmatrix} x \\ y \\ z \end{pmatrix} = \overrightarrow{OP_1} + \lambda \overrightarrow{P_1P_2} + \mu \overrightarrow{P_1P_3} = \vec{a} + \lambda \vec{b} + \mu \vec{c} \; ; \; \lambda, \mu \in \mathbb{R}.$$

Für jedes Paar (λ, μ) der beiden Parameterwerte erhält man einen Ortsvektor zu einem Punkt der Ebene.

Ordnet man jedem Punkt P auf der Ebene das zugehörige Parameterpaar (λ, μ) zu, so entsteht eine allgemeine Koordinetenebene, deren Achsen und Maßstabseinheiten durch die Vektoren $\vec{a}$ und $\vec{b}$ bestimmt sind.

Die Parameterdarstellung einer Ebene ist nicht eindeutig. Für jede Ebene gibt es beliebig viele verschiedene Parameterdarstellungen.

Beispiel 16: Gesucht ist eine Parameterdarstellung der durch die drei Punkte $P_1(1;2;-1)$, $P_2(2;1;3)$, $P_3(4;3;5)$ aufgespannten Ebene E.

Mit $\vec{a} = \overrightarrow{OP_1} = \begin{pmatrix} 1 \\ 2 \\ -1 \end{pmatrix}$; $\vec{b} = \overrightarrow{P_1P_2} = \begin{pmatrix} 1 \\ -1 \\ 4 \end{pmatrix}$ und $\vec{c} = \overrightarrow{P_1P_3} = \begin{pmatrix} 3 \\ 1 \\ 6 \end{pmatrix}$

erhält man die Parameterdarstellung

$$\overrightarrow{OX} = \begin{pmatrix} x \\ y \\ z \end{pmatrix} = \begin{pmatrix} 1 \\ 2 \\ -1 \end{pmatrix} + \lambda \begin{pmatrix} 1 \\ -1 \\ 4 \end{pmatrix} + \mu \begin{pmatrix} 3 \\ 1 \\ 6 \end{pmatrix} \; ; \; \lambda, \mu \in \mathbb{R}.$$

Setzt man z.B. $\lambda = 2$ und $\mu = 3$, so erhält man den Ortsvektor

$$\overrightarrow{OP} = \begin{pmatrix} 1 \\ 2 \\ -1 \end{pmatrix} + 2 \begin{pmatrix} 1 \\ -1 \\ 4 \end{pmatrix} + 3 \begin{pmatrix} 3 \\ 1 \\ 6 \end{pmatrix} = \begin{pmatrix} 12 \\ 3 \\ 25 \end{pmatrix};$$

der Punkt P(12; 3; 25) liegt also in der Ebene E.

Koordinatendarstellung einer Ebene im $\mathbb{R}^3$

Beispiel 17 (vgl. Beispiel 16): Der Punkt $X(x, y, z)$ liegt genau dann in der Ebene E aus Beispiel 16, wenn für die drei Koordinaten mit geeigneten Parameterwerten λ und μ die drei Koordinatengleichungen erfüllt sind:

$$
\begin{array}{lll}
(1) & x = & 1 + \lambda + 3\mu \\
(2) & y = & 2 - \lambda + \mu \\
(3) & z = & -1 + 4\lambda + 6\mu.
\end{array}
$$

Wir eliminieren aus den ersten beiden Gleichungen die Parameter λ und μ.

$$(1) + (2) \quad \Rightarrow \quad x + y = 3 + 4\mu \quad \Rightarrow \quad \mu = \tfrac{1}{4}x + \tfrac{1}{4}y - \tfrac{3}{4}$$

$$(1) - 3 \times (2) \quad \Rightarrow \quad x - 3y = -5 + 4\lambda \quad \Rightarrow \quad \lambda = \tfrac{1}{4}x - \tfrac{3}{4}y + \tfrac{5}{4}.$$

Diese beiden Werte für λ und μ werden in die Gleichung (3) eingesetzt mit

$$z = -1 + x - 3y + 5 + \tfrac{3}{2}x + \tfrac{3}{2}y - \tfrac{9}{2} = -\tfrac{1}{2} + \tfrac{5}{2}x - \tfrac{3}{2}y$$

$$-\tfrac{5}{2}x + \tfrac{3}{2}y + z + \tfrac{1}{2} = 0.$$

Multiplikation dieser Gleichung mit 2 ergibt die

Koordinatengleichung: $-5x + 3y + 2z + 1 = 0$.

Durch Elimination der beiden Parameter λ und μ erhält man aus der Parameterdarstellung der Ebene eine

---

Koordinatengleichung einer Ebene:

$$ax + by + cz + d = 0.$$

Die Koeffizienten a, b und c dürfen nicht alle gleichzeitig verschwinden.

Aus einer Koordinatengleichung der Ebene erhält man eine Parameterdarstellung, indem von den drei Variablen x, y und z eine gleich λ und eine zweite gleich μ gesetzt wird. λ und μ sind dabei beliebig. Dazu das

Beispiel 18:

a) E: $2x - 3y + 5z - 7 = 0$.

Mit $x = \lambda$ und $y = \mu$ erhält man $z = -\tfrac{2}{5}\lambda + \tfrac{3}{5}\mu + \tfrac{7}{5}$.

In der Vektorschreibweise erhält man die Parameterdarstellung

$$\begin{pmatrix} x \\ y \\ z \end{pmatrix} = \begin{pmatrix} 0 \\ 0 \\ \tfrac{7}{5} \end{pmatrix} + \lambda \cdot \begin{pmatrix} 1 \\ 0 \\ -\tfrac{2}{5} \end{pmatrix} + \mu \cdot \begin{pmatrix} 0 \\ 1 \\ \tfrac{3}{5} \end{pmatrix}.$$

b) E: $x + 2y + 1 = 0$. Hier ist der Koeffizient von z gleich Null. Daher darf z beliebig sein. Die Ebene ist parallel zur z-Achse.
Mit $y = \lambda$ und $z = \mu$ erhält man $x = -1 - 2\lambda$;

$$\begin{pmatrix} x \\ y \\ z \end{pmatrix} = \begin{pmatrix} -1 \\ 0 \\ 0 \end{pmatrix} + \lambda \cdot \begin{pmatrix} -2 \\ 1 \\ 0 \end{pmatrix} + \mu \cdot \begin{pmatrix} 0 \\ 0 \\ 1 \end{pmatrix}.$$

c) $x - 2 = 0$ ist im dreidimensionalen Raum die Koordinatengleichung einer Ebene. Hier müssen $y = \lambda$ und $z = \mu$ gesetzt werden. Die Ebene ist parallel zur y-z-Ebene und besitzt die Parameterdarstellung

$$\begin{pmatrix} x \\ y \\ z \end{pmatrix} = \begin{pmatrix} 2 \\ 0 \\ 0 \end{pmatrix} + \lambda \cdot \begin{pmatrix} 0 \\ 1 \\ 0 \end{pmatrix} + \mu \cdot \begin{pmatrix} 0 \\ 0 \\ 1 \end{pmatrix}.$$

Die Hessesche Normalform einer Ebene im $\mathbb{R}^3$

Es sei $\vec{n} = \begin{pmatrix} n_1 \\ n_2 \\ n_3 \end{pmatrix}$ ein vom Koordinatenursprung O wegweisender Normaleneinheitsvektor auf der Ebene mit

$$|\vec{n}|^2 = n_1^2 + n_2^2 + n_3^2 = 1.$$

Für einen beliebigen Ortsvektor $\overrightarrow{OX}$ zur Ebene gilt dann

$$\vec{n}^T \cdot \overrightarrow{OX} = |\vec{n}| \cdot |\overrightarrow{OX}| \cdot \cos\gamma$$
$$= 1 \cdot |\overrightarrow{OX}| \cdot \cos\gamma = p.$$

In dem rechtwinkligen Dreieck mit der Hypothenuse $|\overrightarrow{OX}|$ und der Ankathete p gilt

$$|\overrightarrow{OX}| \cdot \cos\gamma = p$$

Analog zur Hesseschen Normalform einer Geraden im $\mathbb{R}^2$ erhält man damit die Gleichungen

$$\vec{n}^T \cdot \overrightarrow{OX} - p = 0 \; ; \; (n_1, n_2, n_3) \cdot \begin{pmatrix} x \\ y \\ z \end{pmatrix} - p = 0,$$

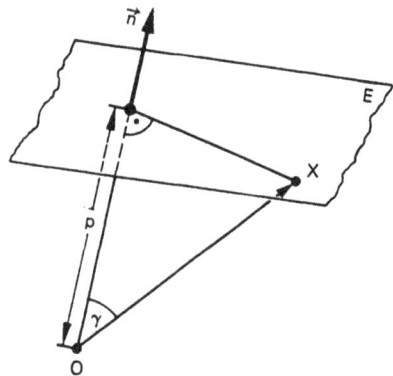

also die

Hessesche Normalform einer Ebene:

$n_1 x + n_2 y + n_3 z - p = 0$;

$\vec{n}^T = (n_1, n_2, n_3)$ ist dabei ein vom Koordinatenursprung O wegweisender Normaleneinheitsvektor der Ebene mit $n_1^2 + n_2^2 + n_3^2 = 1$.

p ist der Abstand des Koordinatenursprungs O von der Ebene E.

Mit Hilfe der Hesseschen Normalform kann sehr einfach der Abstand eines beliebigen Punktes von der Ebene berechnet werden. Die beiden Punkte Q und Q' liegen auf verschiedenen Seiten der Ebene E.

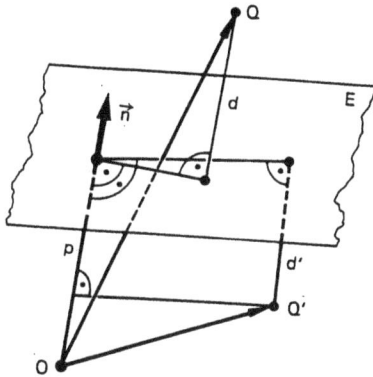

Für den Abstand d des Punktes Q von der Ebene gilt

$$\vec{n} \cdot \overrightarrow{OQ} = p + d; \qquad d = \vec{n} \cdot \overrightarrow{OQ} - p.$$

Der Abstand d' des Punktes Q' von der Ebene beträgt

$$d' = p - \vec{n} \cdot \overrightarrow{OQ'} = -(\vec{n} \cdot \overrightarrow{OQ'} - p).$$

Damit gilt allgemein:

Setzt man die Koordinaten x_1, y_1 und z_1 eines beliebigen Punktes $P(x_1, y_1, z_1)$ in die Hessesche Normalform der Ebenengleichung ein, dann ist

$$d = n_1 x_1 + n_2 y_1 + n_3 z_1 - p$$

der positive **Abstand des Punktes P** von der Ebene, falls P und der Koordinatenursprung O auf verschiedenen Seiten der Ebene liegen. Sind der Koordinatenursprung O und P auf der gleichen Seite der Ebene, so ist d der negative Abstand des Punktes P von der Ebene. Allgemein ist also $|n_1 x_1 + n_2 y_1 + n_3 z_1 - p|$ der Abstand des Punktes $P(x_1, y_1, z_1)$ von der Ebene E.

Die allgemeine Koordinatengleichung einer Ebene

$$ax + by + cz + d = 0$$

kann dargestellt werden in der Form

$$(a, b, c) \cdot \begin{pmatrix} x \\ y \\ z \end{pmatrix} + d = 0 \, .$$

Da die Koordinatengleichung ein Vielfaches der Hesseschen Normalform ist, ist (a, b, c) ein Vektor, der senkrecht auf der Ebene steht. Sein Betrag lautet $\sqrt{a^2 + b^2 + c^2}$. Daher ist

$$\vec{n} = \frac{1}{\sqrt{a^2 + b^2 + c^2}} \cdot \begin{pmatrix} a \\ b \\ c \end{pmatrix}$$

ein Normaleneinheitsvektor mit dem Betrag 1. Division der Koordinatengleichung durch $\pm\sqrt{a^2 + b^2 + c^2}$ ergibt die Hessesche Normalform.

Die **Koordinatengleichung** $ax + by + cz + d = 0$ besitzt die

Hessesche Normalform

$$\pm\left[\frac{ax}{\sqrt{a^2 + b^2 + c^2}} + \frac{by}{\sqrt{a^2 + b^2 + c^2}} + \frac{cz}{\sqrt{a^2 + b^2 + c^2}} + \frac{d}{\sqrt{a^2 + b^2 + c^2}} \right] = 0.$$

Dabei gilt $+$ für $d \leq 0$ und $-$ für $d > 0$.

Beispiel 19: Gesucht sind die Abstände der Punkte O (Koordinatenursprung), $P_1(3; 4; 2)$ und $P_2(5; 1; -4)$ von der Ebene

$$E: -4x + 3y - 5z + 10 = 0 \, .$$

Mit $\sqrt{a^2 + b^2 + c^2} = \sqrt{50}$ erhält man die Hessesche Normalform

$$\frac{4}{\sqrt{50}}x - \frac{3}{\sqrt{50}}y + \frac{5}{\sqrt{50}}z - \frac{10}{\sqrt{50}} = 0 \quad \text{bzw.}$$

$$\frac{1}{\sqrt{50}} \cdot (4x - 3y + 5z - 10) = 0 \quad \text{(Vorzeichenwechsel wegen } d > 0\text{)}.$$

Koordinatenursprung: Abstand $\dfrac{10}{\sqrt{50}} = \dfrac{10 \cdot \sqrt{50}}{\sqrt{50} \cdot \sqrt{50}} = \dfrac{\sqrt{50}}{5} = \sqrt{\dfrac{50}{25}} = \sqrt{2}$;

$P_1(3; 4; 2)$: $\dfrac{1}{\sqrt{50}} \cdot (4 \cdot 3 - 3 \cdot 4 + 5 \cdot 2 - 10) = 0$; Abstand $= 0$;

der Punkt P_1 liegt in der Ebene E.

$P_2(5; 1; -4)$: $\dfrac{1}{\sqrt{50}} \cdot (4 \cdot 5 - 3 \cdot 1 - 5 \cdot 4 - 10) = -\dfrac{13}{\sqrt{50}} = -\dfrac{13 \cdot \sqrt{50}}{50}$

$$\text{Abstand} = \frac{13 \cdot \sqrt{50}}{50} \, .$$

11.3 Vektoren im n-dimensionalen Raum $\mathbf{R}^n$

Beispiel 20 (vgl. Beispiel 12): Eine Firma stelle n verschiedene Güter her, wobei n eine beliebige natürliche Zahl ist. m_i sei die Herstellungsmenge und p_i der Preis je Mengeneinheit des i-ten Gutes. Dann können diese Zahlen dargestellt werden als Produktionsvektor $\vec{m}$ und Preisvektor $\vec{p}$ mit

$$\vec{m} = \begin{pmatrix} m_1 \\ m_2 \\ \vdots \\ m_n \end{pmatrix}; \quad \vec{p} = \begin{pmatrix} p_1 \\ p_2 \\ \vdots \\ p_n \end{pmatrix}$$

bzw. $\vec{m}^T = (m_1, m_2, ..., m_n); \quad \vec{p}^T = (p_1, p_2, ..., p_n)$.

Dabei handelt es sich um Spalten- bzw. Zeilenvektoren mit n Komponenten, also um n-dimensionale Vektoren im $\mathbf{R}^n$.

Die für $n = 2$ und $n = 3$ gültigen Definitionen und Eigenschaften von Vektoren aus Abschnitt 11.1 und 11.2 können formal auf Vektoren mit mehr als drei Komponenten übertragen werden. Die Vektoren können jedoch nicht mehr geometrisch veranschaulicht werden. Für das im $\mathbf{R}^3$ definierte Vektorprodukt (Kreuzprodukt) gibt es jedoch keine Übertragungsmöglichkeit auf Vektoren mit mehr als 3 Komponenten.

Im folgenden werden die Definitionen nochmals kurz zusammengestellt.

Definition 9:

$\vec{a} = \begin{pmatrix} a_1 \\ a_2 \\ \vdots \\ a_n \end{pmatrix}$ heißt ein **Spaltenvektor** und $\vec{a}^T = (a_1, a_2, ..., a_n)$ ein **Zeilenvektor** mit den n **Komponenten** $a_1, a_2, ..., a_n$. n ist die **Dimension** des Vektors.

Zwei Vektoren der gleichen Dimension n heißen **gleich**, wenn sie komponentenweise übereinstimmen:

$$\vec{a} = \begin{pmatrix} a_1 \\ a_2 \\ \vdots \\ a_n \end{pmatrix} = \begin{pmatrix} b_1 \\ b_2 \\ \vdots \\ b_n \end{pmatrix} = \vec{b} \quad \Leftrightarrow \quad a_i = b_i \text{ für } i = 1, 2, ..., n .$$

Zwei Vektoren werden komponentenweise **addiert:**

$$\vec{a} + \vec{b} = \begin{pmatrix} a_1 \\ a_2 \\ \vdots \\ a_n \end{pmatrix} + \begin{pmatrix} b_1 \\ b_2 \\ \vdots \\ b_n \end{pmatrix} = \begin{pmatrix} a_1 + b_1 \\ a_2 + b_2 \\ \vdots \\ a_n + b_n \end{pmatrix} .$$

Vektoren werden mit einem Skalar $\lambda \in \mathbf{R}$ komponentenweise **multipliziert.**

$$\lambda \cdot \vec{a} = \lambda \cdot \begin{pmatrix} a_1 \\ a_2 \\ \vdots \\ a_n \end{pmatrix} = \begin{pmatrix} \lambda \cdot a_1 \\ \lambda \cdot a_2 \\ \vdots \\ \lambda \cdot a_n \end{pmatrix} .$$

Der **Betrag eines Vektors** ist erklärt durch:

$$|\vec{a}| = \sqrt{a_1^2 + a_2^2 + \ldots + a_n^2} = \sqrt{\sum_{i=1}^{n} a_i^2} \ .$$

Das **Skalarprodukt (inneres Produkt)** eines Zeilenvektors $\vec{a}^T$ mit einem Spaltenvektor $\vec{b}$ ist definiert durch

$$\vec{a}^T \cdot \vec{b} = (a_1, a_2, \ldots, a_n) \cdot \begin{pmatrix} b_1 \\ b_2 \\ \vdots \\ b_n \end{pmatrix} = \sum_{i=1}^{n} a_i \cdot b_i = \vec{b}^T \cdot \vec{a}.$$

Zwei Vektoren heißen **orthogonal**, wenn ihr Skalarprodukt verschwindet:

$$\vec{a} \perp \vec{b} \quad \Leftrightarrow \quad \vec{a}^T \cdot \vec{b} = 0.$$

Durch

$$\cos \varphi = \frac{\vec{a}^T \cdot \vec{b}}{|\vec{a}| \cdot |\vec{b}|} = \frac{\sum\limits_{i=1}^{n} a_i \cdot b_i}{\sqrt{\sum\limits_{i=1}^{n} a_i^2} \cdot \sqrt{\sum\limits_{i=1}^{n} b_i^2}} \ .$$

können auf abstrakte (formale) Weise Winkel zwischen zwei Vektoren definiert werden.

Eigenschaften des Betrags:

$$|\vec{a}| \geq 0; \quad |\vec{a}| = 0 \quad \Leftrightarrow \quad \vec{a}^T = \vec{0}^T = (0; 0; \ldots; 0) \quad \text{(Nullvektor)}$$

$$|\lambda \cdot \vec{a}| = |\lambda| \cdot |\vec{a}| \quad \text{für } \lambda \in \mathbb{R}$$

$$|\vec{a} + \vec{b}| \leq |\vec{a}| + |\vec{b}| \qquad \text{(Dreiecksungleichung)}.$$

Beispiel 21 (vgl. Beispiel 20): Der Umsatz aus den n Gütern läßt sich mit Hilfe des Mengenvektors $\vec{m}$ und des Preisvektors $\vec{p}$ berechnen als

$$U = \vec{m}^T \cdot \vec{p} = (m_1, m_2, \ldots, m_n) \cdot \begin{pmatrix} p_1 \\ p_2 \\ \vdots \\ p_n \end{pmatrix} = \sum_{i=1}^{n} m_i p_i = \vec{p}^T \cdot \vec{m}.$$

Definition 10 (Linearkombination und lineare Unabhängigkeit):

a) Der Vektor

$$\vec{b} = \sum_{i=1}^{m} \lambda_i \vec{a}_i \quad \text{mit } \lambda_i \in \mathbb{R}$$

heißt **Linearkombination** der Vektoren $\vec{a}_1, \vec{a}_2, \ldots, \vec{a}_m$.

Im Falle $\lambda_i \geq 0$ für alle i und $\sum\limits_{i=1}^{m} \lambda_i = 1$ nennt man die Linearkombination **konvex**.

b) Die Vektoren $\vec{a}_1, \vec{a}_2, \ldots, \vec{a}_m$ heißen **linear unabhängig**, wenn

$$\sum_{i=1}^{m} \lambda_i \vec{a}_i = \vec{0}$$

nur die triviale Lösung $\lambda_1 = \lambda_2 = \ldots = \lambda_m = 0$ besitzt.

Falls es eine Darstellung $\sum\limits_{i=1}^{m} \lambda_i \, \vec{a}_i = \vec{0}$ gibt, in der nicht alle λ_i verschwinden, heißen die Vektoren $\vec{a}_1, \vec{a}_2, \ldots, \vec{a}_m$ **linear abhängig.**

Vergleicht man in der Vektorgleichung $\sum\limits_{i=1}^{m} \lambda_i \, \vec{a}_i = \vec{0}$ die n Komponenten, so entsteht für die m Unbekannten $\lambda_1, \lambda_2, \ldots, \lambda_m$ ein lineares Gleichungssystem mit n Gleichungen (vgl. Abschnitt 12.3 und 13.3)

a) Falls das Gleichungssystem nur die triviale Lösung $\lambda_1 = \ldots = \lambda_m = 0$ besitzt, sind die m Vektoren $\vec{a}_1, \ldots, \vec{a}_m$ linear unabhängig.

b) Gibt es jedoch Lösungen $\lambda_1, \lambda_2, \ldots, \lambda_m$, die nicht alle verschwinden, so sind die Vektoren linear abhängig.

Beispiel 22:

Die n Vektoren $\vec{e}_1 = \begin{pmatrix} 1 \\ 0 \\ \vdots \\ 0 \end{pmatrix}$; $\vec{e}_2 = \begin{pmatrix} 0 \\ 1 \\ \vdots \\ 0 \end{pmatrix}$; $\ldots$; $\vec{e}_n = \begin{pmatrix} 0 \\ 0 \\ \vdots \\ 1 \end{pmatrix}$

besitzen jeweils den Betrag Eins und stehen paarweise aufeinander senkrecht, es gilt also

$$|\vec{e}_i| = 1 \text{ für } i = 1, 2, \ldots, n \text{ und } \vec{e}_i^{\,T} \cdot \vec{e}_k = 0 \text{ für } i \neq k.$$

Die i-te Komponente des Vektors $\vec{e}_i$ ist gleich Eins, während alle übrigen Komponenten verschwinden. Die n Einheitsvektoren bilden ein sogenanntes **Orthonormalsystem.** Die Vektorgleichung

$$\lambda_1 \vec{e}_1 + \lambda_2 \vec{e}_2 + \ldots \lambda_n \vec{e}_n = \vec{0}$$

ist gleichwertig mit den n Komponentengleichungen
$$\lambda_i = 0 \text{ für } i = 1, 2, \ldots, n.$$

Es gibt also nur die triviale Lösung. Daher sind die n Vektoren linear unabhängig.

Jeder beliebige Vektor $\vec{a}^T = (a_1, a_2, \ldots, a_n)$ läßt sich als Linearkombination der n Einheitsvektoren darstellen in der (eindeutigen) Form

$$\vec{a} = \sum\limits_{i=1}^{n} a_i \cdot \vec{e}_i.$$

Bemerkungen:

1. Falls m Vektoren linear abhängig sind, ist mindestens einer dieser Vektoren als Linearkombination der übrigen darstellbar. Der Beweis dieser Eigenschaft kann unmittelbar von S. 302 (n = 3) übernommen werden.

2. Mehr als n Vektoren im $\mathbb{R}^n$ sind stets linear abhängig.

3. Die lineare Unabhängigkeit von Vektoren wird in den Abschnitten 12.3 und 13.3 näher untersucht.

Beispiel 23: Gegeben sind die linear unabhängigen Vektoren

$$\vec{a}_1 = \begin{pmatrix} 1 \\ 2 \\ 1 \end{pmatrix}; \quad \vec{a}_2 = \begin{pmatrix} 3 \\ -2 \\ 5 \end{pmatrix}.$$

V sei die Menge aller Linearkombinationen dieser beiden Vektoren, also

$$V = \{\lambda_1 \vec{a}_1 + \lambda_2 \vec{a}_2, \ \lambda_1, \lambda_2 \in \mathbb{R}\}.$$

Mit jedem Vektor $\vec{a}$ ist auch jedes Vielfache $\lambda \vec{a}$ ebenfalls in V. Mit zwei Vektoren ist auch die Summe in V enthalten. Dafür sagt man auch: V ist abgeschlossen bezüglich der Operationen der Addition zweier Elemente und der Multiplikation mit einem Skalar.

Definition 11 (Vektorraum):

Eine nichtleere Menge V von Vektoren $\vec{a} \in \mathbb{R}^n$ heißt **Vektorraum** oder **linearer Raum**, wenn V abgeschlossen ist gegenüber der Addition zweier Elemente und der Multiplikation mit einem Skalar λ. Es muß also gelten:

$$\vec{a}, \vec{b} \in V \ \Rightarrow \ \vec{a} + \vec{b} \in V \quad \text{und} \quad \lambda \vec{a} \in V \text{ für jedes } \lambda \in \mathbb{R}.$$

Definition 12 (Basis eines Vektorraumes):

Die Menge $\{\vec{b}_1, \vec{b}_2, ..., \vec{b}_r\}$ linear unabhängiger Vektoren heißt **Basis** von V, wenn jedes Element $\vec{a} \in V$ als Linearkombination der **Basisvektoren** $\vec{b}_1, \vec{b}_2, ..., \vec{b}_r$ darstellbar ist:

$$\vec{a} = \lambda_1 \vec{b}_1 + \lambda_2 \vec{b}_2 + ... + \lambda_r \vec{b}_r, \quad \lambda_i \in \mathbb{R} \text{ für } i = 1, 2, ..., r.$$

Dabei ist r die **Dimension** von V. Dafür schreibt man auch $\dim(V) = r$.

Der Vektorraum V aus Beispiel 23 hat die Basis $\{\vec{a}_1, \vec{a}_2\}$ und die Dimension 2. Nach Beispiel 22 ist $\{\vec{e}_1, \vec{e}_2, ..., \vec{e}_n\}$ eine Basis des n-dimensionalen Vektorraums $\mathbb{R}^n$.

11.4 Aufgaben

1. Die Gerade g im $\mathbb{R}^2$ sei durch die beiden Punkte $P_1(2;1)$ und $P_2(5;-4)$ bestimmt.
a) Geben Sie eine Parameterdarstellung für g an.
b) Bestimmen Sie eine Koordinatengleichung für g.
c) Berechnen Sie die Abstände der Punkte $Q_1(8;-9)$ und $Q_2(1;1)$ von der Geraden g.

2. Für welche Konstante c ist $(1;7;c)$ eine Linearkombination der Vektoren $(2;1;0)$ und $(-1;2;1)$?

3. Bestimmen Sie die Längen von $\vec{a}^T = (1;0;1)$ und $\vec{b}^T = (-1;2;1)$. Welchen Winkel schließen die beiden Vektoren ein?

4. Untersuchen Sie die Vektoren

$$\vec{a} = \begin{pmatrix} 1 \\ -1 \\ 2 \end{pmatrix}; \quad \vec{b} = \begin{pmatrix} 3 \\ -2 \\ 5 \end{pmatrix}; \quad \vec{c} = \begin{pmatrix} 2 \\ 4 \\ -3 \end{pmatrix}$$

auf lineare Unabhängigkeit. Stellen Sie den Vektor $\vec{d}$ mit $\vec{d}^T = (13;7;3)$ als Linearkombination der Vektoren $\vec{a}$, $\vec{b}$, $\vec{c}$ dar.

5. Bestimmen Sie die Koordinaten x und y so, daß die drei Punkte $P_1(x,y,6)$, $P_2(3;4;7)$ und $P_3(5;2;8)$ auf einer Geraden liegen.

6. Bestimmen Sie die Vektorprodukte (Kreuzprodukte) $\vec{a} \times \vec{b}$ und $\vec{c} \times \vec{d}$:

$$\vec{a} = \begin{pmatrix} 2 \\ -3 \\ 4 \end{pmatrix}; \quad \vec{b} = \begin{pmatrix} 4 \\ 2 \\ 8 \end{pmatrix}; \quad \vec{c} = \begin{pmatrix} 12 \\ -16 \\ 24 \end{pmatrix}; \quad \vec{d} = \begin{pmatrix} -9 \\ 12 \\ -18 \end{pmatrix}.$$

7. Die Ebene E sei durch die drei Punkte $P_1(2;1;4)$, $P_2(5;3;5)$ und $P_3(3;0;6)$ bestimmt.
a) Geben Sie eine Parameterdarstellung der Ebene an.
b) Bestimmen Sie eine Koordinatengleichung für die Ebene E.
c) Liegen die Punkte $Q_1(6;2;7)$ und $Q_2(3;1;4)$ in der Ebene E?
d) Berechnen Sie den Abstand des Punktes $Q(2;3;5)$ von der Ebene E.

8. Steht die Gerade g: $\begin{pmatrix} x \\ y \\ z \end{pmatrix} = \begin{pmatrix} 2 \\ 0 \\ 3 \end{pmatrix} + \lambda \cdot \begin{pmatrix} -1 \\ 1 \\ 1 \end{pmatrix}$, $\lambda \in \mathbb{R}$

senkrecht auf der in Aufgabe 7 angegebenen Ebene E?

9. Gegeben sind die drei Geraden

$$g_1: \begin{pmatrix} x \\ y \\ z \end{pmatrix} = \begin{pmatrix} 1 \\ 1 \\ 0 \end{pmatrix} + \lambda \begin{pmatrix} 2 \\ -2 \\ 3 \end{pmatrix}, \lambda \in \mathbb{R}; \quad g_2: \begin{pmatrix} x \\ y \\ z \end{pmatrix} = \begin{pmatrix} 2 \\ 1 \\ 6 \end{pmatrix} + \mu \begin{pmatrix} -3 \\ 4 \\ 3 \end{pmatrix}, \mu \in \mathbb{R};$$

$$g_3: \begin{pmatrix} x \\ y \\ z \end{pmatrix} = \begin{pmatrix} 2 \\ 6 \\ 3 \end{pmatrix} + \rho \begin{pmatrix} 1 \\ 4 \\ 5 \end{pmatrix}, \rho \in \mathbb{R}.$$

Welche der Geraden schneiden sich? Geben Sie gegebenenfalls den Schnittpunkt an.

Kapitel 12:
Matrizen

12.1 Grundbegriffe der Matrizenrechnung

12.1.1 Der Begriff einer Matrix

Beispiel 1: Ein Betrieb liefert drei verschiedene Güter G_1, G_2, G_3 an vier Abnehmer A_1, A_2, A_3, A_4. Die in einem bestimmten Zeitraum gelieferten Mengen (in Mengeneinheiten) können in zwei verschiedenen Tabellen übersichtlich dargestellt werden:

		Abnehmer		
Gut	A_1	A_2	A_3	A_4
G_1	25	45	32	80
G_2	90	30	50	34
G_3	70	42	36	95

$$= A$$

		Gut	
Abnehmer	G_1	G_2	G_3
A_1	25	90	70
A_2	45	30	42
A_3	32	50	36
A_4	80	34	95

$$= B$$

Die Liefermengen der drei Güter an Abnehmer A_1 stehen in der ersten Spalte des linksseitigen bzw. in der ersten Zeile des rechtsseitigen Schemas, die für Abnehmer 2 links in der zweiten Spalte bzw. rechts in der zweiten Zeile usw.. Sie können zusammengefaßt werden als Vektoren. Den Vektor der Liefermengen an den i-ten Abnehmer bezeichnen wir mit $\vec{a}_i$ für $i = 1, 2, 3, 4$. Die vier Spaltenvektoren $\vec{a}_i$ bilden der Reihe nach die Spalten des linkseitigen Schemas, die zugehörigen Zeilenvektoren $\vec{a}_i^T$ stehen der Reihe nach in den Zeilen des Schemas auf der rechten Seite.

Zusammenfassung der drei Liefermengen an jeden der vier Abnehmer:

$$\vec{a}_1 = \begin{pmatrix} 25 \\ 90 \\ 70 \end{pmatrix}; \ \vec{a}_2 = \begin{pmatrix} 45 \\ 30 \\ 42 \end{pmatrix}; \ \vec{a}_3 = \begin{pmatrix} 32 \\ 50 \\ 36 \end{pmatrix}; \ \vec{a}_4 = \begin{pmatrix} 80 \\ 34 \\ 95 \end{pmatrix}.$$

Die von den vier Abnehmern erhaltenen Mengen eines einzelnen Gutes stehen in den drei Zeilen des linken bzw. drei Spalten des rechten Schemas.

Die Zusammenfassung der Liefermengen jeweils eines Gutes an die vier Abnehmer eines einzelnen Gutes ergibt die drei Zeilenvektoren:

$$\vec{b}_1^T = (25; 45; 32; 80); \ \vec{b}_2^T = (90; 30; 50; 34); \ \vec{b}_3^T = (70; 42; 36; 95).$$

Die Tabellen werden durch zwei verschiedene rechteckige Zahlenschemata beschrieben. Man nennt ein solches rechteckiges Zahlenschema eine Matrix. Die erste Matrix bezeichnen wir mit A, die zweite mit B. Wie wir oben gesehen haben, kann eine Matrix durch Zeilen- bzw. Spaltenvektoren dargestellt werden.

Betrachtet man allgemein m Güter und n Abnehmer, wobei m und n natürliche Zahlen sind, so erhält man eine allgemeine Matrix.

Definition 1 (Matrix): Das rechteckige Zahlenschema

$$A = \begin{pmatrix} a_{11} & a_{12} & \cdots & a_{1j} & \cdots & a_{1n} \\ a_{21} & a_{22} & \cdots & a_{2j} & \cdots & a_{2n} \\ \cdots & \cdots & \cdots & \cdots & \cdots & \cdots \\ a_{i1} & a_{i2} & \cdots & a_{ij} & \cdots & a_{in} \\ \cdots & \cdots & \cdots & \cdots & \cdots & \cdots \\ a_{m1} & a_{m2} & \cdots & a_{mj} & \cdots & a_{mn} \end{pmatrix} \leftarrow \text{i-te Zeile}$$

$$\underset{\text{j-te Spalte}}{\uparrow}$$

$$= \left(a_{ij} \, ; \, i = 1, 2, \ldots, m \, ; \, j = 1, 2, \ldots, n \right)$$

heißt eine **Matrix** mit m **Zeilen** und n **Spalten**. Man nennt sie auch eine **m × n - Matrix**. Die einzelnen Zahlen $a_{ij} \in \mathbb{R}$ heißen **Elemente** der Matrix. Das Element a_{ij} steht in der i-ten Zeile und j-ten Spalte. Dabei ist i der **Zeilen-** und j der **Spaltenindex**.

Beispiel 2 (vgl. Beispiel 1): Mit den Bezeichnungen aus Beispiel 1 gilt

$$A = \begin{pmatrix} 25 & 45 & 32 & 80 \\ 90 & 30 & 50 & 34 \\ 70 & 42 & 36 & 95 \end{pmatrix} = (\vec{a}_1, \vec{a}_2, \vec{a}_3, \vec{a}_4) = \begin{pmatrix} \vec{b}_1^T \\ \vec{b}_2^T \\ \vec{b}_3^T \end{pmatrix} ;$$

$$B = \begin{pmatrix} 25 & 90 & 70 \\ 45 & 30 & 42 \\ 32 & 50 & 36 \\ 80 & 34 & 95 \end{pmatrix} = (\vec{b}_1, \vec{b}_2, \vec{b}_3) = \begin{pmatrix} \vec{a}_1^T \\ \vec{a}_2^T \\ \vec{a}_3^T \\ \vec{a}_4^T \end{pmatrix} .$$

A ist eine Matrix mit 3 Zeilen und 4 Spalten, also eine 3 × 4 - Matrix. B besitzt 4 Zeilen und 3 Spalten, ist also eine 4 × 3 - Matrix.

Allgemein bezeichnen wir in einer $m \times n$-Matrix A den Vektor der i-ten Zeile mit $\vec{a}_i^T = (a_{i1}, a_{i2}, \ldots, a_{im})$ für $i = 1, 2, \ldots, m$ und den Vektor der j-ten Spalte mit $\vec{b}_j$, also $\vec{b}_j^T = (a_{1j}, a_{2j}, \ldots, a_{mj})$ für $j = 1, 2, \ldots, n$. Dann läßt sich die Matrix A darstellen als Zusammenfassung der m Zeilen- bzw. n Spaltenvektoren

$$A = (\vec{b}_1, \vec{b}_2, \ldots, \vec{b}_n) = \begin{pmatrix} \vec{a}_1^T \\ \vec{a}_2^T \\ \vdots \\ \vec{a}_m^T \end{pmatrix}.$$

Im Falle $n = 1$ ist A ein **Spaltenvektor** mit m Komponenten, während für $m = 1$ die Matrix A einen **Zeilenvektor** mit n Komponenten darstellt. Eine $m \times 1$-Matrix ist ein Spaltenvektor, eine $1 \times n$-Matrix ein Zeilenvektor. **Vektoren** sind damit spezielle Matrizen. Aus diesem Grund müssen für die Matrizen die Rechenoperationen so eingeführt werden, daß für den Spezialfall der Vektoren diese Rechenoperationen in die aus Kapitel 11 übergehen. Im Falle $m = n = 1$ erhält man eine reelle Zahl $(a_{11}) = a$.

Beispiel 3: Vier Produkte werden auf drei Maschinen M_1, M_2, M_3 gefertigt. Zur Herstellung von einer Einheit des Produktes P_i werde auf der Maschine j eine Produktionszeit von a_{ij} (Minuten) benötigt. Dann können die Produktionszeiten in einer 4×3-Matrix A dargestellt werden:

	M_1	M_2	M_3
P_1	16	12	11
P_2	5	14	15
P_3	10	8	4
P_4	5	21	13

$$A = \begin{pmatrix} 16 & 12 & 11 \\ 5 & 14 & 15 \\ 10 & 8 & 4 \\ 5 & 21 & 13 \end{pmatrix}.$$

12.1.2 Vergleich zweier Matrizen vom gleichen Typ

Nach Abschnitt 11.3 sind nur zwei Vektoren der gleichen Dimension (gleiche Anzahl der Komponenten) miteinander vergleichbar. Entsprechend können nur Matrizen vom gleichen Typ miteinander verglichen werden.

Definition 2:

Es seien $A = (a_{ij})$ und $B = (b_{ij})$ Matrizen mit übereinstimmender Zeilenanzahl m und gleicher Spaltenanzahl n. Dann heißt:

$A = B$ (A **gleich** B) $\quad \Leftrightarrow \quad a_{ij} = b_{ij}$ für alle $i = 1, \ldots, m$; $j = 1, \ldots, n$.

$A < B$ (A **kleiner** B) $\quad \Leftrightarrow \quad a_{ij} < b_{ij}$ für alle $i = 1, \ldots, m$; $j = 1, \ldots, n$.

$A \leq B$ (A **kleiner gleich** B) $\Leftrightarrow \quad a_{ij} \leq b_{ij}$ für alle $i = 1, \ldots, m$; $j = 1, \ldots, n$.

$A \neq B$ (A **ungleich** B) $\quad \Leftrightarrow \quad a_{ij} \neq b_{ij}$ für mindestens ein Paar (i, j).

In Beispiel 2 sind die beiden Matrizen A und B nicht vom gleichen Typ. Sie können daher nicht miteinander verglichen werden.

Beispiel 4: Gegeben sind die Matrizen

$$A = \begin{pmatrix} 0 & 2 & 3 \\ 2 & 4 & 6 \end{pmatrix}; \quad B = \begin{pmatrix} x-y & 2 & y \\ 2 & 4 & 6 \end{pmatrix}; \quad C = \begin{pmatrix} 0 & 2 \\ 2 & 4 \end{pmatrix}.$$

Nur die Matrizen A und B sind vom gleichen Typ und daher miteinander vergleichbar.

a) $A = B \Leftrightarrow x-y = 0$ und $y = 3 \Rightarrow x = 3$.

Für $x = y = 3$ ist $A = B$.

b) $A \leq B \Leftrightarrow x-y \geq 0 \Leftrightarrow x \geq y$ und $y \geq 3$.

12.1.3 Die transponierte Matrix

Beispiel 5: In einem Unternehmen werden zur Herstellung von n verschiedenen Produkten $P_1, P_2, ..., P_n$ m verschiedene Rohstoffe (Produktionsfaktoren) $R_1, R_2, ..., R_m$ benötigt. Zur Produktion von einer Einheit von P_j seien jeweils a_{ij} Einheiten von R_i notwendig für $i = 1, 2, ..., m$. Dann können die Verbrauchsmengen (pro Einheit) schematisch dargestellt werden in den Formen

	P_1	P_2	...	P_j	...	P_n
R_1	a_{11}	a_{12}	...	a_{1j}	...	a_{1n}
R_2	a_{21}	a_{22}	...	a_{2j}	...	a_{2n}
$\vdots$						
R_i	a_{i1}	a_{i2}	...	a_{ij}	...	a_{in}
$\vdots$						
R_m	a_{m1}	a_{m2}	...	a_{mj}	...	a_{mn}

$$= A$$

	R_1	R_2	...	R_i	...	R_m
P_1	a_{11}	a_{21}	...	a_{i1}	...	a_{m1}
P_2	a_{12}	a_{22}	...	a_{i2}	...	a_{m2}
$\vdots$						
P_j	a_{1j}	a_{2j}	...	a_{ij}	...	a_{mj}
$\vdots$						
P_n	a_{1n}	a_{2n}	...	a_{in}	...	a_{mn}

$$= B$$

Der Verbrauch an Rohstoffen (pro Einheit der Herstellungsmengen) ist in der linksseitigen Tabelle durch eine $m \times n$ - Matrix A, in der rechtsseitigen Tabelle durch eine $n \times m$ - Matrix B beschrieben. Die Matrix B geht aus der Matrix A dadurch hervor, daß die Zeilen von A der Reihe nach als Spalten von B geschrieben werden, während die Spalten von A der Reihe nach in die Zeilen von B übergehen. Aus Zeilen werden also Spalten und umgekehrt.

Definition 3 (transponierte Matrix): Die Matrix A^T, die aus A dadurch hervorgeht, daß sämtliche Zeilen von A der Reihe nach als Spalten von A^T geschrieben werden (dann werden aus den Spalten Zeilen), heißt die zu A **transponierte Matrix**, also

$$A = \begin{pmatrix} a_{11} & a_{12} & \cdots & a_{1n} \\ a_{21} & a_{22} & \cdots & a_{2n} \\ \vdots & \vdots & \vdots & \vdots \\ a_{m1} & a_{m2} & \cdots & a_{mn} \end{pmatrix} \quad ; \quad A^T = \begin{pmatrix} a_{11} & a_{21} & \cdots & a_{m1} \\ a_{12} & a_{22} & \cdots & a_{m2} \\ \vdots & \vdots & \vdots & \vdots \\ a_{1n} & a_{2n} & \cdots & a_{mn} \end{pmatrix}.$$

Ist A eine $m \times n$ - Matrix, dann ist A^T eine $n \times m$ - Matrix. Der transponierte Vektor eines n-dimensionalen Spaltenvektors $\vec{a}$ ist ein Zeilenvektor $\vec{a}^T$ mit n Komponenten. Aus diesem Grund wurden in Kapitel 11 Zeilenvektoren mit $\vec{a}^T$ bezeichnet. Der transponierte Vektor eines Zeilenvektors ist wieder ein Spaltenvektor.

In den Beispielen 2 und 5 gilt: $B = A^T$ und $A = B^T$.

Wird A^T nochmals transponiert, so erhält man wieder A. Allgemein gilt also

$$\boxed{\left(A^T\right)^T = A \text{ für jede Matrix A.}}$$

Beispiel 6:

a) $A = \begin{pmatrix} 4 & 3 & -1 & 8 \\ -6 & 5 & -9 & 2 \end{pmatrix} \Rightarrow A^T = \begin{pmatrix} 4 & -6 \\ 3 & 5 \\ -1 & -9 \\ 8 & 2 \end{pmatrix}.$

b) $A = \begin{pmatrix} 4 & 1 & 8 \\ 1 & 6 & 9 \\ 8 & 9 & 1 \end{pmatrix} \Rightarrow A^T = A.$

Bei der Matrix A aus Beispiel 6b stimmt die Anzahl der Spalten mit der Anzahl der Zeilen überein. Aus dem rechteckigen Schema wird ein quadratisches. Ferner ist die transponierte Matrix A^T gleich A.

Definition 4:

a) Eine $n \times n$ - Matrix (Anzahl der Zeilen = Anzahl der Spalten $= n$) nennt man eine **n- reihige quadratische Matrix**.

a) Falls für eine quadratische Matrix A die Beziehung $A^T = A$ erfüllt ist, heißt die Matrix A **symmetrisch**.

12.2 Das Rechnen mit Matrizen

12.2.1 Multiplikation einer Matrix mit einer Zahl

Beispiel 7 (vgl. Beispiel 3): In Beispiel 3 werden die Maschinen so umgerüstet, daß sie für die entsprechenden Arbeiten 20 % weniger Zeit benötigen. Die neuen Maschinenzeiten erhält man durch Multiplikation der früheren Maschinenzeiten mit dem gleichen Faktor $\lambda = 0{,}8$. Alle Elemente der Matrix A müssen mit 0,8 multipliziert werden. Die Matrix der neuen Maschinenzeiten bezeichnet man mit $B = 0{,}8 \cdot A$, also

$$B = 0{,}8 \cdot A = \begin{pmatrix} 12{,}8 & 9{,}6 & 8{,}8 \\ 4 & 11{,}2 & 12 \\ 8 & 6{,}4 & 3{,}2 \\ 4 & 16{,}8 & 10{,}4 \end{pmatrix} = A \cdot 0{,}8 \,.$$

Definition 5 (Multiplikation mit einem Skalar λ): Eine Matrix wird mit einem **Skalar** (einer Zahl) $\lambda \in \mathbb{R}$ multipliziert, indem jedes Element a_{ij} mit λ multipliziert wird, also

$$B = \lambda \cdot A = \begin{pmatrix} \lambda \cdot a_{11} & \lambda \cdot a_{12} & \cdots & \lambda \cdot a_{1n} \\ \lambda \cdot a_{21} & \lambda \cdot a_{22} & \cdots & \lambda \cdot a_{2n} \\ \vdots & \vdots & \vdots & \vdots \\ \lambda \cdot a_{m1} & \lambda \cdot a_{m2} & \cdots & \lambda \cdot a_{mn} \end{pmatrix}$$

$$= \left(\lambda \cdot a_{ij} \,; i = 1, 2, \dots, m \,; j = 1, 2, \dots, n \right) = A \cdot \lambda \,.$$

$\lambda = -1$ ergibt die Matrix

$$-A = (-1) \cdot A = \begin{pmatrix} -a_{11} & -a_{12} & \cdots & -a_{1n} \\ -a_{21} & -a_{22} & \cdots & -a_{2n} \\ \vdots & \vdots & \vdots & \vdots \\ -a_{m1} & -a_{m2} & \cdots & -a_{mn} \end{pmatrix} \,.$$

12.2.2 Addition (Subtraktion) zweier Matrizen

Beispiel 8 (vgl. Beispiel 1): In den nachfolgenden Tabellen sind die Liefermengen der drei Güter an die vier Abnehmer in der ersten und zweiten Hälfte eines Jahres zusammengestellt:

	1. Halbjahr			
	A_1	A_2	A_3	A_4
G_1	25	45	32	80
G_2	90	30	50	34
G_3	70	42	36	95

$= A$

	2. Halbjahr			
	A_1	A_2	A_3	A_3
G_1	28	41	35	85
G_2	95	36	45	40
G_3	65	45	32	95

$= B$

Die Liefermengen im gesamten Jahr erhält man durch Addition der beiden Liefermengen aus den beiden Halbjahren. Die Matrix der Liefermengen des ganzen Jahres bezeichnen wir mit C. Die Elemente von C erhält man durch Addition der entsprechenden Elemente der Matrizen A und B:

Liefermengen im ganzen Jahr

	A_1	A_2	A_3	A_4
G_1	53	86	67	165
G_2	185	66	95	74
G_3	135	87	68	190

$= C$

es gilt $c_{ij} = a_{ij} + b_{ij}$.

Definition 6 (Addition zweier Matrizen): Zwei $m \times n$- Matrizen $A = (a_{ij})$ und $B = (b_{ij})$ (A und B sind Matrizen vom gleichen Typ) werden **addiert** (**subtrahiert**), indem die an den gleichen Stellen stehenden Elemente der beiden Matrizen addiert (subtrahiert) werden:

$$A \pm B = \begin{pmatrix} a_{11} \pm b_{11} & a_{12} \pm b_{12} & \cdots & a_{1n} \pm b_{1n} \\ a_{21} \pm b_{21} & a_{22} \pm b_{22} & \cdots & a_{2n} \pm b_{2n} \\ \vdots & \vdots & \vdots & \vdots \\ a_{m1} \pm b_{m1} & a_{m2} \pm b_{m2} & \cdots & a_{mn} \pm b_{mn} \end{pmatrix}$$

$$= \left(a_{ij} \pm b_{ij} \, ; \, i = 1, 2, \ldots, m \, ; \, j = 1, 2, \ldots, n \right).$$

Bemerkung: Die Subtraktion zweier Matrizen kann auch erklärt werden durch

$$A - B = A + (-1) \cdot B.$$

Die Addition ist kommutativ, es gilt also

$$A + B = B + A.$$

Definition 7 (Nullmatrix): Die m x n-Nullmatrix O ist eine Matrix, bei der alle Elemente verschwinden:

$$O = \begin{pmatrix} 0 & 0 & \cdots & 0 \\ 0 & 0 & \cdots & 0 \\ \vdots & \vdots & \vdots & \vdots \\ 0 & 0 & \cdots & 0 \end{pmatrix}.$$

Die Nullmatrix ist das **neutrale** Element der Matrizenaddition mit

$$A + O = O + A = A \qquad \text{für jede Matrix A.}$$

12.2.3 Multiplikation zweier Matrizen

Grundlage der Multiplikation zweier Matrizen ist das Skalarprodukt eines Zeilenvektors mit einem Spaltenvektor aus Abschnitt 11.3. Falls beide Vektoren r Komponenten besitzen, lautet das Skalarprodukt (inneres Produkt)

$$\vec{a}^T \cdot \vec{b} = (a_1, a_2, ..., a_r) \cdot \begin{pmatrix} b_1 \\ b_2 \\ \vdots \\ b_r \end{pmatrix} = \sum_{i=1}^{r} a_i \cdot b_i = \vec{b}^T \cdot \vec{a}.$$

Beispiel 9 (Produkt eines Zeilenvektors mit einer Matrix, vgl. Beispiel 3): Wir betrachten nochmals die zur Herstellung von einer Einheit der vier Produkte benötigten Maschinenzeiten:

	M_1	M_2	M_3
P_1	16	12	11
P_2	5	14	15
P_3	10	8	4
P_4	5	21	13

$$A = \begin{pmatrix} 16 & 12 & 11 \\ 5 & 14 & 15 \\ 10 & 8 & 4 \\ 5 & 21 & 13 \end{pmatrix}.$$

Von den vier Produkten P_1, P_2, P_3 und P_4 sollen der Reihe nach 5; 9; 6; 12 Einheiten hergestellt werden. Gesucht sind die zur Herstellung dieses Postens benötigten Maschinenzeiten (in Min.).

Die Multiplikation der zur Herstellung von einer Einheit benötigten Maschinenzeiten mit den Herstellungsmengen und die anschließende Addition dieser Produkte ergibt die Gesamtzeiten für die einzelnen Maschinen:

$$M_1: 5 \cdot 16 + 9 \cdot 5 + 6 \cdot 10 + 12 \cdot 5 = (5; 9; 6; 12) \cdot \begin{pmatrix} 16 \\ 5 \\ 10 \\ 5 \end{pmatrix} = 245; \leftarrow \text{1. Sp. von A}$$

$$M_2 : 5 \cdot 12 + 9 \cdot 14 + 6 \cdot 8 + 12 \cdot 21 = (5\,;9\,;6\,;12) \cdot \begin{pmatrix} 12 \\ 14 \\ 8 \\ 21 \end{pmatrix} = 486\,;$$
$$\text{zweite Spalte von A} \rightarrow$$

$$M_3 : 5 \cdot 11 + 9 \cdot 15 + 6 \cdot 4 + 12 \cdot 13 = (5\,;9\,;6\,;12) \cdot \begin{pmatrix} 11 \\ 15 \\ 4 \\ 13 \end{pmatrix} = 370\,.$$
$$\text{dritte Spalte von A} \rightarrow$$

Bei der Darstellung dieser Summen als Skalarprodukte wird immer der gleiche Zeilenvektor $\vec{a}^T = (5\,;9\,;6\,;12)$ (Mengenvektor) mit einem Spaltenvektor der Matrix A multipliziert.

Die drei Maschinenzeiten können zu einem Zeitvektor $\vec{z}^T = (245\,;486\,;370)$ zusammengefaßt werden. Diesen Zeitvektor nennt man das Produkt des Zeilenvektors $\vec{a}^T = (5\,;9\,;6\,;12)$ mit der Matrix A, also

$$\vec{a}^T \cdot A = (5\,;9\,;6\,;12) \cdot \begin{pmatrix} 16 & 12 & 11 \\ 5 & 14 & 15 \\ 10 & 8 & 4 \\ 5 & 21 & 13 \end{pmatrix} = (245\,;486\,;370)\,.$$

Die k-te Komponente des Produktvektors erhält man durch Multiplikation des Zeilenvektors $(5\,;9\,;6\,;12)$ mit der k-ten Spalte der Matrix A.

Beispiel 10 (Produkt einer Matrix mit einem Spaltenvektor, vgl. Beispiel 3):
Zur Herstellung der Produkte P_1, P_2, P_3 und P_4 werden drei verschiedene Rohstoffe benötigt. Die zur Herstellung von einer Mengeneinheit eines Produkts benötigten Rohstoffmengen seien in der nachfolgenden Matrix A dargestellt:

Rohstoffbedarf für					
	P_1	P_2	P_3	P_4	
R_1	1	2	0	4	
R_2	3	1	2	2	
R_3	1	0	1	2	

$$A = \begin{pmatrix} 1 & 2 & 0 & 4 \\ 3 & 1 & 2 & 2 \\ 1 & 0 & 1 & 2 \end{pmatrix}.$$

Von den vier Produkten sollen jeweils 2; 5; 8; 9 Einheiten hergestellt werden. Gesucht sind die zu dieser Produktion benötigten Rohstoffeinheiten. Dazu müssen die zur Herstellung von einer Einheit des jeweiligen Produkts benötigten Rohstoffmengen mit den Herstellungsmengen multipliziert und diese Produkte aufaddiert werden. Dadurch erhält man die benötigten Rohstoffmengen:

$$R_1: \quad 1\cdot 2 + 2\cdot 5 + 0\cdot 8 + 4\cdot 9 \;=\; (1\,;2\,;0\,;4)\cdot\begin{pmatrix}2\\5\\8\\9\end{pmatrix} \;=\; 48\,;$$

1. Zeile von A

$$R_2: \quad 3\cdot 2 + 1\cdot 5 + 2\cdot 8 + 2\cdot 9 \;=\; (2\,;1\,;2\,;2)\cdot\begin{pmatrix}2\\5\\8\\9\end{pmatrix} \;=\; 45\,;$$

2. Zeile von A

$$R_3: \quad 1\cdot 2 + 0\cdot 5 + 1\cdot 8 + 2\cdot 9 \;=\; (1\,;0\,;1\,;2)\cdot\begin{pmatrix}2\\5\\8\\9\end{pmatrix} \;=\; 28\,.$$

3. Zeile von A

Der Gesamtverbrauch $\vec{c}$ für die Rohstoffe kann als Zeilenvektor geschrieben werden. Man nennt diesen Zeilenvektor das Produkt der Matrix A mit dem Spaltenvektor $\vec{b} = (2\,;5\,;8\,;9)^T$. Damit erhalten wir die Darstellung

$$A\cdot\vec{b} = \begin{pmatrix}1 & 2 & 0 & 4\\3 & 1 & 2 & 2\\1 & 0 & 1 & 2\end{pmatrix}\cdot\begin{pmatrix}2\\5\\8\\9\end{pmatrix} = \begin{pmatrix}48\\45\\28\end{pmatrix} = \vec{c}.$$

Die i-te Komponente des Produktvektors erhält man durch Multiplikation der i-ten Zeile von A mit dem Spaltenvektor $\vec{b}$.

Falls das Verbrauchstableau transponiert gegeben ist in der Form

	R_1	R_2	R_3
P_1	1	3	1
P_2	2	1	0
P_3	0	2	1
P_4	4	2	2

$$B = A^T = \begin{pmatrix}1 & 3 & 1\\2 & 1 & 0\\0 & 2 & 1\\4 & 2 & 2\end{pmatrix},$$

erhält man den Zeilenvektor des Gesamtverbrauchs $\vec{c}^{\,T}$ durch Multiplikation des Zeilenvektors $\vec{b}^{\,T} = (2\,;5\,;8\,;9)$ mit der Matrix A^T, also

$$\vec{b}^{\,T}\cdot A^T = \vec{c}^{\,T}.$$

Aus

$$A\cdot\vec{b} = \vec{c}$$

folgt allgemein

$$\vec{c}^{\,T} = (A\cdot\vec{b})^T = \vec{b}^{\,T}\cdot A^T.$$

Bei der Transposition eines Produkts muß die Reihenfolge der Faktoren vertauscht werden.

Beispiel 11 (Produkt zweier Matrizen vgl. Beispiel 10): Wie in Beispiel 10 werden drei Rohstoffe R_1, R_2, R_3 zur Herstellung der vier Produkte $P_1, P_2,$ P_3, P_4 verwendet. Der Rohstoffverbrauch pro Mengeneinheit wird durch die Matrix A beschrieben:

Rohstoffbedarf für

	P_1	P_2	P_3	P_4
R_1	1	2	0	4
R_2	3	1	2	2
R_3	1	0	1	2

$$= A$$

$$A = \begin{pmatrix} \vec{a}_1^T \\ \vec{a}_2^T \\ \vec{a}_3^T \end{pmatrix}$$ besteht aus drei Zeilen.

Aus den vier (Zwischen-) Produkten P_1, P_2, P_3, P_4 sollen nun zwei Endprodukte E_1 und E_2 hergestellt werden. Der Mengenverbrauch werde durch die nachfolgende Matrix B beschrieben.

Bedarf für

	E_1	E_2
P_1	2	5
P_2	3	2
P_3	2	4
P_3	6	8

$$= B$$

$$B = (\vec{b}_1, \vec{b}_2)$$ besteht aus zwei Spalten.

Zunächst bestimmen wir den Bedarf von R_1, der zur Herstellung einer Einheit von E_1 benötigt wird. Diesen Zahlenwert bezeichnen wir mit c_{11}. Über die vier Zwischenprodukte erhält man

$$c_{11} = 1 \cdot 2 + 2 \cdot 3 + 0 \cdot 2 + 4 \cdot 6 = (1; 2; 0; 4) \cdot \begin{pmatrix} 2 \\ 3 \\ 2 \\ 6 \end{pmatrix} = \vec{a}_1^T \cdot \vec{b}_1 = 32.$$

Die Summe c_{11} ist darstellbar als Skalarprodukt des ersten Zeilenvektors von A mit dem ersten Spaltenvektor von B.

Allgemein sei c_{ik} die Menge des Rohstoffs R_i, die zur Herstellung einer Einheit des Endprodukt E_k benötigt wird für $i = 1, 2, 3$ und $k = 1, 2$. Über die Summenbildung erhält man analog zu c_{11} die Produktdarstellung:

$$c_{ik} = \vec{a}_i^T \cdot \vec{b}_k = \text{(i-te Zeile von A)} \text{ mal } \text{(k-te Spalte von B)}$$

$$\text{für } i = 1, 2, 3 \text{ und } k = 1, 2.$$

Der Rohstoffbedarf für die beiden Endprodukte kann somit dargestellt werden durch die 3×2-Matrix $C = (c_{ij})$ in der Form

Rohstoffbedarf für

	E_1	E_2
R_1	$\vec{a}_1^T \cdot \vec{b}_1$	$\vec{a}_1^T \cdot \vec{b}_2$
R_2	$\vec{a}_2^T \cdot \vec{b}_1$	$\vec{a}_2^T \cdot \vec{b}_2$
R_2	$\vec{a}_3^T \cdot \vec{b}_1$	$\vec{a}_3^T \cdot \vec{b}_2$

$$C = \begin{pmatrix} \vec{a}_1^T \cdot \vec{b}_1 & \vec{a}_1^T \cdot \vec{b}_2 \\ \vec{a}_2^T \cdot \vec{b}_1 & \vec{a}_2^T \cdot \vec{b}_2 \\ \vec{a}_3^T \cdot \vec{b}_1 & \vec{a}_3^T \cdot \vec{b}_2 \end{pmatrix}.$$

Die Matrix C heißt das Produkt der beiden Matrizen A und B, also
$$C = A \cdot B.$$

Die Produktmatrix C kann durch folgende versetzte Schreibweise sehr einfach berechnet werden:

$$\begin{pmatrix} 2 & 5 \\ 3 & 2 \\ 2 & 4 \\ 6 & 8 \end{pmatrix} = B$$

$$A = \begin{pmatrix} 1 & 2 & 0 & 4 \\ 3 & 1 & 2 & 2 \\ 1 & 0 & 1 & 2 \end{pmatrix} \quad \begin{pmatrix} 32 & 41 \\ 25 & 41 \\ 16 & 25 \end{pmatrix} = A \cdot B = C.$$

In diesem Schema läßt sich das Element $c_{ik} = \vec{a}_i^T \cdot \vec{b}_k$ darstellen als Skalarprodukt derjenigen Zeile aus A mit derjenigen Spalte aus B, die sich an der Stelle c_{ik} "treffen".

C ist eine 3×2-Matrix. Die Anzahl der Zeilen von C stimmt mit der Anzahl der Zeilen von A überein. Die Anzahl der Spalten von C ist gleich der Anzahl der Spalten von B.

Definition 8 (Produkt zweier Matrizen): Es sei A eine $m \times \underline{n}$ – Matrix und B eine $\underline{n} \times r$ - Matrix. Die Anzahl der Spalten von A muß also mit der Anzahl der Zeilen von B übereinstimmen.

$$A = \begin{pmatrix} a_{11} & a_{12} & \cdots & a_{1n} \\ a_{21} & a_{22} & \cdots & a_{2n} \\ \vdots & \vdots & \vdots & \vdots \\ a_{m1} & a_{m2} & \cdots & a_{mn} \end{pmatrix}; \quad B = \begin{pmatrix} b_{11} & b_{12} & \cdots & b_{1r} \\ b_{21} & b_{22} & \cdots & b_{2r} \\ \vdots & \vdots & \vdots & \vdots \\ b_{n1} & b_{n2} & \cdots & b_{nr} \end{pmatrix}.$$

Dann ist das **Produkt** $C = A \cdot B = A\,B = (c_{ik})$ eine $m \times r$-Matrix mit den Elementen

$$c_{ik} = \sum_{j=1}^{n} a_{ij} \cdot b_{jk} = \vec{a}_i^{\mathrm{T}} \cdot \vec{b}_k = \text{i-te Zeile von A mal k-te Spalte von B}$$

$$\text{für } i = 1, 2, \ldots, m \text{ und } k = 1, 2, \ldots, r.$$

$$C = A \cdot B = \begin{pmatrix} \sum\limits_{j=1}^{n} a_{1j} b_{j1} & \sum\limits_{j=1}^{n} a_{1j} b_{j2} & \cdots & \sum\limits_{j=1}^{n} a_{1j} b_{jr} \\ \sum\limits_{j=1}^{n} a_{2j} b_{j1} & \sum\limits_{j=1}^{n} a_{2j} b_{j2} & \cdots & \sum\limits_{j=1}^{n} a_{2j} b_{jr} \\ \vdots & \vdots & \vdots & \vdots \\ \sum\limits_{j=1}^{n} a_{mj} b_{j1} & \sum\limits_{j=1}^{n} a_{mj} b_{j2} & \cdots & \sum\limits_{j=1}^{n} a_{mj} b_{jr} \end{pmatrix}.$$

Praktische Berechnung des Matrizenprodukts

Die Matrix A besitze die m Zeilenvektoren $\vec{a}_i^{\mathrm{T}}$, $i = 1, 2, \ldots, m$ mit jeweils n Komponenten und die Matrix B die r Spaltenvektoren $\vec{b}_k$, $k = 1, 2, \ldots, r$ mit ebenfalls n Komponenten, also

$$A = \begin{pmatrix} \vec{a}_1^{\mathrm{T}} \\ \vec{a}_2^{\mathrm{T}} \\ \vdots \\ \vec{a}_m^{\mathrm{T}} \end{pmatrix}; \qquad B = \left(\vec{b}_1, \vec{b}_2, \ldots, \vec{b}_r \right).$$

Dann besitzt die Produktmatrix $C = A \cdot B$ die Elemente $c_{ik} = \vec{a}_i^{\mathrm{T}} \cdot \vec{b}_k$ für $i = 1, \ldots, m$ und $k = 1, \ldots, r$, also

$$A \cdot B = \begin{pmatrix} \vec{a}_1^{\mathrm{T}} \cdot \vec{b}_1 & \vec{a}_1^{\mathrm{T}} \cdot \vec{b}_2 & \cdots & \vec{a}_1^{\mathrm{T}} \cdot \vec{b}_r \\ \vec{a}_2^{\mathrm{T}} \cdot \vec{b}_1 & \vec{a}_2^{\mathrm{T}} \cdot \vec{b}_2 & \cdots & \vec{a}_2^{\mathrm{T}} \cdot \vec{b}_r \\ \vdots & \vdots & \vdots & \vdots \\ \vec{a}_m^{\mathrm{T}} \cdot \vec{b}_1 & \vec{a}_m^{\mathrm{T}} \cdot \vec{b}_2 & \cdots & \vec{a}_m^{\mathrm{T}} \cdot \vec{b}_r \end{pmatrix}.$$

Das Matrizenprodukt läßt sich sehr einfach berechnen in dem bereits in Beispiel 11 benutzten sogenannten Falkschen Schema:

$$\begin{pmatrix} b_{11} & \cdots & \boxed{b_{1k}} & \cdots & b_{1r} \\ b_{21} & \cdots & b_{2k} & \cdots & b_{2r} \\ \cdots & \cdots & \cdots & \cdots & \cdots \\ b_{n1} & \cdots & b_{nk} & \cdots & b_{nr} \end{pmatrix} = B$$

$$A = \begin{pmatrix} a_{11} & a_{12} & \cdots & a_{1n} \\ \cdots & \cdots & \cdots & \cdots \\ \boxed{a_{i1} \quad a_{i2} \quad \cdots \quad a_{in}} \\ \cdots & \cdots & \cdots & \cdots \\ a_{m1} & a_{m2} & \cdots & a_{mn} \end{pmatrix} \longrightarrow \boxed{c_{ik}} \qquad \longleftarrow \quad C = A \cdot B$$

Beispiel 12: $A = \begin{pmatrix} 2 & 1 \\ 4 & -3 \end{pmatrix}$; $B = \begin{pmatrix} 4 & -2 \\ 5 & 7 \end{pmatrix}$; $C = \begin{pmatrix} 2 & 1 & -5 \\ -3 & 6 & 9 \end{pmatrix}$.

a) $A \cdot B = \begin{pmatrix} 13 & 3 \\ 1 & -29 \end{pmatrix}$; $B \cdot A = \begin{pmatrix} 0 & 10 \\ 38 & -16 \end{pmatrix}$; es ist $A \cdot B \neq B \cdot A$.

b) $A \cdot C = \begin{pmatrix} 1 & 8 & -1 \\ 17 & -14 & -47 \end{pmatrix}$; das Produkt $C \cdot A$ existiert nicht.

Aus der Existenz des Produkts $A \cdot B$ folgt noch nicht die Existenz des Produkts $B \cdot A$ (s. Beispiel 12 b)). Doch auch wenn beide Produkte $A \cdot B$ und $B \cdot A$ existieren, müssen sie noch nicht gleich sein (Beispiel 12 a)). Für die Matrizenmultiplikation gilt das Kommutativgesetz nicht.

Im allgemeinen ist

$A \cdot B \neq B \cdot A.$

Beispiel 13: $A = \begin{pmatrix} 2 & -3 \\ 3 & 2 \end{pmatrix}$; $B = \begin{pmatrix} 1 & 5 \\ -5 & 1 \end{pmatrix}$

$A \cdot B = \begin{pmatrix} 17 & 7 \\ -7 & 17 \end{pmatrix}$; $B \cdot A = \begin{pmatrix} 17 & 7 \\ -7 & 17 \end{pmatrix}$.

Hier gilt $A \cdot B = B \cdot A$. Es gibt also Matrizen A und B, bei denen das Produkt $A \cdot B$ kommutativ ist.

Beispiel 14 (Transposition eines Produkts, vgl. Beispiel 11):

In Beispiel 11 seien alle Schemata für die Inhaltsstoffe in transponierter Form angegeben.

	R_1	R_2	R_3
P_1	1	3	1
P_2	2	1	0
P_3	0	2	1
R_3	4	2	2

$$= A^T$$

	P_1	P_2	P_3	P_4
E_1	2	3	2	6
E_2	5	2	4	8

$$= B^T$$

Hier existiert das Matrizenprodukt $A^T \cdot B^T$ in dieser Reihenfolge nicht, da die Spaltenanzahl von A^T ($= 3$) nicht mit der Zeilenanzahl von B^T ($= 2$) übereinstimmt. Bei dieser transformierten Darstellung tritt im Endtableau die transponierte Matrix C^T auf:

	R_1	R_2	R_3
E_1	$\vec{a}_1^T \cdot \vec{b}_1$	$\vec{a}_2^T \cdot \vec{b}_1$	$\vec{a}_3^T \cdot \vec{b}_1$
E_2	$\vec{a}_1^T \cdot \vec{b}_2$	$\vec{a}_2^T \cdot \vec{b}_2$	$\vec{a}_3^T \cdot \vec{b}_2$

$$= C^T$$

Aus $\vec{a}_i^T \cdot \vec{b}_k = \vec{b}_k^T \cdot \vec{a}_i$ für alle i, k folgt unmittelbar

$$
C^T = \begin{pmatrix} \vec{a}_1^T \cdot \vec{b}_1 & \vec{a}_2^T \cdot \vec{b}_1 & \vec{a}_3^T \cdot \vec{b}_1 \\ \vec{a}_1^T \cdot \vec{b}_2 & \vec{a}_2^T \cdot \vec{b}_2 & \vec{a}_3^T \cdot \vec{b}_2 \end{pmatrix} = \begin{pmatrix} \vec{b}_1^T \cdot \vec{a}_1 & \vec{b}_1^T \cdot \vec{a}_2 & \vec{b}_1^T \cdot \vec{a}_3 \\ \vec{b}_2^T \cdot \vec{a}_1 & \vec{b}_2^T \cdot \vec{a}_2 & \vec{b}_2^T \cdot \vec{a}_3 \end{pmatrix}.
$$

Die Matrix auf der rechten Seite ist das Produkt von $B^T \cdot A^T$. Damit gilt

$$C^T = (A \cdot B)^T = B^T \cdot A^T.$$

Bei der Lösung dieses Problems muß auf die Reihenfolge der Produktbildung geachtet werden. Falls die Anzahl der Rohstoffe, die Anzahl der Zwischenprodukte und die Anzahl der Endprodukte übereinstimmen würden, wären A und B quadratische Matrizen der gleichen Ordnung. Dann könnte man beide Produkte $A \cdot B$ und $B \cdot A$ berechnen.

Falls in den Tabellen die Eingangsprodukte links und die Ausgangsprodukte oben aufgeführt sind, erhält man als Endtableau $C = A \cdot B$. Bei der transponierten Darstellung (Eingangsprodukte oben; Ausgangsprodukte links) dagegen wird das Endtableau durch das Produkt $C^T = B^T \cdot A^T$ beschrieben.

Wie in Beispiel 14 gilt allgemein

$$\boxed{(A \cdot B)^T = B^T \cdot A^T .}$$

Bei der Transposition eines Produkts muß also die Reihenfolge vertauscht werden.

Beispiel 15:

$$A = (2;\ 1;\ 3) = \vec{a}^T;\quad B = \begin{pmatrix} 2 \\ 3 \\ 5 \end{pmatrix} = \vec{b};$$

a) $\vec{a}^T \cdot \vec{b} = (2;\ 1;\ 3) \cdot \begin{pmatrix} 2 \\ 3 \\ 5 \end{pmatrix} = 22$ (Skalar);

b) $\vec{b} \cdot \vec{a}^T = \begin{pmatrix} 2 \\ 3 \\ 5 \end{pmatrix} \cdot (2;\ 1;\ 3) = \begin{pmatrix} 4 & 2 & 6 \\ 6 & 3 & 9 \\ 10 & 5 & 15 \end{pmatrix}$ (3 × 3 - Matrix).

Die Multiplikation mit einer Nullmatrix O vom geeigneten Typ gibt wieder eine Nullmatrix, also

$$A \cdot O = O \cdot A = O.$$

Beispiel 16:

$$A = \begin{pmatrix} 2 & 1 \\ -4 & -2 \end{pmatrix};\quad B = \begin{pmatrix} 1 & -3 \\ -2 & 6 \end{pmatrix};$$

$$A \cdot B = \begin{pmatrix} 0 & 0 \\ 0 & 0 \end{pmatrix} = O;\quad B \cdot A = \begin{pmatrix} 14 & 7 \\ -28 & -14 \end{pmatrix}.$$

Aus $A \cdot B = O$ folgt also nicht, daß A oder B die Nullmatrix sein muß.

Beispiel 17:

$$A = \begin{pmatrix} a_{11} & a_{12} & a_{13} \\ a_{21} & a_{22} & a_{23} \\ a_{31} & a_{32} & a_{33} \end{pmatrix};\quad E = \begin{pmatrix} 1 & 0 & 0 \\ 0 & 1 & 0 \\ 0 & 0 & 1 \end{pmatrix}.$$

Hier erhält man $A \cdot E = E \cdot A = A$.

Definition 9 (Einheitsmatrix): Die n-reihige quadratische Matrix

$$E = \begin{pmatrix} 1 & 0 & \cdots & 0 \\ 0 & 1 & \cdots & 0 \\ \vdots & \vdots & \vdots & \vdots \\ 0 & 0 & \cdots & 1 \end{pmatrix} \quad \text{mit} \quad e_{ij} = \begin{cases} 1 & \text{für } i = j \\ 0 & \text{für } i \neq j \end{cases}$$

heißt **n-reihige Einheitsmatrix.** In der Einheitsmatrix sind alle Elemente e_{ii} der Hauptdiagonalen $(i = j)$ gleich Eins, während alle übrigen Elemente verschwinden.

Für die Einheitsmatrix E gilt allgemein

$$A \cdot E = E \cdot A = A.$$

E ist also das neutrale Element der Matrizenmultiplikation.

Beispiel 18 (Diagonalmatrix):

$$D_1 = \begin{pmatrix} 2 & 0 & 0 \\ 0 & 3 & 0 \\ 0 & 0 & 4 \end{pmatrix}; \quad D_2 = \begin{pmatrix} 2 & 0 & 0 & 0 \\ 0 & 3 & 0 & 0 \\ 0 & 0 & 4 & 0 \\ 0 & 0 & 0 & 5 \end{pmatrix}$$

$$A = \begin{pmatrix} 1 & 2 & 0 & 4 \\ 3 & 1 & 2 & 2 \\ 1 & 0 & 1 & 2 \end{pmatrix}.$$

a) $D_1 \cdot A = \begin{pmatrix} 2 & 4 & 0 & 8 \\ 9 & 3 & 6 & 6 \\ 4 & 0 & 4 & 8 \end{pmatrix}.$

Hier werden die einzelnen Zeilen von A der Reihe nach mit 2, 3 bzw. 4, also mit den Elementen d_{ii} auf der Hauptdiagonalen $(i = j)$ der sog. Diagonalmatrix D_1 multipliziert.

b) $A \cdot D_2 = \begin{pmatrix} 2 & 6 & 0 & 20 \\ 6 & 3 & 8 & 10 \\ 2 & 0 & 4 & 10 \end{pmatrix}.$

Die Spalten von A werden der Reihe nach mit 2, 3, 4 bzw. 5, also mit den Elementen d_{ii} auf der Hauptdiagonalen $(i = j)$ der Diagonalmatrix D_2 multipliziert.

Definition 10 (Diagonalmatrix): Die n-reihige quadratische Matrix

$$D = \begin{pmatrix} d_1 & 0 & \cdots & 0 \\ 0 & d_2 & \cdots & 0 \\ \vdots & \vdots & \vdots & \vdots \\ 0 & 0 & \cdots & d_n \end{pmatrix} \ ;$$

$$d_{ij} = \begin{cases} d_i & \text{für } i = j \\ 0 & \text{für } i \neq j \end{cases}$$

heißt **n-reihige Diagonalmatrix**. In einer Diagonalmatrix dürfen die Elemente $d_{ii} = d_i$ der Hauptdiagonalen beliebig sein, während alle Elemente außerhalb der Hauptdiagonalen verschwinden.

Die Einheitsmatrix ist eine spezielle Diagonalmatrix.

Analog zu Beispiel 18 gelten folgende

Eigenschaften einer Diagonalmatrix:

Es sei A eine $m \times n$ - Matrix (m Zeilen und n Spalten).

a) A werde von links mit einer m-reihigen Diagonalmatrix D multipliziert. Dann entsteht das Produkt $D \cdot A$ dadurch, daß jeweils die i-te Zeile von A mit dem i-ten Diagonalelement d_i der Matrix D multipliziert wird für $i = 1, 2, ..., m$.

b) A werde von rechts mit einer n-reihigen Diagonalmatrix D multipliziert. Dann erhält man das Produkt $A \cdot D$ dadurch, daß jeweils die j-te Spalte von A mit dem j-ten Diagonalelement d_j der Matrix D multipliziert wird für $j = 1, 2, ..., n$.

Das **Quadrat** $A^2 = A \cdot A$ einer Matrix A existiert nur dann, wenn in A die Anzahl der Spalten mit der Anzahl der Zeilen übereinstimmt, wenn also A eine quadratische Matrix ist.

Definition 11 (n-te Potenz einer quadratischen Matrix): Für eine quadratische Matrix A ist die n-te Potenz erklärt durch

$$A^n = \underbrace{A \cdot A \cdot ... \cdot A}_{\text{n Faktoren}} = A \cdot A^{n-1} = A^{n-1} \cdot A \quad \text{für } n = 1, 2, ...$$

Dabei setzt man $A^0 = E$ (Einheitsmatrix).

Eigenschaften der Matrizenoperationen

Die in den nachfolgenden Formeln angegebenen Matrizen sollen so strukturiert sein, daß die entsprechenden Operationen durchführbar sind.

$$A + B = B + A \qquad \text{(Kommutativgesetz der Addition)}$$

$$A + O = O + A = A \qquad \text{(O = neutrales Element der Addition)}$$

$$(A + B) + C = A + (B + C) \quad \text{(Assoziativgesetz der Addition)}$$

$$A \cdot B \neq B \cdot A \qquad \text{im allgemeinen}$$

$$A \cdot O = O \cdot A = O$$

$$A \cdot E = E \cdot A = A$$

$$(A \cdot B) \cdot C = A \cdot (B \cdot C) \qquad \text{(Assoziativgesetz der Multiplikation)}$$

$$A \cdot (B + C) = A \cdot B + A \cdot C \quad \text{(Distributivgesetz)}$$

$$(A + B) \cdot C = A \cdot C + B \cdot C \quad \text{(Distributivgesetz)}$$

$$(\lambda + \mu) \cdot A = \lambda \cdot A + \mu \cdot A \quad \text{(Distributivgesetz)}$$

$$\lambda \cdot (A + B) = \lambda \cdot A + \lambda \cdot B \quad \text{(Distributivgesetz)}$$

$$(A^T)^T = A$$

$$(A + B)^T = A^T + B^T$$

$$(A \cdot B)^T = B^T \cdot A^T.$$

speziell: $(\vec{a}^T \cdot A) = A^T \cdot \vec{a}; \quad (A \cdot \vec{b})^T = \vec{b}^T \cdot A^T.$

Bemerkung: Da bei der Multiplikation zweier Matrizen im allgemeinen das Kommutativgesetz nicht gilt, dürfen die Rechenregeln für reelle Zahlen nicht unmittelbar auf Matrizen übertragen werden.

A und B seien beides n-reihige quadratische Matrizen mit $A \cdot B \neq B \cdot A$. Dann folgt aus dem Distributivgesetz

$$\begin{aligned}
(A + B)^2 &= (A + B) \cdot (A + B) \\
&= A \cdot (A + B) + B \cdot (A + B) \\
&= A^2 + A \cdot B + B \cdot A + B^2 \\
&\neq A^2 + 2 \cdot A \cdot B + B^2.
\end{aligned}$$

Es gilt also

$$(A + B)^2 = A^2 + 2 \cdot A \cdot B + B^2 \quad \Leftrightarrow \quad A \cdot B = B \cdot A.$$

Im Falle $A \cdot B \neq B \cdot A$ gilt die binomische Formel für Matrizen nicht, auch wenn A und B quadratische Matrizen gleicher Ordnung n sind.

12.3 Der Rang einer Matrix

Eine m × n - Matrix

$$
A = \begin{pmatrix} a_{11} & a_{12} & \cdots & a_{1n} \\ a_{21} & a_{22} & \cdots & a_{2n} \\ \vdots & \vdots & \vdots & \vdots \\ a_{m1} & a_{m2} & \cdots & a_{mn} \end{pmatrix} = \begin{pmatrix} \vec{a}_1^T \\ \vec{a}_2^T \\ \vdots \\ \vec{a}_m^T \end{pmatrix} = \left(\vec{b}_1,\ \vec{b}_2,\ ...,\ \vec{b}_n \right)
$$

mit m Zeilen und n Spalten kann durch die m Zeilenvektoren

$$\vec{a}_i^T = (a_{i1}, a_{i2}, ..., a_{in}),\ i = 1, 2, ..., m \quad \text{mit jeweils n Komponenten}$$

bzw. durch die n Spaltenvektoren

$$
\vec{b}_j = \begin{pmatrix} a_{1j} \\ a_{2j} \\ \vdots \\ a_{mj} \end{pmatrix},\ j = 1, 2, ..., n \quad \text{mit jeweils m Komponenten}
$$

dargestellt werden. Von den Zeilen- bzw. Spaltenvektoren können einige zusammen linear unabhängig oder linear abhängig sein (vgl. Abschnitt 11.3).

Wir interessieren uns nun für die maximale Anzahl linear unabhängiger Zeilen- bzw. Spaltenvektoren der Matrix A. Dazu die

Definition 12 (Zeilen- und Spaltenrang): Es sei A eine m × n - Matrix.

a) Die maximale Anzahl linear unabhängiger Zeilenvektoren der Matrix A heißt der **Zeilenrang** von A. Wir bezeichnen ihn mit z(A).

b) Die maximale Anzahl linear unabhängiger Spaltenvektoren der Matrix A nennt man den **Spaltenrang** von A. Er wird mit s(A) bezeichnet.

Nach Abschnitt 11.3 sind mehr als p Vektoren mit jeweils p Komponenten immer linear abhängig. Daher können sowohl der Zeilen- als auch der Spaltenrang höchstens gleich m und höchstens gleich n sein. Für jede Matrix A gilt somit

$$z(A),\ s(A) \leq \min(m, n).$$

Beispiel 19 (obere Dreiecksmatrix): Gesucht sind der Zeilen- und Spaltenrang der Matrix

$$A = \begin{pmatrix} 1 & 3 & 2 & 4 & 1 & 2 \\ 0 & 1 & 4 & 5 & 2 & 10 \\ 0 & 0 & 1 & 6 & 7 & 12 \\ 0 & 0 & 0 & 1 & 8 & 3 \\ 0 & 0 & 0 & 0 & 0 & 0 \end{pmatrix} = \begin{pmatrix} \vec{a}_1^T \\ \vec{a}_2^T \\ \vec{a}_3^T \\ \vec{a}_4^T \\ \vec{a}_5^T \end{pmatrix} = \left(\vec{b}_1, \vec{b}_2, \vec{b}_3, \vec{b}_4, \vec{b}_5, \vec{b}_6 \right).$$

Wegen $\vec{a}_5^T = \vec{0}$ sind alle fünf Zeilenvektoren zusammen linear abhängig, da
die Vektorgleichung

$$\lambda_1 \vec{a}_1^T + \lambda_2 \vec{a}_2^T + \lambda_3 \vec{a}_3^T + \lambda_4 \vec{a}_4^T + \lambda_5 \vec{a}_5^T = \vec{0}$$

die nichttriviale Lösung $\lambda_1 = \lambda_2 = \lambda_3 = \lambda_4 = 0$; $\lambda_5 = \lambda$ (beliebig $\neq 0$) besitzt.

Die ersten vier Vektoren sind jedoch linear unabhängig. In der Vektorgleichung

$$\lambda_1 \vec{a}_1^T + \lambda_2 \vec{a}_2^T + \lambda_3 \vec{a}_3^T + \lambda_4 \vec{a}_4^T = \vec{0}$$

lautet die Gleichung der ersten Komponente: $\lambda_1 \cdot 1 = 0$. Mit $\lambda_1 = 0$ folgt
aus der zweiten Komponentengleichung $3 \cdot \lambda_1 + \lambda_2 = 0$ die Lösung $\lambda_2 = 0$.
$\lambda_1 = \lambda_2 = 0$ ergibt aus der 3. Komponentengleichung $\lambda_3 = 0$. Die vierte
Gleichung ergibt schließlich $\lambda_4 = 0$. Damit besitzt die obige Vektorgleichung nur die triviale Lösung

$$\lambda_1 = \lambda_2 = \lambda_3 = \lambda_4 = 0.$$

Die vier Zeilenvektoren $\vec{a}_1^T$, $\vec{a}_2^T$, $\vec{a}_3^T$ und $\vec{a}_4^T$ sind also linear unabhängig,
während alle fünf Vektoren zusammen linear abhängig sind. Daher besitzt
die Matrix A den Zeilenrang $z(A) = 4$.

In der Vektorgleichung

$$\mu_1 \vec{b}_1 + \mu_2 \vec{b}_2 + \mu_3 \vec{b}_3 + \mu_4 \vec{b}_4 = \vec{0}$$

lautet die vierte Komponentengleichung $\mu_4 = 0$. Damit erhält man aus der
dritten Komponentengleichung $\mu_3 + 6 \mu_4 = 0$ die Bedingung $\mu_3 = 0$. Die
zweite Komponentengleichung ergibt $\mu_2 = 0$ und die erste $\mu_1 = 0$. Die obige Vektorgleichung besitzt nur die triviale Lösung. Daher sind die ersten
vier Spaltenvektoren linear unabhängig. Streicht man in den sechs Spaltenvektoren jeweils die letzte Komponente weg, die ja verschwindet, so erhält
man sechs Spaltenvektoren mit vier Komponenten, wobei nach den obigen
Ausführungen die ersten vier Spaltenvektoren linear unabhängig sind.
Mehr als vier Vektoren mit vier Komponenten sind jedoch immer linear abhängig (vgl. Abschnitt 11.3). Da die letzte Komponente in jedem Vektor $\vec{b}_j$
verschwindet, sind auch mehr als vier Spaltenvektoren der Matrix A linear

abhängig. Damit ist auch der Spaltenrang gleich 4, also $s(A) = 4$. Hier stimmt der Zeilen- mit dem Spaltenrang überein. Diese Eigenschaft gilt allgemein für jede Matrix, wie wir noch sehen werden.

Bei dieser Matrix A ist die Rangbestimmung sehr einfach. Der Grund dafür ist die spezielle Struktur dieser Matrix. Es handelt sich um eine sogenannte **obere Dreiecksmatrix**, bei der sämtliche Elemente unterhalb der Hauptdiagonalen, also alle Elelemente a_{ij} mit $i > j$ verschwinden. Die ersten vier Diagonalelemente sind gleich 1 und die fünfte Zeile stellt den Nullvektor dar.

Satz 1: Es sei

$$A^* = \begin{pmatrix} 1 & a_{12}^* & \cdots & a_{1r}^* & \cdots & a_{1n}^* \\ 0 & 1 & \cdots & a_{2r}^* & \vdots & a_{2n}^* \\ \cdots & \cdots & \cdots & \cdots & \cdots & \cdots \\ 0 & 0 & \cdots & 1 & \vdots & a_{rn}^* \\ 0 & 0 & \cdots & 0 & \cdots & 0 \\ \cdots & \cdots & \cdots & \cdots & \cdots & \cdots \\ 0 & 0 & 0 & 0 & \cdots & 0 \end{pmatrix} \; ; \; a_{ij} = \begin{cases} 0 & \text{für } i > j \\ 1 & \text{für } i = j = 1, \ldots, r \\ 0 & \text{für } i > r \text{ und alle } j \end{cases}$$

eine obere **Dreiecksmatrix**. Die restlichen Elemente a_{ij} mit $i < r$ und $j > i$ dürfen dabei beliebig sein.

Dann ist r gleichzeitig der Zeilen- und Spaltenrang der Matrix A^*, also $z(A^*) = s(A^*) = r$. Dabei sind die ersten r Zeilen- bzw. Spaltenvektoren jeweils linear unabhängig.

Beweis: Es seien $\vec{b}_1^*$, $\vec{b}_2^*$, ..., $\vec{b}_r^*$ bzw. $\vec{a}_1^{*T}$, $\vec{a}_2^{*T}$, ..., $\vec{a}_r^{*T}$ die ersten r Spalten- bzw. Zeilenvektoren der Matrix A^*. Beginnend mit der letzten Komponente in

$$\lambda_1 \vec{b}_1^* + \lambda_2 \vec{b}_2^* + \ldots + \lambda_r \vec{b}_r^* = \vec{0}$$

erhält man der Reihe nach $\lambda_r = 0$; $\lambda_{r-1} = 0$, $\lambda_{r-2} = 0$, ...; $\lambda_1 = 0$.

Die ersten r Spaltenvektoren sind also linear unabhängig. Da mehr als r Vektoren mit r Komponenten stets linear abhängig sind, ist der Spaltenrang gleich r.

Beginnend mit der ersten Komponente in

$$\mu_1 \vec{a}_1^* + \mu_2 \vec{a}_2^* + \ldots + \mu_r \vec{a}_r^* = \vec{0}$$

erhält man entsprechend $\mu_1 = \mu_2 = \ldots = \mu_r = 0$, also $z(A^*) = r$, womit der Satz bewiesen ist.

Unser Ziel ist es nun, nach Operationen zu suchen, mit denen jede von der Nullmatrix O verschiedene Matrix A in eine obere Dreiecksmatrix umgeformt werden kann, wobei sowohl der Spalten- als auch der Zeilenrang erhalten bleibt.

Satz 2: Es seien $\vec{a}_1$, $\vec{a}_2, \ldots, \vec{a}_k$ linear unabhängige Vektoren mit p Komponenten. Dann bleiben die k Vektoren linear unabhängig, falls folgende Operationen durchgeführt werden:

a) Multiplikation eines der Vektoren mit einer Konstanten $\alpha \neq 0$.

b) Addition eines Vielfachen eines Vektors zu einem anderen.

c) Multiplikation der i-ten Komponenten aller Vektoren mit einer Konstanten $\beta \neq 0$.

d) Addition des gleichen Vielfachen einer Komponente zu einer Komponente bei allen Vektoren.

Beweis: Beim Beweis können wir ohne Beschränkung der Allgemeinheit auf die Anwendung der entsprechenden Operationen auf die ersten beiden Vektoren bzw. Komponenten beschränken. Bei den Anwendungen auf andere Vektoren bzw. Komponenten verläuft der Beweis entsprechend (eine Vertauschung der Reihenfolge der Vektoren bzw. Komponenten ändert ja den Rang nicht). Die k Vektoren

$$\vec{a}_i^T = (a_{i1}, a_{i2}, \ldots, a_{ip}) \quad \text{für } i = 1, 2, \ldots, k$$

seien linear unabhängig.

a) Die Vektoren $\alpha \vec{a}_1, \vec{a}_2, \ldots, \vec{a}_k$
sind genau dann linear unabhängig, wenn die Vektorgleichung

$$\mu_1(\alpha \vec{a}_1) + \mu_2 \vec{a}_2 + \ldots + \mu_k \vec{a}_k = \vec{0} \tag{1}$$

nur die triviale Lösung $\mu_1 = \mu_2 = \ldots = \mu_k = 0$ besitzt. (1) ist gleichwertig mit

$$(\mu_1 \alpha) \vec{a}_1 + \mu_2 \vec{a}_2 + \ldots + \mu_k \vec{a}_k = \vec{0}.$$

Wegen der Unabhängigkeit der Vektoren $\vec{a}_1, \vec{a}_2, \ldots, \vec{a}_k$ besitzt diese Gleichung nur die Lösung

$$\mu_1 \alpha = 0 \, ; \, \mu_2 = \mu_3 = \ldots = \mu_k = 0.$$

Wegen $\alpha \neq 0$ folgt hieraus $\mu_1 = 0$. Damit besitzt (1) nur die triviale Lösung $\mu_1 = \ldots = \mu_k = 0$. Die Vektoren $\alpha \vec{a}_1, \vec{a}_2, \ldots, \vec{a}_k$ sind also linear unabhängig.

b) Für die Vektoren $\vec{a}_1 + \beta \vec{a}_2, \vec{a}_2, \ldots, \vec{a}_k$ erhalten wir

$$\mu_1 \cdot (\vec{a}_1 + \beta \cdot \vec{a}_2) + \mu_2 \cdot \vec{a}_2 + \ldots + \mu_k \cdot \vec{a}_k = \vec{0}. \tag{2}$$

Diese Gleichung (2) ist gleichwertig mit

$$\mu_1\,\vec{a}_1 + (\mu_1\beta + \mu_2)\,\vec{a}_2 + \mu_3\,\vec{a}_3 + ... + \mu_k\,\vec{a}_k = \vec{0}.$$

Wegen der Unabhängigkeit der Vektoren $\vec{a}_1, \vec{a}_2, ..., \vec{a}_k$ besitzt diese Gleichung nur die Lösung

$$\mu_1 = 0;\ \mu_1\beta + \mu_2 = 0;\ \mu_3 = \mu_4 = ... = \mu_k = 0.$$

Wegen $\mu_1 = 0$ und $\gamma \neq 0$ folgt hieraus $\mu_2 = 0$. (2) besitzt also nur die triviale Lösung $\mu_1 = \mu_2 = ... = \mu_k = 0$;
die Vektoren $\vec{a}_1 + \beta\,\vec{a}_2, \vec{a}_2, ..., \vec{a}_k$ sind ebenfalls linear unabhängig.

c) Die erste Komponente aller k Vektoren werden mit $\beta \neq 0$ multipliziert. Dann ist die Vektorgleichung

$$\mu_1 \begin{pmatrix} \beta\,a_{11} \\ a_{12} \\ \vdots \\ a_{1p} \end{pmatrix} + \mu_2 \begin{pmatrix} \beta\,a_{21} \\ a_{22} \\ \vdots \\ a_{2p} \end{pmatrix} + ... + \mu_k \begin{pmatrix} \beta\,a_{k1} \\ a_{k2} \\ \vdots \\ a_{kp} \end{pmatrix} = \vec{0} \tag{3}$$

äquivalent mit den p Komponentengleichungen

$$\mu_1 \cdot \beta \cdot a_{11} + \mu_2 \cdot \beta \cdot a_{21} + ... + \mu_k \cdot \beta \cdot a_{k1} = 0$$

$$\mu_1 \cdot a_{12} + \mu_2 \cdot a_{22} + ... + \mu_k \cdot a_{k2} = 0$$

$$\cdots\cdots\cdots\cdots\cdots\cdots\cdots\cdots\cdots\cdots\cdots\cdots\cdots$$

$$\mu_1 \cdot a_{1p} + \mu_2 \cdot a_{2p} + ... + \mu_k \cdot a_{kp} = 0$$

Wegen $\beta \neq 0$ erhält man aus der ersten Koordinatengleichung nach Division durch β die gleichwertig Gleichung

$$\mu_1\,a_{11} + \mu_2\,a_{21} + ... + \mu_k\,a_{k1} = 0.$$

Wegen der linearen Unabhängigkeit der Vektoren $\vec{a}_1, \vec{a}_2, ..., \vec{a}_k$ besitzt dieses Gleichungssystem und damit (3) nur die triviale Lösung

$$\mu_1 = \mu_2 = ... = \mu_k = 0.$$

Damit sind auch die k Vektoren $\beta\,a_{i1}, a_{i2}, ..., a_{ip}$ für $i = 1, 2, ..., k$ linear unabhängig.

d) Zur ersten Komponente soll jeweils das γ-fache der zweiten addiert werden. Die Vektorgleichung

$$\mu_1 \begin{pmatrix} a_{11} + \gamma\,a_{12} \\ a_{12} \\ \vdots \\ a_{1p} \end{pmatrix} + \mu_2 \begin{pmatrix} a_{21} + \gamma\,a_{22} \\ a_{22} \\ \vdots \\ a_{2p} \end{pmatrix} + ... + \mu_k \begin{pmatrix} a_{k1} + \gamma\,a_{k2} \\ a_{k2} \\ \vdots \\ a_{kp} \end{pmatrix} = \vec{0} \tag{4}$$

ist gleichwertig mit den p linaren Gleichungen

$$\mu_1(a_{11} + \gamma a_{12}) + \mu_2(a_{21} + \gamma a_{22}) + ... + \mu_k(a_{k1} + \gamma a_{k2}) = 0$$

$$\mu_1 a_{12} \qquad + \mu_2 a_{22} \qquad + ... + \mu_k a_{k2} \qquad\qquad = 0 \qquad (4')$$

$$\text{..}$$

$$\mu_1 a_{1p} \qquad + \mu_2 a_{2p} \qquad + ... + \mu_k a_{kp} \qquad\qquad = 0.$$

Durch Ausmultiplizieren geht die erste dieser Gleichungen über in

$$(\mu_1 a_{11} + \mu_2 a_{21} + ... + \mu_k a_{k1})$$

$$+ \gamma \cdot (\mu_1 a_{12} + \mu_2 a_{22} + \mu_k a_{k2}) = 0 \ .$$

Da die zweite Gleichung in (4') ebenfalls erfüllt sein muß, verschwindet der zweite Summand, also

$$\gamma \left(\mu_1 a_{12} + \mu_2 a_{22} + \mu_k a_{k2}\right) = 0 \ .$$

Das Gleichungssystem ist daher gleichwertig mit dem Gleichungssystem

$$\mu_1 a_{11} + \mu_2 a_{21} + ... + \mu_k a_{k1} = 0$$

$$\mu_1 a_{12} + \mu_2 a_{22} + ... + \mu_k a_{k2} = 0$$

$$\text{..}$$

$$\mu_1 a_{1p} + \mu_2 a_{2p} + ... + \mu_k a_{kp} = 0.$$

Wegen der linearen Unabhängigkeit der Vektoren $\vec{a}_1, \vec{a}_2, ..., \vec{a}_k$ besitzt dieses Gleichungssystem und damit das Gleichungssystem (4) nur die triviale Lösung $\mu_1 = \mu_2 = ... = \mu_k = 0$. Damit ist auch d) bewiesen.

Satz 3: Der Zeilen- und Spaltenrang einer m x n-Matrix A bleibt unverändert, wenn eine oder mehrere der folgenden rangerhaltenden Operationen durchgeführt werden:

1) Vertauschen zweier Zeilen der Matrix A.

2) Vertauschen zweier Spalten der Matrix A.

3) Multiplikation einer Zeile oder Spalte mit einer Konstanten c $\neq$ 0.

4) Addition eines Vielfachen einer Zeile (bzw. Spalte) zu einer anderen Zeile (bzw. Spalte).

Beweis:

a) Zunächst soll bewiesen werden, daß durch die angegebenen Operationen der Zeilenrang der Matrix A nicht verändert wird.

   1) Diese Eigenschaft ist trivial, da die lineare Unabhängigkeit nur von den Vektoren und nicht von ihrer Reihenfolge abhängt.

   2) Hier werden nur die Komponenten der Zeilenvektoren vertauscht, wodurch die lineare Unabhängigkeit erhalten bleibt.

   3) Diese Eigenschaft folgt aus Satz 2 a) und c).

4) Folgt aus Satz 2 b) bzw. c).

b) Allgemein ist der Spaltenrang $s(A)$ der Matrix A gleich dem Zeilenrang der transponierten Matrix A^T. Es gilt also

$$s(A) = z(A^T).$$

Wie man unmittelbar sieht, ändern die im Satz angegebenen Operationen nicht den Zeilenrang der transponierten Matrix A^T und damit auch nicht den Spaltenrang von A. Damit ist der Satz bewiesen.

Satz 4: Jede beliebige von der Nullmatrix verschiedene m × n-Matrix A läßt sich mit Hilfe der zulässigen rangerhaltenden Operationen

a) Vertauschen zweier Zeilen der Matrix A,

b) Vertauschen zweier Spalten der Matrix A,

c) Multiplikation einer Zeile von A mit einer Konstanten $c \neq 0$,

d) Addition eines Vielfachen einer Zeile zu einer anderen Zeile

in eine Matrix der Gestalt:

$$A^* = \begin{pmatrix} 1 & a_{12}^* & \cdots & a_{1r}^* & \cdots & a_{1n}^* \\ 0 & 1 & \cdots & a_{2r}^* & \cdots & a_{2n}^* \\ \cdots & \cdots & \cdots & \cdots & \cdots & \cdots \\ 0 & 0 & \cdots & 1 & \cdots & a_{rn}^* \\ 0 & 0 & \cdots & 0 & \cdots & 0 \\ \cdots & \cdots & \cdots & \cdots & \cdots & \cdots \\ 0 & 0 & 0 & 0 & \cdots & 0 \end{pmatrix}$$

überführen. Die Matrizen A und A^* besitzen den gleichen Zeilen- und Spaltenrang r.

Der Beweis folgt unmittelbar aus Satz 3.

Folgerung: Bei jeder Matrix A stimmen Zeilen- und Spaltenrang überein.

Definition 13 (Rang einer Matrix): Der gemeineinsame Wert r des Zeilenrangs $z(A)$ und des Spaltenrangs $s(A)$ einer Matrix A heißt der **Rang** der Matrix A. Er wird mit $Rg(A)$ bezeichnet, also

$$Rg(A) = z(A) = s(A) = r.$$

Beispiel 20:

Gesucht ist der Rang der Matrix $A = \begin{pmatrix} 2 & 4 & -6 & 2 \\ 3 & 4 & 9 & 4 \\ 8 & 12 & 12 & 10 \\ 3 & 2 & 4 & 5 \end{pmatrix}$.

Die Zeilen der Matrix A werden durchnumeriert:

2	4	−6	2	(1)
3	4	9	4	(2)
8	12	12	10	(3)
3	2	4	5	(4)
1	2	−3	1	$\frac{1}{2} \times (1) = (1')$
0	−2	18	1	$(2) + (-3) \times (1') = (2')$
0	−4	36	2	$(3) + (-8) \times (1') = (3')$
0	−4	13	2	$(4) + (-3) \times (1') = (4')$
1	2	−3	1	(1')
0	1	−9	$-\frac{1}{2}$	$(-\frac{1}{2}) \times (2') = (2'')$
0	0	0	0	$(3') + 4 \times (2'') = (3'')$
0	0	−23	0	$(4') + 4 \times (2'') = (4'')$
1	2	−3	1	(1')
0	1	−9	$\frac{1}{2}$	(2'')
0	0	1	0	$-\frac{1}{23} \times (4'')$ $\Big\}$ vertauscht!
0	0	0	0	(3'')

Die Matrix A besitzt den Rang r = 3.

Da die dritte Zeile zur Nullzeile wurde, ist der dritte Zeilenvektor der Matrix A von den beiden ersten Zeilenvektoren linear abhängig. In der Ausgangsmatrix A sind die Vektoren der ersten, zweiten und vierten Zeile linear unabhängig. Ferner sind die ersten drei Spaltenvektoren linear unabhängig.

Beispiel 21:

Gesucht ist der Rang der Matrix $A = \begin{pmatrix} 0 & 1 & 1 & 2 & 1 \\ 0 & 0 & 2 & 1 & 1 \\ 0 & 0 & 1 & 1 & 1 \\ 0 & 0 & 0 & 0 & 2 \end{pmatrix}$

Zunächst wird die erste Nullspalte als letzte Spalte geschrieben.

1	1	2	1	0	(1)	
0	2	1	1	0	(2)	} vertauschen!!
0	1	1	1	0	(3)	
0	0	0	2	0	(4)	

1	1	2	1	0	(1)
0	1	1	1	0	(3)
0	0	-1	-1	0	$(2) + (-2) \times (3) = (3')$
0	0	0	2	0	(4)

1	1	2	1	0	
0	1	1	1	0	
0	0	1	1	0	$(-1) \times (3')$
0	0	0	1	0	$\frac{1}{2} \times (4)$

Die Matrix A besitzt den Rang $r = 4$.

Bei dem zur Rangbestimmung benutzten Algorithmus können Nullzeilen weggelassen werden.

Lineare Abhängigkeit von Vektoren

Gegeben sind n Vektoren $\vec{a}_1, \ldots, \vec{a}_n$ mit jeweils m Komponenten. Diese Vektoren sind genau dann linear unabhängig, wenn die aus den Vektoren zusammengesetzte Matrix

$$A = \left(\vec{a}_1, \vec{a}_2, \ldots, \vec{a}_n \right)$$

den Rang n besitzt. Im Falle $Rg(A) < n$ sind die Vektoren linear abhängig. Aus

$$Rg(A) \leq \min(n, m)$$

folgt sofort, daß mehr als m Vektoren mit m Komponenten stets linear abhängig sind.

12.4 Aufgaben

1. Lösen Sie die Matrixgleichung $2X - 3A = 3X + 2B$ mit

$$A = \begin{pmatrix} 2 & -3 \\ 10 & 12 \end{pmatrix}, \quad B = \begin{pmatrix} 18 & 2 \\ -5 & 4 \end{pmatrix}.$$

2. Gegeben sind die Matrizen

$$A = \begin{pmatrix} 2 & 1 & -3 \\ -1 & 5 & 6 \end{pmatrix}; \quad B = \begin{pmatrix} 3 & -4 \\ -2 & 5 \\ 7 & -5 \end{pmatrix}.$$

Berechnen Sie im Falle der Existenz die folgenden Matrizen:

$A + B$; $\quad A + B^T$; $\quad A^T + B$; $\quad A \cdot B$; $\quad B \cdot A$; $\quad A^T \cdot B^T$; $\quad B^T \cdot A^T$.

3. Ein Unternehmen stellt drei Güter G_1, G_2 und G_3 her. Die Produktionskosten zur Herstellung je einer Einheit betragen 50 Geldeinheiten (GE) für G_1, 60 GE für G_2 und 75 GE für G_3. Die geplanten Herstellungsmengen für ein Jahr sind in der nachfolgenden Tabelle zusammengestellt

	G_1	G_2	G_3
1. Quartal	240	220	110
2. Quartal	250	200	140
3. Quartal	260	180	170
4. Quartal	260	190	160

Bestimmen Sie die in den einzelnen Quartalen anfallenden Produktionskosten.

4. Drei Produkte P_1, P_2, P_3 werden auf drei Maschinen M_1, M_2, M_3 gefertigt. Die zur Herstellung je einer Einheit eines Produkts benötigten Maschinenzeiten (in sec.) sind in der nachfolgenden Tabelle zusammengestellt:

	P_1	P_2	P_3
M_1	16	12	11
M_2	5	14	15
M_3	10	8	4

Von den einzelnen Produkten sollen der Reihe nach 2 10; 300; 400 Einheiten hergestellt werden. Bestimmen Sie die dazu benötigten Maschinenzeiten.

5. Gegeben sind die Matrizen

$$A = \begin{pmatrix} -2 & 1 & 1 \\ -4 & 2 & 2 \\ 2 & -1 & -1 \end{pmatrix}; \quad B = \begin{pmatrix} 1 & 3 & 2 \\ -2 & 1 & 4 \\ 4 & 5 & 0 \end{pmatrix}.$$

Berechnen Sie die Produkte $A \cdot B$; $\quad B \cdot A$; $\quad A^T \cdot B^T$ und $B^T \cdot A^T$.

6. In einem Betrieb werden aus drei Rohstoffen R_1, R_2, R_3 vier Zwischenprodukte Z_1, Z_2, Z_3, Z_4 hergestellt. Aus diesen vier Zwischenprodukten werden drei Produkte P_1, P_2, P_3 hergestellt, aus denen schließlich zwei Endprodukte E_1, E_2 gefertigt werden. Der Materialverbrauch (Bedarf zur Herstellung von einer Einheit) ist in den folgenden Tabellen zusammengestellt:

	Z_1	Z_2	Z_3	Z_4
R_1	2	1	0	4
R_2	1	0	3	2
R_3	4	0	2	3

	P_1	P_2	P_3
Z_1	2	0	1
Z_2	1	3	5
Z_3	0	2	3
Z_4	1	3	2

	E_1	E_2
P_1	2	3
P_2	4	5
P_3	0	4

a) Bestimmen Sie die Matrix A, welche den Rohstoffverbrauch zur Herstellung je einer Einheit von den Endprodukten beschreibt.

b) Bestimmen Sie die Rohstoffmengen, die zur Herstellung von 150 ME von E_1 und 250 ME von E_2 benötigt werden.

7. Berechnen Sie die Quadrate der folgenden Matrizen. Wie lauten dann ihre n-ten Potenzen?

$$A = \begin{pmatrix} 2 & 3 & 1 \\ 8 & 12 & 4 \\ -26 & -39 & -13 \end{pmatrix}; \quad B = \begin{pmatrix} 0,3 & 0,2 & 0,1 & 0,4 \\ 0,3 & 0,2 & 0,1 & 0,4 \\ 0,3 & 0,2 & 0,1 & 0,4 \\ 0,3 & 0,2 & 0,1 & 0,4 \end{pmatrix}; \quad C = \begin{pmatrix} 2 & -3 & -5 \\ -1 & 4 & 5 \\ 1 & -3 & -4 \end{pmatrix}.$$

8. Bestimmen Sie den Rang der Matrix

$$A = \begin{pmatrix} 1 & 3 & -2 & 4 & 2 \\ 2 & 1 & 4 & -3 & 5 \\ 4 & 7 & 0 & 5 & 9 \\ -2 & -6 & 4 & 9 & 6 \end{pmatrix}.$$

Welche der Zeilen- bzw. Spaltenvektoren der Matrix A sind linear unabhängig?

9. Für welche Werte der Konstanten c gilt für den Rang Rg(A) der Matrix

$$A = \begin{pmatrix} 1 & 2 & 3 \\ -1 & c & -3 \\ -1 & -2 & c \end{pmatrix} \quad \text{Rg(A)} = 1, \text{Rg(A)} = 2, \text{Rg(A)} = 3?$$

Kapitel 13:
Lineare Gleichungssysteme

Lineare Gleichungen mit zwei oder drei Unbekannten lassen sich geometrisch als Koordinatengleichungen von Geraden im $\mathbb{R}^2$ bzw. Ebenen im $\mathbb{R}^3$ anschaulich beschreiben. Aus diesem Grund behandeln wir zunächst solche Gleichungssysteme. Die Problematik der Lösungsmöglichkeiten wird jedoch bereits bei einer linearen Gleichung mit nur einer Unbekannten erkennbar. Daher beginnen wir mit diesem einfachsten Fall.

13.1 Lineare Gleichungen mit einer Unbekannten

Die Gleichung

$$a\,x = b$$

heißt eine **lineare Gleichung** der **Unbekannten** (oder **Variablen**) x. Dabei sind a und b vorgegebene reelle Zahlen. Man nennt a den **Koeffizienten** und b die **rechte Seite** der linearen Gleichung. Gesucht sind sämtliche Werte für die Unbekannte x, welche die Gleichung erfüllen. Linear bedeutet, daß die Unbekannte (Variable) x nur in der ersten Potenz vorkommt und mit einer Konstanten a multipliziert werden darf.

Beispiel 1:

a) $2\,x = 8$ besitzt die einzige Lösung $x = 4$.

b) $0 \cdot x = 4$ besitzt keine Lösung. Denn gäbe es eine Lösung x, so würde daraus wegen $0 \cdot x = 0$ der Widerspruch $0 = 4$ folgen.

c) Die lineare Gleichung $0 \cdot x = 0$ ist für jeden Wert x erfüllt. Mit $x = \lambda$ (beliebig) gibt es also unendlich viele Lösungen.

Bezüglich der Lösungen der linearen Gleichung

$$a\,x = b; \quad a, b \in \mathbb{R}$$

gibt es folgende Möglichkeiten:

1. $a \neq 0$. Es gibt genau eine Lösung $x = \frac{b}{a}$;

2. $a = 0$; $b \neq 0$. Die Gleichung besitzt keine Lösung.

3. $a = 0$ und $b = 0$. Dann gibt es beliebig viele Lösungen $x = \lambda \in \mathbb{R}$ (λ beliebig).

13.2 Lineare Gleichungen mit zwei Unbekannten

Beispiel 2: Zur Herstellung zweier Produkte P_1 und P_2 werden zwei Rohstoffe R_1 und R_2 benötigt. Die zur Produktion von je einer Einheit der beiden Produkte benötigten Rohstoffmengen sind in der nachfolgenden Tabelle zusammengestellt. In der letzten Spalte sind die von den beiden Rohstoffen R_1 und R_2 vorhandenen Mengen angegeben, die vollständig verbraucht werden müssen.

	P_1	P_2	vorhandene Rohstoffmengen
R_1	4	7	450
R_2	3	2	240

Wie viele Einheiten von den beiden Produkten können mit den vorhandenen Rohstoffmengen hergestellt werden? Zur Lösung des Problems führen wir folgende Bezeichnungen ein: Hergestellte Mengen: x Einheiten von P_1 und y Einheiten von P_2. Für die beiden Unbekannten x und y erhalten wir die beiden linearen Gleichungen

$$\left. \begin{array}{ll} 4x + 7y = 450 & |\cdot 3 \\ 3x + 2y = 240 & |\cdot(-4) \end{array} \right\} +$$

$$21y - 8y = 3\cdot 450 - 4\cdot 240 = 390$$

$$13y = 390 \ |:13 \qquad\qquad \Rightarrow \quad y = 30;$$

Mit $y = 30$ erhält man aus der ersten Gleichung

$$4x = 450 - 7\cdot 30 = 240 \qquad\qquad \Rightarrow \quad x = 60.$$

Die erste Gleichung wurde mit 3 und die zweite mit -4 multipliziert und anschließend addiert. Durch die **Eliminationsmethode** (x wird eliminiert) erhält man eine Gleichung für die Unbekannte y. Daß die dabei benutzten zulässigen Rechenoperationen die Lösung nicht ändern, wird allgemein in Abschnitt 13.4 gezeigt.

Die beiden linearen Gleichungen können als Komponentengleichungen zweier Vektoren aufgefaßt werden. Mit

$$A = \begin{pmatrix} 4 & 7 \\ 3 & 2 \end{pmatrix}; \quad \vec{b} = \begin{pmatrix} 450 \\ 240 \end{pmatrix}; \quad \vec{x} = \begin{pmatrix} x \\ y \end{pmatrix}$$

erhält man das Gleichungssystem in Matrizenschreibweise

$$\begin{pmatrix} 4 & 7 \\ 3 & 2 \end{pmatrix}\cdot\begin{pmatrix} x \\ y \end{pmatrix} = \begin{pmatrix} 450 \\ 240 \end{pmatrix} \qquad \text{oder} \qquad A\cdot\vec{x} = \vec{b}.$$

Der Vergleich der ersten Komponenten dieser beiden Vektoren ergibt die erste Gleichung, Gleichsetzen der zweiten Komponenten liefert die zweite Gleichung des obigen Gleichungssystems.

Die Matrix A besitzt die beiden Spaltenvektoren $\begin{pmatrix} 4 \\ 3 \end{pmatrix}$ und $\begin{pmatrix} 7 \\ 2 \end{pmatrix}$. Mit diesen Vektoren geht das Gleichungssystem über in die Vektorgleichung

$$x \cdot \begin{pmatrix} 4 \\ 3 \end{pmatrix} + y \cdot \begin{pmatrix} 7 \\ 2 \end{pmatrix} = \begin{pmatrix} 450 \\ 240 \end{pmatrix}.$$

Der Vektor $\begin{pmatrix} 450 \\ 240 \end{pmatrix}$ der rechten Seiten muß als Linearkombination der beiden Spaltenvektoren der Matrix A dargestellt werden können. Weil die Spaltenvektoren linear unabhängig sind, sind die Zahlenwerte x und y (Lösungen) in der obigen Linearkombonation eindeutig bestimmt.

Falls man in Beispiel 2 zur Herstellung der beiden Produkte m verschiedene Rohstoffmengen benötigt, wobei die vorhandenen Rohstoffmengen vorgegeben sind und vollständig verarbeitet werden müssen, erhält man für die Herstellungsmengen x (von P_1) und y (von P_2) m lineare Gleichungen.

Definition 1:

a) Eine Gleichung der Form

$$a_1 x + a_2 y = b,$$

bei der die **Koeffizienten** a_1 und a_2 und die rechte Seite b vorgegebene reelle Zahlen sind, heißt eine **lineare Gleichung** für die beiden **Unbekannten (Variablen)** x und y.

In einer linearen Gleichung kommen die beiden Unbekannten x und y nur in der ersten Potenz vor. Es treten auch keine gemischten Produkte $x \cdot y$ auf. Zulässig ist also nur die Multiplikation der Unbekannten mit reellen Zahlen und anschließende Addition solcher Produkte.

b) Ein System von m linearen Gleichungen

$$a_{11} x \ + \ a_{12} y = b_1$$
$$a_{21} x \ + \ a_{22} y = b_2$$
$$\dots\dots\dots\dots\dots\dots\dots\dots\dots\dots$$
$$a_{m1} x + a_{m2} y = b_m$$

heißt ein **lineares Gleichungssystem** mit **m Gleichungen** und **zwei Unbekannten** (oder **Variablen**) x und y.

Gesucht sind sämtliche Werte für die Variablen x und y, für die alle m Gleichungen erfüllt sind.

Geometrische Interpretation

Falls von den Koeffizienten a_{i1} und a_{i2} nicht beide gleichzeitig verschwinden - dafür kann man auch schreiben $a_{i1}^2 + a_{i2}^2 > 0$, stellt jede lineare Gleichung

$$g_i : a_{i1}x + a_{i2}y = b_i$$

eine Koordinatengleichung einer Geraden g_i im $\mathbb{R}^2$ dar (vgl. Abschnitt 11.1). Dann ist x_1, y_1 eine Lösung des linearen Gleichungssystems, wenn der Punkt $P(x_1, y_1)$ gleichzeitig auf allen m Geraden liegt. Die Lösungsmenge des linearen Gleichungssystems besteht also aus dem Durchschnitt aller m Geraden g_i für $i = 1, 2, \ldots, m$.

Die Lösungsmöglichkeiten sollen in Abhängigkeit von der Anzahl der Gleichungen untersucht werden. Obwohl die Gleichungen mit Hilfe der Schulmathematik elementar gelöst werden können, benutzen wir bereits hier den sogenannten **Gaußschen Algorithmus**. Die Anwendung dieser Methode mag zunächst etwas kompliziert erscheinen, doch hat sie den Vorteil, daß dieses Verfahren unmittelbar auf Gleichungen mit mehreren Unbekannten übertragen werden kann. In Abschnitt 13.4 wird folgende Eigenschaft bewiesen:

Zulässige Umformungen

Die Lösungsmenge eines linearen Gleichungssystems bleibt unverändert, falls eine (oder mehrere) der nachfolgenden zulässigen Rechenoperationen durchgeführt wird:

a) Vertauschen zweier Gleichungen;

b) Vertauschen der beiden Unbekannten einschließlich der Koeffizienten;

c) Multiplikation einer Gleichung mit einer Konstanten $c \neq 0$;

d) Addition eines Vielfachen einer Gleichung zu einer anderen.

Der Fall m = 1 (eine lineare Gleichung)

Wir betrachten die lineare Gleichung

$$a_{11}x + a_{12}y = b_1.$$

1. Fall: $a_{11}^2 + a_{12}^2 > 0$:

Dann stellt die lineare Gleichung eine Koordinatengleichung einer Geraden g im $\mathbb{R}^2$ dar. Sie besitzt beliebig (unendlich) viele Lösungen.

Beispiel 3:

a) $2x + 3y = 8$.

Wir setzen $x = \lambda \in \mathbb{R}$ (bliebig). $\Rightarrow y = \frac{8}{3} - \frac{2}{3}x = \frac{8}{3} - \frac{2}{3}\lambda$.

In Vektorschreibweise erhält man die Parameterdarstellung von g und damit die Lösungsvektoren in der Form

$$\begin{pmatrix} x \\ y \end{pmatrix} = \begin{pmatrix} 0 \\ \frac{8}{3} \end{pmatrix} + \lambda \cdot \begin{pmatrix} 1 \\ -\frac{2}{3} \end{pmatrix}, \lambda \in \mathbb{R}.$$

Mit $y = \mu \in \mathbb{R}$ erhält man die Parameterdarstellung

$$\begin{pmatrix} x \\ y \end{pmatrix} = \begin{pmatrix} 4 \\ 0 \end{pmatrix} + \mu \cdot \begin{pmatrix} -\frac{3}{2} \\ 1 \end{pmatrix}, \mu \in \mathbb{R}.$$

b) $4x = 6$ ist ebenfalls eine lineare Gleichung mit $a_{12} = 0$. Mit $y = \lambda$ (beliebig) erhält man die Lösungsvektoren

$$\begin{pmatrix} x \\ y \end{pmatrix} = \begin{pmatrix} \frac{3}{2} \\ 0 \end{pmatrix} + \lambda \cdot \begin{pmatrix} 0 \\ 1 \end{pmatrix}, \lambda \in \mathbb{R}.$$

c) $3y = 5$ besitzt die Lösungen

$$\begin{pmatrix} x \\ y \end{pmatrix} = \begin{pmatrix} 0 \\ \frac{5}{3} \end{pmatrix} + \lambda \cdot \begin{pmatrix} 1 \\ 0 \end{pmatrix}, \lambda \in \mathbb{R}.$$

2. Fall: $a_{11} = a_{12} = 0$:

Für alle möglichen Werte von x und y ist die linke Seite von

$$0\,x + 0\,y = b_1$$

immer gleich Null.

Für $b_1 \neq 0$ besitzt die Gleichung keine Lösung, da man sonst den Widerspruch $0 = b_1 \neq 0$ erhalten würde.

Im Falle $b_1 = 0$ ist die Gleichung

$$0\,x + 0\,y = 0$$

für alle x und y erfüllt. Im Gegensatz zu Beispiel 3 können beide Unbekannte beliebig gesetzt werden z. B. $x = \lambda$ (beliebig) und $y = \mu$ (beliebig).

Der Fall m = 2 (zwei lineare Gleichungen)

Die beiden linearen Gleichungen

$$a_{11}x + a_{12}y = b_1$$
$$a_{21}x + a_{22}y = b_2$$

können als Komponentengleichungen der folgenden Matrizengleichung aufgefaßt werden

$$\begin{pmatrix} a_{11} & a_{12} \\ a_{21} & a_{22} \end{pmatrix} \cdot \begin{pmatrix} x \\ y \end{pmatrix} = \begin{pmatrix} b_1 \\ b_2 \end{pmatrix} \quad \Leftrightarrow \quad A \cdot \vec{x} = \vec{b}.$$

Die Komponenten des Vektors $\vec{x}$ sind die beiden Unbekannten des Gleichungssystems. A ist die **Koeffizientenmatrix** und $\vec{b}$ der Vektor der beiden
rechten Seiten des Gleichungssystems. Gesucht sind sämtliche Lösungsvektoren $\vec{x}$.

Das lineare Gleichungssystem läßt sich mit Hilfe der beiden Spaltenvektoren der Matrix A darstellen in der Form (vgl. Beispiel 2)

$$x \cdot \begin{pmatrix} a_{11} \\ a_{21} \end{pmatrix} + y \cdot \begin{pmatrix} a_{12} \\ a_{22} \end{pmatrix} = \begin{pmatrix} b_1 \\ b_2 \end{pmatrix} \quad \Leftrightarrow \quad x \cdot \vec{a}_1 + y \cdot \vec{a}_2 = \vec{b}. \tag{1}$$

Es gibt also nur dann mindestens eine Lösung x, y, wenn der Vektor $\vec{b}$
Linearkombination der beiden Spaltenvektoren $\vec{a}_1$ und $\vec{a}_2$ ist.

Falls in jeder Gleichung nicht gleichzeitig beide Koeffizienten a_{i1} und a_{i2}
verschwinden, stellen die Gleichungen jeweils eine Gerade im $\mathbb{R}^2$ dar. Dann
sind die Lösungen des Gleichungssystems die Koordinaten x, y derjenigen
Punkte, die gleichzeitig auf beiden Geraden liegen. Bezüglich der Lösungen
gibt es drei Fallunterscheidungen:

a) Die Geraden sind verschieden und nicht parallel. Dann gibt es genau
   eine Lösung (ein Schnittpunkt).

   Dies ist genau dann der Fall, wenn die beiden Spaltenvektoren $\vec{a}_1$ und
   $\vec{a}_2$ der Matrix A linear unabhängig sind, die Matrix A also den Rang 2
   besitzt. Der Vektor $\vec{b}$ ist dann in eindeutiger Form als Linearkombination von $\vec{a}_1$ und $\vec{a}_2$ darstellbar. Durch (1) ist in diesem Fall die Lösung
   für x und y eindeutig bestimmt.

b) Die Geraden sind identisch. Dann handelt es sich um zwei Koordinatengleichungen für dieselbe Gerade. Somit sind die Koordinaten x, y eines
   jeden Punktes auf dieser Geraden Lösungen. Dieser Fall ist nur dann
   möglich, wenn eine Koordinatengleichung durch Multiplikation mit
   einer Konstanten aus der anderen hervorgeht.

   In diesem Fall sind die beiden Zeilen- und Spaltenvektoren der Matrix
   A jeweils abhängig. Die Matrix A hat den Rang 1. Gleichzeitig sind die
   durch die rechten Seiten des Gleichungssystems erweiterten dreidimensionalen Vektoren linear abhängig. Falls also

   $$(a_{11}, a_{12}, b_1), (a_{21}, a_{22}, b_2)$$

linear abhängig sind, gibt es unendlich viele Lösungen. Aus der linearen Abhängigkeit dieser beiden dreidimensionalen Vektoren folgt bereits die lineare Abhängigkeit der beiden Zeilenvektoren von A.

c) Die Geraden sind parallel und verschieden. Dann gibt es keine Lösung (keinen Schnittpunkt). In diesem Fall ist die linke Seite einer Gleichung ein Vielfaches der linken Seite der anderen Gleichung. Die rechte Seite ist aber nicht das entsprechende Vielfache.

Dieser Fall tritt genau dann ein, wenn die Zeilenvektoren der Matrix A linear abhängig sind ($Rg(A) = 1$), und die erweiterten Vektoren

$$(a_{11}, a_{12}, b_1), (a_{21}, a_{22}, b_2)$$

linear unabhängig sind. Dann ist der Vektor $\vec{b}$ nicht als Linearkombination der beiden Spaltenvektoren von A darstellbar; es gibt also keine Darstellung der Art (1).

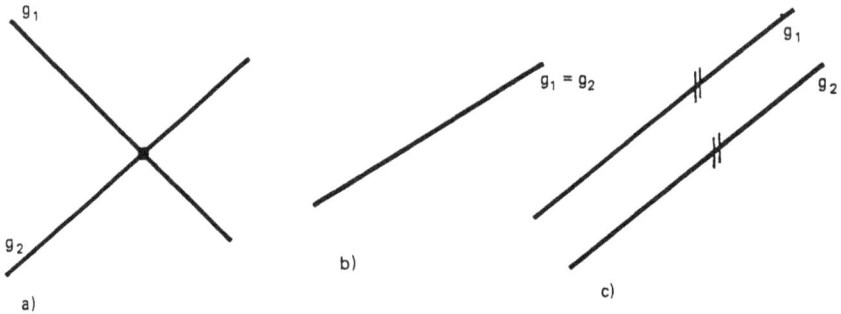

Beispiel 4:

$$\begin{aligned} 2x + 6y &= 14 \qquad (1) \\ -3x + 4y &= 5 \qquad (2) \end{aligned}$$

Die erste Gleichung wird durch 2 dividiert. Das Dreifache dieser neuen äquivalenten Gleichung wird zur zweiten Gleichung addiert. Dadurch wird die erste Unbekannte x eliminiert, so daß nur noch eine lineare Gleichung mit der zweiten Unbekannten y übrigbleibt:

$$\begin{aligned} 1x + 3y &= 7 \qquad &\tfrac{1}{2} \times (1) &= (1') \\ 0x + 13y &= 26 \qquad &(2) + 3 \times (1') &= (2') \end{aligned}$$

Division der Gleichung (2') durch 13 ergibt

$$\begin{aligned} 1x + 3y &= 7 \qquad &(1') \\ 0x + y &= 2 \qquad &\tfrac{1}{13} \times (2') &= (2'') \end{aligned}$$

Subtraktion des Dreifachen der Gleichung (2'') von der Gleichung (1') ergibt das äquivalente Gleichungssystem

$$1\,x \; + 0\,y \; = \; 1 \qquad (1') + (-3) \times (2'')$$

$$0\,x \; + \; y \; = \; 2 \qquad (2'')$$

Aus diesem System erhält man unmittelbar die eindeutige Lösung
$\underline{x = 1; \; y = 2}$.

Die hier durchgeführten zulässigen Umformungen werden nur an den Koeffizienten und rechten Seiten des Gleichungssystems vorgenommen. Aus diesem Grund muß man die Unbekannten x und y nicht dauernd "mitschleppen". Daher ist es naheliegend, eine Kurzschreibweise zu benutzen, die nur die Koeffizienten und rechten Seiten enthält. Dabei gehört der erste Koeffizient zu x und der zweite zu y. An diesen Zahlen werden die obigen Umformungen durchgeführt.

	x	y	rechte Seite	
$A =$ $\begin{pmatrix} 2 & 6 \\ -3 & 4 \end{pmatrix}$	2	6	14	(1)
	-3	4	5	(2)
	1	3	7	$\frac{1}{2} \times (1) = (1')$
	0	13	26	$(2) + 3 \times (1') = (2')$
	1	3	7	$(1')$
	0	1	2	$\frac{1}{13} \times (2') = (2'')$
$E = \begin{pmatrix} 1 & 0 \\ 0 & 1 \end{pmatrix}$	1	0	$1 = x$	$(1') - 3 \times (2'')$
	0	1	$2 = y$	$(2'')$

Auf der linken Seite des Ausgangstableaus steht die Matrix A. Die zulässigen Umformungen werden auch gleichzeitig mit den rechten Seiten durchgeführt. Im Endtableau steht links die Einheitsmatrix E, während in dieser Form die Lösungen für x und y unmittelbar auf der rechten Seite stehen.

An jeder Stelle der Umformungen können die Gleichungen auch vollständig geschrieben werden, z.B.

$$1\,x + 3\,y \; = \; 7 \qquad (1')$$

$$0\,x + 13\,y \; = \; 26 \qquad (2')$$

bzw.

$$1\,x + 3\,y \; = \; 7 \qquad (1')$$

$$0\,x + 1\,y \; = \; 2 \qquad (2'')$$

oder das Endtableau

$$1\,x + 0\,y \; = \; 1$$

$$0\,x + 1\,y \; = \; 2 \; .$$

Beispiel 5:

$$4\,x - 12\,y = 8 \qquad (1)$$

$$-3\,x + 9\,y = a \qquad (2)$$

Gesucht sind die Werte a, für die mindestens eine Lösung existiert. Ferner sollen die entsprechenden Lösungen angegeben werden.

x	y	rechte Seite	
4	-12	8	(1)
-3	9	a	(2)
1	-3	2	$\frac{1}{4} \times (1) = (1')$
0	0	$a + 6$	$(2) + 3 \times (1') = (2')$

In diesem Endtableau können die Koeffizienten der zweiten Gleichung (2') nicht mehr umgeformt werden. Die letzte Gleichung lautet

$$0\,x + 0\,y = a + 6\,.$$

1. Fall: $a + 6 \neq 0 \Leftrightarrow a \neq -6$.

Die Gleichung besitzt keine Lösung. Gäbe es nämlich eine Lösung, so müßte $0 \cdot x + 0 \cdot y = a + 6 \neq 0$ sein (Widerspruch). Das Gleichungssystem ist nicht lösbar.

2. Fall: $a + 6 = 0 \Leftrightarrow a = -6$.

Die letzte Gleichung (2') ist für alle x, y erfüllt. Damit muß nur noch die übriggebliebene Gleichung (1') gelöst werden. Diese Gleichung besitzt unendlich viele Lösungen: $y = \lambda$ (beliebig); $x = 2 + 3\lambda$ ergibt die Lösungsvektoren (Parameterdarstellung einer Geraden)

$$\begin{pmatrix} x \\ y \end{pmatrix} = \begin{pmatrix} 2 \\ 0 \end{pmatrix} + \lambda \begin{pmatrix} 3 \\ 1 \end{pmatrix}, \lambda \in \mathbb{R} \quad \text{für} \quad a = -6\,.$$

Die linke Seite der Gleichung (2) erhält man durch Multiplikation der linken Seite von (1) mit $-\frac{3}{4}$. Falls man die rechte Seite auch mit demselben Faktor $-\frac{3}{4}$ multipliziert, stellen für $a = -\frac{3}{4} \cdot 8 = -6$ beide Koordinatengleichungen dieselbe Gerade dar. Im Falle $a \neq -6$ wird im Gegensatz zur linken Seite die rechte nicht mit $-\frac{3}{4}$ multipliziert. Dann sind beide Geraden parallel und verschieden und besitzen keinen gemeinsamen Punkt. Das Gleichungssystem kann dann keine Lösung haben.

Die Matrix A besitzt den Rang 1, da die Zeilenvektoren linear abhängig sind. Die erweiterten Vektoren

$$(4\,;-12\,;8) \text{ und } (-3\,;9\,;a)$$

sind für $a = -6$ ebenfalls linear abhängig, für $a \neq -6$ jedoch linear unabhängig.

Der Fall m > 2 (m beliebig)

In keiner der m linearen Gleichungen

$$a_{11}x + a_{12}y = b_1$$
$$a_{21}x + a_{22}y = b_2$$
$$\dotfill$$
$$a_{m1}x + a_{m2}y = b_m$$

sollen gleichzeitig beide Koeffizienten auf der linken Seite verschwinden. Dann sind Koordinatengleichungen für m Geraden gegeben. Das Gleichungssystem ist nur dann lösbar, wenn es mindestens einen Punkt gibt, der auf allen m Geraden liegt.

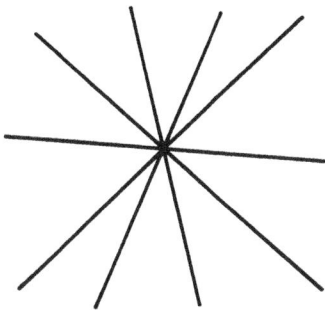

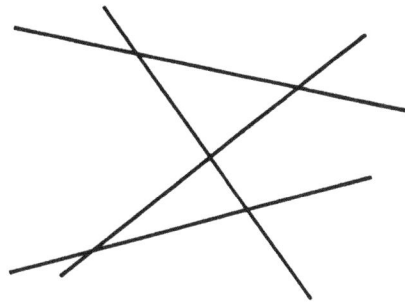

m = 5: genau eine Lösung   m = 4: keine Lösung

Alle Lösungen können mit Hilfe des Gaußschen Algorithmus bestimmt werden. Der Algorithmus zeigt ferner an, wenn es keine Lösung gibt. In diesem Fall erhält man links eine Nullzeile, während die zugehörige rechte Seite nicht verschwindet (Widerspruch).

Beispiel 6:

$$2x + 3y = 7 \qquad (1)$$
$$-1x + 7y = 22 \qquad (2)$$
$$-5x + y = 8 \qquad (3)$$

x	y	rechte Seite		
2	3	7	(1)	} vertauschen
−1	7	22	(2)	
−5	1	8	(3)	
1	−7	−22	−(2) = (1')	
2	3	7	(1) = (2')	
−5	1	8	(3) = (3')	

x	y	rechte Seite	
1	-7	-22	(1')
0	17	51	(2') $-$ 2 × (1') = (2'')
0	-34	-102	(3')+5 × (1'') = (3'')
1	-7	-22	(1')
0	1	3	$\frac{1}{17}$ × (2'') = (2''')
0	0	0	(3'')+2 × (2'')
1	0	-1	(1')+7 × (2''')
0	1	3	
0	0	0	

Im Endtableau ist die letzte Gleichung immer erfüllt. Aus den beiden ersten Gleichungen erhält man unmittelbar die Lösung: $x = -1$; $y = 3$.

Beispiel 7:

$$x + y = 4 \qquad (1)$$
$$-x + 7y = 20 \qquad (2)$$
$$-5x + y = 8 \qquad (3)$$

x	y	rechte Seite	
1	1	4	(1)
-1	7	20	(2)
-5	1	8	(3)
1	1	4	(1)
0	8	24	(1) + (2) = (2')
0	6	28	(3) + 5 × (1) = (3')
1	1	4	(1)
0	1	3	$\frac{1}{8}$ × (2') = (2'')
0	0	10	(3') $-$ 6 × (2'') = (3'')

In der letzten Gleichung des Endtableaus entsteht der Widerspruch $0 = 10$. Damit ist das Gleichungssystem nicht lösbar. Die ersten beiden Gleichungen besitzen zwar die Lösung $x = 1$, $y = 3$. Für diese Werte ist jedoch die dritte Gleichung nicht erfüllt.

Beispiel 8:
$$x - 3y = -1$$
$$2x + 2y = 6$$
$$3x - 2y = a$$
$$4x - 5y = b$$
$$5x - y = c$$

Für welche Werte a, b und c ∈ ℝ ist das Gleichungssystem lösbar? Gesucht sind die zugehörigen Lösungen.

x	y	rechte Seite	
1	-3	-1	(1)
2	2	6	(2)
3	-2	a	(3)
4	-5	b	(4)
5	-1	c	(5)
1	-3	-1	(1)
0	8	8	$(2) - 2 \times (1) = (2')$
0	7	$a + 3$	$(3) - 3 \times (1) = (3')$
0	7	$b + 4$	$(4) - 4 \times (1) = (4')$
0	14	$c + 5$	$(5) - 5 \times (1) = (5')$
1	0	2	$(1) + 3 \times (2'') = (1'')$
0	1	1	$\frac{1}{8} \times (2') = (2'')$
0	0	$a - 4$	$(3') - 7 \times (2'')$
0	0	$b - 3$	$(4') - 7 \times (2'')$
0	0	$c - 9$	$(5') - 14 \times (2'')$

Die letzten drei Gleichungen ergeben die Lösungsbedingungen:
$a = 4$; $b = 3$; $c = 9$. Nur für diese drei Parameterwerte ergeben die letzten drei Gleichungen keinen Widerspruch. Sie sind dann für jeden beliebigen Wert für x und y erfüllt. Aus den Gleichungen (1'') und (2'') erhält man in diesem Fall die Lösung $\underline{x = 2 \text{ und } y = 1}$.

Für alle übrigen Parameterwerte besitzt das Gleichungssystem keine Lösung.

Mit Hilfe der bereits angegebenen zulässigen Umformungen kann jedes lineare Gleichungssystem mit m Gleichungen und zwei Unbekannten, bei dem nicht sämtliche Koeffizienten a_{ij} verschwinden, mit Hilfe des Gaußschen Algorithmus in eines der beiden Endtableaus überführt werden. Eventuell müssen dabei die Variablen vertauscht werden.

a)

x	y	r. S.
1	0	b_1^*
0	1	b_2^*
0	0	b_3^*
0	0	b_4^*
0	0	b_m^*

b)

x	y	r. S.
1	a_{12}^*	b_1^*
0	0	b_2^*
0	0	b_3^*
0	0	b_4^*
0	0	b_m^*

Tableau a) Fallunterscheidungen:

α) Von den $m-2$ rechten Seiten $b_3^*, \ldots, b_m^*$ sind nicht alle gleich Null. Dann gibt es keine Lösung.

β) Es gelte $b_3^* = \ldots = b_m^* = 0$. Dann gibt es genau eine Lösung, nämlich $x = b_1^*$ und $y = b_2^*$.

Tableau b) Fallunterscheidungen:

α) Die $m-1$ rechten Seiten $b_2^*, \ldots, b_m^*$ verschwinden nicht alle. Dann gibt es keine Lösung.

β) Es gelte $b_2^* = \ldots = b_m^* = 0$. Dann gibt es unendlich viele Lösungen, nämlich $y = \lambda \in \mathbb{R}$ (beliebig) und $x = b_1^* - a_{12}^* \lambda$, also

$$\begin{pmatrix} x \\ y \end{pmatrix} = \begin{pmatrix} b_1^* \\ 0 \end{pmatrix} + \lambda \begin{pmatrix} -a_{12}^* \\ 1 \end{pmatrix}, \ \lambda \in \mathbb{R} \ .$$

13.3 Lineare Gleichungen mit drei Unbekannten

Eine **lineare Gleichung**

$$a_1 x + a_2 y + a_3 z = b,$$

bei der nicht alle drei **Koeffizienten** $a_1, a_2, a_3 \in \mathbb{R}$ verschwinden, stellt eine Koordinatengleichung einer **Ebene** im $\mathbb{R}^3$ dar (vgl. Abschnitt 11.2). Linear bedeutet, daß die drei **Unbekannten (Variablen)** x, y und z nur in der ersten Potenz auftreten, wobei keine gemischten Produkte von zwei Unbekannten vorkommen dürfen. Die Unbekannten dürfen also nur mit den konstanten Koeffizienten multipliziert werden. Diese Produkte werden aufaddiert und gleich der rechten Seite b_i gesetzt.

Allgemein besteht ein **lineares Gleichungssystem** für drei **Unbekannte** (Variable) aus m linearen Gleichungen

$$a_{11} x + a_{12} y + a_{13} z = b_1$$

$$a_{21} x + a_{22} y + a_{23} z = b_2$$

....

$$a_{m1} x + a_{m2} y + a_{m3} z = b_m$$

Das Gleichungssystem läßt sich darstellen in der Matrizenform

$$\begin{pmatrix} a_{11} & a_{12} & a_{13} \\ a_{21} & a_{22} & a_{23} \\ \vdots & \vdots & \vdots \\ a_{m1} & a_{m2} & a_{m3} \end{pmatrix} \cdot \begin{pmatrix} x \\ y \\ z \end{pmatrix} = \begin{pmatrix} b_1 \\ b_2 \\ \vdots \\ b_m \end{pmatrix} \Leftrightarrow A \cdot \vec{x} = \vec{b} \ \text{mit} \ \vec{x} = \begin{pmatrix} x \\ y \\ z \end{pmatrix}. \quad (2)$$

Mit den drei m-dimensionalen Spaltenvektoren der Koeffizientenmatrix A läßt sich das Gleichungssystem darstellen als Vektorgleichung (komponentenweiser Vergleich)

$$
x \cdot \begin{pmatrix} a_{11} \\ a_{21} \\ \vdots \\ a_{m1} \end{pmatrix} + y \cdot \begin{pmatrix} a_{12} \\ a_{22} \\ \vdots \\ a_{m2} \end{pmatrix} + z \cdot \begin{pmatrix} a_{13} \\ a_{23} \\ \vdots \\ a_{m3} \end{pmatrix} = \begin{pmatrix} b_1 \\ b_2 \\ \vdots \\ b_m \end{pmatrix} = \vec{b} \ . \tag{3}
$$

Das Gleichungssystem besitzt nur dann eine Lösung, wenn der Spaltenvektor $\vec{b}$ Linearkombination der drei Spaltenvektoren der Matrix A ist.

Die Lösungsmöglichkeiten sollen wie in Abschnitt 13.2 in Abhängigkeit der Anzahl der Gleichungen bestimmt werden.

Der Fall m = 1

Falls in der linearen Gleichung

$$a_{11} x + a_{12} y + a_{13} z = b_1$$

nicht alle Koeffizienten a_{11}, a_{12}, a_{13} verschwinden, stellt die Gleichung eine Koordinatengleichung einer Ebene E im $\mathbb{R}^3$ dar. In dieser Gleichung können zwei der Unbekannten beliebig gesetzt werden. Der Wert der dritten Variablen ist dadurch bestimmt. Es gibt also ∞ viele Lösungen, nämlich alle Koordinaten der Punkte, die auf der Ebene liegen (vgl. Abschnitt 11.2, Beispiel 18). Die Lösungsvektoren stellen eine Parameterdarstellung der Ebene E dar.

Falls alle drei Koeffizienten verschwinden, hat die Gleichung

$$0 x + 0 y + 0 z = b_1$$

keine Lösung, falls $b_1 \neq 0$ ist. Für $b_1 = 0$ ist die Gleichung für beliebige Werte für x, y, z erfüllt.

Der Fall m = 2

In den beiden linearen Gleichungen

$$a_{11} x + a_{12} y + a_{13} z = b_1$$
$$a_{21} x + a_{22} y + a_{23} z = b_2$$

sollen in jeder Gleichung nicht gleichzeitig alle drei Koeffizienten verschwinden. Zur Lösung sind die Koordinaten aller Punkte gesucht, die gleichzeitig auf den durch die beiden Gleichungen dargestellten Ebenen liegen. Analog zu den Geradengleichungen aus Abschnitt 13.2 gibt es die folgenden Lösungsmöglichkeiten:

a) Die beiden Ebenen sind verschieden und nicht parallel. Dann sind die Lösungen die Koordinaten der Punkte auf der Schnittgerade beider Ebenen (∞ viele Lösungen).

Dieser Fall tritt ein, wenn die beiden Zeilenvektoren der Matrix A linear unabhängig sind, die Matrix A also den Rang 2 besitzt.

b) Die Ebenen sind identisch. Dann handelt es sich um zwei Koordinatengleichungen für dieselbe Ebene. Eine Gleichung geht durch Multiplikation mit einer Konstanten aus der anderen hervor und ist damit überflüssig. Sie ist auch erfüllt, wenn die andere erfüllt ist. Dieser Fall tritt genau dann ein, wenn die beiden erweiterten vierdimensionalen Zeilenvektoren

$$(a_{11}, a_{12}, a_{13}, b_1), (a_{21}, a_{22}, a_{23}, b_2)$$

linear abhängig sind. Dann gibt es ∞ viele Lösungen.

c) Die beiden Ebenen sind parallel und verschieden. Dann gibt es keine Lösung (keinen Schnittpunkt). In diesem Fall ist die linke Seite einer Gleichung ein Vielfaches der linken Seite der anderen Gleichung. Die rechte Seite ist aber nicht das entsprechende Vielfache der anderen rechten Seite. Dieser Fall tritt genau dann ein, wenn die Zeilenvektoren der Matrix A linear abhängig sind ($\mathrm{Rg}(A) = 1$), und die Vektoren

$$(a_{11}, a_{12}, a_{13}, b_1), (a_{21}, a_{22}, a_{23}, b_2)$$

linear unabhängig sind.

Wie bei zwei Unbekannten ändert sich auch hier die Lösungsmenge nicht, wenn zwei Gleichungen oder zwei Unbekannte vertauscht werden, eine Gleichung mit einer Konstanten $c \neq 0$ multipliziert oder ein Vielfaches einer Gleichung zu einer anderen addiert wird. Diese Operationen werden wieder im Gaußschen Algorithmus durchgeführt.

Beispiel 9:

$$2x - 3y + 6z = 10$$
$$3x + 5y - z = -5$$

x	y	z	r. S.	
2	-3	6	10	(1)
3	5	-1	-5	(2)
1	$-\frac{3}{2}$	3	5	$\frac{1}{2} \times (1) = (1')$
0	$\frac{19}{2}$	-10	-20	$(2) - 3 \times (1') = (2')$
1	0	$\frac{27}{19}$	$\frac{35}{19}$	$(1') + \frac{3}{2} \times (2'') = (1'')$
0	1	$-\frac{20}{19}$	$-\frac{40}{19}$	$\frac{2}{19} \times (2') = (2'')$

(2") ist eine Gleichung mit den Variablen y und z.

Mit z = λ (beliebig) erhält man aus (1") und (2")

$$x = \frac{35}{19} - \frac{27}{19}\lambda; \quad y = -\frac{40}{19} + \frac{20}{19}\lambda.$$

Damit erhält man die Lösungsvektoren

$$\begin{pmatrix} x \\ y \\ z \end{pmatrix} = \begin{pmatrix} \frac{35}{19} \\ -\frac{40}{19} \\ 0 \end{pmatrix} + \lambda \begin{pmatrix} -\frac{27}{19} \\ \frac{20}{19} \\ 1 \end{pmatrix}, \lambda \in \mathbb{R} \qquad \text{(Parameterdarstellung der Schnittgeraden).}$$

Beispiel 10:

Für welchen Wert c ist das folgende Gleichungssystem lösbar? Gesucht sind alle Lösungen dieses Systems.

$$16x - 12y + 8z = 10$$

$$-12x + 9y - 6z = c$$

x	y	z	r. S.	
16	−12	8	10	(1)
−12	9	−6	c	(2)
1	$-\frac{3}{4}$	$\frac{1}{2}$	$\frac{5}{8}$	$\frac{1}{16} \times (1) = (1')$
0	0	0	$c + \frac{15}{2}$	$(2) + 12 \times (1') = (2')$

1. Fall: $c + \frac{15}{2} \neq 0$; wegen $0x + 0y + 0z = c + \frac{15}{2} \neq 0$ besitzt die Gleichung (2') und damit das Gleichungssystem keine Lösung.

2. Fall: $c + \frac{15}{2} = 0 \Leftrightarrow c = -\frac{15}{2}$: (2') ist dann immer erfüllt.

In (1') wird $y = \lambda$; $z = \mu$ (beliebig) gesetzt $\Rightarrow x = \frac{5}{8} + \frac{3}{4}\lambda - \frac{1}{2}\mu$. Dann erhält man die Lösungsvektoren

$$\begin{pmatrix} x \\ y \\ z \end{pmatrix} = \begin{pmatrix} \frac{5}{8} \\ 0 \\ 0 \end{pmatrix} + \lambda \cdot \begin{pmatrix} \frac{3}{4} \\ 1 \\ 0 \end{pmatrix} + \mu \cdot \begin{pmatrix} -\frac{1}{2} \\ 0 \\ 1 \end{pmatrix}, \lambda, \mu \in \mathbb{R} \text{ (Parameterdarstellung einer Ebene).}$$

Durch Multiplikation des ersten Zeilenvektors der Koeffizientenmatrix A mit $-\frac{3}{4}$ erhält man den zweiten Zeilenvektor. Im Falle $c = -\frac{3}{4} \cdot 10 = -\frac{15}{2}$ sind beide Ebenen gleich, für $c \neq -\frac{15}{2}$ sind beide Ebenen parallel und verschieden und schneiden sich somit nicht.

Der Fall m = 3

Falls in jeder der drei linearen Gleichungen

$$
\begin{aligned}
a_{11} x + a_{12} y + a_{13} z &= b_1 \\
a_{21} x + a_{22} y + a_{23} z &= b_2 \\
a_{31} x + a_{32} y + a_{33} z &= b_3
\end{aligned}
\quad \Leftrightarrow \quad
\begin{pmatrix}
a_{11} & a_{12} & a_{13} \\
a_{21} & a_{22} & a_{23} \\
a_{31} & a_{32} & a_{33}
\end{pmatrix}
\cdot
\begin{pmatrix} x \\ y \\ z \end{pmatrix}
=
\begin{pmatrix} b_1 \\ b_2 \\ b_3 \end{pmatrix}
$$

nicht gleichzeitig alle drei Koeffizienten verschwinden, handelt es sich um die Bestimmung der gemeinsamen Punkte der drei Ebenen, die durch die drei Koordinatengleichungen beschrieben werden.

Es gibt folgende Lösungsmöglichkeiten:

a) Die drei Ebenen schneiden sich in genau einem Punkt. Dann gibt es eine einzige Lösung.

   Dies ist genau dann der Fall, wenn die Zeilen- bzw. Spaltenvektoren der Koeffizientenmatrix A linear unabhängig sind, die Matrix A also den Rang 3 besitzt.

b) Die drei Ebenen schneiden sich in einer Geraden. Dann gibt es ∞-viele Lösungen.

   Dieser Fall tritt genau dann ein, wenn sowohl die Koeffizientenmatrix A als auch die erweiterte 3×4-Matrix

$$
\left(A, \vec{b} \right) =
\begin{pmatrix}
a_{11} & a_{12} & a_{13} & b_1 \\
a_{21} & a_{22} & a_{23} & b_2 \\
a_{31} & a_{32} & a_{33} & b_3
\end{pmatrix}
$$

   jeweils den Rang zwei besitzen, also für

$$
\mathrm{Rg}(A) = \mathrm{Rg}\left(A, \vec{b} \right) = 2 \,.
$$

c) Die drei Ebenen haben keinen gemeinsamen Punkt. Dann gibt es keine Lösung.

   Die beiden Matrizen A und $\left(A, \vec{b} \right)$ haben dann verschiedene Ränge, also

$$
\mathrm{Rg}(A) \neq \mathrm{Rg}\left(A, \vec{b} \right).
$$

d) Die drei Ebenen sind identisch. Dann gibt es ∞ viele Lösungen.

   In diesem Fall besitzen A und $\left(A, \vec{b} \right)$ jeweils den (gleichen) Rang 1, also

$$
\mathrm{Rg}(A) = \mathrm{Rg}\left(A, \vec{b} \right) = 1 \,.
$$

Beispiel 11: Aus drei Rohstoffen werden drei Produkte hergestellt. Die zur Herstellung von je einer Einheit benötigten Mengen an Rohstoffen sind in der nachfolgenden Tabelle zusammengestellt. In der letzten Spalte stehen die zur Verfügung stehenden Rohstoffmengen.

	P_1	P_2	P_3	vorhandene Rohstoffmengen
R_1	4	2	5	255
R_2	3	5	7	380
R_3	5	1	3	210

Wie viele Mengeneinheiten von den einzelnen Produkten können hergestellt werden, falls der gesamte Rohstoffvorrat aufgebraucht werden soll? Mit den einzelnen Mengen x, y, z von P_1, P_2, P_3 erhält man das lineare Gleichungssystem

$$
\begin{aligned}
4x + 2y + 5z &= 255 \\
3x + 5y + 7z &= 380 \\
5x + y + 3z &= 210
\end{aligned}
$$

x	y	z	r. S.	
4	2	5	255	(1)
3	5	7	380	(2)
5	1	3	210	(3)
1	$\frac{1}{2}$	$\frac{5}{4}$	$\frac{255}{4}$	$\frac{1}{4} \times (1) = (1')$
0	$\frac{7}{2}$	$\frac{13}{4}$	$\frac{755}{4}$	$(2) - 3 \times (1') = (2')$
0	$-\frac{3}{2}$	$-\frac{13}{4}$	$-\frac{435}{4}$	$(3) - 5 \times (1') = (3')$
1	$\frac{1}{2}$	$\frac{5}{4}$	$\frac{255}{4}$	$(1')$
0	1	$\frac{13}{14}$	$\frac{755}{14}$	$\frac{2}{7} \times (2') = (2'')$
0	0	$-\frac{13}{7}$	$-\frac{195}{7}$	$(3') + \frac{3}{2} \times (2'') = (3'')$
1	0	$\frac{11}{14}$	$\frac{515}{14}$	$(1') - \frac{1}{2} \times (2'') = (1'')$
0	1	$\frac{13}{14}$	$\frac{755}{14}$	$(2'')$
0	0	1	15	$-\frac{7}{13} \times (3'') = (3''')$
1	0	0	$25 = x$	$(1'') - \frac{11}{14} \times (3''') = (1''')$
0	1	0	$40 = y$	$(2'') - \frac{13}{14} \times (3''') = (2''')$
0	0	1	$15 = z$	$(3''')$

Lösung:

25 Einheiten von P_1, 40 Einheiten von P_2 und 15 Einheiten von P_3.

Beispiel 12: Drei verschiedene Produkte werden auf drei verschiedenen Maschinen gefertigt. Die für Herstellung von einer Einheit der Produkte benötigten Maschinenzeiten in Minuten sind in der nachfolgenden Tabelle zusammengestellt. Jede Maschine stehe 5 Stunden zur Verfügung. Wie viele Mengeneinheiten von den einzelnen Produkten können in dieser Zeit bei voller Ausnutzung der Maschinenkapazitäten gefertigt werden?

	P_1	P_2	P_3	vorhandene Maschinenzeiten in Min.
M_1	5	4	5	300
M_2	8	2	4,5	300
M_3	11	0	4	300

Ansatz: x ME von P_1, y ME von P_2, z ME von P_3.

x	y	z	r. S.	
5	4	5	300	(1)
8	2	4,5	300	(2)
11	0	4	300	(3)
1	$\frac{4}{5}$	1	60	$\frac{1}{5} \times (1) = (1')$
0	$-\frac{22}{5}$	$-\frac{7}{2}$	-180	$(2) - 8 \times (1') = (2')$
0	$-\frac{44}{5}$	-7	-360	$(3) - 11 \times (1') = (3')$
1	$\frac{4}{5}$	1	60	(1')
0	$-\frac{22}{5}$	$-\frac{7}{2}$	-180	(2')
0	0	0	0	$(3') - 2 \times (2') = (3'')$
1	$\frac{4}{5}$	1	60	(1')
0	1	$\frac{35}{44}$	$\frac{450}{11}$	$-\frac{5}{22} \times (2') = (2'')$
0	0	0	0	(3'')
1	0	$\frac{4}{11}$	$\frac{300}{11}$	$(1') - \frac{4}{5} \times (2'') = (1'')$
0	1	$\frac{35}{44}$	$\frac{450}{11}$	(2'')
0	0	0	0	(3'')

Das lineare Gleichungssystem besitzt ∞-viele Lösungen.

$$z = \lambda \text{ (bel.)}; \ (2'') \Rightarrow y = \frac{450}{11} - \frac{35}{44}\lambda; \ (1'') \Rightarrow x = \frac{300}{11} - \frac{4}{11}\lambda.$$

Da die Herstellungsmengen nicht negativ sein dürfen, erhält man für λ folgende Bedingungen:

$$z = \lambda \geq 0; \quad y = \frac{450}{11} - \frac{35}{44}\lambda \geq 0 \Leftrightarrow \lambda \leq \frac{360}{7}; \quad x = \frac{300}{11} - \frac{4}{11}\lambda \geq 0 \Leftrightarrow \lambda \leq 75.$$

Alle drei Bedingungen sind für $0 \leq \lambda \leq \frac{360}{7}$ erfüllt. Damit lauten die Lösungsvektoren

$$\begin{pmatrix} x \\ y \\ z \end{pmatrix} = \begin{pmatrix} \frac{300}{11} \\ \frac{450}{11} \\ 0 \end{pmatrix} + \lambda \cdot \begin{pmatrix} -\frac{4}{11} \\ -\frac{35}{44} \\ 1 \end{pmatrix} \quad \text{mit} \quad 0 \leq \lambda \leq \frac{360}{7}.$$

Beispiel 13: Im nachfolgenden Gleichungssystem mit drei Gleichungen ist a eine reelle Zahl (Parameterwert). Gesucht sind alle Lösungen in Abhängigkeit des Parameters a.

x	y	z	rechte Seite	
1	2	a	1	(1)
-1	-1	0	a	(2)
1	$1 + a$	1	$2 - a$	(3)
1	2	a	1	(1)
0	1	a	$1 + a$	(2) + (1)=(2')
0	a	1	2	(2) + (3) = (3')
1	2	a	1	(1)
0	1	a	$1 + a$	(2')
0	0	$a^2 - 1$	$a^2 + a - 2$	a × (2') − (3') = (3'')

Gleichung (3'') lautet

$$(a^2 - 1) \cdot z = a^2 + a - 2$$
$$(a - 1)(a + 1) \cdot z = (a - 1)(a + 2)$$

1. Fall: $a \neq 1; a \neq -1$: $\Rightarrow$ es gibt genau eine Lösung.

$$(3'') \quad \Rightarrow \quad z = \frac{a + 2}{a + 1};$$

$$(2') \quad \Rightarrow \quad y = 1 + a - a \cdot z = 1 + a - a \cdot \frac{a + 2}{a + 1};$$

$$(1) \quad \Rightarrow \quad x = 1 - 2y - a \cdot z = 1 - 2 \cdot \left(1 + a - a \cdot \frac{a + 2}{a + 1}\right) - a \cdot \frac{a + 2}{a + 1}$$

$$= -1 - 2a + a \cdot \frac{a + 2}{a + 1}.$$

$$\text{Lösungsvektor:} \begin{pmatrix} x \\ y \\ z \end{pmatrix} = \begin{pmatrix} -1 - 2a + a \cdot \dfrac{a+2}{a+1} \\ 1 + a - a \cdot \dfrac{a+2}{a+1} \\ \dfrac{a+2}{a+1} \end{pmatrix} \quad \text{für } a \neq 1 \text{ und } a \neq -1.$$

2. Fall: $a = 1$: Die letzte Gleichung ist für beliebige z erfüllt. Es gibt ∞ viele Lösungen:

$z = \lambda$ (beliebig); $(2') \Rightarrow y = 2 - z = 2 - \lambda$;

$(1) \Rightarrow x = 1 - 2y - z = 1 - 4 + 2\lambda - \lambda = -3 + \lambda$, also

$$\begin{pmatrix} x \\ y \\ z \end{pmatrix} = \begin{pmatrix} -3 \\ 2 \\ 0 \end{pmatrix} + \lambda \cdot \begin{pmatrix} 1 \\ -1 \\ 1 \end{pmatrix}, \lambda \in \mathbb{R} \quad \text{für } a = 1.$$

<u>3. Fall: $a = -1$</u>: Hier lautet die letzte Gleichung

$$0 = 0 \cdot z \neq (-1-1)(-1+2).$$

Das Gleichungssystem besitzt keine Lösung.

Beispiel 14:

$$\begin{aligned} 3x &- 3y + 7z = 12 \\ x &- y + 2z = 3 \\ -5x &+ 5y - 7z = -6 \end{aligned}$$

x	y	z	r. S.		
3	−3	7	12	(1)	$\Big\}$ vertauschen
$\boxed{1}$	−1	2	3	(2)	
−5	5	−7	−6	(3)	.
1	−1	2	3	(2) = (1')	
0	0	1	3	(1) − 3 × (1') = (2')	
0	0	3	9	(3) + 5 × (1') = (3')	
1	−1	0	−3	(1) − 2 × (2') = (1')	
0	0	1	3	(2')	
0	0	0	0	(3') − 3 × (2') = (3'')	

Hier wurde zunächst die zweite Zeile als sogenannte **Pivotzeile** und darin der erste Koeffizient als **Pivotelement** ausgewählt.

Die Gleichung (3") ist immer erfüllt und kann daher weggelassen werden.

Unter Vertauschung von y und z kann das Endtableau geschrieben werden in der Form:

x	z	y		
1	0	-1	-3	(1')
0	1	0	3	(2')
0	0	0	0	(3'')

Bei der Darstellung in diesem Endtableau kann die (vertauschte) Unbekannte y beliebig gesetzt werden. Dadurch sind die beiden übrigen Variablen x und z bestimmt.

Aus (2') folgt $z = 3$.

Mit $y = \lambda$ erhält man aus (1') $x = -3 + \lambda$. Damit lautet die Lösung

$$\begin{pmatrix} x \\ y \\ z \end{pmatrix} = \begin{pmatrix} -3 \\ 0 \\ 3 \end{pmatrix} + \lambda \cdot \begin{pmatrix} 1 \\ 1 \\ 0 \end{pmatrix}.$$

Der Fall m ≥ 3

Auch der allgemeine Fall ($m \geq 3$, m beliebig) kann mit Hilfe des Gaußschen Algorithmus gelöst werden. Für die Lösungen sind analog zum Fall $m = 3$ die Ränge der Matrix A und der erweiterten Matrix

$$\left(A, \vec{b} \right) = \begin{pmatrix} a_{11} & a_{12} & a_{13} & b_1 \\ a_{21} & a_{22} & a_{23} & b_2 \\ \vdots & \vdots & \vdots & \vdots \\ a_{m1} & a_{m2} & a_{m3} & b_m \end{pmatrix}$$

maßgebend. Es gelten die

Lösbarkeitsbedingungen

a) $Rg(A) < Rg(A, \vec{b})$ $\Rightarrow$ $A \cdot \vec{x} = \vec{b}$ ist nicht lösbar.

b) $Rg(A) = Rg(A, \vec{b}) = 3$ $\Rightarrow$ $A \cdot \vec{x} = \vec{b}$ besitzt genau eine Lösung.

c) $Rg(A) = Rg(A, \vec{b}) = r < 3$ $\Rightarrow$ $A \cdot \vec{x} = \vec{b}$ besitzt ∞ viele Lösungen.

Dabei können $3 - r$ Variable beliebig vorgegeben werden.

Sämtliche Lösungen erhält man mit Hilfe des **Gaußschen Algorithmus**. Dieses Verfahren zeigt auch an, ob überhaupt eine Lösung existiert. Bei der Durchführung des Verfahrens greift man auf die bereits benutzten zulässigen Umformungen der Gleichungen zurück.

Beispiel 15 (m = 4):

$$
\begin{aligned}
2x + 4y + 5z &= -3 \quad &(1) \\
4x - 2y + 15z &= 4 \quad &(2) \\
1x - 3y + 5z &= 8 \quad &(3) \longleftarrow \text{Pivotzeile} \\
-3x + 2y - 4z &= 13 \quad &(4)
\end{aligned}
$$

x	y	z	r. S.	
1	−3	5	8	(3)
2	4	5	−3	(1)
4	−2	15	4	(2)
−3	2	−4	13	(4)
1	−3	5	8	(3) = (1')
0	10	−5	−19	(1) − 2 × (3) = (2')
0	10	−5	−28	(2) − 4 × (3) = (3')
−3	2	−4	13	(4) ⟵ nicht mehr umformen!
0	0	0	9	(2') − (3') = (2')

Im zweiten Tableau erkennt man sofort, daß mit (2') und (3') ein Widerspruch entsteht. Subtraktion dieser beiden Gleichungen ergibt links eine Nullzeile, wobei die rechte Seite nicht verschwindet. Das Gleichungssystem besitzt daher keine Lösung.

Beispiel 16 (m = 4):

$$
\begin{aligned}
x + 4y + 5z &= 10 \quad &(1) \longleftarrow \text{Pivotzeile} \\
4x - 2y + 6z &= 8 \quad &(2) \\
-1x + 3y - 2z &= 0 \quad &(3) \\
3x + 8y - 7z &= 4 \quad &(4)
\end{aligned}
$$

x	y	z	r. S.	
1	4	5	10	(1)
4	−2	6	8	(2)
−1	3	−2	0	(3)
3	8	−7	4	(4)
1	4	5	10	(1)
0	−18	−14	−32	(2) − 4 × (1) = (2')
0	7	3	10	(3) + (1) = (3')
0	−4	−22	−26	(4) − 3 × (1) = (4') ⟵ Pivotzeile
1	0	−17	−16	(1) + (4') = (1'')
0	1	$\frac{11}{2}$	$\frac{13}{2}$	$-\frac{1}{4} \times (4') = (2'')$
0	0	85	85	(2') + 18 × (2'') = (3'') ⟵ Pivotzeile
0	0	$-\frac{71}{2}$	$-\frac{71}{2}$	(3') − 7 × (2'') = (4'')

x	y	z	r. S.	
1	0	0	1	$(1'') + 17 \times (2''')$
0	1	0	1	$(2'') - \frac{11}{2} \times (3''')$
0	0	1	1	$(3''):85 = (3''')$
0	0	0	0	$(4'') + \frac{71}{2} \times (3''') = (4'')$

In diesem Endtableau ist die letzte Gleichung (Nullzeile) immer erfüllt. Sie kann daher weggelassen werden. Aus den übrigen Gleichungen erhält man die eindeutige

Lösung: $x = 1$; $y = 1$; $z = 1$.

Beispiel 17:

$$
\begin{aligned}
-1{,}5x - 3y + 9z &= -18 \quad &(1) \\
x + 2y - 6z &= 12 \quad &(2) \longleftarrow \text{ Pivotzeile} \\
-2x - 4y + 24z &= -12 \quad &(3) \\
7x + 14y - 42z &= 72 \quad &(4) \\
-4x - 8y + 26z &= -46 \quad &(5)
\end{aligned}
$$

x	y	z	r. S.	
1	2	−6	12	(2)
−1,5	−3	9	−18	(1)
−2	−4	24	−12	(3)
7	14	−42	72	(4)
−4	−8	26	−46	(5)
1	2	−6	12	$(2) = (1')$
0	0	0	0	$(1) + 1{,}5 \times (1') = (2')$
0	0	12	12	$(3) + 2 \times (1') = (3')$
0	0	0	0	$(4) - 7 \times (1') = (4')$
0	0	2	2	$(5) + 4 \times (1') = (5')$
1	2	0	18	$(1') + 6 \times (2'') = (1'')$
0	0	1	1	$(3'):12 = (2'')$
0	0	0	0	$(2'')$
0	0	0	0	$(4')$
0	0	0	0	$(5') - 2 \times (2'')$

Die letzten drei Gleichungen sind immer erfüllt und können somit weggelassen werden.

Aus $(2'')$ folgt $z = 1$; in $(1')$ kann $y = \lambda$ beliebig gesetzt werden mit $x = 18 - 2\lambda$. Damit erhält man die

Lösungsvektoren: $\begin{pmatrix} x \\ y \\ z \end{pmatrix} = \begin{pmatrix} 18 \\ 0 \\ 1 \end{pmatrix} + \lambda \cdot \begin{pmatrix} -2 \\ 1 \\ 0 \end{pmatrix}, \lambda \in \mathbb{R}.$

Durch Vertauschen der zweiten und dritten Spalte (Vertauschung von y und z) kann das Endtableau dargestellt werden in der Form

x	z	y	r. S.
1	0	2	18
0	1	0	1
0	0	0	0
0	0	0	0
0	0	0	0

In diesem Schema kann die letzte Variable $y = \lambda$ (beliebig) gesetzt werden. Aus den beiden ersten Gleichungen erhält man dann die Lösungen für die restlichen beiden Variablen.

13.4 Allgemeine lineare Gleichungssysteme

In diesem Abschnitt werden allgemeine lineare Gleichungssysteme mit m linearen Gleichungen für n Unbekannte (Variable) behandelt. Die Spezialfälle $n = 2$ und $n = 3$ wurden bereits in den Abschnitten 13.2 und 13.3 ausführlich untersucht.

Wie bei der Vektorrechnung bezeichnen wir die n Variablen der Reihe nach mit $x_1, x_2, ..., x_n$.

Definition 2:

a) Eine Gleichung der Form

$$a_1 x_1 + a_2 x_2 + ... + a_n x_n = b,$$

in der die **Koeffizienten** $a_1, a_2, ..., a_n$ und die **rechte Seite** b vorgegebene reelle Zahlen sind, heißt eine **lineare Gleichung** für die n **Unbekannten** (**Variablen**) $x_1, x_2, ..., x_n$.

In einer linearen Gleichung kommen die Variablen nur in der ersten Potenz vor. Es treten auch keine gemischten Produkte von zwei Variablen auf. Zulässig ist nur die Multiplikation der Unbekannten mit reellen Zahlen und anschließende Addition solcher Produkte.

b) Ein System von m linearen Gleichungen

$$
\begin{aligned}
a_{11}x_1 + a_{12}x_2 + \ldots + a_{1n}x_n &= b_1 \\
a_{21}x_1 + a_{22}x_2 + \ldots + a_{2n}x_n &= b_2 \\
\ldots\ldots\ldots\ldots\ldots\ldots\ldots\ldots\ldots\ldots\ldots\ldots\ldots\ldots \\
a_{i1}x_1 + a_{i2}x_2 + \ldots + a_{in}x_n &= b_i \\
\ldots\ldots\ldots\ldots\ldots\ldots\ldots\ldots\ldots\ldots\ldots\ldots\ldots\ldots \\
a_{m1}x_1 + a_{m2}x_2 + \ldots + a_{mn}x_n &= b_m
\end{aligned}
\tag{4}
$$

heißt ein **lineares Gleichungssystem** für die n Unbekannnten $x_1, x_2, \ldots, x_n$.

Die Werte für die Variablen $x_1, x_2, \ldots, x_n$, die alle m Gleichungen erfüllen, nennt man **Lösungen** des linearen Gleichungssystems.

Das Gleichungssystem kann in Matrizenschreibweise dargestellt werden:

$$
\begin{pmatrix}
a_{11} & a_{12} & \cdots & a_{1n} \\
a_{21} & a_{22} & \cdots & a_{2n} \\
\vdots & \vdots & \vdots & \vdots \\
a_{i1} & a_{i2} & \cdots & a_{in} \\
\vdots & \vdots & \vdots & \vdots \\
a_{m1} & a_{m2} & \cdots & a_{mn}
\end{pmatrix}
\cdot
\begin{pmatrix}
x_1 \\ x_2 \\ \vdots \\ x_n
\end{pmatrix}
=
\begin{pmatrix}
b_1 \\ b_2 \\ \vdots \\ b_i \\ \vdots \\ b_m
\end{pmatrix}
= \vec{b},
\tag{4'}
$$

also in der Form

$$
A \cdot \vec{x} = \vec{b}.
$$

Dabei ist A die m×n-reihige **Koeffizientenmatrix**, $\vec{x}$ der n-dimensionale Spaltenvektor mit den n Unbekannten und $\vec{b}$ der m-dimensionale Spaltenvektor aus den m rechten Seiten. Die i-te Gleichung stellt die i-te Komponente in dieser Vektorgleichung dar für $i = 1, 2, \ldots, m$.

Mit den Spaltenvektoren der Koeffizientenmatrix A läßt sich das Gleichungssystem darstellen als Vektorgleichung

$$
x_1 \cdot \begin{pmatrix} a_{11} \\ \vdots \\ a_{m1} \end{pmatrix}
+ x_2 \cdot \begin{pmatrix} a_{12} \\ \vdots \\ a_{m2} \end{pmatrix}
+ \ldots + x_n \cdot \begin{pmatrix} a_{1n} \\ \vdots \\ a_{mn} \end{pmatrix}
= \begin{pmatrix} b_1 \\ \vdots \\ b_m \end{pmatrix}
= \vec{b}.
$$

Es gibt nur dann Lösungen, wenn der Vektor $\vec{b}$ aus den rechten Seiten Linearkombination der Spaltenvektoren der Koeffizientenmatrix A ist. Eine solche Darstellung als Linearkombination ist nur dann möglich, wenn die Koeffizientenmatrix A und die durch die rechten Seiten erweiterte Matrix

$$\left(A, \vec{b}\right) = \begin{pmatrix} a_{11} & \cdots & a_{1n} & b_1 \\ a_{21} & \cdots & a_{2n} & b_2 \\ \vdots & \cdots & \vdots & \vdots \\ a_{m1} & \cdots & a_{mn} & b_m \end{pmatrix}$$

den gleichen Rang (= Spaltenrang) besitzen (vgl. Abschnitt 11.3). Es gilt also die

---

Lösungsbedingung

Das lineare Gleichungssystem (4) ist nur dann lösbar, wenn gilt

$$Rg(A) = Rg(A, \vec{b}).$$

Definition 3:

a) Ein lineares Gleichungssystem $A \cdot \vec{x} = \vec{b}$ heißt **homogen**, falls sämtliche rechte Seiten verschwinden, also für $\vec{b} = \vec{0}$ (Nullvektor).

b) Im Falle $\vec{b} \neq \vec{0}$ heißt das Gleichungssystem **inhomogen**. Dann dürfen nicht alle rechte Seiten gleich Null sein.

Satz 1:

a) Die homogene lineare Gleichung $A \cdot \vec{x} = \vec{0}$ besitzt den Nullvektor $\vec{x} = \vec{0}$ als Lösung, also $x_1 = x_2 = \ldots = x_n = 0$. Man nennt diese Lösung die **triviale** Lösung.

b) $\vec{x}$ und $\vec{y}$ seien Lösungen des homogenen Systems. Dann ist jede Linearkombination

$$\lambda_1 \vec{x} + \lambda_2 \vec{y}, \ \lambda_1, \lambda_2 \in \mathbb{R} \ (\lambda_1, \lambda_2 \text{ beliebig})$$

ebenfalls Lösung des homogenen Systems.

c) Sind $\vec{x}$ und $\vec{y}$ Lösungen des inhomogenen Systems, dann ist jede Linearkombination

$$\lambda_1 \vec{x} + \lambda_2 \vec{y} \quad \text{mit} \quad \lambda_1 + \lambda_2 = 1$$

ebenfalls Lösung des inhomogenen Systems. Ferner ist die Differenz $\vec{x} - \vec{y}$ Lösung des dazugehörigen homogenen Systems, es gilt also

$$A \cdot (\vec{x} - \vec{y}) = \vec{0}.$$

Beweis:

a) Aus $\vec{x} = \vec{0}$ folgt $A \cdot \vec{x} = A \cdot \vec{0} = \vec{0}$. Der Nullvektor ist also Lösung des homogenen Systems.

b) Es sei $A \cdot \vec{x} = A \cdot \vec{y} = \vec{0}$. Dann folgt aus den Rechenregeln für die Matrizenmultiplikation für beliebige reelle Zahlen λ_1, λ_2

$$A \cdot (\lambda_1 \vec{x} + \lambda_2 \vec{y}) = \lambda_1 \cdot A \cdot \vec{x} + \lambda_2 \cdot A \cdot \vec{y} = \lambda_1 \cdot \vec{0} + \lambda_2 \cdot \vec{0} = \vec{0}.$$

c) Aus $A \cdot \vec{x} = \vec{b}$ und $A \cdot \vec{y} = \vec{b}$ folgt wegen $\lambda_1 + \lambda_2 = 1$

$$A \cdot (\lambda_1 \vec{x} + \lambda_2 \vec{y}) = \lambda_1 \cdot A \cdot \vec{x} + \lambda_2 \cdot A \cdot \vec{y} = \lambda_1 \cdot \vec{b} + \lambda_2 \cdot \vec{b}$$
$$= (\lambda_1 + \lambda_2) \cdot \vec{b} = 1 \cdot \vec{b} = \vec{b}.$$

Ferner gilt

$$A \cdot (\vec{x} - \vec{y}) = A \cdot \vec{x} - A \cdot \vec{y} = \vec{b} - \vec{b} = \vec{0}.$$

Bemerkungen:

1. Mit dem Nullvektor $\vec{0}$ besitzt die homogene Gleichung immer eine Lösung. Daneben kann es für die homogene Gleichung aber auch noch weitere nichttriviale Lösungen geben.

2. Im Gegensatz zum homogenen System hat das inhomogene wegen der oben angegebenen Lösungsbedingung nicht immer eine Lösung.

3. Es sei $\vec{y}$ eine spezielle Lösung des inhomogenen Systems mit $A \cdot \vec{y} = \vec{b}$. $\vec{x}$ sei eine weitere beliebige Lösung dieses inhomogenen Systems. Dann gilt nach c) $A \cdot (\vec{x} - \vec{y}) = \vec{0}$. Die Differenz $\vec{z} = \vec{x} - \vec{y}$ ist Lösung des homogenen Systems mit $\vec{x} = \vec{y} + \vec{z}$. Daher erhält man die allgemeine Lösung des inhomogenen Systems, indem man zu einer speziellen Lösung des inhomogenen Systems die allgemeine Lösung des homogenen Systems addiert.

4. Falls ein lineares Gleichungssystem zwei verschiedene Lösungen besitzt, hat es nach Satz 1 b) und c) gleich unendlich viele Lösungen. Daher gibt es nur die drei Möglichkeiten: keine Lösung, genau eine Lösung oder unendlich viele Lösungen.

5. Mit zwei Lösungsvektoren des homogenen Systems ist jede beliebige Linearkombination ebenfalls Lösung des homogenen Systems.

   Mit zwei Lösungen $\vec{x}$ und $\vec{y}$ Lösungen des inhomogenen Systems ist nur jeder Linearkombination $\lambda_1 \vec{x} + \lambda_2 \vec{y}$ mit $\lambda_1 + \lambda_2 = 1$ wieder Lösung des inhomogenen Systems.

Unter Benutzung einer maximalen Anzahl linear unabhängiger Spaltenvektoren der Koeffizientenmatrix A (vgl. Abschnitt 11.3) erhält man das folgende Ergebnis:

Satz 2 (Lösungskriterium):

a) Das lineare Gleichungssystem $A \cdot \vec{x} = \vec{b}$ ist nur lösbar, wenn gilt:

$Rg(A) = Rg(A, \vec{b})$.

b) Im Falle $Rg(A) = Rg(A, \vec{b}) = n$ (=Anzahl der Unbekannten) ist das Gleichungssystem eindeutig lösbar, d.h. es gibt nur eine Lösung.

c) Für $Rg(A) = Rg(A, \vec{b}) = r < n$ gibt es unendlich viele Lösungen. Dann können $n - r$ der Variablen beliebig gesetzt werden. Die übrigen Unbekannten sind dann durch die Vorgabe der Werte für diese $n - r$ Variablen eindeutig bestimmt. Dafür sagt man auch: "Es gibt ∞ viele Lösungen".

Definition 4: Zwei lineare Gleichungssysteme heißen **äquivalent**, wenn die Lösungsmengen beider Gleichungssysteme übereinstimmen.

Oft erhält man durch Umformung eines linearen Gleichungssystems ein äqivalentes System, dessen Lösungen einfacher angegeben werden können. Solche zulässigen Operationen haben wir bereits bei dem in den Abschnitten 13.2 und 13.3 benutzten Gaußschen Algorithmus angewandt.

Satz 3 (zulässige Umformungen eines Gleichungssystems):

Durch Anwendung einer oder mehrerer der nachfolgenden Operationen erhält man äquivalente lineare Gleichungssysteme:

(1) Weglassen einer Gleichung, in der alle Koeffizienten und die rechte Seite gleich Null sind.

(2) Vertauschen zweier Gleichungen.

(3) Vertauschen zweier Unbekannter einschließlich der dazugehörigen Koeffizienten in allen Gleichungen.

(4) Multiplikation einer Gleichung mit einer von Null verschiedenen Zahl.

(5) Addition eines Vielfachen einer Gleichung (einer mit einer reellen Zahl multiplizierten Gleichung) zu einer anderen.

Beweis:

(1) Eine lineare Gleichung, in der alle Koeffizienten und die rechte Seite gleich Null sind, ist für beliebige Werte der Variablen erfüllt. Durch ihr Weglassen ändert sich daher die Lösungsmenge des Gleichungssystems nicht.

(2) Durch Vertauschen zweier Gleichungen bleiben alle m Lösungsbedingungen erhalten, da es nicht auf die Reihenfolge ankommt, in der diese Bedingungen angegeben werden.

(3) Bei dieser Operation werden in allen Summen

$$a_{i1}x_1 + a_{i2}x_2 + \ldots + a_{in}x_n = b_i$$

nur die Reihenfolge zweier Summanden vertauscht. Dabei bleibt der Summenwert erhalten.

(4) und (5) beweisen wir gemeinsam. Die k-te Gleichung soll mit $\alpha \neq 0$ multipliziert werden. Zu dieser mit α multiplizierten Gleichung wird das β-fache der l-ten Gleichung addiert.

$\beta = 0$ ergibt die Operation (4) und $\alpha = 1, \beta$ beliebig die Operation (5).

Mit den Zeilenvektoren

$$\vec{a}_i^T = (a_{i1}, a_{i2}, \ldots, a_{im})$$

der Koeffizientenmatrix A läßt sich die i-te Gleichung darstellen in der Form

$$\vec{a}_i^T \cdot \vec{x} = b_i \quad \text{für } i = 1, 2, \ldots, m.$$

Mit der gemischten Operation geht die k-te Gleichung über in

$$\alpha \cdot \vec{a}_k^T \cdot \vec{x} + \beta \cdot \vec{a}_l^T \cdot \vec{x} = (\alpha \cdot \vec{a}_k^T + \beta \cdot \vec{a}_l^T) \cdot \vec{x} = \alpha b_k + \beta b_l$$

$$\text{mit } \alpha \neq 0, k \neq l.$$

Damit erhalten wir die beiden Gleichungssysteme

I (Ausgangssystem)	II (transformiertes System)
$\vec{a}_1^T \cdot \vec{x} = b_1$	$\vec{a}_1^T \cdot \vec{x} = b_1$
$\vdots \qquad \vdots$	$\vdots \qquad \vdots$
$\vec{a}_k^T \cdot \vec{x} = b_k$	$(\alpha \cdot \vec{a}_k^T + \beta \cdot \vec{a}_l^T) \cdot \vec{x} = \alpha b_k + \beta b_l$
$\vdots \qquad \vdots$	$\vdots \qquad \vdots$
$\vec{a}_l^T \cdot \vec{x} = b_l$	$\vec{a}_l^T \cdot \vec{x} = b_l$
$\vdots \qquad \vdots$	$\vdots \qquad \vdots$
$\vec{a}_m^T \cdot \vec{x} = b_m$	$\vec{a}_m^T \cdot \vec{x} = b_m$

$$\text{mit } \alpha \neq 0, \beta \text{ beliebig.}$$

Die beiden Systeme unterscheiden sich nur durch die k-te Gleichung.

a) $\vec{y}$ sei Lösung des Systems I mit $\vec{a}_i^T \cdot \vec{y} = b_i$ für $i = 1, 2, \ldots, m$.

Für $i = k$ und $i = l$ folgt dann hieraus

$$\alpha \cdot \vec{a}_k^T \cdot \vec{y} + \beta \cdot \vec{a}_l^T \cdot \vec{y} = (\alpha \cdot \vec{a}_k^T + \beta \cdot \vec{a}_l^T) \cdot \vec{y} = \alpha b_k + \beta b_l.$$

Dann ist $\vec{y}$ auch Lösung von II.

b) $\vec{y}$ sei Lösung des Systems II mit

$$\vec{a}_i^T \cdot \vec{y} = b_i \quad \text{für } i \neq k \quad \text{und}$$

$$(\alpha \cdot \vec{a}_k^T + \beta \cdot \vec{a}_l^T) \cdot \vec{y} = \alpha \cdot \vec{a}_k^T \cdot \vec{y} + \beta \cdot \vec{a}_l^T \cdot \vec{y} = \alpha b_k + \beta b_l.$$

Subtrahiert man hiervon die Identität $\beta \cdot \vec{a}_l^T \cdot \vec{y} = \beta b_l$,

so erhält man $\alpha \cdot \vec{a}_k^T \cdot \vec{y} = \alpha b_k$.

Division durch $\alpha \neq 0$ ergibt

$$\vec{a}_k^T \cdot \vec{y} = b_k.$$

Da die übrigen Gleichungen für $i \neq k$ in beiden Systemen übereinstimmen, ist $\vec{y}$ auch Lösung von I.

Damit ist der Satz bewiesen.

Der Gaußsche Algorithmus

Bei der Durchführung des bereits in den Abschnitten 13.2 und 13.3 benutzten Verfahrens des Gaußschen Algorithmus werden ausschließlich zulässige Operationen aus dem Satz 3 benutzt. Da die Rechenoperationen nur an den Koeffizienten a_{ij} und den rechten Seiten b_i vorgenommen werden, genügt die bereits verwendete Kurzschreibweise. Sie soll nochmals an einem Beispiel vorgeführt werden.

Beispiel 18:

$$-2x_1 + 4x_2 - 3x_3 + 1x_4 = -7$$
$$x_1 - 2x_2 + 3x_3 - x_4 = 4 \quad \leftarrow \quad \text{Pivotzeile}$$
$$3x_1 - 5x_2 + 7x_3 + 2x_4 = 15$$
$$2x_1 - 3x_2 + 7x_3 + 2x_4 = 12$$
$$4x_1 - 6x_2 + 14x_3 + 4x_4 = 24$$

x_1	x_2	x_3	x_4	r. S.	
1	-2	3	-1	4	(1)
-2	4	-3	1	-7	(2)
3	-5	7	2	15	(3)
2	-3	7	2	12	(4)
4	-6	14	4	24	(5)
1	-2	3	-1	4	(1)
0	0	3	-1	1	$(2)+2\times(1)=(2')$
0	1	-2	5	3	$(3)-3\times(1)=(3')$
0	1	1	4	4	$(4)-2\times(1)=(4')$ ← Pivotzeile
0	2	2	8	8	$(5)-4\times(1)=(5')$
1	-2	3	-1	4	(1)
0	1	1	4	4	$(4')=(2'')$
0	0	3	-1	1	$(2')=(3'')$
0	0	-3	1	-1	$(3')-(2'')=(4'')$
0	0	0	0	0	$(5')-2\times(2'')=(5'')$
1	0	0	$\frac{26}{3}$	$\frac{31}{3}$	$(1)+2\times(2'')-5\times(3''')$
0	1	0	$\frac{13}{3}$	$\frac{11}{3}$	$(4')-(3''')$
0	0	1	$-\frac{1}{3}$	$\frac{1}{3}$	$\frac{1}{3}\times(3'')=(3''')$
0	0	0	0	0	$(3'')+(4'')$
0	0	0	0	0	$(5'')$

In dem äquivalenten Endtableau sind die letzen beiden Gleichungen (Nullzeilen!) immer erfüllt.

Mit $x_4 = \lambda \in \mathbb{R}$ erhält man aus den ersten drei Gleichungen die Lösungen
$x_1 = \frac{31}{3} - \frac{26}{3}\lambda$; $x_2 = \frac{11}{3} - \frac{13}{3}\lambda$; $x_3 = \frac{1}{3} + \frac{1}{3}\lambda$; damit lauten die Lösungsvektoren

$$\begin{pmatrix} x_1 \\ x_2 \\ x_3 \\ x_4 \end{pmatrix} = \begin{pmatrix} \frac{31}{3} \\ \frac{11}{3} \\ \frac{1}{3} \\ 0 \end{pmatrix} + \lambda \cdot \begin{pmatrix} -\frac{26}{3} \\ -\frac{13}{3} \\ \frac{1}{3} \\ 1 \end{pmatrix}, \lambda \in \mathbb{R}.$$

Mit $\rho = 3\lambda$ lassen sich die Lösungsvektoren auch darstellen in der Form

$$\begin{pmatrix} x_1 \\ x_2 \\ x_3 \\ x_4 \end{pmatrix} = \frac{1}{3} \cdot \begin{pmatrix} 31 \\ 11 \\ 1 \\ 0 \end{pmatrix} + \rho \cdot \begin{pmatrix} -26 \\ -13 \\ 1 \\ 3 \end{pmatrix}, \rho \in \mathbb{R}.$$

Beispiel 19

x_1	x_2	x_3	x_4	r. S.	
1	-3	1	-1	4	(1)
-2	6	-1	4	-7	(2)
4	-12	7	2	19	(3)
-3	9	-1	7	-10	(4)
1	-3	3	-1	4	(1)
0	0	1	2	1	(2) $+ 2 \times$ (1)
0	0	3	6	3	(3) $- 4 \times$ (1)
0	0	2	4	2	(4) $+ 3 \times$ (1)

zyklisch Vertauschen!

x_1	x_3	x_4	x_2	r. S.	
1	3	-1	-3	4	(1')
0	1	2	0	1	(2')
0	3	6	0	3	(3')
0	2	4	0	2	(4')
1	0	-7	-3	1	(1') $- 3 \times$ (2') $=$ (1'')
0	1	2	0	1	(2'')
0	0	0	0	0	(3') $- 3 \times$ (2') $=$ (3'')
0	0	0	0	0	(4') $- 2 \times$ (2') $=$ (4'')

Die letzten beiden Gleichungen sind immer erfüllt und können daher wegge-
lassen werden. Mit $x_4 = \lambda$ und $x_2 = \mu$; $\lambda, \mu \in \mathbb{R}$ erhält man aus den ersten
beiden Gleichungen des Endtableaus die Lösungen

$$x_1 = 1 + 7\lambda + 3\mu; \quad x_3 = 1 - 2\lambda.$$

Damit lauten die Lösungsvektoren

$$\begin{pmatrix} x_1 \\ x_2 \\ x_3 \\ x_4 \end{pmatrix} = \begin{pmatrix} 1 \\ 0 \\ 1 \\ 0 \end{pmatrix} + \lambda \cdot \begin{pmatrix} 7 \\ 0 \\ -2 \\ 1 \end{pmatrix} + \mu \cdot \begin{pmatrix} 3 \\ 1 \\ 0 \\ 0 \end{pmatrix}, \lambda \in \mathbb{R}.$$

Im **Ausgangstableau** für den Gaußschen Algorithmus steht unter den n
Variablen $x_1, x_2, \ldots, x_n$ auf der linken Seite die Matrix A. Auf der rechten
Seite des Tableaus steht der Vektor $\vec{b}$.

$$A = \begin{array}{c} \begin{array}{ccccc} x_1 & x_2 & \cdots & x_k & \cdots & x_n \end{array} \\ \left(\begin{array}{cccccc} a_{11} & a_{12} & \cdots & a_{1k} & \cdots & a_{1n} \\ a_{21} & a_{22} & \cdots & a_{2k} & \cdots & a_{2n} \\ \cdots & \cdots & \cdots & \cdots & \cdots & \cdots \\ a_{i1} & a_{i2} & \cdots & a_{ik} & \cdots & a_{in} \\ \cdots & \cdots & \cdots & \cdots & \cdots & \cdots \\ a_{m1} & a_{m2} & \cdots & a_{mk} & \cdots & a_{mn} \end{array}\right) \end{array} \begin{pmatrix} b_1 \\ b_2 \\ \vdots \\ b_i \\ \vdots \\ b_m \end{pmatrix} = \vec{b}.$$

Dadurch entsteht die erweiterte Matrix $\left(A, \vec{b}\right)$.

Durch Anwendung der folgenden Operationen erhält man nach Satz 3 ein äquivalentes Gleichungssystem (mit den gleichen Lösungen):

Zulässige Operationen beim Gaußschen Algorithmus:

(1) Vertauschen zweier Zeilen.

(2) Vertauschen zweier Spalten in der Matrix A (Umnumerierung der zugehörigen Variablen).

(3) Multiplikation einer Zeile mit einer Konstanten $\alpha \neq 0$.

(4) Addition eines Vielfachen einer Zeile zu einer anderen.

Unter geeigneter wiederholter Anwendung dieser Operationen kann das Ausgangstableau übergeführt werden in ein äquivalentes **Endtableau** mit der speziellen Struktur

x_1^*	x_2^*	x_3^*	x_4^*	$\cdots$	x_r^*	x_{r+1}^*	x_{r+2}^*	$\cdots$	x_n^*	r. Seite	
1	0	0	0	$\cdots$	0	$a_{1,r+1}^*$	$a_{1,r+2}^*$	$\cdots$	$a_{1,n}^*$	b_1^*	
0	1	0	0	$\cdots$	0	$a_{2,r+1}^*$	$a_{2,r+2}^*$	$\cdots$	$a_{2,n}^*$	b_2^*	
0	0	1	0	$\cdots$	0	$a_{3,r+1}^*$	$a_{3,r+2}^*$	$\cdots$	$a_{3,n}^*$	b_r^*	$\}$ r
$\cdots$	$\cdots$	$\cdots$	$\cdots$		$\cdots$	$\cdots$	$\cdots$		$\cdots$	$\cdots$	
0	0	0	0	$\cdots$	1	$a_{r,r+1}^*$	$a_{r,r+2}^*$	$\cdots$	$a_{r,n}^*$	b_r^*	
0	0	0	0	$\cdots$	0	0	0	$\cdots$	0	b_{r+1}^*	
0	0	0	0	$\cdots$	0	0	0	$\cdots$	0	b_{r+2}^*	$\}$ m − r
$\cdots$	$\cdots$	$\cdots$	$\cdots$		$\cdots$	$\cdots$	$\cdots$		$\cdots$	$\cdots$	
0	0	0	0	$\cdots$	0	0	0	$\cdots$	0	b_m^*	

Auf der linken Seite steht links oben eine r-reihige Einheitsmatrix E, rechts oben eine beliebige $r \times (n-r)$-Matrix, während die restlichen m − r Zeilen auf der linken Seite Nullzeilen sind. Die letzten (m − r) Gleichungen

$$0 \cdot x_{r+1}^* + 0 \cdot x_{r+2}^* + \ldots + 0 \cdot x_n^* = b_i^* \quad \text{für} \quad i = r+1, \ldots, m$$

besitzen nur dann eine Lösung, wenn alle rechten Seiten verschwinden.
Dann sind diese Gleichungen für beliebige Werte aller Variablen erfüllt.
Damit erhält man folgendes

Lösungskriterium

a) Falls von den $(m-r)$ rechten Seiten b_{r+1}^*, b_{r+2}^*, $\ldots$, b_m^* nicht alle gleich Null sind, ist das Gleichungssystem nicht lösbar.

b) Im Falle $b_{r+1}^* = b_{r+2}^* = \ldots = b_m^* = 0$ ist das lineare Gleichungssystem lösbar. Dabei gilt:

Für $r = n$, $m \geq n$ gibt es genau eine Lösung, nämlich

$$x_1^* = b_1^*, \ x_2^* = b_2^*, \ \ldots, x_n^* = b_n^* \, .$$

Für $r < n$ gibt es unendlich viele Lösungen. Für die $n - r$ Unbekannten $x_{r+1}^*, x_{r+2}^*, x_n^*$ können beliebige Werte vorgegeben werden, z.B.

$$x_{r+1}^* = \lambda_{r+1}, x_{r+2}^* = \lambda_{r+2}, \ldots, x_n^* = \lambda_n \, ; \, \lambda_j \in \mathbb{R}.$$

Dann erhält man die Werte für die restlichen r Unbekannten aus den ersten r Gleichungen in der Form

$$x_1^* = b_1^* - \sum_{j=r+1}^{n} \lambda_j \cdot a_{1j}^*$$

$$x_2^* = b_2^* - \sum_{j=r+1}^{n} \lambda_j \cdot a_{2j}^*$$

$$\cdots\cdots\cdots\cdots\cdots\cdots\cdots$$

$$x_r^* = b_r^* - \sum_{j=r+1}^{n} \lambda_j \cdot a_{rj}^* \, .$$

Die Lösungen können auch in Vektorschreibweise angegeben werden:

$$\begin{pmatrix} x_1^* \\ \vdots \\ x_r^* \\ x_{r+1}^* \\ \vdots \\ x_n^* \end{pmatrix} = \begin{pmatrix} b_1^* \\ \vdots \\ b_r^* \\ 0 \\ \vdots \\ 0 \end{pmatrix} - \lambda_{r+1} \cdot \begin{pmatrix} a_{1\,r+1}^* \\ \vdots \\ a_{r\,r+1}^* \\ 0 \\ \vdots \\ 0 \end{pmatrix} - \cdots - \lambda_n \cdot \begin{pmatrix} a_{1\,n}^* \\ \vdots \\ a_{r\,n}^* \\ 0 \\ \vdots \\ 0 \end{pmatrix} \, .$$

Damit ein lineares Gleichungssystem genau eine Lösung besitzt $(r = n)$ muß das lineare Gleichungssystem aus mindestens n Gleichungen bestehen. Falls weniger Gleichungen als Unbekannte vorliegen, gibt es entweder keine oder unendlich viele Lösungen.

Abbruchskriterium

Falls bei der Durchführung des Gaußschen Algorithmus eine Zeile entsteht, in der auf der linken Seite lauter Nullen stehen, die rechte Seite jedoch von Null verschieden ist, kann die Rechnung abgebrochen werden; das lineare Gleichungssystem besitzt dann keine Lösung. Eine solche Situation kann manchmal ohne große Rechnung erkannt werden. Dazu das

Beispiel 20

x_1	x_2	x_3	x_4	r. S.	
6	-18	12	15	34	(1)
-2	6	-1	4	-7	(2)
-2	6	-4	-5	23	(3)
-3	9	-7	8	0	(4)

Die linke Seite von Gleichung (1) ist das (-3)-fache der Gleichung (3). Für die rechten Seiten gilt diese Eigenschaft jedoch nicht. $(1) + 3 \times (3)$ ergibt die Zeile

0	0	0	0	103

Diese Gleichung ist nicht lösbar, das Gleichungssystem besitzt damit keine Lösung.

Bei der Durchführung des Gaußschen Algorithmus wurden die zulässigen Umformungen so lange vorgenommen, bis auf der linken Seite eine Einheitsmatrix und darunter lauter Nullzeilen auftraten. Man kann den Algorithmus aber auch schon früher abbrechen und zwar bei einem Endtableau der Form

$\hat{x}_1$	$\hat{x}_2$	$\hat{x}_3$	$\hat{x}_4$	$\cdots$	$\hat{x}_r$	$\hat{x}_{r+1}$	$\hat{x}_{r+2}$	$\cdots$	$\hat{x}_n$	r. Seite	
$\hat{a}_{11}$	$\hat{a}_{12}$	$\hat{a}_{13}$	$\hat{a}_{14}$	$\cdots$	$\hat{a}_{1r}$	$\hat{a}_{1,r+1}$	$\hat{a}_{1,r+2}$	$\cdots$	$\hat{a}_{1,n}$	$\hat{b}_1$	
0	$\hat{a}_{22}$	$\hat{a}_{23}$	$\hat{a}_{24}$	$\cdots$	$\hat{a}_{2r}$	$\hat{a}_{2,r+1}$	$\hat{a}_{2,r+2}$	$\cdots$	$\hat{a}_{2,n}$	$\hat{b}_2$	
0	0	$\hat{a}_{33}$	$\hat{a}_{34}$	$\cdots$	$\hat{a}_{3r}$	$\hat{a}_{3,r+1}$	$\hat{a}_{3,r+2}$	$\cdots$	$\hat{a}_{3,n}$	$\hat{b}_3$	$\Big\}$ r
$\cdots$										$\cdots$	
0	0	0	0	$\cdots$	$\hat{a}_{rr}$	$\hat{a}_{r,r+1}$	$\hat{a}_{r,r+2}$	$\cdots$	$\hat{a}_{r,n}$	$\hat{b}_r$	
0	0	0	0	$\cdots$	0	0	0	$\cdots$	0	$\hat{b}_{r+1}$	
0	0	0	0	$\cdots$	0	0	0	$\cdots$	0	$\hat{b}_{r+2}$	$\Big\}$ m $-$ r
$\cdots$										$\cdots$	
0	0	0	0	$\cdots$	0	0	0	$\cdots$	0	$\hat{b}_m$	

Links oben entsteht eine r-reihige obere Diagonalmatrix. Die Diagonalelemente $\hat{a}_{ii}$ müssen alle von Null verschieden sein für $i = 1, 2, \ldots, r$. Das Ent-
scheidungskriterium ändert sich nicht. Nur für

$$\hat{b}_{r+1} = \hat{b}_{r+2} = \ldots = \hat{b}_m = 0$$

ist Gleichungssystem lösbar. Aus

$$\hat{x}_{r+1} = \lambda_{r+1}, \hat{x}_{r+2} = \lambda_{r+2}, \ldots, \hat{x}_n = \lambda_n \; ; \; \lambda_j \in \mathbb{R}.$$

können die restlichen r Unbekannten aus den ersten r Gleichungen bestimmt werden. $\hat{x}_r$ erhält man aus der r-ten Gleichung, $\hat{x}_{r-1}$ aus der
$(r-1)$-ten bis schließlich $\hat{x}_1$ aus der ersten Gleichung. Allerdings ist die
Rechnung etwas mühsam, da man bei jedem Schritt meistens alle bisher
berechneten Werte benötigt. Dadurch besteht die Gefahr zusätzlicher Re-
chenfehler.

Untersuchung auf lineare Unabhängigkeit mit Gleichungssystemen

Die n Vektoren

$$\vec{a}_1 = \begin{pmatrix} a_{11} \\ a_{21} \\ \vdots \\ a_{m1} \end{pmatrix} ; \quad \vec{a}_2 = \begin{pmatrix} a_{12} \\ a_{22} \\ \vdots \\ a_{m2} \end{pmatrix} ; \quad \ldots ; \quad \vec{a}_n = \begin{pmatrix} a_{1n} \\ a_{2n} \\ \vdots \\ a_{mn} \end{pmatrix}$$

mit jeweils m Komponenten sind linear unabhängig, wenn die Gleichung

$$\sum_{i=1}^{n} \lambda_i \vec{a}_i = \vec{0} \, ,$$

also das homogene lineare Gleichungssystem (Komponentengleichungen)

$$
\begin{aligned}
a_{11}\lambda_1 + a_{12}\lambda_2 + \ldots + a_{1n}\lambda_n &= 0 \\
a_{21}\lambda_1 + a_{22}\lambda_2 + \ldots + a_{2n}\lambda_n &= 0 \\
&\cdots \\
a_{m1}\lambda_1 + a_{m2}\lambda_2 + \ldots + a_{mn}\lambda_n &= 0
\end{aligned}
$$

nur die triviale Lösung $\lambda_1 = \lambda_2 = \ldots = \lambda_n = 0$ besitzt. Dieses homogene
lineare Gleichungssystem besitzt immer die triviale Lösung. Falls dies
nicht die einzige Lösung ist, sind die Vektoren linear abhängig. Dann hat
das Gleichungssystem unendlich viele Lösungen.

Lineare Ab- oder Unabhängigkeit kann nach Abschnitt 12.3 auch mit Hilfe
der Rangbestimmung von Matrizen festgestellt werden. Aus diesem Grund
muß der dort benutzte Algorithmus in einem gewissen Zusammenhang mit
dem Gaußschen Algorithmus stehen. Bei der Rangbestimmung wurde die
Matrix A mit Hilfe der in Satz 3 Abschnitt 12.3 angegebenen zulässigen
Operationen umgeformt. Bei der Lösung des entsprechenden homogenen

linearen Gleichungssystems mit Hilfe des Gaußschen Algorithmus kann man die rechten Seiten gleich weglassen, da sie bei jeder Operation ja gleich Null bleiben. Dann stimmen die zulässigen Matrizenumformungen aus Satz 3 Abschnitt 12.3 überein mit den zulässigen Umformungen eines linearen Gleichungssystems (Satz 3 Abschnitt 13.3). Als Endtableau genügt beim Gaußschen Algorithmus das an zweiter Stelle angegebene Tableau mit der oberen Dreiecksmatrix, da man die Werte für die Unbekannten ja nicht angeben, sondern nur feststellen muß, ob es unendlich viele Lösungen gibt.

Im Falle m < n sind die n Vektoren immer linear abhängig.

Für m ≥ n sind die n Vektoren genau dann linear unabhängig, wenn beim Gaußschen Algorithmus genau m − n Nullzeilen entstehen. Gibt es mehr als m − n Nullzeilen, dann sind die n Vektoren linear abhängig.

13.5 Lineare Gleichungssysteme mit mehreren rechten Seiten und Matrizengleichungen

Beispiel 21 (vgl. **Beispiel 11**): Wir betrachten das Herstellungsproblem von Beispiel 11 mit der Koeffizientenmatrix

$$A = \begin{pmatrix} 4 & 2 & 5 \\ 3 & 5 & 7 \\ 5 & 1 & 3 \end{pmatrix}.$$

Im ersten Monat seien die Rohstoffmengen 270; 315; 215 vorhanden. Im zweiten Monat betragen die Rohstoffmengen 320; 495; 235 und im dritten Monat 360; 575; 245 Einheiten. Gesucht sind die Herstellungsmengen in den einzelnen Monaten, bei denen die jeweiligen Rohstoffmengen vollständig aufgebraucht werden.

Wir bezeichnen die Vektoren der in den einzelnen Monaten vorhandenen Rohstoffmengen mit

$$\vec{b}_1 = \begin{pmatrix} b_{11} \\ b_{21} \\ b_{31} \end{pmatrix} = \begin{pmatrix} 270 \\ 315 \\ 215 \end{pmatrix}; \quad \vec{b}_2 = \begin{pmatrix} b_{12} \\ b_{22} \\ b_{32} \end{pmatrix} = \begin{pmatrix} 320 \\ 495 \\ 235 \end{pmatrix}; \quad \vec{b}_3 = \begin{pmatrix} b_{13} \\ b_{23} \\ b_{33} \end{pmatrix} = \begin{pmatrix} 360 \\ 575 \\ 245 \end{pmatrix}$$

und die Vektoren der jeweiligen Herstellungsmengen mit

$$\vec{x}_1 = \begin{pmatrix} x_{11} \\ x_{21} \\ x_{31} \end{pmatrix}; \quad \vec{x}_2 = \begin{pmatrix} x_{12} \\ x_{22} \\ x_{32} \end{pmatrix}; \quad \vec{x}_3 = \begin{pmatrix} x_{13} \\ x_{23} \\ x_{33} \end{pmatrix}.$$

Dann sind drei lineare Gleichungssysteme

$$A \cdot \vec{x}_1 = \vec{b}_1; \quad A \cdot \vec{x}_2 = \vec{b}_2; \quad A \cdot \vec{x}_3 = \vec{b}_3$$

mit derselben Koeffizientenmatrix A zu lösen. Bei der Lösung der einzelnen Gleichungssysteme mit dem Gaußschen Algorithmus könnten an der Koeffizientenmatrix A dreimal die gleichen Umformungen mit jeweils verschiedenen rechten Seiten durchgeführt werden. Daher spart man viel Zeit, wenn der Gaußsche Algorithmus mit der Matrix A und gleichzeitig mit allen drei rechten Seiten durchgeführt wird.

Aus der ersten rechten Seite erhält man dann den Lösungsvektor für den ersten Monat, die zweite rechte Seite ergibt die Lösung für den zweiten Monat, die dritte rechte Seite liefert schließlich den Lösungsvektor für den dritten Monat.

x_{1i}	x_{2i}	x_{3i}	1. r. S.	2. r. S.	3. r. S.	
4	2	5	270	320	360	(1)
3	5	7	315	495	575	(2)
5	1	3	215	235	245	(3)
1	$\frac{1}{2}$	$\frac{5}{4}$	$\frac{135}{2}$	80	90	$\frac{1}{4} \times (1) = (1')$
0	$\frac{7}{2}$	$\frac{13}{4}$	$\frac{225}{2}$	255	305	$(2) - 3 \times (1') = (2')$
0	$-\frac{3}{2}$	$-\frac{13}{4}$	$-\frac{245}{2}$	-165	-205	$(3) - 5 \times (1') = (3')$
1	$\frac{1}{2}$	$\frac{5}{4}$	$\frac{135}{2}$	80	90	$(1')$
0	1	$\frac{13}{14}$	$\frac{225}{7}$	$\frac{510}{7}$	$\frac{610}{7}$	$\frac{2}{7} \times (2') = (2'')$
0	0	$-\frac{13}{7}$	$-\frac{1040}{14}$	$-\frac{780}{14}$	$-\frac{1040}{14}$	$(3') + \frac{3}{2} \times (2'') = (3'')$
1	0	$\frac{11}{14}$	$\frac{720}{14}$	$\frac{305}{7}$	$\frac{325}{7}$	$(1') - \frac{1}{2} \times (2'') = (1'')$
0	1	$\frac{13}{14}$	$\frac{225}{7}$	$\frac{510}{7}$	$\frac{610}{7}$	$(2'')$
0	0	1	40	30	40	$-\frac{7}{13} \times (3'') = (3''')$
1	0	0	20	20	15	$(1'') - \frac{11}{14} \times (3''') = (1'')$
0	1	0	-5	45	50	$(2'') - \frac{13}{14} \times (3''') = (2''')$
0	0	1	40	30	40	$(3''')$

Für die drei Monate lauten die Vektoren der Herstellungsmengen

$$\vec{x}_1 = \begin{pmatrix} 20 \\ -5 \\ 40 \end{pmatrix}; \quad \vec{x}_2 = \begin{pmatrix} 20 \\ 45 \\ 30 \end{pmatrix}; \quad \vec{x}_3 = \begin{pmatrix} 15 \\ 50 \\ 40 \end{pmatrix}.$$

Da die Herstellungsmengen nicht negativ sein können, gibt es wegen $x_{21} < 0$ für den ersten Monat keine Produktionsmöglichkeit, bei der alle vorhandenen Rohstoffvorräte aufgebraucht werden. Für die beiden anderen Monate ist das Problem eindeutig lösbar.

Allgemein betrachten wir s lineare Gleichungssysteme mit identischer Koeffizientenmatrix A und verschiedenen rechten Seiten der Form

$$A \cdot \vec{x}_k = \vec{b}_k \quad \text{für} \quad k = 1, 2, \dots, s \quad \text{mit} \tag{5}$$

$$A = \begin{pmatrix} a_{11} & a_{12} & \cdots & a_{1n} \\ a_{21} & a_{22} & \cdots & a_{2n} \\ \vdots & \vdots & \vdots & \vdots \\ a_{m1} & a_{m2} & \cdots & a_{mn} \end{pmatrix}; \quad \vec{x}_k = \begin{pmatrix} x_{1k} \\ x_{2k} \\ \vdots \\ x_{nk} \end{pmatrix}; \vec{b}_k = \begin{pmatrix} b_{1k} \\ b_{2k} \\ \vdots \\ b_{mk} \end{pmatrix} \quad \text{für } k = 1, 2, \dots, s.$$

Zur Lösung der s linearen Gleichungssysteme wird der Gaußsche Algorithmus auf der linken Seite mit der Matrix A und gleichzeitig mit den s rechten Seiten durchgeführt.

x_{1k}	x_{2k}	$\cdots$	x_{nk}	1.r.S	2.r.S.	$\cdots$	s-te r.S.
a_{11}	a_{12}	$\cdots$	a_{1n}	b_{11}	b_{12}	$\cdots$	b_{1s}
a_{21}	a_{22}	$\cdots$	a_{2n}	b_{21}	b_{22}	$\cdots$	b_{2s}
$\vdots$	$\vdots$	$\cdots$	$\vdots$	$\vdots$	$\vdots$	$\cdots$	$\vdots$
a_{m1}	a_{m2}	$\cdots$	a_{mn}	b_{m1}	b_{m2}	$\cdots$	b_{ms}

Aus dem Endtableau erhält man mit den rechten Seiten der Reihe nach die Lösungen der einzelnen Gleichungssysteme. Falls links eine Nullzeile entsteht und der zugehörige Wert auf der rechten Seite nicht gleich Null ist, besitzt das entsprechende Gleichungssystem keine Lösung.

Wir fassen die s Vektoren der rechten Seiten zu einer $m \times s$-Matrix B zusammen

$$B = \left(\vec{b}_1, \vec{b}_2, \dots, \vec{b}_s \right) = \begin{pmatrix} b_{11} & b_{12} & \cdots & b_{1s} \\ b_{21} & b_{22} & \cdots & b_{2s} \\ \vdots & \vdots & \vdots & \vdots \\ b_{m1} & b_{m2} & \cdots & b_{ms} \end{pmatrix}.$$

Entsprechend sei

$$X = \left(\vec{x}_1, \vec{x}_2, ..., \vec{x}_s \right) = \begin{pmatrix} x_{11} & x_{12} & \cdots & x_{1s} \\ x_{21} & x_{22} & \cdots & x_{2s} \\ \vdots & \vdots & \vdots & \vdots \\ x_{n1} & x_{n2} & \cdots & x_{ns} \end{pmatrix}.$$

Dann können die s linearen Gleichungssysteme (5) nach den Gesetzen der Matrizenmultiplikation interpretiert werden als

Matrizengleichung

$$A \cdot X = B. \tag{6}$$

Dabei sind die Matrizen A und B gegeben, während die (unbekannte) Matrix X bestimmt werden muß. Eine solche Matrizengleichung kann mit Hilfe des Gaußschen Algorithmus gelöst werden. Im Ausgangstableau steht auf der linken Seite die Matrix A, auf der rechten Seite die Matrix B.

Beispiel 22: Gesucht ist die Lösung der Matrizengleichung $A \cdot X = E$ mit

$$A = \begin{pmatrix} 1 & 3 & 0 \\ 3 & 1 & 3 \\ 0 & 3 & 1 \end{pmatrix}; \quad E = \begin{pmatrix} 1 & 0 & 0 \\ 0 & 1 & 0 \\ 0 & 0 & 1 \end{pmatrix} \quad \text{(Einheitsmatrix)}.$$

	x_{1i}	x_{2i}	x_{3i}	1. r. S.	2. r. S.	3. r. S.	
$A =$	1	3	0	1	0	0	(1)
	3	1	3	0	1	0	$= E$ (2)
	0	3	1	0	0	1	(3)
	1	3	0	1	0	0	(1)
	0	-8	3	-3	1	0	$(2) - 3 \times (1) = (2')$
	0	3	1	0	0	1	(3) ⟵ Pivotzeile
	1	0	-1	1	0	-1	$(1) - (3) = (1'')$
	0	1	$\frac{1}{3}$	0	0	$\frac{1}{3}$	$\frac{1}{3} \times (3) = (2'')$
	0	0	$\frac{17}{3}$	-3	1	$\frac{8}{3}$	$(2') + 8 \times (2'') = (3'')$
	1	0	0	$\frac{8}{17}$	$\frac{3}{17}$	$-\frac{9}{17}$	$(1'') + (3''')$
	0	1	0	$\frac{3}{17}$	$-\frac{1}{17}$	$\frac{3}{17}$	$= X \quad (2'') - \frac{1}{3} \times (3''')$
	0	0	1	$-\frac{9}{17}$	$\frac{3}{17}$	$\frac{8}{17}$	$\frac{3}{17} \times (3'') = (3''')$

Auf der rechten Seite steht die gesuchte Matrix X mit

$$X = \begin{pmatrix} \frac{8}{17} & \frac{3}{17} & -\frac{9}{17} \\ \frac{3}{17} & -\frac{1}{17} & \frac{3}{17} \\ -\frac{9}{17} & \frac{3}{17} & \frac{8}{17} \end{pmatrix} = \frac{1}{17} \cdot \begin{pmatrix} 8 & 3 & -9 \\ 3 & -1 & 3 \\ -9 & 3 & 8 \end{pmatrix}.$$

Probe:

$$A \cdot X = \frac{1}{17} \cdot \begin{pmatrix} 1 & 3 & 0 \\ 3 & 1 & 3 \\ 0 & 3 & 1 \end{pmatrix} \cdot \begin{pmatrix} 8 & 3 & -9 \\ 3 & -1 & 3 \\ -9 & 3 & 8 \end{pmatrix}$$

$$= \frac{1}{17} \cdot \begin{pmatrix} 17 & 0 & 0 \\ 0 & 17 & 0 \\ 0 & 0 & 17 \end{pmatrix} = E$$

Beispiel 23: Gesucht ist die Lösung der Matrizengleichung $A \cdot X = B$ mit

$$A = \begin{pmatrix} 1 & -2 & 1 \\ -1 & 1 & 0 \\ 0 & -1 & 1 \end{pmatrix}; \quad B = \begin{pmatrix} 2 & 1 & -1 \\ 1 & -3 & 4 \\ -1 & 2 & 3 \end{pmatrix}.$$

x_{1i}	x_{2i}	x_{3i}	1. r. S.	2. r. S.	3. r. S.	
1	−2	1	2	1	−1	(1)
−1	1	0	1	−3	4	(2)
0	−1	1	−1	2	3	(3)
1	0	−1	4	−3	−7	(1) − 2 × (3) = (1')
0	1	−1	5	−6	−3	(2) + (1') = (2')
0	0	0	4	−4	0	(3) + (2')

($A = $) am linken Rand der ersten Tabelle, $= B$ rechts der Zeile (2).

In der letzten Zeile entsteht links eine Nullzeile. Die Matrixgleichung wäre nur dann (mehrdeutig) lösbar, wenn auch auf der rechten Seite der letzten Zeile lauter Nullen stehen würden. Die Matrixgleichung besitzt also keine Lösung.

Die ersten beiden linearen Gleichungssysteme, die man aus der Matrixgleichung mit den zwei ersten Spalten von B erhält

$$A \cdot \vec{x}_1 = \begin{pmatrix} 2 \\ 1 \\ -1 \end{pmatrix} \quad \text{und} \quad A \cdot \vec{x}_2 = \begin{pmatrix} 1 \\ -3 \\ 2 \end{pmatrix}$$

besitzen wegen $b_{31}^* \neq 0$ und $b_{32}^* \neq 0$ keine Lösung. Dagegen ist das dritte System

$$A \cdot \vec{x}_3 = \begin{pmatrix} -1 \\ 4 \\ 3 \end{pmatrix}$$

lösbar. Aus der letzten Zeile des Endtableaus erhält man $x_{33} = \lambda \in \mathbb{R}$.

Die ersten beiden Zeilen ergeben

$$x_{13} = -7 + x_{33} = -7 + \lambda$$
$$x_{23} = -3 + x_{33} = -3 + \lambda.$$

Damit lauten die Lösungsvektoren

$$\vec{x}_3 = \begin{pmatrix} -7 \\ -3 \\ 0 \end{pmatrix} + \lambda \begin{pmatrix} 1 \\ 1 \\ 1 \end{pmatrix}; \ \lambda \in \mathbb{R}.$$

13.5 Die inverse Matrix

In einem linearen Gleichungssystem mit n Unbekannten und n Gleichungen sei die Koeffizientenmatrix A die Einheitsmatrix E, also

$$E \cdot \vec{x} = \vec{b}^*. \tag{7}$$

Wegen $E \cdot \vec{x} = \vec{x}$ lautet der Lösungsvektor dieses speziellen Gleichungssystems $\vec{x} = \vec{b}^*$. Der Gaußsche Algorithmus ist überflüssig. Das Ausgangstableau ist bereits das Endtableau mit $r = n$.

Unser Ziel ist es nun, eine allgemeine Gleichung

$$A \cdot \vec{x} = \vec{b} \tag{8}$$

von links mit einer geeigneten Matrix B so zu multiplizieren, daß mit unterschiedlichen rechten Seiten (8) in (7) übergeht. Dazu machen wir den Ansatz

$$B \cdot (A \cdot \vec{x}) = B \cdot \vec{b}.$$

Wegen des Assoziativgesetzes der Matrizenmultiplikation gilt

$$B \cdot (A \cdot \vec{x}) = (B \cdot A) \cdot \vec{x} = B \cdot \vec{b}.$$

Diese Matrizenmultiplikation führt zum gewünschten Ziel, wenn die Produktmatrix $A \cdot B$ gleich der Einheitsmatrix ist, also für

$$B \cdot A = E. \tag{9}$$

Dann lautet die eindeutige Lösung des Gleichungssystems

$$\vec{x} = B \cdot \vec{b}.$$

Linksseitige Multiplikation mit der Matrix A ergibt nach (8)

$$\vec{b} = A \cdot \vec{x} = (A \cdot B) \cdot \vec{b}.$$

Diese Gleichung

$$(A \cdot B) \cdot \vec{b} = \vec{b} \tag{10}$$

muß für jeden beliebigen Vektor $\vec{b}$ gelten. Für $\vec{b}$ wird der Reihe nach der i-te Einheitsvektor $\vec{e}_i$ eingesetzt für $i = 1, .., n$. Diese n Vektoren bilden die Einheitsmatrix E. Damit erhält man aus (10) die Matrizengleichung

$$(A \cdot B) \cdot E = E.$$

Neben $B \cdot A = E$ muß also auch $A \cdot B = E$ gelten.

Definition 5:

A sei eine quadratische n-reihige Matrix. Falls eine Matrix A^{-1} existiert mit

$$A^{-1} \cdot A = A \cdot A^{-1} = E \quad (n \times n\text{-Einheitsmatrix}),$$

heißt A^{-1} die **Inverse** von A. Dann nennt man A **invertierbar** oder **regulär** bzw. **nichtsingulär**.

Satz 4:

a) Im Falle der Existenz ist die inverse Matrix A^{-1} eindeutig bestimmt.

b) Die Matrix A besitze die Inverse A^{-1}. Dann hat auch A^{-1} eine Inverse und es gilt

$$(A^{-1})^{-1} = A.$$

c) Falls A die Inverse A^{-1} besitzt, ist auch die transponierte Matrix A^T invertierbar und es gilt

$$(A^T)^{-1} = (A^{-1})^T.$$

d) Die beiden n-reihigen quadratischen Matrizen A und B sollen die Inversen A^{-1} und B^{-1} besitzen. Dann besitzt auch die Produktmatrix $A \cdot B$ eine Inverse und es gilt

$$(A \cdot B)^{-1} = B^{-1} \cdot A^{-1}.$$

Beweis:

a) Neben $A^{-1} \cdot A = A \cdot A^{-1} = E$ gelte auch $X \cdot A = E$. Rechtsseitige Multiplikation dieser Gleichung mit A^{-1} ergibt

$X \cdot A \cdot A^{-1} = E \cdot A^{-1} = A^{-1}$, also $X \cdot A \cdot A^{-1} = X \cdot E = X = A^{-1}$.

b) Wegen $A \cdot A^{-1} = A^{-1} \cdot A = E$ ist A die Inverse von A^{-1}, es gilt also

$$(A^{-1})^{-1} = A.$$

c) Aus $A^{-1} \cdot A = E$ folgt $(A^{-1} \cdot A)^T = A^T \cdot (A^{-1})^T = E^T = E$. Damit ist $(A^{-1})^T$ die Inverse von A^T, also $(A^T)^{-1} = (A^{-1})^T$.

d) Für die Matrix $B^{-1} \cdot A^{-1}$ gilt nach dem Assoziativgesetz für die Matrizenmultiplikation

$$(B^{-1} \cdot A^{-1}) \cdot (A \cdot B) = B^{-1} \cdot (A^{-1} \cdot A) \cdot B = B^{-1} \cdot E \cdot B = B^{-1} \cdot B = E.$$

Damit ist $B^{-1} \cdot A^{-1}$ die Inverse von $A \cdot B$, also

$$(A \cdot B)^{-1} = B^{-1} \cdot A^{-1}.$$

Beispiel 24 (vgl. **Beispiel 22**): In Beispiel (22) wurde die Matrixgleichung $A \cdot X = E$ gelöst. Daher ist die dort gefundene Lösung X die Inverse der Matrix A, es gilt also $X = A^{-1}$.

Es sei A eine n-reihige quadratische Matrix. X sei ebenfalls quadratisch und E die n-reihige Einheitsmatrix. Dann entspricht der Matrizengleichung $A \cdot X = E$ ein lineares Gleichungssystem mit der Koeffizientenmatrix A und n rechten Seiten, die jeweils die Einheitsvektoren $\vec{e}_k$ sind (vgl. Beispiel 22). Diese n Gleichungssysteme werden gleichzeitig mit Hilfe des Gauß-schen Algorithmus gelöst. Falls der Rang der Matrix A kleiner als n ist, entsteht bei der Durchführung links eine Nullzeile, rechts jedoch keine Null-zeile. Dann existiert die Inverse nicht. Für $Rg(A) = n$ sind alle Gleichungs-systeme eindeutig lösbar. Im Endtableau steht dann links die Einheits-matrix E und auf der echten Seite die Inverse A^{-1}.

Ausgangstableau:

$$A = \begin{pmatrix} a_{11} & a_{12} & \cdots & a_{1n} \\ a_{21} & a_{22} & \cdots & a_{2n} \\ a_{31} & a_{32} & \cdots & a_{3n} \\ \vdots & \vdots & \cdots & \vdots \\ a_{n1} & a_{n2} & \cdots & a_{nn} \end{pmatrix} \left| \begin{matrix} 1 & 0 & 0 & \cdots & 0 \\ 0 & 1 & 0 & \cdots & 0 \\ 0 & 0 & 1 & \cdots & 0 \\ \vdots & \vdots & \vdots & \cdots & \vdots \\ 0 & 0 & 0 & \cdots & 1 \end{matrix} \right)$$

Endtableau:

$$
E = \begin{pmatrix} 1 & 0 & \cdots & 0 \\ 0 & 1 & \cdots & 0 \\ \cdots & \cdots & \cdots & \cdots \\ \vdots & \vdots & \cdots & \vdots \\ 0 & 0 & \cdots & 1 \end{pmatrix} \begin{pmatrix} x_{11} & x_{12} & x_{13} & \cdots & x_{1n} \\ x_{21} & x_{22} & x_{23} & \cdots & x_{2n} \\ x_{31} & x_{32} & x_{33} & \cdots & x_{3n} \\ \vdots & \vdots & \vdots & \cdots & \vdots \\ x_{n1} & x_{n2} & x_{n3} & \cdots & x_{nn} \end{pmatrix} = A^{-1}
$$

Damit gilt der

Satz 5: Eine n-reihige quadratische Matrix A besitzt genau dann eine Inverse A^{-1}, wenn sie den (vollen) Rang n besitzt, also für

$Rg(A) = n$.

Die Inverse A^{-1} kann mit Hilfe des Gaußschen Algorithmus bestimmt werden. Im Ausgangstableau steht dabei links die Matrix A und rechts die Einheitsmatrix. Falls im Endtableau links die Einheitsmatrix E steht, erhält man auf der rechten Seite die Inverse Matrix A^{-1}. Erhält man links eine Nullzeile, so existiert die Inverse nicht.

Beispiel 25: Gesucht ist die Inverse der Matrix

$$A = \begin{pmatrix} 1 & 2 & 1 \\ 2 & 3 & 6 \\ 4 & 7 & 8 \end{pmatrix};$$

x_{1i}	x_{2i}	x_{3i}				
1	2	1	1	0	0	(1)
2	3	6	0	1	0	(2)
4	7	8	0	0	1	(3)
1	2	1	1	0	0	(1)
0	-1	4	-2	1	0	$(2) - 2 \times (1) = (2')$
0	-1	4	-4	0	1	$(3) - 4 \times (1) = (3')$
0	**0**	**0**	-2	-1	1	$(3') - (2')$

Da auf der linken Seite eine Nullzeile entsteht, existiert die Inverse nicht.

Beispiel 26: Gesucht ist die Inverse der Matrix

$$A = \begin{pmatrix} 1 & 1 & 0 \\ 1 & 1 & 1 \\ 0 & -1 & 0 \end{pmatrix};$$

x_{1i}	x_{2i}	x_{3i}				
1	1	0	1	0	0	(1)
1	1	1	0	1	0	(2)
0	−1	0	0	0	1	(3)
1	0	0	1	0	1	(1) + (3) = (1')
0	0	1	−1	1	0	(2) − (1) = (2')
0	−1	0	0	0	1	(3)
1	0	0	1	0	1	(1')
0	1	0	0	0	−1	− (3')
0	0	1	−1	1	0	(2')

$$A^{-1} = \begin{pmatrix} 1 & 0 & 1 \\ 0 & 0 & -1 \\ -1 & 1 & 0 \end{pmatrix}.$$

Beispiel 27: In der nachfolgenden Matrix A sei a eine reelle Zahl.

$$A = \begin{pmatrix} 1 & 1 & 2 \\ 2 & 2 & a \\ 2 & 1 & a \end{pmatrix}.$$

Für welche Werte von a existiert die Inverse? Bestimmen Sie im Fall der Existenz die von dem Parameter a abhängige Inverse.

x_{1i}	x_{2i}	x_{3i}				
1	1	2	1	0	0	(1)
2	2	a	0	1	0	(2)
2	1	a	0	0	1	(3)
1	1	2	1	0	0	(1)
0	0	$\boxed{a-4}$	−2	1	0	(2) − 2 × (1) = (2')
0	−1	a − 4	−2	0	1	(3) − 2 × (1) = (3')
1	1	2	1	0	0	(1)
0	−1	0	0	−1	1	(3') − (2') = (2'')
0	0	1	$-\dfrac{2}{a-4}$	$\dfrac{1}{a-4}$	0	$\dfrac{1}{a-4}$ × (2') = (3'')

x_{1i}	x_{2i}	x_{3i}				
1	0	2	1	-1	1	$(1)+(2'')=(1'')$
0	1	0	0	1	-1	$-(2'')$
0	0	1	$-\dfrac{2}{a-4}$	$\dfrac{1}{a-4}$	0	$(3'')$
1	0	0	$\dfrac{a}{a-4}$	$\dfrac{-a+2}{a-4}$	1	$(1'')-2\times(3'')$
0	1	0	0	1	-1	$-(2'')$
0	0	1	$-\dfrac{2}{a-4}$	$\dfrac{1}{a-4}$	0	$(3'')$

Mit $a = 4$ erhält man in (2') links eine Nullzeile. Dann existiert die Inverse nicht.

Für $a \neq 4$ kann (2') durch $a - 4$ durch dividiert werden. Dann lautet die Inverse

$$A^{-1} = \begin{pmatrix} \frac{a}{a-4} & \frac{-a+2}{a-4} & 1 \\ 0 & 1 & -1 \\ \frac{-2}{a-4} & \frac{1}{a-4} & 0 \end{pmatrix} = \frac{1}{a-4} \cdot \begin{pmatrix} a & 2-a & a-4 \\ 0 & a-4 & 4-a \\ -2 & 1 & 0 \end{pmatrix}$$

$$\text{für } a \neq 4.$$

Probe:

$$\begin{pmatrix} 1 & 1 & 2 \\ 2 & 2 & a \\ 2 & 1 & a \end{pmatrix} \cdot \begin{pmatrix} a & 2-a & a-4 \\ 0 & a-4 & 4-a \\ -2 & 1 & 0 \end{pmatrix} = \begin{pmatrix} a-4 & 0 & 0 \\ 0 & a-4 & 0 \\ 0 & 0 & a-4 \end{pmatrix} ;$$

Hieraus folgt $\quad A \cdot A^{-1} = \dfrac{1}{a-4} \cdot \begin{pmatrix} a-4 & 0 & 0 \\ 0 & a-4 & 0 \\ 0 & 0 & a-4 \end{pmatrix} = E.$

13.6 Aufgaben

1. Bestimmen Sie alle Lösungen des Gleichungssystems

$$-1\,x_1 + 2\,x_2 + x_3 - 3\,x_4 = 3$$
$$2\,x_1 - 3\,x_2 + 2\,x_3 + 4\,x_4 = -1$$
$$3\,x_1 - 4\,x_2 + 5\,x_3 + 5\,x_4 = 1$$
$$x_1 - x_2 + 3\,x_3 + x_4 = 2 \ .$$

2. Bestimmen Sie die Lösungen des Gleichungssystems

$$2\,x_1 - 4\,x_2 + 6\,x_3 + 8\,x_4 + 4\,x_5 = 2$$
$$3\,x_1 + 2\,x_2 + x_3 + 4\,x_4 + 9\,x_5 = 8$$
$$x_1 + 6\,x_2 - 5\,x_3 - 4\,x_4 + 5\,x_5 = 4 \ .$$

3. Für welche Werte d besitzt das Gleichungssystem

$$x + y + 2\,z = 3$$
$$x + d\,y + 2\,z = 2$$
$$x + y + d\,z = d+1$$

a) genau eine,

b) keine,

c) unendlich viele Lösungen?

Geben Sie die jeweiligen Lösungen an.

4. Vier Produkte werden auf drei verschiedenen Maschinen gefertigt. Die zur Herstellung je einer Einheit benötigten Maschinenzeiten in Minuten sind in der nachfolgenden Tabelle zusammengestellt. In der letzten Spalte sind die zur Verfügung stehenden Maschinenzeiten angegeben.

	P_1	P_2	P_3	P_4	Maschinenkap. in Min.
M_1	2	4	2	0	2 400
M_2	6	2	3	1	3 100
M_3	3	0	4	5	2 700

a) Bestimmen Sie sämtliche möglichen Mengeneinheiten der einzelnen Produkte, die bei voller Ausnutzung der Maschinenkapazitäten gefertigt werden können.

b) Wie lauten die einzelnen Herstellungsmengen, falls insgesamt 1 000 Mengeneinheiten hergestellt werden sollen?

5. Von einem Monopolisten werden drei artverwandte Güter A, B, C hergestellt. Die Preise (je Mengeneinheit) für diese Güter seien der Reihe nach x, y und z. Die von allen drei Preisen abhängigen Nachfragefunktionen (Nachfragemengen nach den einzelnen Gütern) lauten der Reihe nach

$$N_A(x,y,z) = 150 - 40x + 4y + 5z$$

$$N_B(x,y,z) = 160 + 6x - 30y + 8z$$

$$N_C(x,y,z) = 180 + 5x + 2y - 25z .$$

Bestimmen Sie die Herstellungsmengen x, y und z für diese drei Produkte so, daß der Gesamtumsatz maximal ist.

6: Aus drei Rohstoffen werden drei Produkte hergestellt. Die zur Herstellung von je einer Einheit benötigten Rohstoffmengen sind in der nachfolgenden Tabelle zusammengestellt. In der letzten Spalte stehen die zur Verfügung stehenden Rohstoffmengen.

	P_1	P_2	P_3	vorhandene Rohstoffmengen
R_1	1	4	6	2 700
R_2	2	3	4	2 000
R_3	4	1	0	c

a) Wie groß muß Menge c vom Rohstoff R_3 sein, damit bei der Herstellung der drei Produkte sämtliche Rohstoffmengen aufgebraucht werden? Bestimmen Sie alle möglichen Herstellungsmengen.

b) Wie lauten die Herstellungsmengen aus a), falls vom Produkt P_1 genau 100 Einheiten hergestellt werden müssen?

7. Berechnen Sie die Inversen der folgenden Matrizen, falls sie existieren

a) $A = \begin{pmatrix} 2 & 2 & 4 \\ 1 & 1 & 3 \\ 3 & 1 & 5 \end{pmatrix}$;   b) $B = \begin{pmatrix} 1 & -2 & 3 \\ -2 & 5 & 6 \\ -1 & 4 & 21 \end{pmatrix}$;

c) $C = \begin{pmatrix} 1 & 3 & 0 \\ 1 & -2 & 0 \\ 3 & 2 & 1 \end{pmatrix}$;   d) $D = \frac{1}{2} \cdot \begin{pmatrix} -1 & -1 & \sqrt{2} \\ 1 & -1 & \sqrt{2} \\ \sqrt{2} & \sqrt{2} & 0 \end{pmatrix}$.

8. Es sei $A \neq E$ (Einheitsmatrix) eine quadratische Matrix mit $A^2 = A$. Beweisen Sie, daß dann A keine Inverse besitzen kann.

Kapitel 14:
Determinanten

Determinanten spielen bei linearen Abbildungen und bei Eigenwertproblemen (Abschnitt 15) eine wichtige Rolle. Zur Lösung spezieller linearer Gleichungssysteme und Berechnung der inversen Matrix können ebenfalls Determinanten benutzt werden. In der Numerik werden jedoch andere Verfahren benutzt.

14.1 Determinanten von 2×2-Matrizen

Gegeben sei die zweireihige quadratische Matrix

$$A = \begin{pmatrix} a_{11} & a_{12} \\ a_{21} & a_{22} \end{pmatrix}.$$

Durch das Matrizenprodukt

$$\begin{pmatrix} a_{11} & a_{12} \\ a_{21} & a_{22} \end{pmatrix} \cdot \begin{pmatrix} x_1 \\ x_2 \end{pmatrix} = \begin{pmatrix} y_1 \\ y_2 \end{pmatrix}, \quad \text{also } A\,\vec{x} = \vec{y}$$

wird jedem Vektor $\vec{x} \in \mathbb{R}^2$ ein Vektor $\vec{y} \in \mathbb{R}^2$ zugeordnet. Die Matrix A beschreibt somit eine **Abbildung** des zweidimensionalen Raumes $\mathbb{R}^2$ in sich selbst. Dabei gilt $A\,\vec{0} = \vec{0}$.

Die beiden Vektoren $\vec{x}_1$ und $\vec{x}_2$ besitzen die Bilder $A\,\vec{x}_1$ bzw. $A\,\vec{x}_2$. Dann gilt für das Bild der Linearkombination $\lambda_1\,\vec{x}_1 + \lambda_2\,\vec{x}_2$ nach den Regeln für die Matrizenmultiplikation:

$$A(\lambda_1\,\vec{x}_1 + \lambda_2\,\vec{x}_2) = \lambda_1 A\,\vec{x}_1 + \lambda_2 A\,\vec{x}_2 \; ; \quad \lambda_1, \lambda_2 \in \mathbb{R}.$$

Das Bild der Linearkombination ist also gleich der Linearkombination der beiden Bilder. Daher heißt die durch A beschriebene Abbildung **linear.**

Umgekehrt sei $f: \mathbb{R}^2 \to \mathbb{R}^2$ eine lineare Abbildung. Wegen der Linearität von f genügt die Angabe der Bilder der beiden orthogonalen Einheitsvektoren

$$\vec{e}_1 = \begin{pmatrix} 1 \\ 0 \end{pmatrix}; \; f(\vec{e}_1) = \begin{pmatrix} a_{11} \\ a_{21} \end{pmatrix} = \vec{a}_1 \, ; \quad \vec{e}_2 = \begin{pmatrix} 0 \\ 1 \end{pmatrix}; \; f(\vec{e}_2) = \begin{pmatrix} a_{12} \\ a_{22} \end{pmatrix} = \vec{a}_2 \, .$$

Diese beiden Spaltenvektoren bilden die Matrix

$$A = \begin{pmatrix} a_{11} & a_{12} \\ a_{21} & a_{22} \end{pmatrix} = \Big(f(\vec{e}_1) \, ; \, f(\vec{e}_2) \Big) = (\vec{a}_1 \, ; \, \vec{a}_2).$$

Mit dieser Matrix A gilt:

$$\begin{pmatrix} a_{11} & a_{12} \\ a_{21} & a_{22} \end{pmatrix} \cdot \begin{pmatrix} 1 \\ 0 \end{pmatrix} = \begin{pmatrix} a_{11} \\ a_{21} \end{pmatrix}; \quad \begin{pmatrix} a_{11} & a_{12} \\ a_{21} & a_{22} \end{pmatrix} \cdot \begin{pmatrix} 0 \\ 1 \end{pmatrix} = \begin{pmatrix} a_{12} \\ a_{22} \end{pmatrix}.$$

Ein beliebiger Vektor $\vec{x}$ wird in der Komponentenzerlegung

$$\vec{x} = \begin{pmatrix} x_1 \\ x_2 \end{pmatrix} = x_1 \cdot \begin{pmatrix} 1 \\ 0 \end{pmatrix} + x_2 \cdot \begin{pmatrix} 0 \\ 1 \end{pmatrix} = x_1 \vec{e}_1 + x_2 \vec{e}_2$$

dargestellt. Da die Abbildung f linear sein soll, folgt hieraus

$$f(\vec{x}) = x_1 \cdot f(\vec{e}_1) + x_2 \cdot f(\vec{e}_2) = x_1 \cdot \begin{pmatrix} a_{11} \\ a_{21} \end{pmatrix} + x_2 \cdot \begin{pmatrix} a_{12} \\ a_{22} \end{pmatrix} = \begin{pmatrix} a_{11} & a_{12} \\ a_{21} & a_{22} \end{pmatrix} \cdot \begin{pmatrix} x_1 \\ x_2 \end{pmatrix}.$$

Wegen dieser Darstellung kann jede lineare Abbildung $f: \mathbb{R}^2 \to \mathbb{R}^2$ durch eine quadratische Matrix A dargestellt werden.

Die beiden Vektoren $\vec{e}_1$ und $\vec{e}_2$ spannen ein Quadrat mit dem Flächeninhalt 1 auf. Durch die lineare Abbildung geht dieses Quadrat über in ein Parallelogramm, das durch die beiden Bildvektoren

$$\vec{a}_1 = \begin{pmatrix} a_{11} \\ a_{21} \end{pmatrix}; \quad \vec{a}_2 = \begin{pmatrix} a_{12} \\ a_{22} \end{pmatrix}$$

aufgespannt wird (s. nachfolgende Abbildung).

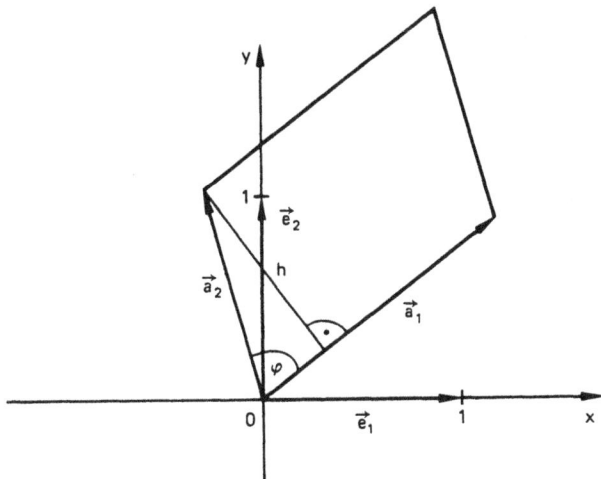

Gesucht ist der Flächeninhalt F des von den beiden Spaltenvektoren $\vec{a}_1$ und $\vec{a}_2$ aufgespannten Parallelogramms.

Als Grundlinie wählen wir den Vektor $\vec{a}_1$ mit der Länge $|\vec{a}_1|$. Die Höhe ist $h = |\vec{a}_2| \cdot \sin\varphi$. Daraus erhält man den Flächeninhalt

$$F = |\vec{a}_1| \cdot h = |\vec{a}_1| \cdot |\vec{a}_2| \cdot \sin\varphi.$$

Quadrieren ergibt

$$F^2 = |\vec{a}_1|^2 \cdot |\vec{a}_2|^2 \cdot \sin^2\varphi = |\vec{a}_1|^2 \cdot |\vec{a}_2|^2 \cdot (1 - \cos^2\varphi).$$

Mit dem Skalarprodukt erhält man nach Abschnitt 11.1

$$\cos\varphi = \frac{\vec{a}_1^T \cdot \vec{a}_2}{|\vec{a}_1| \cdot |\vec{a}_2|}.$$

Damit geht F^2 über in

$$F^2 = |\vec{a}_1|^2 \cdot |\vec{a}_2|^2 - |\vec{a}_1|^2 \cdot |\vec{a}_2|^2 \cdot \cos^2\varphi = |\vec{a}_1|^2 \cdot |\vec{a}_2|^2 - (\vec{a}_1^T \cdot \vec{a}_2)^2.$$

$$F^2 = (a_{11}^2 + a_{21}^2) \cdot (a_{12}^2 + a_{22}^2) - (a_{11}a_{12} + a_{21}a_{22})^2$$

$$= a_{11}^2 a_{12}^2 + a_{11}^2 a_{22}^2 + a_{21}^2 a_{12}^2 + a_{21}^2 a_{22}^2 - a_{11}^2 a_{12}^2 - 2a_{11}a_{12}a_{21}a_{22} - a_{21}^2 a_{22}^2$$

$$= a_{11}^2 a_{22}^2 - 2a_{11}a_{12}a_{21}a_{22} + a_{21}^2 a_{12}^2 = (a_{11}a_{22} - a_{12}a_{21})^2.$$

Damit läßt sich der Flächeninhalt darstellen in der Form

$$F = |a_{11}a_{22} - a_{12}a_{21}|.$$

Er ist also gleich dem Betrag der Zahl $a_{11}a_{22} - a_{12}a_{21}$. Dieser Zahlenwert hängt nur von den Elementen der Transformationsmatrix A ab. Man nennt ihn die Determinante der Matrix A.

Definition 1 (Determinante einer 2 × 2 - Matrix): Es sei

$A = \begin{pmatrix} a_{11} & a_{12} \\ a_{21} & a_{22} \end{pmatrix}$ eine quadratische Matrix. Dann heißt der Zahlenwert

$$\det(A) = |A| = \begin{vmatrix} a_{11} & a_{12} \\ a_{21} & a_{22} \end{vmatrix} = a_{11}a_{22} - a_{21}a_{12}$$

die **Determinante** der Matrix A.

Zur Berechnung der Determinante werden die Elemente der Hauptdiagonalen a_{11} und a_{22} miteinander multipliziert. Davon wird das Produkt der Elemente der Nebendiagonalen a_{12} und a_{21} subtrahiert. Diese Regel heißt die **Sarussche Regel**, benannt nach **P. Sarrus** (1768 – 1861).

$$\begin{vmatrix} a_{11} & a_{12} \\ a_{12} & a_{22} \end{vmatrix}$$

$-$ $+$

Bei der durch die Matrix A dargestellten linearen Abbildung A geht allgemein ein Quadrat mit der Seitenlänge 1 über in ein Parallelogramm mit dem Flächeninhalt $F = |\det(A)|$.

Eigenschaften der Determinanten:

Nullzeile (Nullspalte):

$$\begin{vmatrix} 0 & 0 \\ a_{21} & a_{22} \end{vmatrix} = \begin{vmatrix} a_{11} & a_{12} \\ 0 & 0 \end{vmatrix} = \begin{vmatrix} 0 & a_{12} \\ 0 & a_{22} \end{vmatrix} = \begin{vmatrix} a_{11} & 0 \\ a_{21} & 0 \end{vmatrix} = 0.$$

Vertauschen der beiden Spalten:

$$\begin{vmatrix} a_{12} & a_{11} \\ a_{22} & a_{21} \end{vmatrix} = a_{12}a_{21} - a_{11}a_{22} = -(a_{11}a_{22} - a_{12}a_{21}) = - \begin{vmatrix} a_{11} & a_{12} \\ a_{21} & a_{22} \end{vmatrix};$$

Vertauschen der beiden Zeilen:

$$\begin{vmatrix} a_{21} & a_{22} \\ a_{11} & a_{12} \end{vmatrix} = a_{21}a_{12} - a_{11}a_{22} = -(a_{11}a_{22} - a_{12}a_{21}) = - \begin{vmatrix} a_{11} & a_{12} \\ a_{21} & a_{22} \end{vmatrix};$$

Multiplikation einer Spalten mit einer Konstanten λ:

$$\begin{vmatrix} \lambda a_{11} & a_{12} \\ \lambda a_{21} & a_{22} \end{vmatrix} = \lambda(a_{11}a_{22} - a_{12}a_{21}) = \lambda \cdot \begin{vmatrix} a_{11} & a_{12} \\ a_{21} & a_{22} \end{vmatrix};$$

Multiplikation einer Zeile mit einer Konstanten λ:

$$\begin{vmatrix} \lambda a_{11} & \lambda a_{12} \\ a_{21} & a_{22} \end{vmatrix} = \lambda(a_{11}a_{22} - a_{12}a_{21}) = \lambda \cdot \begin{vmatrix} a_{11} & a_{12} \\ a_{21} & a_{22} \end{vmatrix};$$

das gleiche Ergebnis erhält man, wenn man die zweite Spalte bzw. Zeile der Matrix A mit λ multipliziert.

Addition eines Vielfachen einer Spalte zur anderen Spalte:

$$\begin{vmatrix} a_{11}+\lambda a_{12} & a_{12} \\ a_{21}+\lambda a_{22} & a_{22} \end{vmatrix} = (a_{11}+\lambda a_{12})a_{22} - a_{12}(a_{21}+\lambda a_{22})$$
$$= a_{11}a_{22} - a_{12}a_{21} + \lambda \cdot 0 = \det(A).$$

Auch die Addition eines Vielfachen der ersten zur zweiten Spalte oder eines Vielfachen einer Zeile zur anderen ändert der Wert der Determinante nicht.

Satz 1 (Eigenschaften von Determinanten):

Falls eine Matrix eine Nullzeile bzw. Nullspalte besitzt, verschwindet ihre Determinante.

Durch Vertauschen der beiden Spalten bzw. Zeilen ändert sich nur das Vorzeichen der Determinante.

Multipliziert man eine Zeile bzw. Spalte der Matrix mit einer Konstanten λ, so wird die Determinante ebenfalls mit λ multipliziert.

Der Werte einer Determinante bleibt unverändert, wenn man ein Vielfaches einer Spalte (Zeile) zur anderen addiert.

Eine quadratische zweireihige Matrix A ist genau dann **singulär**, wenn eine Zeile (Spalte) ein Vielfaches der anderen Zeile (Spalte) ist. Dann kann durch Addition eines Vielfachen dieser Zeile (Spalte) zur anderen eine Nullzeile bzw. Nullspalte erzeugt werden. Dann verschwindet die Determinante. Umgekehrt kann man zeigen, daß eine Matrix mit verschwindender Determinante singulär ist. Damit gilt der

---

Satz 2: Eine zweireihige quadratische Matrix ist genau dann **singulär**, wenn ihre Determinante verschwindet. Sie ist regulär, falls ihre Determinante von Null verschieden ist.

Durch die Matrix A wird genau dann eine eineindeutige lineare Abbildung von $\mathbb{R}^2$ auf $\mathbb{R}^2$ beschrieben, wenn die Matrix A regulär ist, wenn also ihre Determinante nicht verschwindet. Die **Umkehrabbildung (inverse Abbildung)** wird dann durch die **inverse Matrix** A^{-1} dargestellt.

Beispiel 1:

a) $\begin{vmatrix} 3 & 2 \\ 8 & 4 \end{vmatrix} = 3 \cdot 4 - 2 \cdot 8 = -4$; die Matrix $A = \begin{pmatrix} 3 & 2 \\ 8 & 4 \end{pmatrix}$ ist regulär;

b) $\begin{vmatrix} 6 & -9 \\ -4 & 6 \end{vmatrix} = 6 \cdot 6 - 4 \cdot 9 = 0$; $B = \begin{pmatrix} 6 & -9 \\ -4 & 6 \end{pmatrix}$ ist singulär.

c) Für welche Konstante c ist die Matrix $\begin{pmatrix} 6 & 5 \\ 2 & c \end{pmatrix}$ singulär?

$\begin{vmatrix} 6 & 5 \\ 2 & c \end{vmatrix} = 6c - 2 \cdot 5 = 0$; $6c = 10$; $c = \frac{5}{3}$.

Die Cramersche Regel

Wir betrachten das lineare Gleichungssystem

$$\begin{matrix} a_{11} x_1 + a_{12} x_2 = b_1 \\ a_{21} x_1 + a_{22} x_2 = b_2 \end{matrix} \ ; \ \begin{pmatrix} a_{11} & a_{12} \\ a_{21} & a_{22} \end{pmatrix} \cdot \begin{pmatrix} x_1 \\ x_2 \end{pmatrix} = \begin{pmatrix} b_1 \\ b_2 \end{pmatrix} ; \quad A \cdot \vec{x} = \vec{b}.$$

Es soll mit Hilfe der Eliminationsmethode gelöst werden.

$$\left. \begin{matrix} a_{11} x_1 + a_{12} x_2 = b_1 & | \cdot a_{22} \\ a_{21} x_1 + a_{22} x_2 = b_2 & | \cdot a_{12} \end{matrix} \right\} -$$

$$(a_{11} a_{22} - a_{12} a_{21}) x_1 = b_1 a_{22} - b_2 a_{12}$$

$$\left. \begin{matrix} a_{11} x_1 + a_{12} x_2 = b_1 & | \cdot a_{21} \\ a_{21} x_1 + a_{22} x_2 = b_2 & | \cdot a_{11} \end{matrix} \right\} -$$

$$(a_{12} a_{21} - a_{22} a_{11}) x_2 = (b_1 a_{21} - b_2 a_{11}) \ | \cdot (-1)$$

$$(a_{11} a_{22} - a_{12} a_{21}) x_2 = a_{11} b_2 - a_{21} b_1 .$$

Damit geht das lineare Gleichungssystem über in das äquivalente System

$$(a_{11} a_{22} - a_{12} a_{21}) x_1 = b_1 a_{22} - b_2 a_{12}$$

$$(a_{11} a_{22} - a_{12} a_{21}) x_2 = a_{11} b_2 - a_{21} b_1 .$$

Bei x_1 und x_2 steht jeweils der gleiche Faktor

$$a_{11} a_{22} - a_{12} a_{21}.$$

Dieser Faktor ist die Determinante der quadratischen Matrix A. Falls die Determinante der Koeffizientenmatrix A von Null verschieden ist, besitzt das Gleichungssystem genau eine Lösung. Die rechten Seiten lassen sich ebenfalls durch Determinanten darstellen:

$$\begin{vmatrix} b_1 & a_{12} \\ b_2 & a_{22} \end{vmatrix} = b_1 a_{22} - b_2 a_{12}; \qquad \begin{vmatrix} a_{11} & b_1 \\ a_{21} & b_2 \end{vmatrix} = a_{11} b_2 - a_{21} b_1 .$$

Für $\det(A) \neq 0$ erhält man mit der nach **G. Cramer** (1704 − 1752) benannten Regel die Lösung

$$x_1 = \frac{\det \begin{pmatrix} b_1 & a_{12} \\ b_2 & a_{22} \end{pmatrix}}{\det(A)} ; \qquad x_2 = \frac{\det \begin{pmatrix} a_{11} & b_1 \\ a_{21} & b_2 \end{pmatrix}}{\det(A)} .$$

Die Cramersche Regel ist sehr einfach zu merken: Im Nenner steht jeweils die Determinate der Koeffizientenmatrix A. Bei x_1 wird im Zähler die erste Spalte, bei x_2 die zweite Spalte der Matrix A durch den Vektor $\vec{b}$ der rechten Seiten ersetzt.

14.2 Determinanten von 3 × 3 - Matrizen

Analog zum zweidimensionalen Raum ist eine lineare Abbildung f im $\mathbb{R}^3$ eindeutig bestimmt durch die Bilder der drei orthogonalen Einheitsvektoren:

$$\vec{e}_1 = \begin{pmatrix} 1 \\ 0 \\ 0 \end{pmatrix}; \quad f(\vec{e}_1) = \begin{pmatrix} a_{11} \\ a_{21} \\ a_{31} \end{pmatrix} = \vec{a}_1; \quad \vec{e}_2 = \begin{pmatrix} 0 \\ 1 \\ 0 \end{pmatrix}; \quad f(\vec{e}_2) = \begin{pmatrix} a_{12} \\ a_{22} \\ a_{32} \end{pmatrix} = \vec{a}_2;$$

$$\vec{e}_3 = \begin{pmatrix} 0 \\ 0 \\ 1 \end{pmatrix}; \quad f(\vec{e}_3) = \begin{pmatrix} a_{13} \\ a_{23} \\ a_{33} \end{pmatrix} = \vec{a}_3.$$

Die lineare Abbildung wird dann beschrieben durch die Matrix

$$A = \begin{pmatrix} a_{11} & a_{12} & a_{13} \\ a_{21} & a_{22} & a_{23} \\ a_{31} & a_{32} & a_{33} \end{pmatrix} \quad \text{mit } f(\vec{x}) = A\,\vec{x} = \begin{pmatrix} a_{11} & a_{12} & a_{13} \\ a_{21} & a_{22} & a_{23} \\ a_{31} & a_{32} & a_{33} \end{pmatrix} \cdot \begin{pmatrix} x_1 \\ x_2 \\ x_3 \end{pmatrix}.$$

Die drei Spaltenvektoren der Matrix A seien linear unabhängig, d.h. A sei regulär. Dann bilden die drei Bildvektoren $\vec{a}_1$, $\vec{a}_2$ und $\vec{a}_3$ die Kanten eines räumlichen Spats (s. nachfolgende Abbildung).

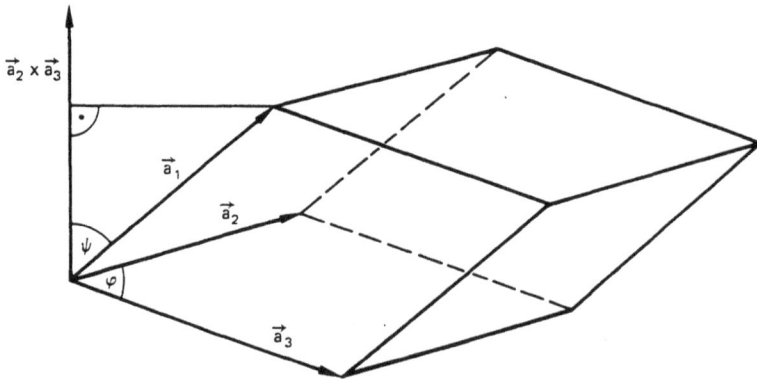

Die Vektoren $\vec{a}_2$ und $\vec{a}_3$ spannen das Parallelogramm der Grundfläche des Spats auf. Nach Abschnitt 11.2 besitzt das Kreuzprodukt dieser beiden Vektoren die Darstellung

$$\vec{a}_2 \times \vec{a}_3 = \begin{pmatrix} a_{12} \\ a_{22} \\ a_{32} \end{pmatrix} \times \begin{pmatrix} a_{13} \\ a_{23} \\ a_{33} \end{pmatrix} = \begin{pmatrix} a_{22}\,a_{33} - a_{23}\,a_{32} \\ -(a_{12}\,a_{33} - a_{13}\,a_{32}) \\ a_{12}\,a_{23} - a_{13}\,a_{22} \end{pmatrix}.$$

Die drei Komponenten des Kreuzprodukts können als Determinanten von zweireihigen quadratischen Matrizen geschrieben werden:

$$a_{22}\,a_{33} - a_{23}\,a_{32} = \begin{vmatrix} a_{22} & a_{23} \\ a_{32} & a_{33} \end{vmatrix}; \quad a_{12}\,a_{33} - a_{13}\,a_{32} = \begin{vmatrix} a_{12} & a_{13} \\ a_{32} & a_{33} \end{vmatrix};$$

$$a_{12}\,a_{23} - a_{13}\,a_{22} = \begin{vmatrix} a_{12} & a_{13} \\ a_{22} & a_{23} \end{vmatrix}.$$

Das Kreuzprodukt kann formal durch eine dreireihige Determinante dargestellt werden:

$$\vec{a}_2 \times \vec{a}_3 = \begin{vmatrix} \vec{e}_1 & a_{12} & a_{13} \\ \vec{e}_2 & a_{22} & a_{23} \\ \vec{e}_2 & a_{32} & a_{33} \end{vmatrix} = \vec{e}_1 \begin{vmatrix} a_{22} & a_{23} \\ a_{32} & a_{33} \end{vmatrix} - \vec{e}_2 \begin{vmatrix} a_{12} & a_{13} \\ a_{32} & a_{33} \end{vmatrix} + \vec{e}_3 \begin{vmatrix} a_{12} & a_{13} \\ a_{22} & a_{23} \end{vmatrix}.$$

Streicht man in der ersten dreireihigen Matrix in der Kreuzproduktdarstellung die erste Spalte und der Reihe nach die erste, zweite bzw. dritte Zeile, so erhält man die zweireihigen Unterdeterminanten auf der rechten Seite. Dabei muß bei der zweiten Unterdeterminante noch ein Vorzeichenwechsel vorgenommen werden. Anschließend werden diese vorzeichenbehafteten Unterdeterminanten mit den Einheitsvektoren multipliziert und addiert.

Die Grundfläche des Spats besitzt den Inhalt

$$F = |\,\vec{a}_2\,| \cdot |\,\vec{a}_3\,| \cdot \sin\varphi.$$

Mit Hilfe von

$$F^2 = |\,\vec{a}_2\,|^2 \cdot |\,\vec{a}_3\,|^2 \cdot \sin^2\varphi = |\,\vec{a}_2\,|^2 \cdot |\,\vec{a}_3\,|^2 \cdot (1 - \cos^2\varphi);$$

$$\cos\varphi = \frac{\vec{a}_2^{\mathrm{T}} \cdot \vec{a}_3}{|\,\vec{a}_2\,| \cdot |\,\vec{a}_3\,|}$$

kann man durch elementare Rechnung zeigen, daß der Flächeninhalt des Grundparallelogramms gleich dem Betrag des Vektorprodukts ist, also

$$F = |\,\vec{a}_2 \times \vec{a}_3\,|.$$

Zu Berechnung des Spatvolumens benötigen wir noch die Höhe h des Spats. In der obigen Zeichnung gilt:

$$h = |\vec{a}_1| \cdot \cos\psi \,.$$

Weil der Winkel ψ auch größer als 90° sein kann, besitzt das Volumen des Spats allgemein die Darstellung

$$V = |\vec{a}_1| \cdot |\vec{a}_2 \times \vec{a}_3| \cdot |\cos\psi| \,.$$

Der Vektor $\vec{a}_2 \times \vec{a}_3$ steht senkrecht auf den beiden Vektoren $\vec{a}_2$ und $\vec{a}_3$, also senkrecht auf der Grundfläche des Spats. Dabei bilden die drei Vektoren $\vec{a}_2$, $\vec{a}_3$, $\vec{a}_2 \times \vec{a}_3$ ein Rechtssystem. Daher ist die Höhe parallel zum Kreuzprodukt. Für das Skalarprodukt der beiden Vektoren $\vec{a}_1$ und $\vec{a}_1 \times \vec{a}_2$ gilt

$$\vec{a}_1 \cdot (\vec{a}_2 \times \vec{a}_3) = |\vec{a}_1| \cdot |\vec{a}_2 \times \vec{a}_3| \cdot \cos\psi \,.$$

Unter Berücksichtigung des Vorzeichens erhält man hieraus das Spatvolumen in der Form

$$V = |\vec{a}_1 \cdot (\vec{a}_2 \times \vec{a}_3)| \,.$$

Mit der obigen Determinantendarstellung gilt

$$\vec{a}_1 \cdot (\vec{a}_1 \times \vec{a}_2) = \begin{pmatrix} a_{11} \\ a_{21} \\ a_{31} \end{pmatrix} \cdot \begin{pmatrix} a_{22}\,a_{33} - a_{23}\,a_{32} \\ -(a_{12}\,a_{33} - a_{13}\,a_{32}) \\ a_{12}\,a_{23} - a_{13}\,a_{22} \end{pmatrix}$$

$$= \begin{vmatrix} a_{11} & a_{12} & a_{13} \\ a_{21} & a_{22} & a_{23} \\ a_{31} & a_{32} & a_{33} \end{vmatrix} = a_{11} \begin{vmatrix} a_{22} & a_{23} \\ a_{32} & a_{33} \end{vmatrix} - a_{21} \begin{vmatrix} a_{12} & a_{13} \\ a_{32} & a_{33} \end{vmatrix} + a_{31} \begin{vmatrix} a_{12} & a_{13} \\ a_{22} & a_{23} \end{vmatrix} \,.$$

Bis auf das Vorzeichen läßt sich daher das Volumen des Spats als Determinante der 3×3-Matrix der Kantenvektoren darstellen. Diese dreireihige Determinante wird nach der ersten Spalte entwickelt. Das Volumen des Spats ist gleich dem Betrag des Determinante der Matrix A, also

$$V = \pm \begin{vmatrix} a_{11} & a_{12} & a_{13} \\ a_{21} & a_{22} & a_{23} \\ a_{31} & a_{32} & a_{33} \end{vmatrix} \,.$$

Definition 2 (Determinante einer 3×3-Matrix): Es sei

$$A = \begin{pmatrix} a_{11} & a_{12} & a_{13} \\ a_{21} & a_{22} & a_{23} \\ a_{31} & a_{32} & a_{33} \end{pmatrix} \quad \text{eine dreireihige quadratische Matrix.}$$

Streicht man in der Matrix A die i-te Zeile und die j-te Spalte, so entsteht eine zweireihige quadratische Matrix A_{ij}, die man als **Minor** von A bezeichnet. Dann heißt der Zahlenwert

$$|A| = \det(A) = \sum_{j=1}^{3} (-1)^{1+j}\, a_{1j} \cdot \det(A_{1j})$$

die **Determinante** der Matrix A.

Bemerkungen: Der allgemeine Entwicklungssatz sowie Eigenschaften von Determinanten werden im nächsten Abschnitt angegeben.

Beispiel 2: Gesucht ist das Volumen des Spats, der von folgenden Vektoren aufgespannt wird:

$$\vec{a}_1 = \begin{pmatrix} 4 \\ 2 \\ 1 \end{pmatrix}; \quad \vec{a}_2 = \begin{pmatrix} 1 \\ 0 \\ -3 \end{pmatrix}; \quad \vec{a}_3 = \begin{pmatrix} -5 \\ 7 \\ -2 \end{pmatrix};$$

$$\det(A) = \begin{vmatrix} 4 & 1 & -5 \\ 2 & 0 & 7 \\ 1 & -3 & -2 \end{vmatrix} = 4 \cdot \begin{vmatrix} 0 & 7 \\ -3 & -2 \end{vmatrix} - 2 \cdot \begin{vmatrix} 1 & -5 \\ -3 & -2 \end{vmatrix} + 1 \cdot \begin{vmatrix} 1 & -5 \\ -3 & -2 \end{vmatrix}$$

$$= 4 \cdot (0 + 21) - 2 \cdot (-2 - 15) + (-2 - 15) = 84 + 34 - 17 = 101 ;$$

$V = 101 \ E^3$.

Determinanten von dreireihigen Matrizen können berechnet werden nach der **Regel von Sarrus:**

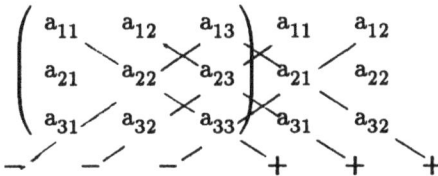

An die Matrix A werden die beiden ersten Spalten angefügt. Zunächst werden die drei Produkte aus denjenigen Zahlen addiert, die parallel zur Hauptdiagonalen stehen (Pfeil von links oben nach rechts unten); davon werden die drei Produkte der Zahlen parallel zur Nebendiagonalen subtrahiert (Pfeil von rechts oben nach links unten), also

$$\det(A) = a_{11} a_{22} a_{33} + a_{12} a_{23} a_{31} + a_{13} a_{21} a_{32}$$
$$- a_{13} a_{22} a_{31} - a_{11} a_{23} a_{32} - a_{12} a_{21} a_{33}.$$

Beispiel 3 (Dreiecksmatrix):

$$D = \begin{pmatrix} d_{11} & d_{12} & d_{13} \\ 0 & d_{22} & d_{23} \\ 0 & 0 & d_{33} \end{pmatrix}.$$

Berechnet man die Determinante nach der Regel von Sarrus, so tritt vom zweiten Summand an in jedem Produkt ein Faktor 0 auf. Daher gilt

$$\det(D) = d_{11} d_{22} d_{33} \ (= \text{Produkt der Elemente der Hauptdiagonalen}).$$

14.3 Determinanten von n × n - Matrizen

14.3.1 Lineare Abbildungen im $\mathbb{R}^n$

Eine lineare Abbildung $f\colon \mathbb{R}^n \to \mathbb{R}^n$ ist eindeutig bestimmt durch die Bilder der n orthogonalen Einheitsvektoren

$$\vec{e}_i = \begin{pmatrix} 0 \\ \vdots \\ 0 \\ 1 \\ 0 \\ \vdots \\ 0 \end{pmatrix} \leftarrow \text{i-te Komponente}\,; \quad f(\vec{e}_i) = \begin{pmatrix} a_{1i} \\ a_{2i} \\ \vdots \\ a_{ni} \end{pmatrix} = \vec{a}_i \quad i = 1, 2, \dots, n\,.$$

Die Spaltenvektoren $\vec{a}_i$ bilden die quadratische Abbildungsmatrix

$$A = \left(f(\vec{e}_1), f(\vec{e}_2), \dots, f(\vec{e}_n) \right) = \begin{pmatrix} a_{11} & a_{12} & \cdots & a_{1n} \\ a_{21} & a_{22} & \cdots & a_{2n} \\ \vdots & \vdots & \vdots & \vdots \\ a_{n1} & a_{n2} & \cdots & a_{nn} \end{pmatrix}\,.$$

Das Bild des Vektors $\vec{x} \in \mathbb{R}^n$ besitzt dann die Darstellung

$$f(\vec{x}) = \begin{pmatrix} a_{11} & a_{12} & \cdots & a_{1n} \\ a_{21} & a_{22} & \cdots & a_{2n} \\ \vdots & \vdots & \vdots & \vdots \\ a_{n1} & a_{n2} & \cdots & a_{nn} \end{pmatrix} \cdot \begin{pmatrix} x_1 \\ x_2 \\ \vdots \\ x_n \end{pmatrix}\,.$$

Es existiert genau dann eine Umkehrabbildung, wenn die Matrix A regulär ist, also den vollen Rang n besitzt. Die Umkehrabbildung wird dann durch die inverse Matrix A^{-1} dargestellt.

14.3.2 Determinanten von n × n - Matrizen

Die Determinante einer 2 × 2-Matrix kann elementar berechnet werden. Daher werden wir die Determinante einer n × n-Matrix durch eine Rekursionsformel definieren, deren wiederholte Anwendung schließlich auf Determinanten von 2 × 2-Matrizen führt. Mit Hilfe dieser Rekursionformel wurden in Abschnitt 14.2 bereits Determinanten von 3 × 3-Matrizen eingeführt.

Definition 3 (Determinante einer n × n - Matrix):

Es sei A eine n × n-Matrix.

a) In dieser Matrix werden die i-te Zeile und j-te Spalte gestrichen. Dadurch entsteht eine $(n-1) \times (n-1)$ - Matrix

$$A_{ij} = \begin{pmatrix} a_{11} & a_{12} & \cdots & a_{1j} & \cdots & a_{1n} \\ a_{21} & a_{22} & \cdots & a_{2j} & \cdots & a_{2n} \\ \cdots & \cdots & \cdots & \cdots & \cdots & \cdots \\ a_{i1} & a_{i2} & \cdots & a_{ij} & \cdots & a_{in} \\ \cdots & \cdots & \cdots & \cdots & \cdots & \cdots \\ a_{m1} & a_{m2} & \cdots & a_{mj} & \cdots & a_{mn} \end{pmatrix} \leftarrow \text{streichen}$$

$\uparrow$
streichen

Die Matrix A_{ij} heißt **Minor** der Matrix A.

b) Der Zahlenwert
$$|A| = \det(A) = \sum_{j=1}^{n} (-1)^{1+j} a_{1j} \cdot \det(A_{1j})$$
heißt die **Determinante** der Matrix A.

Bemerkung: Für $n = 1$ stellt die 1×1-Matrix (a_{11}) die Zahl a_{11} dar. Ihre Determinante ist gleich dieser Zahl, also

$$\det(a_{11}) = a_{11}.$$

Nach **P. S. Laplace** (1749 – 1827) gilt der

Satz 3 (Laplacesche Entwicklungssätze):

Die Derminante der Matrix A kann entwickelt werden

nach der i-ten Zeile:
$$|A| = \det(A) = \sum_{j=1}^{n} (-1)^{i+j} a_{ij} \cdot \det(A_{ij}) \qquad \text{für } i = 1, 2, ..., n$$

oder nach der j-ten Spalte:
$$|A| = \det(A) = \sum_{i=1}^{n} (-1)^{i+j} a_{ij} \cdot \det(A_{ij}) \qquad \text{für } j = 1, 2, ..., n.$$

Beweis s. G. Fischer [1980], S. 150.

Definition 4 (algebraisches Komplement): Die reelle Zahl

$$c_{ij} = (-1)^{i+j} \det(A_{ij})$$

heißt das **algebraische Komplement** zum Element a_{ij}.

Beispiel 4: Die Determinante von

$$A = \begin{pmatrix} 3 & 1 & 0 & 0 \\ 4 & -1 & 1 & 0 \\ 2 & 5 & 7 & 1 \\ 6 & -8 & 0 & 0 \end{pmatrix}$$

entwickeln wir nach der vierten Spalte:

$$\det(A) = (-1)^{4+3} \cdot \det\begin{pmatrix} 3 & 1 & 0 \\ 4 & -1 & 1 \\ 6 & -8 & 0 \end{pmatrix} = (-1) \cdot (-1)^{3+2} \det\begin{pmatrix} 3 & 1 \\ 6 & -8 \end{pmatrix}$$

$$= 3 \cdot (-8) - 6 = -30.$$

Dabei wurde die dreireihige Determinante nach der letzten Spalte entwickelt.

Für größere n ($n \geq 4$) ist die Berechnung der Determinante nach der Rekursionsformel sehr mühsam. Mit Hilfe der nachfolgenden Eigenschaften können jedoch Determinanten in eine Form gebracht werden, in der sie sehr einfach berechnet werden können. Die angegebenen Eigenschaften können unmittelbar aus der Definition und den Laplaceschen Entwicklungssätzen hergeleitet werden.

Satz 4 (Eigenschaften von Determinanten):

Es sei A eine n × n-Matrix. Dann gilt

a) $\det(A) = \det(A^T)$, A^T = transponierte Matrix.

b) Besteht eine Zeile oder Spalte der Matrix A nur aus Nullen, dann verschwindet die Determinante.

c) Vertauscht man in der Matrix A zwei Zeilen bzw. Spalten, so ändert die Determinante ihr Vorzeichen.

d) Multipliziert man eine Zeile oder Spalte der Matrix A mit einer Konstanten α, so ist die Determinante der resultierenden Matrix das α-fache der Determinante von A. Die Determinante muß also ebenfalls mit α multipliziert werden.

e) Addiert man zu einer Zeile bzw. Spalte der Matrix A ein Vielfaches einer anderen Zeile bzw. Spalte, so ändert sich die Determinante nicht.

f) Stimmen in der Matrix A zwei Zeilen bzw. zwei Spalten überein, so verschwindet die Determinante.

g) Addiert man zu einer Zeile (Spalte) der Matrix A eine Linearkombination der übrigen Zeilen (Spalten), so ändert sich die Determinante nicht.

h) Falls eine Zeile (Spalte) einer Matrix Linearkombination der übrigen Zeilen (Spalten) ist, verschwindet die Determinante. Dies ist genau dann der Fall wenn die n Zeilen- bzw. Spaltenvektoren linear abhängig sind.

i) Für zwei n × n - Matrizen A und B gilt

$$\det(A \cdot B) = \det(A) \cdot \det(B).$$

j) Im allgemeinen ist $\det(A + B) \neq \det(A) + \det(B)$.

k) Ist A eine reguläre Matrix, dann gilt

$$\det(A^{-1}) = \frac{1}{\det(A)}.$$

Beispiel 5 (Determinanten von Dreiecksmatrizen):

$$D_1 = \begin{pmatrix} a_{11} & a_{12} & a_{13} & a_{14} & \cdots & a_{1n} \\ 0 & a_{22} & a_{23} & a_{24} & \cdots & a_{2n} \\ 0 & 0 & a_{33} & a_{34} & \cdots & a_{3n} \\ 0 & 0 & 0 & a_{44} & \cdots & a_{4n} \\ \cdots & \cdots & \cdots & \cdots & \cdots & \cdots \\ 0 & 0 & 0 & \cdots & 0 & a_{nn} \end{pmatrix} ; \quad D_2 = \begin{pmatrix} a_{11} & 0 & 0 & 0 & \cdots & 0 \\ a_{21} & a_{22} & 0 & 0 & \cdots & 0 \\ a_{31} & a_{32} & a_{33} & 0 & \cdots & 0 \\ a_{41} & a_{42} & a_{43} & a_{44} & \cdots & 0 \\ \cdots & \cdots & \cdots & \cdots & \cdots & \cdots \\ a_{n1} & a_{n2} & a_{n3} & a_{n4} & \cdots & a_{nn} \end{pmatrix}.$$

Entwickelt man D_1 der Reihe nach jeweils nach der ersten Spalte und D_2 jeweils nach der ersten Zeile, so erhält man unmittelbar

$$\det(D_1) = \det(D_2) = a_{11} \cdot a_{22} \cdot a_{33} \cdot \ldots \cdot a_{nn}$$

(Produkt der Elemente der Hauptdiagonalen).

Die Einheitsmatrix

$$E = \begin{pmatrix} 1 & 0 & \cdots & 0 \\ 0 & 1 & \cdots & 0 \\ \vdots & \vdots & \vdots & \vdots \\ 0 & 0 & \cdots & 1 \end{pmatrix} \quad \text{mit} \quad e_{ij} = \begin{cases} 1 & \text{für } i = j \\ 0 & \text{für } i \neq j \end{cases}$$

ist eine spezielle Diagonalmatrix mit $\det(E) = 1$.

Da Determinanten von Dreiecksmatrizen sehr einfach berechnet werden können, ist es naheliegend, jede beliebige quadratische Matrix in eine Dreiecksmatrix umzuwandeln. Dazu der

---

Satz 5 (Berechnung von Determinanten mit Hilfe des Gaußschen Algorithmus):

Die $n \times n$-Matrix A werde mit Hilfe des Gaußschen Algorithmus ohne Benutzung von Zeilenmultiplikationen überführt in die Dreiecksform (vgl. Abschnitt 13.4)

$$\left(\begin{array}{cccccc|cccc}
\hat{a}_{11} & \hat{a}_{12} & \hat{a}_{13} & \hat{a}_{14} & \cdots & \hat{a}_{1r} & \hat{a}_{1,r+1} & \hat{a}_{1,r+2} & \cdots & \hat{a}_{1,n} \\
0 & \hat{a}_{22} & \hat{a}_{23} & \hat{a}_{24} & \cdots & \hat{a}_{2r} & \hat{a}_{2,r+1} & \hat{a}_{2,r+2} & \cdots & \hat{a}_{2,n} \\
0 & 0 & \hat{a}_{33} & \hat{a}_{34} & \cdots & \hat{a}_{3r} & \hat{a}_{3,r+1} & \hat{a}_{3,r+2} & \cdots & \hat{a}_{3,n} \\
\cdots & \cdots & \cdots & \cdots & \cdots & \cdots & \cdots & & & \\
0 & 0 & 0 & 0 & \cdots & \hat{a}_{rr} & \hat{a}_{r,r+1} & \hat{a}_{r,r+2} & \cdots & \hat{a}_{r,n} \\
\hline
0 & 0 & 0 & 0 & \cdots & 0 & 0 & 0 & \cdots & 0 \\
\vdots & \vdots & \vdots & \vdots & \cdots & \vdots & \vdots & 0 & \cdots & \vdots \\
0 & 0 & 0 & 0 & \cdots & 0 & 0 & 0 & \cdots & 0
\end{array} \right) = \hat{A}.$$

$$\underbrace{\qquad\qquad}_{r \text{ Spalten}} \qquad \underbrace{\qquad\qquad}_{(n-r) \text{ Spalten}}$$

Dabei sei v die Anzahl der durchgeführten Zeilen- und Spaltenvertauschungen. Dann gilt

a) $\det(A) = \det(\hat{A}) = 0$, falls $r < n$;

b) $\det(A) = \det(\hat{A}) = (-1)^v \cdot \hat{a}_{11} \cdot \hat{a}_{22} \cdot \ldots \cdot \hat{a}_{nn}$, falls $r = n$.

Beweis: Wendet man auf eine beliebige quadratische Matrix A die Operationen des Gaußschen Algorithmus an, so ändert sich bei der Determinante nach Satz 3 das Vorzeichen, falls zwei Zeilen bzw. Spalten miteinander vertauscht werden. Bei der Addition eines Vielfachen einer Zeile bzw. Spalte zu einer anderen ändert sich der Wert der Determinante nicht.

Bemerkung: Bei der Durchführung des Gaußschen Algorithmus zum Endtableau aus Satz 5 dürfen keine Zeilen (bzw. Spalten) durchmultipliziert werden, weil sich bei diesen Operationen die Determinante um den gleichen Faktor ändert. Bei vorgenommenen Zeilenmultiplikationen muß man sich die Faktoren merken. Diese Multiplikationen müssen nämlich am Schluß wieder rückgängig gemacht werden. Hier gilt der

Satz 6 :

Die n × n - Matrix A werde mit Hilfe des Gaußschen Algorithmus unter Benutzung von Zeilenmultiplikationen überführt in die Dreiecksform (vgl. Abschnitt 13.4)

$$
\begin{pmatrix}
1 & \tilde{a}_{12} & \tilde{a}_{13} & \tilde{a}_{14} & \cdots & \tilde{a}_{1r} & \tilde{a}_{1,r+1} & \tilde{a}_{1,r+2} & \cdots & \tilde{a}_{1,n} \\
0 & 1 & \tilde{a}_{23} & \tilde{a}_{24} & \cdots & \tilde{a}_{2r} & \tilde{a}_{2,r+1} & \tilde{a}_{2,r+2} & \cdots & \tilde{a}_{2,n} \\
0 & 0 & 1 & \tilde{a}_{34} & \cdots & \tilde{a}_{3r} & \tilde{a}_{3,r+1} & \tilde{a}_{3,r+2} & \cdots & \tilde{a}_{3,n} \\
\cdots & \cdots & \cdots & \cdots & \cdots & \cdots & \cdots & \cdots & \cdots & \cdots \\
0 & 0 & 0 & 0 & \cdots & 1 & \tilde{a}_{r,r+1} & \tilde{a}_{r,r+2} & \cdots & \tilde{a}_{r,n} \\
0 & 0 & 0 & 0 & \cdots & 0 & 0 & 0 & \cdots & 0 \\
\vdots & \vdots & \vdots & \vdots & \cdots & \vdots & \vdots & 0 & \cdots & \vdots \\
0 & 0 & 0 & 0 & \cdots & 0 & 0 & 0 & \cdots & 0
\end{pmatrix} = \tilde{A}.
$$

$$\underbrace{\qquad\qquad}_{\text{r Spalten}} \qquad \underbrace{\qquad\qquad}_{\text{(n − r) Spalten}}$$

Dabei sei v die Anzahl der durchgeführten Zeilen- und Spaltenvertauschungen. Insgesamt seien z Zeilenmultiplikationen vorgenommen worden mit den Faktoren $f_1, f_2, \ldots, f_z$. Dann gilt

a) $\det(A) = \det(\tilde{A}) = 0$, falls $r < n$;

b) $\det(A) = (-1)^v \cdot \dfrac{1}{f_1} \cdot \dfrac{1}{f_2} \cdot \ldots \cdot \dfrac{1}{f_z}$, falls $r = n$.

In diesem Fall gilt $\det(\tilde{A}) = 1$.

Beispiel 6: Gesucht ist die Determinante der Matrix

$$
A = \begin{pmatrix}
-2 & 6 & 8 & -2 \\
3 & -8 & -10 & 5 \\
-4 & 11 & 13 & -2 \\
2 & -6 & -7 & 2
\end{pmatrix}
$$

					Faktor f_i
-2	6	8	-2	(1)	
3	-8	-10	5	(2)	
-4	11	13	-2	(3)	
2	-6	-7	2	(4)	
1	-3	-4	2	$-\frac{1}{2} \times (1) = (1')$	$-\frac{1}{2}$
0	1	2	-1	$(2) - 3 \times (1') = (2')$	
0	-1	-3	6	$(3) + 4 \times (1') = (3')$	
0	0	1	-2	$(4) - 2 \times (1') = (4')$	
1	-3	-4	2	(1')	
0	1	2	-1	(2')	
0	0	-1	5	$(2') + (3') = (3'')$	
0	0	1	-2	(4')	
1	-3	-4	2	(1')	
0	1	2	-1	(2')	
0	0	1	-2	(4')	Zeilenvertauschung!
0	0	0	3	$(4') + (3'')$	

Es wurde eine Zeilenvertauschung sowie eine Zeilenmultiplikation mit dem Faktor $-\frac{1}{2}$ durchgeführt.

Das Produkt der Elemente der Hauptdiagonalen ist gleich drei. Damit lautet die Determinante

$$\det(A) = (-1) \cdot 3 \cdot \frac{1}{-\frac{1}{2}} = 6.$$

Beispiel 7: Gesucht ist die Determinante der Matrix

$$A = \begin{pmatrix} 1 & 2 & -1 & 0 \\ -1 & -1 & 2 & 4 \\ -2 & 1 & 3 & 1 \\ -2 & 2 & 4 & 5 \end{pmatrix}$$

1	2	−1	0	(1)
−1	−1	2	4	(2)
−2	1	3	1	(3)
−2	2	4	5	(4)

1	2	−1	0	(1)
0	1	1	4	(1) + (2) = (2')
0	5	1	1	(3) + 2 × (1) = (3')
0	6	2	5	(4) + 2 × (1) = (4')

$$\hat{A} = \begin{pmatrix} 1 & 2 & -1 & 0 \\ 0 & 1 & 1 & 4 \\ 0 & 0 & -4 & -19 \\ 0 & 0 & -4 & -19 \end{pmatrix} \quad \begin{matrix} (1) \\ (2') \\ (3') - 5 \times (2') \\ (4') - 6 \times (1) \end{matrix}$$

Da in der Matrix $\hat{A}$ zwei Zeilen übereinstimmen, gilt $\det(A) = \det(\hat{A}) = 0$.

14.3.3 Berechnung der inversen Matrix mit Determinanten

Für die quadratische Matrix

$$A = \begin{pmatrix} a_{11} & a_{12} & \cdots & a_{1n} \\ a_{21} & a_{22} & \cdots & a_{2n} \\ \vdots & \vdots & \vdots & \vdots \\ a_{n1} & a_{n2} & \cdots & a_{nn} \end{pmatrix}$$

gelte $\det(A) \neq 0$.

Die Matrix A besitzt wegen $\det(A) \neq 0$ den vollen Rang n und damit eine Inverse A^{-1}.

Nach Definition 3 lautet das algebraische Komplement zum Element a_{ij}

$$c_{ij} = (-1)^{i+j} \det(A_{ij}).$$

Dabei entsteht die Matrix A_{ij} durch Streichung der i-ten Zeile und j-ten Spalte der Matrix A. Die algebaischen Komplemente bilden die Matrix

$$C = \begin{pmatrix} c_{11} & c_{12} & \cdots & c_{1n} \\ c_{21} & c_{22} & \cdots & c_{2n} \\ \vdots & \vdots & \vdots & \vdots \\ c_{n1} & c_{n2} & \cdots & c_{nn} \end{pmatrix}.$$

Mit diesen Bezeichnungen gilt der

Satz 7 (Berechnung der inversen Matrix):

Es sei A eine quadratische Matrix mit $\det(A) \neq 0$. C sei die Matrix
der algebraischen Komplemente mit den Elementen

$$c_{ij} = (-1)^{i+j} \det(A_{ij}).$$

Dann besitzt die Inverse von A die Darstellung

$$A^{-1} = \frac{1}{\det(A)} \cdot C^T \qquad (C^T = \text{transponierte Matrix von C}).$$

Beweis s. Opitz [1981], S. 348.

Beispiel 8: Gesucht ist die Inverse der Matrix $A = \begin{pmatrix} 2 & 3 \\ 5 & 9 \end{pmatrix}$.

$\det(A) = 18 - 15 = 3$.

Die algebraischen Komplemente lauten:

$c_{11} = 9$; $c_{12} = -5$; $c_{21} = -3$; $c_{22} = 2$;

$$C = \begin{pmatrix} 9 & -5 \\ -3 & 2 \end{pmatrix}; \quad C^T = \begin{pmatrix} 9 & -3 \\ -5 & 2 \end{pmatrix}; \quad A^{-1} = \frac{1}{3} \cdot \begin{pmatrix} 9 & -3 \\ -5 & 2 \end{pmatrix}.$$

Beispiel 9: Gesucht ist die Inverse der Matrix $A = \begin{pmatrix} 2 & 1 & 4 \\ 4 & 7 & 10 \\ 6 & 3 & 13 \end{pmatrix}$

Subtraktion des Doppelten der ersten Zeile von der zweiten und des
Dreifachen der ersten Zeile von der dritten ergibt

$$\det(A) = \det \begin{pmatrix} 2 & 1 & 4 \\ 0 & 5 & 2 \\ 0 & 0 & 1 \end{pmatrix} = 2 \cdot 5 \cdot 1 = 10.$$

$c_{11} = + \begin{vmatrix} 7 & 10 \\ 3 & 13 \end{vmatrix} = 61$; $c_{12} = - \begin{vmatrix} 4 & 10 \\ 6 & 13 \end{vmatrix} = 8$; $c_{13} = + \begin{vmatrix} 4 & 7 \\ 6 & 3 \end{vmatrix} = -30$;

$c_{21} = - \begin{vmatrix} 1 & 4 \\ 3 & 13 \end{vmatrix} = -1$; $c_{22} = + \begin{vmatrix} 2 & 4 \\ 6 & 13 \end{vmatrix} = 2$; $c_{13} = - \begin{vmatrix} 2 & 1 \\ 6 & 3 \end{vmatrix} = 0$;

$c_{31} = + \begin{vmatrix} 1 & 4 \\ 7 & 10 \end{vmatrix} = -18$; $c_{32} = - \begin{vmatrix} 2 & 4 \\ 4 & 10 \end{vmatrix} = -4$; $c_{33} = + \begin{vmatrix} 2 & 1 \\ 4 & 7 \end{vmatrix} = 10$;

Damit lautet die Inverse

$$A^{-1} = \frac{1}{10} \cdot \begin{pmatrix} 61 & -1 & -18 \\ 8 & 2 & -4 \\ -30 & 0 & 10 \end{pmatrix}.$$

14.3.4 Die Cramersche Regel

Gegeben sei das lineare Gleichungssystem

$$a_{11} x_1 + a_{12} x_2 + \dots + a_{1n} x_n = b_1$$
$$a_{21} x_1 + a_{22} x_2 + \dots + a_{2n} x_n = b_2$$
$$\dots \dots \dots \dots \dots \dots \dots \dots \dots \qquad \Leftrightarrow \quad A \cdot \vec{x} = \vec{b}.$$
$$a_{n1} x_1 + a_{n2} x_2 + \dots + a_{nn} x_n = b_n$$

Dabei sei die quadratische Matrix

$$A = \begin{pmatrix} a_{11} & a_{12} & \cdots & a_{1n} \\ a_{21} & a_{22} & \cdots & a_{2n} \\ \vdots & \vdots & \vdots & \vdots \\ a_{n1} & a_{n2} & \cdots & a_{nn} \end{pmatrix}$$

regulär. Dann besitzt A eine Inverse und die eindeutige Lösung läßt sich darstellen in der Form

$$\vec{x} = A^{-1} \cdot \vec{b}.$$

Nach Satz 7 gilt für A^{-1}

$$A^{-1} = \frac{1}{\det(A)} \cdot C^T.$$

Dabei ist C^T die Transponierte der Matrix C, deren Elemente die algebraischen Komplemente

$$c_{ij} = (-1)^{i+j} \det(A_{ij}).$$

sind. Damit lautet der Lösungsvektor

$$\vec{x} = A^{-1} \cdot \vec{b} = \frac{1}{\det(A)} \cdot C^T \cdot \vec{b}.$$

Der i-te Zeilenvektor der Matrix C^T lautet

$$(c_{1i}, c_{2i}, \dots, c_{ni}) = \left((-1)^{1+i} A_{1i}, (-1)^{2+i} A_{2i}, \dots, (-1)^{n+i} A_{ni} \right);$$

Multiplikation dieses Zeilenvektors mit dem Spaltenvektor $\vec{b}$ ergibt die i-te Lösungskomponente

$$x_i = (-1)^{1+i} \cdot b_1 \cdot A_{1i} + (-1)^{2+i} \cdot b_2 \cdot A_{2i} + \dots + (-1)^{n+i} \cdot b_n \cdot A_{ni}.$$

In der Matrix A werde die i-te Spalte durch den Spaltenvektor $\vec{b}$ der rechten Seiten ersetzt. Dann erhält man die Matrix

$$
A_i = \begin{pmatrix}
a_{11} & \cdots & b_1 & \cdots & a_{1n} \\
a_{21} & \cdots & b_2 & \cdots & a_{2n} \\
\vdots & \vdots & \vdots & \vdots & \vdots \\
a_{n1} & \cdots & b_n & \cdots & a_{nn}
\end{pmatrix}.
$$

$$\uparrow$$
$$\text{i-te Spalte}$$

Wird diese Determinante nach der i-ten Spalte entwickelt, so erhält man den für x_i angegebenen Lösungswert. Damit gilt der

---

Satz 8 (Cramersche Regel): Gegeben sei das lineare Gleichungssystem $A \vec{x} = \vec{b}$. Dabei sei die Matrix A quadratisch und es existiere die Inverse A^{-1}. Die Matrix

$$
A_i = \begin{pmatrix}
a_{11} & \cdots & b_1 & \cdots & a_{1n} \\
a_{21} & \cdots & b_2 & \cdots & a_{2n} \\
\vdots & \vdots & \vdots & \vdots & \vdots \\
a_{n1} & \cdots & b_n & \cdots & a_{nn}
\end{pmatrix}
$$

$$\uparrow$$
$$\text{i-te Spalte}$$

gehe aus der Matrix A dadurch hervor, daß die i-te Spalte durch den Vektor $\vec{b}$ der rechten Seiten ersetzt werde. Dann lautet die Lösung

$$
x_i = \frac{\det(A_i)}{\det(A)} \quad \text{für } i = 1, 2, \dots, n.
$$

Beweis s. o.

Beispiel 10: Zu lösen ist das Gleichungssystem

$$
\begin{pmatrix}
0 & 7 & 2 \\
10 & 2 & 1 \\
0 & 5 & 0
\end{pmatrix} \cdot \begin{pmatrix}
x_1 \\
x_2 \\
x_3
\end{pmatrix} = \begin{pmatrix}
20 \\
17 \\
10
\end{pmatrix}.
$$

Mit Hilfe der Cramerschen Regel erhält man

$$
\det(A) = \det\begin{pmatrix}
0 & 7 & 2 \\
10 & 2 & 1 \\
0 & 5 & 0
\end{pmatrix} = -5 \cdot \det\begin{pmatrix}
0 & 2 \\
10 & 1
\end{pmatrix} = (-5) \cdot (-20) = 100;
$$

$$\det(A_1) = \det\begin{pmatrix} 20 & 7 & 2 \\ 17 & 2 & 1 \\ 10 & 5 & 0 \end{pmatrix} = 10 \cdot \det\begin{pmatrix} 7 & 2 \\ 2 & 1 \end{pmatrix} - 5 \cdot \det\begin{pmatrix} 20 & 2 \\ 17 & 1 \end{pmatrix}$$

$$= 10 \cdot (7 - 4) - 5 \cdot (20 - 34) = 100\,;$$

$$\det(A_2) = \det\begin{pmatrix} 0 & 20 & 2 \\ 10 & 17 & 1 \\ 0 & 10 & 0 \end{pmatrix} = -10 \cdot \det\begin{pmatrix} 20 & 2 \\ 10 & 0 \end{pmatrix} = 200\,;$$

$$\det(A_3) = \det\begin{pmatrix} 0 & 7 & 20 \\ 10 & 2 & 17 \\ 0 & 5 & 10 \end{pmatrix} = -10 \cdot \det\begin{pmatrix} 7 & 20 \\ 5 & 10 \end{pmatrix} = 300\,;$$

$$x_1 = \frac{\det(A_1)}{\det(A)} = 1\,; \quad x_2 = \frac{\det(A_2)}{\det(A)} = 2\,; \quad x_3 = \frac{\det(A_3)}{\det(A)} = 3.$$

14.4 Aufgaben

1. a) Berechnen Sie die Determinanten der Matrizen

$$A = \begin{pmatrix} 1 & 3 \\ 2 & 6 \end{pmatrix}\,; \quad B = \begin{pmatrix} 4 & -3 \\ 0 & 5 \end{pmatrix}\,; \quad C = \begin{pmatrix} 2 & 3 \\ 8 & 12 \end{pmatrix}\,;$$

$$D = \begin{pmatrix} 2 & 1 & -1 \\ 2 & 5 & -3 \\ 4 & 2 & 8 \end{pmatrix}\,; \quad F = \begin{pmatrix} 4 & -2 & 6 \\ 1 & 3 & -5 \\ 3 & 2 & -2 \end{pmatrix}.$$

b) Welche der Matrizen aus a) besitzen eine Inverse?

c) Berechnen Sie mit den Matrizen aus a) die Determinanten von

$A \cdot B$; $A \cdot C$; A^3; D^2; $D \cdot F$; $F \cdot D$.

2. Für welchen Wert x ist die Matrix

$$\begin{pmatrix} 2 & -4 & 0 \\ 4 & 2 & 5 \\ 6 & 0 & x \end{pmatrix}$$ singulär?

3. Für welche Konstanten a existiert die Inverse der Matrix

$$\begin{pmatrix} 1 & a & 3 \\ 1 & a & a+1 \\ 1 & 1 & 1 \end{pmatrix} ?$$

4. Gegeben sind die drei Vektoren

$$\vec{a}_1 = \begin{pmatrix} 1 \\ 2 \\ 4 \end{pmatrix}; \quad \vec{a}_2 = \begin{pmatrix} -2 \\ 1 \\ -3 \end{pmatrix}; \quad \vec{a}_3 = \begin{pmatrix} 5 \\ 0 \\ 2 \end{pmatrix};$$

a) Bestimmen Sie den Flächeninhalt des von den beiden Vektoren $\vec{a}_1$ und $\vec{a}_2$ aufgespannten Parallelogramms.

b) Bestimmen Sie das Volumen des Spats, der von den drei Vektoren $\vec{a}_1, \vec{a}_2, \vec{a}_3$ aufgespannt wird.

5. Berechnen Sie die Determinanten der Matrizen

$$A = \begin{pmatrix} 2 & -3 & 5 & 8 \\ 0 & 6 & 0 & 0 \\ 1 & -7 & 2 & 4 \\ -1 & 19 & 3 & -2 \end{pmatrix}; B = \begin{pmatrix} 12 & -13 & 9 & -12 & 28 & -15 \\ 0 & 4 & 13 & 22 & -11 & -17 \\ 0 & 0 & -5 & 45 & 98 & -63 \\ 0 & 0 & 0 & 8 & -12 & 192 \\ 0 & 0 & 0 & 0 & -1 & 105 \\ 0 & 0 & 0 & 0 & 0 & 25 \end{pmatrix}.$$

6. Gegeben sei der vierdimensionale Zeilenvektor $\vec{a}^T = (a_1, a_2, a_3, a_4)$.

Berechnen Sie die Determinanten der beiden Matrizen

$A = \vec{a}^T \cdot \vec{a}; \quad B = \vec{a} \cdot \vec{a}^T$. Dabei ist $\vec{a}$ der zugehörige Spaltenvektor.

Welchen Rang besitzt die Matrix B für $\vec{a} \neq \vec{0}$?

7. Berechnen Sie im Falle der Existenz mit Hilfe von Determinanten die Inversen der folgenden Matrizen

$$A = \begin{pmatrix} 2 & 8 \\ 1 & 6 \end{pmatrix}; \quad B = \begin{pmatrix} 3 & 6 \\ 4 & 8 \end{pmatrix};$$

$$C = \begin{pmatrix} 5 & 10 & 0 \\ 10 & 21 & 2 \\ 5 & 11 & 4 \end{pmatrix}; \quad D = \begin{pmatrix} 4 & 2 & -8 \\ 1 & 3 & -1 \\ 5 & 8 & 1 \end{pmatrix}; \quad F = \begin{pmatrix} 0 & -1 & 4 \\ 2 & 1 & -3 \\ 8 & 3 & -4 \end{pmatrix}.$$

8. Lösen Sie mit Hilfe der Cramerschen Regel folgende Gleichungssysteme:

a) $4x + 5y = -14$ b) $3x - 6y + 14z = 36$
    $2x + 3y = -8$ $-x + 4y - 9z = -23$
                           $2x - 4y + 11z = 29$

c) $x_1 + 2x_2 - x_3 = 2$
    $x_1 + 3x_2 + 3x_3 = 7$
  $2x_1 + 4x_2 - x_3 - 2x_4 = 5$
           $x_2 + 4x_3 + x_4 = 5$.

Kapitel 15:
Eigenwertprobleme
und quadratische Formen

15.1 Eigenwerte und Eigenvektoren

Beispiel 1: Eine Firma stellt zwei Güter her. Die Herstellungsmengen von den beiden Gütern im n-ten Jahr betragen x_n und y_n. Im darauf folgenden Jahr sollen die Herstellungsmengen x_{n+1} und y_{n+1} von denen des Vorjahres abhängen in der Form

$$x_{n+1} = 0{,}9\,x_n + 0{,}4\,y_n$$

$$y_{n+1} = 0{,}3\,x_n + 0{,}8\,y_n \qquad \text{für } n = 1, 2, \ldots$$

Dieses System stellen wir in Matrizenschreibweise dar:

$$\begin{pmatrix} x_{n+1} \\ y_{n+1} \end{pmatrix} = \begin{pmatrix} 0{,}9 & 0{,}4 \\ 0{,}3 & 0{,}8 \end{pmatrix} \cdot \begin{pmatrix} x_n \\ y_n \end{pmatrix} = A \cdot \begin{pmatrix} x_n \\ y_n \end{pmatrix}; \quad n = 1, 2, 3, \ldots$$

Gibt man die Produktionsmengen x_1 und y_1 im ersten Jahr vor, so können nach der obigen Formel die Mengen der nachfolgenden Jahre der Reihe nach rekursiv berechnet werden.

Beide Produktionsmengen wachsen jährlich gleichmäßig, wenn es einen Faktor $\lambda > 1$ gibt mit

$$\begin{pmatrix} x_{n+1} \\ y_{n+1} \end{pmatrix} = \begin{pmatrix} 0{,}9 & 0{,}4 \\ 0{,}3 & 0{,}8 \end{pmatrix} \cdot \begin{pmatrix} x_n \\ y_n \end{pmatrix} = \lambda \cdot \begin{pmatrix} x_n \\ y_n \end{pmatrix}.$$

Mit $\vec{x} = \begin{pmatrix} x_n \\ y_n \end{pmatrix} = \begin{pmatrix} x \\ y \end{pmatrix}$ erhält man die Bedingung

$$A\,\vec{x} = \lambda\,\vec{x}.$$

In dieser Gleichung ist nur die Matrix A bekannt. Die Frage lautet: Gibt es eine Konstante λ und einen zugehörigen Vektor $\vec{x} \neq \vec{0}$, welche die obige Gleichung erfüllen? Zur Lösung des Problems schreiben wir mit Hilfe der Einheitsmatrix

$$E = \begin{pmatrix} 1 & 0 \\ 0 & 1 \end{pmatrix}$$

die obige Vektorgleichung um in die Form

$$A \vec{x} = \lambda E \vec{x} \; ; \; A \vec{x} - \lambda E \vec{x} = (A - \lambda E) \vec{x} = \vec{0}.$$

Damit ensteht ein homogenes lineares Gleichungssystem für die Komponenten x und y, wobei die Koeffizientenmatrix $B = A - \lambda E$ noch einen unbekannten Parameter enthält. Das Gleichungssystem hat für beliebiges λ stets die triviale Lösung $\vec{x} = \vec{0}$, die uns aber nicht interessiert.

Nach Kapitel 13 besitzt das Gleichungssystem genau dann nichttriviale Lösungen $\vec{x} \neq \vec{0}$, wenn der Rang der 2×2-Matrix $A - \lambda E$ kleiner als 2 ist. Nach Kapitel 14 ist dies genau dann der Fall, wenn ihre Determinante verschwindet, also für

$$\det(A - \lambda E) = \det\left(\begin{pmatrix} 0{,}9 & 0{,}4 \\ 0{,}3 & 0{,}8 \end{pmatrix} - \begin{pmatrix} \lambda & 0 \\ 0 & \lambda \end{pmatrix}\right) = \begin{vmatrix} 0{,}9 - \lambda & 0{,}4 \\ 0{,}3 & 0{,}8 - \lambda \end{vmatrix} = 0.$$

Damit erhalten wir für λ die quadratische Gleichung

$$(0{,}9 - \lambda)(0{,}8 - \lambda) - 0{,}3 \cdot 0{,}4 = 0$$

$$0{,}72 - 1{,}7 \lambda + \lambda^2 - 0{,}12 = 0$$

$$(\lambda - 0{,}85)^2 = -0{,}6 + 0{,}85^2 = 0{,}1225$$

$$\Rightarrow \lambda_{1,2} = 0{,}85 \mp 0{,}35 ; \quad \lambda_1 = 0{,}5 ; \quad \lambda_2 = 1{,}2.$$

Diese beiden Werte heißen **Eigenwerte** der Matrix A.

Für $\lambda_1 = 0{,}5$ erhält man die sogenannten **Eigenvektoren** $\vec{x}_1 = \begin{pmatrix} x_1 \\ y_1 \end{pmatrix}$ als Lösungen des linearen Gleichungssystems

$$\begin{pmatrix} 0{,}4 & 0{,}4 \\ 0{,}3 & 0{,}3 \end{pmatrix}\begin{pmatrix} x_1 \\ y_1 \end{pmatrix} = \begin{pmatrix} 0 \\ 0 \end{pmatrix} \Leftrightarrow 0{,}4 x_1 + 0{,}4 y_1 = 0 ; \; x_1 = c ; \, y_1 = -c.$$

Da für $c \neq 0$ eine Komponente immer negativ ist, scheidet diese Lösung aus, weil Produktionsmengen nicht negativ sein können.

$\lambda_2 = 1{,}2$ ergibt die **Eigenvektoren** $\vec{x}_2 = \begin{pmatrix} x_2 \\ y_2 \end{pmatrix}$ als Lösungen von

$$\begin{pmatrix} -0{,}3 & 0{,}4 \\ 0{,}3 & -0{,}4 \end{pmatrix}\begin{pmatrix} x_2 \\ y_2 \end{pmatrix} = \begin{pmatrix} 0 \\ 0 \end{pmatrix} \Leftrightarrow -0{,}3 x_2 + 0{,}4 y_2 = 0 ;$$

Lösung: $x_2 = a ; \, y_2 = 0{,}75 \, a ; \;$ a beliebig.

Damit lauten die zulässigen Eigenvektoren zu $\lambda_2 = 1{,}2$

$$\vec{x}_2 = \begin{pmatrix} x_2 \\ y_2 \end{pmatrix} = \begin{pmatrix} a \\ 0{,}75 \, a \end{pmatrix} = a \cdot \begin{pmatrix} 1 \\ 0{,}75 \end{pmatrix}, \, a > 0.$$

Wenn man in einem Jahr vom Produkt 1 eine beliebige Menge herstellt und vom zweiten Produkt 75 % der Produktion des ersten Produkts, dann wird diese Produktion von Jahr zu Jahr um 20 % gesteigert.

Definition 1 (Eigenwert und Eigenvektor):

Es sei A eine $n \times n$-Matrix. Ein Vektor $\vec{x} \in \mathbb{R}^n$ mit $\vec{x} \neq \vec{0}$ heißt **Eigenvektor** der Matrix A, falls es eine Konstante λ gibt mit

$$A\vec{x} = \lambda \vec{x}.$$

λ heißt **Eigenwert** der Matrix A und $\vec{x}$ ein zugehöriger Eigenvektor.

Wir machen folgende Umformung

$$A\vec{x} = \lambda\vec{x} \quad \Leftrightarrow \quad A\vec{x} - \lambda\vec{x} = A\vec{x} - \lambda E\,\vec{x} = (A - \lambda E)\,\vec{x} = \vec{0}.$$

Damit haben wir ein homogenes lineares Gleichungssystem für die Komponenten des Vektors $\vec{x}$ erhalten. Die Koeffizientenmatrix $A - \lambda E$ enthält dabei einen unbekannten Parameter λ. Nach Kapitel 12 besitzt dieses lineare Gleichungssystem genau dann nichttriviale Lösungen, wenn der Rang der Matrix $A - \lambda E$ kleiner als n ist. Nach Kapitel 14 ist dies genau dann der Fall, wenn die Determinante von $A - \lambda E$ verschwindet. Damit muß für einen Eigenwert λ folgende Gleichung erfüllt sein:

$$\det(A - \lambda E) = \begin{vmatrix} a_{11} - \lambda & a_{12} & a_{13} & \cdots & a_{1n} \\ a_{21} & a_{22} - \lambda & a_{23} & \cdots & a_{2n} \\ a_{31} & a_{32} & a_{33} - \lambda & \cdots & a_{3n} \\ \vdots & \vdots & \vdots & \cdots & \vdots \\ a_{n1} & a_{n2} & a_{n3} & \cdots & a_{nn} - \lambda \end{vmatrix} = 0.$$

Berechnet man die Determinante von $A - \lambda E$, so entsteht ein Polynom n-ten Grades in λ. Man nennt es das **charakteristische Polynom** von A. Wir bezeichnen es mit $P_n(\lambda)$. Die Eigenwerte der Matrix A sind damit die Nullstellen des charakteristischen Polynoms, also die Lösungen der sogenannten **charakteristischen Gleichung**

$$P_n(\lambda) = \det(A - \lambda E) = 0.$$

Ein Polynom n-ten Grades besitzt genau n Nullstellen. Daher gibt es genau n Eigenwerte. Dabei werden gleiche Eigenwerte nach ihrer Vielfachheit gezählt. Eigenwerte können reell oder auch komplex sein. Zu reellen Eigenwerten gehören reelle Eigenvektoren, bei komplexen Eigenwerten sind auch die Eigenvektoren komplex. Damit gilt der

---

Satz 1: λ ist genau dann Eigenwert der Matrix A, wenn gilt

$$P_n(\lambda) = \det(A - \lambda E) = 0.$$

Ist λ ein Eigenwert von A, dann sind alle nichttrivialen Lösungen von

$$(A - \lambda E)\,\vec{x} = \vec{0}$$

dazugehörige Eigenvektoren von A.

Beispiel 2: Gesucht sind alle Eigenwerte und die zugehörigen Eigenvektoren der Matrix

$$A = \begin{pmatrix} 4 & 5 & 0 \\ 3 & 2 & 0 \\ 1 & -1 & 2 \end{pmatrix}.$$

$$P_3(\lambda) = \det(A - \lambda E) = \begin{vmatrix} 4-\lambda & 5 & 0 \\ 3 & 2-\lambda & 0 \\ 1 & -1 & 2-\lambda \end{vmatrix}.$$

Entwicklung dieser Determinante nach der letzten Spalte ergibt das charakteristische Polynom

$$P_3(\lambda) = +(2-\lambda) \cdot \begin{vmatrix} 4-\lambda & 5 \\ 3 & 2-\lambda \end{vmatrix} = (2-\lambda) \cdot [(4-\lambda)(2-\lambda) - 3 \cdot 5]$$

$$= (2-\lambda) \cdot [8 - 6\lambda + \lambda^2 - 15] = (2-\lambda) \cdot (\lambda^2 - 6\lambda - 7) = 0;$$

$$\underline{\lambda_1 = 2} \text{ (erster Faktor = 0)}.$$

$$\lambda^2 - 6\lambda - 7 = 0; \quad \lambda^2 - 6\lambda = 7; \quad (\lambda - 3)^2 = 7 + 9 = 16; \quad \lambda_{2,3} = 3 \pm 4;$$

$$\underline{\lambda_2 = 7}; \quad \underline{\lambda_3 = -1} \text{ (zweiter Faktor = 0)}.$$

Eigenvektoren zu $\lambda_1 = 2$:

$$\begin{pmatrix} 2 & 5 & 0 \\ 3 & 0 & 0 \\ 1 & -1 & 0 \end{pmatrix} \begin{pmatrix} x \\ y \\ z \end{pmatrix} = \begin{pmatrix} 0 \\ 0 \\ 0 \end{pmatrix} \quad \Leftrightarrow \quad \begin{array}{l} 2x + 5y + 0z = 0 \quad \Rightarrow z = \alpha \in \mathbb{R} \\ 3x + 0y + 0z = 0 \quad \Rightarrow x = 0 \\ x - y + 0z = 0 \quad \Rightarrow y = 0 \end{array}$$

$$\lambda_1 = 2 \quad \Rightarrow \quad \vec{x}_1 = \begin{pmatrix} 0 \\ 0 \\ \alpha \end{pmatrix}, \alpha \neq 0.$$

Eigenvektoren zu $\lambda_1 = 7$:

$$\begin{pmatrix} -3 & 5 & 0 \\ 3 & -5 & 0 \\ 1 & -1 & -5 \end{pmatrix} \begin{pmatrix} x \\ y \\ z \end{pmatrix} = \begin{pmatrix} 0 \\ 0 \\ 0 \end{pmatrix} \quad \Leftrightarrow \quad \begin{array}{ll} -3x + 5y + 0z = 0 & (1) \\ 3x - 5y + 0z = 0 & (2) \\ x - y - 5z = 0 & (3) \end{array}$$

(1) ist gleichwertig mit (2).

$z = \beta$ (beliebig); $(2) - 3 \times (3) \Rightarrow -2y + 15z = 0 \Rightarrow y = \frac{15}{2}z = \frac{15}{2}\beta$;

$(3) \Rightarrow x = y + 5z = \frac{15}{2}\beta + 5\beta = \frac{25}{2}\beta$;

$$\lambda_2 = 7 \quad \Rightarrow \quad \vec{x}_2 = \beta \cdot \begin{pmatrix} \frac{25}{2} \\ \frac{15}{2} \\ 1 \end{pmatrix} = \hat{\beta} \cdot \begin{pmatrix} 25 \\ 15 \\ 2 \end{pmatrix}, \beta, \hat{\beta} \neq 0.$$

Eigenvektoren zu $\lambda_3 = -1$:

$$\begin{pmatrix} 5 & 5 & 0 \\ 3 & 3 & 0 \\ 1 & -1 & 3 \end{pmatrix} \cdot \begin{pmatrix} x \\ y \\ z \end{pmatrix} = \begin{pmatrix} 0 \\ 0 \\ 0 \end{pmatrix} \quad \Leftrightarrow \quad \begin{array}{rcl} 5\,x + 5\,y + 0\,z = 0 & (1) \\ 3\,x + 3\,y + 0\,z = 0 & (2) \\ x - y + 3\,z = 0 & (3) \end{array}$$

(1) ist gleichwertig mit (2).

$z = \gamma$ (beliebig); $(2) + 3 \times (3) \Rightarrow 6\,x + 9\,z = 0 \Rightarrow x = -\dfrac{3}{2}z = -\dfrac{3}{2}\gamma$;

$(3) \Rightarrow y = x + 3\,z = -\dfrac{3}{2}\gamma + 3\,\gamma = \dfrac{3}{2}\gamma$;

$$\lambda_3 = -1 \quad \Rightarrow \quad \vec{x}_3 = \gamma \cdot \begin{pmatrix} -\dfrac{3}{2} \\[4pt] \dfrac{3}{2} \\[4pt] 1 \end{pmatrix} = \hat{\gamma} \cdot \begin{pmatrix} -3 \\ 3 \\ 1 \end{pmatrix}, \; \gamma, \hat{\gamma} \neq 0 \,.$$

Die zu den drei verschiedenen Eigenwerten gehörenden Eigenvektoren sind linear unabhängig. Diese Eigenschaft gilt allgemein.

Satz 2: Eigenvektoren zu verschiedenen Eigenwerten λ_i sind stets linear unabhängig.

Beweis s. Zurmühl, Falk [1984], S. 149.

Beispiel 3: Gesucht sind alle Eigenwerte und die zugehörigen Eigenvektoren der Matrix $A = \begin{pmatrix} 2 & -1 \\ 2 & 4 \end{pmatrix}$;

$$P_2(\lambda) = \det(A - \lambda\,E) = \begin{vmatrix} 2 - \lambda & -1 \\ 2 & 4 - \lambda \end{vmatrix} = (2 - \lambda)(4 - \lambda) + 2$$

$$= 8 - 6\,\lambda + \lambda^2 + 2 = \lambda^2 - 6\,\lambda + 10 = 0$$

$(\lambda - 3)^2 = -10 + 9 = -1$; $\lambda_{1,2} = 3 \pm \sqrt{-1} = 3 \pm i$ (i = imaginäre Einheit).

Komplexe Eigenwerte: $\underline{\lambda_1 = 3 + i}$; $\underline{\lambda_2 = 3 - i}$.

Eigenvektoren zu $\lambda_1 = 3 + i$:

$$\begin{pmatrix} -1 - i & -1 \\ 2 & 1 - i \end{pmatrix} \cdot \begin{pmatrix} x \\ y \end{pmatrix} = \begin{pmatrix} 0 \\ 0 \end{pmatrix} \quad \Leftrightarrow \quad \begin{array}{rcl} -(1 + i)\,x - y = 0 & (1) \\ 2\,x + (1 - i)\,y = 0 & (2) \end{array}$$

Hier gilt $-(1 - i) \times (1) = (2)$. Daher muß nur eine einzige Gleichung gelöst werden.

Mit $y = \alpha \neq 0$ folgt aus (2): $x = -\dfrac{1-i}{2} y = -\dfrac{1-i}{2} \alpha$.

$\lambda_1 = 3 + i$ ergibt die Eigenvektoren $\vec{x}_1 = \alpha \cdot \begin{pmatrix} -\dfrac{1-i}{2} \\ 1 \end{pmatrix}$, $\alpha \neq 0$.

Eigenvektoren zu $\lambda_2 = 3 - i$:

$$\begin{pmatrix} -1+i & -1 \\ 2 & 1+i \end{pmatrix} \cdot \begin{pmatrix} x \\ y \end{pmatrix} = \begin{pmatrix} 0 \\ 0 \end{pmatrix} \qquad \Leftrightarrow \qquad 2x + (1+i)y = 0.$$

Mit $y = \beta \neq 0$ folgt $x = -\dfrac{1+i}{2} y = -\dfrac{1+i}{2} \beta$.

$\lambda_2 = 3 - i$ ergibt die Eigenvektoren $\vec{x}_2 = \beta \cdot \begin{pmatrix} -\dfrac{1+i}{2} \\ 1 \end{pmatrix}$, $\beta \neq 0$.

Die beiden Eigenwerte λ_1 und λ_2 sind konjugiert komplex. Setzt man $\alpha = \beta \in \mathbb{R}$, so sind die zugehörigen Komponenten der Vektoren $\vec{x}_1$ und $\vec{x}_2$ konjugiert komplex. Diese Eigenschaft gilt allgemein, wie wir später sehen werden.

Matrizen und Vektoren mit komplexen Elementen

In einer komplexen Matrix sind alle Elemente komplexe Zahlen:

$$Z = \begin{pmatrix} z_{11} & z_{12} & \cdots & z_{1n} \\ z_{21} & z_{22} & \cdots & z_{2n} \\ \vdots & \vdots & \vdots & \vdots \\ z_{m1} & z_{m2} & \cdots & z_{mn} \end{pmatrix} \qquad \text{mit} \quad z_{ij} = \alpha_{ij} + i\,\beta_{ij} \in \mathbb{C}.$$

$\alpha_{ij} \in \mathbb{R}$ ist der Realteil und $\beta_{ij} \in \mathbb{R}$ der Imaginärteil der komplexen Zahl z_{ij}. Dabei ist i die imaginäre Einheit mit $i^2 = -1$ (vgl. Abschnitt 2.6).

Die **konjugiert komplexe Matrix** ist erklärt durch

$$\overline{Z} = \begin{pmatrix} \overline{z}_{11} & \overline{z}_{12} & \cdots & \overline{z}_{1n} \\ \overline{z}_{21} & \overline{z}_{22} & \cdots & \overline{z}_{2n} \\ \vdots & \vdots & \vdots & \vdots \\ \overline{z}_{m1} & \overline{z}_{m2} & \cdots & \overline{z}_{mn} \end{pmatrix} \qquad \text{mit} \quad \overline{z}_{ij} = \alpha_{ij} - i\,\beta_{ij}.$$

Die Operation ist also komponentenweise durchzuführen. Aus den Rechenregeln für komplexe Zahlen folgt unmittelbar

$$\overline{A + B} = \overline{A} + \overline{B}; \quad \overline{A \cdot B} = \overline{A} \cdot \overline{B}.$$

Eine Matrix ist genau dann reell, wenn $\overline{A} = A$ ist. Es sei

$$\vec{z}^T = (z_1, z_2, ..., z_n)$$

ein Zeilenvektor mit den komplexwertigen Komponenten

$$z_k = \alpha_k + i\,\beta_k \ \text{ für } k = 1, 2, ..., n.$$

Dann gilt für das Skalarprodukt

$$\overline{\vec{z}}^T \cdot \vec{z} = (\overline{z}_1, \overline{z}_2, ..., \overline{z}_n) \cdot \begin{pmatrix} z_1 \\ z_2 \\ \vdots \\ z_n \end{pmatrix} = \sum_{k=1}^{n} (\alpha_k - i\,\beta_k)(\alpha_k + i\,\beta_k)$$

$$= \sum_{j=1}^{m} (\alpha_k^2 + \beta_k^2) = \vec{z}^T \cdot \overline{\vec{z}}.$$

Aus dieser Darstellung folgt für alle komplexen Vektoren

$$\overline{\vec{z}}^T \cdot \vec{z} = \vec{z}^T \cdot \overline{\vec{z}} \geq 0; \quad \overline{\vec{z}}^T \cdot \vec{z} = 0 \ \Leftrightarrow \ \vec{z} = \vec{0}. \tag{1}$$

Satz 3: Die reelle Matrix A besitze den komplexen Eigenwert λ mit dem zugehörigen komplexen Eigenvektor $\vec{x}$. Dann ist auch die konjugiert komplexe Zahl $\overline{\lambda}$ Eigenwert von A und der konjugiert komplexe Vektor $\overline{\vec{x}}$ zugehöriger Eigenvektor.

Beweis:
Es sei λ ein Eigenwert von A und $\vec{x}$ ein zugehöriger Eigenvektor. Dann gilt

$$A\,\vec{x} = \lambda\,\vec{x}\,.$$

Da A reell ist, folgt hieraus nach den obigen Rechenregeln für komplexe Matrizen wegen $\overline{A} = A$

$$\overline{A\,\vec{x}} = \overline{\lambda\,\vec{x}} \ \Leftrightarrow \ \overline{A}\,\overline{\vec{x}} = A\,\overline{\vec{x}} = \overline{\lambda}\,\overline{\vec{x}}\,, \text{ also}$$

$$A\,\overline{\vec{x}} = \overline{\lambda}\,\overline{\vec{x}}\,.$$

Damit ist auch $\overline{\lambda}$ Eigenwert von A und $\overline{\vec{x}}$ ein zugehöriger Eigenvektor, womit der Satz bewiesen ist.

Definition 2 (ähnliche Matrizen): Es seien A und B zwei $n \times n$ - Matrizen.

Falls eine reguläre Matrix C existiert mit

$$B = C^{-1}A\,C \quad (C^{-1} = \text{inverse Matrix}),$$

heißen die Matrizen A und B **ähnlich (äquivalent)**.

Satz 4 (Eigenwerte ähnlicher Matrizen):
Ähnliche Matrizen besitzen die gleichen Eigenwerte.

Beweis:

Aus $C^{-1}C = E$ (Einheitsmatrix) folgt nach Satz 4 i), k) Kapitel 14

$$\det(B - \lambda E) = \det(C^{-1}AC - \lambda E) = \det(C^{-1}AC - \lambda C^{-1}EC)$$

$$= \det(C^{-1}(A - \lambda E)C) = \det(C^{-1}) \cdot \det(A - \lambda E) \cdot \det(C)$$

$$= \frac{1}{\det(C)} \cdot \det(A - \lambda E) \cdot \det(C) = \det(A - \lambda E).$$

Damit haben die charakteristischen Gleichungen

$$\det(A - \lambda E) = 0 \quad \text{und} \quad \det(B - \lambda E) = 0$$

dieselben Lösungen, womit der Satz bewiesen ist.

15.2 Eigenwerte und Eigenvektoren symmetrischer Matrizen

In Dreiecks- oder Diagonalmatrizen können Eigenwerte unmittelbar abgelesen werden. Bei solchen Matrizen stimmen die Eigenwerte - nach ihrer Vielfachheit gezählt - mit den Diagonalelementen überein.

Beispiel 4 (Diagonalmatrizen):

$$D = \begin{pmatrix} d_1 & 0 & \cdots & 0 \\ 0 & d_2 & \cdots & 0 \\ \vdots & \vdots & \vdots & \vdots \\ 0 & 0 & \cdots & d_n \end{pmatrix} \; ; \; d_{ij} = \begin{cases} d_i \in \mathbb{R} & \text{für } i = j \\ 0 & \text{für } i \neq j \end{cases}.$$

$$D - \lambda E = \begin{pmatrix} d_1 - \lambda & 0 & \cdots & 0 \\ 0 & d_2 - \lambda & \cdots & 0 \\ \vdots & \vdots & \vdots & \vdots \\ 0 & 0 & \cdots & d_n - \lambda \end{pmatrix};$$

$$P_n(\lambda) = \det(D - \lambda E) = (d_1 - \lambda) \cdot (d_2 - \lambda) \cdot \ldots \cdot (d_n - \lambda) = \prod_{i=1}^{n}(d_i - \lambda) = 0.$$

Die Diagonalelemente d_i sind die Eigenwerte λ_i. Die zugehörigen Eigenvektoren sind die Vielfachen der Einheitsvektoren $\vec{x}_i = \alpha_i \cdot \vec{e}_i$ mit $\alpha_i \neq 0$.

Da die Eigenwerte von Diagonalmatrizen unmittelbar angegeben werden können, ist folgendes Ziel naheliegend: Eine beliebige Matrix A wird in eine Diagonalmatrix transformiert. Dabei sollen bei der Transformation die Eigenwerte erhalten bleiben. Bei einer reellen Diagonalmatrix (mit reellen Diagonalelementen) sind alle n Eigenwerte reell. Aus diesem Grund können nur Matrizen mit lauter reellen Eigenwerten zu einer reellen Diagonalmatrix ähnlich sein. Daher müssen wir uns auf Matrizen beschränken, die nur reelle Eigenwerte besitzen.

Satz 5 (Eigenwerte und Eigenvektoren symmetrischer Matrizen):

Es sei A eine reelle, symmetrische $n \times n$ - Matrix; es gelte also $A = \overline{A}$ und $A = A^T$ (transponierte Matrix).

a) Dann sind alle Eigenwerte von A reell. Dabei können Eigenwerte auch übereinstimmen.

b) Eigenvektoren zu verschiedenen Eigenwerten sind orthogonal.

c) $\lambda = 0$ ist genau dann Eigenwert, wenn A singulär ist, also für $\det(A) = 0$.

d) Ist λ ein Eigenwert von A mit der Vielfachheit r, dann hat die Matrix $(A - \lambda E)$ den Rang $n - r$. Die Gleichung

$$(A - \lambda E)\,\vec{x} = \vec{0}$$

besitzt dann r linear unabhängige Lösungen.

Beweis:

a) Wir nehmen an, A besitze einen komplexen Eigenwert λ mit einem zugehörigen komplexen Eigenvektor $\vec{x}$. Nach Satz 3 besitzt dann A auch den konjugiert komplexen Eigenwert $\overline{\lambda}$ und den zugehörigen Eigenvektor $\overline{\vec{x}}$. Es gilt also

$$A\,\vec{x} = \lambda\,\vec{x} \tag{2}$$

$$A\,\overline{\vec{x}} = \overline{\lambda}\,\overline{\vec{x}} \quad \Leftrightarrow \quad (A\,\overline{\vec{x}})^T = \overline{\lambda}\,\overline{\vec{x}}^T \,.$$

Wegen $A^T = A$ gilt $(A\,\overline{\vec{x}})^T = \overline{\vec{x}}^T A^T = \overline{\vec{x}}^T A$, also

$$\overline{\vec{x}}^T A = \overline{\lambda}\,\overline{\vec{x}}^T \,. \tag{3}$$

Gleichung (2) wird von links mit $\overline{\vec{x}}^T$ multipliziert und (3) von rechts mit $\vec{x}$. Dann erhält man

$$\overline{\vec{x}}^T A\,\vec{x} = \lambda\,\overline{\vec{x}}^T \vec{x} \quad \text{und} \quad \overline{\vec{x}}^T A\,\vec{x} = \overline{\lambda}\,\overline{\vec{x}}^T \vec{x} \,.$$

Subtraktion dieser beiden Gleichungen ergibt

$$0 = (\lambda - \overline{\lambda})\,\overline{\vec{x}}^T \vec{x} \,.$$

Wegen $\vec{x} \neq \vec{0}$ ist nach (1) $\overline{\vec{x}}^T \vec{x} > 0$. Damit folgt $\lambda = \overline{\lambda}$. Alle Eigenwerte und Eigenvektoren von A sind also reell.

b) λ_i und λ_k seien verschiedene Eigenwerte von A und $\vec{x}_i$ und $\vec{x}_k$ zugehörige Eigenvektoren. Die Gleichungen

$$A\,\vec{x}_i = \lambda_i\,\vec{x}_i \quad \text{und} \quad A\,\vec{x}_k = \lambda_k\,\vec{x}_k$$

werden von links mit $\vec{x}_k^T$ bzw. mit $\vec{x}_i^T$ multipliziert. Dann erhält man wegen $A^T = A$

$$\vec{x}_k^T A\,\vec{x}_i = \lambda_i\,\vec{x}_k^T\,\vec{x}_i \tag{4}$$

$$\vec{x}_i^T A\,\vec{x}_k = \lambda_k\,\vec{x}_i^T\,\vec{x}_k \quad\Leftrightarrow\quad (\vec{x}_i^T A\,\vec{x}_k)^T = \lambda_k(\vec{x}_i^T\,\vec{x}_k)^T \quad\Leftrightarrow$$

$$\vec{x}_k^T A\,\vec{x}_i = \lambda_k\,\vec{x}_k^T\,\vec{x}_i \,. \tag{5}$$

Subtraktion der Gleichungen (4) und (5) ergibt

$$0 = (\lambda_i - \lambda_k)\,\vec{x}_k^T\,\vec{x}_i \,.$$

Wegen $\lambda_i \neq \lambda_k$ folgt hieraus $\vec{x}_k^T\,\vec{x}_i = 0$. Die beiden Eigenvektoren sind also orthogonal.

c) $\lambda = 0$ ist genau dann Eigenwert von A, wenn die Gleichung $A\,\vec{x} = \vec{0}$ nichttriviale Lösungen $\vec{x} \neq \vec{0}$ besitzt. Dies ist genau dann der Fall, wenn A singulär ist, also für $\det(A) = 0$.

d) Der nicht elementare Beweis ist z. B. in Kochendörfer [1957], S. 97 zu finden.

Bemerkung: Wegen d) gibt es zu einem r-fachen Eigenwert einer symmetrischen rellen Matrix r linear unabhängige Eigenvektoren. Jede Linearkombination dieser r unabhängigen Eigenwerktoren ist dann auch wieder Eigenvektor.

Beispiel 5: $A = \begin{pmatrix} 5 & 1 \\ 1 & 3 \end{pmatrix}$; wegen $A^T = A$ ist A symmetrisch.

$$A - \lambda E = \begin{pmatrix} 5-\lambda & 1 \\ 1 & 3-\lambda \end{pmatrix};$$

$$P_2(\lambda) = \det(A - \lambda E) = (5-\lambda)(3-\lambda) - 1 = 15 - 8\lambda + \lambda^2 - 1$$

$$= \lambda^2 - 8\lambda + 14 = 0; \quad \lambda_1 = 4 + \sqrt{2}; \quad \lambda_2 = 4 - \sqrt{2}\,.$$

Eigenvektoren zu $\lambda_1 = 4 + \sqrt{2}$:

$$A - \lambda_1 E = \begin{pmatrix} 1-\sqrt{2} & 1 \\ 1 & -1-\sqrt{2} \end{pmatrix}; \quad \begin{pmatrix} 1-\sqrt{2} & 1 \\ 1 & -1-\sqrt{2} \end{pmatrix}\begin{pmatrix} x \\ y \end{pmatrix} = \begin{pmatrix} 0 \\ 0 \end{pmatrix}.$$

Wegen $\mathrm{Rg}(A - \lambda_1 E) = 1$ muß nur eine Gleichung gelöst werden:

$(1 - \sqrt{2})\, x + y = 0\,; \;\; x = \alpha \;\; (\text{beliebig}) \Rightarrow y = (\sqrt{2} - 1)\alpha\,;$

$\vec{x}_1 = \alpha \cdot \begin{pmatrix} 1 \\ \sqrt{2} - 1 \end{pmatrix}\,; \; \alpha \in \mathbb{R},\; \alpha \text{ beliebig.}$

Eigenvektoren zu $\lambda_2 = 4 - \sqrt{2}$:

$$A - \lambda_2\, E = \begin{pmatrix} 1 + \sqrt{2} & 1 \\ 1 & -1 + \sqrt{2} \end{pmatrix}\,; \; \begin{pmatrix} 1 + \sqrt{2} & 1 \\ 1 & -1 + \sqrt{2} \end{pmatrix} \begin{pmatrix} x \\ y \end{pmatrix} = \begin{pmatrix} 0 \\ 0 \end{pmatrix}.$$

$(1 + \sqrt{2})\, x + y = 0\,; \;\; x = \beta \in \mathbb{R} \;\; (\beta \text{ beliebig}) \;\; \Rightarrow \;\; y = -(1 + \sqrt{2})\beta\,;$

$\vec{x}_2 = \beta \cdot \begin{pmatrix} 1 \\ -1 - \sqrt{2} \end{pmatrix}\,; \; \beta \in \mathbb{R}.$

$\vec{x}_2^{\,T} \cdot \vec{x}_1 = \alpha\,\beta\,[1 - (\sqrt{2} - 1)(\sqrt{2} + 1)] = \alpha\,\beta\,[1 - 1] = 0 \;\; \Rightarrow \;\; \vec{x}_1 \perp \vec{x}_2.$

Bei symmetrischen Matrizen sind Eigenvektoren $\vec{x}_i$ und $\vec{x}_k$ zu verschiedenen Eigenwerten $\lambda_i \neq \lambda_k$ orthogonal. Durch die Normierung

$$\vec{y}_i = \frac{\vec{x}_i}{|\vec{x}_i|}\,; \;\; \vec{y}_k = \frac{\vec{x}_k}{|\vec{x}_k|}$$

erhält man orthogonale Eigenvektoren der Länge Eins, also **orthonormale** Eigenvektoren.

Zu einem Eigenwert der Vielfachheit r gibt es nach Satz 5 d) r linear unabhängige Eigenvektoren, die im allgemeinen nicht orthogonal sind. Jede Linearkombination davon ist dann wieder Eigenvektor. Die r unabhängigen Eigenvektoren können jedoch so umgeformt werden, daß orthonormale Eigenvektoren entstehen. Dazu benutzt man das nach **Erhard Schmidt** (1876 – 1959) benannte Orthonormalisierungsverfahren, das hier ohne Beweis angegeben werden soll.

Satz 6 (Schmidtsches Orthonormalisierungsverfahren):

$\vec{x}_1,\; \vec{x}_2, ..., \vec{x}_r$ seien linear unabhängige Vektoren des $\mathbb{R}^n$. Daraus berechnet man der Reihe nach

$$\vec{y}_1 = \vec{x}_1\,; \;\; \vec{z}_1 = \frac{\vec{y}_1}{|\vec{y}_1|} = \frac{\vec{x}_1}{|\vec{x}_1|}\,;$$

$$\vec{y}_i = \vec{x}_i - \sum_{k=1}^{i-1} (\vec{x}_i^{\,T} \cdot \vec{z}_k)\, \vec{z}_k\,; \;\; \vec{z}_i = \frac{\vec{y}_i}{|\vec{y}_i|} \;\; \text{für } i = 2, 3, ..., n.$$

Dann bilden die Vektoren $\vec{z}_1,\; \vec{z}_2, ..., \vec{z}_n$ ein Orthonormalsystem. Sie sind also paarweise orthogonal und besitzen jeweils den Betrag 1.

Beweis s. Artmann [1986], S. 218.

Aus den Sätzen 5 und 6 folgt unmittelbar der

Satz 7: Es sei A eine reelle, symmetrische Matrix. Dann besitzt die Matrix n reelle Eigenwerte $\lambda_1, \lambda_2, \ldots, \lambda_n$, von denen manche gleich sein können. Dazu gibt es n Eigenvektoren $\vec{x}_1, \vec{x}_2, \ldots, \vec{x}_n$, die ein Orthonormalsystem bilden (paarweise orthogonal mit dem Betrag 1).

Beispiel 6: Gesucht sind alle Eigenwerte sowie ein Orthonormalsystem von Eigenvektoren der symmetrischen Matrix

$$A = \begin{pmatrix} 2 & 1 & -1 \\ 1 & 2 & -1 \\ -1 & -1 & 2 \end{pmatrix}; \quad A - \lambda E = \begin{pmatrix} 2-\lambda & 1 & -1 \\ 1 & 2-\lambda & -1 \\ -1 & -1 & 2-\lambda \end{pmatrix}.$$

Bei der Berechnung der Determinate $|A - \lambda E|$ wird zuerst zur dritten Zeile die zweite addiert. Anschließend wird von der zweiten Spalte die dritte subtrahiert. Dadurch ändert sich die Determinante nicht.

$$\det \begin{pmatrix} 2-\lambda & 1 & -1 \\ 1 & 2-\lambda & -1 \\ -1 & -1 & 2-\lambda \end{pmatrix} = \det \begin{pmatrix} 2-\lambda & 1 & -1 \\ 1 & 2-\lambda & -1 \\ 0 & 1-\lambda & 1-\lambda \end{pmatrix}$$

$$= \det \begin{pmatrix} 2-\lambda & 2 & -1 \\ 1 & 3-\lambda & -1 \\ 0 & 0 & 1-\lambda \end{pmatrix}.$$

Entwicklung nach der dritten Zeile ergibt

$$P_3(\lambda) = \det(A - \lambda E) = (1-\lambda) \cdot \det \begin{pmatrix} 2-\lambda & 2 \\ 1 & 3-\lambda \end{pmatrix}$$

$$= (1-\lambda) \cdot [(2-\lambda) \cdot (3-\lambda) - 2] = (1-\lambda) \cdot (\lambda^2 - 5\lambda + 4) = 0.$$

$\underline{\lambda_1 = 1};$

$\lambda^2 - 5\lambda + 4 = 0 \quad \Rightarrow \quad \underline{\lambda_2 = 1}; \quad \underline{\lambda_3 = 4}.$ $\lambda_1 = 1$ ist zweifacher Eigenwert.

Normierter Eigenvektor zu $\lambda_3 = 4$:

$$(A - 4E)\,\vec{x} = \begin{pmatrix} -2 & 1 & -1 \\ 1 & -2 & -1 \\ -1 & -1 & -2 \end{pmatrix} \cdot \begin{pmatrix} x_1 \\ x_2 \\ x_3 \end{pmatrix} = \begin{pmatrix} 0 \\ 0 \\ 0 \end{pmatrix}.$$

Wegen $\mathrm{Rg}(A - 4E) = 2$ genügt die Lösung der beiden letzten Gleichungen

$$\left.\begin{array}{r} x_1 - 2x_2 - x_3 = 0 \\ -x_1 - x_2 - 2x_3 = 0 \end{array}\right\} +$$

$$-3x_2 - 3x_3 = 0 \Rightarrow x_2 = 1;\ x_3 = -1;\ x_1 = 2x_2 + x_3 = 1;$$

$$\vec{x}_1 = \begin{pmatrix} 1 \\ 1 \\ -1 \end{pmatrix};\quad |\vec{x}_1| = \sqrt{3};\quad \text{normierter Vektor}\quad \vec{z}_1 = \frac{1}{\sqrt{3}} \cdot \begin{pmatrix} 1 \\ 1 \\ -1 \end{pmatrix}.$$

Orthonormale Eigenvektoren zu $\lambda_1 = 1$ (zweifacher Eigenwert):

$$(A - E)\,\vec{x} = \begin{pmatrix} 1 & 1 & -1 \\ 1 & 1 & -1 \\ -1 & -1 & 1 \end{pmatrix} \begin{pmatrix} x_1 \\ x_2 \\ x_3 \end{pmatrix} = \begin{pmatrix} 0 \\ 0 \\ 0 \end{pmatrix}.$$

Die Matrix $(A - E)$ hat den Rang 1 ($= 3 - 2$ nach Satz 5 d)).

Damit muß nur die Gleichung

$$x_1 + x_2 - x_3 = 0$$

gelöst werden. Von dieser Gleichung geben wir zunächst zwei spezielle linear unabhängige Lösungen an:

$$\vec{x}_2 = \begin{pmatrix} 1 \\ 0 \\ 1 \end{pmatrix};\quad \vec{x}_3 = \begin{pmatrix} 1 \\ 1 \\ 2 \end{pmatrix};\quad \text{diese beiden Vektoren stehen senkrecht auf } \vec{z}_1.$$

Mit dem Schmidtschen Orthonormalisierungsverfahren aus Satz 6 erhält man:

$$\vec{z}_2 = \frac{\vec{x}_2}{|\vec{x}_2|} = \frac{1}{\sqrt{2}} \cdot \begin{pmatrix} 1 \\ 0 \\ 1 \end{pmatrix};$$

$$\vec{y}_3 = \vec{x}_3 - (\vec{x}_3^T \cdot \vec{z}_2)\,\vec{z}_2$$

$$= \begin{pmatrix} 1 \\ 1 \\ 2 \end{pmatrix} - (1;1;2) \cdot \frac{1}{\sqrt{2}} \cdot \begin{pmatrix} 1 \\ 0 \\ 1 \end{pmatrix} \cdot \frac{1}{\sqrt{2}} \cdot \begin{pmatrix} 1 \\ 0 \\ 1 \end{pmatrix}$$

$$= \begin{pmatrix} 1 \\ 1 \\ 2 \end{pmatrix} - \frac{3}{2} \cdot \begin{pmatrix} 1 \\ 0 \\ 1 \end{pmatrix} = \begin{pmatrix} -\frac{1}{2} \\ 1 \\ \frac{1}{2} \end{pmatrix};\quad |\vec{y}_3|^2 = \frac{1}{4} + 1 + \frac{1}{4} = \frac{3}{2};\quad |\vec{y}_3| = \sqrt{\frac{3}{2}} = \frac{\sqrt{6}}{2};$$

$$\vec{z}_3 = \frac{\vec{y}_3}{|\vec{y}_3|} = \frac{2}{\sqrt{6}} \cdot \begin{pmatrix} -\frac{1}{2} \\ 1 \\ \frac{1}{2} \end{pmatrix} = \frac{1}{\sqrt{6}} \cdot \begin{pmatrix} -1 \\ 2 \\ 1 \end{pmatrix}.$$

Ergebnis: Eigenwerte $\lambda_1 = 4$ (einfach); $\lambda_2 = 1$ (doppelt).

Orthonormalsystem zugehöriger Eigenvektoren:

$$\vec{z}_1 = \frac{1}{\sqrt{3}} \cdot \begin{pmatrix} 1 \\ 1 \\ -1 \end{pmatrix}; \quad \vec{z}_2 = \frac{1}{\sqrt{2}} \cdot \begin{pmatrix} 1 \\ 0 \\ 1 \end{pmatrix}; \quad \vec{z}_3 = \frac{1}{\sqrt{6}} \cdot \begin{pmatrix} -1 \\ 2 \\ 1 \end{pmatrix}.$$

Allgemein seien $\lambda_1, \lambda_2, \dots, \lambda_n$ die (reellen) Eigenwerte der rellen, symmetrischen $n \times n$-Matrix A, wobei Eigenwerte gleich sein können. Nach Satz 7 seien

$$\vec{x}_1 = \begin{pmatrix} x_{11} \\ x_{21} \\ \vdots \\ x_{n1} \end{pmatrix}; \quad \vec{x}_2 = \begin{pmatrix} x_{12} \\ x_{22} \\ \vdots \\ x_{n2} \end{pmatrix}; \quad \vec{x}_i = \begin{pmatrix} x_{1i} \\ x_{2i} \\ \vdots \\ x_{ni} \end{pmatrix}; \dots; \quad \vec{x}_n = \begin{pmatrix} x_{1n} \\ x_{2n} \\ \vdots \\ x_{nn} \end{pmatrix}$$

zugehörige **orthonormale** Eigenvektoren mit

$$A \vec{x}_i = \lambda_i \vec{x}_i \quad \text{für} \quad i = 1, 2, \dots, n.$$

Wegen der Orthonormalität der n Eigenvektoren gilt

$$\vec{x}_i^T \cdot \vec{x}_i = |\vec{x}_i|^2 = \sum_{l=1}^{n} x_{li}^2 = 1 \quad \text{für } i = 1, 2, \dots, n;$$

$$\vec{x}_i^T \cdot \vec{x}_j = 0 \quad \text{für alle } i \neq j. \tag{6}$$

Die n Eigenvektoren (Spaltenvektoren) fassen wir zusammen zur Matrix

$$X = (\vec{x}_1, \vec{x}_2, \dots, \vec{x}_n) = \begin{pmatrix} x_{11} & x_{12} & \cdots & x_{1n} \\ x_{21} & x_{22} & \cdots & x_{2n} \\ \vdots & \vdots & \vdots & \vdots \\ x_{n1} & x_{n2} & \cdots & x_{nn} \end{pmatrix}.$$

Wegen (6) gilt mit der transponierten Matrix X^T

$$X^T \cdot X = \begin{pmatrix} x_{11} & x_{21} & \cdots & x_{n1} \\ x_{12} & x_{22} & \cdots & x_{n2} \\ \vdots & \vdots & \vdots & \vdots \\ x_{1n} & x_{2n} & \cdots & x_{nn} \end{pmatrix} \cdot \begin{pmatrix} x_{11} & x_{12} & \cdots & x_{1n} \\ x_{21} & x_{22} & \cdots & x_{2n} \\ \vdots & \vdots & \vdots & \vdots \\ x_{n1} & x_{n2} & \cdots & x_{nn} \end{pmatrix}$$

$$= \begin{pmatrix} \vec{x}_1^T \\ \vec{x}_2^T \\ \vdots \\ \vec{x}_n^T \end{pmatrix} \cdot (\vec{x}_1, \vec{x}_2, \dots, \vec{x}_n) = \begin{pmatrix} 1 & 0 & \cdots & 0 \\ 0 & 1 & \cdots & 0 \\ \vdots & \vdots & \vdots & \vdots \\ 0 & 0 & \cdots & 0 \end{pmatrix} = E.$$

Weil die Matrix X regulär ist, folgt hieraus

$X^T = X^{-1}$ (inverse Matrix).

Die Eigenwerte fassen wir zusammen zur Diagonalmatrix

$$\Lambda = \begin{pmatrix} \lambda_1 & 0 & \cdots & 0 \\ 0 & \lambda_2 & \cdots & 0 \\ \vdots & \vdots & \vdots & \vdots \\ 0 & 0 & \cdots & \lambda_n \end{pmatrix} ; \text{ Elemente } \lambda_{ij} = \begin{cases} \lambda_i & \text{für } i = j \\ 0 & \text{für } i \neq j \end{cases}.$$

Mit diesen Bezeichnungen gilt

$A X = X \Lambda.$

Diese Matrixgleichung multiplizieren wir von links mit $X^T = X^{-1}$ und erhalten

$X^T A X = X^{-1} A X = X^{-1} X \Lambda = \Lambda.$

Damit gilt allgemein:

$X^T A X = X^{-1} A X = \Lambda; \quad A = X \Lambda X^{-1} = X \Lambda X^T.$

Die symmetrische Matrix A ist also ähnlich zur Diagonalmatrix Λ, deren Diagonalelemente die Eigenwerte von A sind.

Satz 8: Es sei A eine reelle, symmetrische n × n-Matrix. $\lambda_1, \lambda_2, \ldots, \lambda_n$ seien die Eigenwerte von A. Λ sei die Diagonalmatrix, wobei die Diagonalelemente λ_{ii} der Reihe nach die Eigenwerte λ_i sind.

Die Spaltenvektoren der Matrix $X = (\vec{x}_1, \vec{x}_2, \ldots, \vec{x}_n)$ sollen ein Orthonormalsystem zugehöriger Eigenvektoren bilden, wobei $\vec{x}_i$ zum Eigenwert λ_i gehört. Dann gilt

a) $X^T X = E$ (Einheitsmatrix); $X^T = X^{-1}$;

$X^T A X = X^{-1} A X = \Lambda; \quad A = X \Lambda X^{-1} = X A X^T.$

Die Matrix A und die Diagonalmatrix Λ sind also ähnlich.

b) Für jedes $m \in \mathbb{N}$ besitzt die m-te Potenz A^m die Eigenwerte

$\lambda_1^m, \lambda_2^m, \ldots, \lambda_n^m$ mit zugehörigen Eigenvektoren $\vec{x}_1, \vec{x}_2, \ldots, \vec{x}_n$.

Es gilt also $A^m = X \Lambda^m X^T = X \Lambda^m X^{-1}.$

Beweis

a) wurde bereits oben gezeigt.

b) Aus $A = X \Lambda X^T$, $X^T X = E$ und dem Assoziativgesetz der Matrizen-multiplikation folgt

$$A^m = (X \Lambda X^T)^m = (X \Lambda X^T) \cdot (X \Lambda X^T) \cdot \ldots \cdot (X \Lambda X^T) \quad \text{(m Faktoren)}$$
$$= (X \Lambda)(X^T X) \Lambda (X^T X) \cdot \ldots \cdot \Lambda X^T = X \Lambda^m X^T.$$

Hieraus folgt wegen $X^T X = E$

$$A^m X = X \Lambda^m X^T X = X \Lambda^m, \text{ also}$$

$$A^m X = X \Lambda^m. \tag{7}$$

Dabei gilt

$$\Lambda^m = \begin{pmatrix} \lambda_1 & 0 & \cdots & 0 \\ 0 & \lambda_2 & \cdots & 0 \\ \vdots & \vdots & \vdots & \vdots \\ 0 & 0 & \cdots & \lambda_n \end{pmatrix} \cdot \ldots \cdot \begin{pmatrix} \lambda_1 & 0 & \cdots & 0 \\ 0 & \lambda_2 & \cdots & 0 \\ \vdots & \vdots & \vdots & \vdots \\ 0 & 0 & \cdots & \lambda_n \end{pmatrix} = \begin{pmatrix} \lambda_1^m & 0 & \cdots & 0 \\ 0 & \lambda_2^m & \cdots & 0 \\ \vdots & \vdots & \vdots & \vdots \\ 0 & 0 & \cdots & \lambda_n^m \end{pmatrix}$$

Gleichung (7) ist gleichwertig mit

$$A^m \cdot (\vec{x}_1, \vec{x}_2, \ldots, \vec{x}_n) = (\vec{x}_1, \vec{x}_2, \ldots, \vec{x}_n) \cdot \begin{pmatrix} \lambda_1^m & 0 & \cdots & 0 \\ 0 & \lambda_2^m & \cdots & 0 \\ \vdots & \vdots & \vdots & \vdots \\ 0 & 0 & \cdots & \lambda_n^m \end{pmatrix}$$
$$= (\lambda_1^m \vec{x}_1, \lambda_2^m \vec{x}_2, \ldots, \lambda_n^m \vec{x}_n).$$

Vergleich der i-ten Spalten in diesen beiden Matrizen ergibt

$$A^m \cdot \vec{x}_i = \lambda_i^m \cdot \vec{x}_i \quad \text{für } i = 1, 2, \ldots, n.$$

Damit ist auch b) bewiesen.

Praktische Berechnung der m-ten Potenz einer symmetrischen Matrix:

Mit Hilfe der Formel $A^m = X \Lambda^m X^T$ aus Satz 8 b) können beliebige Poten-zen von reellen, symmetrischen Matrizen sehr einfach berechnet werden, falls die Eigenwerte und ein Orthonormalsystem von zugehörigen Eigenvek-toren bekannt sind.

Beispiel 7 (vgl. Beispiel 6): Für jedes $m \in \mathbb{R}$ soll die m-te Potenz von

$$A = \begin{pmatrix} 2 & 1 & -1 \\ 1 & 2 & -1 \\ -1 & -1 & 2 \end{pmatrix}$$

aus Beispiel 6 in einer geschlossenen Form angegeben werden.

In Beispiel 6 wurden bereits folgende Größen berechnet:

$$\Lambda = \begin{pmatrix} 4 & 0 & 0 \\ 0 & 1 & 0 \\ 0 & 0 & 1 \end{pmatrix}; \quad X = \begin{pmatrix} \frac{1}{\sqrt{3}} & \frac{1}{\sqrt{2}} & -\frac{1}{\sqrt{6}} \\ \frac{1}{\sqrt{3}} & 0 & \frac{2}{\sqrt{6}} \\ -\frac{1}{\sqrt{3}} & \frac{1}{\sqrt{2}} & \frac{1}{\sqrt{6}} \end{pmatrix}.$$

Nach Satz 8 b) gilt für jedes $m \in \mathbb{R}$

$$A^m = \begin{pmatrix} \frac{1}{\sqrt{3}} & \frac{1}{\sqrt{2}} & -\frac{1}{\sqrt{6}} \\ \frac{1}{\sqrt{3}} & 0 & \frac{2}{\sqrt{6}} \\ -\frac{1}{\sqrt{3}} & \frac{1}{\sqrt{2}} & \frac{1}{\sqrt{6}} \end{pmatrix} \begin{pmatrix} 4^m & 0 & 0 \\ 0 & 1 & 0 \\ 0 & 0 & 1 \end{pmatrix} \begin{pmatrix} \frac{1}{\sqrt{3}} & \frac{1}{\sqrt{3}} & -\frac{1}{\sqrt{3}} \\ \frac{1}{\sqrt{2}} & 0 & \frac{1}{\sqrt{2}} \\ -\frac{1}{\sqrt{6}} & \frac{2}{\sqrt{6}} & \frac{1}{\sqrt{6}} \end{pmatrix}$$

$$= \begin{pmatrix} \frac{4^m}{\sqrt{3}} & \frac{1}{\sqrt{2}} & -\frac{1}{\sqrt{6}} \\ \frac{4^m}{\sqrt{3}} & 0 & \frac{2}{\sqrt{6}} \\ -\frac{4^m}{\sqrt{3}} & \frac{1}{\sqrt{2}} & \frac{1}{\sqrt{6}} \end{pmatrix} \begin{pmatrix} \frac{1}{\sqrt{3}} & \frac{1}{\sqrt{3}} & -\frac{1}{\sqrt{3}} \\ \frac{1}{\sqrt{2}} & 0 & \frac{1}{\sqrt{2}} \\ -\frac{1}{\sqrt{6}} & \frac{2}{\sqrt{6}} & \frac{1}{\sqrt{6}} \end{pmatrix}$$

$$= \begin{pmatrix} \frac{4^m + 2}{3} & \frac{4^m - 1}{3} & \frac{1 - 4^m}{3} \\ \frac{4^m - 1}{3} & \frac{4^m + 2}{3} & \frac{1 - 4^m}{3} \\ \frac{1 - 4^m}{3} & \frac{1 - 4^m}{3} & \frac{4^m + 2}{3} \end{pmatrix}$$

$$= \frac{1}{3} \cdot \left\{ 4^m \cdot \begin{pmatrix} 1 & 1 & -1 \\ 1 & 1 & -1 \\ -1 & -1 & 1 \end{pmatrix} + \begin{pmatrix} 2 & -1 & 1 \\ -1 & 2 & 1 \\ 1 & 1 & 2 \end{pmatrix} \right\} \quad \text{für } m = 1, 2, \ldots$$

15.3 Quadratische Formen

15.3.1 Standard-Darstellung von quadratischen Formen

Beispiel 8: Ein Unternehmen stellt zwei Produkte A und B her. Bei einem Preis x je ME für das Produkt A und y für B lauten die Nachfragemengen für die beiden Produkte:

nach Produkt A: $f_A(x,y) = -2x + 6y$ für $-2x + 6y \geq 0$

nach Produkt B: $f_B(x,y) = 8x - 4y$ für $8x - 4y \geq 0$.

Der Erlös aus beiden Produkten zusammen beträgt dann

$$Q(x,y) = x \cdot f_A(x,y) + y \cdot f_B(x,y) = -2x^2 + 6xy + 8xy - 4y^2$$
$$= -2x^2 - 4y^2 + 14xy.$$

Die quadratische Form kann in Matrizenschreibweise dargestellt werden:

$$Q(x,y) = (x,y) \cdot \begin{pmatrix} -2 & 14 \\ 0 & -4 \end{pmatrix} \cdot \begin{pmatrix} x \\ y \end{pmatrix} = \vec{x}^T B \, \vec{x} \tag{8}$$

mit dem Vektor $\vec{x} = \begin{pmatrix} x \\ y \end{pmatrix}$ und der Matrix $B = \begin{pmatrix} -2 & 14 \\ 0 & -4 \end{pmatrix}$.

Die Matrix B ist nicht symmetrisch. Da symmetrische Matrizen bezüglich der Eigenwerte und Eigenvektoren nach Abschnitt 15.2 günstige Eigenschaften besitzen, versuchen wir (8) mit Hilfe einer symmetrischen Matrix A darzustellen. Offensichtlich ist (8) gleichwertig mit

$$Q(x,y) = (x,y) \cdot \begin{pmatrix} -2 & 7 \\ 7 & -4 \end{pmatrix} \cdot \begin{pmatrix} x \\ y \end{pmatrix} = \vec{x}^T A \, \vec{x}. \tag{9}$$

Dabei ist $A = \begin{pmatrix} -2 & 7 \\ 7 & -4 \end{pmatrix}$ eine symmetrische Matrix mit

$$A = \tfrac{1}{2}(B + B^T).$$

Definition 3 (quadratische Form):

Eine **quadratische Form** in n (rellen) Veränderlichen $x_1, x_2, \ldots, x_n$ ist ein Ausdruck

$$
\begin{aligned}
Q(x_1, x_2, \ldots, x_n) = a_{11}x_1^2 &+ 2a_{12}x_1x_2 + 2a_{13}x_1x_3 + \ldots + 2a_{1n}x_1x_n \\
&+ a_{22}x_2^2 + 2a_{23}x_2x_3 + \ldots + 2a_{2n}x_2x_n \\
&+ a_{33}x_3^2 + \ldots + 2a_{3n}x_3x_n \\
&+ \ldots\ldots\ldots\ldots\ldots \\
&+ a_{nn}x_n^2.
\end{aligned}
\tag{10'}
$$

Dabei sind a_{ik} reelle Koeffizienten.

Bemerkung:

In der quadratischen Form $(10')$ treten nur Quadrate der Variablen und gemischte Produkte von jeweils zwei Variablen auf. Dabei werden noch Multiplikationen mit reellen Zahlen und anschließende Additionen zugelassen. Bei den gemischten Produkten steht in $(10')$ der Faktor 2 aus technischen Gründen. Analog zu Beispiel 8 soll diese quadratische Form mit Hilfe einer symmetrischen Matrix A dargestellt werden.

Mit $a_{ik} = a_{ki}$ für alle $i > k$ kann $(10')$ dargestellt durch

$$
\begin{aligned}
Q(x_1, x_2, \ldots, x_n) = {} & x_1(a_{11}x_1 + a_{12}x_2 + a_{13}x_3 + \ldots + a_{1n}x_n) \\
& + x_2(a_{21}x_1 + a_{22}x_2 + a_{23}x_3 + \ldots + a_{2n}x_n) \\
& + \ldots\ldots\ldots\ldots\ldots\ldots\ldots\ldots\ldots\ldots\ldots \\
& + x_n(a_{n1}x_1 + a_{n2}x_2 + a_{n3}x_3 + \ldots + a_{nn}x_n)\,.
\end{aligned}
\tag{10''}
$$

Mit dem Vektor $\vec{x}^T = (x_1, x_2, \ldots, x_n)$ steht auf der rechten Seite von $(10')$ das skalare Produkt der beiden Vektoren $\vec{x}^T$ und $A\,\vec{x}$ (vgl. Beispiel 8). Damit läßt sich die quadratische Form aus $(10'')$ darstellen in der Standard-Form

$$
\boxed{Q(x_1, x_2, \ldots, x_n) = \vec{x}^T A\,\vec{x} \quad \text{mit } A^T = A \text{ (symmetrisch).}}
\tag{10}
$$

Dabei gilt

$$
Q(0, 0, \ldots, 0) = \vec{0}^T A\,\vec{0} = 0\,.
$$

Bemerkung:

In (10) bzw. $(10'')$ treten für $i \neq k$ die beiden gemischten Produkte $a_{ik}x_i x_k$ und $a_{ki}x_k x_i$ auf. Wegen der Symmetrie der Matrix A der quadratischen Form können diese beiden gemischten Produkte zusammengefaßt werden zu

$$
a_{ik}x_i x_k + a_{ki}x_k x_i = (a_{ik} + a_{ki})x_i x_k = 2\,a_{ik}x_i x_k\,.
$$

Die quadratische Form sei in folgender Darstellung gegeben:

$$
\begin{aligned}
Q(x_1, x_2, \ldots, x_n) = {} & b_{11}x_1^2 + b_{12}x_1 x_2 + b_{13}x_1 x_3 + \ldots + b_{1n}x_1 x_n \\
& + b_{22}x_2^2 + b_{23}x_2 x_3 + \ldots + b_{2n}x_2 x_n \\
& + b_{33}x_3^2 + \ldots + b_{3n}x_3 x_n \\
& + \ldots\ldots\ldots\ldots \\
& + b_{nn}x_n^2\,.
\end{aligned}
$$

Diese quadratische Form kann dargestellt werden durch

$$Q(x_1, x_2, \ldots, x_n) = \vec{x}^T B \, \vec{x}$$

mit der Dreiecksmatrix

$$B = \begin{pmatrix} b_{11} & b_{12} & \cdots & b_{1n} \\ 0 & b_{22} & \cdots & b_{2n} \\ \vdots & \vdots & \vdots & \vdots \\ 0 & 0 & \cdots & b_{nn} \end{pmatrix} \; ; \; b_{ik} = 0 \quad \text{für } i > k \, .$$

Wir setzen

$$a_{ii} = b_{ii} \quad \text{für} \quad i = 1, 2, \ldots, n$$

$$a_{ik} = \tfrac{1}{2} b_{ik} \quad \text{für} \quad i < k \quad \text{und} \quad a_{ik} = a_{ki} = \tfrac{1}{2} b_{ki} \quad \text{für } i > k \, .$$

Dadurch entsteht eine symmetrische Matrix A mit

$$A = \tfrac{1}{2}(B + B^T).$$

Die quadratische Form geht damit über in $\vec{x}^T A \, \vec{x}$.

15.3.2 Die allgemeine quadratische Form

In der allgemeinen quadratischen Form

$$\begin{aligned}
\hat{Q}(x_1, x_2, \ldots, x_n) = {}& a_{11}x_1^2 + 2\,a_{12}\,x_1\,x_2 + 2\,a_{13}\,x_1\,x_3 + \ldots + 2\,a_{1n}\,x_1\,x_n \\
& + \; a_{22}\,x_2^2 \; + 2\,a_{23}\,x_2\,x_3 + \ldots + 2\,a_{2n}\,x_2\,x_n \\
& \qquad + \; a_{33}\,x_3^2 \; + \ldots + 2\,a_{3n}\,x_3\,x_n \qquad\qquad (11') \\
& \qquad\qquad + \ldots\ldots\ldots\ldots \\
& \qquad\qquad\qquad + \; a_{nn}\,x_n^2 \\
& + 2\,b_1\,x_1 + 2\,b_2\,x_2 + \ldots + 2\,b_n x_n + c
\end{aligned}$$

kommen neben den Quadraten und gemischten Produkten der Variablen noch lineare Terme vor. Mit dem Vektor $\vec{b}^T = (b_1, b_2, \ldots, b_n)$ läßt sich diese Form darstellen in der Matrizenschreibweise

$$\hat{Q}(x_1, x_2, \ldots, x_n) = \vec{x}^T A \, \vec{x} + \vec{b}^T \vec{x} + c = (\vec{x}^T A + \vec{b}^T) \vec{x} + c \, . \tag{11}$$

Durch eine lineare Transformation soll die quadratische Form (11) auf die Form (10) gebracht werden. Dazu machen wir den Ansatz:

$$\xi_i = x_i + \alpha_i \quad \text{für } i = 1, 2, \ldots, n \, .$$

Mit $\vec{\xi}^T = (\xi_1, \xi_2, \ldots, \xi_n); \quad \vec{\alpha}^T = (\alpha_1, \alpha_2, \ldots, \alpha_n)$

erhalten wir

$$\vec{\xi} = \vec{x} + \vec{\alpha} \quad \Leftrightarrow \quad \vec{x} = \vec{\xi} - \vec{\alpha}$$

Wegen $\vec{\xi}^T A \vec{\alpha} = (\vec{\xi}^T A \vec{\alpha})^T = \vec{\alpha}^T A \vec{\xi}$ geht (11) über in

$$\hat{Q}(x_1, x_2, \ldots, x_n) = \left((\vec{\xi} - \vec{\alpha})^T A + \vec{b}^T\right)(\vec{\xi} - \vec{\alpha}) + c$$

$$= \left(\vec{\xi}^T A - \vec{\alpha}^T A + \vec{b}^T\right)(\vec{\xi} - \vec{\alpha}) + c$$

$$= \vec{\xi}^T A \vec{\xi} - \vec{\alpha}^T A \vec{\xi} + \vec{b}^T \vec{\xi} - \vec{\xi}^T A \vec{\alpha} + \vec{\alpha}^T A \vec{\alpha} - \vec{b}^T \vec{\alpha} + c$$

$$= \vec{\xi}^T A \vec{\xi} - 2\vec{\alpha}^T A \vec{\xi} + \vec{b}^T \vec{\xi} + \vec{\alpha}^T A \vec{\alpha} - \vec{b}^T \vec{\alpha} + c$$

$$= \vec{\xi}^T A \vec{\xi} - \underbrace{(2\vec{\alpha}^T A - \vec{b}^T)}_{= \, 0} \vec{\xi} + \vec{\alpha}^T A \vec{\alpha} - \vec{b}^T \vec{\alpha} + c.$$

Bei der Transformation fallen die linearen Terme weg, wenn der Vektor $\vec{\alpha}$ die Bedingung

$$2\vec{\alpha}^T A - \vec{b}^T = \vec{0} \quad \Leftrightarrow \quad (2\vec{\alpha}^T A)^T = \vec{b} \quad \Leftrightarrow \quad A^T \vec{\alpha} = A\vec{\alpha} = \tfrac{1}{2}\vec{b}$$

erfüllt. Die Komponenten von $\vec{\alpha}$ müssen das lineare Gleichungssystem

$$A\vec{\alpha} = \tfrac{1}{2}\vec{b} \tag{12}$$

erfüllen. Bei einer regulären Matrix A ist der Lösungsvektor $\vec{\alpha}$ eindeutig bestimmt. (12) ist nur dann lösbar, wenn die Rangbedingung

$$\mathrm{Rg}(A) = \mathrm{Rg}(A, \vec{b})$$

erfüllt ist.

Damit gilt der

Satz 9: Gegeben sei die quadratische Form

$$\hat{Q}(x_1, x_2, \ldots, x_n) = \vec{x}^T A \vec{x} + \vec{b}^T \vec{x} + c = (\vec{x}^T A + \vec{b}^T)\vec{x} + c.$$

Der Vektor $\vec{\alpha}$ sei Lösung von

$$A\vec{\alpha} = \tfrac{1}{2}\vec{b}.$$

Dann geht durch die lineare Transformation $\vec{x} = \vec{\xi} - \vec{\alpha}$ diese quadratische Form über in

$$\hat{Q}(x_1, x_2, \ldots, x_n) = \vec{\xi}^T A \vec{\xi} + \vec{\alpha}^T A \vec{\alpha} - \vec{b}^T \vec{\alpha} + c = \vec{\xi}^T A \vec{\xi} + d, \text{ also}$$

$$\hat{Q}(x_1, x_2, \ldots, x_n) - d = \vec{\xi}^T A \vec{\xi}.$$

Wegen des Satzes 9 können wir uns auf die Untersuchung der quadratischen Standard-Form (10) beschränken.

15.3.3 Hauptachsentransformation

Wir betrachten die quadratische Form

$$Q(x_1, x_2, \ldots, x_n) = \vec{x}^T A \, \vec{x}$$

mit der symmetrischen Matrix A.

Es sei Λ die Diagonalmatrix mit den reellen Eigenwerten $\lambda_1, \lambda_2, \ldots, \lambda_n$ von A und X die Matrix, deren Spaltenvektoren die orthonormalen, zu den Eigenwerten λ_i gehörenden Eigenvektoren sind. Dabei gilt nach Satz 8

$$X X^T = E.$$

Wir betrachten die Abbildung

$$\vec{z} = X^T \vec{x}.$$

Wegen $X X^T = E$ gilt $(X^T)^{-1} = X$. Damit hat die Umkehrabbildung die Gestalt

$$\vec{x} = (X^T)^{-1} \vec{z} = X \vec{z}.$$

Mit dieser Transformation geht wegen $X^T A X = \Lambda$ die quadratische Form über in

$$Q = \vec{x}^T A \, \vec{x} = (X \vec{z})^T A X \vec{z} = \vec{z}^T X^T A X \vec{z} = \vec{z}^T \Lambda \vec{z} = \sum_{i=1}^{n} \lambda_i z_i^2. \qquad (13)$$

Kegelschnitte (für n = 2)

Mit $\vec{x}^T = (x, y)$ betrachten wir die Gleichung

$$Q = \vec{x}^T A \, \vec{x} = a_{11} x^2 + 2 a_{12} x y + a_{22} y^2 = c. \qquad (14)$$

Durch die oben beschriebene Hauptachsentransformation

$$\begin{pmatrix} \hat{x} \\ \hat{y} \end{pmatrix} = X^T \vec{x} \text{ geht diese Gleichung nach (13) über in}$$

$$Q = \lambda_1 \hat{x}^2 + \lambda_2 \hat{y}^2 = c. \qquad (15)$$

Falls (14) und damit (15) nichttriviale Lösungen besitzt, handelt es sich im allgemeinen um einen Kegelschnitt mit dem Koordinatenursprung O als Mittelpunkt und beliebigen Achsenrichtungen.

Beispiel 9: $Q = 2x^2 + 2\sqrt{3} \, x y + 4 y^2 = 25$. Die zugehörige symmetrische Matrix A lautet

$$A = \begin{pmatrix} 2 & \sqrt{3} \\ \sqrt{3} & 4 \end{pmatrix}. \quad \text{Ihre Eigenwerte erhält man aus}$$

$$\det(A - \lambda E) = \det \begin{pmatrix} 2 - \lambda & \sqrt{3} \\ \sqrt{3} & 4 - \lambda \end{pmatrix} = (2 - \lambda)(4 - \lambda) - 3 = 0$$

$8 - 6\lambda + \lambda^2 - 3 = 0; \quad \lambda^2 - 6\lambda + 5 = 0. \quad \lambda_{1,2} = 3 \mp \sqrt{4}; \quad \lambda_1 = 1; \quad \lambda_2 = 5.$
Damit geht die quadratische Form über in

$$\hat{x}^2 + 5\,\hat{y}^2 = 25 \quad | :25 \quad \Rightarrow \quad \frac{\hat{x}^2}{25} + \frac{\hat{y}^2}{5} = 1.$$

In der $\hat{x}$-$\hat{y}$-Ebene ist dies die Gleichung einer Ellipse mit der Hauptachse $a = 5$ und der Nebenachse $b = \sqrt{5}$. Die Haupt- und Nebenachse liegen auf der $\hat{x}$- bzw. $\hat{y}$- Achse.

Zur Bestimmung der Achsenrichtungen im x-y-Koordinatensystem bestimmen wir orthonormale Eigenvektoren:

$$\lambda_1 = 1: \quad \begin{pmatrix} 2-1 & \sqrt{3} \\ \sqrt{3} & 4-1 \end{pmatrix} \begin{pmatrix} x \\ y \end{pmatrix} = \vec{0} \quad \Leftrightarrow \quad x + \sqrt{3}\,y = 0; \quad y = 1; \quad x = -\sqrt{3};$$

$$x^2 + y^2 = 4; \quad \vec{x}_1 = \frac{1}{2}\begin{pmatrix} -\sqrt{3} \\ 1 \end{pmatrix} = \begin{pmatrix} -\frac{\sqrt{3}}{2} \\ \frac{1}{2} \end{pmatrix};$$

$$\lambda_2 = 5: \quad \begin{pmatrix} 2-5 & \sqrt{3} \\ \sqrt{3} & 4-5 \end{pmatrix} \begin{pmatrix} x \\ y \end{pmatrix} = \vec{0} \quad \Leftrightarrow -3x + \sqrt{3}\,y = 0 \; |: \sqrt{3} \quad \Leftrightarrow \quad -\sqrt{3}\,x + y = 0$$

$$x = 1; \quad y = \sqrt{3}; \quad x^2 + y^2 = 4;$$

$$\vec{x}_2 = \frac{1}{2}\begin{pmatrix} 1 \\ \sqrt{3} \end{pmatrix} = \begin{pmatrix} \frac{1}{2} \\ \frac{\sqrt{3}}{2} \end{pmatrix}; \quad X = \begin{pmatrix} -\frac{\sqrt{3}}{2} & \frac{1}{2} \\ \frac{1}{2} & \frac{\sqrt{3}}{2} \end{pmatrix} = \frac{1}{2}\begin{pmatrix} -\sqrt{3} & 1 \\ 1 & \sqrt{3} \end{pmatrix};$$

lineare Transformation:

$$\begin{pmatrix} \hat{x} \\ \hat{y} \end{pmatrix} = X^T \cdot \begin{pmatrix} x \\ y \end{pmatrix} = \frac{1}{2}\begin{pmatrix} -\sqrt{3} & 1 \\ 1 & -\sqrt{3} \end{pmatrix} \cdot \begin{pmatrix} x \\ y \end{pmatrix}.$$

Bestimmung der Richtungen der Hauptachsen:

$$\frac{1}{2}\begin{pmatrix} -\sqrt{3} & 1 \\ 1 & \sqrt{3} \end{pmatrix} \cdot \begin{pmatrix} 1 \\ 0 \end{pmatrix} = \begin{pmatrix} -\frac{\sqrt{3}}{2} \\ \frac{1}{2} \end{pmatrix}$$

Richtungsvektor der 1. Hauptachse der Ellipse im x-y-Koordinatensystem

$$\frac{1}{2}\begin{pmatrix} -\sqrt{3} & 1 \\ 1 & \sqrt{3} \end{pmatrix} \cdot \begin{pmatrix} 0 \\ 1 \end{pmatrix} = \begin{pmatrix} \frac{1}{2} \\ \frac{\sqrt{3}}{2} \end{pmatrix}$$

Richtungsvektor der 2. Hauptachse (=Nebenachse) der Ellipse im x-y-Koordinatensysten.

Damit kennt man im x $-$ y-Koordinatensystem die Haupt- und Nebenachse der Ellipse. Sie ist in der nachfolgenden Abbildung eingezeichnet.

Die Richtungen der beiden **Hauptachsen** der Ellipse werden im x-y-Koordinatensystem durch die beiden orthonormalen Eigenvektoren dargestellt. Die Hauptachsen werden daher durch die Aufgabe $A\,\vec{x} = \lambda\,\vec{x}$ bestimmt. Dies wird allgemein auf den n-dimensionalen Raum übertragen. Daher nennt man Transformation $\vec{z} = X^T\,\vec{x}$ **Hauptachsentransformation**.

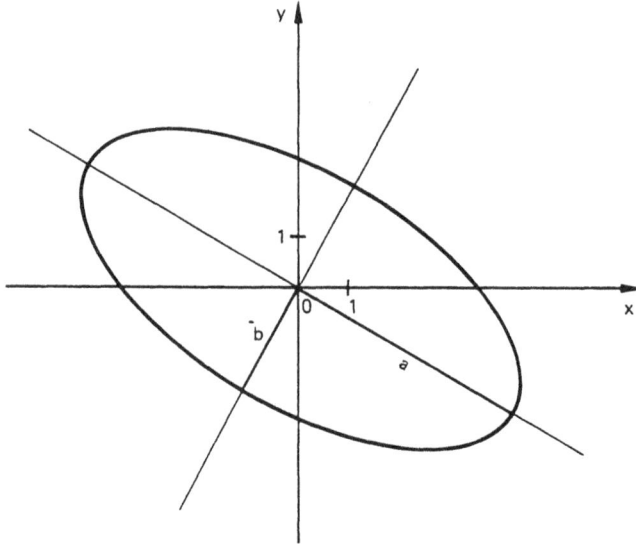

Die Art des Kegelschnitts der Gleichung

$$\lambda_1 \hat{x}^2 + \lambda_2 \hat{y}^2 = c$$

hängt von den Vorzeichen der beiden Eigenwerte λ_1, λ_2 ab. Für $c < 0$ wird die Gleichung mit -1 durchmultipliziert, so daß wir uns auf den Fall $c > 0$ beschränken können. Dann sind folgende Kegelschnitte möglich:

$\lambda_1 = 0$ oder $\lambda_2 = 0$	$\Rightarrow$	keine Lösung
$\lambda_1 < 0$; $\lambda_2 < 0$	$\Rightarrow$	keine Lösung
$\lambda_1 > 0$; $\lambda_2 > 0$; $\lambda_1 \neq \lambda_2$	$\Rightarrow$	Ellipse
$\lambda_1 = \lambda_2 > 0$	$\Rightarrow$	Kreis
$\lambda_1 < 0$; $\lambda_2 > 0$ $\lambda_1 > 0$; $\lambda_2 < 0$	$\Rightarrow$	Hyperbel.

15.3.4 Definite und semidefinite symmetrische Matrizen

Besonders interessant sind quadratische Formen, die für alle Vektoren $\vec{x} \neq \vec{0}$ positiv bzw. negativ sind. Dazu die

Definition 4 (Definitheit einer symmetrischen Matrix):

Eine symmetrische Matrix A bzw. die zugehörige quadratische Form $Q = \vec{x}^T A \vec{x}$ heißt

positiv definit,	wenn $Q = \vec{x}^T A \vec{x} > 0$ für alle $\vec{x} \neq \vec{0}$ ist;
positiv semidefinit,	wenn A nicht positiv definit ist, aber $Q = \vec{x}^T A \vec{x} \geq 0$ für alle $\vec{x} \neq \vec{0}$ ist;
negativ definit,	wenn $Q = \vec{x}^T A \vec{x} < 0$ für alle $\vec{x} \neq \vec{0}$ ist;
negativ semidefinit,	wenn A nicht negativ definit ist, aber $Q = \vec{x}^T A \vec{x} \leq 0$ für alle $\vec{x} \neq \vec{0}$ ist;
indefinit	in allen übrigen Fällen.

Bemerkung: Nach der obigen Definition ist eine semidefinite Matrix nicht definit. Bei echt definiten symmetrischen Matrizen verschwindet die zugehörige quadratische Form nur an der Stelle $\vec{x} = \vec{0}$. Bei einer semidefiniten symmetrischen Matrix gibt mindestens eine Stelle $\vec{x} \neq \vec{0}$, an der die quadratische Form $Q = \vec{x}^T A \vec{x}$ verschwindet.

Mit $\vec{x}^T = \vec{e}_i = (\,0, ..., 0, 1, 0, ..., 0\,)$ (i-ter Einheitsvektor) erhalten wir

$$\uparrow \text{i-te Stelle}$$

$$Q = \vec{e}_i^T A \vec{e}_i = a_{ii} \quad \text{(Diagonalelement)} .$$

Damit ergeben sich unmittelbar folgende notwendige Bedingungen:

Satz 10:

a) Bei einer positiv bzw. negativ definiten symmetrischen Matrix gilt
$a_{ii} > 0$ bzw. $a_{ii} < 0$ für $i = 1, 2, ..., n$.

b) Bei einer positiv bzw. negativ semidefiniten symmetrischen Matrix ist
$a_{ii} \geq 0$ bzw. $a_{ii} \leq 0$ für $i = 1, 2, ..., n$.

Bemerkung: Die Bedingungen des Satzes sind zwar notwendig, jedoch nicht hinreichend. Auch wenn sämtliche Diagonalelemente a_{ii} positiv sind, muß die Matrix keineswegs positiv definit sein (s. Beispiel 12).

Satz 11: Eine Matrix A besitze positive und negative Diagonalelemente a_{ii}. Dann ist A indefinit.

Beweis: Falls es positive und negative Diagonalelemente gibt, kann die symmetrische Matrix nach Satz 10 weder definit noch semidefinit sein. Dann ist die Matrix indefinit.

Beispiel 10 (Definitheit einer Diagonalmatrix):

$$D = \begin{pmatrix} d_1 & 0 & \cdots & 0 \\ 0 & d_2 & \cdots & 0 \\ \vdots & \vdots & \vdots & \vdots \\ 0 & 0 & \cdots & d_n \end{pmatrix} \quad ; \quad d_{ij} = \begin{cases} d_i \in \mathbb{R} & \text{für } i = j \\ 0 & \text{für } i \neq j \end{cases}.$$

Die quadratische Form einer Diagonalmatrix D lautet

$$Q(x_1, x_2, \ldots, x_n) = \vec{x}^T D \, \vec{x} = \sum_{i=1}^{n} d_i x_i^2 \, .$$

Hier gilt offensichtlich:

D ist positiv definit $\qquad \Leftrightarrow \quad d_i > 0 \quad$ für $\quad i = 1, 2, \ldots, n$

D ist positiv semidefinit $\quad \Leftrightarrow \quad d_i \geq 0 \quad$ für $\quad i = 1, 2, \ldots, n$
und mindestens ein $d_i = 0$

D ist negativ definit $\qquad \Leftrightarrow \quad d_i < 0 \quad$ für $\quad i = 1, 2, \ldots, n$

D ist negativ semidefinit $\quad \Leftrightarrow \quad d_i \leq 0 \quad$ für $\quad i = 1, 2, \ldots, n$
und mindestens ein $d_i = 0$

D ist indefinit $\qquad\qquad \Leftrightarrow \quad$ es gibt mindestens ein positives und ein negatives Diagonalelement.

Satz 12: Es sei A symmetrisch und Λ die Diagonalmatrix der Eigenwerte von A. Dann gelten folgende Äquvalenzen:

A positiv definit $\qquad \Leftrightarrow \Lambda$ positiv definit $\qquad \Leftrightarrow \lambda_i > 0$ für $i = 1, \ldots, n$

A positiv semidefinit $\Leftrightarrow \Lambda$ positiv semidefinit $\Leftrightarrow \lambda_i \geq 0$ für $i = 1, \ldots, n$
und mindestens ein Eigenwert $= 0$

A negativ definit $\qquad \Leftrightarrow \Lambda$ negativ definit $\qquad \Leftrightarrow \lambda_i < 0$ für $i = 1, \ldots, n$

A negativ semidefinit $\Leftrightarrow \Lambda$ negativ semidefinit $\Leftrightarrow \lambda_i \leq 0$ für $i = 1, \ldots, n$
und mindestens ein Eigenwert $= 0$

A indefinit $\qquad\qquad \Leftrightarrow \Lambda$ indefinit
$\Leftrightarrow$ es gibt mindestens einen positiven und einen negativen Eigenwert.

Beweis:

Mit der Hauptachsentransformation $\vec{z} = X^T \vec{x}$ gilt nach (13)

$$Q = \vec{x}^T A \vec{x} = (X\vec{z})^T A X \vec{z} = \vec{z}^T X^T A X \vec{z} = \vec{z}^T \Lambda \vec{z} = \sum_{i=1}^{n} \lambda_i z_i^2. \quad (16)$$

Wegen der Regularität der Matrizen X und X^T erhalten wir

$$\vec{z} = X^T \vec{x} = \vec{0} \;\Leftrightarrow\; \vec{x} = \vec{0} \quad \text{und} \quad \vec{z} = X^T \vec{x} \neq \vec{0} \;\Leftrightarrow\; \vec{x} \neq \vec{0}. \quad (17)$$

Aus (16) und (17) folgt

A ist positiv definit $\Leftrightarrow$ $\vec{x}^T A \vec{x} > 0$ für alle $\vec{x} \neq \vec{0}$

$\Leftrightarrow$ $\vec{z}^T \Lambda \vec{z} > 0$ für alle $\vec{z} = X^T \vec{x}$ mit $\vec{x} \neq \vec{0}$

$\Leftrightarrow$ $\vec{z}^T \Lambda \vec{z} > 0$ für alle $\vec{z} \neq \vec{0}$.

$\Leftrightarrow$ $\lambda_i > 0$ für $i = 1, 2, \ldots, n$ (nach Beispiel 10).

Damit ist die erste Aussage des Satzes bewiesen.

Die übrigen Behauptungen kann man ebenfalls mit (16), (17) und Beispiel 10 beweisen.

Bemerkungen:

a) Eine echt definite symmetrische Matrix A besitzt nicht den Eigenwert $\lambda = 0$. Die Gleichung

$$A \vec{x} = \vec{0}$$

besitzt dann nur die triviale Lösung $\vec{x} = \vec{0}$. A muß daher regulär sein.

b) Eine semidefinite Matrix A hat den Eigenwert $\lambda = 0$. Dann muß die Gleichung

$$A \vec{x} = \vec{0}$$

nichttriviale Lösungen besitzen. Die Matrix A kann muß daher singulär sein.

Die Definitheit einer symmetrischen Matrix kann auch ohne ihre Eigenwerte festgestellt werden. Dazu die

Definition 5 (Hauptunterdeterminante):

Es sei A eine symmetrische $n \times n$ - Matrix. Dann heißt für $k = 1, 2, \ldots, n$

$$\det(H_k) = \det \begin{pmatrix} a_{11} & \cdots & a_{1k} \\ \vdots & \cdots & \vdots \\ a_{k1} & \cdots & a_{kk} \end{pmatrix}$$

die k-te **Hauptunterdeterminante** von A.

Es gilt also

$$\det(H_1) = \det(a_{11}) = a_{11};$$

$$\det(H_2) = \det \begin{pmatrix} a_{11} & a_{12} \\ a_{21} & a_{22} \end{pmatrix} = a_{11} \cdot a_{22} - a_{12} \cdot a_{21};$$

$$\det(H_3) = \det \begin{pmatrix} a_{11} & a_{12} & a_{13} \\ a_{21} & a_{22} & a_{23} \\ a_{31} & a_{32} & a_{33} \end{pmatrix};$$

$$\cdots\cdots\cdots\cdots\cdots\cdots\cdots\cdots\cdots\cdots\cdots\cdots$$

$$\det(H_n) = \det(A).$$

Mit Hilfe der Hauptunterdeterminaten erhält man für die Definitheit notwendige und hinreichende, also äquivalente Bedingungen. Für die Semidefinitheit ergeben sich jedoch nur notwendige Bedingungen.

Satz 13: Es sei A eine symmetrische n × n - Matrix. Dann gilt

a) A positiv definit $\Leftrightarrow$ $\det(H_i) > 0$ für $i = 1, ..., n$

b) A negativ definit $\Leftrightarrow$ $(-1)^i \det(H_i) > 0$ für $i = 1, ..., n$

c) A positiv semidefinit $\Rightarrow$ $\det(H_i) \geq 0$ für $i = 1, ..., n$ und mindestens eine Hauptdeterminante $= 0$

d) A negativ semidefinit $\Rightarrow$ $(-1)^i \det(H_i) \geq 0$ für $i = 1, ..., n$ und mindestens eine Hauptdeterminante $= 0$.

Beweis s. Fischer [1980], S. 217.

Beispiel 11 (zweireihige symmetrische Matrizen):

Für die symmetrische Matrix $A = \begin{pmatrix} a_{11} & a_{12} \\ a_{12} & a_{22} \end{pmatrix}$ gilt:

a) $a_{11} > 0$; $a_{11}a_{22} - a_{12}^2 > 0$ $\Rightarrow$ A ist positiv definit;

b) $a_{11} < 0$; $a_{11}a_{22} - a_{12}^2 > 0$ $\Rightarrow$ A ist negativ definit.

Falls keine der Bedingungen

α) $a_{11} \geq 0$; $a_{11}a_{22} - a_{12}^2 \geq 0$ β) $a_{11} \leq 0$; $a_{11}a_{22} - a_{12}^2 \geq 0$

erfüllt ist, ist die Matrix A indefinit.

Satz 14: Es sei A eine symmetrische n x n - Matrix.
Falls keine der Bedingungen

a) $\det(H_i) \geq 0$ für $i = 1, ..., n$

b) $(-1)^i \det(H_i) \geq 0$ für $i = 1, ..., n$

erfüllt ist, ist A indefinit.

Beweis: Nach Satz 13 c) und d) kann A weder positiv noch negativ semidefinit sein. Dann ist A indefinit.

Beispiel 12 (vgl. Beispiel 8): Wir bestimmen die Eigenwerte der Matrix

$A = \begin{pmatrix} -2 & 7 \\ 7 & -4 \end{pmatrix}$ aus Beispiel 8.

$\det(A - \lambda E) = \begin{vmatrix} -2-\lambda & 7 \\ 7 & -4-\lambda \end{vmatrix} = (2+\lambda)(4+\lambda) - 49$

$\qquad = 8 + 6\lambda + \lambda^2 - 49 = \lambda^2 + 6\lambda^2 - 41 = 0; \; \lambda_{1,2} = -3 \pm \sqrt{50};$

$\lambda_1 > 0; \; \lambda_2 < 0;$ nach Satz 12 ist A indefinit.

Wegen $\det(H_1) = -2 < 0;$

$\det(H_2) = \det(A) = \det \begin{pmatrix} -2 & 7 \\ 7 & -4 \end{pmatrix} = 8 - 49 < 0$

erhält man die Indefinitheit von A auch aus Satz 14.

Daß die quadratische Form positive und negative Werte annehmen kann, folgt unmittelbar aus der Darstellung

$Q = x(-2x + 6y) + y(-2x + 6).$

Beispiel 13: Folgende Matrizen sollen auf Definitheit untersucht werden:

a) $A = \begin{pmatrix} 2 & 3 & 1 \\ 3 & 5 & 0 \\ 1 & 0 & 8 \end{pmatrix};$ b) $B = \begin{pmatrix} -3 & 2 & 1 \\ 2 & -4 & -1 \\ 1 & -1 & -2 \end{pmatrix}.$

a) $\det(H_1) = \det(a_{11}) = 2 > 0; \quad \det(H_2) = \det \begin{pmatrix} 2 & 3 \\ 3 & 5 \end{pmatrix} = 10 - 9 > 0;$

$\det(H_3) = \det \begin{pmatrix} 2 & 3 & 1 \\ 3 & 5 & 0 \\ 1 & 0 & 8 \end{pmatrix} = \det \begin{pmatrix} 3 & 1 \\ 5 & 0 \end{pmatrix} + 8 \cdot \det \begin{pmatrix} 2 & 3 \\ 3 & 5 \end{pmatrix}$

$\qquad = -5 + 8 \cdot 1 > 0$ (Entwicklung nach der letzten Zeile).

Nach Satz 13 a) ist A positiv definit.

b) $\det(H_1) = \det(a_{11}) = -3 < 0 \, ; \det(H_2) = \det\begin{pmatrix} -3 & 2 \\ 2 & -4 \end{pmatrix} = 12 - 4 > 0 \, ;$

$$\det(H_3) = \det\begin{pmatrix} -3 & 2 & 1 \\ 2 & -4 & -1 \\ 1 & -1 & -2 \end{pmatrix}$$

$$= \det\begin{pmatrix} 2 & 1 \\ -4 & -1 \end{pmatrix} - (-1)\det\begin{pmatrix} -3 & 1 \\ 2 & -1 \end{pmatrix} - 2\begin{pmatrix} -3 & 2 \\ 2 & -4 \end{pmatrix}$$

$$= (-2+4) + (3-2) - 2(12-4) = -13 < 0$$

(Entwicklung nach der letzten Zeile).

Nach Satz 13 b) ist B negativ definit.

15.3.5 Extremwerte von quadratischen Formen

Die quadratische Form $Q(x_1, x_2, \ldots, x_n) = \vec{x}^T A \vec{x}$ ist nach allen Variablen partiell differenzierbar. Aus $(10'')$ erhält man die partiellen Ableitungen

$$\frac{\partial Q(x_1, x_2, \ldots, x_n)}{\partial x_1} = (a_{11}x_1 + a_{12}x_2 + a_{13}x_3 + \ldots + a_{1n}x_n)$$

$$+ x_1 a_{11} + \sum_{k=2}^{n} x_k a_{k1}$$

$$= 2(a_{11}x_1 + a_{12}x_2 + a_{13}x_3 + \ldots + a_{1n}x_n)$$

$$\frac{\partial Q(x_1, x_2, \ldots, x_n)}{\partial x_2} = (a_{21}x_1 + a_{22}x_2 + a_{23}x_3 + \ldots + a_{2n}x_n)$$

$$+ x_2 a_{22} + \sum_{k \neq 2} x_k a_{k2}$$

$$= 2(a_{21}x_1 + a_{22}x_2 + a_{23}x_3 + \ldots + a_{2n}x_n)$$

. . . .

$$\frac{\partial Q(x_1, x_2, \ldots, x_n)}{\partial x_i} = (a_{i1}x_1 + a_{i2}x_2 + a_{i3}x_3 + \ldots + a_{in}x_n)$$

$$+ x_i a_{ii} + \sum_{k \neq i} x_k a_{ki}$$

$$= 2(a_{i1}x_1 + a_{i2}x_2 + a_{i3}x_3 + \ldots + a_{in}x_n)$$

. . . .

$$\frac{\partial Q(x_1, x_2, \ldots, x_n)}{\partial x_n} = (a_{n1}x_1 + a_{n2}x_2 + a_{n3}x_3 + \ldots + a_{nn}x_n)$$

$$+ x_n a_{nn} + \sum_{k=1}^{n-1} x_k a_{kn}$$

$$= 2(a_{n1}x_1 + a_{n2}x_2 + a_{n3}x_3 + \ldots + a_{nn}x_n).$$

Der Gradient der Funktion $Q(x_1, x_2, \ldots, x_n)$ (s. Kapitel 9) besitzt hier die einfache Darstellung

$$\text{grad } Q(x_1, x_2, \ldots, x_n) = \text{grad}(\vec{x}^T A \vec{x}) = \begin{pmatrix} \dfrac{\partial Q}{\partial x_1} \\ \dfrac{\partial Q}{\partial x_2} \\ \vdots \\ \dfrac{\partial Q}{\partial x_n} \end{pmatrix} = 2 A \vec{x}. \tag{18}$$

Damit erhält man die notwendige Bedingung für ein relatives Extremum:

$$A \vec{x} = \vec{0}. \tag{19}$$

Satz 15:

a) Eine notwendige Bedingung für ein relatives Extremum der quadratischen Form $Q = \vec{x}^T A \vec{x}$, $A^T = A$, ist

$$A \vec{x} = \vec{0}.$$

b) Bei einer echt definiten symmetrischen Matrix A besitzt die quadratische Form an der Stelle $\vec{x} = \vec{0}$ ein lokales (relatives) Extremum, welches gleichzeitig das einzige globale Extremum ist.

Bei einer positiv definiten Matrix handelt es sich dabei um ein Minimum, bei einer negativ definiten um ein Maximum.

c) Bei einer semidefiniten symmetrischen Matrix A besitzt die quadratische Form an der Stelle $\vec{x} = \vec{0}$ ein lokales (relatives) Extremum. Daneben gibt es noch beliebig viele weitere lokale Extrema. Bei einer positiv (negativ) semidefiniten Matrix handelt es sich dabei um lokale Minima, (Maxima), die gleichzeitig globale Minima (Maxima) sind.

Beweis:

a) s. 0.

b) und c) Nach den Bemerkungen zu Satz 12 hat die Gleichung $A \vec{x} = \vec{0}$ bei echt definiten Matrizen nur die triviale Lösung $\vec{x} = \vec{0}$. Bei semidefiniten Matrizen gibt es beliebig viele nichttriviale Lösungen. An diesen Stellen liegen relative Extrema mit dem Funktionswert $Q = 0$. Aus der Definition der Definitheit bzw. Semidefinitheit folgt unmittelbar, daß die lokalen (relativen) Extrema auch globale sein müssen und zwar Minima bei positiv (semi-) definiten Matrizen und Maxima bei negativ (semi-) definiten Matrizen.

15.3.6 Hauptachsentransformation durch die Bestimmung von Extremwerten der quadratischen Form unter Nebenbedingungen

Wir suchen die Lösung der Maximumaufgabe

$$Q(x_1, x_2, \ldots, x_n) = \vec{x}^T A \vec{x} = \text{max.} \, ; \quad A^T = A \tag{20}$$

unter der Nebenbedingung

$$\vec{x}^T \vec{x} = 1 \quad \text{(normierter Vektor der Länge 1).} \tag{21}$$

Die quadratische Funktion $Q(x_1, x_2, \ldots, x_n)$ ist stetig und die Lösungsmenge der Nebenbedingung eine abgeschlossene, beschränkte Menge im $\mathbb{R}^n$. Daher wird das Maximum nach einem Satz von Weierstraß an mindestens einer Stelle $\vec{x}_1$ angenommen. Die Maximumaufgabe soll mit Hilfe der Methode von Lagrange (s. Abschnitt 9.6.2) gelöst werden.

In der Lagrange-Funktion

$$\begin{aligned} L(x_1, x_2, \ldots, x_n, \lambda) &= Q(x_1, x_2, \ldots, x_n) - \lambda(\vec{x}^T \vec{x} - 1) \\ &= \vec{x}^T A \vec{x} - \lambda(\vec{x}^T E \vec{x} - 1) \end{aligned}$$

bezeichnen wir den Langrange-Multiplikator mit $-\lambda$.

E ist die Einheitsmatrix mit den Elementen $e_{ij} = \begin{cases} 1 & \text{für } i = j \\ 0 & \text{für } i \neq j \end{cases}$.

Mit den partiellen Ableitungen aus Abschnitt 15.3.5 erhalten wir hieraus die Bedingungen

$$\begin{aligned} \frac{\partial L(x_1, x_2, \ldots, x_n, \lambda)}{\partial x_i} &= 2(a_{i1} x_1 + a_{i2} x_2 + a_{i3} x_3 + \ldots + a_{in} x_n) \\ &\quad - 2\lambda(e_{i1} x_1 + e_{i2} x_2 + e_{i3} x_3 + \ldots + e_{in} x_n) \\ &= 2(a_{i1} x_1 + a_{i2} x_2 + a_{i3} x_3 + \ldots + a_{in} x_n) - 2\lambda x_i = 0 \end{aligned} \tag{22}$$

für $i = 1, 2, \ldots, n$.

$$\frac{\partial L(x_1, x_2, \ldots, x_n, \lambda)}{\partial \lambda} = \vec{x}^T \vec{x} - 1 = 0 \quad \text{(Nebenbedingung).} \tag{23}$$

Aus (22) erhält man für jeden Lösungsvektor $\vec{x}$ die Gleichung

$$2 A \vec{x} = 2 \lambda \vec{x} \quad \Leftrightarrow \quad A \vec{x} = \lambda \vec{x} \quad \text{mit } \vec{x}^T \vec{x} = 1. \tag{24}$$

$\vec{x}_1$ sei eine Lösung der Maximierungsaufgabe. Aus (24) erhält man durch linksseitige Multiplikation mit dem Lösungsvektor $\vec{x}_1^T$ mit Hilfe der Nebenbedingung

$$\vec{x}_1^T A \vec{x}_1 = \lambda_1 \vec{x}_1^T \vec{x}_1 = \lambda_1 = \text{max.} \tag{25}$$

Die Lösung λ_1 des Maximumproblems ist also Eigenwert zum normalen Eigenvektor $\vec{x}_1$. Dabei ist dieser Eigenwert Lösung der Maximumaufgabe unter der Nebenbedingung der Normierung.

Als nächstes suchen wir die Lösung der Maximumaufgabe (20) unter den Nebenbedingungen

$$\vec{x}^T \vec{x} = 1 ; \quad \vec{x}^T \vec{x}_1 = 0 . \tag{26}$$

Wir suchen also einen zu $\vec{x}_1$ orthonormalen Vektor. Da die Nebenbedingungen wieder eine beschränkte abgeschlossene Punktmenge aus dem $\mathbb{R}^n$ darstellen, gibt es mindestens eine Lösung des Problems. Die Lagrange-Funktion lautet

$$L(x_1, x_2, \ldots, x_n, \lambda, \rho) = \vec{x}^T A \vec{x} - \lambda(\vec{x}^T \vec{x} - 1) - \rho \vec{x}^T \vec{x}_1 ;$$

Differentation ergibt

$$\frac{\partial L(x_1, x_2, \ldots, x_n, \lambda, \rho)}{\partial x_i} =$$

$$= 2(a_{i1} x_1 + a_{i2} x_2 + a_{i3} x_3 + \ldots + a_{in} x_n) - 2\lambda x_i - \rho x_{i1} = 0 ; \quad i = 1, 2, \ldots, n.$$

$$\frac{\partial L(x_1, x_2, \ldots, x_n, \lambda, \rho)}{\partial \lambda} = \vec{x}^T \vec{x} - 1 = 0 ; \quad \frac{\partial L(x_1, x_2, \ldots, x_n, \lambda, \rho)}{\partial \rho} = -\vec{x}^T \vec{x}_1 = 0 .$$

Jede Lösung $\lambda_2, \rho, \vec{x}_2^T = (x_{12}, x_{22}, \ldots, x_{n2})$ dieses Gleichungssystems erfüllt damit die Bedingungen

$$2 A \vec{x}_2 - 2\lambda_2 \vec{x}_2 - \rho \vec{x}_1 = \vec{0} \quad \Leftrightarrow \quad A \vec{x}_2 = \lambda_2 \vec{x}_2 + \frac{\rho}{2} \vec{x}_1 \tag{27}$$

$$\vec{x}_2^T \vec{x}_2 = 1 ; \quad \vec{x}_2^T \vec{x}_1 = 0 \quad (\text{Nebenbedingungen}).$$

Aus (27) folgt

$$\frac{\rho}{2} \vec{x}_1 = A \vec{x}_2 - \lambda_2 \vec{x}_2 .$$

Linksseitige Multiplikation dieser Gleichung mit $\vec{x}_1^T$ ergibt

$$\frac{\rho}{2} \underbrace{\vec{x}_1^T \vec{x}_1}_{= 1} = \vec{x}_1^T A \vec{x}_2 - \lambda_2 \underbrace{\vec{x}_1^T \vec{x}_2}_{= 0, \text{ da } \vec{x}_1 \text{ und } \vec{x}_2 \text{ orthonormal sind.}} .$$

$\vec{x}_1$ ist Eigenvektor von A zum Eigenwert λ_1 mit $A \vec{x}_1 = \lambda_1 \vec{x}_1$. Wegen der Symmetrie der Matrix A, erhält man

$$\frac{\rho}{2} = (\vec{x}_1^T A \vec{x}_2)^T = \vec{x}_2^T A \vec{x}_1 = \vec{x}_2^T \lambda_1 \vec{x}_1 = 0 . \tag{28}$$

Damit verschwindet der Lagrange-Faktor ρ. Nach (27) ist daher λ_2 Eigenwert zum Eigenvektor $\vec{x}_2$. Linksseitige Multiplikation der Gleichung (27) mit $\vec{x}_2^T$ ergibt dann mit den Nebenbedingungen

$$\vec{x}_2^T A \vec{x}_2 = \lambda_2 \vec{x}_2^T \vec{x}_2 = \lambda_2 . \tag{29}$$

Die Lösung des Maximierungsproblems unter den beiden Nebenbedingungen (26) liefert einen zweiten Eigenwert λ_2 und einen Eigenvektor $\vec{x}_2$, der zu $\vec{x}_1$ orthonormal ist. Da die Nebenbedingung (26) eine Einschränkung von (21) ist, kann das Maximum λ_2 dieser Maximierungsaufgabe nicht größer sein als das Maximum λ_1 der ersten Maximierungsaufgabe. Es gilt also

$$\lambda_1 \geq \lambda_2 \,. \tag{30}$$

Die weiteren Eigenwerte und orthonormale Eigenvektoren gewinnen wir rekursiv durch folgende Methode:

Mit dem Verfahren seien bereits k Eigenwerte

$$\lambda_1 \geq \lambda_2 \geq \dots \geq \lambda_k$$

mit zugehörigen orthonormalen Vektoren $\vec{x}_1$, $\vec{x}_2$, ..., $\vec{x}_k$ bestimmt worden. Dabei sei $1 < k < n$.

Dann soll die Maximumaufgabe (20) gelöst werden unter den k+1 Nebenbedingungen

$$\vec{x}^T \vec{x} = 1; \quad \vec{x}^T \vec{x}_j = 0 \quad \text{für} \quad j = 1, 2, \dots, k \,. \tag{31}$$

Die Lagrange-Funktion lautet

$$L = \vec{x}^T A \vec{x} - \lambda_{k+1}(\vec{x}^T \vec{x} - 1) - \sum_{j=1}^{k} \rho_j \vec{x}^T \vec{x}_j \,. \tag{32}$$

Mit Hilfe der partiellen Ableitungen erhält man für den Lösungsvektor die Gleichung

$$A \vec{x}_{k+1} = \lambda_{k+1} \vec{x}_{k+1} + \frac{1}{2} \sum_{j=1}^{k} \rho_j \vec{x}_j \,. \tag{33}$$

Für $m = 1, 2, \dots, k$ wird diese Gleichung von links mit $\vec{x}_m^T$ multipliziert. Da der Lösungsvektor $\vec{x}_{k+1}$ die Nebenbedingungen (31) erfüllen muß, erhalten wir

$$\vec{x}_m^T A \vec{x}_{k+1} = \lambda_{k+1} \vec{x}_m^T \vec{x}_{k+1} + \frac{1}{2} \sum_{j=1}^{k} \rho_j \vec{x}_m^T \vec{x}_j = \frac{1}{2} \rho_m \,.$$

Da $\vec{x}_m$ Eigenvektor zum bereits berechneten Eigenwert λ_m ist, folgt aus $A \vec{x}_m = \lambda_m \vec{x}_m$ und der Symmetrie von A aus dieser Gleichung

$$\frac{1}{2} \rho_m = \vec{x}_m^T A \vec{x}_{k+1} = (\vec{x}_m^T A \vec{x}_{k+1})^T = \vec{x}_{k+1}^T A \vec{x}_m = \vec{x}_{k+1}^T \lambda_m \vec{x}_m = 0$$

für $m = 1, 2, \dots, k$.

Weil in (33) die Lagrange-Mukltiplikatoren $\rho_1, \rho_2, \dots, \rho_k$ verschwinden, erhält man durch linksseitige Multiplikation mit $\vec{x}_{k+1}^T$

$$\vec{x}_{k+1}^T A \vec{x}_{k+1} = \lambda_{k+1} \vec{x}_{k+1}^T \vec{x}_{k+1} = \lambda_{k+1} \,.$$

Die Lösung λ_{k+1} der Maximumaufgabe ist Eigenwert zum Eigenvektor $\vec{x}_{k+1}$, der orthonormal zu $\vec{x}_1, \ldots, \vec{x}_k$ ist. Ferner gilt wegen der weiteren Einschränkung der Nebenbedingungen $\lambda_{k+1} \leq \lambda_k$.

Dieses Verfahren wird so lange fortgesetzt, bis alle Eigenwerte und ein zugehöriges Orthonormalsystem von Eigenvektoren bestimmt sind.

Es sei $X = (\vec{x}_1, \vec{x}_2, \ldots, \vec{x}_n)$ die Matrix dieser orthonormalen Vektoren und Λ die Diagonalmatrix mit den Eigenwerten $\lambda_1, \lambda_2, \ldots, \lambda_n$. Dann gilt nach wegen $X^T X = E$

$$X^T A X = X^{-1} A X = \Lambda.$$

Damit gilt der

Satz 16: Es sei A eine symmetrische n × n-Matrix. Mit der zugehörigen quadratischen Form werden der Reihe nach folgende Maximalaufgaben mit Nebenbedingungen gelöst:

1. $\vec{x}^T A \vec{x} = \max.$;   Nebenbedingung: $\vec{x}^T \vec{x} = 1$.

   Lösung $\vec{x}_1$ und $\lambda_1 = \vec{x}_1^T A \vec{x}_1$.

2. Für $k = 2, \ldots, n$:

   $\vec{x}^T A \vec{x} = \max.$; Nebenbed. $\vec{x}^T \vec{x} = 1$; $\vec{x}^T \vec{x}_j = 0$ für $j = 1, \ldots, k-1$.

   Lösung $\vec{x}_k$ und $\lambda_k = \vec{x}_k^T A \vec{x}_k$.

   Dann sind $\lambda_1, \lambda_2, \ldots, \lambda_n$ Eigenwerte von A mit

   $\lambda_1 \geq \lambda_2 \geq \ldots \geq \lambda_n$

   und die Vektoren $\vec{x}_1, \vec{x}_2, \ldots, \vec{x}_n$ bilden ein Orthonormalsystem zugehöriger Eigenvektoren.

Praktische Berechnung: Unter den Lösungen von

$A \vec{x}_1 = \lambda_1 \vec{x}_1$ unter der Nebenbedingung $\vec{x}_1^T \vec{x}_1 = 1$

$A \vec{x}_k = \lambda_k \vec{x}_k$ mit $\vec{x}_k^T \vec{x}_k = 1$; $\vec{x}_k^T \vec{x}_j = 0$,$j = 1, 2, \ldots, k-1$

für $k = 2, 3, \ldots, n$

müssen der Reihe nach diejenigen ausgewählt werden, für welche die quadratische Form $\vec{x}^T A \vec{x}$ jeweils maximal wird.

Beweis s. o.

Das Verfahren soll an einem Beispiel demonstriert werden.

Beispiel 14: Gesucht sind die Eigenwerte und ein zugehöriges Orthonormal-system zugehöriger Eigenvektoren, also die Hauptachsentransformation der Matrix

$$A = \begin{pmatrix} 1 & 2 \\ 2 & 1 \end{pmatrix}.$$

$$Q(x,y) = x^2 + y^2 + 4xy; \quad \vec{x}^T = (x,y).$$

1. Schritt: Maximierung von Q unter der Nebenbedingung $x^2 + y^2 = 1$.

Lagrange-Funktion:

$$L(x,y,\lambda) = x^2 + y^2 + 4xy - \lambda(x^2 + y^2 - 1).$$

$$\frac{\partial L(x,y,\lambda)}{\partial x} = \quad 2x + 4y - 2\lambda x = 0 \quad \Leftrightarrow \quad x + 2y - \lambda x = 0 \quad (1)$$

$$\frac{\partial L(x,y,\lambda)}{\partial y} = \quad 4x + 2y - 2\lambda y = 0 \quad \Leftrightarrow \quad 2x + y - \lambda y = 0 \quad (2)$$

$$\frac{\partial L(x,y,\lambda)}{\partial \lambda} = 0 \quad \Rightarrow \qquad\qquad\qquad x^2 + y^2 \quad = 1 \quad (3)$$

$y \times (1) - x \times (2) \Rightarrow xy + 2y^2 - 2x^2 - xy = 0 \quad \Leftrightarrow \quad x^2 = y^2; \; y = \pm x.$

$(3) \Rightarrow 2x^2 = 1; \; x = \pm\frac{1}{\sqrt{2}};$

Lösungsvektoren: $\frac{1}{\sqrt{2}}\begin{pmatrix} 1 \\ 1 \end{pmatrix}; \; \frac{1}{\sqrt{2}}\begin{pmatrix} -1 \\ -1 \end{pmatrix}; \; \frac{1}{\sqrt{2}}\begin{pmatrix} -1 \\ 1 \end{pmatrix}; \; \frac{1}{\sqrt{2}}\begin{pmatrix} 1 \\ -1 \end{pmatrix};$

$$Q(\tfrac{1}{\sqrt{2}}; \tfrac{1}{\sqrt{2}}) = Q(-\tfrac{1}{\sqrt{2}}; -\tfrac{1}{\sqrt{2}}) = \tfrac{1}{2} + \tfrac{1}{2} + 4 \cdot \tfrac{1}{2} = 3 = \lambda_1 \text{ (Maximum)};$$

$$Q(-\tfrac{1}{\sqrt{2}}; \tfrac{1}{\sqrt{2}}) = Q(\tfrac{1}{\sqrt{2}}; -\tfrac{1}{\sqrt{2}}) = \tfrac{1}{2} + \tfrac{1}{2} - 4 \cdot \tfrac{1}{2} = -1 \text{ (kein Maximum)};$$

Eigenvektor $\vec{x}_1 = \frac{1}{\sqrt{2}}\begin{pmatrix} 1 \\ 1 \end{pmatrix};$ Eigenwert $\lambda_1 = 3;$

2 Schritt: Maximierung von Q unter den Nebenbedingungen

$\vec{x}^T \vec{x} = x^2 + y^2 = 1 \Leftrightarrow x^2 + y^2 - 1 = 0. \; \vec{x}^T \vec{x}_1 = 0 \Leftrightarrow x + y = 0.$

Nach (28) verschwindet in der Lagrange-Funktion

$$L(x,y,\lambda,\rho) = x^2 + y^2 + 4xy - \lambda(x^2 + y^2 - 1) - \rho(x+y)$$

der Lagrange-Faktor ρ. Aus den partielle Ableitungen erhält man wie beim ersten Schritt die Gleichungen

$$x + 2y - \lambda x = 0 \qquad (1)$$

$$2x + y - \lambda y = 0 \qquad (2)$$

und die Nebenbedingungen: $x^2 + y^2 = 1$; $x + y = 0$.

$y \times (1) - x \times (2) \Rightarrow xy + 2y^2 - 2x^2 - xy = 0 \quad \Leftrightarrow \quad x^2 = y^2$;

Nebenbedingungen $\Rightarrow 2x^2 = 1$; $x = \pm \frac{1}{\sqrt{2}}$ und $y = -x$;

Lösungsvektoren: $\frac{1}{\sqrt{2}} \begin{pmatrix} 1 \\ -1 \end{pmatrix}$; $\frac{1}{\sqrt{2}} \begin{pmatrix} -1 \\ 1 \end{pmatrix}$;

$Q(\frac{1}{\sqrt{2}}; -\frac{1}{\sqrt{2}}) = Q(\frac{1}{\sqrt{2}}; -\frac{1}{\sqrt{2}}) = \frac{1}{2} + \frac{1}{2} - 4 \cdot \frac{1}{2} = -1 = \lambda_2$ (Maximum);

Eigenvektor $\vec{x}_2 = \frac{1}{\sqrt{2}} \begin{pmatrix} 1 \\ -1 \end{pmatrix}$; Eigenwert $\lambda_2 = -1$.

Lösung

Eigenwerte: $\lambda_1 = 3$ und $\lambda_2 = -1$

orthonormale Eigenvektoren : $\vec{x}_1 = \frac{1}{\sqrt{2}} \begin{pmatrix} 1 \\ 1 \end{pmatrix}$; $\vec{x}_2 = \frac{1}{\sqrt{2}} \begin{pmatrix} 1 \\ -1 \end{pmatrix}$

$$X = \frac{1}{\sqrt{2}} \begin{pmatrix} 1 & 1 \\ 1 & -1 \end{pmatrix}$$

Durch die Hauptachsentransformation $\vec{z} = X^T \vec{x} = \frac{1}{\sqrt{2}} \begin{pmatrix} 1 & 1 \\ 1 & -1 \end{pmatrix} \cdot \vec{x}$ geht die quadratische Form über in

$$Q = 3z_1^2 - z_2^2 \ .$$

Für jedes $c \in \mathbb{R}$ stellt die Gleichung

$$Q(x, y) = x^2 + y^2 + 4xy = c$$

eine Hyperbel dar.

15.4 Aufgaben

1. Bestimmen Sie alle Eigenwerte der Matrizen

$$A = \begin{pmatrix} 1 & 2 & -1 \\ -1 & 1 & 2 \\ 0 & 6 & 2 \end{pmatrix}; \quad B = \begin{pmatrix} 2 & 1 & 2 \\ 3 & 3 & 1 \\ 4 & 3 & 4 \end{pmatrix}.$$

Hinweis: $\lambda = 1$ ist Eigenwert von B.

2. Bestimmen Sie alle Eigenwerte und orthonormalen Eigenvektoren der Matrix

$$A = \begin{pmatrix} 2 & 0 & 0 \\ 0 & 5 & -1 \\ 0 & -1 & 5 \end{pmatrix}.$$

3. Gegeben ist die Matrix $A = \begin{pmatrix} 3 & \sqrt{8} \\ \sqrt{8} & 5 \end{pmatrix}$.

a) Berechnen Sie die Eigenwerte und orthonormalen Eigenvektoren der Matrizen A und A^{-1}.

b) Untersuchen Sie die Matrix A auf Definitheit.

c) Bestimmen Sie die Hauptachsen des Kegelschnitts

$$3x^2 + 5y^2 + 2\sqrt{8}xy = 49.$$

4. Für welche Werte c ist die Matrix $A = \begin{pmatrix} 10 & c \\ c & 2 \end{pmatrix}$ positiv definit, positiv semidefinit bzw. indefinit?

5. Die Matrix A besitze die Inverse A^{-1}. Es sei λ ein reeller Eigenwert und $\vec{x}$ ein zugehöriger Eigenvektor von A. Zeigen Sie, daß dann die Inverse A^{-1} den Eigenwert $\frac{1}{\lambda}$ mit dem zugehörigen Eigenvektor $\vec{x}$ besitzt (vgl. Aufgabe 3a).

Hinweis: Multiplizieren Sie die Gleichung $(A - \lambda E)\vec{x}$ von links mit A^{-1}.

6. Gegeben sind die Vektoren

$$\vec{x}_1 = \begin{pmatrix} 1 \\ 2 \\ 1 \end{pmatrix}; \quad \vec{x}_2 = \begin{pmatrix} 2 \\ 1 \\ 3 \end{pmatrix}; \quad \vec{x}_3 = \begin{pmatrix} 0 \\ 1 \\ 4 \end{pmatrix}.$$

Bestimmen Sie aus diesen Vektoren ein Orthonormalsystem mit Hilfe des Schmidtschen Orthonormalisierungsverfahrens.

7. Die symmetrische 3×3-Matrix A besitze die Eigenwerte $\lambda_1 = 1$; $\lambda_2 = 5$; $\lambda_3 = 10$ und die zugehörigen orthonormalen Eigenvektoren

$$\vec{x}_1 = \frac{1}{\sqrt{3}}\begin{pmatrix} 1 \\ 1 \\ 1 \end{pmatrix}; \quad \vec{x}_2 = \frac{1}{\sqrt{6}}\begin{pmatrix} 2 \\ -1 \\ -1 \end{pmatrix}; \quad \vec{x}_3 = \frac{1}{\sqrt{2}}\begin{pmatrix} 0 \\ 1 \\ -1 \end{pmatrix}.$$

a) Bestimmen Sie hieraus die Matrix A und ihre Inverse.

b) Bestimmen Sie den Typ der Fläche $\vec{x}^T A \vec{x} = 100$ mit $\vec{x}^T = (x, y, z)$.

c) Untersuchen Sie die Matrizen A und A^{-1} auf Definitheit.

Kapitel 16:
Lineare Optimierung

Die lineare Optimierung ist das bekannteste und bei ökonomischen Anwendungen am weitesten verbreitete mathematische Verfahren - es zählt zu den Methoden des sogenannten Operations Research. Ziel dieses Verfahrens ist es, Extremwerte einer linearen Funktion von mehreren Variablen zu bestimmen, wobei die Variablen gewissen Restriktionen genügen müssen, die in Form von linearen Ungleichungen oder/und Gleichungen gegeben sind. Oft handelt es sich bei den ökonomischen Optimierungsproblemen, die mit diesem Verfahren bearbeitet werden, um Gewinnmaximierungs- bzw. Kostenminimierungsprobleme. Da solche Probleme bei zwei Variablen anschaulich in der Zahlenebene dargestellt und graphisch einfach gelöst werden können, soll dieser Fall zunächst ausführlich behandelt werden.

16.1 Lineare Optimierung bei zwei Variablen

Wir betrachten zunächst ein Anwendungsbeispiel.

Beispiel 1: Ein Betrieb stellt zwei verschiedene Produkte P_1, P_2 her unter Verwendung der drei Produktionsfaktoren F_1 Rohmaterial [t], F_2 Maschinen [h] und F_3 Arbeitskräfte [h], die nur beschränkt verfügbar sind. Die folgende Tabelle gibt für einen bestimmten Zeitraum den benötigten Faktoreinsatz je hergestellter Einheit von P_1 und P_2 in [t] an sowie den Gewinn [1 000 DM/t] je Einheit. Außerdem werden in der rechten Spalte die verfügbaren Kapazitäten aufgeführt. Gesucht ist die Kombination der Herstellungsmengen von P_1 und P_2, welche unter den gegebenen Restriktionen den Gesamtgewinn maximiert.

Einsatzfaktor	P_1	P_2	Kapazitäten
F_1	9	3	27
F_2	2	1	7
F_3	2	2	12
Gewinn	5	3	

Insgesamt sollen x_1 Einheiten von Produkt P_1 und x_2 Einheiten von P_2 hergestellt werden. Die Beschränkungen bezüglich der Kapazitäten führen zu folgenden Ungleichungen:

$9\,x_1 + 3\,x_2 \leq 27$ Rohmaterial

$2\,x_1 + \ x_2 \leq \ 7$ Maschinenzeit

$2\,x_1 + 2\,x_2 \leq 12$ Arbeitszeit

$x_1 \geq 0, \ x_2 \geq 0$ (Nichtnegativbedingungen).

Die Ungleichungen der Form $a\,x_1 + b\,x_2 \leq c$ stellen Halbebenen im $\mathbb{R}^2$ dar, die durch die Geraden $a\,x_1 + b\,x_2 = c$ begrenzt werden. Der Bereich, in dem alle Punkte liegen, die das Ungleichungssystem erfüllen, wird durch diese Geraden begrenzt. Das sind im vorliegenden Beispiel die Geraden

g_1: $9\,x_1 + 3\,x_2 \ = 27$ $\Leftrightarrow$ $x_2 = 9 - 3\,x_1$

g_2: $2\,x_1 + \ x_2 \ = \ 7$ $\Leftrightarrow$ $x_2 = 7 - 2\,x_1$

g_3: $2\,x_1 + 2\,x_2 \ = 12$ $\Leftrightarrow$ $x_2 = 6 - x_1$

g_4: $x_1 = 0$ $(x_2 - \text{Achse})$

g_5: $x_2 = 0$ $(x_1 - \text{Achse})$.

Die Menge der Punkte, die das Ungleichungssystem erfüllen, bildet den sogenannten zulässige Bereich Z; er ist im folgenden Bild schraffiert dargestellt.

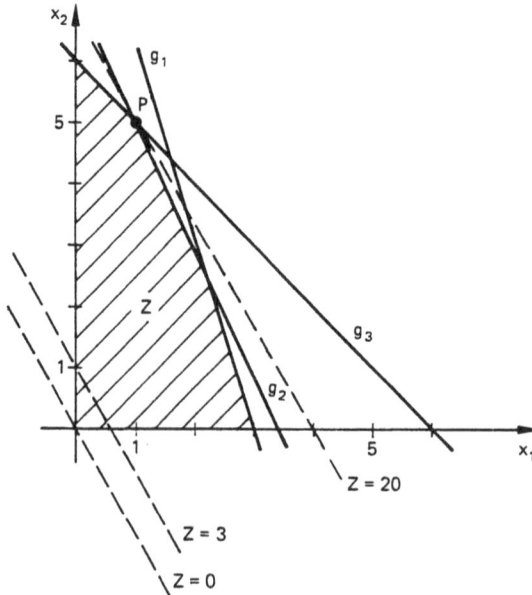

Sind x_1 und x_2 die Anzahlen der Einheiten, die von P_1 und P_2 hergestellt werden, so beträgt der Gewinn

$$z = z(x_1, x_2) = 5\,x_1 + 3\,x_2 \, . \tag{1}$$

Diese lineare Funktion der Variablen x_1 und x_2 wird *Zielfunktion* genannt. Sie ist für festes $z = 0$ und $z = 3$ in das obige Bild eingezeichnet. Für jedes feste $z = c$ stellt (1) eine Gerade dar. Alle Punkte aus dem zulässigen Bereich auf dieser Geraden ergeben den gleichen Gewinn c (c = 0 bzw. c = 3). Bei wachsendem c wird diese Gerade parallel nach oben verschoben, und zwar bis an den Rand des zulässigen Bereiches. Alle so erhaltenen Randpunkte von Z sind optimale Punkte. P = (1;5) ist optimal mit dem Gewinn $z = z(1;5) = 5 \cdot 1 + 3 \cdot 5 = 20$. Diesen Gewinn erzielt der Betrieb bei der Herstellung von 1 t von P_1 und 5 t von P_2. Dabei werden die Maschinen- und Arbeitskraftkapazitäten voll ausgeschöpft, während vom Rohmaterial $27 - (1 \cdot 9 + 3 \cdot 5) = 3$ t ungenutzt bleiben.

Ausgehend von diesem Beispiel sollen einige Sonderfälle erwähnt werden.

Sonderfälle:

1. Unendlich viele optimale Punkte: Ändert man in Beispiel 1 die Zielfunktion ab in $z = 2\,x_1 + x_2$, dann sind alle Punkte auf dem Geradenabschnitt von P(1;5) nach Q(2;3) optimal (vgl. nachfolgendes Bild), d.h. jede konvexe Linearkombination von

$$\vec{x}_1^T = (1\,, 5) \text{ und } \vec{x}_2^T = (2\,, 3)$$

(die Punkte werden mit den Ortsvektoren identifiziert) ergibt den gleichen Gewinn z = 7. Beispiel:

$$x^* = 0{,}5 \cdot \begin{pmatrix} 1 \\ 5 \end{pmatrix} + 0{,}5 \cdot \begin{pmatrix} 2 \\ 3 \end{pmatrix} = \begin{pmatrix} 1{,}5 \\ 4 \end{pmatrix}$$

mit $z(1{,}5\,; 4) = 2 \cdot 1{,}5 + 4 = 7 = z(1;5) = z(2;3)$.

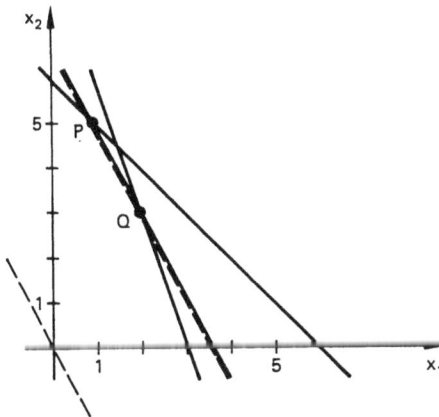

2. Degeneration (Entartung): Schneiden sich mehr als zwei Geraden in einem Punkt, so spricht man vom Entartungsfall oder von Degeneration. Ersetzt man im Beispiel 1 die Ungleichung $2x_1 + x_2 \leq 7$ durch die Beschränkung $2x_1 + x_2 \leq 7,5$, dann schneiden sich die Geraden g_1, g_2 und g_3 in einem Punkt $P'(1,5\,;4,5)$. Dieser Punkt ist für die Zielfunktion $z = z(x_1, x_2) = 5x_1 + 3x_2$ optimal, alle Kapazitäten sind dann ausgelastet. Bei Rechenverfahren wie dem Simplexalgorithmus (vgl. Kapitel 16.4) kann der Fall der Degeneration zu Problemen führen.

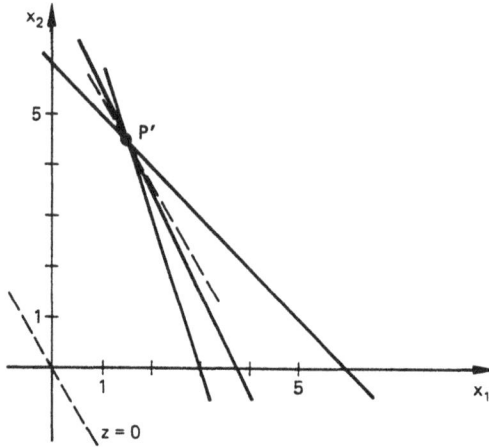

3. Unbeschränkter zulässiger Bereich: Ist der zulässige Bereich Z wie im Bild 4 unbeschränkt, so muß das Optimierungsproblem nicht unbedingt eine Lösung besitzen.

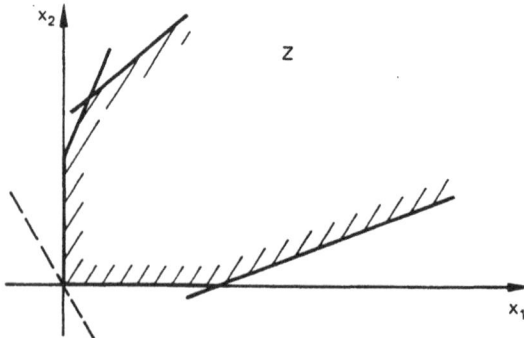

4. Keine zulässigen Punkte (Z = $\emptyset$): Für das Ungleichungssystem

$$9\,x_1 + 3\,x_2 \leq 2$$

$$9\,x_1 + 3\,x_2 \geq 3$$

$$x_1 \geq 0,\ x_2 \geq 0$$

lassen sich offensichtlich keine Punkte finden, die sowohl die erste als auch die zweite Ungleichung erfüllen. Die Restriktionen widersprechen sich, der zulässige Bereich ist die leere Menge und das Optimierungsproblem besitzt keine Lösung.

Für zwei Variablen lautet das Problem der *linearen Optimierung* allgemein: Die lineare Zielfunktion

$$z = z(x_1, x_2) = c_1\,x_1 + c_2\,x_2$$

ist unter Berücksichtigung der folgenden linearen Ungleichungen zu maximieren:

$$a_{11}\,x_1 + a_{12}\,x_2 \quad \leq b_1$$

$$a_{21}\,x_1 + a_{22}\,x_2 \quad \leq b_2$$

$$\dots\dots\dots\dots\dots\dots\dots\dots \qquad \text{(Zulässiger Bereich Z)}$$

$$a_{m1}\,x_1 + a_{m2}\,x_2 \quad \leq b_m$$

$$x_1 \geq 0,\ x_2 \geq 0 \qquad \text{(Nichtnegativbedingungen).}$$

In Matrizenschreibweise läßt sich das Optimierungsproblem wie folgt darstellen:

$$z = \vec{c}^{\,T}\,\vec{x} \to \max,$$

$$A\,\vec{x} \leq \vec{b}\,,\ \vec{x} \geq \vec{0}.$$

Dabei ist $\vec{c}^{\,T} = (c_1, c_2)$, $\vec{x}^{\,T} = (x_1, x_2)$, $\vec{b}^{\,T} = (b_1, \dots, b_m)$ und A die $m \times 2$-Matrix

$$A = \begin{pmatrix} a_{11} & a_{12} \\ a_{21} & a_{22} \\ \vdots & \vdots \\ a_{m1} & a_{m2} \end{pmatrix}.$$

Die Vektorungleichungen sind komponentenweise zu verstehen.

Wie ein solches Optimierungsproblem graphisch gelöst werden kann, wurde ausführlich in Beispiel 1 demonstriert. Einige generelle Eigenschaften, die später im Fall von n Variablen noch einmal aufgeführt werden, sollen hier schon einmal in knapper Form aufgeführt werden:

1. Der zulässige Bereich Z ist konvex, d.h. mit zwei Punkten $\vec{x}_1, \vec{x}_2 \in Z$ gehört auch die gesamte Verbindungsstrecke von $\vec{x}_1$ nach $\vec{x}_2$ zu Z.

2. Ist der zulässige Bereich $Z \neq \emptyset$ beschränkt, so nimmt die Zielfunktion ihr Maximum in mindestens einer Ecke von Z an. Sind benachbarte Eckpunkte optimal, so ist auch jeder Punkt auf der Verbindungsstrecke dieser beiden Punkte optimal.

Da die Lösung des Optimierungsproblems immer in einer Ecke des zulässigen Bereiches liegt, kann man sich auf die Untersuchung der endlich vielen Eckpunkte beschränken. Für den Fall von zwei Variablen resultiert hieraus in Ergänzung zum graphischen Lösungsverfahren die einfache rechnerische Methode, die Zielfunktion in allen Eckpunkten auszuwerten und so den Maximalpunkt zu finden.

Beispiel 2 (Produktionsplanung, vgl. Beispiel 1): Der zulässige Bereich für das in Beispiel 1 behandelte Problem hat fünf Eckpunkte, in denen die Zielfunktion $z = 5x_1 + 3x_2$ folgende Funktionswerte annimmt:

Eckpunkte (x_1, x_2)	(0;0)	(3;0)	(2;3)	(1;5)	(0;6)
$z(x_1, x_2) = 5x_1 + 3x_2$	0	15	19	**20**	18

Das Maximum der Zielfunktion von 20 wird also im Punkt (1;5) angenommen.

Dieses einfache rechnerische Verfahren läßt sich nicht unmittelbar auf Probleme mit mehr als zwei Variablen übertragen, da der Aufwand mit wachsender Zahl der Restriktionen und Variablen wächst.

16.2 Allgemeine Problemstellung der linearen Optimierung

Zunächst sollen einige Anwendungsbeispiele mit mehr als zwei Variablen vorgestellt werden.

Beispiel 3 (Investitionsproblem): Für eine Investition werden mindestens 200 000 DM Fremdkapital benötigt. Es liegen drei Kreditangebote vor mit unterschiedlicher Verzinsung und Tilgung:

    A1: 7% Zinsen und 1% Tilgung

    A2: 9% Zinsen und 0,75% Tilgung

    A3: 6% Zinsen und 4% Tilgung.

Im Angebot 1 ist der Kredit auf 80 000 DM beschränkt. Das Angebot 2 muß mit mindestens 50 000 DM berücksichtigt werden. Die jährliche

Gesamtbelastung soll 15 000 DM nicht überschreiten. Wie sind die drei Angebote zu kombinieren, damit unter den angegebenen Bedingungen die Zinsen, die für das erste Jahr gezahlt werden müssen, minimal sind?

Die Beträge, die von Angebot A1, A2 und A3 in Anspruch genommen werden, werden mit x_1, x_2 und x_3 bezeichnet. Dann ist die Zielfunktion durch den Zinsbetrag für das erste Jahr gegeben:

$$z = 0{,}07\,x_1 + 0{,}09\,x_2 + 0{,}06\,x_3 .$$

Die drei angegebenen Beschränkungen werden durch folgende Ungleichungen wiedergegeben:

$$x_1 \le 80\,000$$

$$x_2 \ge 50\,000$$

$$0{,}08\,x_1 + 0{,}0975\,x_2 + 0{,}1\,x_3 \le 15\,000$$

$$x_1,\, x_2,\, x_3 \ge 0 .$$

Beispiel 4 (Mischungsproblem): Ein Getränk soll aus drei Säften A, B und C zusammengemischt werden, wobei für das Getränk bezüglich des Fruchtsaftanteiles und des Zuckergehaltes Einschränkungen bestehen, die der folgenden Tabelle entnommen werden können. Außerdem soll das Getränk mindestens zu 20% aus Saft A und höchstens zu 60% aus Saft C bestehen.

Bestandteile	Zutaten			Gehalt	
	A	B	C	mindestens	höchstens
Saft [%]	20	50	80	45	70
Zucker [g/l]	25	20	12	15	20
Preis [DM/l]	0,50	2,00	4,50		

Es ist ein kostenminimales Mischungsverhältnis zu bestimmen.

Die relativen Anteile von A, B und C an dem Getränk werden mit x_1, x_2 und x_3 (jeweils in %/100) bezeichnet. Damit ergibt sich folgendes lineare Optimierungsproblem:

Minimiere $z = 0{,}5\,x_1 + 2\,x_2 + 4{,}5\,x_3$

unter Berücksichtigung der folgenden Nebenbedingungen:

$$0,2\,x_1 + 0,5\,x_2 + 0,8\,x_3 \quad \geq 0,45 \qquad \text{Gesamtsaftanteil mindestens } 45\,\%$$

$$0,2\,x_1 + 0,5\,x_2 + 0,8\,x_3 \quad \leq 0,7 \qquad \text{und höchstens } 70\ \%;$$

$$0,25\,x_1 + 0,2\,x_2 + 0,12\,x_3 \quad \geq 0,15 \qquad \text{Gesamtzuckeranteil mind. } 15\ \%$$

$$0,25\,x_1 + 0,2\,x_2 + 0,12\,x_3 \quad \leq 0,2 \qquad \text{und höchstens } 20\ \%;$$

$$x_1 + x_2 + x_3 = 1 \qquad \text{keine anderen Bestandteile;}$$

$$x_1 \geq 0,2\,, \ x_2 \geq 0\,, \ 0 \leq x_3 \leq 0,6 \qquad \text{Verwendung von mind. } 20\,\% \text{ von}$$
$$\text{A und höchstens } 60\ \% \text{ von C.}$$

Mit Hilfe der Gleichung $x_1 + x_2 + x_3 = 1$ kann eine Variable, z.B. x_3, eliminiert werden, etwa durch $x_3 = 1 - x_1 - x_2$. Auf diese Weise kann das Problem auf eines mit zwei Variablen zurückgeführt werden.

Auf den ersten Blick ist nicht ersichtlich, ob der zulässige Bereich nicht leer ist, d.h. ob es ein Mischungsverhältnis gibt, welches allen Restriktionen genügt. Finden Sie ein solches Tripel x_1, x_2, x_3 durch Probieren!

Beispiel 5 (Verschnittproblem): Ein Textilunternehmen bezieht Stoff von 1,90 m Breite und schneidet diesen für andere Unternehmen der Textilindustrie auf andere Breiten zu. Aufgrund der Nachfrage sollen mindestens 4 000 m auf die Breite 0,90 m, mindestens 6 000 m auf die Breite 0,70 m und höchstens 7 000 m auf die Breite 0,60 m zugeschnitten werden. Wie ist zuzuschneiden, damit möglichst wenig Verschnitt anfällt? Die folgende Tabelle enthält die möglichen Schnittkombinationen.

Schnittkombination	1	2	3	4	5	6
0,90 m Breite	2	1	1	0	0	0
0,70 m Breite	0	1	0	2	1	0
0,60 m Breite	0	0	1	0	2	3
Verschnitt in m	0,10	0,30	0,40	0,50	0	0,1

Mit x_i wird die Länge [m] bezeichnet, die von Kombination i zugeschnitten wird, $i = 1,2,...,6$. Dann lautet das Optimierungsproblem:

$$z = 0,1\,x_1 + 0,3\,x_2 + 0,4\,x_3 + 0,5\,x_4 + 0\,x_5 + 0,1\,x_6 \rightarrow \min$$

$$
\begin{array}{rcrcrclr}
2\,x_1 + & x_2 + & x_3 & & & & & \geq 4\,000 \\
& x_2 + & & 2\,x_4 + & x_5 & & & \geq 6\,000 \\
& & x_3 + & & 2\,x_5 + & 3\,x_6 & & \leq 7\,000
\end{array}
$$

$$x_i \geq 0 \text{ für } i = 1,\, 2,...,\, 6.$$

Die ersten beiden Ungleichungen besagen, daß von den Breiten 0,90 m und 0,70 m jeweils mindestens 4 000 m bzw. 6 000 m zugeschnitten werden sollen. Die dritte Ungleichung beinhaltet, daß von der Breite 0,60 m kein Überschuß hergestellt wird.

Zu beachten ist, daß es ökonomisch nicht immer sinnvoll sein muß, den Verschnitt zu minimieren, da dadurch eventuell viel Überschuß (von den Breiten 0,90 m und 0,70 m) produziert wird. Möglich wäre es auch, die Zuschnittmenge zu minimieren: $z = x_1 + x_2 + x_3 + x_4 + x_5 + x_6 \rightarrow$ min.

Die drei hier vorgestellten Beispiele legen es nahe, die Problemstellung allgemein zu formulieren. Unter dem Problem der linearen Optimierung versteht man die Aufgabe, eine lineare Zielfunktion

$$z = c_1 x_1 + \cdots + c_n x_n$$

durch geeignete Wahl der Variablen $x_1, \ldots, x_n$ zu maximieren (minimieren) unter linearen Restriktionen (Nebenbedingungen) der Form

$$a_{11} x_1 + \cdots + a_{1n} x_n \quad \leq \quad b_1$$

$$\cdots\cdots\cdots\cdots\cdots\cdots\cdots\cdots\cdots\cdots\cdots\cdots\cdots$$

$$a_{k1} x_1 + \cdots + a_{kn} x_n \quad \leq \quad b_k$$

$$a_{k+1,1} x_1 + \cdots + a_{k+1,n} x_n \quad = \quad b_{k+1}$$

$$\cdots\cdots\cdots\cdots\cdots\cdots\cdots\cdots\cdots\cdots\cdots\cdots\cdots$$

$$a_{m1} x_1 + \cdots + a_{mn} x_n \quad = \quad b_m$$

$$x_j \geq 0, \, j = 1, \ldots, n \, ; \, m, n \in \mathbb{N} \, , \, 0 \leq k \leq m.$$

Dabei sind die Koeffizienten c_j, a_{ij}, und b_i, $i = 1, \ldots, m$, $j = 1, \ldots, n$ gegebene reelle Zahlen. Im Fall $k = 0$ liegen nur Gleichungs- und im Fall $k = m$ nur Ungleichungsrestriktionen vor.

Folgende Überlegungen verhelfen zu einer standardisierten Form der linearen Optimierungsaufgabe:

a) Ungleichungen der Form $a_{i1} x_1 + \cdots + a_{in} x_n \geq b_i$ lassen sich nach Multiplikation mit -1 immer in der Form $- a_{i1} x_1 - \cdots - a_{in} x_n \leq - b_i$ darstellen und sind somit in der obigen Darstellung mit enthalten.

b) Durch Einführung einer zusätzlichen, sogenannten **Schlupfvariablen** x_{n+i} kann eine Ungleichung $a_{i1} x_1 + \cdots + a_{in} x_n \leq b_i$ ersetzt werden durch die äquivalente Bedingung

$$a_{i1} x_1 + \cdots + a_{in} x_n + x_{n+i} = b_i \, , \, x_{n+i} \geq 0.$$

Dabei kann immer erreicht werden, daß $b_i \geq 0$ gilt (andernfalls wird die Gleichung mit -1 multipliziert).

c) Fehlt für eine oder mehrere Variablen x_j die Nichtnegativbedingung, so kann man durch Einführung neuer Variablen mit der Substitution $x_j = y_j - z_j$, $y_j \geq 0$, $z_j \geq 0$ die freie Variable x_j durch die vorzeichenbeschränkten Variablen x_j und z_j ersetzen.

d) Die Minimierung von $z = c_1 x_1 + \cdots + c_n x_n$ ist äquivalent zur Maximierung von $\tilde{z} = -c_1 x_1 - \cdots - c_n x_n$, wobei offensichtlich

$$z_{min} = -\tilde{z}_{max}$$

gilt.

Aus den aufgeführten Gründen kann also stets die folgende Standardform des Problems der linearen Optimierung zugrunde gelegt werden:

$$z = c_1 x_1 + \cdots + c_n x_n \rightarrow max$$

$$a_{i1} x_1 + \cdots + a_{in} x_n = b_i, \; b_i \geq 0, \; i = 1, \ldots, m,$$

$$x_j \geq 0, \; j = 1, \ldots, n.$$

Unter Verwendung von Matrizen und Vektoren läßt sich das Problem auch wie folgt darstellen

$$z = \vec{c}^T \vec{x} \rightarrow max$$

$$A \vec{x} = \vec{b}, \; \vec{b} \geq \vec{0},$$

$$\vec{x} \geq \vec{0}$$

Die Ungleichungen sind komponentenweise zu verstehen.

Dabei sind $\vec{c}$ und $\vec{x}$ n-dimensionale Vektoren, $\vec{b}$ ein m-dimensionaler Vektor und A eine m × n-Matrix:

$$\vec{c} = \begin{pmatrix} c_1 \\ c_2 \\ \vdots \\ c_n \end{pmatrix}, \quad \vec{x} = \begin{pmatrix} x_1 \\ x_2 \\ \vdots \\ x_n \end{pmatrix}, \quad A = \begin{pmatrix} a_{11} & a_{12} & \cdots & a_{1n} \\ a_{21} & a_{22} & \cdots & a_{2n} \\ \vdots & \vdots & \vdots & \vdots \\ a_{m1} & a_{m2} & \cdots & a_{mn} \end{pmatrix}, \quad \vec{b} = \begin{pmatrix} b_1 \\ b_2 \\ \vdots \\ b_m \end{pmatrix}.$$

Wie man eine Optimierungsaufgabe in diese Standardform bringt, soll anhand des Beispiels 1 zur Produktionsplanung demonstriert werden.

Beispiel 6: Gegeben sei das Problem

$$z = 5\,x_1 + 3\,x_2 \rightarrow \max$$

$$9\,x_1 + 3\,x_2 \leq 27$$

$$2\,x_1 + \ x_2 \ \leq \ 7$$

$$2\,x_1 + 2\,x_2 \ \leq 12$$

$$x_1 \geq 0, \ x_2 \geq 0.$$

Durch Einführung von Schlupfvariablen x_3, x_4 und x_5 werden die Restriktionen überführt in

$$9\,x_1 + \ 3\,x_2 + \ x_3 \qquad\qquad = 27$$

$$2\,x_1 + \ \ x_2 + \ \ \ \ x_4 \ \ \ \ = \ 7$$

$$2\,x_1 + 2\,x_2 + \qquad\quad x_5 = 12$$

$$x_j \geq 0, \ j = 1, \ldots, 5 \quad \text{(Nichtnegativbedingungen).}$$

Die Matrix A und die Vektoren $\vec{c}$, $\vec{x}$ und $\vec{b}$ haben die Gestalt

$$\vec{c} = \begin{pmatrix} 5 \\ 3 \\ 0 \\ 0 \\ 0 \end{pmatrix}, \quad \vec{x} = \begin{pmatrix} x_1 \\ x_2 \\ x_3 \\ x_4 \\ x_5 \end{pmatrix}, \quad A = \begin{pmatrix} 9 & 3 & 1 & 0 & 0 \\ 2 & 1 & 0 & 1 & 0 \\ 2 & 2 & 0 & 0 & 1 \end{pmatrix}, \quad \vec{b} = \begin{pmatrix} 27 \\ 7 \\ 12 \end{pmatrix}.$$

Die Menge der Vektoren $\vec{x}$, welche dem Gleichungssystem $A\,\vec{x} = \vec{b}$ genügen, bildet also den zulässigen Bereich $Z = \{\,\vec{x} \in \mathbb{R}^5 \mid A\,\vec{x} = \vec{b}\}$.

Aus der Theorie der linearen Gleichungssysteme (siehe Kapitel 13) ist bekannt, daß das Gleichungssystem $A\,\vec{x} = \vec{b}$ genau dann lösbar ist, wenn der Rang der Matrix A mit dem der erweiterten Matrix $(A, \vec{b})$ übereinstimmt: $\mathrm{Rg}\,(A) = \mathrm{Rg}\,(A, \vec{b})$. Ist diese Bedingung nicht erfüllt, so gibt es kein $\vec{x}$, das die Restriktionen erfüllt und der zulässige Bereich wäre die leere Menge. Wir können für eine sinnvolle Problemstellung also davon ausgehen, daß die Bedingung $\mathrm{Rg}\,(A) = \mathrm{Rg}\,(A, \vec{b})$ und damit $Z \neq \emptyset$ erfüllt ist.

Gilt $\mathrm{Rg}\,(A) = r < m \leq n$, so tragen $m - r$ der m Gleichungen nicht zur Bestimmung des zulässigen Bereiches bei und können zur Bestimmung von Z unberücksichtigt bleiben. Somit können wir davon ausgehen (nachdem die "überflüssigen" Gleichungen entfernt wurden), daß $\mathrm{Rg}\,(A) = m \leq n$ gilt. Tritt der Fall $m = n$ ein, so ist die Lösung von $A\,\vec{x} = \vec{b}$ eindeutig bestimmt, der zulässige Bereich besteht dann nur aus einem einzigen Punkt, so daß sich kein Optimierungsproblem stellt. Wir werden also im folgenden davon ausgehen, daß $Rg(A) = m < n$ gilt. Im Beispiel 6 gibt es $m = 3$ (unabhängige) Restriktionen und $n = 5$ Variablen (einschließlich der Schlupfvariablen): $Rg(A) = m = 3 < n = 5$.

Standardform der linearen Optimierung (LO):

$$z = \vec{c}^T \vec{x} \rightarrow max$$

$$A\vec{x} = \vec{b}, \ \vec{b} \geq \vec{0}$$

$$\vec{x} \geq \vec{0}.$$

$$A = (a_{ij}), \ i = 1, \ldots, m, \ j = 1, \ldots, n, \ 0 < m < n, \ Rg(A) = m,$$

$$\vec{b} \in \mathbb{R}^m, \ \vec{c}, \vec{x} \in \mathbb{R}^n.$$

Bemerkung: Eine Lösung dieses Problems (Extremwerte unter Nebenbedingungen) mit Hilfe von Lagrange-Multiplikatoren ist nicht möglich, da die Nichtnegativbedingung dabei nicht berücksichtigt wird.

Definition 1: Jeder Punkt $(x_1, \ldots, x_n)$ des $\mathbb{R}^n$, der den Restriktionen und den Nichtnegativbedingungen der Standardform der LO genügt, heißt **zulässiger Punkt**. Die Menge Z aller zulässigen Punkte heißt **zulässiger Bereich**. Zulässige Punkte, für die die Zielfunktion das Maximum annimmt, heißen **optimale Punkte**.

16.3 Theoretische Grundlagen der linearen Optimierung

Alle Begriffe, die im Fall $n = 2$ oder $n = 3$ aus der Anschauung entwickelt werden können, sollen nun formal eingeführt und an Beispielen erläutert werden. Zunächst sei an die Definition einer konvexen Linearkombination erinnert (vgl. Abschnitt 11.3).

Definition 2: Es seien $\vec{a}_1, \ldots, \vec{a}_n$ Vektoren des $\mathbb{R}^m$. Dann heißt

$$\vec{x} = \sum_{j=1}^{n} \lambda_j \vec{a}_j \ \text{ mit } \ \lambda_j \geq 0, j = 1, \ldots, n \ \text{ und } \ \sum_{j=1}^{n} \lambda_j = 1$$

konvexe Linearkombination von $\vec{a}_1, \ldots, \vec{a}_n$. Im Fall $\lambda_j > 0$ für alle $j = 1, \ldots, n$ heißt $\vec{x}$ **echte konvexe Linearkombination**. Die Menge aller konvexen Linearkombinationen heißt **konvexe Hülle** von $\{\vec{a}_1, \ldots, \vec{a}_n\}$.

Definition 3: Eine Menge $M \subset \mathbb{R}^n$ heißt **konvex**, wenn mit zwei Punkten $\vec{x}_1, \vec{x}_2 \in M$ auch die gesamte Verbindungsstrecke zu M gehört, also wenn aus $\vec{x}_1, \vec{x}_2 \in M$ stets folgt: $\lambda \vec{x}_1 + (1 - \lambda) \vec{x}_2 \in M, \ 0 \leq \lambda \leq 1$.

Beispiel 7: Gegeben seien im $\mathbb{R}^2$ die Vektoren $\vec{a}_1^T = (0,1)$, $\vec{a}_2^T = (1,0)$ und $\vec{a}_3^T = (1,1)$. Die konvexe Hülle von $\{\vec{a}_1, \vec{a}_2\}$ besteht aus dem Streckenabschnitt vom Punkt $(0,1)$ bis zum Punkt $(1,0)$. Die konvexe Hülle aller drei Vektoren $\vec{a}_1, \vec{a}_2, \vec{a}_3$ besteht gerade aus der Fläche des Dreiecks einschließlich des Randes, das von diesen Vektoren aufgespannt wird.

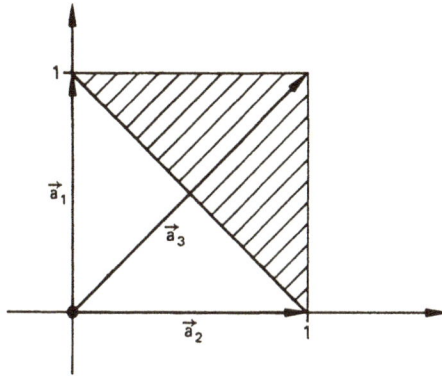

Satz 1: Der zulässige Bereich Z einer linearen Optimierungsaufgabe LO ist konvex.

Beweis: Z ist gegeben durch $A\vec{x} = \vec{b}$, $\vec{x} \geq 0$. Seien $\vec{x}_1, \vec{x}_2 \in Z$, also

$$A\vec{x}_i = \vec{b}_i, \quad \vec{x}_i \geq 0, \quad i = 1,2.$$

Für den Vektor $\vec{x} = \lambda \vec{x}_1 + (1-\lambda)\vec{x}_2$ mit $0 \leq \lambda \leq 1$ gilt:

$$A\vec{x} = \lambda A \vec{x}_1 + (1-\lambda) A \vec{x}_2 = \lambda \vec{b} + (1-\lambda)\vec{b} = \vec{b} \quad \text{und} \quad \vec{x} \geq 0.$$

Damit gehört auch $\vec{x}$ zum zulässigen Bereich, was zu zeigen war.

Definition 4: Ein zulässiger Punkt $\vec{x} \in Z$ heißt Eckpunkt von Z, wenn sich $\vec{x}$ nicht als echte konvexe Linearkombination zweier verschiedener Punkte von Z darstellen läßt.

Wäre $\vec{x}$ echte konvexe Linearkombination zweier anderer Punkte von Z, so läge $\vec{x}$ auf deren Verbindungsstrecke und könnte folglich nicht Eckpunkt sein. Wie läßt sich nun auch rechnerisch feststellen, ob ein Punkt von Z ein Eckpunkt ist? Eine erste Antwort gibt der folgende Satz.

Satz 2: $\vec{x}^T = (x_1, \ldots, x_n)$ sei ein zulässiger Punkt, d.h. $\vec{x} \geq \vec{0}$ und
$A\,\vec{x} = \vec{a}_1 \cdot x_1 + \vec{a}_2 \cdot x_2 + \cdots + \vec{a}_n \cdot x_n = \vec{b}$.
Dabei sind $\vec{a}_1, \ldots, \vec{a}_n$ die Spaltenvektoren von A.

$\vec{x}$ ist genau dann ein Eckpunkt von Z, wenn die zu positiven
Komponenten x_j (> 0) gehörigen Spaltenvektoren von A linear unabhängig sind.

Beispiel 8 (Produktionsplanung): Für das Beispiel 2 gilt in der Standardform der LO

$$A = \begin{pmatrix} 9 & 3 & 1 & 0 & 0 \\ 2 & 1 & 0 & 1 & 0 \\ 2 & 2 & 0 & 0 & 1 \end{pmatrix} \quad \text{und} \quad \vec{b} = \begin{pmatrix} 27 \\ 7 \\ 12 \end{pmatrix}.$$

Der Eckpunkt Q des zulässigen Bereiches Z (siehe Bild zu Beispiel 1)
besitzt die Koordinaten: $x_1 = 2$, $x_2 = 3$, $x_3 = 0$, $x_4 = 0$, $x_5 = 2$. Nach
Satz 2 müssen der 1., der 2. und der letzte Spaltenvektor von A

$$\vec{a}_1 = \begin{pmatrix} 9 \\ 2 \\ 2 \end{pmatrix}, \quad \vec{a}_2 = \begin{pmatrix} 3 \\ 1 \\ 2 \end{pmatrix}, \quad \vec{a}_5 = \begin{pmatrix} 0 \\ 0 \\ 1 \end{pmatrix}$$

linear unabhängig sein. Dies läßt sich wie folgt leicht überprüfen:

$$c_1 \begin{pmatrix} 9 \\ 2 \\ 2 \end{pmatrix} + c_2 \begin{pmatrix} 3 \\ 1 \\ 2 \end{pmatrix} + c_3 \begin{pmatrix} 0 \\ 0 \\ 1 \end{pmatrix} = \begin{pmatrix} 0 \\ 0 \\ 0 \end{pmatrix} \qquad \begin{array}{l} \Rightarrow c_2 = -3c_1 \\ \Rightarrow c_1 = 0 \Rightarrow c_2 = 0 \\ \Rightarrow c_3 = 0 \end{array}$$

Nicht alle der folgenden Sätze sollen hier bewiesen werden, da sie den
gesetzten Rahmen sprengen würden. Um jedoch einen Einblick in die verwendete Beweistechnik zu geben, soll hier der Beweis zu Satz 2 exem-
plarisch vorgeführt werden.

Beweis zu Satz 2:
1. Zunächst nehmen wir an, $\vec{x} \in Z$ sei eine Ecke von Z mit r positiven
Komponenten: $x_1 > 0$, $x_2 > 0$, $\ldots$, $x_r > 0$, $x_{r+1} = \cdots = x_n = 0$. Wir haben
dann zu zeigen, daß die ersten r Spaltenvektoren $\vec{a}_1, \ldots, \vec{a}_r$ der Matrix A
linear unabhängig sind. Im Fall $r = 0$, keine positiven Komponenten,
erübrigt sich ein Beweis; daher können wir $0 < r \leq n$ annehmen. Wir
wollen den Nachweis der linearen Unabhängigkeit indirekt führen, indem
wir annehmen, daß $\vec{a}_1, \ldots, \vec{a}_r$ linear abhängig sind und diese Aussage zum
Widerspruch führen.

Sind die Vektoren $\vec{a}_1, \ldots, \vec{a}_r$ linear abhängig, so gibt es Zahlen $d_1, \ldots, d_r$, die nicht alle gleich 0 sind mit $d_1 \vec{a}_1 + \cdots + d_r \vec{a}_r = \vec{0}$. Wegen $x_j > 0$ gibt es ein hinreichend kleines $\delta > 0$ so, daß auch $x_j \pm \delta d_j > 0$ für $j = 1, \ldots, r$ gilt. Dann sind die Vektoren

$$\vec{x}_1^T = (x_1 + \delta d_1, \ldots, x_r + \delta d_r, 0, \ldots, 0) \text{ und}$$

$$\vec{x}_2^T = (x_1 - \delta d_1, \ldots, x_r - \delta d_r, 0, \ldots, 0)$$

zulässige Punkte wegen

$$\sum_{j=1}^{r} \vec{a}_j (x_j \pm \delta d_j) = \sum_{j=1}^{r} \vec{a}_j x_j \pm \delta \cdot \sum_{j=1}^{r} \vec{a}_j d_j = \vec{b}.$$

Wenn $\vec{x}_1$ und $\vec{x}_2$ zulässige Punkte sind, läßt sich $\vec{x} = \frac{1}{2}(\vec{x}_1 + \vec{x}_2)$ als echte konvexe Linearkombination darstellen im Widerspruch zur Eckeneigenschaft von $\vec{x}$. Daher kann die Annahme, daß die Vektoren $\vec{a}_1, \ldots, \vec{a}_r$ linear abhängig sind, nicht zutreffen; sie sind linear unabhängig, was zu zeigen war.

2. Wir zeigen nun die Umkehrung. Von einem zulässigen Punkt $\vec{x} \in Z$ nehmen wir an, daß wieder die ersten r Komponenten x_j positiv und die restlichen gleich 0 sind, und daß die entsprechenden Vektoren $\vec{a}_1, \ldots, \vec{a}_r$ linear unabhängig sind. Wir zeigen, daß dann $\vec{x}^T = (x_1, \ldots, x_r, 0, \ldots, 0)$ eine Ecke von Z ist.

Auch dies soll durch einen Widerspruchsbeweis gezeigt werden. Wir nehmen an, daß $\vec{x}$ keine Ecke von Z ist. Dann läßt sich $\vec{x}$ als echte konvexe Linearkombination zweier verschiedener Punkte $\vec{x}_1, \vec{x}_2 \in Z$ darstellen:

$$\vec{x} = \lambda \vec{x}_1 + (1 - \lambda) \vec{x}_2, \, 0 < \lambda < 1.$$

Wegen $\vec{x}_1, \vec{x}_2 \geq 0$ müssen auch die letzten $n - r$ Komponenten von $\vec{x}_1$ und $\vec{x}_2$ verschwinden: $x_{ij} = 0$, $i = 1, 2$, $j = r+1, \ldots, n$. Da $\vec{x}_1$ und $\vec{x}_2$ zulässige Punkte sind, folgt $A \vec{x}_1 = A \vec{x}_2 = \vec{b}$ und daher

$$\sum_{j=1}^{r} \vec{a}_j x_{1j} = \sum_{j=1}^{r} \vec{a}_j x_{2j} \text{ bzw. gleichwertig damit } \sum_{j=1}^{r} \vec{a}_j (x_{1j} - x_{2j}) = 0.$$

Da die Vektoren $\vec{a}_1, \ldots, \vec{a}_r$ als linear unabhängig vorausgesetzt wurden, folgt $x_{1j} = x_{2j}$ für $j = 1, \ldots, r$ und damit $\vec{x}_1 = \vec{x}_2$ im Widerspruch zur Annahme, daß es sich um verschiedene Punkte handelt. Also ist $\vec{x}$ eine Ecke von Z. Damit ist der Satz vollständig bewiesen.

Da der Rang der Matrix A gleich m ist, erhält man unmittelbar den

Satz 3: Ist $\vec{x} \in Z$ eine Ecke von Z, so hat $\vec{x}$ höchstens m positive Komponenten, die übrigen Komponenten sind 0.

Im Normalfall sind genau m Komponenten positiv. Eine Ecke mit weniger als m positiven Komponenten wird entartet genannt.

Da man aus den n Spaltenvektoren nur auf endlich viele Arten m oder weniger Vektoren auswählen kann, gilt der

---

Satz 4: Z hat höchstens endlich viele Ecken.

Um den Zusammenhang zwischen Ecken und linear unabhängigen Spaltenvektoren von A im $\mathbb{R}^2$ zu verdeutlichen, gehen wir von einem zulässigen Bereich aus, der durch m = 4 Ungleichungsrestriktionen gekennzeichnet ist.

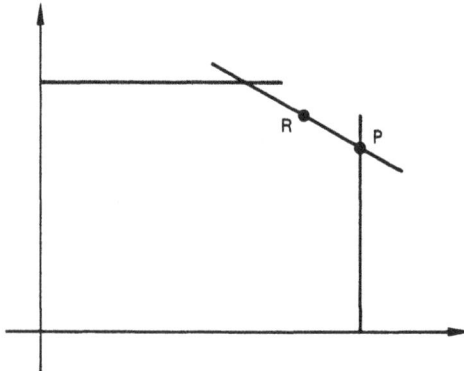

Wie im obigen Bild beispielhaft dargestellt, gibt es neben den zwei sogenannten ökonomischen Variablen noch die m Schlupfvariablen, so daß insgesamt n = m + 2 Variablen auftreten. Eine Ecke, z.B. P, ist dadurch bestimmt, daß zwei Kapazitäten ausgelastet sind, die entsprechenden Variablen x_j sind 0. Es bleiben n − 2 = m positive Komponenten dieses Eckpunktes. Die entsprechenden m Spaltenvektoren der Matrix sind nach Satz 2 linear unabhängig.

Ist dagegen $\bar{x}$ kein Eckpunkt, wie im Bild der Punkt R, so ist nur eine Kapazität ausgelastet, also ein $x_j = 0$, und die restlichen n − 1 = m + 1 Komponenten sind positiv. Die zugehörigen m + 1 Spaltenvektoren von A müssen dann linear abhängig sein, da die Matrix A den Höchstrang m hat.

Definition 5: Eine Menge von m linear unabhängigen Spaltenvektoren von A in der Standardform der linearen Optimierung heißt eine **Basis** von A, die Vektoren werden **Basisvektoren** genannt; die zugehörigen Komponenten von $\bar{x}$ heißen **Basisvariablen (BV)**, die restlichen n − m Komponenten **Nichtbasisvariablen (NBV)**. Ein zulässiger Punkt $\bar{x}$ wird eine **zulässige Basislösung (ZBL)** genannt, wenn die zu den positiven Komponenten von $\bar{x}$ gehörenden Spaltenvektoren von A linear unabhängig sind.

Beispiel 9 (Produktionsplanung): In dem schon wiederholt verwendeten Beispiel 1 ist der Punkt $x^T = (0, 6, 9, 1, 0)$ eine ZBL. Dies ist im $\mathbb{R}^2$ der Punkt $(0, 6)$, siehe Skizze zu Beispiel 1. In der Standardform $A\,\vec{x} = \vec{b}$, $\vec{x} \geq 0$ mit

$$A = \begin{pmatrix} 9 & 3 & 1 & 0 & 0 \\ 2 & 1 & 0 & 1 & 0 \\ 2 & 2 & 0 & 0 & 1 \end{pmatrix} \quad \text{und} \quad \vec{b} = \begin{pmatrix} 27 \\ 7 \\ 12 \end{pmatrix}$$

müssen also die Spaltenvektoren

$$\vec{a}_2 = \begin{pmatrix} 3 \\ 1 \\ 2 \end{pmatrix}, \quad \vec{a}_3 = \begin{pmatrix} 1 \\ 0 \\ 0 \end{pmatrix}, \quad \vec{a}_4 = \begin{pmatrix} 0 \\ 1 \\ 0 \end{pmatrix} \quad \text{linear unabhängig sein.}$$

Überprüfen Sie dies! In der Tat bilden diese Vektoren eine Basis und x_2, x_3, x_4 sind die BV und x_1 und x_5 die NBV.

Definition 6: Besitzt eine zulässige Basislösung (ZBL) genau m positive Komponenten, so heißt sie **nicht degeneriert**, andernfalls (weniger als m positive Komponenten) **degeneriert** oder **entartet**.

Beispiel 10 (Produktionsplanung): Der Vektor $\vec{b}$ der rechten Seite wird so abgewandelt, daß eine ZBL, also eine Ecke des zulässigen Bereiches degeneriert wird (vgl. das Bild in Abschnitt 16.1 zum Sonderfall *Degeneration*):

$$A = \begin{pmatrix} 9 & 3 & 1 & 0 & 0 \\ 2 & 1 & 0 & 1 & 0 \\ 2 & 2 & 0 & 0 & 1 \end{pmatrix} \qquad \vec{b} = \begin{pmatrix} 27 \\ 7,5 \\ 12 \end{pmatrix}$$

Ist $\vec{x}^T = (1,5; 4,5; 0; 0; 0)$ eine ZBL? Ist diese zulässige Basislösung degeneriert?

Der Punkt $\vec{x}$ liegt im zulässigen Bereich, da $A\vec{x} = \vec{b}$, $\vec{x} \geq 0$ gilt. Die zu den positiven Komponenten gehörigen ersten beiden Spaltenvektoren

$$\vec{a}_1 = \begin{pmatrix} 9 \\ 2 \\ 2 \end{pmatrix} \quad \text{und} \quad \vec{a}_2 = \begin{pmatrix} 3 \\ 1 \\ 2 \end{pmatrix}$$

sind linear unabhängig. Daher ist $\vec{x}$ eine ZBL mit $2 < m = 3$ positiven Komponenten und somit degeneriert.

Die zwei Vektoren $\vec{a}_1$ und $\vec{a}_2$ bilden zusammen mit einem weiteren Spaltenvektor von A eine Basis:

$\vec{a}_1, \vec{a}_2, \vec{a}_3$ x_1, x_2, x_3
$\vec{a}_1, \vec{a}_2, \vec{a}_4$ sind mögliche Basen mit BV x_1, x_2, x_4
$\vec{a}_1, \vec{a}_2, \vec{a}_5$ x_1, x_2, x_5

Aus Satz 2 und den Definitionen ergibt sich unmittelbar

Satz 5: Jeder Eckpunkt des zulässigen Bereiches Z stellt eine zulässige Basislösung dar und umgekehrt.

Es folgen einige weitere Aussagen, die zum Teil ohne Beweis angegeben werden. Alle Beweise findet man z. B. in Collatz/Wetterling [1971].

Satz 6 (Existenz einer Basislösung): Ist $Z \neq \emptyset$, so besitzt Z mindestens einen Eckpunkt.

Beweis: s. Collatz/Wetterling [1971] S. 10.

Satz 7: Ist $Z \neq \emptyset$ beschränkt, also ein konvexes Polyeder, so läßt sich jeder Punkt als Konvexkombination der endlich vielen Ecken von Z darstellen.

Dieses Ergebnis ist sehr anschaulich, da nach Satz 1 der zulässige Bereich konvex ist und daher mit zwei Punkten deren gesamte Verbindungsstrecke in Z liegt. Der zulässige Bereich ist nach Satz 7 die konvexe Hülle aller Eckpunkte, falls der zulässige Bereich beschränkt ist. Einen exakten Beweis für dieses Ergebnis findet man in Collatz/Wetterling [1971] S. 11.

Es folgt das sogenannte Eckpunkt-Theorem, welches aussagt, daß man sich bei der Suche nach optimalen Punkten auf die Eckpunkte des (beschränkten) zulässigen Bereiches beschränken kann. Wenn es also optimale Punkte gibt, so müssen unter den Ecken optimale Punkte sein.

Satz 8 (Existenz einer optimalen ZBL): Ist $Z \neq \emptyset$ beschränkt, so nimmt die Zielfunktion ihr Maximum in mindestens einer Ecke von Z an.

Beweis: Da die Zielfunktion als lineare Funktion stetig ist, nimmt sie auf dem beschränkten und abgeschlossenen Bereich ihr Maximum an. Daher existiert ein optimaler Punkt $\vec{x}_0 \in Z$.

Nach den Sätzen 4 und 6 hat der zulässige Bereich endlich viele Eckpunkte $\vec{x}_1, \ldots, \vec{x}_r$. Gezeigt werden soll, daß unter ihnen ein optimaler Punkt ist. Sei m der Index des Eckpunktes, für den die Zielfunktion $\vec{c}^T \vec{x}$ maximal wird im Vergleich zu den anderen Eckpunkten:

$$\vec{c}^T \vec{x}_m = \max_{1 \leq j \leq r} \vec{c}^T \vec{x}_j.$$

Nach Satz 7 läßt sich $\vec{x}_0$ als konvexe Linearkombination der Ecken darstellen:

$$\vec{x}_0 = \sum_{j=1}^{r} \lambda_j \vec{x}_j, \quad \sum_{j=1}^{r} \lambda_j = 1, \quad \lambda_j \geq 0 \text{ für } j = 1, \ldots, r.$$

Da $\vec{x}_0$ optimal ist, gilt $\vec{c}^T \vec{x}_m \leq \vec{c}^T \vec{x}_0$. Andererseits folgt:

$$\vec{c}^T \vec{x}_0 = \vec{c}^T \left(\sum_{j=1}^{r} \lambda_j \vec{x}_j \right) = \sum_{j=1}^{r} \lambda_j \vec{c}^T \vec{x}_j \leq$$

$$\leq \sum_{j=1}^{r} \lambda_j \vec{c}^T \vec{x}_m = \vec{c}^T \vec{x}_m \cdot \sum_{j=1}^{r} \lambda_j = \vec{c}^T \vec{x}_m.$$

Die Funktionswerte in $\vec{x}_0$ und dem Eckpunkt $\vec{x}_m$ stimmen also überein, womit der Satz bewiesen ist.

Satz 9: Sind $\vec{x}_1, \ldots, \vec{x}_r$ optimale Punkte, so sind auch alle konvexen Linearkombinationen dieser Punkte optimal.

Beweis: Der maximale Zielfunktionswert sei $z_{max} = \vec{c}^T \vec{x}_1 = \cdots = \vec{c}^T \vec{x}_r$. Für einen Punkt $\vec{x}_0$, der sich als konvexe Linearkombination der Punkte $\vec{x}_1, \ldots, \vec{x}_r$ darstellen läßt, gilt dann:

$$\vec{c}^T \vec{x}_0 = c^T \left(\sum_{j=1}^{r} \lambda_j \vec{x}_j \right) = \sum_{j=1}^{r} \lambda_j c^T \vec{x}_j = \sum_{j=1}^{r} \lambda_j z_{max} = z_{max},$$

was zu zeigen war.

Die Ergebnisse dieses Abschnitts sollen noch einmal zusammengefaßt werden:

---

1. Der zulässige Bereich Z ist nach Satz 1 konvex.

2. Nach Satz 2 lassen sich die Eckpunkte $\vec{x}_i$ von Z dadurch charakterisieren, daß die zu positiven Komponenten gehörigen Spaltenvektoren von A linear unabhängig sind. Eckpunkte stellen nach Satz 5 zulässige Basislösungen dar.

3. Der zulässige Bereich Z ist die konvexe Hülle seiner Eckpunkte, falls er beschränkt ist (Satz 7). Das Maximum der Zielfunktion wird dann nach Satz 8 in mindestens einem Eckpunkt angenommen.

Man kann sich bei der Suche nach optimalen Punkten demnach auf die endlich vielen Eckpunkte beschränken. Ein mögliches Verfahren wäre, in

allen Eckpunkten den Wert der Zielfunktion zu berechnen. Der Punkt
(bzw. die Punkte) mit dem maximalen Zielfunktionswert ist optimal. Ein
solches Verfahren ist allerdings wenig effizient, da die Anzahl der Ecken
"rasch" mit der Anzahl der Variablen und der Nebenbedingungen wächst.

Ein sinnvolles Verfahren sollte nur wenige Eckpunkte überprüfen und
gezielt den optimale Eckpunkt suchen. Ein solches Verfahren sollte
- nie von einer Ecke zu einer anderen mit geringerem Zielfunktionswert
  übergehen,
- ein Abbruchkriterium besitzen, welches es gestattet zu entscheiden, ob
  der gegenwärtig überprüfte Eckpunkt optimal ist oder weiter gesucht
  werden soll, oder ob das Problem unlösbar ist.

16.4 Das Simplexverfahren

Es gibt verschiedene Verfahren, die Ecken des zulässigen Bereiches in einer
sinnvollen Reihenfolge auf Optimalität zu überprüfen. Das bekannteste ist
das Simplexverfahren.

16.4.1 Das Grundprinzip des Simplexverfahrens

1. Ausgangspunkt ist eine zulässige Basislösung, also ein Eckpunkt des zulässigen Bereiches. Dies ist einfach, wenn die Nebenbedingungen ursprüng-
lich in der Form $A_1 \vec{x}_1 \leq \vec{b}$ gegeben waren und dann mit Schlupfvariablen
$\vec{x}_2$ in die Form $A_1 \vec{x}_1 + \vec{x}_2 = \vec{b}$, d.h. $A \vec{x} = \vec{b}$, umgewandelt wurden. Dann
kann man nämlich die Schlupfvariablen als Basisvariablen wählen und die
sogenannten ökonomischen Variablen $\vec{x}_1$ gleich 0 setzen. Liegen die Nebenbedingungen nicht in dieser Form vor, so muß unter Umständen eine Anlaufphase vorgeschaltet werden (zu Einzelheiten vgl. Gaede/Heinhold
[1976] S. 66 ff.).

2. Mit Hilfe eines Abbruchkriteriums kann entschieden werden, ob der
optimale Punkt schon erreicht ist oder nicht.

3. Der Kern der Simplex-Methode besteht in einem Rechenverfahren, welches festlegt, wie eine nicht optimale zulässige Basislösung überführt wird
in eine zulässige Basislösung mit größerem Zielfunktionswert: Übergang
von einem Eckpunkt in einen benachbarten entlang einer Kante mit möglichst großem Anstieg der Zielfunktion, solange bis von einer Ecke keine
Kante mit steigender Zielfunktion mehr ausgeht. Das folgende Bild zeigt
dieses Verfahren schematisch am Beispiel *Produktionsplanung*. Ausgehend
vom Ursprung werden nacheinander die Ecken R, Q und P überprüft. Vom
Punkt P aus ist ein Übergang in eine benachbarte Ecke mit größerem Zielfunktionswert nicht möglich: P ist optimaler Punkt.

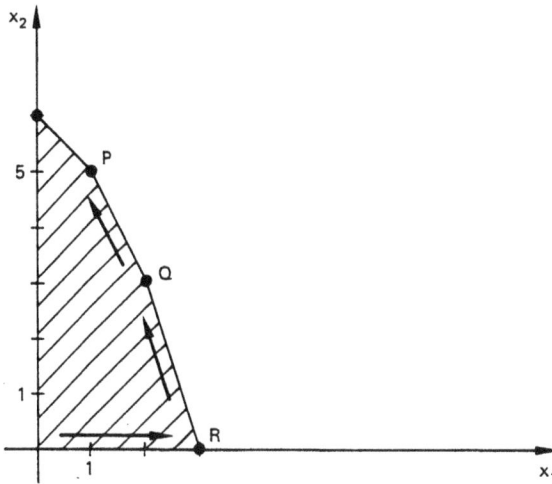

Die rechnereische Umsetzung dieses Verfahrens soll nun am Beispiel *Produktionsplanung* demonstriert werden.

Beispiel 11: (vgl. Beispiel 1).

$z = 5x_1 + 3x_2 \rightarrow max$

$$\begin{aligned} 9x_1 + 3x_2 + x_3 &= 27 \\ 2x_1 + x_2 + x_4 &= 7 \\ 2x_1 + 2x_2 + x_5 &= 12 \qquad x_j \geq 0, j = 1, \dots, 5. \end{aligned}$$

Die erste zulässige Basislösung erhält man, indem die ökonomischen Variablen x_1, x_2 Null gesetzt werden. Der Punkt

$$x^T = (0, 0, 27, 7, 12) \tag{1}$$

ist eine zulässige Basislösung, da die drei Vektoren $\vec{a}_3$, $\vec{a}_4$, $\vec{a}_5$ der Matrix

$$A = \begin{pmatrix} 9 & 3 & 1 & 0 & 0 \\ 2 & 1 & 0 & 1 & 0 \\ 2 & 2 & 0 & 0 & 1 \end{pmatrix},$$

die den positiven Komponenten von $\vec{x}$ entsprechen, die drei Einheitsvektoren des $\mathbb{R}^3$ und damit linear unabhängig sind. Also sind x_3, x_4, x_5 Basisvariablen und x_1, x_2 Nichtbasisvariablen.

Es lassen sich nun die Basisvariablen (BV) durch die Nichtbasisvariablen (NBV) ausdrücken:

$$x_3 = 27 - 9x_1 - 3x_2$$
$$x_4 = 7 - 2x_1 - x_2 \qquad\qquad (2)$$
$$x_5 = 12 - 2x_1 - 2x_2$$

Man erhält alle zulässigen Lösungen dieses Gleichungssystems, wenn x_1 und x_2 die nichtnegativen Zahlen durchlaufen, für die x_3, x_4, $x_5 \geq 0$ bleiben.

Auch die Zielfunktion wird als Funktion der NBV ausgedrückt:

$$z = 5x_1 + 3x_2$$

1. Simplexschritt:

a) Der Punkt $\vec{x}$ in (1) kann nicht optimal sein, da durch Vergrößerung von x_1 bzw. x_2 die Zielfunktion zulässig vergrößert werden kann. Da z bei Vergrößerung von x_1 besonders stark wächst, wird x_1 so groß wie möglich gewählt. Die übrigen NBV (hier x_2) sollen Null bleiben.

(2) für $x_2 = 0$:

$$x_3 = 27 - 9x_1 \geq 0 \qquad\quad x_1 \text{ möglichst groß, so daß die Ungleichun-}$$
$$x_4 = 7 - 2x_1 \geq 0 \qquad\quad \text{gen noch erfüllt sind.}$$
$$x_5 = 12 - 2x_1 \geq 0$$

$$x_1 = \min\left(\frac{27}{9}, \frac{7}{2}, \frac{12}{2}\right) = 3.$$

Mit $x_1 = 3$ folgt $x_3 = 0$, $x_4 = 1$, $x_5 = 6$. Die neue zulässige Basislösung ZBL lautet:

$$x^T = (3, 0, 0, 1, 6).$$

Die Variablen sind jetzt wie folgt aufgeteilt: NBV x_2, x_3 und BV x_1, x_4, x_5. Die Spaltenvektoren $\vec{a}_1$, $\vec{a}_4$, $\vec{a}_5$ sind tatsächlich linear unabhängig. Es wurde folgender Tausch vorgenommen:

NBV $x_1 \rightarrow$ BV x_1 und BV $x_3 \rightarrow$ NBV x_3.

b) Man kann jetzt das Gleichungssystem (2) nach den neuen BV x_1, x_4, x_5 auflösen, z.B. indem $x_1 = 3 - \frac{1}{3}x_2 - \frac{1}{9}x_3$ in die anderen Gleichungen eingesetzt wird:

$$x_1 = 3 - \frac{1}{3}x_2 - \frac{1}{9}x_3$$
$$x_4 = 1 - \frac{1}{3}x_2 + \frac{2}{9}x_3 \qquad\qquad (3)$$
$$x_5 = 6 - \frac{4}{3}x_2 + \frac{2}{9}x_3 .$$

c) Auch die Zielfunktion kann durch die NBV ausgedrückt werden:

$$z = 5\left(3 - \tfrac{1}{3}x_2 - \tfrac{1}{9}x_3\right) + 3x_2 = 15 + \tfrac{4}{3}x_2 - \tfrac{5}{9}x_3.$$

Die neue ZBL besitzt den Wert $z = 15$ ($x_2 = x_3 = 0$), der durch einen positiven Wert von x_2 noch vergrößert werden kann. Damit ist ein vollständiger Simplexschritt beendet. Die weiteren Schritte sind Wiederholungen dieses Schrittes.

2. Simplexschritt:

a) Nur der Koeffizient $\tfrac{4}{3}$ von x_2 ist positiv. Daher wird x_2 neue BV. Aus (3) folgt mit $x_3 = 0$:

$$\left.\begin{array}{l} x_1 = 3 - \tfrac{1}{3}x_2 \geq 0 \\[4pt] x_4 = 1 - \tfrac{1}{3}x_2 \geq 0 \\[4pt] x_5 = 6 - \tfrac{4}{3}x_2 \geq 0 \end{array}\right\} \quad \begin{array}{l} x_2 = \min\left(9,\, 3,\, \tfrac{9}{2}\right) = 3 \\[4pt] x_1 = 2,\; x_4 = 0,\; x_5 = 2. \end{array}$$

Für die neue ZBL gilt:

$$x^T = (2,\, 3,\, 0,\, 0,\, 2), \quad \text{BV } x_1,\, x_2,\, x_5 \text{ und NBV } x_3,\, x_4.$$

b) Die Auflösung der Nebenbedingung nach den BV ergibt:

$$x_4 = 1 - \tfrac{1}{3}x_2 + \tfrac{2}{9}x_3 \;\Rightarrow\; x_2 = 3 + \tfrac{2}{3}x_3 - 3x_4$$

$$x_1 = 2 - \tfrac{1}{3}x_3 + x_4$$

$$x_2 = 3 + \tfrac{2}{3}x_3 - 3x_4$$

$$x_5 = 2 - \tfrac{2}{3}x_3 + 4x_4$$

c) z als Funktion der NBV:

$$z = 19 + \tfrac{1}{3}x_3 - 4x_4$$

Der neue Wert von $z = 19$ ist noch nicht optimal, da der Koeffizient von x_3 positiv ist.

3. Simplexschritt

a) x_3 wird neue Basisvariable:

$$\left.\begin{array}{l} x_1 = 2 - \tfrac{1}{3}x_3 \geq 0 \\[4pt] x_2 = 3 + \tfrac{2}{3}x_3 \geq 0 \\[4pt] x_5 = 2 - \tfrac{2}{3}x_3 \geq 0 \end{array}\right\} \quad \begin{array}{l} x_3 = \min(6,\, 3) = 3, \\[4pt] \text{die 2. Ungleichung ist für alle } x_3 \geq 0 \text{ erfüllt.} \\[4pt] x_1 = 1,\; x_2 = 5,\; x_4 = 0,\; x_5 = 0. \end{array}$$

Für die neue ZBL gilt:

$$x^T = (1,\, 5,\, 3,\, 0,\, 0), \quad \text{BV } x_1,\, x_2,\, x_3 \text{ und NBV } x_4,\, x_5.$$

b) Auflösung nach den BV:

$$x_5 = 2 - \tfrac{2}{3} x_3 + 4 x_4 \;\Rightarrow\; x_3 = 3 + 6 x_4 - \tfrac{3}{2} x_5$$

$$x_1 = 1 - \quad x_4 + \tfrac{1}{2} x_5$$

$$x_2 = 5 + \quad x_4 - \quad x_5$$

$$x_5 = 3 + 6 x_4 - \tfrac{3}{2} x_5 .$$

c) $z = 20 - 2 x_4 - \tfrac{1}{2} x_5$.

Der neue Wert von $z = 20$ kann durch eine Vergrößerung von x_4, x_5 nicht erhöht werden. Also ist $\vec{x}^{\mathrm{T}} = (1, 5, 3, 0, 0)$ optimal. In diesen drei Simplexschritten wurde rechnerisch der Übergang vom Ursprung über die Eckpunkte R und Q zum optimalen Punkt P vollzogen.

16.4.2 Die Theorie des Simplexverfahrens

Wie zu Beginn des vorangegangenen Abschnittes beschrieben, ist eine Ecke, d.h. eine ZBL Ausgangspunkt des Simplexverfahrens. Wir gehen davon aus, daß das Problem in der Form $A_1 \vec{x}_1 \le \vec{b}$ gegeben ist und dann mit Schlupfvariablen $\vec{x}_2$ in die Form $A_1 \vec{x}_1 + \vec{x}_2 = \vec{b}$, d.h. $A\vec{x} = \vec{b}$, umgewandelt wird. Dann können die Schlupfvariablen als Basisvariablen gewählt und die ökonomischen Variablen (auch Strukturvariablen genannt) als Nichtbasisvariablen $\vec{x}_1$ gleich 0 gesetzt werden. Liegen die Nebenbedingungen nicht in dieser Form vor, so muß eine Anlaufphase vorgeschaltet werden, die selbst ein Problem der linearen Optimierung darstellt. Diese Anlaufphase soll hier nicht näher erläutert werden. Es sei beispielsweise auf Gaede/Heinhold [1976] S. 66 ff. verwiesen. Außerdem gehen wir zunächst davon aus, daß keine degenerierten Ecken vorliegen, so daß   jede ZBL genau m positive Komponenten besitzt.

Bezeichnung der Basisvariablen: $x_{s_1}, \ldots, x_{s_m}$ BV.

1. Vorbereitung. Das Gleichungssystem $A\vec{x} = \vec{b}$ wird zunächst nach Basis- und Nichtbasisvariablen getrennt notiert:

$$\vec{a} x_1 + \cdots + \vec{a}_n x_n = \vec{b} \;\Rightarrow\; \sum_{i=1}^{m} \vec{a}_{s_i} x_{s_i} + \sum_{j \,:\, x_j \text{ NBV}} \vec{a}_j x_j = \vec{b}.$$

Die zweite Summe erstreckt sich über die Indizes j, für die x_j eine Nichtbasisvariable ist. Die Vektoren $\vec{a}_{s_i}$ sind linear unabhängig, daher kann das Gleichungssystem nach den BV aufgelöst werden

$$x_{s_i} = d_i - \sum_{j \,:\, x_j \text{ NBV}} d_{ij} x_j \quad (\ge 0) \tag{4}$$

Auch die Zielfunktion muß durch NBV ausgedrückt werden:

$$
\begin{aligned}
z &= \sum_{i=1}^{m} c_{s_i} x_{s_i} + \sum_{j\,:\,x_j\,\text{NBV}} c_j x_j \\
&= \sum_{i=1}^{m} c_{s_i}\Big(d_i - \sum_{j\,:\,x_j\,\text{NBV}} d_{ij} x_j\Big) + \sum_{j\,:\,x_j\,\text{NBV}} c_j x_j \\
&= \sum_{i=1}^{m} c_{s_i} d_i - \sum_{j\,:\,x_j\,\text{NBV}} \Big(\sum_{i=1}^{m} c_{s_i} d_{ij} - c_j\Big) x_j \\
&= \bar{c}_0 - \sum_{j\,:\,x_j\,\text{NBV}} \bar{c}_j x_j .
\end{aligned}
\tag{5}
$$

Dabei sind $\bar{c}_0 = \sum_{i=1}^{m} c_{s_i} d_i$ und $\bar{c}_j = \sum_{i=1}^{m} c_{s_i} d_{ij} - c_j$. Die Koeffizienten $\bar{c}_j$ der NBV werden **Formkoeffizienten** genannt.

2. Überprüfung der ZBL auf Optimalität. Ein Verfahren zur Überprüfung der Optimalität eines Eckpunktes dient als Abbruchkriterium.

> **Satz 10:** Eine ZBL ist optimal, wenn in der Zielfunktion, die als Funktion der NBV ausgedrückt ist, alle Koeffizienten der NBV (Formkoeffizienten) nicht positiv (≤ 0) sind.

Das bedeutet, daß in $z = \bar{c}_0 - \sum_{j\,:\,x_j\,\text{NBV}} \bar{c}_j x_j$ alle $\bar{c}_j \geq 0$ sein müssen bei Optimalität.

Ein Kriterium, um festzustellen, ob das Optimierungsproblem unlösbar ist, also die Zielfunktion auf Z unbeschränkt ist, liefert der folgende Satz.

> **Satz 11:** Gibt es in (5) ein $\bar{c}_k < 0$ und sind alle $d_{ik} \leq 0$, $i = 1, \ldots, m$, so ist die Zielfunktion auf Z nicht beschränkt.

Beweis: Nach (4) ist $x_{s_i} = d_i - d_{ik} x_k - \sum_{\substack{j \neq k \\ j\,:\,x_j\,\text{NBV}}} d_{ij} x_j \geq 0$ erfüllt, falls

alle NBV x_j für $j \neq k$ Null gesetzt werden und x_k einen beliebigen positiven Wert annimmt. Also kann wegen $\bar{c}_k < 0$ die Zielfunktion beliebig groß werden. Damit ist der Satz bewiesen.

Die Überprüfung der ZBL führt auf einen der drei Fälle:

I.   Alle $\bar{c}_j \geq 0$ in (5). Dann ist die ZBL optimal. Abbruch.

II. Es gibt in (5) ein $\bar{c}_k < 0$ mit $d_{ik} \leq 0$, $i = 1, \dots, m$.
     Die Zielfunktion ist nach Satz 11 auf Z unbeschränkt. Abbruch.

III. Für jedes $\bar{c}_j < 0$ in (5) gibt es mindestens ein i mit $d_{ij} > 0$. Die ZBL ist
     dann nicht optimal. Das Verfahren wird fortgesetzt mit der Suche
     einer neuen ZBL mit größerem Zielfunktionswert.

3. Konstruktion einer neuen ZBL. Es liege der Fall III vor, so daß eine
neue ZBL gesucht werden muß. Für eine neue ZBL muß eine NBV zur BV
gemacht werden und umgekehrt. Welche Variable soll dabei ausgetauscht
werden?

Es wird die NBV x_k zur BV gemacht, deren negativer Formkoeffizient $\bar{c}_k$
am kleinsten ist. Gibt es mehrere solche, ist eine von diesen beliebig auszuwählen. Dies ist das Verfahren der **Pivotspaltensuche**. Damit soll der Zielfunktionswert möglichst stark vergrößert werden.

Unter Beachtung von (4) ist die neue BV x_k möglichst groß zu wählen (die
übrigen NBV bleiben 0). Die Beschränkung

$$x_{s_i} = d_i - d_{ik} x_k \geq 0 \quad \text{ist nur für die i mit } d_{ik} > 0 \text{ von Bedeutung.}$$

Es muß für x_k also

$$x_k \leq \frac{d_i}{d_{ik}}, \quad d_{ik} > 0$$

gelten.

$$x_k = \min_{i \,:\, d_{ik} > 0} \frac{d_i}{d_{ik}} = \frac{d_r}{d_{rk}} = \rho$$

Das Minimum wird für $i = r$ angenommen. Es folgt $x_{s_r} = 0$, x_{s_r} wird also
NBV. Das Minimum ist eindeutig, da andernfalls Entartung vorliegen
würde, was zunächst ausgeschlossen wurde. Dies ist das Verfahren der
Pivotzeilensuche.

4. Simplextransformation. Die Nebenbedingungen müssen nach den neuen
BV aufgelöst und die Zielfunktion durch die neuen BV ausgedrückt werden. Neu aufgenommen als BV wird x_k, und x_{s_r} scheidet aus als BV und
wird zur neuen NBV. Der Übersichtlichkeit wegen werden die Variablen
und die Koeffizienten im folgenden Schema, dem **Simplextableau** dargestellt. Die Pivotspalte findet man, indem man in der Zeile *Zielfunktion* des
Tableaus den kleinsten Formkoeffizienten bestimmt, hier $\bar{c}_k$. Die Pivotzeile findet man, indem man von den Quotienten der rechten Seite *RS* und den entsprechenden (positiven) Elementen der Pivotspalte den kleinsten bestimmt, hier $\frac{d_r}{d_{rk}}$.

Simplextableau

	BV			NBV			RS
	x_{s_1} $\cdots$ x_{s_r} $\cdots$ x_{s_m}			$x_{s_{m+1}}$ $\cdots$ x_k $\cdots$ x_{s_n}			
	1 $\cdots$ 0 $\cdots$ 0			$d_{1,s_{m+1}}$ $\cdots$ d_{1k} $\cdots$ d_{1,s_n}			d_1
	0 $\vdots$			$\cdots$ $\cdots$ $\cdots$			$\vdots$
	0						
	0 $\cdots$ 1 $\cdots$ 0			$d_{r,s_{m+1}}$ $\cdots$ d_{rk} $\cdots$ $d_{r s_n}$			d_r
	0						
	$\vdots$ $\vdots$ $\vdots$			$\vdots$			$\vdots$
	0 0 1			$d_{m,s_{m+1}}$ $\cdots$ $d_{m,k}$ $\cdots d_{m s_n}$			d_m
Zielfunktion	0 $\cdots$ 0 $\cdots$ 0			$\bar c_{s_{m+1}}$ $\cdots$ $\bar c_k$ $\cdots$ $\bar c_{s_n}$			$\bar c_0$

In der Kurzform werden die Einheitsvektoren weggelassen:

		NBV			RS	
		$x_{s_{m+1}}$ $\cdots$ x_k $\cdots$ x_{s_n}				
	x_{s_1} $\vdots$	$d_{1,s_{m+1}}$ $\cdots$ d_{1k} $\cdots$ d_{1,s_n}			d_1 $\vdots$	
		$\cdots$ $\cdots$ $\cdots$				
BV	x_{s_r} $\vdots$	$d_{r,s_{m+1}}$ $\cdots$ $\boxed{d_{rk}}$ $\cdots$ $d_{r s_n}$			d_r $\vdots$	$\leftarrow$ Pivotzeile
	x_{s_m}	$d_{m,s_{m+1}}$ $\cdots$ $d_{m,k}$ $\cdots d_{m s_n}$			d_m	
z		$\bar c_{s_{m+1}}$ $\cdots$ $\bar c_k$ $\cdots$ $\bar c_{s_n}$			$\bar c_0$	

$$\downarrow$$
Pivotspalte

Als Pivotelement p (Pivot = Dreh- und Angelpunkt, franz.) bezeichnet man den Koeffizienten d_{rk} der Pivot-Zeile und Spalte.

Das Umrechnen beginnt, indem die Gleichung

$$x_{s_r} = d_r - \sum_{j\,:\,x_j\,NBV} d_{rj}\,x_j$$

nach x_k aufgelöst wird (vgl. (4)):

$$x_k = \frac{d_r}{d_{rk}} - \sum_{\substack{j\,:\,x_j\,NBV \\ j \neq k}} \frac{d_{rj}}{d_{rk}}\,x_j - \frac{1}{d_{rk}}\,x_{s_r} \qquad\qquad (6)$$

$$= \tilde{d}_r - \sum_{j\,:\,x_j\,N\tilde{B}V} \tilde{d}_{rj}\,x_j$$

mit

$$\tilde{d}_r = \frac{d_r}{d_{rk}}, \qquad \tilde{d}_{rj} = \begin{cases} \dfrac{d_{rj}}{d_{rk}} & j \neq s_r \\[2ex] \dfrac{1}{d_{rk}} & j = s_r \end{cases}$$

$$p = d_{rk} \qquad \tilde{p} = \frac{1}{p} \qquad \text{Pivotzeile: teile durch p.}$$

Die mit $\sim$ gekennzeichneten Größen sind die nach der Umrechnung erhaltenen Koeffizienten. Die Summation über die Indizes j: x_j $N\tilde{B}V$ erstreckt sich über die neuen Nichtbasisvariablen einschließlich x_{s_r}, jedoch ohne die Variable x_k, die zur Basisvariablen geworden ist.

In (4) muß für die übrigen BV x_k durch den neuen Ausdruck ersetzt werden: $i \neq r$

$$x_{s_i} = d_i - \sum_{j\,:\,x_j\,NBV} d_{ij}\,x_j = d_i - \sum_{\substack{j\,:\,x_j\,NBV \\ j \neq k}} d_{ij}\,x_j - d_{ik}\,x_k \qquad (7)$$

$$= d_i - \sum_{\substack{j\,:\,x_j\,NBV \\ j \neq k}} d_{ij}\,x_j - d_{ik}\left(\frac{d_r}{d_{rk}} - \sum_{\substack{j\,:\,x_j\,NBV \\ j \neq k}} \frac{d_{rj}}{d_{rk}}\,x_j - \frac{1}{d_{rk}}\,x_{s_r}\right)$$

$$= d_i - d_{ik}\,\frac{d_r}{d_{rk}} - \sum_{\substack{j\,:\,x_j\,NBV \\ j \neq k}} \left(d_{ij} - d_{ik}\,\frac{d_{rj}}{d_{rk}}\right)x_j + \left(\frac{d_{ik}}{d_{rk}}\,x_{s_r}\right)$$

$$= \tilde{d}_i - \sum_{j\,:\,x_j\,N\tilde{B}V} \tilde{d}_{ij}\,x_j .$$

Dabei gilt

$$\tilde{d}_i = d_i - \frac{d_{ik}}{d_{rk}}\, d_r \qquad \text{für } i \neq r$$

$$\tilde{d}_{ij} = \begin{cases} d_{ij} - d_{ik}\,\dfrac{d_{rj}}{d_{rk}} & \text{für } i \neq r,\ j \neq s_r \\[2ex] -\dfrac{d_{ik}}{d_{rk}} & \text{für } i \neq r,\ j = s_r \end{cases} \qquad (8)$$

Auch die Zielfunktion in (5) soll durch die neuen NBV ausgedrückt werden

$$z = \bar{c}_0 - \sum_{j\,:\,x_j\ NBV} \bar{c}_j\, x_j = \bar{c}_0 - \sum_{\substack{j\,:\,x_j\ NBV \\ j \neq k}} \bar{c}_j\, x_j - \bar{c}_k\, x_k$$

$$= \bar{c}_0 - \sum_{\substack{j\,:\,x_j\ NBV \\ j \neq k}} \bar{c}_j\, x_j - \bar{c}_k \left\{ \tilde{d}_r - \sum_{\substack{j\,:\,x_j\ NBV \\ j \neq k}} \tilde{d}_{rj}\, x_j - \tilde{d}_{rs_r}\, x_{s_r} \right\}$$

$$= \bar{c}_0 - \bar{c}_k\, \tilde{d}_r - \sum_{\substack{j\,:\,x_j\ NBV \\ j \neq k}} \left(\bar{c}_j - \bar{c}_k\, \tilde{d}_{rj} \right) x_j + \bar{c}_k\, \tilde{d}_{rs_r}\, x_{s_r}.$$

$$= \tilde{c}_0 - \sum_{x_j = N\tilde{B}V} \tilde{c}_j\, x_j$$

Dabei gilt

$$\tilde{c}_0 = \bar{c}_0 - \bar{c}_k\, \tilde{d}_r, \qquad\qquad \tilde{c}_j = \begin{cases} \bar{c}_j - \bar{c}_k\, \tilde{d}_{rj} & \text{für } j \neq s_r \\[2ex] -\bar{c}_k\, \tilde{d}_{rs_r} & \text{für } j = s_r \end{cases}$$

Die Transformationen für die Zielfunktion entsprechen denen der Nebenbedingungen.

> **Satz 12:** Bei nicht degenerierten Aufgaben wird durch jeden Simplexschritt eine ZBL mit größerem Zielfunktionswert konstruiert. Das Simplexverfahren führt nach endlich vielen Schritten zur optimalen Lösung oder zu der Aussage, daß die Aufgabe unlösbar ist.

Beweis: Zu zeigen ist $\bar{c}_0 < \tilde{c}_0 = \bar{c}_0 - \bar{c}_k \, \tilde{d}_r$.

k wurde gerade so gewählt, daß $\bar{c}_k < 0$ ist (Pivotspaltensuche), und

r wurde gerade so gewählt, daß $\tilde{d}_r = \dfrac{d_r}{d_{rk}} = \rho > 0$ ist (Pivotzeilensuche).

Der Wert vergrößert sich bei jedem Schritt, so daß man nicht "kreiseln" kann und nach endlich vielen Austauschschritten zum Abbruch kommt.

Schematisch läuft das Simplexverfahren wie folgt ab:

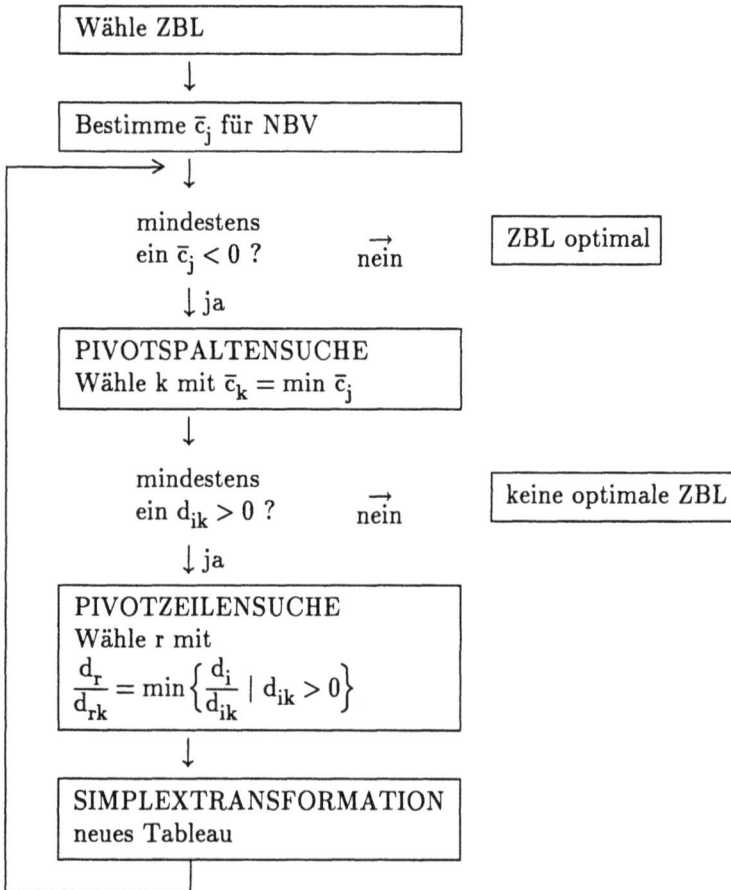

Der Einfachheit halber werden die Rechnungen für die Kurzform des Simplextableaus dargestellt. Nur zum besseren Verständnis und der Vollständigkeit wegen wird auch das vollständige Tableau aufgeführt. Die Elemente des neuen Simplextableaus in der Kurzform erhält man nach folgenden Rechenregeln:

Rechenregeln für die Kurzform des Simplextableaus
(Variablentausch: neue BV x_k, neue NBV x_{s_r})

Pivotelement: $\tilde{d}_{rk} = \dfrac{1}{d_{rk}}$

Pivotzeile: $\tilde{d}_{rj} = \dfrac{d_{rj}}{d_{rk}}$, $j \neq k$ $\tilde{d}_r = \dfrac{d_r}{d_{rk}}$

Pivotspalte: $\tilde{d}_{ik} = -\dfrac{d_{ik}}{d_{rk}}$, $i \neq r$

sonstige Elemente (Rechteckregel):

$\tilde{d}_{ij} = d_{ij} - \dfrac{d_{ik}\, d_{rj}}{d_{rk}}$, $i \neq r, j \neq k$; $\tilde{d}_i = d_i - \dfrac{d_{ik}}{d_{rk}}\, d_r$, $i \neq r$

$\tilde{c}_j = \begin{cases} \bar{c}_j - \bar{c}_k \dfrac{d_{rj}}{d_{rk}} & j \neq s_r \\[2ex] -\,\bar{c}_k \dfrac{1}{d_{rk}} & j = s_r \end{cases}$; $\tilde{c}_0 = \bar{c}_0 - \bar{c}_k \dfrac{d_r}{d_{rk}}$

16.4.3 Durchführung des Simplexverfahrens

Das schon oben angegebene Ausgangstableau wird nach den Umrechnungs-
regeln in ein neues Tableau umgerechnet.

	BV			NBV			RS
	x_{s_1} $\cdots$	x_{s_r} $\cdots$	x_{s_m}	$x_{s_{m+1}}$	$\cdots$ x_k $\cdots$	x_{s_n}	
	1 $\cdots$	0 $\cdots$	0	$d_{1,s_{m+1}}$	$\cdots$ d_{1k} $\cdots$	d_{1,s_n}	d_1
	0	$\vdots$		$\cdots$	$\cdots$ $\cdots$	$\cdots$	$\vdots$
		0					
	0 $\cdots$	1 $\cdots$	0	$d_{r,s_{m+1}}$	$\cdots$ d_{rk} $\cdots$	$d_{r s_n}$	d_r
		0					
	$\vdots$	$\vdots$	$\vdots$	$\vdots$		$\vdots$	$\vdots$
	0	0	1	$d_{m,s_{m+1}}$	$\cdots$ $d_{m,k}$ $\cdots$	$d_{m s_n}$	d_m
Zielfkt.	0 $\cdots$	0 $\cdots$	0	$\bar{c}_{s_{m+1}}$	$\cdots$ $\bar{c}_k$ $\cdots$	$\bar{c}_{s_n}$	$\bar{c}_0$

Kurzform

BV	NBV			RS	
	$x_{s_{m+1}}$ $\cdots$ x_k $\cdots$ x_{s_n}				
x_{s_1}	$d_{1,s_{m+1}}$ $\cdots$ d_{1k} $\cdots$ d_{1,s_n}			d_1	
$\vdots$	$\cdots$ $\cdots$ $\cdots$			$\vdots$	
x_{s_r}	$d_{r,s_{m+1}}$ $\cdots$ $\boxed{d_{rk}}$ $\cdots$ d_{rs_n}			d_r	$\leftarrow$ Pivotzeile
$\vdots$	$\vdots$			$\vdots$	
x_{s_m}	$d_{m,s_{m+1}}$ $\cdots$ $d_{m,k}$ $\cdots$ d_{ms_n}			d_m	
z	$\bar{c}_{s_{m+1}}$ $\cdots$ $\bar{c}_k$ $\cdots$ $\bar{c}_{s_n}$			$\bar{c}_0$	

$$\downarrow$$
$$\text{Pivotspalte}$$

Die Simplextransformation besteht darin, x_k in die Basis aufzunehmen.

x_{s_1} $\cdots$ x_{s_r} $\cdots$ x_{s_m}	$x_{s_{m+1}}$ $\cdots$ x_k $\cdots$ x_{s_n}	RS
1 $\cdots$ $\tilde{d}_{1s_r}$ $\quad 0$	$\tilde{d}_{1,s_{m+1}}$ $\cdots$ 0 $\cdots$ $\tilde{d}_{1,s_n}$	$\tilde{d}_1$
0 $\quad\vdots\quad\vdots$	$\vdots\qquad\vdots\qquad\vdots$	$\vdots$
0 $\quad\tilde{d}_{rs_r}$	$\tilde{d}_{r,s_{m+1}}$ $\cdots$ 1 $\cdots$ $\tilde{d}_{rs_n}$	$\tilde{d}_r$
$\vdots$ $\quad\vdots\quad\vdots$	$\vdots\qquad\vdots$	$\vdots$
0 $\quad\tilde{d}_{ms_r}$ $\quad 1$	$\tilde{d}_{m,s_{m+1}}$ $\cdots$ 0 $\cdots\tilde{d}_{ms_n}$	$\tilde{d}_m$
0 $\cdots$ $\tilde{c}_{s_r}$ $\cdots$ 0	$\tilde{c}_{s_{m+1}}$ $\cdots$ 0 $\cdots$ $\tilde{c}_{s_n}$	$\tilde{c}_0$

Vertauscht man die Spalten x_{s_r}, x_k, kann wieder die Kurzform benutzt werden, deren Elemente nach den oben angegebenen Rechenregeln bestimmt werden:

		NBV			RS
		$x_{s_{m+1}}$ $\cdots$ x_{s_r} $\cdots$ x_{s_n}			
BV	x_{s_1}	$\tilde{d}_{1,s_{m+1}}$ $\cdots$ $\tilde{d}_{1k}$ $\cdots$ $\tilde{d}_{1,s_n}$			$\tilde{d}_1$
	$\vdots$	$\cdots$ $\cdots$ $\cdots$			$\vdots$
	x_k	$\tilde{d}_{r,s_{m+1}}$ $\cdots$ $\tilde{d}_{rk}$ $\cdots$ $\tilde{d}_{r\,s_n}$			$\tilde{d}_r$
	$\vdots$	$\vdots$			$\vdots$
	x_{s_m}	$\tilde{d}_{m,s_{m+1}}$ $\cdots$ $\tilde{d}_{m,k}$ $\cdots$ $\tilde{d}_{m\,s_n}$			$\tilde{d}_m$
	z	$\tilde{c}_{s_{m+1}}$ $\cdots$ $\tilde{c}_{s_r}$ $\cdots$ $\tilde{c}_{s_n}$			$\tilde{c}_0$

An dem Beispiel *Produktionsplanung* soll das Rechenschema demonstriert werden.

Beispiel 12:

$$z = c_0 - \sum c_j\, x_j = 0 - (-5x_1 - 3x_2) \to \max$$

x_3	x_4	x_5	x_1	x_2	RS
1	0	0	9	3	27
0	1	0	2	1	7
0	0	1	2	2	12
0	0	0	-5	-3	0

Kurzform:

	x_1	x_2	RS
x_3	9	3	27
x_4	2	1	7
x_5	2	2	12
	-5	-3	0

$Q = \dfrac{d_i}{d_{ik}}, \; d_{ik} > 0$

$\frac{27}{9} = 3 \quad \leftarrow$ Pivotzeile $s_r = 3$

$\frac{7}{2} = 3.5 \qquad 3 = \text{nim}(3;\, 3{,}5;\, 6)$

$\frac{12}{2} = 6$

$\uparrow$

Pivotsp. $k = 1$

1. Simplexschritt

	x_3	x_2	RS	Q
x_1	$\frac{1}{9}$	$\frac{1}{3}$	3	9
x_4	$-\frac{2}{9}$	$\boxed{\frac{1}{3}}$	1	← 3
x_5	$-\frac{2}{9}$	$\frac{4}{3}$	6	$\frac{9}{2}$
	$\frac{5}{9}$	$-\frac{4}{3}$	15	

↑

Pivotelement: Kehrwert
Pivotzeile: durch 9 teilen
Pivotspalte: durch -9 teilen
andere Elemente: Viereckregel
z.B. RS 2. Zeile: $1 = 7 - \frac{2 \cdot 27}{9}$

2. Simplexschritt

	x_3	x_4	RS	Q
x_1	$\frac{1}{3}$	-1	2	6
x_2	$-\frac{2}{3}$	3	3	3
x_5	$\boxed{\frac{2}{3}}$	-4	2	3 ←
	$-\frac{1}{3}$	4	19	

↑

3. Simplexschritt

	x_5	x_4	RS
x_1	$-\frac{1}{2}$	1	1
x_2	1	-1	5
x_3	$\frac{3}{2}$	-6	3
	$\frac{1}{2}$	2	20
	≥ 0	≥ 0	

Abbruch!   Die optimale ZBL ist gefunden
                $x^T = (1, 5, 3, 0, 0)$
                $z_{max} = 20$

Degeneration, Entartung

Die Annahme, daß keine degenerierten Ecken vorliegen, wurde zweimal benutzt, nämlich für die eindeutige Festlegung der Pivotzeile und für den Beweis von Satz 12, der besagt, daß das Verfahren nach endlich vielen Schritten abbricht. Für den Fall, daß degenerierte Ecken vorhanden sind, lassen sich zwei Bemerkungen machen.

1. Bei nicht degenerierten Ecken gilt $\rho = \min\limits_{i\,:\,d_{ik} > 0} \dfrac{d_i}{d_{ik}} > 0$.

Bei Entartung ist $\rho = 0$ möglich, also $d_r = 0$, $d_{rk} > 0$. Mit $\widetilde{d}_r = \dfrac{d_r}{d_{rk}}$ ist $\widetilde{c}_0 = \bar{c}_0 - \bar{c}_k \widetilde{d}_r = \bar{c}_0$. Die Zielfunktion wird nicht verbessert, nur die Basis wird geändert.

2. Bei Entartung kann das Minimum ρ für verschiedene i angenommen werden. Als Auswahlregel kann man anwenden: wähle unter diesen Indizes α) einen zufällig oder β) den kleinsten aus. Theoretisch könnte trotzdem folgendes Problem auftreten:

$\rho = 0$ tritt mehrfach auf, so daß nur ein Basistausch durchgeführt wird und man nach einigen Austauschschritten zu einer "alten" Basis zurückkehrt; es ergibt sich ein Zyklus, man bleibt in der entarteten Ecke. In der Literatur gibt es hierfür konstruierte Beispiele. Zyklen lassen sich auch theoretisch vermeiden. Da sie nach unserer Kenntnis in der Praxis jedoch noch nicht aufgetreten sind, begnügt man sich mit den Auswahlregeln α) und β).

Mehrdeutige Lösungen

Ist die Lösung nicht eindeutig, treten im Endtableau Formkoeffizienten mit Wert 0 auf. Um alle optimalen Punkte zu erhalten, können NBV mit $\bar{c}_k = 0$ zu BV gemacht werden. Bei diesem Tausch ändert sich der Zielfunktionswert nicht: $\widetilde{c}_0 = \bar{c}_0 - \bar{c}_k \widetilde{d}_r$

Beispiel 13: Die Zielfunktion im Beispiel *Produktionsplanung* sei
$z = 6\,x_1 + 3\,x_2 \;\rightarrow\; \max$

$$9\,x_1 + 3\,x_2 + x_3 \qquad\qquad = 27$$
$$2\,x_1 + \;x_2 \qquad + x_4 \qquad = 7$$
$$2\,x_1 + 2\,x_2 \qquad\qquad + x_5 = 12, \qquad x_j \geq 0,\, j = 1,\ldots,5.$$

	x_1	x_2	RS		x_3	x_2	RS		x_3	x_4	RS		x_5	x_4	RS
x_3	9	3	27	x_1	$\frac{1}{9}$	$\frac{1}{3}$	3	x_1	$\frac{1}{3}$	-1	2	x_1	$-\frac{1}{2}$	1	1
x_4	2	1	7	x_4	$-\frac{2}{9}$	$\frac{1}{3}$	1	x_2	$-\frac{2}{3}$	3	3	x_2	1	-1	5
x_5	2	2	12	x_5	$-\frac{2}{9}$	$\frac{4}{3}$	6	x_5	$\frac{2}{3}$	-4	2	x_3	$\frac{3}{2}$	-6	3
	-6	-3	0		$\frac{2}{3}$	-1	18		0	3	21		0	3	21

In diesem Beispiel sind $(2,3,0,0,2)$ und $(1,5,3,0,0)$ optimale Punkte (und damit alle konvexen Linearkombinationen dieser zwei Punkte) mit einem Zielfunktionswert von $z_{\max} = 21$.

Beispiel 14: Gegeben sei das folgende lineare Optimierungsproblem:

$$z = 2\,x_1 + x_2 + 3\,x_3 + x_4 \to \max$$

$$2x_1 + 4x_2 + \qquad\quad x_4 \le 20$$
$$x_1 + \quad x_2 + 5x_3 + x_4 \le 30$$
$$x_2 + \quad x_3 + x_4 \le 10$$

$$x_j \ge 0 \text{ für } j = 1,\dots,4.$$

Führt man Schlupfvariablen x_5, x_6 und x_7 ein, so kommt man zu folgendem Ausgangstableau:

x_5	x_6	x_7	x_1	x_2	x_3	x_4	RS
1	0	0	2	4	0	1	20
0	1	0	1	1	5	1	30
0	0	1	0	1	1	1	10
			-2	-1	-3	-1	0

Kurzform:

	x_1	x_2	x_3	x_4	RS
x_5	2	4	0	1	20
x_6	1	1	5	1	30
x_7	0	1	1	1	10
	-2	-1	-3	-1	0

1. Simplexschritt:

Tausche x_3 gegen x_6.

	x_1	x_2	x_6	x_4	RS
x_5	2	4	0	1	20
x_3	$\frac{1}{5}$	$\frac{1}{5}$	$\frac{1}{5}$	$\frac{1}{5}$	6
x_7	$-\frac{1}{5}$	$\frac{4}{5}$	$-\frac{1}{5}$	$\frac{4}{5}$	4
	$-\frac{7}{5}$	$-\frac{2}{5}$	$\frac{3}{5}$	$-\frac{2}{5}$	18

2. Simplexschritt:

Tausche x_1 gegen x_5.

	x_5	x_2	x_6	x_4	RS
x_1	$\frac{1}{2}$	2	0	$\frac{1}{2}$	10
x_3	$-\frac{1}{10}$	$-\frac{1}{5}$	$\frac{1}{5}$	$\frac{1}{10}$	4
x_7	$\frac{1}{10}$	$\frac{6}{5}$	$-\frac{1}{5}$	$\frac{9}{10}$	6
	$\frac{7}{10}$	$\frac{12}{5}$	$\frac{3}{5}$	$\frac{3}{10}$	32

Die Formkoeffizienten sind alle positiv.

Der optimale Punkt ist

$$\vec{x}^T = (10, 0, 4, 0, 0, 0, 6)$$

mit $z_{max} = 32$.

Die Werte der Schlupfvariablen $x_5 = x_6 = 0$, $x_7 = 6$ geben an, daß für den gefundenen optimalen Punkt die ersten beiden Restriktionen ausgeschöpft werden und in der dritten Restriktion 6 Einheiten nicht genutzt werden:

I $\quad 2 \cdot 10 + 4 \cdot 0 \qquad + 0 = 20$

II $\qquad 10 + 0 + 5 \cdot 4 + 0 = 30$

III $\qquad\qquad 0 + 4 + 0 = 10 - 6 \leq 10.$

16.5 Aufgaben

1. Für eine Investition werden mindestens 115 000 DM Fremdkapital benötigt. Es liegen zwei Kreditangebote mit unterschiedlicher Verzinsung und Tilgung vor:
Angebot 1: 7 % Zinsen + 1 % Tilgung,
Angebot 2: 6 % Zinsen + 4 % Tilgung.
Im Angebot 1 ist der Kredit auf maximal 80 000 DM beschränkt. Die jährliche Belastung soll 10 000 DM nicht überschreiten.
a) Skizzieren Sie den Bereich der zulässigen Kombinationen der Kreditangebote.
b) Wie sind die Angebote zu kombinieren, damit unter den gegebenen Bedingungen die Zinsen, die für das erste Jahr gezahlt werden müssen, minimal sind? Lösen Sie die Aufgabe graphisch, durch vollständige Berechnung aller Eckpunkte des zulässigen Bereiches und mit Hilfe des Simplexalgorithmus.

2. Gegeben sei das System folgender Restriktionen:

(1) $9x_1 + 14x_2 \geq 7$ (2) $9x_1 + 14x_2 \leq 12$

(3) $x_1 + 8x_2 + x_3 \geq 3$ (4) $3x_1 + 7x_2 + 20x_3 \geq 3$

(5) $3x_1 + 7x_2 + 20x_3 \leq 6$ (6) $x_1 \geq 0.4$

(7) $x_2 \leq 0.5$ (8) $x_3 \leq 0.3$

(9) $x_1 + x_2 + x_3 = 1$ (10) $x_1 \geq 0,\ x_2 \geq 0,\ x_3 \geq 0$

Zeigen Sie, daß (1), (2), (4) und (8) aus den übrigen (Un-)Gleichungen folgen.

3. Gegeben sei das System folgender Restriktionen:

$A \cdot \vec{x} = \vec{b},\ \vec{x} \geq 0$ mit

$$A = \begin{pmatrix} 1 & 4 & 1 & 0 & 0 \\ 2 & 3 & 0 & 1 & 0 \\ 3 & 1 & 0 & 0 & 1 \end{pmatrix} \text{ und } \vec{b} = \begin{pmatrix} 36 \\ 32 \\ 34 \end{pmatrix}.$$

Prüfen Sie, ob folgende Punkte $\vec{x}^T$ zulässige Basislösungen sind:

a) $(4;\ 8;\ 0;\ 0;\ 14)$,   b) $(0;\ 9;\ 0;\ 5;\ 25)$,

c) $(3;\ 7;\ 0;\ 0;\ 14)$,   d) $(2;\ 8{,}5;\ 0;\ 2{,}5;\ 19{,}5)$.

4. Ein Schweinezüchter möchte 200 Doppelzentner (DZ) Futtermischung aus drei Kraftfutterarten F_1, F_2 und F_3 herstellen, die jeweils unterschiedlich teuer sind und sich durch verschiedene Eiweiß-, Fett- und Kohlehydratgehalte auszeichnen.

	Gehalt (%) an			
	Eiweiß	Fett	Kohlehydrate	Preis (Geldeinheiten/DZ)
F_1	10	20	20	8
F_2	10	20	30	10
F_3	20	10	40	12

Der Züchter will eine kostenminimale Mischung verfüttern, die mindestens 15 % Eiweiß, 15 % Fett und 30 % Kohlehydrate enthält. Der Anteil an Fett soll ferner 18 % nicht übersteigen. Während von Kraftfuttersorte F_1 höchstens 100 DZ geliefert werden können, soll aufgrund eines vorhandenen hohen Bestandes die Kraftfuttersorte F_2 mit mindestens 80 DZ in der Mischung vertreten sein.

Formulieren Sie die obige Problemstellung als lineares Optimierungsproblem und lösen Sie dieses.

5. Ein Schiff mit einer Ladefähigkeit von 7 000 t und einer Laderaumkapazität von 12 000 m³ soll drei Güter G_1, G_2 und G_3 in solchen Mengen laden, daß der Frachtertrag möglichst groß wird.

Die folgende Tabelle enthält für jedes Gut den benötigten Laderaum L (m³/t) und den Frachtertrag F (Geldeinheiten/t).

	G_1	G_2	G_3
L	1.2	1.1	1.5
F	25	30	35

a) Formulieren Sie die Problemstellung als lineares Optimierungsmodell und berechnen Sie die Lösung nach dem Simplexverfahren.

b) Wie weit kann der Frachtertrag für Gut G_3 fallen, ohne daß sich die optimale Lösung ändert?

Literaturverzeichnis

Artmann, B. [1986] Lineare Algebra, Birkhäuser, Basel

Bosch, K. [1993] Mathematik-Taschenbuch, 4. Aufl. , Oldenbourg, München-Wien

Collatz, L., W. Wetterling [1971] Optimierungsaufgaben, Springer, Berlin

Fischer, G. [1980] Lineare Algebra, Vieweg, Braunschweig,Wiesbaden

Gaede, K.-W., J. Heinhold [1976] Grundzüge des Operations Research, Hanser, München

Goldberg, S. [1968] Differenzengleichungen und ihre Anwendung in Wirtschaftswissenschaft, Psychologie und Soziologie, Oldenbourg, München

Heuser, H. [1980] Lehrbuch der Analysis, Teil 1, Teubner, Stuttgart

Heuser, H. [1981] Lehrbuch der Analysis, Teil 2, Teubner, Stuttgart

Heuser, H. [1989] Gewöhnliche Differentialgleichungen, Teubner, Stuttgart

Kochendorfer, R. [1970] Determinanten und Matrizen, Teubner, Stuttgart

Kosmol, P. [1989], Methoden zur numerischen Behandlung nichlinearer Gleichungen und Optimierungsaufgaben, Teubner, Stuttgart

Mangold, H. v., K. Knopp [1971] Einführung in die höhere Mathematik, Band 1, Hirzel, Stuttgart; Inhalt: Zahlen, Funktionen, Grenzwerte, Analytische Geometrie, Algebra, Mengenlehre

Mangold, H. v., K. Knopp [1968] Einführung in die höhere Mathematik, Band 2, Hirzel, Stuttgart; Inhalt: Differentialrechnung, unendliche Reihen, Elemente der Differentialgeometrie und der Funktionentheorie

Mangold, H. v., K. Knopp [1967] Einführung in die höhere Mathematik, Band 3, Hirzel, Stuttgart; Inhalt: Integralrechnung und ihre Anwendungen, Funktionentheorie, Differentialgleichungen

Meschkowski, H. [1959] Differenzengleichungen, Vandenhoeck & Ruprecht, Göttingen

Opitz, O. [1991] Mathematik Lehrbuch für Ökonomen, Oldenbourg, München-Wien

Rommelfanger, H. [1977] Mathematik für Wirtschaftswissenschaftler/4 — Differenzen- und Differentialgleichungen, B. I., Mannheim

Spiegel, M. R. [1982] Endliche Differenzen und Differenzengleichungen, Mc Graw-Hill, Hamburg

Zurmühl, R. , S. Falk [1983] Matrizen und ihre Anwendungen, Teil 1, Grundlagen, Springer, Berlin Heidelberg New York Tokyo

Register

Oldenbourg · Wirtschafts- und Sozialwissenschaften · Steuer · Recht

Weitere sehr erfolgreiche Werke von Professor Dr. K. Bosch im Oldenbourg Verlag:

Bosch
Brückenkurs Mathematik

Bosch
Mathematik für Wirtschaftswissenschaftler
Eine Einführung

Bosch
Übungs- und Arbeitsbuch Mathematik

Bosch/Jensen
Klausurtraining Mathematik

Bosch
Mathematik-Taschenbuch

Bosch
Finanzmathematik

Bosch
Statistik für Nichtstatistiker

Bosch
Statistik-Taschenbuch

Bosch
Formelsammlung Statistik

Bosch
Klausurtraining Statistik

Oldenbourg · Wirtschafts- und Sozialwissenschaften · Steuer · Recht